국가와 민주주의

손호철의
사색
01

국가와 민주주의

새로운 진보 정치학의 모색

손호철 지음

이매진

손호철의 사색 01

국가와 민주주의
새로운 진보 정치학의 모색

1판 1쇄 2018년 2월 9일
지은이 손호철 **펴낸곳** 이매진 **펴낸이** 정철수
등록 2003년 5월 14일 제313-2003-0183호
주소 서울시 은평구 진관3로 15-45, 1019동 101호
전화 02-3141-1917 **팩스** 02-3141-0917
이메일 imaginepub@naver.com
블로그 blog.naver.com/imaginepub
ISBN 979-11-5531-092-2 (93300)

'손호철의 사색'을 펴내며

'미성년 17세 이하, 청년 18~65세, 장년 66~79세, 노년 80~99세, 장수 노인 100세 이상.'

고령화에 따라 유엔 산하 기관 유네스코UNESCO가 2014년에 발표한 새로운 나이 규정입니다. 이 기준에 따르면 이번에 65세로 대학에서 은퇴하는 저는 청년을 끝내고 장년으로 진입하는 것에 불과합니다. 따라서 그동안 쓴 글을 모아 일종의 전집을 낸다는 생각은 시기상조라고 볼 수 있습니다. 그러나 여러 고민 끝에 그동안 쓴 글을 한데 모으기로 했습니다.

앞으로 제가 얼마나 많은 글을 더 쓸지 모르지만, 대학교에서 정년을 한 만큼 그동안 한 작업들을 한번 정리해 일단락을 지을 필요가 있다고 느꼈습니다. 사실 저는 개인적으로 정치학자가 아니라 화가를 꿈꾼 미술학도였습니다. 그래서 은퇴를 계기로 그동안 해오던 사회과학을 그만하고 어릴 때 꿈을 찾아 예술의 길을 갈까 깊은 고민을 하고 있어서 그동안 한 작업들을 일별해야겠다는 생각이 더 큽니다. 마지막으로 제 글 쓰는 스타일입니다. 제가 쓴 글은 학술적인 글부터 정치 평론, 인문학적 에세이, 여행기 등 다양한 분야에 걸쳐 있습니다. 학술적인 글들도 단행본보다는 그때그때 학문적 정세에 실천적으로 개입하며 쓴 짧은 논문이 대부분이라 사방에 흩어져 있습니다. 게다가 많은 글들이 아직도 유효한데도 책이 절판돼 읽을 수 없는 사례가 많습니다. 따라서 이런 글들을 한군데에 모아 정리할 필요가 있습니다.

그래서 그동안 쓴 글들을 이론, 한국 정치, 정치 평론, 교양이라는 네 분야로 나눠 '이중적' 의미에서 '손호철 사색'이라는 시리즈로 내려 합니다. 이론의 경우 마르크스주의의 시각에서 진보적 정치 이론에 관련해 많은 글을 썼지만, 2000년대 중반 이후 한계에 부딪쳐 한국 정치 연구에 전념하게 됐습니다. 국가와 민주주의에 관한 글들로 1권을, 세계 체제와 지구화에 관한 글들로 2권을 만들려 합니다.

한국 정치의 경우 한국 정치의 이론적 쟁점들을 다룬 글들로 1권을 만들려 합니다. 그 뒤 시기별로 해방 정국과 이승만, 박정희, 전두환 시기 등 민주화 이전을 다룬 글들로 2권을, 1987년 민주화부터 1997년 국제통화기금^{IMF} 경제 위기에 이르는 민주화 이후를 3권으로 만들 생각입니다. 세계화 이후라고 할 수 있는 1997년 이후부터 지금까지가 4권, 1992년 대통령 선거부터 주요 선거를 진보적 시각에서 분석한 선거 관련 글들을 5권으로 낼 예정입니다.

제가 기자 출신인데다가 학자가 된 뒤에도 실천적 활동을 해온 만큼 정치 평론을 많이 썼습니다. 유학을 끝내고 귀국한 뒤 긴 시간강사 시절을 거쳐 1990년에 교수가 돼 쓰기 시작해서 얼마 전까지 매달 2.5편꼴로 모두 800여 편에 이르는 칼럼을 발표했습니다. 처음에는 정치 평론의 성격상 정세적인데다가 현재적 의미가 학문적 글에 견줘 약한 만큼 일부를 골라 선집으로 내려 했습니다. 그렇지만 제 제자이자 이 책을 낸 출판사 이매진의 대표가 이 칼럼들이 1990년대부터 지금까지 한국의 현실 정치를 정치학자, 그것도 진보적 정치학자의 눈으로 지켜본 일종의 '한국 현대사'인 만큼 모두 다 책으로 낼 만한 의미가 있다고 주장해서 그렇게 하기로 했습니다. 김영삼 시대, 김대중 시대, 노무현 시대, 이명박 시대, 박근혜 시대 등 다섯 권이 될 겁니다. 또한 예술, 문화, 삶, 여행에 관한 짧은 에세이들을 한 권으로 모으고, 이미 단행본으로 출간한 라틴아메리카와 대장정에 관한 책은 따로 정리하려 합니다.

마지막으로 지성사와 시대사를 엮어 자서전 형식으로 쓰려 합니다. 우리 사회가 한 시대를 살아온 지식인들이 무슨 생각을 하고 어떻게 시대와 교감했는지를 보여주는 지성사 분야가 취약하다는 문제의식에서, 유신부터 현재에 이르는 시대사를 지성사의 관점으로 진보적 학자의 체험을 통해 정리해보려 합니다.

이 책을 만들기 위해 빚을 진 사람이 있습니다. 제 지도하에 석사 학위를 받은 뒤 이매진 출판사를 운영하고 있는 정철수 군은 이 책들을 기획하고 짧은 시간 안에 만들어줬습니다. 이 자리를 빌려 감사의 뜻을 전합니다.

아무쪼록 이 시리즈가 다양한 분야에서 실천적으로 글을 써온 한 진보적 지식인의 글들을 총체적으로 보여줌으로써 한국 지성사에 조금이라도 도움이 되기를 바랍니다.

차례

'손호철의 사색'을 펴내며   **5**
머리말   **11**

1부. 정치와 정치학

1장. 사회과학, 과학인가 이데올로기인가 — 학문의 '이데올로기'적 성격과 마르크스주의   **17**
2장. 정치란 무엇인가 — 보수주의, 자유주의, 마르크스주의, 포스트마르크스주의의 관점   **41**
3장. 진보 정치학, 무엇을 할 것인가   **57**
4장. 새로운 정치학을 위한 모색 — 대안 교재를 중심으로   **75**
5장. 신자유주의 시대의 대학 — 자본의 '지식 공장'과 '인력 공장'을 넘어서   **87**

2부. 국가와 권력

1장. 국가자율성의 과학적 이해   **99**
2장. 공장법 분석과 마르크스의 자본주의 국가론   **127**
3장. 계급 지배의 '도구'로서의 국가와 '도구주의적' 국가   **145**
4장. 자본주의 국가, 총자본인가 자본분파인가   **153**
5장. 국가자율성, 국가능력, 국가강도, 국가경도   **157**
6장. 니코스 풀란차스의 국가 이론   **185**
7장. 밥 제솝의 '전략-관계적' 국가론 — 마르크스주의 국가론의 최후의 보루?   **217**
＊보론＊ 전략-관계적 국가론, 그 이후   **246**
8장. 푸코의 권력론 읽기 — 무늬만의 탈근대성   **249**

3부. 민주주의, 자유주의, 사회주의

1장. 미국 《연방주의 교서》 비판   **285**
2장. 자유민주주의와 선거   **297**
3장. 민주주의의 이론적 문제   **315**
4장. 페레스트로이카 이후 새로운 민주주의론   **345**
5장. 새로운 세계 질서와 민주주의   **361**
6장. '다원민주주의적' 정치 질서와 정당   **389**
7장. 신자유주의 선거와 사회정책   **409**
8장. 현대 미국 사회의 변동과 정당 정치의 변화 — 보수화의 기원을 다시 생각한다   **431**
9장. 마르크스주의와 선거   **459**

■ 주   **477**
■ 참고 문헌   **525**

머리말

마르크스주의가 무엇인지는 애매합니다. 이미 카를 마르크스 생전에도 마르크스주의의 교조화가 나타나, 마르크스 자신이 "나는 마르크스주의자가 아니다Je ne suis pas Marxiste"고 말했습니다. 그러나 인도 주재 미국 대사를 지낸 유명한 경제학자 존 케네스 갤브레이스는 마르크스의 주장 중 상당 부분은 이미 상식이 돼 받아들여지고 있다는 점에서 "이제 우리는 모두 마르크스주의자다 We are all Marxists now"고 말했습니다.

제 주 전공은 한국 정치입니다. 그러나 진보 정치학 또는 '넓은 의미의 마르크스주의'(네오마르크스주의)의 시각에서 정치학 이론, 특히 국가론도 함께 연구했습니다. 제가 쓴 이론적 글들은 크게 봐 두 종류입니다. 하나는 주류 학계에 개입하기 위한 글입니다. 이를테면 유학을 끝내고 귀국하니 국가론, 특히 국가의 상대적 자율성이라는 개념이 대유행이었습니다. 그러나 논의가 너무도 조야한 수준이어서 주류 학계에 추상성과 다양한 수준을 정리해 보여준 글이 〈국가자율성의 과학적 이해〉입니다. 저는 대학원 시절 미국에서 공부했습니다. 그런 만큼 한국이나 유럽에서 공부한 학자들에 견줘 미국식 '주류 이론'을 상대적으로 잘 알고 있다고 말할 수 있습니다. 이런 장점을 활용해 주류 이론의 허점을 비판하고 진보적 정치학을 보급하려 노력했습니다. 반면 '국가=계급 지배의 도구'라는 정식의 의미, 총자본 국가와 자본 분파의 국가의 문제 등은 진보 학계 내부의 논의라고 볼 수 있습니다.

그동안 쓴 이론 관련 글들을 모으자 1000쪽 정도가 됐습니다. 크게 봐서 정치와 정치학에 관한 글, 국가와 권력에 관한 연구, 민주주의와 자유주의와 사회주의에 관한 분석, 제3세계와 세계체제, 그리고 지구화에 관한 글들입니다. 그래서 앞부분을 묶어 한 권을 만들고, 제3세계와 세계체제, 지구화 관련 내용을 묶어 한 권을 만들기로 했습니다.

이 책의 1부인 '정치와 정치학'은 사회과학과 정치에 관한 존재론적 의문부터 진보 정치학의 과제와 방법까지를 주제로 한 글들입니다. 2부 '국가와 권력'은 국가자율성 문제부터 공장법 분석에 나타난 카를 마르크스의 국가론, 니코스 풀란차스의 국가론, 아직까지는 가장 업그레이드된 네오마르크스주의 국가론 또는 신좌파 국가론이라 할 수 있는 밥 제숍의 전략관계적 국가론, 미셸 푸코의 권력론 등을 다루고 있습니다. 3부인 '민주주의, 자유주의, 사회주의'는 미국 《연방주의 교서》에서 현재에 이르는 자유주의의 비판부터 페레스트로이카 이후 펼쳐진 민주주의 관련 논쟁과 재평가의 문제, 사회주의와 민주주의, 마르크스주의와 선거에 이르는 문제들을 분석했습니다. 한국 유일의 본격적인 마르크스주의 학술지인 《마르크스주의 연구》에서 청탁받아 쓴 〈마르크스주의와 선거〉는 글에서 밝힌 대로 오래전에 쓴 〈자유민주주의와 선거〉하고 일부 중복되지만 훨씬 포괄적인 글이라 그대로 싣습니다.

마르크스주의는 '이론'(현실 분석 틀), '운동'(변혁 운동), '체제'(사회주의 체제)라는 세 수준으로 생각해볼 수 있습니다. 그리고 마르크스주의는 현실 사회주의의 몰락이라는 체제 수준의 위기를 넘어서 이 모든 수준에서 위기에 놓여 있습니다. 2000년대 중반 마르크스주의 정치학의 이론적 한계와 위기 속에서 제 지적 능력의 한계 탓에 지적 투자에 대한 지식 산출이라는 효용('가성비')이 떨어졌고, 그 뒤 이론 작업보다는 주 전공인 한국 정치 연구에 집중했습니다. 그러나 그동안 제가 한 연구는 아직도 유효하며, 한국 정치학계에서 마르크스주의의 이론 틀(그것도 광의의)을 가지고 연구해온 연구자는 '멸종 위기의 희귀종'인 만큼 나름의 의미가 있다고 생각합니다.

이 책이 나올 때까지 여러 사람들이 도움을 줬습니다. 제자들인 고 방인혁, 김동택, 전재호, 신종대, 김원, 김윤철, 김정한, 김순영, 곽송연 박사는 함께 공부하며 이 책에 실린 글들에 많은 영감을 줬습니다. 그러나 정말 이 책을 가능하게 만든 것은 다른 제자들입니다. 1990년에 전남대학교에 교수로 부임한 뒤 처음 가르쳤고 우여곡절 끝에 뒤늦게 박사 과정에 진학해 공부하고 있는 이태규 군은 너무 오래돼 파일마저 사라진 많은 글들을 스캔해 되살렸고, 박사 과정의 또 다른 제자인 김대환 군은 이 글들을 꼼꼼히 읽고 교정을 봤습니다. 제 지도하에 석사 학위를 받은 뒤 이매진 출판사를 운영하는 정철수 군은 이 책들을 기획하고 짧은 시간 안에 번듯하게 만들어줬습니다. 이 자리를 빌려 이 모든 사람들에게 감사의 뜻을 전합니다.

2017년 겨울

서강대학교 연구실에서

1부

정치와 정치학

1장

사회과학, 과학인가 이데올로기인가

학문의 '이데올로기'적 성격과 마르크스주의*

1. 여는 글

현대 학문 에 있어서 그 '등록 상표'는 '과학성'이다. 과학성은, 즉 '진리' 내지 '참'을 의미하며, 따라서 과학이라는 단어는 그 자체가 학문과 이론에 거부할 수 없는 권위를 부여해왔다.

물론 이런 현상이 역사적으로 항상 그런 것은 아니었다. 과학이 이처럼 학문에 지고의 권위를 부여한 것은 어디까지나 근대적 현상이다. 갈릴레오의 유명한 일화가 잘 보여주듯이 중세의 경우 이런 권위를 부여한 것은 과학이 아니라 종교였다. 그러나 과학기술의 발달은 '근대적 자연과학'의 발전을 가져왔고, 이것은 '이성' 중심의 세계관인 계몽주의의 보급과 맞물려 '인문·사회과학',[1] 특히 '사회과학'에서 자연과학을 모델로 삼아 객관적이고 실증적인 과학성을 중시하는 과학관과 학문관의 헤게모니를 확립시켰다. 콩트의 실증주의적 사회과학 이론과 빈학파의 '논리실증주의'로 대표되는 이런 과학관은 사

---

* 손호철, 〈사회과학, 과학인가? 이데올로기인가? ― 학문의 '이데올로기'적 성격과 맑스주의〉, 《근대와 탈근대의 정치학》, 문화과학사, 2002를 수정하고 보완했다.

회 현상을 자연 현상과 마찬가지로 '객관적'이고 '중립적'으로 관찰해 일반화함으로써 '과학적'이고 객관적인 법칙성을 찾아내고, 이것에 기초해 예측력을 갖도록 만든다는 것이다. 그 결과 '사회과학의 자연과학화'[2]가 현대 사회과학의 지배적인 추세가 돼왔다.

그러나 이런 지배적인 '과학관'이 최근 들어 이른바 '세기말적' 징후군에 관련해 새로운 도전에 직면한 것 또한 사실이다. 어쩌면 역설적이게도, 또한 어떻게 생각하면 당연하게도, 이런 도전은 현대 사회과학이 추종해야 할 '과학의 전형'으로 생각해온 자연과학에서 거세게 시작되었다. '불확실성의 과학', '복잡성 이론', '카오스 이론' 등 과거의 뉴턴적 과학관에 도전하는 '신과학운동'이라는 '과학혁명'이 그것이다.[3] 따라서 사회과학에서도 근대적인 자연과학을 모델로 한 과거의 이론적 추세에 대한 자기비판의 움직임이 일고 있다.[4] '68혁명' 이후 제기된 이성 중심적 세계관과 계몽주의에 대한 비판으로서 포스트모더니즘과 포스트마르크스주의의 대두, 나아가 이런 '주류' 사회과학과는 또 다른 의미에서 '과학'으로서 권위를 확보해온 마르크스주의와 스탈린주의에 일대 타격을 가한 소련과 동구의 몰락은 기존의 사회과학관에 대한 근본적인 반성과 수정을 강제하고 있다.

우리는 과연 그동안 '주류' 사회과학이 가정해왔듯이 가치 중립적이며 '이데올로기'[5]에서 자유로운 사회과학은 가능한가, 그렇지 않다면 그동안의 사회과학의 '자연과학화'는 또 다른 이데올로기의 표현에 다름 아닌가 하는 문제를 다시 한 번 근본적으로 생각해보지 않을 수 없다. 이 글은 이런 문제의식에서 일찍이 '학문의 이데올로기성'에 주목하고 비판을 가한 마르크스의 이론적 작업을 중심으로 실증주의로 대표되는 현대 주류 사회과학의 이데올로기적 성격을 살펴보는 데 목적이 있다. 또한 마르크스주의의 과학성과 이데올로기성을 놓고 마르크스 이후 전개돼온 마르크스주의 내부의 이론적 논쟁을 비판적으로 소개하고 평가하는 한편 최근의 새로운 이론적 성과에 기초해 이런 논쟁을 재점검해보려 한다.

2. 지배적 패러다임 ― 실증주의

학문의 이네올로기성에 대한 마르크스주의의 비판적 공헌을 다루기에 앞서 필요한 것은 이런 비판의 대상이 되는 현대 사회과학의 지배적 패러다임, 즉 실증주의의 기본 전제들에 대한 이해다. 따라서 이 절에서는 이런 전제들을 간략히 소개하고 넘어가려 한다.

현대 사회과학의 지배적 패러다임인 실증주의의 창시자는 오귀스트 콩트Auguste Comte라는 것이 일반적인 정설이다. 자연과학적 방법을 사회 현상의 연구에 도입해 '과학적 사회학'을 만드는 것을 목표로 삼은 콩트의 입장은 기본적으로 '진화론'과 '실증주의'라는 두 가지 축으로 요약된다.[6] 콩트의 이론은 우선 인류의 역사는 ① 세상사를 초자연적인 힘에 의해 설명하는 '신학적' 사유 양식과 여기에 기초한 사회 조직 형태에서, ② 이것을 인격화된 실체 등에 의해 설명하는 '형이상학적' 사유 양식과 사회 조직 형태를 거쳐, ③ 사실적 지식에 의존하는 '실증적' 사유 양식과 사회 조직으로 진화해가는 역사라고 파악하고 있다는 점에서 '진화론'적이다.[7] 따라서 '실증주의'는 인간의 사유 양식의 최고 형태를 지칭하는바, 실증주의에 기초한 '실증과학'은 관찰 가능한 현상과 이것들 간의 관계 이외에 대해서는 지식을 가질 수 없다는 신념에 기초하여 오로지 관찰 가능한 현상에만 관심을 가지며, 실증적이고 경험적인 지식의 축적을 통해 이런 현상의 법칙적인 관계를 확립하는 것을 목표로 한다. 나아가 이런 법칙화는 "우리로 하여금 그것들을 설명할 수 있게 하고 또한 예측력을 갖출 수 있게 한다"는 것이다.[8]

이런 실증주의는 이후 존 스튜어트 밀J. S. Mill, 허버트 스펜서Herbert Spencer, 에밀 뒤르켐Emile Durkheim 을 거쳐 발전해 현대 사회과학의 지배적 패러다임으로 자리 잡게 되는바, 뒤르켐의 유명한 '자살' 연구는 실증주의적 사회과학 연구의 전형을 제공한다는 점에서 주목할 필요가 있다. 한 예로 뒤르켐은 "자살은 개인들이 부분을 구성하고 있는 사회 집단의 통합도에 반비례한다"는 법칙에 기초하여 신교도는 가톨릭교도보다 사회통합도가 낮으며 자살율도 높다는 결론을 유추한 뒤, 이 주장을 1840년대와 1850년대의 오스트리아와 프러시아에서 신교도의 자살율이 가톨릭교도의 자살율보다 각각 1.5배와 3배가 높다는 실증적 자료를 통해 뒷받침하고 있다.[9] 이 주장을 논리실증주의의 표준 모형이라 할 수 있는 헴펠Carl Hempel의 '포괄 법칙 모형Covering Law Model'을 응용해 설명하면 다음과 같다.[10]

설명항들	법칙: 자살율은 사회통합 정도에 반비례한다 조건: 신교도는 가톨릭교도보다 사회통합도가 낮다
피설명항	결론: 신교도는 가톨릭교도보다 자살율이 높다

이처럼 발전해온 실증주의는 1920~1930년대 '빈학파'로 불리는 일련의 학자들에 의해 철학적으로 체계화되고 풍부화되어 '논리실증주의'라는 이름으로 완성된다. 빈학파의 일원은 아니지만 이런 이론을 대표하는 헴펠은 현상에 대한 과학적인 설명은 기본적으로 '연역·법칙적 설명'으로서, 이것은 피설명항explanadum을 일반 법칙과 선행적 조건으로 구성된 설명항explanans에서 연역적으로 도출해내는 것이라고 주장한다. "설명은 두 종류의 진술로 구성된다. 하나는 설명돼야 할 현상에 선행해서 또는 적어도 이 현상과 동시에 나타나야 할 어떤 조건들을 보여준다. 간단히 말해 선행 조건들이다. …… 둘째 종류의 진술은 어떤 일반적인 법칙들을 표현하는 진술이다. …… 이 두 진술이 적절하고 완전하게 정립되면, 이것은 문제의 현상을 설명하고 있는 것이다. …… 따라서 우리가 어떤 사건을 설명한다는 것은 그것을 일반 법칙에 포함시키는 것, 다시 말해 그 사건이 어떤 특정한 선행 조건들에 의해서 일반 법칙에 따라 발생한다는 것을 보여주는 것이다."[11] 즉 과학에 대한 '포괄 법칙 모형'이다. 특히 헴펠은 이런 법칙적 설명이 과학의 일반화가 뒤떨어진 역사학이나 사회과학에도 적용돼야 하는 보편적 형식이라고 주장하고 있다.

이런 이론적 전통에서 쟁점이 되는 것은 일반 법칙의 경험적 근거를 어떻게 확립하느냐다. 지배적인 시각은 현상에 대한 체계적이고 과학적인 관찰을 통해 실증적 지식을 축적하고 흔히 '사실facts'이라고 불리는 이런 실증적 지식에서 귀납적으로 일반 법칙을 도출한다는 것이다. 그러나 현실적으로 사회 현상에서 예외없는 일반 법칙을 찾아낸다는 것은 사실상 불가능하기 때문에 일반 법칙을 확률에 의한 확률 법칙으로 대치하는 '귀납적·통계적' 방식을 주로 택하고 있다. 한편 킬 포퍼Karl Popper 같은 학자들의 경우 법칙이나 이론은 귀납적으로 만들어지는 것이 아니라 오히려 가설적 법칙들을 연역적으로 설정해 놓고 이것을 관찰 가능한 사실에 의해 부단히 검증해서 그 진위와 과학성을 입증하는 '가설적·연역적' 방식을 대안으로 제시하고 있다.[12] 그러나 이런 입장 차이에도 불구하고 이런 흐름이 모두 실증주의의 기본적인 이론적 가정들을 공유하고 있다는 사실에는 변함이 없다.

결국 이런 실증주의는 특히 경험주의의 전통이 강한 영미 학계를 장악했고, 2차 대전 이후 미국의 정치, 경제, 군사 헤게모니에 기초해 세계 학계가 미국 헤게모니 아래 재편되면서 실증주의가 정치학, 경제학, 사회학 등 모든 사회과학 분야에서 지배적 패러다임으로 자리잡게 됐다.[13] 특히 자연과학을 모델로 한 '실증주의의 승리'는 자연과학을 준거틀로 해서 '계량화quantification'를 과학성 여부의 최종적 기준으로 상정하는 사회과학의 계량화 추세를 야기함으로써 계량경제학, 계량정치학, 계량사회학 등의 확산을 가져왔을 뿐 아니라, 계량화의 정도를 과학성을 확보하는 수준의 판단 기준으로 생각하는 풍조까지 생겨났다. 나아가 실증주의의 승리는 가치 중립적이고 이데올로기 중립적인 '과학적' 사회과학이라는 이름 아래 '사회과학의 탈정치화'[14]와 사회 현상을 법칙화시켜 예측 능력을 갖추도록 하기 위한 '행동과학화' 내지 '사회공학화'를 가져왔다.[15] 따라서 사회 현상을 연구하는 데에서 과학적인 학문에 대한 장애는 기본적으로 학문적 엄격성, 냉철함, 방법론적 민감성, 자질 등 연구자들의 개인적인 학문적 태도의 문제와 자료 수집, 분석 방법 등 기술적인 방법론의 문제 등을 객관적이고 중립적인 연구를 가로막는 장애의 문제로 간주하게 됐고, 인문·사회과학이 갖는 독특한 특성(연구 대상이 동시에 연구 주체이기도 하다는 점 등)에서 연유하는 인식의 존재 구속성, 사회적 성격, 역사성, 나아가 '이데올로기적' 성격이라는 좀더 근본적인 문제들은 뒷전으로 밀려나고 말았다.

3. 마르크스와 학문의 이데올로기적 성격

마르크스는 기본적으로 실증주의가 사회과학의 지배적 패러다임으로 자리잡기 이전인 '19세기의 이론가'다. 따라서 마르크스는 실증주의를 직접적인 대상으로 설정한 '실증주의 비판'을 남기지 않았다. 잘 알려져 있듯이 마르크스가 주로 관심을 기울인 비판 대상, 즉 '이론적 주적'은 실증주의가 아니라 형이상학, 특히 헤겔주의로 대표되는 관념론이었다. 그러나 실증주의는 콩트의 저작 등을 통해 마르크스의 시대에도 이미 상당한 영향력을 행사하고 있었고, 마르크스 자신도 이런 콩트의 실증주의를 직접 언급하며 비판하고 있다. 나아가 '속류 정치경제학' 비판 등 마르크스의 다양한 이론적 저작들은 그 대상이 관념론이건 실증주의건, 인간의 인식과 학문의 이데올로기적 성격을 폭로함으로써 주류 학계에 발본적인 비판을 가하고 있다. 결국 마르크스주의는 관념론과 실증주의라는 두 개의 '이론적 전선'을 통해 인문·사회과학이 갖는 이데올로기적 성격을 본격적으로 부각시킴으로써 현대 학문의 발전에 인식론적 단절을 가져다주고 새로운 장을 연 혁명적인 사상이다.

　마르크스는 그 유명한 〈정치경제학 비판 서문〉에서 다음과 같이 인문·사회과학이 갖는 이데올로기적 성격에 대한 혁명적 테제를 제시했다.

　인간은 자신이 영위하고 있는 사회적 생산에서 불가피하게 자신들의 의지와는 독립된 특정한 제 관계에 들어간다. 즉 그들의 물질적 생산제력의 일정한 발전단계에 조응하는 생산관계에 들어간다. …… 이것이 실제적인 토대인 바 이 토대 위에 하나의 법률적 정치적 상부구조가 세워지고 또 그 기초에 조응하여 일정한 제 사회의식의 형태가 존재하게 된다. 물질적 생활의 생산양식이 사회적 정치적 및 정신적 생활과정 일반을 제약한다, 인간의 의식이 존재를 규정하는 것이 아니라 역으로 그들의 사회적 존재가 그들의 의식을 규정한다. …… 경제적 기초의 변화와 더불어 거대한 상부구조 전체가 다소간 급격하게 변혁된다. 이 같은 변혁을 고찰할 때 우리는 자연과학적 정확성을 가지고 확인되어야 하는 경제적 생산조건들의 물질적 변화와 법적, 정치적, 종교적, 예술적, 철학적 형태들, 즉 인간이 이러한 대립을 의식하게 되는 터전이자 또한 이를 싸워나가는 이데올로기적 형태들을 구별하지 않으면 안 된다.[16]

토대와 상부구조에 대한 건축적이고 위상적인 메타포에 의존함으로써 여러 문제점[17]을 갖고 있는 이 주장들은, 이런 문제점에도 불구하고 이 글의 논의에 관련해 두 가지 함의를 갖고 있다. 첫째, 의식이 존재를 규정하는 것으로 인식하는 '관념론'에 대한 비판이다. 이것은 그동안의 사회과학을 지배해 온 관념론적 경향에 대한 혁명적인 전복이었다. 둘째, 첫째 함의와는 달리 좀 더 간접적인 함의로서 인간의 인식의 존재 구속성, 이것에 따른 이데올로기성에 대한 지적이다. '사회적 존재가 의식을 규정한다'는 테제는 이런 문제의식이 결여된 채 사회과학을 자연과학과 마찬가지로 중립적이고 객관적으로 연구할 수 있다고 생각하는 실증주의에 대한 발본적인 비판이다. 다시 말해 사회과학은 자연과학과 달리 연구의 '주체'가 동시에 연구의 '대상'이기도 하다는 점에서 연구의 주체인 연구자의 '객관적인 연구' 역시 '인식의 사회적 존재 구속성'을 벗어날 수 없다는 비판의 함의를 갖고 있다.

그러나 위의 인용문은 이 밖에도 뒤에서 논의할 마르크스주의의 이론적 위상과 관련해 두 가지 의문점을 제기한다는 점도 언급하고 넘어갈 필요가 있다. 우선 인식의 사회적 존재 구속성에 관련된 문제로서, 이것을 마르크스주의 자신에도 적용시킬 경우 마르크스주의 역시 사회적 존재 구속성을 벗어나지 못한 인식이라는 딜레마에 빠진다는 점이다. 이 점에서 이 명제가 학문의 이데올로기적 성격을 지적한 혁명적인 테제이기는 하지만 "두고두고 망측스러운 발견ever-scandalous discovery"이라는 프레드릭 제임슨의 평가[18]를 인용하며 이 테제는 "'절대적 상대주의'의 자가당착에 부딪친다"는 백낙청 교수의 지적[19]에 주목할 필요가 있다. 둘째, 자연 변혁에 대해 분석한 인용문의 후반부의 문제이다. 이 부분에 따르면 사회과학 중 '경제적 생산조건'에 대한 연구, 즉 정치경제학은 '자연과학' 모형에 따라 '자연과학적 엄밀성'을 가지고 연구돼야 하는 분야고,[20] '상부구조적' 현상에 대한 연구는 이것과 달리 기본적으로 이데올로기적인 '이데올로기 투쟁'이라는 해석에 이르게 된다. 이것은 뒤에 논의할 마르크스주의의 이론적 위상, 즉 마르크스주의는 학문의 이데올로기적 성격을 극복한 '과학'인가 아니면 또 다른 하나의 이데올로기인가 하는 문제에 관련된 중요한 쟁점이다.

마르크스의 여러 저작 중 〈정치경제학 비판 서문〉 이외에 학문의 이데올로기적 성격에 대해 직접적으로 언급한 것은 또 다른 초기 저작인 《독일 이데올로기》의 다음 부분이다.

어느 시대에 있어서나 지배 계급의 사상이 지배적 사상이다. 그 시대의 물질적인 지배 세력이 동시에 지배적인 지적 세력이다. 물질적 생산수단을 수중에 갖고 있는 계급은 동시에 정신적 생산수단도 통제하며, 그 결과 일반적으로 생산수단을 갖지 못한 사람들의 사상은 이들에게 종속된다. 지배적 사상이란 지배적인 물질적 관계의 관념적 표현, 즉 사상들로써 파악된 지배적 물질적 관계들 이상의 그 무엇도 아니다. …… 지배 계급이 하나의 계급으로서 세계를 지배하고 한 시대의 폭과 풍경을 규정하는 한에 있어서 그들은 하나의 사상가, 사상의 생산자로서 지배하며, 그 시대의 사상의 생산과 배분과 유통을 규제한다. …… 새롭게 지배 계급의 위치에 오르려는 모든 새로운 계급은 그들의 목적을 수행하기 위해 자신의 이해를 모든 사회 구성원의 공동 이해로 표상시켜야, 즉 이상화된 형태로 표현해야만 한다. 그들은 자신의 사상에 보편성의 형태를 부여해야만 하며, 그것만이 유일하게 이성적이며 보편적으로 타당한 사상인 것으로 표상화해야 한다.[21]

여기에서 마르크스는 〈정치경제학 비판 서문〉에서 지적한 인식의 존재 구속성과 이데올로기적 성격을 넘어서 중요한 새로운 이론적 명제들을 제시한다. 우선 특정 사회와 특정 학문 분야에서 특정 이론이 갖는 '패러다임적 지배성'은 그 이론의 이론적 비교 우위나 절대적 진리에 다가간 근접도, 즉 '과학성'에 의해 결정되는 것이 아니라 '사회적 역관계' 내지 '물질적 관계'의 지배성에 의해 결정되는 것이라는 주장이다. 나아가 이 인용문은 모든 사상과 이론은 지적인 '생산' 활동의 결과라는 가정에 기초해 지배 계급은 이런 정신적·지적 '생산수단'을 소유함으로써 이론의 생산, 배분, 유통을 규제해 자신들의 특정한 이론을 과학성을 지닌 "유일하게 이성적이며 보편적으로 타당한" 이론으로 만들 수 있게 된다는 것이다. 결국 마르크스는 여기에서 관념론, 실증주의 같은 지배적인 패러다임은 "지배적인 물질적 관계의 관념적 표현", 즉 이데올로기에 불과하다는 것을, 나아가 이것들이 이데올로기성에도 불구하고 어떻게 해서 과학성을 표상할 수 있게 되는가 하는 동학과 원인을 유물론적 입장에서 날카롭게 파헤치고 있다.

마르크스의 이런 문제의식을 좀더 깊이 살펴볼 필요가 있다. 마르크스의 인간에 대한 연구, 즉 마르크스의 '인문·사회과학'은 "인간의 본질은 각각의 개별 인간들에 내재된 것을 추상화시킨 그 무엇이 아니다. 그것은 사회적 관계의 총체"[22]이며 "사회는 개인의 합이 아니라 이 개인들이 놓여 있는 관계, 즉 상호 관계의 합이다"[23]는 기본 명제에서 출발한다. 이것은 인간의 고유한 본질을 상정하는 개인주의적 본질론과 같은 관념론, 나아가 사회적 관계의 역사성을 보지 못하고 현상적 사실의 일반 법칙성에 집착하는 실증주의를 모두 비판하는 중요한 출발점이다. 분명 마르크스가 비판하는 주대상은 관념론이다. "헤겔은 현실the real을 사유의 산물로 인식하는 환상에 빠졌"지만 "실재the real subject는 두뇌의 밖에 자율적으로 존재한다."[24] 젊은 헤겔주의자들은 "그들이 그들의 개념을 통해 다른 개념을 반대하고 있을 따름이라는 것, 그들이 이 세계의 개념들과 싸우는 것만으로는 실제로 존재하는 현실 세계와 싸우는 것이 아니라는 점을 잊고 있다"[25]고 마르크스는 비판하고 있다. 이처럼 마르크스의 관점은 인식 주체와 인식 행위에서 독립된 연구 대상과 현실적 실체의 존재를 전제로 하고 있다는 점에서 유물론적이며 '실재론'적이다. 뿐만 아니라 마르크스의 과학관이 기본적으로 '대상과 인식의 일치'라는 전통적인 과학관에 기초해 있다는 것을 시사한다.

그러면 대상과 인식이 일치되는 '과학적'인 인문·사회과학은 어떻게 해서 가능해지는가? "우리가 시작하는 가정들은 자의적인 것이거나 도그마가 아니라 현실적인 가정들이다. 그것들은 실제의 인간들, 그들의 활동과 그들이 살고 있는 물질적 조건 …… 이다. 따라서 이런 조건들은 순수하게 실증적인 방법에 의해 검증될 수 있다."[26] 다시 말해 "공허한 추론이 끝나는 곳, 즉 현실적인 삶에서 실증 과학positive science은 시작된다. …… 의식에 대한 공허한 이야기들이 끝나고 진짜 지식이 시작된다"[27]는 것이다. 그렇다면 마르크스도 '실증주의'를 신봉한 것인가? 그렇지는 않은 것 같다. 다음 같은 인용문이 이 점을 잘 보여주고 있다.

(인문·사회과학의 — 인용자) 전제는 인간, 즉 환상적인 고립 상태에 있거나 고정된 인간이 아니라 특정한 조건하에서 사실적이고 경험적으로 인식 가능한 발전 과정에 있는 인간들이다. 이런 현실적인 삶의 과정을 서술하게 되면 역사는 더는 실증주의자들(이 사람들 역시 아직도 추상적이다)이 생각하듯이 화석화된 사실의 누적체이거나 관념론자들이 생각하듯이 상상 속의 주체들에 의한 상상적 활동이 아니다.

이런 언급은 마르크스의 학문의 이데올로기성 비판이 이미 초기부터 단순히 관념론에 국한된 것이 아니라 '실증주의'를 향하고 있기도 하다는 점을 보여준다. 마르크스는 대상(사회 현상)과 인식이 일치하는 '실증 과학'이 사회과학에서도 학문의 목표라고 믿었고 마르크스주의가 이런 목표를 지향하는 이론이라고 생각한 것은 사실이다. 그러나 그것은 실증주의의 신봉을 의미하는 것이 아니었다. 마르크스의 표현을 빌리자면 "화석화된 사실의 누적체"에서 일반 법칙을 도출해내려 하는 실증주의는 "아직도 추상적"인 이데올로기성을 벗어나지 못하고 있다는 것이다. 이 점에서 흔히 관념론 비판으로 지적되는 마르크스의 '전도 이론', 즉 "모든 이데올로기 속에서 인간과 그들의 환경은 망막에서처럼 전도돼 나타난다"[28]는 지적은 의식과 존재의 인과 관계에 대한 전도된 사고를 갖고 있는 관념론 비판이기도 하지만 동시에 관찰 가능한 '현상적' 사실에만 함몰되는 실증주의에 대한 비판이기도 하다. 결국 실증주의가 보지 못하고 있는 것은 "현실은 …… 특정한 개인들이 특정한 사회, 정치적 관계에 들어간다는 점이다. 각각의 개별적 경우에 있어서 경험적 관찰은 어떠한 신비화도 사변도 없이 사회적, 정치적 구조의 연관을 경험적으로 찾아내는 것이다."[29] 다시 말해 실증주의의 이데올로기성은 "특정한 사회, 정치적 관계"라는 역사성을 인지하지 못한 채 일반 법칙을 추구하는 탈역사적 추상성과 '심층적'인 "사회적, 정치적 구조"의 문제를 사장시킨 채 현상적인 인과 관계에 매몰되는 조야한 경험주의다. 이런 문제의식이 집약적으로 나타나는 것은 마르크스의 대표작인 《자본》이다.

《자본》에서 마르크스는 18세기 후반과 19세기 초반의 정치경제학 연구에 있어서 지배적인 패러다임이던 애덤 스미스Adam Smith와 데이비드 리카도David Ricardo 같은 초기의 '고전적' 정치경제학자들과 밀 같은 '속류' 정치경제학자들을 대상으로 다양한 비판을 가하고 있다. 과학적 이론을 주장하고 나선 이런 이론들의 이데올로기성에 대한 마르크스의 비판은 특히 실증주의의 이데올로기성 비판에 관련해 중요한 시사점들을 제공하고 있다. 우선 마르크스는 최소한 노동가치설에 기초한 '고전적' 정치경제학과 달리 '속류' 정치경제학은 잉여가치, 노동착취 같은 사회 동학의 '심층적' 구조와 '본질' 내지 '실재'를 보지 못한 채 이윤, 가격 같은 경제의 관찰 가능한 표면적이고 현상적인 외양에 사로잡혀 있다고 비판한다.[30] 우선 속류 정치경제학의 실증주의는 이윤이 기업가의 이윤과 이자로 나뉘어짐으로써 이자가 노동자들의 임노동에 상관없이 생겨나는 것처럼 보이는 "자본의 물신주의"의 포로가 되도록 만든다는 것이다.[31] 마르크스의 속류 실증주의 비판은 계속 이어진다.

현실(즉 현상 세계)에서는 사물이 전도되어 나타난다. 잉여가치는 주어진 것, 즉 상품의 생산가격에 대한 판매가격의 초과분으로 주어진 것이다. 따라서 이런 잉여가치가 생겨나는 원천, 즉 생산과정에서의 노동 착취는 하나의 미스테리로 남는다.[32]

이윤율, 따라서 이윤이라는 형태로 나타나는 잉여가치의 외양은 현상의 표피로 나타나지만 잉여가치와 잉여가치율이야말로 연구해야 할, 상대적으로 보이지 않고 알려지지 않은 본질이다.[33]

사실 속류 경제학은 부르주아적인 생산관계 속에 갇혀 있는 부르주아적 생산 주체들의 생각을 교리화시켜 해석하고, 체계화하고, 옹호하는 것 이상의 아무것도 아니다. 따라서 경제적 관계의 소외된 외양outward appearance에 아주 편안하게 느끼는 것은 당연하다. …… 그러나 만일 사물의 현상적 외양과 사물의 본질이 직접적으로 일치한다면 모든 과학은 불필요해질 것이다.[34]

결국 "사물의 현상적 외양과 사물의 본질이 직접적으로 일치"할 것이라는 전제에 기초해 관찰 가능한 현상적 외양에 함몰되는 속류 정치경제학의 실증주의는 그것이 아무리 고도로 발달된 '과학적'인 수리 방정식으로 무장돼 있더라도 과학이라는 이름 아래 "부르주아적 생산 주체들의 생각을 교리화시켜 해석하고, 체계화하고, 옹호하는" 부르주아 이데올로기에 불과하다는 통렬한 비판이다. 특히 자본주의는 기본적으로 상품의 생산과 교환이라는 상품의 형태를 띠게 됨으로써 경제적 관계는 기본적으로 사물 간의 관계로 나타나 보이는 '상품물신주의'를 야기시킨다는 점에서 실증주의의 문제점은 더욱 증폭된다. 기계, 상품 등 단순한 "사물 간의 관계라는 환상적인 형태를 취하게 되는 것은 인간들 간의 특정한 사회적 관계다."[35] 그러나 속류 정치경제학의 실증주의는 사회적 관계와 사회적으로 부여된 속성을 자연적으로 주어진 고정된 속성, 즉 자연 현상으로 간주하게 된다.

둘째, 마르크스는 고전 경제학의 유명한 로빈슨 크루소처럼 고립된 개인이나 제러미 벤담Jeremy Bentham의 공리주의같이 특정한 역사적 또는 사회적 구조에 관계없이 고정된 욕구나 필요를 가진 개인을 상정하는 모든 본질주의를 비판한다. 마르크스는 로빈슨 크루소가 자신의 필요에 따라 낚시, 수렵, 가구 제작 등 다양한 노동 사이에 시간을 할당하는 일화를 통해 정치경제학을 설명하는 리카도의 논의를 요약하고 소개한 뒤, "밝은 빛에 싸인 로빈슨 크루소의 섬으로부터 어두운 유럽의 중세로 우리 자신을 옮겨가보자. 거기에는 독립된 개인들 대신에 모든 사람이 예속된 농노나 영주, 평민이거나 승려라는 사실을 발견하게 된다"고 비판하고 있다.[36] 즉 사회적 관계에서 자유로운 '개인'은 존재하지 않는다는 것이다. 밴덤의 공리주의와 이것에 기초해 '사회자본'을 고정된 효율성의 고정된 양으로 상정하는 고전적 정치경제학은 한 계급에게 유용한 것이 반드시 다른 계급에게 유용한 것이 아니라는 점을 망각한 채 "현대의 상점 주인, 특히 영국의 상점 주인을 정상적인 사람"으로 간주하는 "부르주아적 멍청함의 천재성"을 발휘한 것이라고 힐난하고 있다.[37]

셋째, 둘째 문제에 연관이 있는 것으로서 속류 정치경제학은 말할 것도 없고 고전적 정치경제학 역시 특수한 역사적 사회, 즉 자본주의의 특수한 법칙을 일반화시켜 초역사적인 일반 법칙으로 격상시키고 있는 점을 비판하고 있다. 모든 사회들에 적용될 수 있는 경제적 자연 법칙이 존재한다는 주장은 잘못된 것이며 특정한 역사적 구조에 무관한 일반 법칙이란 존재하지 않는다.

특히 자본주의의 특수한 운동 법칙을 모든 사회에 적용할 수 있는 일반 법칙으로 착각하는 속류 정치경제학과 고전적 정치경제학에 대한 마르크스의 비판은 일반 법칙과 포괄 법칙 모형에 기초한 실증주의에 대한 중요한 비판이다. "부르주아 경제학의 범주들은 …… 특정한, 역사적으로 규정된 하나의 생산양식의 조건과 관계, 즉 상품 생산양식을 표현하는 데 있어서 사회적 타당성을 갖는 사고 형태들이다. 따라서 우리가 다른 형태의 상품에 들어가자마자 상품의 모든 신비, 노동의 생산물이 상품의 형태를 취하고 있는 한에 있어서 그것들을 감싸고 있던 모든 마력과 마법은 모두 사라지게 된다."[38] 나아가 일반법칙화를 향한 이런 시도는 연구자들이 의식하든 의식하지 않은 간에 자본주의 사회의 속성을 모든 사회의 속성으로 묘사함으로써 결과적으로 자본주의를 영원한 것으로 간주하는 이데올로기적 기능을 수행하게 된다는 것이 마르크스의 이데올로기성 비판이다. '자본-이자(이윤), 토지-지대, 임노동-임금'이라는 수입의 3분법은 "특정한 생산양식, 생산의 사회적 과정의 특수한 역사적 형태"에 속하는 것이다.[39] 이런 사실에도 불구하고 "임노동은 노동의 사회적으로 결정된 한 형태로 나타나기보다는 노동이 그 본성에 의해 임노동으로 나타나 보인다."[40] 이런 외양에 함몰되어 수입의 3분법이 갖는 역사적 성격을 보지 못한 채 이것을 경제의 일반 법칙인 양 주장하는 것은 "자본주의적 생산양식의 완전한 신비화다."[41] 결국 수입의 3분법을 경제의 일반 법칙으로 제시하는 속류 정치경제학과 고전적 정치경제학은 "이런 수입원의 자연적 필연성과 영원한 정당성을 주장하고 이것을 도그마의 수준으로 끌어올림으로써 지배 계급의 이해에 일치하게 된다."[42]

마지막으로 학문의 이데올로기적 성격에 직접적인 관계가 있는 것은 아니지만, 마르크스는 실증주의의 포괄 법칙 모형에 대해 또 다른 중요한 비판을 가하고 있다. 포괄 법칙 모형의 일반 법칙을 발견해내고 이것에 기초한 법칙성에 의해 예측력을 갖는다고 하더라도 그것이 과학적인 설명을 보장하는 것은 결코 아니라는 비판이다. 마르크스는 이 문제를 토지의 비옥도와 착취율의 관계를 통해 제기하고 있다. 즉 토지가 비옥할수록 착취율이 높다는 경험적 연구를 예로 들면서 이런 법칙은 아무것도 설명해주지 않는다고 비판하고 있다. 이것을 햄펠식으로 재구성할 경우 토지의 비옥도와 착취율은 비례한다는 법칙이 존재하고 토지 A의 비옥도가 토지 B의 비옥도보다 높다는 선행 조건이 설명항으로 전제되면 토지 A의 착취율은 토지 B의 착취율보다 높다는 결론의 피설명항이 만들어져 과학적 설명은 완결되고 토지의 비옥도에 따라 착취율에 대한 '과학적'인 예측 능력까지 갖추게 된다. 그러나 이것이 토지가 비옥한 것이 착취율이 높은 원인이라는 식의 과학적인 인과적 설명을 의미할 수는 없다. 결국 과학적인 인과적 설명이란 토지의 비옥도라는 선행 조건과 착취율이라는 결과 사이의 규칙성에 대한 단순한 진술을 넘어서 '왜' 그리고 '어떻게 해서' 토지가 비옥하면 착취율이 높아지는가 하는 구체적인 '작동 기제'에 대한 설명을 필요로 한다는 것을 의미한다.[43]

4. 마르크스주의 — 과학인가 이데올로기인가

우리는 앞에서 현대 사회과학의 과학성에 관련해 학문의 이데올로기적 성격에 대한 마르크스의 공헌을 살펴봤다. 그러나 이런 학문의 이데올로기적 성격에 대한 인식은 문제의 해결이 아니라 문제의 시작일 따름이다. 즉 학문은 결코 이데올로기적 '오염'에서 자유로울 수 없으며 '객관적 진리'란 존재하지 않기 때문에 이런 진리에 대한 근접도에 따라 특정 이론의 우월성을 따지는 것은 불가능하며, 결국 절대적 상대주의나 '협약주의'[44]로 귀결될 수밖에 없는 것인가 하는 문제다. 결국 이런 문제는 위에서 지적한 마르크스주의의 이론적 위상의 문제, 즉 마르크스주의는 인식의 사회적 존재 구속성과 이데올로기성을 극복한 '과학'인가 아니면 또 다른 '이데올로기'인가 하는 문제로 이어질 수밖에 없다. 루이 알튀세르의 표현을 빌리자면, 《자본》은 단순히 다른 것들과 마찬가지로 또 하나의 이데올로기적 저작에 불과한가? …… 아니면 ……
《자본》은 새로운 학문의 정초의 계기, 하나의 과학의 정초의 계기 …… 과학
의 역사의 절대적인 시작을 표상하는가?"[45]

　마르크스는 이론적 '동요'에도 불구하고 이후의 다양한 용법과 달리 이데
올로기를 '주로' 부정적인 협의의 개념으로 사용해왔다고 볼 수 있다.[46] 특히
마르크스는 자신의 이론과 마르크스주의를 하나의 이데올로기로 생각하지
않았다. 이런 사실에도 불구하고 마르크스의 저작 속에는 이론적 긴장이 존
재한다. 바로 한 연구자가 '두 개의 마르크스주의'라고 부른 '과학으로서의
마르크스주의'와 '비판으로서의 마르크스주의' 간의 긴장이다.[47] 하나는 '대상
과 인식의 일치'라는 전통적인 진리관에 기초해 마르크스주의를 사회 현상에
대해 과학적인 법칙을 발견한 '실증 과학'으로 간주하는 흐름으로서, 〈정치
경제학 비판 서문〉의 토대, 상부구조론, 5단계의 사회구성체론, 사회주의 이
행의 필연성 같은 거시적 법칙부터 이윤율 저하 법칙, 궁핍화 테제 같은 다양
하고 좀더 구체적인 이론적 명제들이 여기에 관련돼 있다. 다른 하나는 '과학
적 마르크스주의'가 상정하고 있는 '초기' 마르크스와 '후기' 마르크스 사이의
'인식론적 단절'을 부정하고 마르크스주의를 기본적으로 이데올로기 비판, 특
히 부르주아 이데올로기 비판과 실천 철학으로 이해하는 '비판적 마르크스주
의'다.[48] 이런 흐름에 따라 흔히 과학적 마르크스주의를 대표하는 마르크스의
저서로 일컬어지는 《자본론》도 그동안 대부분의 마르크스주의자들이 믿어온
것처럼 자본의 운동 법칙에 대한 과학적인 이론을 세운 저작이 아니라 '정치
경제학 비판'이라는 부제가 보여주듯 부르주아 정치경제학 비판이 핵심적 문
제의식인 만큼 독자적인 이론 체계를 시사하는 《자본론》이 아니라 《자본》으
로 번역돼야 한다는 주장까지 설득력 있게 제시되는 실정이다.[49] 이 중 비판적
마르크스주의의 경우 인식의 존재 구속성이라는 테제가 이미 이데올로기성
을 지시하고 있기 때문에 이 글에서는 지면 관계상 과학으로서의 마르크스주
의의 논의를 중심으로 이 문제를 간략하게 살펴보려 한다.

마르크스주의를 실증 과학으로 해석해 과학적 마르크스주의로 화석화시킨 것은 카를 카우츠키Karl Kautsky로 대표되는 제2인터내셔널이었다. 이런 입장을 가장 웅변적으로 보여주고 있는 것은 개인적으로 제2인터내셔널의 일원은 아니지만 제2인터내셔널과의 이론적 친화력 탓에 '제2.5인터내셔널'이라고 불리는 루돌프 힐퍼딩의 다음 같은 언명이다. "마르크스주의는 과학적으로 논리적이며 객관적인 원리이기 때문에 가치 판단에 구속되지 않는다."[50] 과학으로서의 마르크스주의는 사회에 관한 "인과 관계를 서술하는 것"이며, 따라서 "마르크스주의의 타당성을 인정하는 것은 가치 판단을 하는 것이나 특정 실천 지침을 지시하는 것하고는 무관하다." 이런 과학주의는 제3인터내셔널, 특히 스탈린주의에서도 그대로 반복됐다. 물론 스탈린주의는 제2인터내셔널과 달리 마르크스주의의 '과학성'이라는 이름하에 이런 객관주의적 실증주의를 주창하면서도 동시에 '당파성'이라는 중요한 원칙을 내세운 것은 사실이다. 그러나 문제는 단지 이런 객관주의적 실증주의에 '당파성'이라는 원칙이 추가된 것뿐이었다는 점이다. 즉 이런 당파성이라는 기준은, 한 평자의 표현을 빌리자면 "단순히 자연주의적 객관주의에 병렬됐을 따름이다. 즉 매개된 것이 아니라 병렬돼 접착제와 끈으로 결합해놓은 따름이었다."[51]

독특한 것은 레닌이다. "선택은 부르주아 이데올로기냐 사회주의적 이데올로기냐. 중간은 없다"[52]는 주장이 보여주듯이 레닌은 환상과 전도라는 이데올로기에 대한 부정적 정의를 넘어서 이것을 하나의 '세계관'으로 재정의해 마르크스주의를 하나의 이데올로기로 간주했다. 그러나 그런 인식이 과학적 인식의 포기나 과학으로서의 마르크스주의의 부정, 나아가 상대주의로 물러나는 후퇴를 의미하지는 않았다. "법칙은 '단지 근접한' 진리a truth only approximately다. …… 현대 유물론, 즉 마르크스주의에 있어서 우리의 지식이 객관적, 절대적 진리에 얼마나 근접하는가 하는 한계는 역사적으로 조건지어진 것이지만, 그런 절대적 진리의 존재는 무조건적인 것이며, 우리가 이것에 접근해가고 있다는 사실 역시 마찬가지다. …… 다른 말로 하면 모든 이데올로기는 역사적으로 조건지어진 것이다. 그러나 모든 과학적인 이데올로기는 객관적 진리, 절대적 본질에 조응하고 있다는 것 역시 사실이다. 이런 상대적 진리와 절대적 진리의 구별은 막연한^{indefinite} 것이라고 이야기들 할 것이다. 그러면 나는 다음과 같이 답할 것이다. 이런 구별은 과학이 나쁜 의미의 도그마가 돼버리는 것, 죽고 결빙되고 화석화된 그 무엇이 돼버리는 것을 막을 정도는 충분히 애매하다. 그러나 동시에 그것은 우리를 신앙주의, 불가지론, 철학적 관념론에서 구별시켜줄 수 있을 정도로는 충분히 '한정적'이라고 …… 마르크스와 엥겔스의 유물론적 변증법은 분명히 상대주의를 내포하고 있다. 그러나 그것은 상대주의로 환원될 수 없다. 그것은 우리의 모든 지식의 상대성을 인정하고 있지만 그것이 객관적 진리를 부인한다는 의미에서 그런 것은 아니고, 이런 진리에 대한 우리 지식의 근사치의 한계가 역사적으로 조건적인 것이라는 의미에서 그런 것이다."[53]

이런 문제에 관련해 인식의 존재 구속성에도 불구하고 마르크스주의는 어떻게 해서 과학일 수 있는지에 대해 가장 대표적인 입장을 개진한 사람은 루카치 죄르지다.[54] 루카치는 인식과 지식에 대한 '반영 이론'을 비판하면서 주체와 객체 간의 변증법을 강조한다. "사고의 진위의 기준은 현실이지만 현실은 그냥 주어지는 것이 아니라 획득되는 것이고, 이것은 사고의 참여를 필요"로 하는바, 현실은 그 '총체성'으로만 제대로 이해될 수 있다는 것이다.[55] 문제는 자본주의 사회의 경우 위에서 살펴본 바 있는 상품물신성 때문에 사물이 전도돼 나타나고 사회 현상이 내적 연관이 없는 파편화된 현상으로 보이게 된다는 점이다. 그러나 프롤레타리아 계급은 착취의 현실에 놓여 있는 독특한 역사적 현실 때문에 이데올로기, 즉 환상과 전도의 한계를 넘어 현실의 총체적 인식, 곧 과학적 인식을 할 수 있게 된다. 다시 말해 모든 계급의식과 이데올로기가 허위의식은 아니며 특정한 계급, 즉 프롤레타리아트처럼 역사적으로 특정하게 위치지어진 피착취 계급의 계급의식과 이데올로기는 '진리'에 다다를 수 있다. 결국 이런 루카치의 설명은 정통 마르크스주의에서 부르주아처럼 '몰락하는 계급'은 계급적 이익이 사회의 발전 방향과 모순되기 때문에 진실을 볼 수 없지만 프롤레타리아트처럼 '상승하는 계급'은 계급적 이익이 사회의 발전 방향과 일치하기 때문에 진실을 볼 수 있으며 과학적 인식을 획득할 수 있다는 표준화된 주장[56]으로 화석화돼 '당파성'과 '실증주의적 과학성'을 모순 없이 '병렬'할 수 있게 만들어줬다.

위에서 지적했듯이 마르크스주의 안에는 사회 현상의 과학적 인식에 초점을 맞추는 '과학적 마르크스주의'와 인식 과정의 이데올로기성 비판에 중점을 두는 '비판적 마르크스주의' 사이의 긴장이 항상 존재했고, 그 결과 마르크스주의의 역사는 '자연주의적 과학주의'와 '역사주의' 간의 동요의 역사가 돼왔다. 결국 이것을 '과학'과 '이데올로기'라는 이 글의 문제의식에서 조명해보자면 마르크스주의 안에는 ① 부르주아 이론은 진리를 왜곡하는 '이데올로기'지만 마르크스주의는 '과학'이라는 '하나의 이데올로기와 하나의 과학론'(부르주아 이데올로기/프롤레타리아 과학), ② 마르크스주의는 지배 이데올로기인 부르주아의 이데올로기에 대항하는 프롤레타리아의 이데올로기라는 '두 개의 이데올로기론'(부르주아 이데올로기/프롤레타리아 이데올로기), ③ 리센코주의처럼 부르주아 과학에 대항하는 프롤레타리아 과학[57]이 존재한다는 '두 개의 과학론'(부르주아 과학/프롤레타리아 과학)이 존재해왔다고 볼 수 있다. 사실 현대 마르크스주의의 방법론적 쇄신으로 주목을 받아온 알튀세르의 경우도 초기에는 '과학주의'(부르주아 이데올로기/프롤레타리아 과학)였지만, 후기에 들어서는 자신의 초기 저작에 내재한 '이론주의적' 편향에 대한 자기비판과 함께 "철학은 이론에서의 계급투쟁"이라는 테제를 통해 사실상 '두 개의 이데올로기론'으로 전환한 바 있다.[58] 특히 현존 사회주의의 몰락과 '당=진리'라는 공식에 기초해 '과학적 마르크스주의'와 '과학적 사회주의'라는 이름하에 행해진 현존 사회주의의 폐해에 따라 마르크스주의 자체를 하나의 이데올로기로 이해하고 비판적으로 이해하는 입장이 득세하고 있는 것이 현실이다.

5. 결론을 대신하여 — 현재적 논의

우리는 앞에서 학문의 이데올로기적 성격에 대한 마르크스주의의 비판을 알아본 뒤 마르크스주의 자신은 이런 이데올로기성에서 자유로운가에 대한 맑스주의 내부의 다양한 입장에 대해 간략히 살펴봤다. 아직도 남는 궁극적인 의문은 "그렇다면 사회 현상에 대한 과학적 인식이란 불가능한 것인가" 하는 문제다. 여기에서는 이 문제에 대한 최근의 논의를 소개함으로써 관련된 이해를 돕고자 한다.

현실적으로 이야기하자면 그 많은 비판에도 불구하고 아직도 사회과학에서 지배적인 패러다임은 실증주의다. 그러나 이런 실증주의는 최근 들어 심각한 도전을 받고 있다. 현재의 이론적 정세는 한마디로 상대주의를 향한 전환이다. 이는 토머스 쿤과 파울 파이어아벤트를 중심으로 한 과학철학에서 협약주의의 부상,[59] 자연과학에서 신과학운동의 대두, 소련과 동구 사태에 따른 '과학으로서의 사회 이론'의 또 다른 축인 마르크스주의의 파국, 나아가 근대 계몽주의 비판으로서의 포스트구조주의와 포스트마르크스주의의 유행 등에 연유한다. 특히 여기에서는 사회과학에 밀접한 관련이 있지만 이 글에서 다루지 않는 포스트주의의 문제의식을 간단히 살펴보고 넘어갈 필요가 있다. 다양한 포스트주의 이론들은 기본적으로 과학/이데올로기라는 전통적인 대당을 형이상학적인 계몽주의의 유산으로 간주해 비판하고 해체함으로써 전통적인 과학관에 엄청난 도전을 하고 있다. 대표적인 해체주의자인 자크 데리다는 현상학적 해석학 같은 상대주의를 독특한 자기만의 방법으로 심화시켜 과학을 "이성에 관한 억압적 이데올로기와 결부된 언설"로 비판하면서 '의미의 불확실성'과 '기호의 자유로운 놀이'를 대안으로 제시하고 있다.[60] 미셸 푸코 역시 마찬가지다. 푸코는 "이데올로기는 진실로 간주되는 그 무엇인가의 사실상 반대편에 항상 서 있는 것으로 전제되고 있다. 이제 문제는 과학성 내지 진리의 범주와 그렇지 않은 범주들을 구별하는 것이 아니라, 그 자체로는 진리도 거짓도 아닌 담론 속에서 진리 효과가 어떻게 역사적으로 생산돼왔는 가를 밝히는 것이라고 생각한다"[61]는 주장이 보여주듯이 과학/이데올로기라 는 전통적인 대당을 비판하면서 지식/권력이라는 새로운 문제 설정을 제시하 고 있다. 나아가 포스트구조주의의 '담화 이론'을 사회 이론에 도입해 담화 이 전에는 어떤 실체도 존재하지 않고 사회과학의 연구 대상인 '사회'라는 실체 역시 존재하지 않는다는 극단적인 '담화환원론'[62]부터 이제 세계는 '실재'에 근거를 두지 않고 오직 기호 자체에 준거틀을 두는 영상이나 모형으로 구성 되며 오히려 현실을 그 속에 흡수해버리는 '극초현실hyperreality'의 세계로 변모했 다는 시뮬라시옹simulation 이론[63]에 이르기까지, 전통적인 과학관의 근거가 돼온 '실재' 자체를 부정하는 흐름마저 생겨나고 있다.

이런 상대주의의 반대편에 서 있는 것은 실재론적 과학을 고수하고 있는 로이 바스카Roy Bhaskar다. 바스카는 우선 앞에서 살펴본 마르크스의 실증주의 비판과 유사한 관점에서 그 대상이 자연 현상이든 사회 현상이든 과학적 인 식과 과학적 설명이란 단순한 포괄 법칙 모형으로는 불충분하며 피설명항을 야기시킨 동학을 밝혀내는 인과적 연관을 규명해내는 것이라고 주장한다. 이 것은 "표출된 현상에서 이 현상을 유발시킨 구조로 옮겨가는 것"을 의미한다. 따라서 과학적 연구의 대상은 실증주의가 가정하듯이 '경험적 세계 그 자체' 도 아니고, 그렇다고 해석학적 전통이 가정하듯이 "우리의 주관적 경험"도 아 니며, '실제 구조들'이 돼야 한다.[64] 문제는 사회 구조 같은 특성은 무엇이며 이 런 특성이 과연 이것을 과학적 인식의 대상으로 만들어주느냐, 그렇다면 이 런 인식을 가능하게 하는 방법은 무엇이냐는 것이다. 바스카는 사회 현상은 연구 주체가 동시에 연구 대상의 한 부분이라는 점에 관련해, ① 자연 구조들 과 달리 사회 구조들은 그것이 지배하는 행위들과 무관하게 존재하지 않는 다, ② 자연 구조들과 달리 사회 구조들은 자신이 자신의 행위를 통해 무엇을 하고 있는가 하는 행위자들의 생각과 무관하게 존재하지 않는다, ③ 자연 구 조와 달리 사회 구조는 상대적으로만 지속적이어서 시공간적으로 보편적인 법칙은 존재하지 않는다는 것이 특징이라고 주장한다.[65] 따라서 사회 구조는 그 자체가 '사회적 산물'이지만, 그렇다고 주의주의자들이 생각하듯이 "인간이 이 구조를 창조하는 것은 아니다." 사회는 이미 우리의 의사에 관계없이 만들어져 주어져 있는 것이기 때문에 인간은 이것을 '수정modify'하는 데 불과하다는 점에서 인간은 다만 사회 구조를 "재생산하거나 전화시킬 따름이다." 사회 구조의 "이런 존재론적 특성, 초월적으로 실재적인transcendentally real 특성이 이것을 과학적 인식의 대상으로 만들어주는 것"이며, 이런 인식은 "비자연적이지만 그래도 과학적이다."[66] 다만 위에서 지적한 자연 구조와 사회 구조의 차이 때문에 사회 현상에 대한 과학적 인식은 예측력을 가질 수 없고 오직 설명력만을 갖는다. 또한 인식론적 이유가 아니라 연구 대상인 사회 구조가 갖는 특성에서 연유하는 존재론적 이유 때문에 "사회과학 이론은 불가피하게 불완전할 수밖에 없다." 결국 사회 현상에 대한 과학적 인식은 가능하며, 이런 인식은 마르크스의 다양한 구체적 수준에서 법칙화한 이론적 명제들이 비록 '허위로 판명됐다는 사실과 무관하게 존재론적으로는 (공리주의와 베버주의의 개인주의나 뒤르켐의 집산주의와는 달리) '관계론적relational'이며 인식론에서는 (공리주의와 뒤르켐의 실증주의와 베버주의의 신칸트주의와 달리) '실재론적realist'인 마르크스의 이론을 통해서만 가능하다는 것이다.[67]

이런 문제에 관련해 독특한 것은 마르크스주의의 모순을 작동시켜 마르크스주의를 전화시키려는 '후기' 알튀세르의 문제의식[68]을 이어받아 독자적인 작업을 계속하고 있는 에티엔 발리바르의 최근의 해석이다.[69] 발리바르는 이데올로기의 새로운 해석을 통해 "교조주의(본원적인 또는 종국의 진리)와 회의주의(진리의 부재……)의 원환으로부터 벗어날 수 있다"고 주장한다.[70] 이데올로기는 "인간의 사고와 생존이 지양 불가능한 요소, 내적 조건"이며 "진리의 장소"다.[71] 또한 진리는 스피노자의 표현대로 "그 자체로는 그 자신 이외의 다른 지명destination도 갖지 않는다"는 점에서 자기 준거적이다. 따라서 진리의 문제는 논증의 생산을 통한 "진리 효과"의 문제라는 것이다. 그러나 불행하게도 마르크스는 "결코 진리(또는 존재)와 환상(또는 비현실성)의 형이상학적 대칭에서 …… 풀려나지 못했"으며, 레닌의 경우도 초기에는 "상대적인 진리들을 지양하고 통합하는 전진적 과정으로서의 절대적 진리"라는 과학관과 진리관을 갖고 있었다.[72] 주목할 것은 '후기' 레닌이다. 레닌은《철학노트》에서 역사유물론을 '구체적 상황에 대한 구체적 분석'으로 재정의하고 '개개의 진리 속에 현존하는 절대적인 진리의 계기'라는 관념으로 대체한다.[73] 결국 "진리 …… 는 이데올로기에 대한 실천적인 비판을 체현하고, 따라서 이데올로기의 맥락 안에서 생산된다는 점에서 정세의 효과이다. 진리를 그 본질적인 사후성으로 정의함으로써 모든 진리를 부정의 사후 효과로 만드는 헤겔의 테제 …… 를 이렇게 읽을 수 있다. 유일하게 확실한 것은 이데올로기 속에 집합적인 전화의 특정한 실천과 양립 불가능한 어떤 것이 있다는 점이다. 우리는 이 현재적 비판적 확실성을 유물론적인 의미에서 '진리'라고 부를 수 있다"[74]는 '정세의 효과로서의 진리' 테제를 발리바르는 제시하고 있다.

결국 이런 다양한 입장 간의 대립은 앞으로 더 많은 이론적 논쟁을 통해 해소돼야 할 문제다. 다만 현재 유행하고 있는 포스트주의류의 이론은 과거의 물신화된 과학주의에 대한 비판으로서 엄청난 기여를 하고 있음에도 불구하고 궁극적으로는 관념론과 절대적 상대주의로 나아가는 복귀를 의미한다는 점에서 많은 문제가 있고 '자기 패배적'이라는 생각이 든다. 이를테면 지식의 진위에 대한 판정을 형이상학적 문제 설정으로 기각하는 푸코의 지식/권력론은 자신의 이론 그 자체에 의해 하나의 '권력'에 불과할 뿐 그 이론이 '참'일 이유가 없는 것이다. 한편 바스카류의 초월적 실재론 내지 비판적 실재론의 경우는 타당성을 가지고 있는데도 불구하고 단순히 사회 현상에서도 상대주의에 빠지지 않고 과학적 인식이 가능하다는 것을 보여주고 있을 뿐 좀더 구체적인 차원에서 연구 대상으로서 구체적인 사회 구조의 구체적인 동학에 대한 과학적 인식을 가능하게 하는 방법에 대해서는 침묵하고 있다는 점에서 문제의 시작일 따름이다. 결국 현대 사회과학은 마르크스가 사회 연구의 관념론과 경험주의, 회의주의와 도그마주의, 자연주의와 반자연주의를 비판하면서 문제의식의 출발점으로 삼은 실재론에 기초한 '객관적 실체'로서의 '사회 구조'에 대한 과학적 인식의 문제와 인식의 존재 구속성 간의 긴장을 극한까지 끌고가 해후시켜야 하는 어려운 과제를 안고 있다는 생각이 든다.

2장

정치란 무엇인가

보수주의, 자유주의, 마르크스주의, 포스트마르크스주의의 관점*

1. 여는 글

정치란 무엇인가? 우리는 매일매일 정치 속에서 살고 있다. 그리고 신문의 '정치면'이라는 것이 잘 보여주듯이 우리는 정치가 무엇이라는 나름의 개념을 가지고 정치에 관한 정보를 습득하고 판단을 내리며 살아가고 있다. 그러나 정치란 무엇인가 하는 문제는 일반인들은 말할 것도 없고 이 분야를 전공으로 하고 있는 정치학자들을 포함한 사회과학자들에게도 생각처럼 자명하거나 쉬운 문제가 아니라, 골치 아프고 논쟁적인 주제다.

모든 학문의 정의가 그러하듯이, 정치란 무엇인가 하는 문제는 정치학자들을 근본적인 순환적 딜레마에 빠뜨린다. 정치학을 연구하기 위해서는 정치학만의 고유한 연구 대상으로서 '정치'가 무엇인가, 즉 정치를 경제 등 다른 사회 현상과 구별해주는 종별적 특성은 무엇인가 하는 문제가 먼저 확정돼야만 한다. 다시 말해 어떤 학문이건 그 대상이 확정돼야 비로소 그것을 대상으로

---

* 손호철, 〈정치란 무엇인가? — 보수주의, 자유주의, 마르크스주의, 포스트마르크스주의의 관점〉, 《근대와 탈근대의 정치학》, 문화과학사, 2002를 수정하고 보완했다.

한 연구가 가능하다. 그러나 동시에 정치가 무엇인가 하는 정치에 대한 '과학적인 정의'는 정치학의 모든 연구 결과와 지식이 집약될 때 비로소 가능하다. 다시 말해 다른 모든 학문과 마찬가지로 정치학에서 정치에 대한 개념화는 학문의 시작인 동시에 종착점인 셈이다.

심각한 문제는 정치학자들 사이에도 정치의 정의에 대한 이론적 합의가 없다는 점이다. 물론 이런 개념적 다양성 자체가 문제는 아니며, 그것 자체가 하나의 장점으로 작용할 수도 있다. 그러나 동시에 이런 이론적 합의의 부재가 많은 문제점을 야기해온 것도 사실이다. 우선 이런 정치의 정의에 대한 인식의 차이는 정치학자들 간의 커뮤니케이션의 단절과 어려움을 야기하고 있다. 그러나 더 근본적인 문제는 이런 정의 자체가 단순한 개념의 차이를 넘어서 그 뒤에 그 나름의 관점과 이데올로기성을 내재하고 있다는 점이다. 사회과학의 '이데올로기성'에 관련해,[1] 가장 기본적이고 '중립적'인 것처럼 보이는 정치가 무엇인가 하는 정의 그 자체가 '이데올로기 중립적'이지 않으며 '이데올로기 중립적'인 정치의 정의는 존재하지 않는다.

특히 이런 정치의 정의 문제는 최근 포스트모더니즘, 포스트마르크스주의 같은 포스트주의의 도전 속에서 새롭게 부상하고 있다. 다시 말해 정치에 대한 전통적인 정의는 포스트주의에 의해 심각한 도전을 받고 있다. 이 글은 이런 도전에 관련해 정치의 정의 문제를 보수주의, 자유주의, 마르크스주의, 포스트마르크스주의의 관점으로 나눠 소개하고 비판적으로 살펴봄으로써 다양한 학파들의 정치에 대한 인식을 서로 이해하는 한편 각각의 정의에 내재해 있는 이데올로기적 특성을 인식하는 데 도움을 주기 위한 것이다.

2. 정치란 무엇인가

우선 정치에 대한 보수주의부터 포스트마르크스주의에 이르는 다양한 정의를 살펴보기 전에 간단히 짚고 넘어갈 것은 정치란 무엇이 아닌가 하는 '부정적 접근'이다. 즉 정치에 대해 유포돼 있는 잘못된 일반적 통념을 지적하고 넘어갈 필요가 있다.

이 중 가장 문제가 되는 것은 '정치'를 단순히 '통치Governing'로 이해하는 생각이다. 이런 통념은 '정치=정치인의 독점물'이라는 일반적 인식을 가져다주고 있다. 물론 통치는 정치의 중요한 한 부분이다. 그러나 정치와 통치가 등치될 수 있는 것은 아니다. 이를테면 6월 항쟁에서 보여준 국민들의 저항, 대학생들의 화염병 투척 행위 같은 극단적인 예가 아니더라도 국민들의 투표는 그 자체가 정치에 영향을 미치는 정치적 행위다. 다시 말해 '지배의 정치'가 있다면 '저항의 정치'도 있고, 그 모든 것이 정치의 한 부분이다.

1) 보수주의[2]

정치학자들 사이에 가장 많이 인용되고 있는 정치에 대한 정의는 정치체계론political system의 창시자로서 1960년대에 각광을 받은 데이비드 이스턴David Easton의 "사회를 위한 가치의 권위적 배분authoritative alloca-tion of values for a society"[3]이라는 정의다. 정치체계론은 그 뒤 완전히 파산해 학문적 관심에서 사라졌지만 이 정의만은 아직도 살아남아 상당한 영향력을 행사하고 있다. 처음 들을 때는 매우 추상적이고 우리가 일상적으로 생각하는 정치와 무슨 관련이 있는 것인가 하고 고개를 갸우뚱하게 하는 이 정의가 이처럼 살아남아 널리 회자되는 데는 이유가 있다.

우선 이 정의의 의미를 설명하고 여기에 담긴 이데올로기적인 함의를 비판적으로 검토해보자. 이 정의는 '가치를 위한 배분'을 중심으로 '권위적', '사회를 위한'이라는 두 개의 제한구 등 세 부분으로 구성돼 있다. 이 중 역시 중심에 있는 것은 '가치의 배분'이다. 여기에서 가치란 정치경제학에서 이야기하는 가치가 아니라 자유, 평등, 안보, 성장, 분배, 삶의 질 등 우리가 추구할 의미가 있는 바람직한 목표들을 의미한다. 그러나 가치의 배분이 필요한 것은 가치들 사이에 상충이 있기 때문이다. 우정과 사랑이 다 가치지만 두 개가 상충해서 사랑을 따르자니 우정이 울고 우정을 따르자니 사랑이 운다는 이야기가 있듯이, 자유와 평등은 모두 바람직한 가치지만 상충되는 경우가 적지 않다.[4] 이 점에서 이 문제의식은 경제 행위를 희소성의 원리에 의해 희소한 자원을 어떻게 배분할 것인가 하는 자원의 분배에 관련시켜 설명하는 주류 경제학의 문제의식과 유사하다. 아니, 이런 문제의식을 경제학에서 빌려온 것이다.

어쨌든 가치들 사이에는 상충이 존재하고, 따라서 우리는 어느 가치가 더 중요하고 덜 중요한가 하는 가치의 우선순위를 결정해 여기에 기초해서 가치를 배분해야 한다. 한 사회가 지향하는 방향에 관련된 이런 배분 행위, 그것이 바로 정치의 핵심이라는 주장이다. 그러나 정치는 가치의 배분이라는 정의로 끝나지 않는다. 왜냐하면 우리의 활동 중 가치의 배분은 도처에 널려 있기 때문이다. 개인적 용돈을 어떻게 배분하느냐, 여가 시간을 어떻게 배분하느냐는 다 가치의 배분 행위이지만 이것들을 정치라고 보기는 어렵다. 나머지 두 제한구가 필요한 것은 바로 이 이유다. 즉 다양한 가치의 배분 행위 중 개인적 행위는 정치라고 보기 어렵다는 점에서 그중 개인이 아니라 전체 사회를 위한 가치의 배분이어야 하고, 사회에 대해 권위와 구속력을 갖는 배분 행위여야 한다는 지적이다.

결국 이런 정의에 기초해 정치를 이해하면 군사독재 시절 독재 정권의 '선 경제성장 후 민주화'와 야당의 민주화(경제발전과 민주화 동시 추구) 주장의 대립, '선 성장 후 분배'와 분배주의의 대립 등을 가치의 배분을 둘러싼 갈등이라는 측면에서 다시 이해할 수 있게 된다. 그리고 한 나라의 예산이라는 것이 한 나라의 가치의 배분을 가장 집약적으로 숫자로 만들어 보여준 정치의 핵심 지표라는 점을 이해할 수 있게 된다. 국방비를 많이 쓸 것인가 아니면 복지 예산을 늘릴 것인가 하는, 총이냐 버터냐를 둘러싼 서구의 논쟁이 바로 이 가치의 배분 문제다.

이처럼 이스턴의 정의는 우리로 하여금 한 사회가 지향할 방향이라는 문제에 관련해 정치를 새로운 각도에서 잘 이해할 수 있게 해주는 장점이 있다. 그러나 모든 정의가 그렇듯이 매우 추상적이고 중립적으로 보이는 이 정의 역시 그 나름의 이데올로기성을 가지고 있다. 바로 이 정의가 한 사회란 기본적으로 갈등적이기보다는 조화로운 것이라는 조화론적 사회관, 유기체적 사회관에 기초해 있다는 점이다. 물론 이스턴의 이 정의는 뒤에 소개할 자유주의적 정의인 해럴드 라스웰Harold Dwight Lasswell의 정의를 발전시킨 것이다. 또한 가치의 권위적 배분은 이미 소유한 가치를 박탈하는 것, 획득 가능한 가치의 획득을 방해하는 것, 특정인에게 가치에 접근할 수 있도록 허용하고 다른 사람에게는 허용하지 않는 세 가지 방법을 통해 "개인과 집단에 권위를 배분한다"[5]고 주장함으로써 개인과 집단 간에 갈등의 소지를 시사하고 있기는 하다. 그러나 기본 성격은 조화론적이다. 이 점은 정치라는 가치의 배분 행위가 지배세력이나 특정 집단이 아니라 사회 전체를 위한 것이며 사회 구성원들에게 권위를 갖는 것으로 인식한 사실이 잘 보여주고 있다. 또한 삼성그룹의 이병철이 생각하는 한국 사회를 위한 가치의 권위적 배분과 변혁적 노동자가 생각하는 그것이 비슷하거나 최소한 조화가 될 수 있다고 생각하는 조화론적 사회 인식에 기초해 있다. 이것은 정의 그 자체 이외에도 이스턴이 정의를 설명하는 과정에서 "**전체** 사회the whole society를 위해 권위적이라고 인정되는 정책들"[6], "사회 **전체**를 위해 가치들을 권위 있게 배분하는 과정"[7](강조는 인용자) 등을 통해 전체를 강조하고 있다는 사실에 의해서도 뒷받침되고 있다.

이 밖에도 주목할 것은 이런 정의가 사회를 조화론적으로 인식하는 나름의 이데올로기성과 보수성이 내재해 있을 뿐 아니라 이스턴이 블랙박스라고 부른 정부의 최종적인 가치의 배분 행위가 특정 세력이 아니라 사회 전체를 위한 것으로 보이도록 정당화해주는 현실 정당화 기능을 수행하게 된다는 사실이다. 결국 이런 정의에 기초한 이스턴의 정치 분석이 정치를 하나의 유기체로 인식하는 정치체계론으로 나타나고, 이런 정치체계론이 "변화는 거의 언급되지 않을 뿐 아니라 새로운 형태의 체계로 변화할 수 있는 가능성조차 상세하게 다루지 않는"[8] 보수성을 내장하고 있다는 비판을 받은 것은 결코 우연이 아니다.

2) 자유주의

자유주의적 시각을 대표하는 정치의 정의는 라스웰의 또 다른 유명한 정의인 "누가 무엇을 언제 어떻게 획득하는가"[9]다. 자신이 쓴 정치학 개론 책의 제목이기도 한 이 정의 이외에도 라스웰은 "정치학은 권력의 형성과 배분에 대한 연구"[10]라며 정치를 가치의 배분 행위라고 주장함으로써 이스턴이 한 정의의 기본틀을 제공하는 등 두 학자의 정치에 대한 이해는 단절적이기보다는 연속적이다. 그리고 문제의 정의가 나오는 저작도 이스턴이 잘 지적했듯이 책의 제목하고 다르게 가치의 배분 과정에서 "어떻게 해서 특정 집단은 사회적으로 가치 있는 것들을 더 갖게 되고 어떤 집단은 덜 갖게 되는가를 분석하겠다는 저자의 의도와 달리 엘리트가 보유한 권력의 원천을 분석하는 데 그쳤다"[11]는 문제점을 가지고 있다.

그러나 문제의 정의와 라스웰의 문제의식 속에 핵심적인 것은 '사회를 위한 가치의 권위적 배분' 그 자체가 아니라 이스턴이 잘 지적했듯이 이 배분을 둘러싸고 "어떻게 해서 특정 집단은 사회적으로 가치 있는 것을 더 갖게 되고 어떤 집단은 덜 갖게 되는가" 하는 갈등적 측면이다. 다시 말해 이스턴의 '사회를 위한 가치의 권위적 배분'이라는 정의 중에서 '사회', 즉 전체 사회는 추상적인 집합체에서 승자가 되는 특정 집단과 그렇지 않은 집단으로, "누가 무엇을 언제, 어떻게 획득하느냐"의 '누가'로 해체된다. 이 점에서 이 시각은 사회란 기본적으로 갈등적이라는 갈등론적 사회관에 기초해 있으며, 따라서 그 나름의 이데올로기성을 내장하고 있다.

이 점이 자유주의적인 이 정의를 보수주의적인 이스턴의 정의와 구별해주지만, 정치에 대한 이런 인식은 다른 한편으로는 다른 갈등론적인 시각인 마르크스주의적 시각과도 구별된다. 그리고 그런 구별의 핵심에 위치한 것은 "문제의 누가 누구인가" 하는 분석 단위, 즉 갈등의 주체의 문제다. 정의 그 자체에는 명시적으로 나타나 있지 않지만, 그것은 '집단Group' 내지 집단과 개인들이다. 집단이란 마르크스주의가 기본적인 분석 단위로 삼고 있는 계급과 대립되는 것으로서 "공통의 이해관계를 가진 다수의 군"을 의미한다. 즉 여성, 호남, 경제인, 가톨릭교도 등 다양한 기준에 의한 공통의 이해관계자들을 의미하는바, 우리가 자주 사용하는 이익집단이나 압력단체pressure group라는 말들이 바로 집단이라는 개념을 구체화시켜 다르게 부르는 것들이다.

핵심은 집단의 경우 계급과 달리 자신들 간의 관계를 수평적인 것으로 상정하고 있고 그 관계에서 구조적 불평등을 전제하고 있지 않다는 점이다. 즉 계급이 자본가와 노동자 계급처럼 구성 부분 간의 관계를 수직적 지배-종속의 관계로, 그리고 이것에 기초해 이 부분들 간에 구조적 불평등의 존재를 상정하고 있다면, 집단은 그렇지 않다. 이를테면 마르크스주의에서 자본가 계급과 노동자 계급에 상응하는 '기업인들'과 '노동자들'이라는 두 집단을, 이런 관점은 다양한 이해관계를 가진 무수한 집단 중 하나일 뿐 아니라 둘 사이를 지배-종속의 관계가 아니라 다양한 권력자원power resource을 동원해 사회를 위한 가치의 배분을 놓고 경쟁하는 수평적 관계의 경쟁자로 인식한다.

나아가 이런 자유주의적 정치관은 정치의 세계를 일종의 시장으로 인식한다. 즉 다양한 이해관계를 가진 집단들이 자신이 동원할 수 있는 권력자원을 이용해 정치의 세계라는 시장에서 사회를 위한 가치의 권위적 배분을 둘러싸고 자유 경쟁을 벌이고 그 결과로 승자와 패자가 나타난다. 결국 가치의 배분을 둘러싼 경쟁에서 승패를 좌우하는 것은 권력자원이며, 권력자원의 분포는 분명히 불평등하다.[12] 그러나 누구도 모든 권력자원에서 우위에 있는 등 불평등은 누적적인 것이 아니라 상쇄적이다. 이를테면 기업인들은 자금이라는 권력자원에서 노동자들에게 우위에 있지만 노동자들은 집단 구성원의 수라는 권력자원에서 기업인을 압도한다. 따라서 개별 사안에서 승자와 패자가 나타나지만 경쟁의 총체적 결과는 구조적 불평등으로 나타나지 않고 다양한 집단들의 승률은 비슷해진다는 것이다. 이런 자유주의적 정치관에서 주목할 것은 이런 자유 경쟁에 관련해 국가는 특정 집단이나 '지배 계급의 도구'가 아니라 경쟁 집단이 주어진 경기 규칙을 준수하는지를 감시하고 판단하는 중립적 심판관이라고 주장하고 있다는 사실이다. 자유주의적 정치학은 이런 정치관에 기초해 다양한 이익집단들이 자신들의 권력자원을 통해 정치과정에 로비 등을 통해 어떻게 영향을 미치는지 살펴보는 미시적 정치과정 분석에 관심을 기울이게 된다.

이런 정치관은 이스턴류의 보수주의적 정치관이 은폐하고 있는 가치의 배분을 둘러싼 갈등의 현실을 인식하게 해준다는 점에서 진일보한 것이다. 그러나 문제는 과연 자유주의적 시각이 상정하고 있듯이 사회가 수평적이고 구조적 불평등이 내재해 있지 않느냐는 것이다. 우선 이런 시각은 노예 사회와 중세 같은 전근대 사회의 정치를 전혀 설명하지 못하고, 이 사회들 사이의 이행 같은 거시적 변화는 물론 현대 사회에서도 혁명 같은 거시적 변화를 설명하지 못하는 한계가 있다. 그럼 최소한 민주주의가 도입된 현대 사회의 일상적인 정치는 잘 설명하고 있을까? 물론 정당, 선거, 이익집단의 로비 등 일반적인 통념의 정치라는 인식에서 볼 때 유럽에 견줘 계급 정치가 발달하지 않은 미국의 경우 자유주의적 시각이 현실에 상당히 맞아떨어지는 것은 사실이다(집단 이론 중심의 자유주의적 정치관이 미국을 중심으로 발달한 것은 우연이 아니다). 그러나 그런 집단 이론적 정치관이 미국에서도 문제가 있다는 점은 긴말할 것 없이 핵심 이론가인 로버트 달Robert Dahl의 변화가 웅변적으로 보여준다. 달은 미국 정치를 경험적으로 분석해 자유주의적 정치관의 적실성을 입증하려 한 자신의 초기 연구가 자본의 힘이라는 권력자원의 구조적 불평등성을 과소평가했다는 자기비판을 거쳐 자유주의적 사회주의자로 변화했다.[13]

3) 마르크스주의[14]

마르크스주의의 정치에 대한 인식은 갈등론적 사회관의 또 다른 예다. 위에서 지적했듯이 마르크스주의는 갈등적 사회관을 갖고 있으면서도 집단이 아니라 계급을 갈등의 주된 단위로 상정하고 있다. 마르크스주의는 자유주의적 시각과 달리 사회를 단순한 개인의 합계가 아니라 사회적 관계의 총체로 파악하면서, 특히 다양한 사회적 관계 중 생산관계가 가장 중요하고 이런 생산관계를 중심으로 계급이 구성되며 이 계급들 사이에 정치라는 현상이 생겨난다고 인식하는 대표적인 관계론적relational 사회 이론이다.

마르크스주의는 정치를 무엇이라고 인식하는지를 이야기하기에 앞서 간단히 살펴봐야 할 문제는 계급에 대한 인식이다. 계급은 계층strata과 달리 단순한 빈부의 문제가 아니라 관계의 문제라는 것을 분명히 해야 한다. 계층은 단순히 월수입 등 수량화가 가능한 경제 지표를 기준으로 특정 지점(월수입 150만 원)을 자의적으로 나눈 것이다. 따라서 같은 계층은 수입과 여기에 따른 소비 수준을 공통점으로 가질 뿐이고 계층 간의 관계 역시 단지 수입의 차이를 보여줄 뿐 관계적이지 않다. 달리 말해 계층 간의 관계와 사회적 내적 구조와 갈등의 내용을 보여주지 못한다. 계급과 계층의 차이를 가장 잘 이해할 수 있는 사례는 농촌이다. 계층론으로 볼 때 농촌에는 부농, 중농, 빈농 등이 월수입이나 보유 농지 규모에 따라 나뉘게 된다. 따라서 농민들 사이에는 빈부의 차이 말고는 특별히 대립해야 할 이유도 없고, 이런 시각으로는 농촌의 갈등과 대립의 내용도 볼 수 없게 된다. 그러나 계급론적으로 보면 농촌에는 지주와 소작농, 농업 기업주와 농업 노동자, 자영농이 존재한다. 소작농과 농업 노동자는 모두 못 살지만 생산관계가 다르다. 또한 지주와 농업 노동자는, 그리고 농업 기업주와 소작농은 대립할 특별한 이유가 없다. 지주는 소작농이 있어서 존재할 수 있다는 점에서, 농업 기업주는 농업 노동자가 있어서 존재할 수 있다는 점에서 계급은 관계적이다. 그리고 지주와 소작농은 농지와 지대를 중심으로, 농업 자본가와 농업 노동자는 임금과 노동과정을 중심으로 갈등을 일으킨다는 점에서 갈등의 내용이 전혀 다르다. 이런 점에 주목함으로써 계급론은 사회적 갈등 구조를 분석할 수 있는 이론적 수단을 제공한다. 마지막으로 자영농도 계층론의 중농처럼 '중간'이라는 뜻이 아니라 농지를 가지고 있지만 자신이 노동을 하고 다른 노동력을 고용해 착취하지 않는 농민 계급이라는 뜻이다.

그럼 마르크스주의의 시각에서 정치란 무엇인가? 현대 마르크스주의 정치 이론의 대표적 이론가인 니코스 풀란차스는 계급적 실천 중 "정치적 실천의 종별성은 국가 권력을 그 대상으로 하고 있다는 것에 근거한다"[15]고 지적했다. 이런 주장처럼 마르크스주의는 정치란 "국가 권력을 놓고 (이것의 유지와 재생산이냐 변혁이냐를 둘러싸고) 벌어지는 계급적 실천의 총체"로 인식해오고 있다. 경제 투쟁과 정치 투쟁의 구별이 보여주듯, 다른 활동과 정치를 구별하는 특징은 국가 권력을 대상으로 하느냐 여부라는 것이 마르크스주의의 기본 생각이다. 그러나 이것은 좁은 의미의 정치를 의미할 뿐 넓은 의미의 정치는 다르다. 한 예로 레닌은 "모든 계급투쟁은 정치 투쟁이다. …… 그러나 정치에서 가장 중요한 것은 국가 권력의 조직이라는 사실을 염두에 둬야 한다"[16]고 지적했다. 국가 권력에 관련된 실천이 가장 중요한 정치적 실천이지만, 흔히 경제 투쟁이라고 부르는 것도 넓은 의미에서는 정치라는 말이다.

이런 문제의식은 현대 마르크스주의에도 계승되고 있다. 구체적으로 정치를 국가 권력을 대상으로 하는 현상으로 이해하는 좁은 의미의 정치관은 사회를 국가와 토대 등 폐쇄적이고 독립된 여러 구조 내지 층위의 결합으로 이해해온 전통적인 토대-상부구조론에 기초해 있는바, 이런 위상학적이고 건축학적인 이론화는 1970년대 들어 이런 토대-상부구조론을 현대화시켜 보급한 구조주의 마르크스주의에 대한 비판과 자기비판을 통해 국가와 정치는 경제나 이데올로기와 마찬가지로 독립된 구조가 아니라 생산관계의 내재적 계기의 하나라는 발본적 문제의식으로 되돌아왔다.[17]

사실《자본》에서 마르크스가 비판하려 한 핵심 내용의 하나는, 정치란 전통적으로 정치에 관련된 것으로 생각해온 국가와 관련된 현상이고 경제란 정치에 관련이 없는 것으로서 정치와 무관한 순수한 경제가 가능하다는 주류 경제학자들의 생각이었다. 이런 통념과 달리 경제 자체가 정치적 현상이며 생산관계 그 자체가 지배-종속의 권력 현상으로서, 이 생산관계를 유지하려 하는 자본가 계급의 노력과 여기에 저항해 생산관계를 변화시키려는 노동자 계급의 투쟁도 정치라는 것이 마르크스의 생각이었다. 바로 그렇기 때문에 위에서 인용한 대로 레닌도 이른바 '경제 투쟁'을 포함한 "모든 계급투쟁이 정치 투쟁"이라고 주장한 것이다. 이런 전통에 기초할 때 정치에 대한 가장 체계적인 마르크스주의적 정의는 "정치란 계급적 현상이고, 넓은 의미로는 계급투쟁의 총체적 운동을 의미하지만, 좁은 의미로는 양대 기본 계급을 중심축으로 하는 여러 계급, 여러 계층, 그런 계급과 계층들의 경제적, 정치적 이익을 대표하는 여러 집단, 여러 정당 등이 국가 권력을 통한, 또는 국가 권력의 획득과 유지를 둘러싼 지배와 피지배, 대립과 동맹, 지도와 피지도의 전체적 운동, 그리고 여기에 관련된 여러 현상"[18]이라는 주장이다.

이런 마르크스주의적인 정치의 정의는 무엇보다도 위의 자유주의 시각에서 지적했듯이 거시 역사적 변화를 설명하는 데 강점이 있다. 노예제 사회부터 봉건제 사회를 거쳐 현재의 자본주의 사회로 이어져온 거시 역사적 변화는 계급론적 시각이 아니면 설명할 수 없다. 현대 자본주의 사회에 들어서도 여러 혁명 등 거시적 변화의 경우 사회 구조적 갈등에 초점을 맞추는 계급론적 정치관이 다른 이론에 견줘 설명력이 높다. 그러나 일상적으로 우리가 정치라고 생각하는 정당과 선거 등 통념적인 정치 현상의 경우 그 설명력은 나라에 따라 다르다. 상대적으로 계급 정치가 제도화된 유럽 등에서는 상대적으로 설명력이 있는 반면, 미국과 한국 등 계급 정치의 전통이 약한 나라들의 경우 설명력이 상대적으로 떨어지는 것이 사실이다.

그러나 마르크스주의적 정치관이 지닌 좀더 근본적인 문제는 정치를 계급적 현상으로 부당 전제해 계급을 특권화하는 경향이다. 특히 문제가 되는 것은 계급적 현상만이 정치라는 식의 계급환원론이다. 위에서 소개한 정치에 대한 가장 체계적인 정의의 경우도, "정치는 계급적 현상"이라고 보고 집단과 정당을 이야기하지만 이것 역시 여러 계급의 "경제적, 정치적 이익을 대표"한다는 식으로 계급환원론을 공공연하게 주장하고 있다. 이런 경향은 최근 들어 성의 정치 등 계급 문제로 환원될 수 없는 새로운 사회적 균열과 새로운 정치들의 부상, 그리고 이것에 관련해 인간은 계급, 성, 지역, 종교 등 다양한 주체성의 복합체이고 이 중 어느 것이 지배적이라고 할 수 없다는 포스트주의의 '주체의 다원성plurality of subject'론과 '정체성의 정치politics of identity'론 때문에 심각한 도전을 받고 있다(아래 참조). 이런 점에서 마르크스주의는 그동안의 계급환원론적 정치관을 벗어나 새로운 변화를 설명할 수 있는 자기 혁신이 필요하다. 물론 사회적 관계에서 생산관계가 가장 중요하다는 계급중심성 테제를 포기할 경우 마르크스주의는 자기 정체성을 잃고 더는 마르크스주의라고 보기 어렵게 될 것이다.[19] 그러나 계급중심성 테제는 모든 정치를 계급 문제로 환원하는 계급환원론과 다르다.

4) 포스트마르크스주의[20]

프랑스를 필두로 세계를 휩쓴 68혁명,[21] 그리고 이 혁명의 영향으로 봇물 터지듯 밀어닥친 포스트모더니즘, 포스트마르크스주의 등 포스트주의의 물결은 보수주의, 자유주의, 마르크스주의의 '전통적' 정치관과는 다른 새로운 정치에 대한 인식을 가져다줬다.

　문제의 중요한 출발점은 공적 영역과 사적 영역에 대한 전통적인 구별이다. 전통적으로 정치학은 이런 구별에 기초해 공적인 것은 정치적이고 사적 영역의 문제는 정치적인 것이 아니라고 생각해왔다. 그러나 푸코가 계보학적 연구를 통해 보여줬듯이,[22] 무엇이 공적인 것이고 무엇이 사적인 것인가 하는 것 자체가 '권력의 효과'이며 역사적으로 변해왔다. 이런 인식에 기초해서 과거에 사적인 것이라고 생각한 가정 내 문제, 젠더 문제, 동성애 문제 등이 정치화돼 '성의 정치', '차이의 정치politics of difference', '일상성의 정치' 등이 등장하기 시작했다. 한마디로 "한 개인의 삶에 있어서 정치적이지 않은 사적인 영역은 존재하지 않는다"[23]는 것이며, "사적인 것이 정치적인 것이다"는 주장이다.

이런 문제의식을 다른 각도에서 살펴보면, 오랫동안 정치의 핵심 현상으로 간주돼온 권력 문제에 관련해 전통적 시각들이 권력 현상을 주로 국가나 계급 등에 관련된 문제들을 중심으로 생각한 반면 포스트마르크스주의 등 포스트주의의 경우 권력관계가 특정한 관계에 국한된 것, 즉 따로 있는 것이 아니라고 생각한다. 권력관계와 "다른 유형의 관계(경제적 과정, 인식 관계, 성적 관계)는 외재적 관계에 있는 것이 아니라 그것들에 내재해 있"고, 따라서 "권력은 도처에 있다."[24] 한마디로 모든 사회적 관계는 그것 자체가 권력관계이며, 따라서 이것에 관련된 모든 사회적 실천은 정치적일 수 있다는 주장이다.

그럼 이런 포스트주의적 문제의식에 따르면 정치란 과연 무엇인가? 이 물음에 직접적인 대답을 하고 있는 것은 포스트마르크스주의적 담론 이론을 국가론에 도입하려는 학자들이다. 이 학자들에 따르면 모든 사회 현상은 담화를 통해 구성되기 때문에 연구 대상으로서의 고정된 사회적 실체가 존재한다고 생각하는 전통적 사회과학자들의 생각과 달리 담화 밖의, 담화 이전의 고정된 사회적 실체는 존재하지 않으며, 사회를 구성하는 계급 관계, 남녀 간의 성적 관계, 가족 관계 등 모든 사회적 관계는 유동적이며 지속적으로 구성되면서도 '구성적 외부constitutive outside'에 의해 부단히 전복된다. 그리고 정치란 바로 이런 사회적 관계의 구성과 전복 현상에 관련해서 "사회적 관계를 구성하고 전복시키는 특정한 실천"이라는 것이 포스트주의의 주장이다.[25]

조금 추상적인 이야기이기 때문에 이해를 돕기 위해 구체적인 예를 들어보자. 사회적 관계의 하나인 남녀 간의 젠더 문제 역시 그 속에 남녀 간의 권력 관계가 내재해 있는바, 제도화돼 있는 기존의 남녀 관계를 유지하고 재생산하거나, 이것을 전복하려는 실천이 바로 정치, 즉 성의 정치라는 것이다. 대학도 마찬가지다. 대학에는 주요한 의사 결정 방식, 일상적 관행들에 관련해 재단, 교수, 직원, 학생들 간에 권력관계가 내재해 있는데, 총장 선출에 관련해 교수들이 직선제를 요구하거나 학생들이 대학 운영상의 주요 결정에 참여할 권리를 요구하는 등 제도화된 대학 내의 권력관계를 전복하거나 이것을 유지하려는 구체적인 실천이 대학의 정치이다. 정치를 이처럼 이해함으로써, 우리가 과거에는 정치라고 생각하지 않던 일상적인 다양한 사회적 관계들이 그 관계의 구성과 전복에 관련해서 정치적 행위가 된다.

정치에 대한 이런 인식은 여러 면에서 마르크스주의와 비슷한 점이 많다. 포스트주의의 권력의 내재성 테제와 마찬가지로 마르크스주의는 생산관계 자체가 권력관계라는 내재성 테제를 주장해왔다. 따라서 정치에 대해서도 기존 계급 관계를 유지(구성)하거나 변혁(전복)하려는 계급적 실천의 총체를 넓은 의미의 정치로 봤고, 이런 점에서 노동자 계급의 '경제 투쟁'도 넓은 의미에서는 정치라는 것이다. 다만 마르크스주의가 이런 구성/전복 내지 재생산/변혁의 실천으로서의 정치를 단순히 계급 관계에 국한시키는 한계를 지녔다면, 포스트주의는 이것을 사회적 관계 전체에 확대시켰다고 할 수 있다.

나아가 포스트마르크스주의는 이런 문제의식을 발전시켜 '정체성의 정치 politics of identity', '차이의 정치'라는 새로운 정치를 만들어냈다. "모든 사회적 행위자는 사회적 생산관계 말고도 성, 인종, 민족, 이웃 등의 사회적 관계들을 포함해 사회관계의 다양성 속에 각인된다. …… 따라서 모든 사회적 행위자는 복수의 주체 위치의 소재이며 단일한 주체 위치로 환원될 수 없"[26]으며, 그 결과로 이런 주체의 다원성, 주체의 형성을 둘러싼 '정체성의 정치'[27]가 생겨난다는 것이다. 이런 주장은 '차이의 정치'로 이어진다. 주체의 다원성은 불가피하게 무수한 차이들을 만들어내는데, 마르크스주의를 포함한 근대적 정치, 근대적 정치학은 동일성의 원리와 보편성에 초점을 맞춤으로써 차이를 억압해 온 결과 동성애자 같은 억압된 주체들 사이에서 차이를 인정받기 위한 '차이

의 정치'가 생겨난다.[28]

정치에 대한 포스트주의의 이런 인식은 마르크스주의가 과거의 정치에 대한 인식에 혁명적인 변화를 가져다줬듯이 정치에 대한 인식에 혁명적 변화를 가져다줬다. 특히 여성운동, 동성애운동 등 과거에는 문제가 되지 않던 비계급적인 사회적 관계의 새로운 정치화 현상에 관련해, 과거에는 정치로 생각하지 않던 일상성 속에 내재된 권력관계, 미시 권력 문제, 일상성의 정치 문제를 부각시킨 결정적인 공헌을 했다고 할 수 있다. 또한 근대적 정치와 정치학이, 이를테면 마르크스주의가 계급 문제를 특권화시킴으로써 결과적으로 차이의 문제, 차이의 정치를 억압하는 효과를 가져왔다는 점에서, 차이의 정치에 대한 강조는 학문과 실천 양면에서 포스트마르크스주의의 중요한 기여이다. 그러나 포스트주의의 정치관이 문제가 없는 것은 아니다.

우선 정체성의 정치, 차이의 정치를 지나치게 강조하면 다양한 주체 위치를 상대화하는 절대적 상대주의와 해체주의로 나아갈 위험이 있다. 특히 최근 진행되는 신자유주의적 세계화의 공세들에 관련해 여기에 맞서 사회와 인간을 보호하려는 반신자유주의 투쟁을 어렵게 만들 가능성이 크다. 이런 문제에 관련해 주목할 것은 포스트주의가 주목하는 차이의 정치와 달리 생산관계의 중요성을 강조하는 마르크스주의의 경우 '적대의 정치'에 기초한다는 사실이다. 다시 말해 다른 차이의 정치와 달리 자본과 노동의 관계는 "너와 나는 다르다"는 차이의 문제, 따라서 자본과 노동이라는 차이가 존재하는 것이 바람직하다는 차이의 정치로 설명할 수 있는 대상이 아니다. 나아가 의미 있는 정치란 다양한 주체 간의 연대를 필요로 하는데 차이를 강조하는 포스트주의의 정치는 연대를 어렵게 한다는, 포스트모던 정치관에 우호적인 한 이론가의 비판에 주목할 필요가 있다. "정치는 정신 분열적이고 분절된 담론들에 기초해 만들어지지도 않았고 만들어질 수도 없다. …… 차이에 대한 극단론은 주변화된 타자에 목소리를 제공해주는 것이 아니라 오히려 타자에게서 의미 있는 언어를 박탈한다는 점에서 자기 패배적이다. 포스트모더니즘 이론가들의 글이 읽고 이해하기가 어려운 것으로 악명 높은 것은 우연이 아니다. 우리가 차이를 이야기하면서 동시에 일관되게 이야기하는 것은 불가능하다."[29]

3. 맺는 글

이 글에서는 정치학의 출발점이 되는 '정치는 무엇인가'라는 정치의 정의에 대한 보수주의, 자유주의, 마르크스주의, 포스트마르크스주의 같은 포스트주의의 입장을 비판적으로 비교하고 분석했다. 이런 비교와 분석을 통해 다양한 이론적 조류의 정치에 대한 상이한 생각을 서로 이해해 '귀머거리들 사이의 대화'를 넘어서 학문적 의사소통을 촉진하는 데 도움이 되기를 바란다.

그러나 여기에 그쳐서는 안 된다. 각각의 입장이 다르며 그 나름의 의미가 있다는 식의 단순한 이론의 상대주의를 넘어서 각 이론 경향의 정치관이 갖는 장단점을 엄밀히 평가하고, 좀더 활발한 논쟁을 통해 정치에 대한 더욱 체계적인 정의를 도출하기 위해 함께 노력해야 한다. 다만 개인적으로 그런 방향은 생산관계를 중심으로 한 마르크스주의의 시각과 이런 문제의식을 더욱 발본적으로 모든 권력 현상에 확대한 포스트마르크스주의의 시각을, 다시 말해 '적대의 정치'와 '차이의 정치'를 건설적으로 접합시키는 것이라고 생각한다.

3장

진보 정치학, 무엇을 할 것인가[*]

1. 이론적 정세

분단 등 한국 사회의 역사적 특수성 때문에 '우경 반쪽 불구화'된 이데올로기 지형 속에서 지배 논리의 수준을 벗어나지 못하던 한국 사회과학은 1980년 대 들어 민중 부문의 활성화에 힘입어 한층 민중적이고 민족적이며 민주적인 사회과학으로 다시 태어나기 위한 어려운 한걸음 한걸음을 계속해왔다. 특 히 정치학의 경우, 국가 권력의 문제를 직접 다뤄야 하는 주제의 특수성 등 때 문에 과거 다른 사회과학 분야에 견줘 많은 문제점을 안고 있었다. 서구의 탈 역사적이고 현상 유지적인 구조기능주의와 서구 중심인 발전론을 무비판적 으로 수용하면서 소극적으로는 정치학의 '탈정치화'에 따른 비판 의식의 마 비가, 적극적으로는 개발독재 논리의 옹호가 정치학의 주된 기조가 돼왔으

---

[*] 최근 한국에서 진행된 마르크스주의의 위기 논쟁 속에서 마르크스주의 이론의 전환을 위한 과제들을 분야별로 다룬 《이론》 창간 특집 '무엇을 할 것인가'(1992년 여름)에 정치학 부문으로 기고한 논문을 보강한 글이다. 《이론》에 실린 축약 논문은 별 문제가 없지만, 이 글은 필자가 평소 관심을 가져온 국가론, 민주주의론, 한국 정치 등의 분야는 그런대로 상세 히 언급된 반면 그렇지 않은 국제정치, 정치사상 등은 아주 간략하게 다뤄 분야별 불균등성을 드러내고 있다. 이렇게 된 이 유는 정치학의 전 분야를 깊이 있게 분석할 능력이 필자에게 부족한 탓이지 특정 분야가 덜 중요하다는 뜻은 아니라는 점 을 밝혀두려 한다.

며, 우리의 문제와 가장 밀접한 주제인 한국정치는 금기시됐다. 1980년대 들어 진보적 사회과학의 부활 내지 복원의 조류 속에서 정치학 분야에서도 '과학주의'의 이름 아래 실종됐던 국가론의 부활, 한국 현대 정치사의 민중적 시각에서의 재조명 등 정치사상, 정치이론, 국제정치론, 한국정치론, 북한정치론, 지역정치론 등 각 분야에서 진보적 정치학를 체계화하려는 노력들이 미력하나마 그 나름대로 진행됐다. 그러나 이 경우 역시 마르크스주의 정치 이론의 미발달이라는 마르크스주의의 일반적 조건, 주제의 특성에서 연유하는 정치학 분야의 상대적 보수성, 진보적 연구자 계층의 빈약함 등 때문에 다른 사회과학 분야에 견줘 진보적 이론화의 수준이 낙후된 실정이다.

이런 상황에서 현실 사회주의의 붕괴가 던진 충격이 한국 사회, 특히 민중 진영과 진보적 학술운동계를 강타했다. 긴 역사적 단절을 딛고 전통의 복원이라는 어려운 작업을 하던 진보 학계가 채 뿌리를 내리기도 전에 이런 시련을 맞아 혼란과 내부 분열을 겪고 있다는 것은 이미 잘 알려진 사실이다. 그동안 어렵게 확보한 학문적 성과와 입지들도 보수화의 물결에 위협받고 있으며, 진보 진영 내부에서도 '고해 성사'와 청산주의, '신매카시즘'적 어투의 포스트주의 등이 전염병처럼 번져가고 있다. 이런 전반적 추세 속에서 현실 사회주의 붕괴의 영향은 학문 분야에 따라 불균등하게 나타나고 있다. 한때 국내 진보 학계의 메카 구실을 해온 한 사회학 분야의 경우 한편으로는 그 반작용으로, 다른 한편으로는 국내 사회과학 논쟁을 선도해온 그 '선진성(?)'과 첨단성을 다시 한 번, 그러나 이번에는 다른 방향으로 십분 발휘해 "반동의 수도"[1]로 변할 기미를 보이고 있는 반면, 정치학의 경우 원래의 '상대적 낙후성' 덕분에 사회주의 몰락의 영향 역시 상대적으로 더디 찾아오고 있다. 그러나 정치학에서도 그 영향력은 국가론, 변혁 이론, 민주주의론 등을 중심으로 본격적으로 가시화될 기미를 보이고 있다.

진보적 정치학이 현재 당면한 문제들은 현실 사회주의의 몰락에 관련된 마르크스주의의 총체적 위기, 정치 이론의 '공백'이라는 마르크스주의 내에서 정치학이 차지하는 특수한 위상, 역사적 단절과 일천함에서 연유하는 국내 진보 이론의 수준과 역량의 저급함, 이렇게 수준과 역량이 낮은데도 실천적 필요성 때문에 연구 결과를 '과잉 외화'시키면서 생겨난 편향들이 중층적으로 작용한 결과물이다. 특히 진보 운동과 진보적 이론의 위기를 돌파하고 위기를 발전의 계기로 삼으려면 '전통적' 마르크스주의의 교과서를 암기하고 답습하는 선언적이고 교조적이며 아마추어적인 연구 태도에 대한 뼈아픈 자기반성과 함께, 당연시돼온 명제들도 뿌리로 돌아가 다시 생각하는 발본적인 사고가 필요하다 하겠다. 이런 문제의식에서 현재 정치학의 주요 쟁점들과 연구 과제들을 주요 분야별로 열거하면 다음과 같다.

2. 쟁점과 과제

1) 정치이론과 정치사상

정치학에서 핵심 쟁점은 역시 국가의 문제, 즉 국가론이다.[2] 궁극적으로 문제가 되는 것은 체제의 재생산과 이행이고, 여기에서 핵심 고리는 국가 권력이라는 점에서 더욱 그렇다. 국가론 분야에서는 그동안 국가론의 부활과 함께 특히 한국 사회의 사회구성체 논쟁에 관련해 나름대로 이론이 축적돼왔다. 그러나 최근 들어 국가론은 더는 이론적 전진이 없는 정체 상태 내지 소강 상태에 빠져 있으며,[3] 국가를 그 다양한 추상화 수준의 위계성을 무시한 채 단순히 사회적 관계의 응집으로 이해하는 사회민주주의의 또는 유로코뮤니즘적 국가론이 유행하는가 하면 사회의 실정성을 부인하는 포스트마르크스주의의 문제의식을 국가로 확대해 국가론의 존립 근거인 국가 그 자체의 실정성마저 부정하려는 극단적 조류[4]가 수입되는 것도 시간문제인 실정이다. 따라서 국가론에 관련해 다음 같은 방향으로 연구가 진행돼야 한다고 볼 수 있다.

(1) 국가론

현재 이론적 쟁점이 가장 근본적이고 기초적인 개념화와 그 총체적 위상으로 번지고 있는 점에서 국가의 개념화, 정치의 관계, 국가 권력과 권력 일반의 관계 등 근본적인 문제부터 이론을 엄밀히 하고 발전시키는 작업이 필요하다.

　① 국가 개념화[5] 국가 권력은 분산 소유될 수 있는 것이 아니라는 국가 권력 통일성 테제에 입각해 계급 사회의 국가를 단일 계급, 즉 경제적 지배 계급의 계급 권력으로 파악해온 전통적 시각이, 국가는 단순히 사회적 역관계를 반영한 사회적 관계의 응집이며, 따라서 그것 자체는 중립적이라는 시각의 도전을 받고 있다. 사회관계의 응집으로서 국가를 파악하는 이론의 경우도 생산관계와 계급이 사회관계의 중심이라는 것을 인정한 위에 사회관계의 응집(즉 계급 관계의 응집)으로서 국가를 개념화하는 것과 이것을 넘어서 계급의 중심성을 부정한 채 다양한 차원의 사회관계의 응집으로서 국가를 개념화하는 것으로 분화되고 있다. 따라서 이 문제에 대한 과학적 분석이 시급히 요구된다. 이런 두 가지 이론화는 서로 대립되는 대안적 개념화인가, 그렇다면 그중 어느 것이 올바른 이론화인가, 아니면 이 두 개념화는 상호 모순되지 않는 보완적 이론화인가, 그렇다면 이 양자 간의 정확한 관계는 어떠한가 하는 문제다.

　시론적으로 제시할 수 있는 해답은 이 관계를 추상화 수준을 달리하는 위계성 아래의 상호 보완적 관계로 이해하는 것이다. 좀더 구체적으로 사회적 성격이란 궁극적으로 그것을 매개로 해 재생산되는 질서가 무엇이냐에 따라 판단돼야 하며, 따라서 자본주의적 질서가 재생되는 한 그 국가는 자본가 계급의 국가라고 할 수 있다. 그러나 이런 국가유형type of the state이라는 높은 추상성 수준의 국가 개념화를 전제로 해 구체적으로 존재하는 다양한 국가들은 이 국가유형이 규정하는 구조적 한계 내에서 구체적인 사회적 역관계를 반영하는 사회관계의 응집이자 계급투쟁의 장으로서 국가라고 할 수 있다. 논쟁의 또 다른 축은 사회적 관계에서 생산관계와 계급의 중심성 문제다. '계급론'[6]에서 본격적으로 다룰 문제지만, 관련된 입장을 간략히 제시하면 다음과 같다. 원래는 고전적 입장에서도 사회관계의 총체로서 사회 구성이란 생산관계를 중심축으로 하면서도 성, 가족, 지역, 나아가 언어적 관계까지 망라한 진정한 의미의 모든 사회적 관계의 총체를 의미하는 것이었는데도 불구하고,[7] 실제 이론적 실천에서는 사회관계를 계급 관계로 환원하는 계급환원주의적 편향이 있어왔다. 한편 세칭 '주체의 다원주의'에 따라 이런 중심성마저 부정한 채 생산관계를 단순히 다양한 사회적 관계의 하나로 상대화하는 '해체주의적' 경향[8]도 문제가 있다. 따라서 사회관계의 응집은 생산관계를 중심축으로 하되 환원 불가능한 다른 사회적 관계들을 포함해 중층 결정된 모든 사회관계의 응집으로 파악해야 한다고 볼 수 있다. 이런 시론적 입장을 기초로 해 국가 개념화에 대한 한층 엄밀한 이론화가 진행돼야 한다.

② 국가와 정치, 국가 권력과 권력 일반 국가와 정치의 관계 역시 중요한 또 하나의 쟁점이다. 정치의 문제를 주로 국가에 관련해 논의해온 전통적 시각에 반해 정치의 특권화된 영역으로서 국가를, 나아가 국가 자체의 실정성을 부인하는 경향이 생겨나고 있다. 더욱이 이런 새로운 '포스트마르크스주의적' 이론은 정치를 국가로 환원시키는 마르크스주의의 사고가 국가 소멸을 곧 정치의 종말로 파악함으로써 유토피아적이고 반[反]정치적인 사회주의관을 지니고 있다고 비난하고 있다. 따라서 이 문제를 본격적으로 논의해야 한다.

이런 논의는 전통적인 입장이 원래 정치를 국가의 문제로 치환하는 국가환원론적인 시각이 아닌데도 불구하고 구체적인 이론적 실천에서는 그런 편향이 드러났다는 점을 인정하고 이 부분을 교정하는 데에서 출발한다. 그러나 거꾸로 이런 국가환원론에 대한 거부가 정치의 중심적 영역으로서 국가 자체를 부인하는 해체주의적 경향으로 나아가는 상황은 막아야 한다. 나아가 국가의 중심성을 인정하되 그동안 등한시된 '국가 밖의 정치'에도 더 많은 관심을 기울이는 한편 국가를 둘러싼 '전통적 의미의 정치'와 '국가 밖의 정치' 사이의 연관과 매개 고리에 대해 연구해야 한다.

이런 국가와 정치의 외연 문제와는 별개로, 다른 차원에서 양자 간의 관계에 대한 이론화를 심화할 필요가 있다. 이 문제는 국가를 하나의 구조 내지 층위, 심급으로 이해하는 한편 정치를 이런 국가(권력의 유지와 변혁)를 둘러싼 계급 등 사회 세력의 실천의 총체로 파악하는 전통적인 시각[9]에 관련된 것으로, 마르크스주의를 포함한 사회과학 일반의 약한 고리로 남아 있는 '구조-행위'의 관계에 관련해[10] 이 둘 사이의 관계에 관한 한층 깊이 있는 이론화가 필요하다고 하겠다(아래 참조).

이런 논의에 밀접히 관련된 것으로 국가 권력과 권력 일반의 관계에 대한 문제가 있다. 이것 역시 '포스트마르크스주의'의 문제의식을 기초로 해 전통적인 시각에서 국가 권력을 특권화해온 것을 비판하며 일상생활과 사회 도처에 산재한 '소권력micro power'의 문제를 부각시키려는 시도가 활발히 진행되고 있다.[11] 이 문제에 대해서도 국가-정치 문제와 동일한 원칙에서 이론적 작업이 진행돼야 한다고 볼 수 있다. 즉 국가 권력을 권력의 유일한 문제로 파악하려는 환원주의적 시각에 대해 비판을 가하되 국가 권력의 중심성까지 부정하며 권력 문제를 무정형적인, 산재된 소권력의 단순한 집합으로 이해하려는 해체주의도 경계해야 한다.[12] 따라서 국가 권력의 중심성을 전제로 해 그동안 등한시된 소권력의 문제에도 관심을 기울이는 한편, 둘 사이의 관계와 매개 고리에 대한 이론화가 필요하다 하겠다.

③ 토대-상부구조, 국가-시민사회 토대-상부구조는 오랫동안 국가론의 초석이 돼왔고 여전히 초석이다. 그러나 토대-상부구조론은 두 가지 심각한 문제를 안고 있다. 한편으로는 토대-상부구조라는 위상학적topological 비유의 문제고, 다른 한편으로는 토대-상부구조론 자체의 '미발달'이라는 문제다.

토대-상부구조, 따라서 국가-경제 층위라는 위상학적 내지 건축학적 비유는 경제라는 층위가 사전에 주어진 폐쇄된 영역, 즉 '정치적으로 중립적'인 영역이고 여기에 국가가 외부에서 사후적으로 '개입'한다는 그릇된 인식을 갖게 한다.[13] 그러나 생산관계는 그 자체가 지배와 종속의 관계이기도 하다. 따라서 국가와 정치적인 것the political은 그 자체가 생산관계의 내적인 계기 중의 하나로 재정의돼야 한다.[14]

그러나 이런 한계에도 불구하고 토대-상부구조론은 여전히 필요한 것 같다. 왜냐하면 하나의 '독립된 실체'로서 국가는 현실로 존재하며, 이것을 단순히 생산관계의 한 계기로 보고 분석하기에는 실제로 어려움이 따르기 때문이다. 따라서 이런 이론적 문제점과 한계에 대한 인식을 전제로 한 토대-상부구조론적 사고는 계속 불가피하게 필요하지 않나 싶다.

이런 입장을 취하더라도 여전히 문제는 남는다. 그것은 토대-상부구조론의 미발달이 국가론 발전의 커다란 장애가 되고 있다는 점이다. 그 정당한 문제의식에도 불구하고 토대-상부구조론은 ① 토대가 상부구조를 (궁극적으로) 규정한다, ② 상부구조는 상대적 자율성 내지 상대적 독자성을 갖는다, ③ 상부구조는 토대에 반작용해 적극적으로 개입한다는 극히 원론적인 수준을 벗어나지 못하고 있다.

여기서 우선 문제가 되는 것은 위의 3가지 테제 사이의 정확한 관계에 대한 이론화다. 이 문제에 대해 주류 정치학에서는 그동안 진보 학계가 주도한 국가론의 복권과 연구에 소극적으로 대응(무시)하던 단계를 넘어서 국가주의적 국가론의 개발과 보급이라는 적극적인 대응을 시도하고 있다.[15] 3가지 테제 중 테제 ②와 ③을 절대화하는 한편 테제 ②의 상대적 자율성을 절대적 자율성까지 확대하고 있는 것이다. 진보 학계 내에서도 그동안 마르크스주의 국가 이론에 일정하게 내재해 있던 속류 경제환원론(테제 ①의 절대화와 테제 ②, ③의 무시)에 대한 반작용으로 테제 ②, ③을 절대화하거나 테제 ①, ②, ③을 동일한 수준의 테제로 파악해 토대의 선차성primacy을 부정한 채 한 사회가 하나의 유기체적 체계system로서 토대와 상부구조의 각 부분들이 서로 영향을 주고받는다는 '체계이론'적인 '상호작용주의interactism' 내지 인과적 다원주의,[16]

또는 여기서 한발 더 나아가 사회 구성의 재생산은 궁극적으로 최종 심급에서는 국가와 상부구조에 의해 결정된다는 의미에서 상부구조에 선차성을 부여하는 상부구조 우위의 상호작용론을 제시하고 있다.[17]

이 경우에도 이 테제들 사이의 관계를 하나의 주 테제(테제 ①)와 이것을 전제로 한 두 개의 하위 테제(테제 ②, ③)로 이해하는 방식을 연구의 출발점으로 삼아야 한다고 볼 수 있다. 테제 ①만을 절대화해 속류 경제환원론으로 빠지는 것도 문제지만, 거꾸로 상부구조에 대한 토대의 궁극적인 규정을 전제로 상부구조의 상대적 자율성과 반작용을 논하는 것이 아니라 테제 ①을 절대적으로 상대화해 단순한 상호작용론 내지 상부구조 우위론으로 나아가는 편향 역시 경계해야 한다.

이런 원칙을 출발점으로 삼아 토대-상부구조론을 엄밀하게 만들고 구체화시켜야 한다. 궁극적 규정에서 규정의 의미를 과학적으로 밝히고, 상대적 자율성을 메타포 이상으로 과학적으로 이론화하는 것 등이 그런 사례다. 토대-상부구조 일반 이론 수준에서 논의하는 고추상성의 원칙론이 아니라 구체적으로 존재하는 다양한 사회 구성에서 토대와 상부구조 사이의 관계를 구체적 수준에서 역동적으로 분석해줄 수 있는 유용한 현실 분석의 무기로서 토대-상부구조론을 풍부하게 하고 구체화해야 한다. 따라서 '추상에서 구체로 상승'할 수 있는 추상화 사다리에서 중범위 수준의 이론화를 '구체에서 추상으로 하강'하는 과정을 통한 실증 연구의 비교 분석과 그 역순으로서 이론 분석을 통해 채워 나가야 한다. 특히 국가의 적극적인 역할과 토대에 대한 반작용을 체계적으로 분석할 수 있는 수단으로서 '헤게모니 프로젝트', '축적전략' 등 '전략 이론적' 내지 '전략관계적' 이론틀을 보완적으로 도입할 필요가 있다.[18] 그러나 밥 제숍류의 '전략관계적' 국가론이나 조절이론적 국가론처럼 전략적 선택성을 절대화하는 것은 경계해야 한다. 또한 이런 토대-상부구조론에서 모호하게 처리돼 있는 계급투쟁 등 사회적 실천의 위상, 즉 토대와 상부구조 사이의 연관과 그 매개물로서 계급투쟁의 관계에 대한 이론화가 필요하

다(위 참조).[19]

또 한편 "국가론의 조기 은퇴와 시민사회론의 때이른 유행"이라는 한 관찰자의 지적처럼 최근 새로이 유행하고 있는 것은 시민사회론이다. 현실 사회주의권의 '국가사회주의'적 모델이 실패한 뒤 각광받기 시작한 시민사회론[20]은 시민사회의 정확한 의미부터 국가-시민사회라는 대당과 전통적인 토대-상부구조라는 대당 사이의 관계, 시민사회론의 실천적 함의 등에 이르기까지 많은 이론적 과제들을 제기하고 있다.

우선 시민사회의 정의에서 단순히 국가 밖의 '잔여 영역'을 의미하는 '잔여 범주residual category'로 이해하는 가장 조야한 개념화부터, 시민권에 기초를 둔 시민의 생활 영역으로 보는 개념화, 법 이데올로기적인 사적-공적 이분법에 기초를 둔 사적 영역으로 보는 개념화, 이것과 유사하게 상부구조의 일부인 사적 제도의 총체로 보는 개념화, 부르주아 사회로 보는 개념화 등 다양한 개념화가 난립해 사실상 의사소통이 불가능한 실정이다.[21]

이런 개념화를 토대-상부구조론에 연결해 생각해볼 때 ① 전통적 토대-상부구조론을 부정하는 국가-시민사회론(2분법), ② 국가(협의의 국가로서 정치사회)-시민사회-토대론(3분법), ③ 시민사회라는 범주를 부인하는 전통적인 토대-상부구조론(2분법), ④ 나아가 전통적 토대-상부구조론을 부정하되 새로운 3분법으로 국가-정치사회(국가 밖의 제도 정치 영역)-시민사회론 등의 입장이 제기되고 있다.[22]

이상의 개념화는 특정 개념화가 현실을 설명할 수 있는 설명력과 거꾸로 설명하지 못하고 현실을 은폐하는 '사각지대화'의 대차대조론에 의해 평가돼야 할 것이다. 다만 시민사회론이 그 나름의 의미를 지니려면, 토대와 생산관계의 문제를 전면적으로 부정하거나 시민사회 내의 단순한 한 측면으로 절대적으로 상대화해 해소시켜버리는 포스트마르크스주의적인 ①의 입장이나 ④의 입장은 문제가 있다 하겠다. 오히려 토대-상부구조론의 합리적 핵심을 계승하면서 이것으로 설명할 수 없는 특정 영역에 대한 설명력을 보완하는 모델(토대–상부구조론의 대안적 모델이 아니라)로서 시민사회론, 즉 그람시적 입장인 ②의 개념화를 채택해야 한다고 볼 수 있다.

시민사회론의 이론적이고 실천적인 함의 역시 중요한 쟁점이다. 특히 쟁점이 되는 것은 ②와 ③의 입장으로, 국가–시민사회의 대당이 부르주아적인 경제 이데올로기와 법 이데올로기에 함몰하게 하는 "프롤레타리아 정치의 무덤"이라는 비판을 어떻게 평가할지가 주된 문제가 된다.[23] 여기에는 시민사회론의 득실에 관한 더 본격적인 논의가 필요하지만, 시론적으로 이런 논의의 양면성을 동시에 파악하는 것이 중요하다고 할 수 있다. 즉 '시민사회=부르주아 사회'라는 등식에 따라 이런 논의를 무조건 거부하는 것은 '국가에 대한 사회의 종속'이 아니라 '사회에 대한 국가의 종속'이라는 시민사회론의 문제의식 내지 변혁적 계기를 간과하는 편향일 뿐이어서 문제가 있지만, 동시에 시민사회 자체가 중립적인 장이 아니며 이런 분리 자체가 부르주아적이라는 한계를 냉철히 인식할 것이 요청된다.[24]

이 밖에 시민사회론 그 자체는 아니지만 여기에 연관된 시민권 문제, 시민운동 문제, 특히 시민운동과 민중운동의 연관 문제 등에 대한 좀더 체계적인 연구가 필요하다.[25]

④ 국가유형론, 국가형태론 국가유형론과 국가형태론 등 다양한 추상화 수준의 국가를 이론화하려는 작업에서도 새로운 이론적 모색이 필요하다.

국가유형론에서는 현대 사회에 밀접히 관련된 자본주의 국가와 사회주의 국가에 대한 이론적 재조명과 역사적 연구의 심화가 촉구되고 있다. 특히 현실 사회주의의 몰락에 관련해 사회주의 국가론에 대한 근본적인 재조명이 필요하다.

국가형태, 통치형태론 등 한층 구체적 수준에서의 국가 연구가 마르크스주의 국가론의 약한 고리였다는 것은 주지의 사실이다.[26] 국가형태론에서 물적 토대(경쟁적 자본주의냐 독점자본주의냐)와 억압성('공개적 테러 독재' 여부)이라는 두 기준에 따른 '원시적'인 2×2 모델(네 가지 유형)을 벗어나 다양한 통치 기제와 재생산의 연관 고리들을 구체적으로 파악할 수 있는 한층 세련된 국가형태론을 개발해야 한다.[27] 왜냐하면 형태론의 목적은 단순한 분류 taxonomy에 있는 것이 아니라 계급적 기반, 국가성격, 재생산 메커니즘, 모순을 명확히 함으로써 이행의 계기를 파악하는 데 있기 때문이다. 이를테면 독점자본주의의 민주적인 국가 형태인 부르주아 민주주의의 경우 '사회민주주의적 복지국가'와 '신보수주의' 국가 등 하위 유형들을 체계적으로 이론화해야 한다. 또한 '독점자본주의의 억압적 국가 형태=파시즘'이라는 단순 등식을 넘어서야 한다. 즉 파시즘을 대중운동을 동반하고 독일과 이탈리아에서 나타난 국가형태로만 보거나 1970년대 이후 서구에서 나타난 새로운 '권위주의' 체제를 '권위주의적 국가주의'로 이론화하는 것은 문제가 있지만, 이 새로운 '권위주의' 체제를 파시즘으로 볼 수 없다는 풀란차스의 문제의식에 주목해야 한다.[28] 다시 말해 세계 경제의 성격, 지배블록의 성격 등 1930년대 '고전적' 파시즘의 대두를 가져온 구체적인 위기의 성격, 1970년대의 새로운 '권위주의화'를 가져온 위기의 성격에서 드러나는 차이를 인식해야 하고, 이런 인식을 가능하게 하는 국가형태론을 개발해야 한다.[29]

그리고 국가형태를 결정하는 메커니즘에 대한 체계적인 이론화가 필요하다. "토대의 궁극적 규정을 받지만 상대적 자율성을 갖는 정치와 이데올로기 층위의 중층 결정이 계급투쟁을 매개로 해서 일어난다"는 수준을 넘어서 좀더 엄밀한 이론화가 필요하다(이것 역시 토대-상부구조와 구조-행위의 관계에 대한 더 정확한 이론화를 필요로 한다).[30] 또한 국가형태를 결정하는 데서 자본 축적에 관련된 '자본 논리적' 측면과 역사적이고 '계급투쟁적'인 측면 간의 관련에 대한 이론화가 필요하다.

마지막으로 국가장치 내지 국가기구에 대한 연구, 특히 이데올로기적 국가 장치에 대한 연구와 국가 정책에 대한 체계적인 연구가 요구되고 있다.

(2) 민주주의론[31]

국가론의 '퇴조'에 대조되는 또 다른 현상은 민주주의론의 '폭발'이다. 특히 현실 사회주의 실험의 실패는 민주주의를 진보 진영의 '담화'에서 부르주아지의 '담화'로 바꾸어놓고 '민주주의=절차적 민주주의=부르주아 민주주의'라는 등식이 헤게모니를 가질 정도로 형식적 민주주의와 부르주아 민주주의를 특권화하고 있다. 또한 '민주주의인가 독재인가'라는 낡은 대당을 부활시킨 사회민주주의론과 대의제 민주주의의 숙명론, 메가 이론과 메가 담화에는 전체주의와 독재의 경향이 숙명적으로 내재한다고 비판하는 포스트마르크스주의의 급진적 민주주의론 등이 진보 진영 내부에서도 부상하고 있다.[32]

이런 맥락에서 민주주의의 형식과 내용 간의 정확한 관계, 직접민주주의와 간접민주주의의 문제, 민주주의와 계급투쟁의 관계, 국가형태 내지 통치형태로서 부르주아 민주주의에 대한 재평가와 그 재생산 기제의 규명, 시민사회와 민주주의의 문제, 특히 이것에 관련해 민주주의를 국가 영역의 문제로 한정한 전통적 관점에서 등한시하던 국가 밖 '일상생활'의 민주주의 문제, 비계급적인 사회적 '적대'와 민주주의의 문제, 다양한 수준의 다원주의와 민주주의의 문제, 사회주의와 민주주의의 연관 문제 등을 좀더 근본적인 관점에서 재이론화해야 한다.

이런 민주주의론은 그 자체로 고립되지 않고 총체적인 변혁 이론과의 유기적 연관 속에서 연구돼야 한다. 따라서 그동안의 변혁 이론들을 현재의 '총체적 위기'의 관점에서 근본적으로 재평가하고 정정하려 시도하는 한편, 서구와 라틴아메리카의 풍부한 경험(실패의 경험을 포함한)에 대한 한층 폭넓은 연구를 통해 이론을 풍부하게 하고 한국의 구체적 현실에 맞는 한국적 변혁 이론을 개발하도록 노력해야 한다. 이런 이론화는 특히 진영 모순의 소멸과 진정한 의미의 단일 세계 자본주의 체제의 등장, 미증유의 경제 활동의 국제화라는 새로운 현실에 부응하는 '21세기적' 변혁 이론의 요건을 갖춰야 한다.

(3) 기타

국가론에 견줘 상대적으로 관심의 대상이 되지 못했고 사실상 황무지에 가까운 이데올로기론의 개발이 시급히 필요하다. 특히 어떤 이론도 그것이 (대중적) 이데올로기로 번안되지 않는 한에서는 물질적 힘과 사회적 운동이 될 수 없다는 점에서 그러하다. 그럼에도 불구하고 이데올로기론은 국가론 이상으로 동요와 공백을 겪어왔다.[33]

'구체적 상황에 대한 구체적 분석'을 통해 현실 운동에 과학적 지침을 제공할 수 있는 과학적인 정세 분석 이론을 체계화해야 한다. 마르크스주의에서 "진리는 항상 구체적인 것"[34]이며 그 정신의 핵심은 '구체적 상황에 대한 구체적 분석'에 있는데도 그동안의 연구는 '규정들의 총괄'로서의 구체성에 대한 과학적 분석에 이르지 못한 채 추상적인 원론이나 정세 분석이라는 이름의 저널리즘 수준을 벗어나지 못했다. 과학적 정세 분석 이론은 추상화 사다리의 위계성을 기초로 한 규정들의 총괄과 중층 결정의 동학에 대한 과학적 인식을 필요로 한다. 또한 이것은 "유기적인 것과 복합 국면적인 것 간의 정확한 관계를 파악"함으로써 기계적 인과성(유기성)을 과대평가하는 '경제주의의 과잉'과 반대로 개별적 요소(복합국면성)를 과대평가하는 '이데올로기주의의 과잉'이라는 양 편향을 피할 수 있어야 한다.[35]

마지막으로 진보적 시각에서 정치사상 전반에 대한 연구를 심화해야 한다. 특히 그동안 등한시한 자유주의 정치사상을 체계적으로 연구하고, 과거처럼 일시적인 유행을 따르는 '암기 학습'식 단편적 연구가 아니라 본격적으로 고전적인 변혁적 정치사상을 한 단계 높은 수준에서 연구해야 한다. 현재 유행하는 포스트주의에 효과적으로 대처하기 위해 니체[F. W. Nietzsche], 하이데거[M. Heidegger], 데리다[J. Derrida]로 이어지는 반합리주의, 반계몽주의적 철학[36]과 비트겐슈타인[L. Wittgenstein], 소쉬르[F. de Saussure] 등으로 이어지는 언어학적 성과에 대한 정치사상사적 연구가 필요하다. 또한 '차이[difference]의 정치'로 일컬어지는 탈근대 정치의 함의와 위상을 마르크스주의적으로 사고할 수 있는 이론화가 필요하다.[37]

2) 한국정치

한국정치는 그동안 진보적 정치학 분야에서 가장 활발히 연구가 진행된 분야다. (이런 언급은 그동안 금기시된 한국정치를 주된 관심 영역으로 삼고 다양한 연구를 통해 한국 정치학의 핵심 분야로 자리잡게 한 것이 진보적 정치학계라는 점에서 오히려 '과소평가'한, 정확하지 않은 표현이라 할 수 있다.) 실천적 필요성이라는 객관적 요구와 주제의 특성에서 연유하는 자료 접근 등 연구의 용이함이 결합된 결과다. 한국정치의 경우 포스트마르크스주의를 한국정치의 분석에 적용하는 것이 아직은 요원한 실정이기는 하지만, '6공 이전의 한국 정치=국가주의적 국가론, 6공 이후 한국 정치=시민사회의 성장에 따른 다원주의 국가론'이라는 국가주의적 국가론과 다원주의 국가론의 시기적 결합 이론화가 보수 학계의 주된 흐름을 형성하고 있으며, 해방 8년사 등 한국 현대 정치사에 대한 연구 역시 임시 정부의 법통을 중심으로 한 재해석을 통해 반격이 시작되고 있다.[38]

한국정치에서 핵심적인 쟁점은 한국 국가성격이다. 한국 국가성격에 관련해 그동안 진보 학계의 '대표적' 이론이라 할 수 있는 '신식민지파시즘론'은 6공 출범과 소련-동구 사태의 영향 때문에 전통적인 신식민지파시즘론에서 이완된 신식민지파시즘론, 부르주아 민주주의론으로 분화를 겪어왔다.[39] 문제는 명칭이 아니라는 점을 인식하는 것이 중요하다. 억압성의 정도에 대한 인식의 차이에 따라 파시즘이냐 부르주아 민주주의냐는 논쟁의 평행선을 넘어서서 현재의 한국 국가의 통치와 지배 기제와 재생산 메커니즘을 앞에 지적한 2×2 국가형태 모형을 벗어나 구체적으로 규명해 약한 고리를 찾아내야 한다 (앞의 국가형태론 참조). 특히 6공화국이 들어선 뒤 급속히 부각되고 있는 보수 언론 등 이데올로기적 국가장치에 대한 관심이 요구되며, 국민당 실험 등이 보여주는 독점 자본의 직접적인 정치 세력화 시도와 직접적인 정치적 목소리 제고, 문민정부의 출범에 따른 정치 지형상의 민주 대 반민주 구도 약화 등 변화하는 정치 구조에 대한 역동적 분석이 필요하다.[40] 또한 이런 국가성격론과 앞에서 지적한 민주주의론, 변혁 이론, 정세 분석론을 종합해서 진보 진영의 독자적 정치 세력화와 역량 강화를 위한 구체적이고 설득력 있는 '한국적 변혁 이론'을 개발해야 한다. 물론 이런 작업은 그동안의 연구 성과에 대한 일방적인 청산 위에 진행되면 안 될 것이다. 이 문제에 관련해 한국 정치 발전의 심각한 질곡으로 작용하고 있는 '지역 감등'을 한국 자본주의의 불균등 발전에 연관해서 체계적으로 연구해야 한다.

한국정치 분야의 또 다른 과제는 통사적 연구를 심화하는 것이다. 여기에서 주목해야 할 점은 한국 현대 정치사 연구의 시기별 불균등성이다. 그동안의 연구는 해방 8년사(그중에서도 1945~1948년과 1950~1953년)와 4·19혁명, 유신과 1970년대, 광주민중항쟁, 6월항쟁 등에 집중됐다. 따라서 연구의 공백이라 할 수 있는 1948~1950년, 한국전쟁 뒤 1950년대, 5·16과 1960년대, 그리고 5공화국과 6공화국 등에 대한 연구가 필요하다. 특히 한국 국가성격의 통사적 변천에 관련해 1961년 5·16 군사 쿠데타와 유신으로 입장이 나뉘어온 종속적(신식민지) 파시즘의 성립 시기 문제,[41] '전통적 권위주의'식으로 애매하게 처리된 1950년대 한국 국가의 성격 문제 등이 한국 자본주의의 전개 과정과의 연관 속에서 규명돼야 한다.[42]

또한 기존 연구가 실증 연구의 경우는 서술적 수준을 벗어나지 못하고 이론 연구의 경우는 경험적 자료로 뒷받침되지 못하는 선언적 테제의 수준을 벗어나지 못한 점을 감안해 이론과 사실이 변증법적으로 통일된 하나의 수준 높은 한국정치 연구가 진행돼야 한다. 이를테면 진보 학계 안에는 1950년 5·30 선거의 결과는 단선 단정 세력의 몰락을 의미하며, 따라서 한국전쟁은 북한이 5·30 선거에서 국회를 장악한 반反단정 세력과 통일 지향 세력을 이승만 체제의 물리력에서 해방시켜 이 세력을 상대로 평화 협상을 벌여 통일을 달성하려 시작한 전쟁이라는 '제한전쟁론'이 제기되고 있지만, 5·30 선거 결과가 단순히 이승만 개인의 위기였는지 단선 단정 세력의 몰락이었는지가 실증적으로 먼저 규명돼야 한다.[43] 또한 1956년 선거에서 조봉암이 한 선전, 특히 영호남 중소 도시에서 거둔 승리가 단순한 반이승만 정서의 반영인지, 아니면 해방 정국의 진보 세력이 한국전쟁 뒤에도 살아남아 변화한 지형의 선거 공간에서 진보적 투표 행태로 나타난 것인지 등이 실증적으로 분석돼야 한다.[44] 결국 이런 작업을 통해서 한 시점을 놓고 볼 때 당시의 한국 정치를 체계적으로 설명하면서도 한국 자본주의의 발달에 맞물려 통사적으로 한국 정치의 시기적 변화를 총체적으로 조망할 수 있는, 즉 역사의 씨줄과 날줄이 제대로 짜인 일관성 있는 한국 현대 정치사 연구가 시급히 요청되고 있다.

또한 급변하는 국제 정세 속에서 분단과 통일 문제가 향후 한국 정치의 중요한 쟁점이자 핵심 변수로 등장하리라는 점에서 민중적 시각에 바탕한 과학적 인식과 종전의 반쪽 한국정치론에서 통일 한국의 '통일 한국정치학' 내지 '한반도 정치론'으로 나아갈 준비를 갖춰야 한다. 이런 과정에는 분단 모순의 과학적 내용과 전체 모순 구조 안에서 분단 모순의 정확한 위상과 연관에 대한 인식뿐 아니라[45] 북한 사회에 대한 한층 과학적인 인식을 필요로 한다. 특히 북한 사회에 대한 인식에서는 반공 이데올로기에 꿰맞춘 관변 북한 사회 인식에 맞선 반작용으로 제시된 '북한바로알기운동'이나 종전의 내재 비판 논리의 한계를 파악하고 현실 사회주의 사회의 일반 이론과 북한 사회주의의 특수성을 변증법적으로 통일시켜 그 내적 동학과 모순, 문제점을 과학적으로 인식해야 한다. 나아가 독일, 베트남, 예멘형 통일 모형을 비교해 분석하고, 한국적 특수성에 주목해 일방적인 흡수 통일이나 연방제를 넘어선 민중적이며 과학적인 대안적 통일 모델과 통일운동을 창출해야 한다.

3) 세계정치

현실 사회주의의 몰락이 세계 질서에 근본적 변화를 초래하고 있는 것은 주지의 사실이다. 여기에 관련해 제기되는 몇 가지 쟁점을 열거하면 다음 같다.

우선 국제관계론에 대한 전면적 재검토다. 국제관계론은 일국적 수준에서 정치경제학 이론에 상응하는 국가 이론의 미발달과 마찬가지로 세계적 수준에서 국제경제론(국제정치경제학)에 견줘 발달되지 못해온 분야다. 따라서 조야한 속류 경제환원론을 넘어서서 세계 경제와 국제정치의 정확한 관계를 규명하는 재이론화가 필요하다. 특히 그동안의 국제관계론이 진영 모순을 특권화한 사회주의 모국 방어론과 자본주의의 전반적 위기론의 파국론적 편향에 오염돼 있었다는 점을 인지하고 이런 오류를 정정해야 한다. 또한 국제정치적 행태의 문제를 사회주의 국가와 자본주의 국가라는 사회구성체적 성격에 따라 전적으로 설명하려 한 과거의 편향에서 벗어나 세계 수준에서의 법적 권위의 부재와 '무질서'로 특징지어지는 국제 정치체제 자체의 특성에도 주목해,[46] 이른바 현실주의, 세력 정치power politics의 문제, 이런 특성이 구조적으로 강제하는 '국익'에 바탕한 국제정치적 행태의 문제를 더 심각하게 고민해야 한다.[47]

'새로운 세계 질서'로 불리는 포스트현실사회주의 세계 질서에 대한 과학적 이해가 필요하다. 진정한 의미의 단일 세계 자본주의 체제화가 진행되고 '제2세계'의 소멸에 따라 '제3세계'라는 용어 자체가 낡은 개념이 된 새로운 현실의 새로운 운동 법칙에 대한 냉철한 인식이 진보 진영의 필수적 과제라 하지 않을 수 없다.[48] 특히 경제의 세계화 추세와 블록 경제화라는 모순적 운동, 유럽통합 운동 등 국민국가보다 큰 단위로 모이는 구심력적 운동과 민족 문제 등 작은 단위로 흩어지는 원심력적 운동의 이중적 위협 속에서 '국민국가'의 미래에 대한 이론화와 그 함의의 분석이 필요하다.

마지막으로 세계체제를 구성하는 각 구성 부분에 대한 연구, 즉 지역연구를 진전시켜야 한다. 선진 자본주의 사회들의 경우 1970년대 이후 지속된 구조적 위기 속에서 그 정치경제적 동학과 정치가 어떤 식으로 재편되고 그 속에서 변혁운동은 어떤 자기 변신을 통해 회생할 것인지, 유럽합중국 운동과 일본의 부상 등이 제국주의 간의 관계에 어떤 영향을 끼칠 것인지가 분석돼야 한다. 현실 사회주의 사회들의 경우 과거의 교과서적 미화론을 벗어나 그 실질적인 생산관계와 사회성격, 내적 모순을 냉엄하게 재조명하고, 재자본주의화 과정과 거기에서 생겨나는 새로운 모순, 새로운 순환의 변혁운동에 대해 연구해야 한다. 또한 중국, 북한, 쿠바 등 '민족해방운동형' 잔존 현실 사회주의의 변신과 생존에 관해 분석해야 한다. 세계 사회주의 체제라는 '견제 축'이 사라지면서 더욱 어려운 앞날이 예상되는 제3세계의 경우 새로운 세계 질서에서 변화하는 위상과 급속히 진행되는 내부 분화에 주목해야 하며, 1980년대의 '제한적 민주화'와 새로운 세계 질서라는 조건 속에서 민족해방과 사회변혁운동의 새로운 추이를 과학적으로 추적해야 할 것이다.

4장

새로운 정치학을 위한 모색

대안 교재를 중심으로*

1. 문제 제기 — 왜 대안 교과과정이고 대안 교과서인가

대학의 본질이 진리 탐구에 있다는 것은 주지의 사실이다. 진리 탐구란 소수의 철인왕哲人王이나 대가가 아니라 다양한 패러다임의 치열한 경쟁, 즉 '의견의 다원주의' 내지 '이론의 다원주의'에 입각한 변증법적 과정을 통해 진행된다고 볼 수 있다. 그러므로 가능한 한 폭 넓은 다양성을 보장할 수 있는 학문과 사상의 자유는 진리 탐구, 특히 그것을 주된 소임으로 하는 대학의 기본적 전제 조건이라 하지 않을 수 없다.

그러나 해방 8년사, 특히 한국전쟁으로 최종 봉인된 분단체제는 현대 세계에서 유례없이 협애화된 이데올로기 지형을 우리 사회에 가져다줬고, 그 결과로 지난 40년간 한국의 사회과학은 '반쪽 불구화'돼왔다고 해도 과언이 아니다. 이를테면 '계급'이라는 단어는 학술 용어에서 완전히 자취를 감추게 됐고, 《자본론》 같은 고전들도 '소지'와 '독서'가 범죄 행위로 간주되는 야만성이 우

---

* 손호철, 〈새로운 정치학을 위한 모색 — 새로운 교육교재의 개발 ②〉, 《대학교육》(1992년 1월호), 한국대학교육협의회, 44~45쪽을 수정하고 보완했다.

리 학계를 지배해왔다. 특히 국가 권력의 문제를 전면적으로 다뤄야 하는 정치학의 경우, 그 주제의 특수성 탓에 사회과학 안에서도 다른 인접 학문 분야에 견줘 이런 현상이 극단적으로 나타났으리라는 점은 쉽게 추측할 수 있다.

그동안 이런 이데올로기적 편협성 이외에도 문제가 돼온 것은 학문의 지나친 대외 종속성, 특히 그 '수입선'으로서 미국 편중성을 들 수 있다. 학문의 속성상 본질적으로 '존재 구속적'일 수밖에 없는 정치학 등 사회과학에서 이런 대외 종속성은 우리 사회의 문제를 설명하고 해결하는 데 도움을 줄 수 있는 현실적 적실성이라는 면에서 많은 문제를 야기했을 뿐 아니라, 서구 '중심부'의 논리를 그대로 답습하는 학문의 반反민족적이고 비非자주적인 측면까지 드러내왔다. 특히 지나친 대미 의존성은 서구 사회과학 안에서도 과학주의라는 이름하의 실증주의적이고 몰가치적인 학문 풍토를 만연시킴으로써 정치학의 탈脫정치화를 초래해왔다.

다만 1980년대 들어 폭발한 민주화 열망과 민중 부문의 성장하고 함께 패러다임 내지 시각의 다원화, 특히 좀더 민주적, 민족적, 민중적인 사회과학을 향한 시각의 민주, 민족, 민중화가 진행되고 있다. 그러나 정치학의 경우 앞에서 지적한 학문적 보수성과 여기에 연관이 있는 '진보적' 연구자들의 상대적인 부족 등 때문에 이런 시각의 다원화가 다른 사회과학 분야에 견줘 저개발돼 있는 실정이다. 또한 그나마 어렵게 축적된 연구 성과들이 페레스트로이카의 충격과 뒤이은 국내 정세의 극보수화에 따라 반격을 받고 있는 것이 오늘의 현실이다. 그러나 현존 사회주의의 파국이야말로 거꾸로 이런 시각 다원화의 필요성을 웅변적으로 보여주고 있다 하겠다. 왜냐하면 현존 사회주의의 파국은 이런 의견의 다원주의를 부정하고 당이 진리를 독점하는 '당=무오류주의'에 빠져 체제의 자기 정정 능력을 상실함으로써 파국으로 치달을 수밖에 없었다는 것을 보여주기 때문이다.

이 글은 이런 문제의식에 기초해 그동안 진보적 소장 정치학자들을 중심으로 진행된 '새로운 정치학'을 위한 대안 교과과정과 대안 교과서 개발의 현황을 대표적 연구 모임인 한국정치연구회(회장 최장집 고려대학교 교수)의 성과를 중심으로 개관하는 한편, 현재 부각되고 있는 문제점과 이런 움직임이 앞으로 지향해야 할 방향을 원칙적 수준에서 제시해보고자 한다.

2. 대안 교과과정의 개발

어떤 학문이나 교육에 있어서든 어떻게 연구하고 가르칠 것인가에 앞서 제기되는 문제는 "무엇을 연구하고 무엇을 가르칠 것인가"다. 따라서 대안 교과서 문제에 선행해 대안 교과과정이라는 문제가 제기된다.

기존의 정치학 교과과정은 대학에 따라 차별성이 있기는 하지만 크게 보아 몇 가지 공통점이 있다. 우선 미국의 교과과정을 기계적으로 도입한 느낌이 강하다. 대부분의 교과과정은 미국의 교과과정을 모방해 정치사상사, 비교정치, 한국정치, 국제정치 등 주요 전공 분야로 나뉘고, 이런 전공 분야가 주요 주제별 과목으로 세분돼 있다. 특히 주목할 것은 비교정치 분야다. "비교 없이 지식은 없다"는 주장이 잘 표현하듯이 비교는 과학적 지식 획득을 위한 중요한 방법이며, 과거의 많은 정치학 연구, 특히 일국一國 연구들이 과학적 방법론이 결여된 서술적 연구에 머무른 점에서 미국에서 제기된 비교정치 '운동'의 문제의식에는 충분히 공감할 수 있다. 그러나 역사적으로 이런 비교정치의 등장이 고립주의적이던 미국이 헤게모니 국가가 되자 비서구 사회를 지배하고 관리할 필요성이 제기되면서 비교를 통한 과학적 지식의 획득이라는 문제의식에서 시작된 점, 비교가 과학적 지식 획득의 주요 방법이되 그 전부일 수는 없다는 점에서 문제가 있다고 하겠다(미국 정치학계에서도 이런 이유 때문에 1970년대 이후 비교정치가 하나의 전공 분야인가, 또는 과학적 정치학을 위한 하나의 운동인가, 아니면 단순한 하나의 방법론인가 하는 논쟁이 활발히 제기됐고, 비교정치의 정체성 위기론이 대두됐다). 더 세분해 분석하면, 비교

정치의 주요 교과목인 '정치발전론', '정치변동론', '제3세계 정치'를 예로 들 수 있다. 이 중 정치발전론은 1960년대 제3세계 발전주의의 영향을 받아 주로 제3세계에 관련된 정치 발전을 다루는 과목이다. 그러나 이런 정치발전론의 낙관론이 1960년대 말 제3세계 전반이 권위주의로 바뀐 결과 파국을 겪으면서 새뮤얼 헌팅턴이라는 미국의 정치학자가 〈정치변동론을 향한 변화The Change to Changes〉라는 글을 써 가치 함축적인 '정치발전론'에서 가치 중립적인 '정치변동론'으로 전환하자고 촉구하자 '정치변동론'이라는 새로운 과목이 추가됐다. 그러나 이 두 과목 사이의 관계는 모호한 채 남아 있어 과목 담당 교수가 자의적으로 내용을 채우고 있는 실정이다. 그 뒤 제3세계에 대한 관심이 높아지면서 '제3세계 정치'가 신설되지만 '정치발전론'이 사실상 제3세계의 정치발전 문제를 주로 다루는 만큼 내용이 중복되고 있다.

이런 문제점 말고도 거의 모든 교과목이 앞에서 지적한 정치학 일반의 극보수적인 이데올로기적 편향을 반영해 내용 면에서 '반쪽 불구화'된 경향이 강하다고 볼 수 있다. 또한 각 전공 분야 사이의 관계에서도 자국 정치에 대한 교육 비중이 매우 높은 다른 나라들의 정치학 교육과 달리 한국 정치가 전체 교과과정 속에서 극히 미미한 비중을 차지하고 있는 비#주체성을 드러내 보이고 있다.

이런 문제점을 극복하기 위해 진보적 소장 정치학자들과 연구자들의 연구 모임인 한국정치연구회는 그동안 교과과정소위원회를 구성해 대안 교과과정 개발 작업을 해왔지만, 아직도 자체 역량의 부족 등 때문에 교과서 개발에 견줘 상대적으로 가시적인 성과물을 만들어내지는 못한 상태다. 다만 그동안 논의된 중간 결과를 소개하면 다음 같다. 전공 분야의 경우 정치사상사, 한국정치, 국제관계론 등 기존 전공 분야는 그대로 유지하는 한편, 비교정치의 경우 그 문제의식(과학적 방법론과 이론 지향)을 살리되 훨씬 더 포괄적인 그릇인 정치이론으로 명칭과 내용을 발전시키고 비교정치의 한 구성 부분인 지역연구를 독립시킨다는 것이다. 또한 북한정치의 경우 지역연구 속에 포함하는 방식은 분단 고착형 문제 설정이므로 중요성을 감안해 독립된 전공 분야로 분리시킨다는 것이다. 이런 방향은 궁극적으로 한국정치가 남한 정치를 넘어서 북한 정치까지 포함하는 분단 극복적이고 전한반도적인 연구로 발전해야 한다는 문제의식에 기초한 과도기적 교과과정이라 볼 수 있다. 이 밖에 정치 현상과 경제 현상이 갖는 상호 연관성을 고려하고 그동안 학문을 미분화시키던 주류 사회과학의 문제점을 고려해 정치경제학을 독립된 전공 분야로 설정해 정치사상사, 정치이론, 한국정치, 북한정치, 지역정치, 국제관계론, 정치경제학 등 7개 전공 분야를 갖추는 것이 바람직하다는 시론적 결론에 도달했고, 이런 분야 설정에 기초해 자체 연구 분과 활동을 해오고 있다.

또한 전공 분야의 내용들도 그동안의 연구와 교육이 이데올로기적으로 지나치게 보수적이고 비주체적이며 지배 논리적이었다는 점을 교정하기 위해 좀더 민족적, 민중적, 민주적인 측면을 강조하며, 한국정치의 경시 등을 교정하기 위해 각 분야별 비중을 재조정하려 하고 있다. 구체적 내용들을 몇 가지 전공 분야별로 보면, 정치이론의 경우 비교정치 이론 등에서 다뤄온 서구식 주류 정치 이론과 방법론 말고도 역사유물론, 사회구성체론, 토대-상부구조론, 국가론 등 진보적 정치 이론들을 보강해 균형을 맞추도록 한다는 것이다. 지역연구의 경우에도 미국 정치, 일본 정치 같은 단순한 국가별 연구 경향을 극복하기 위해 내적 동학 등에 차이가 있는 선진 자본주의 지역연구, 현존 사회주의 지역연구, 제3세계 지역연구 등으로 나누고, 이것을 다시 각국별 연구로 세분하게 했다. 이런 지역연구가 서술적 연구로 그치는 상황을 방지하기 위해 자본주의 정치경제학, 자본주의 국가론, 사회주의 정치경제학, 사회주의 정치이론 등의 이론적 학습과 유기적 연관을 갖도록 강조한다는 것이다. 국제관계론 역시 리얼리즘 등 서구식 주류 국제관계론 말고도 진보적 국제관계론에 좀더 많은 비중을 뒤 균형을 꾀하고, 현실 국제관계 연구도 선진 자본주의권 내의 국제관계, 사회주의권 내의 국제관계, 제3세계-선진 자본주의 간의 국제관계, 진영 간(자본주의 진영-사회주의 진영)의 국제관계 등 좀더 분석적인 차원에서 연구와 교육이 진행되게 한다는 것이다. 그러나 대안 교과과정의 개발은 그 중요성에도 불구하고 역량 부족 등 때문에 이렇게 아주 원칙적인 논의에 그치고 있을 뿐, 좀더 구체적이고 포괄적인 청사진은 아직 미완성으로 남아 있다.

3. 대안 교과서 개발

모든 학문이 그렇듯이 정치학의 연구와 교육에서 교과과정 다음으로 중요하게 부상되는 사안은 구성된 교과과정을 무엇으로 연구하고 가르칠 것인가 하는 교과서에 관한 문제다. 아무리 교과과정 자체가 이상적으로 짜여 있어도 그 과정을 내용 면에서 구체적으로 채워줄 수 있는 교과서가 없으면 그 교과과정은 사상누각에 그칠 가능성이 크다. 따라서 교과과정을 외화하고 물질화해 보여주는 대안 교과서 개발 문제는 좀더 민주적, 민족적, 민중적인 '새로운 정치학'을 확립하기 위해 중요한 과제라 하지 않을 수 없다.

물론 논리적 순서로 볼 때 무엇을 가르칠 것인가 하는 교과과정이 확정돼야 이 내용을 충족시키기 위한 수단으로서 교과서 문제가 제기될 수 있다. 그렇지만 교과과정 문제는 해당 학문 전체에 대한 포괄적이고 총체적인 평가와 청사진이 있어야 가능한 반면, 교과서의 경우 일단 해당 분야에 대한 총체적 평가와 청사진만 세워지면 가능한 분야에서 부분적이고 단계적으로 작업이 가능하다는 사실 때문에 대안 교과서 개발은 대안 교과과정 개발에 견줘 상대적으로 많이 진척된 것이 사실이다.

기존의 정치학 교과서들은 대부분 앞에서 지적한 정치학 일반의 문제점을 반영해 이데올로기적으로 극히 편협하게 보수적이고, 서구 이론을 무분별하게 수용한 결과 비주체적이며, 관변 논리의 경향까지 강하게 띠는 문제점이 있었다. 특히 1980년대 이후 급속하게 변화한 한국 사회의 정치적이고 사회적인 변화(이데올로기적 지형의 변화와 확대, 민중 부문의 성장, 계급적 갈등과 계층적 갈등의 심화 등)를 수용하기에는 역부족이라는 점에서 새로운 교과서에 대한 수요가 사회 전반과 대학가에서 급증하게 됐다.

이런 현실에 주목해 한국정치연구회는 '우리 손으로 쓴 우리의 정치학 교과서'라는 캐치프레이즈 아래 1차 작업으로 공동 연구를 거쳐 4권으로 구성된 정치학 강좌 시리즈를 출간했다.《현대자본주의 정치이론》,《한국정치사》,《한국정치론》,《북한 정치론》으로 구성된 이 대안 교과서 시리즈는 1988년 초 기획에 들어가 40여 명의 연구자가 각 주제별로 세미나를 갖고 길게는 약 1년 반 동안의 공동 연구를 거쳐 1989년 1월~1990년 3월 사이에 공동 연구 결과물로 출간됐다. 출간사에서 밝히듯 "정치학은 민족의 정치현실에 성실하게 답변할 임무를 갖고 민족의 정치적 전망을 정확하게 추구하는 경향을 세워야 한다"는 전제 아래 '민족적·민주적·민중적인 정치학'을 지향하는 목표로 해 대학교 1~2학년 대상의 정치학 교과서로 기획, 집필된 점이 중요한 특징이다. 또한 정치학 연구에 필요 불가결한 기초 정치 이론을 다룬《현대자본주의 정치이론》을 제외하고는 나머지 3권이 남북한 정치에 집중돼 있다는 것이 또 다른 특징이다. 이런 특징은 기존 정치학 분야에서 남북한 정치를 상대적으로 경시하는 경향을 교정한다는 의미 이외에도 우리 현실에 맞는 '한국적 정치학'의 필요성이 바로 우리 현실을 다루는 한국정치 분야에서 가장 시급히 요청되고 있다는 현실적 요구 내지 긴박성을 반영한다. 그리고 이 분야의 경우 필요한 자료 수집 등 관련 작업이 상대적으로 용이하다는 자체 역량상의 문제들이 결합된 복합적 결과다. 마지막으로 대부분의 교과서가 저자 1인의 저술이거나 공동 저작의 경우 해당 분야 전문가들에게 집필을 의뢰한 단순 공동 저작에 그친 경향이 있는 반면, 이 시리즈는 해당 분야 전문 연구자들을 동원하되 단순한 집필 의뢰가 아니라 상당 기간의 공동 연구를 통해 '관점의 통일'을 기함으로써 실질적인 공동 연구 결과물로서 교과서 개발을 시도한 것이 또 다른 특징이라 하겠다.

내용을 구체적으로 보면 《현대자본주의 정치이론》은 현대 자본주의 사회의 정치를 이해하는 데 필요한 이론적 준거를을 제공하는 것이 목적으로, 제1부는 경제와 정치 간의 관계 등을 과학적으로 규명하는 토대-상부구조론, 현대 정치의 주요 동학인 계급운동과 국가의 문제를 이론적으로 다루고 있다. 제2부는 자유민주주의의 정치 원리를 홉스에서 루소로 이어지는 논쟁을 통해 규명하는 내용부터, 그런 정치사상의 현실적 전개인 19세기 유럽 정치사를 자유주의 정치와 그 억압적 형태화인 보나파르티즘을 통해서, 20세기의 정치이론과 정치사를 독점자본주의 논쟁과 복지국가, 사회민주주의 문제들을 통해서 각각 분석하고 있다. 제3부는 우리의 문제에 밀접히 관련된 제3세계 정치의 과학적 이해를 도울 이론적 훈련을 위해 제국주의에 관한 다양한 이론과 미국의 제3세계 외교 정책 문제, 제3세계의 독재 체제에 관한 다양한 이론적 설명들을 비판적으로 소개하고 있다.

《한국정치사》은 단순한 연대기식의 서술적 정치사 연구를 넘어서 과학적 정치사 연구를 지향점으로 내걸었다. 정치사 연구 방법론을 역사학으로서 정치사와 정치학으로서 정치사를 변증법적으로 통일해야 한다는 시각에서 개괄적으로 제시하고 현대 한국 정치사 연구에 관련된 시기 구분과 연구 관점의 문제를 소개하는 한편, 봉건 체제기인 19세기 말부터 6공화국에 이르는 한국 현대 정치사를 ① 자주적 근대 국가 수립을 위한 민족운동(19세기 후반~1905), ② 식민 지배 기구 구축과 민족해방운동(1905~1931), ③ 식민지 파쇼 체제와 민족해방운동의 새로운 발전(1931~1945) ④ 미군정기와 반제반봉건 투쟁, ⑤ 분단과 조국통일운동, ⑥ 한국전쟁, ⑦ 전후 이승만 독재의 구축과 몰락, ⑧ 4월 민중 봉기와 민족자주화운동, ⑨ 군부독재의 구축과 민중운동의 성장, ⑩ 1980년대의 정치 변동으로 나눠 분석하고 있다. 특히 구조와 행위의 변증법에 주목해 한국 정치사에서 정치 구조의 동학과 민중운동사적 전개 간의 맞물림을 추적하고자 했다.

현대 한국 정치를 이론적 측면에서 접근하는 《한국정치론》은 현대 한국 정치 문제를 최근에 학문적 관심이 집중돼온 국가론적 시각에서 분석하고 있는 것이 특징이다. 이 책은 우선 다원주의부터 관료적 권위주의, 종속적 파시즘론 등 한국 국가성격 분석을 위해 제기된 이론들을 소개하고 비판적으로 평가하고 있으며, 이런 원론적 이론 수준을 넘어서 한국의 국가 문제를 국가기구의 차원에서 구체적으로 분석하고 있다. 그러기 위해 국가기구의 일반 이론적 문제부터 의회와 정당 정치, 경찰과 정보 기구, 군, 경제적 국가기구와 경제 정책, 이데올로기적 국가기구와 지배 이데올로기, 국가 권력의 지배 연합 문제를 다루고 있으며, 이런 국가와 사회 세력 간의 동학을 노동운동과 국가 통제, 농촌 지역사회와 국가 통제, 민족민주운동과 국가 통제라는 시각에서 각각 분석하고 있다.

《북한정치론》의 경우 크게 북한 정치를 이해하기 위한 이론적 문제를 다룬 제1부를 비롯해 북한 정치사, 북한의 정치과정, 북한의 대외 정책과 통일 정책 등 모두 4부로 구성돼 있다. 제1부는 북한의 지도 이념인 주체사상의 형성 과정, 내용과 체계, 기능과 역할, 마르크스주의와 주체사상의 관계, 혁명 이론 등을 비판적으로 소개하며, 제2부는 항일 무장투쟁부터 반제반봉건 인민민주주의 혁명기를 거쳐 현재에 이르기까지 북한 정치사를 사회주의 건설 이론에 관련해 분석한다. 북한의 정치과정 분석은 수령론이라는 북한의 독특한 특성에 관련된 수령, 당, 대중의 관계, 노동당의 구조, 국가기구, 근로 단체, 통일전선과 계급 정책을 중심으로 다룬다. 마지막으로 북한의 통일 정책과 대외 정책은 북한의 대사회주의권, 대제3세계권, 대선진자본주의권 외교의 특징과 북한의 대남 혁명론과 통일 정책의 역사적 전개를 소개한다.

이런 정치학 강좌 시리즈 이외에도 한국정치연구회는 좀더 본격적인 정치학 대안 교과서로 '정치학 개론', '민주주의론', '제3세계 정치론', '정치학 사전' 등을 기획했지만, 현실적인 역량 문제와 연구회의 활동을 '대중화를 겨냥한 연구 성과의 외화'보다는 '연구의 질적 심화를 위한 내실화'에 초점을 맞춘다는 방향 전환 등에 관련해 일부 기획은 구상 단계에서 중단되고 일부는 구체적인 집필 단계에서 중단된 채 유보된 상태다. 이렇게 비중이 훨씬 크고 포괄적이며 '기초 학문적' 성격이 강한 원론적 수준의 교과서 작업은 일단 제동이 걸려 있는 반면, 정치학 강좌 시리즈에서 좀더 구체적 수준의 각론적 성격이 강한 좁은 분야의 대안 교과서 작업은 꾸준히 진행되고 있다. 대표적인 예로는 제3세계를 대표할 수 있는 라틴아메리카의 현대 권위주의 체제의 성격을 둘러싼 논쟁을 편역 형식으로 소개한 한국정치연구회 이론분과의 《반파시즘 민주혁명론》과 한국전쟁 발발 40주년을 맞이해 한국전쟁의 원인부터 전개 과정, 영향에 이르기까지 한국전쟁에 관한 총체적 재평가를 시도한 한국정치연구회 정치사분과의 《한국전쟁의 이해》 등이 있다. 이미 출판된 책 말고도 당초 집필 형식으로 기획된 《민주주의론》이 우여곡절을 겪으면서 다양한 외국 문헌들을 골라 번역하고 여기에 체제와 쟁점별 집필을 추가하는 절충 형식으로 바뀌어 한국정치연구회 정치사상분과의 주도로 현재 번역과 집필이 거의 끝난 상태에 있다.

대안 교과서 개발은 연구회 수준의 공동 연구 말고도 진보적인 중견과 소장 학자들의 개인적 수준에서도 편저나 공동 집필 형식으로 진행 중이다. 이런 작업은 특히 한국정치 분야에 집중돼 있는데, 대표적인 예로는 최장집 교수가 편저한 《한국현대사》, 《한국전쟁연구》, 이수인 교수가 편저한 《한국현대정치사 I》 등을 들 수 있다. 필자 역시 한국정치에 국한되지 않고 학부 고학년 내지 대학원생용의 포괄적인 정치학 일반 대안 교과서로서 국가론, 한국정치, 현대 세계체제(특히 제3세계와 사회주의) 관련 쟁점들을 다룬 《한국정치학의 새구상》을 최근 출판했다. 이 밖에 정치학에 국한된 책으로 분류하기보다는 총체적인 역사서라 할 수 있게 해방 8년사(1945~1953)를 다룬 《해방전후사의 인식》(전6권) 역시 중요한 정치학 대안 교과서 성과물이라 할 수 있다. 마지막으로 김영순과 이영우가 함께 지은 《국가이론》 등 박사 과정을 수료하고 박사 학위 논문을 쓰고 있는 소장 연구자들의 교과서용 저술 작업도 활발히 진행되고 있다.

지금까지 진행된 대안 교과서 개발 작업에서 몇 가지 의의를 찾아볼 수 있다. 첫째, 시각의 다원화를 통해 경쟁을 통한 한국 정치학의 질적 발전에 기여하고 있다. 둘째, 나아가 보수적이고 비자주적인 미국 의존 일변도의 정치학을 넘어서 우리 현실에 맞는 민족적, 민주적, 민중적인 '새로운 정치학'의 수립을 향한 중요한 첫걸음이다. 셋째, 개인 연구자 중심의 수공업적 연구를 넘어서 공동 연구를 통한 집단적 결과물로서 교과서를 만들어냈다. 그러나 이런 의의에도 불구하고 그동안의 대안 교과서 개발이 여러 문제를 드러낸 것도 부인할 수 없는 사실이다. 그중 중요한 문제점을 간략히 정리하면 다음 같다.

첫째, 지금까지 진행된 정치학 대안 교과서 개발이 포괄적이고 총체적이지 못하며 부분적이고 분절적인 수준에서 벗어나지 못했다. 앞에서 지적했듯이 그동안의 대안 교과서는 한국정치 분야에 집중된 채 '정치학 개론', '정치이론', '국가론', '정치사상사', '국제관계론' 등 중요성이 매우 큰 기초 학문 수준의 대안 교과서 개발은 아직 손도 못 대는 현실적 한계를 드러내고 있다. 특히 이런 대안 교과서 개발은 궁극적으로 위에서 본 대안 교과과정 개발을 전제로 하는 유기적 연관 속에서 진행돼야 하는데도 대안 교과과정 개발이 진행되지 못하면서 가능한 것부터 해놓고 보자는 식의 실용주의적 방식으로 진행된 중요한 문제점을 안고 있다.

둘째, 그동안 대안 교과서는 엄격히 이야기하면 진정한 의미의 대안 교과서가 아니라 기존 교과서를 보완하는complimentary 수준을 넘어서지 못한 듯싶다. 종전의 교과서들이 주로 보수적 시각만 일방적으로 소개하는 '반쪽 교과서'였다면, 그런 현실의 반작용으로 구부러진 것을 반대쪽으로 펴려는 목적이 있기는 하지만, 대안 교과서도 진보적 시각만을 주로 소개하는 또 다른 '반쪽 교과서'가 되지 않았나 싶다. 따라서 강의 교수의 선호에 따라 이 중 어느 한쪽만 채택해 교재로 사용하면 결과적으로 학생들이 다른 한쪽에는 '문맹'이 되게 하는 현실인 만큼, 현상황에서는 한 주제에 관한 교과서로 기존 교과서와 대안 교과서를 함께 채택해야 균형을 맞출 수 있다. 물론 엄격한 의미의

'가치 중립적' 사회과학이란 존재할 수 없듯이 '가치 중립적' 사회과학 교과서도 존재할 수 없겠지만, 최소한 대안 교과서가 진정한 의미의 대안 교과서로 되려면 일정한 관점(민족적, 민주적, 민중적 관점)을 견지하되 진보적 패러다임뿐만 아니라 주류 이론까지 그 이론의 합리적 핵심을 소화해 소개한 뒤 비판적 평가를 통해 학생들이 스스로 사고해서 자기 관점을 형성할 수 있게 기획돼야 한다. 이런 점에서 기존의 대안 교과서는 한계가 있다고 하겠다.

마지막으로 공동 연구가 지닌 내실의 한계다. 대안 교과서들은 대부분 공동 연구를 통해 개발됐지만 실질적 내용에서는 공동 연구의 결과물로 채워지지 않은 탓에 집필자에 따라 각 소주제별로 관점의 편차가 상당히 크고, 그 결과 책 전체를 꿰뚫는 일관성이 부족하다는 한계를 드러내고 있다.

4. 맺는 말

지금까지 1980년대 후반 이후 진행된 정치학 분야의 대안 교과과정과 교과서 개발의 필요성과 의의, 현황과 문제점을 개괄적으로 검토했다.

이런 현황과 문제점들을 고려할 때, 한국 정치학은 좀더 민족적이고 민주적인 '한국적 정치학'의 발전을 위해 학술단체협의회 산하 연구회 수준을 넘어 더 높은 차원에서 이런 새로운 교과과정을 개발하고, 이 교과과정에 기초해 새로운 한국적 정치학 교과서를 개발하려는 집단적 노력이 시급히 요구된다.

5장

신자유주의 시대의 대학
자본의 '지식 공장'과 '인력 공장'을 넘어서*

1. 들어가며

'지식 공장Knowledge Factory.' 미국의 한 진보적 사회학자가 미국 대학을 규정한 개념이다(Arnowitz 2001). '신자유주의'라는 현 시기의 대학을 규정하는 탁월한 개념이다. 그러나 이 개념은 '누구를 위한 지식인가'를 명확히 하지 않고 있다. 나아가 요즈음 대학의 또 다른 측면을 간과하고 있다. 그것은 자본이 필요로 하는 기능적 인력을 양성하는 (자본의) '인력 공장'으로서 대학이다. 이 점에서 현재 우리의 대학을 정확히 그리라면 단순한 지식 공장을 넘어서 '자본의 지식 공장'이자 '인력 공장'이라고 불러야 할 것이다.

이 글은 '지구화 시대', 정확히 표현해 '신자유주의적 (금융) 지구화' 시대를 맞아 자본의 지식 공장과 인력 공장으로 전락하는 우리 대학의 문제점을 비판적으로 검토하는 데 목적이 있다.

---

* 2016년 열린 학술단체협의회 심포지엄 '지구화 시대의 대학'에서 발표한 글을 수정하고 보완했다.

2. 지구화란 무엇이고 대학이란 무엇인가

'지구화 시대의 대학'이라는 주제를 살펴보기 위해 우선 전제돼야 하는 것은 우리가 당연시하고 있는 지구화와 대학 그 자체에 대한 물음이다. 즉 지구화는 무엇이고, 또 대학은 무엇인가 하는 물음이다.

'지구화' 하면 우리는 '신자유주의적 지구화'를 연상해 거의 자동으로 부정적 태도를 갖게 된다. 그러나 지구화 자체가 부정적인 것은 아니다. 사실 마르크스주의를 비롯한 우리의 진보 사상도 지구화가 아니면 존재할 수 없었다. 이 사상들은 '지구화' 덕에 서구에서 수입됐기 때문이다. 대학이 추구하는 지식과 학문은 기본적으로 '보편적'이고 '지구적'이어야 한다(물론 이런 주장이 지역적 특수성과 개별성을 부정해야 한다는 것을 의미하지는 않는다).

이 점에서 우리는 지구화란 무엇인가를 간단히 짚고 넘어갈 필요가 있다. 추상적인 것부터 나열하면 지구화는 인류의 역사로서의 지구화, 자본주의의 역사로서의 지구화, 독점자본주의의 역사로서의 지구화, 현 국면으로서 신자유주의적 금융 지구화라는 다층적 구조로 분석해야 한다(손호철 2002, 241~242). 인류의 역사는 그 출발부터 교통과 통신 수단의 발달에 따라 활동 영역을 확대해온 '지구화'의 역사다. 그러나 근대 사회 들어 등장한 자본주의는 지구화를 질적으로 다른 차원으로 가속화했다. 특히 독점자본주의는 제국주의화를 통해 이런 추세를 더욱 심화시켰다. 그리고 마지막으로 현 국면으로서 '포드주의적 국가독점자본주의'와 팍스 아메리카의 위기에서 나타난 신자유주의적 금융 지구화다. 미국 헤게모니하의 자본주의의 한 주기가 끝나가면서 과잉 축적과 과잉 투자, 과잉 생산의 위기는 지배적 자본의 형태를 과거의 '생산적 자본'에서 '화폐자본'으로 변화시켰고(Holloway 1995, 132~134), 그 결과 신자유주의적 '금융' 지구화가 진행되고 있다.

그러면 대학은 무엇인가? 잘 알고 있듯이 대학은 연구와 교육이라는 두 가지 기능을 갖고 있다. 일본 고등교육법은 대학이 무엇인가를 잘 요약하고 있다. "학술의 중심으로서 높은 교양과 전문적 능력을 배양함과 동시에 깊이 진리를 탐구하여 새로운 식견을 창조하고 이 성과를 사회에 널리 제공하는 것으로 사회적 발전에 기여"하는 것이 바로 대학의 목적이다(츠토무 2015, 97).

여기에 거론된 대학의 목적을 해체하면, 첫째, 실용적, 나아가 창조적 연구(새로운 식견)를 통한 진리의 탐구와 인류의 지식 축적, 둘째, 비판적 사고 능력(높은 교양) 배양, 셋째, '사회적 필요 노동력'(전문적 능력) 양성, 넷째, 개개인의 지적 호기심 충족으로 나눌 수 있을 것이다.

3. 지구화 시대의 대학, 신자유주의 시대의 대학

지구화 시대의 대학을 바라보는 데에서 우리는 지구화 자체에 대해 부정적 입장을 가질 필요는 없다. 위에서 지적했듯이 인류의 역사 자체가 지구화이며, 지식과 학문은 기본적으로 지구적이고 보편적이기 때문이다. 대학 간의 교류 확대 등 대학의 지구화는 오히려 확대돼야 한다. 그러나 문제는, 모두 잘 알고 있듯, 세계사의 현 국면을 주도하고 있는 '신자유주의적 (금융) 지구화'다. 특히 이 중 문제가 되는 것은 '신자유주의화', 즉 '대학의 신자유주의화'다.[1]

지루는 대학의 신자유주의화를 첫째, 고등교육 예산의 축소와 시장 메커니즘의 대학 지배, 둘째, 민주적 공공장과 공공적 지식인 양성소로서 대학의 소멸, 셋째, 대학의 취업 학원화, 넷째, 종신제의 축소와 교(직)원의 비정규직화, 다섯째, 의사 결정에서 (교수의 소외 등) 비민주성으로 요약한다(지루 2015). 정확히 '2016년 대한민국 대학'에 그대로 적용되는 이야기다.

주목할 것은 신자유주의적 구조조정 등 **대학의 신자유주의화가** 시장이 아니라 **국가에 의해 사실상 강제적 방식으로 진행되고 있다**는 점이다. 구체적으로 정부는 대학이 '사회'(정확히 말해 자본)가 필요로 하는 인력을 제대로 생산하지 못한다고 비판하면서 엄청난 재정적 지원을 미끼로 대학들을 생존을 위한 신자유주의적 무한 경쟁으로 몰아넣고 있다. 대표적인 사례가 최근 정부가 엄청난 자금 지원을 내걸고 추진하고 있는 산학협력선도대학LINC·Leading Universities in Industrial Cooperation 사업과 프라임 사업이다. 특히 프라임 사업은 문과의 정원을 줄이고 공대 등 이공계 정원을 늘리는 대학에 큰 규모의 재정을 지원하고 있다. 그리고 정부의 반값 등록금 공약에 따른 등록금 동결과 삭감으로 재정적 어려움에 놓인 대학들은 정부 지원을 따내기 위해 벌떼처럼 달려들어 무한 경쟁을 벌이고 있다. 이 모습을 바라보면서 떠오르는 것이 바로 《공산당 선언》의 유명한 구절이다.

부르주아지는 모든 생산도구의 급속한 개선과 한없이 편리해지는 교통수단에 의해 모든 민족, 심지어는 가장 미개한 민족까지도 문명화시킨다. …… 부르주아지는 모든 민족들에게 망하고 싶지 않거든, 자본주의적 생산양식을 채택하라고, 즉 부르주아지가 되라고 강제한다. 한마디로, 부르주아지는 세계를 자신들의 모습대로 만들고 있는 것이다. (Marx & Engels 1978, 476~478)

이 구절을 현재 대학의 상황에 대입시킨다면 어떻게 될까? 아마도 다음같이 말하게 될 것이다.

정부는 모든 대학들에게 망하고 싶지 않거든 신자유주의를 채택하라고, 즉 신자유주의가 되라고 강제한다. 한마디로, 신자유주의는 대학 세계를 자신들의 모습대로 만들고 있는 것이다.

이런 국가 정책 뒤에는 이공계같이 당장 기업이 필요로 하는 기능 인력(특히 순종적 기능 인력)이 우리 사회에 필요한 '사회적 필요노동'이므로 이 인력들을 양성하는 것이 대학의 주된 임무이며 교양이나 비판적 사고 능력을 키우는 '문사철' 등 인문학은 사회적 '낭비'이므로 줄여야 한다는 생각이 깔려 있다. 이런 사고방식에 따라 수도권에 있는 한 사립대의 경우 기존 학과를 다 없애고 대학 정원을 모두 의과대^{medical}, 공과대^{engineering}, 경영대^{management}, 법과대^{law}로 전환시키려는 'MEML' 프로젝트를 추진하려 한 바 있다.

물론 대학이 졸업생의 취업에 신경을 쓰지 않을 수는 없다. 또한 대학은 변화하는 사회적 요구와 기술 진화에 적응할 필요가 있다. 그러나 대학이 단순한 기능 인력 양성소는 아니다. 나아가 '과학기술혁명'과 '극소전자혁명'에 따라 기술 진화의 속도가 상상할 수 없게 빨라져서 여기에 맞춰 지속적으로 대학 교육 프로그램을 바꾸는 것은 현실적으로 불가능하다.

주목할 것은 최근 이세돌을 상대로 바둑 대국을 벌인 알파고 덕분에 관심을 끌고 있는 인공 지능이다. 인공 지능은 이미 인류의 노동을 대신하고 있다. 월스트리트에는 인공 지능 애널리스트들이 인간 애널리스트를 대체하기 시작했고 유서 깊은 대형 로펌에는 인공 지능 변호사가 등장했다.《유엔미래보고서 2050》에 따르면 인간의 감성적, 철학적 역능보다는 계산적 합리성에 기초한 의사, 번역가, 회계사, 변호사 등은 인공 지능으로 대체될 가능성이 큰 것으로 예측되고 있다(박영숙 외 2016).

이 분야의 한 연구자는 지금 10대 이하들은 기계를 상대로 경쟁해서 직업을 얻어야 하는 만큼 기계가 인간보다 더 잘할 게 뻔한 지금 같은 기능적 교육은 앞으로 필요 없어질 것이라고 경고한다(《노컷뉴스》 2016년 5월 20일). 인류 진화를 연구해온 유발 하라리도 인류는 인간이 인공 지능보다 잘할 수 있는 것이 무엇인가를 연구해서 관련 교육에 집중하고 그런 일자리를 만들지 않으면 수십억 명의 잉여 인간이 생겨날 것이라고 염려했다(《연합뉴스》 2016년 4월 29일).

따라서 정부가 지금처럼 대학을 단순한 계산적 합리성에 기초한 기능적 인력 양성소로 변화시키려 하는 시도는, 그리고 대학이 이런 정책을 무비판으로 추종하는 현실은 대학을 파멸로 이끌게 된다. 오히려 대학이 살아남을 수 있는 유일한 길은 **인공 지능이 대신하기 어려운 창조적이고 비판적인 지성을 연마하고 가르치게 하는 것**이다(이 점에서 앞으로 대학에서는 비판적 사고를 실천하고 가르치는 데 익숙한 '좌파' 교수들만 살아남는 것 아닌가 하는 희망 섞인 기대를 해본다).

대학의 구조조정에 대해 한마디하고자 한다. 현재 진행되고 있는 시장주의적 구조조정은 분명히 지양돼야 한다. 그러나 지금같이 교수들이 이미 과를 만들고 있다는 이유로 단순히 이 집단의 기득권을 지켜주기 위한 '공급자 중심주의'도 극복해가야 한다. 구체적으로는 희소 학문은 보호한다는 원칙을 확실히 지키면서도 사회와 학문의 시대적 변화에 대학이 능동적으로 대처하고 개별 학생들의 지적 호기심과 선택을 충분히 충족시켜줄 수 있도록 대학이 변화해야 한다.

최근 대학에서 심각한 문제, 가장 심각한 문제는 '교육 노동자의 유연화'와 비정규직화다. 어쩌면 **대학은 신자유주의 훨씬 이전부터 이미 신자유주의를 실천해온 '신자유주의의 원조'인지 모른다.** 구체적으로 고용 형태라는 면에서 **비정규직(시간강사)이 가장 먼저 일상화된 곳이 바로 대학**이다. 우리는 이런 현실을 이 시간강사들이 '후배'라는, '제자'라는, 아직은 자리를 잡지 못한 '예비 학자'라는 이유로, 나아가 교수 공채에서 낙오한 '경쟁 낙오자'라는 이유로 오랫동안 당연시해왔다. 민주화를 위한 전국교수협의회 20주년 평가토론회에서 내가 지적한 바 있듯이(민교협 2007), 민교협도 사회 민주화, 교육 민주화 등 다른 문제들에 견줘 시간강사 문제를 상대적으로 등한시해온 것은 부인할 수 없는 사실이다.

이렇게 대학의 오랜 구조적 문제인 시간강사 문제는 김영삼 정부가 첫 단추를 끼운 신자유주의적 교육 정책을 김대중 정부가 본격적으로 수행한 이후 더욱 심화돼 위험 수위를 넘어선 지 오래다. 교육부 자료에 따르면 2013년 현재 4년제 대학의 전임 교원 비율은 41.1퍼센트이고 비전임 교원이 58.9퍼센트를 차지하며, 전문대학을 포함할 경우에는 전체 교원 중 전임 교원의 비율은 38.4퍼센트에 불과하고 61.6퍼센트가 비정규직으로 집계되고 있다(이동연 2015, 18). 쉽게 말해 대학 교원 세 명 중 두 명은 비정규직이라는 이야기다. 게다가 빠르게 진행되고 있는 비정규직화를 고려하면 정규 교원의 비율은 지난 3년 동안 더 낮아졌을 것이다.

특히 염려되는 것은 새로 제정한 시간강사법과 교육부가 대학 평가의 주요 지표로 도입한 전임 교원 강의 담당 비율이다. 열악하기 짝이 없는 시간강사들의 교원 지위와 권리 확대를 위해 비정규직 교수들이 요구한 시간강사법은 오히려 강사 대량 해고의 폭탄이 돼 대학가를 초토화시키고 있다. 두 번 유예된 이 법이 유예 기간이 끝나 실제 실행되면 비정규직 교수들의 3분의 2가 그나마 하던 강의마저 빼앗길 것이다.

학생들에게 양질의 교육을 시키기 위해 정부가 도입한 전임 교원 강의 담당 비율 역시 대학들이 새로 전임을 채용하는 것이 아니라 시간강사들의 강의를 폐지하는 방식으로 대응하면서 비정규직 교수들의 해고를 초래하고 있다. 최근 5년 동안 시간강사법과 전임 교원 강의 담당 비율 지표의 영향으로 전국에서 대학 시간강사가 1만 명이 넘게 해고된 것으로 집계되고 있다(비정규직 없는 대학현장 기자회견문 2016). 이것뿐만 아니다. 이전에는 정규직으로 채용하던 직원들도 비정규직으로 채용하고 청소, 경비 등 대부분의 고용을 외주 파견 노동에 의존하고 있다. 한때 '신의 직장'으로 불리던 교직원은 이제 이직이 늘어나고 있고, 급기야 서울 어느 명문 사립대의 교직원이 업무 과중에 따른 스트레스를 호소하는 유서를 남기고 스스로 목숨을 끊기까지 했다.

대학 교수의 비정규직화, 비정규직 교수들의 대량 해고 사태는 많은 연구자들의 생존권 박탈 자체도 문제지만, 그 수준을 넘어서 차세대 학자들이 고갈돼 학문과 연구 역량 자체의 죽음으로 나아갈 위험에 처해 있다. 따라서 혁명적인 처방이 시급하다. 이 문제에 관련해 지적할 것이 있다. 바로 BK21에서 출발한 차세대 육성 연구 프로그램 등 정부의 연구 지원 프로그램이 안고 있는 심각한 문제점이다.

BK21은 차세대 연구자들을 지원한다면서도 연구자 개인을 독자적으로 지원한 것이 아니라 연구 책임자를 맡은 교수의 연구 보조원 자격으로 지원했다. 젊은 연구자들이 교수들과 협업해 실험과 연구를 하는 이공계의 공장식 (포드주의적) 연구 시스템을 인문·사회 분야에도 기계적으로 도입한 것이다. 따라서 젊은 비정규직 연구자들은 자기가 하고 싶은 연구가 아니라 연구 책임자가 기획한 연구 프로젝트에 연구원으로 참여해야 그나마 재정적 지원을 받을 수 있다. 정부는 이후 연구 정책에서 '선택과 집중'이라는 이름 아래 거의 모든 연구 프로그램을 대형화하고 대공장 체제화하고 있다.[2]

이런 현실은 비정규직의 재정적 자립과 학문적 자립성을 심각하게 침해하고 있다. 그리고 이제 세상은 과거 같은 소품종 대량생산 체제가 아니라 다양성과 다품종을 중시하는 시대로 이미 옮겨갔다는 점에서 이런 정책은 우리의 학문 발전 자체를 가로막고 있다. 따라서 비정규직 교수 문제를 해결하기 위해 가장 시급한 과제는 **현재의 대공장형 연구 지원을 해체해서 비정규직 교수 지원으로 돌려 개별 연구를 해도 최소한의 생계를 유지할 수 있도록 만들주는 것**이다.

최근 쟁점이 된 '반값 등록금' 정책에 대해서도 한마디하고자 한다. 이 정책은 옳다. 그리고 차라리 늦은 것이다. 아니 틀리다. 버니 샌더스가 최근 미국 민주당 대통령 예비선거에서 공약했듯이 최소한 국공립 대학의 경우 유럽처럼 등록금을 받지 말아야 한다. 그러나 진짜 문제는 그것이 아니다. 반값 등록금은 정부의 대학 재정 지원 확대를 통해 달성돼야 한다. **정부의 재정 지원이 동반되지 않은 반값 등록금 정책은 재정적 어려움을 타개하기 위해** 정년 보장 교수와 정규직 직원을 줄여 비정규직화하고 정부와 기업의 지원 등을 유치하기 위해 대학을 기능 인력 공장이자 기능적 지식 공장으로 만드는 대학의 **신자유주의화를 가속화시키고 있다.** 특히 정부는 링크나 프라임 사업 같은 신자유주의적 대학 지원 정책을 통해 반값 등록금 때문에 발생한 대학의 재정 위기를 대학 신자유주의화의 볼모로 이용하고 있다.

4. '포스트 신자유주의 대학'을 향하여

참담한 대학의 현실을 바라보면서 주목할 것은 한 일본 학자가 지적한 대학의 역사다(순야 2014). 순야에 따르면 대학의 역사는 '두 번의 탄생과 한 번의 죽음'으로 요약할 수 있다. 대학은 중세 시절 황제의 권력과 교황의 권력 사이에서 '도시의 자유' 속에 탄생했다. 그러나 16세기 인쇄술의 발달과 함께 데카르트, 파스칼, 로크 등 대학 밖의 지성들이 저술 활동을 통해 지식 혁명을 주도하면서 대학은 죽음을 맛봐야 했다. 이런 위기의 대학을 되살린 것은 근대 국민국가의 민족주의였다. 19세기 독일에서 훔볼트 이념에 기초해 훔볼트형 대학, '국민국가형 대학'이라는 '제2의 탄생'을 경험하게 된 것이다. 이런 국민국가형 대학이 이제 지구화 때문에 위기에 처해 있다.

무크MOOC·Mass Open Online Course나 아이튠즈 유iTunes U 등을 통해 전지구적으로 마이클 샌델의 정의론 같은 강의를 들을 수 있게 되는 상황에서 국민국가 기반의 전통적인 대학이 살아남을 수 있느냐는 또 다른 근본적인 질문을 하지 않을 수 없다. 다시 말해 지구화 시대에 훔볼트형, 국민국가형 대학은 살아남을 수 있을 것인가? 아니 지구화가 아니더라도 '우리가 알고 있는 의미의 대학'은 이미 신자유주의에 의해 죽었다. 최소한 이미 죽어가고 있다. 자크 데리다가 지적한 경제적 합목적성 등에 얽매이지 않고 무조건적이고 전제를 두지 않는 논의의 장으로서 '조건 없는 대학', '의견 불일치의 공동체'(빌 레딩스)로서 리버럴한 지성의 장인 대학은 더는 존재하지 않는 것 같다. 레딩스의 표현을 빌리자면, 국민국가의 문화 교양 공급처이던 대학은 이제 '수월성'에 준거한 글로벌한 관료제적 경영체로 전락한바, "수월성에 호소한다는 것은 이미 대학의 이념이 더 이상 존재하지 않는다"는 징표다(순야 2014, 294~295).

그럼 희망은 없는가? 희망을 찾는다면, 그 탈출구는 대학의 역사에서 발견한 순야의 결론이다. 순야는 역사적으로 대학을 위기에서 구한 것은 '인류 보편적 가치의 지향'이었다고 주장한다(순야 2014, 277). 즉 다른 지식 서비스 산업이 제공할 수 없는 대학만의 고유한 기능은 바로 이 보편적 가치에 대한 봉사라는 것이다. 그렇다. 신자유주의적 지구화 시대에 대학이 살아남는 길은, 나아가 사파티스타 운동의 마르코스 부사령관이 "인류에 대한 4차 대전"(Marcos 2002, 8)이라고 규정한 신자유주의에서 인류를 구하는 길은 '인류 보편적 가치에 대한 봉사'라는 대학 고유의 기능으로 돌아가는 것이다. 그러려면 우리는 신자유주의에 점령당한 대학을 **'포스트 국민국가 시대의 새로운 자유=리버럴'의 장**(순야 2014, 299), **'조건 없는, 의견 불일치의 새로운 논쟁 공동체'**로 만들어야 한다.

대학의 신자유주의화, 신자유주의 대학은 김영삼, 김대중, 노무현, 이명박, 박근혜 정부로 이어진 국가 교육 정책의 산물이다. 이 점에서 **'포스트 신자유주의 대학'**은 (이른바 '민주정부'라는 자유주의 정권의 등장이 아니라) **국가 권력의 근본적인 변혁에 의해서만 가능하다**고 볼 수 있다. 얼마 전 안철수 국민의당 대표가 '교육부 해체론'을 제기해 논란이 됐다(《프레시안》 2016년 5월 2일). 개인적으로 안 대표의 정치 노선에 전혀 동의하지 않지만, 이것만은 박수를 보낸다. 막대한 국민의 세금으로 대학을 죽이고 우리의 교육과 미래를 압살하고 있는 교육부는 차라리 없애는 것이 낫다. 최소한 관료들의 머리 수준과 상상력으로는 관리가 불가능한 대학과 대학원 고등교육은 교육부에서 분리해 전문성을 가진 교수 등 전문가들로 구성된 고등교육위원회가 정책을 만들도록 해야 한다. 1992년 빌 클린턴 미국 대통령의 선거 구호를 변형시켜, "멍청하기는, 문제는 바로 국가야."

2부

국가와 권력

1장

국가자율성의 과학적 이해*

1. 문제의 제기

정치학에서 과학주의의 물결과 함께 실종된 국가에 관한 연구가 최근 '복지 국가의 위기'라고 불리는 서구 선진 자본주의 국가의 재정 적자 위기와 함께 새롭게 정치학의 쟁점이 돼왔다. 국내 학계의 경우도 이런 서구 국가론의 소개, 적용과 함께 활발한 논쟁이 진행되고 있다는 것은 주지의 사실이다. 특히 현대 국가론 논쟁에서 부각된 가장 핵심적인 개념이 있다면, '상대적 자율성'이라고 표현되는 국가의 자율성 개념이다. 이 개념이 국가를 단순히 지배 계급의 도구('도구주의적' 의미의)나 이익집단의 자기 이익 실현을 위한 수단 내지 대상으로 간주하던 '도구주의'와 '다원주의' 국가론의 한계를 극복하고 국가에 대한 좀더 체계적인 이해에 공헌했다는 점은 부인할 수 없다. 그러나 국가자율성 개념은 국가 개념의 모호성, 국가자율성을 이야기하는 패러다임의 차이, 개념 사용자에 따라 전혀 다르게 사용되고 있는 추상화 수준의 다양성,

---

* 《한국정치학회보》 23집 2호에 실린 이 글의 원 제목은 〈국가자율성을 둘러싼 제문제들〉이다. 또한 손호철, 《한국정치학의 새구상》, 풀빛, 1991에도 실렸다.

국가자율성의 다양한 차원 내지 유형에 대한 무원칙적인 혼용 등으로 개념 자체의 다의화$多義化$, 이론적 논거의 불명확화, 뒤이은 독자들의 자의적 해석과 커뮤니케이션의 단절, 특정 학자의 국가자율성 개념의 견강부회$牽强附會$식 인용, 적용과 반박 등 많은 부작용을 낳고 있다. 그 결과 국가론 논쟁 자체도 사실상 '귀머거리 사이의 대화dialogue of the deaf'로 전락할 위험을 안고 있다. 이 글의 목적은 이런 혼선을 극복하기 위해 국가자율성 개념을 그 개념과 이론적 문제점을 중심으로 좀더 엄밀하게 분석해보는 데 있다.

2. 국가 개념의 문제

국가자율성 문제를 다룰 때 부딪히는 첫째 어려움은 국가는 과연 무엇인가에 관한 개념적 합의가 없다는 사실이다. 이런 국가 개념의 다의성은 국가자율성이라고 할 때 자율성의 주체인 국가가 사용자에 따라 다른 것을 의미하게 함으로써 혼선을 야기하고 있다.

국가라는 개념은 국가론 논의에서 크게 여섯 가지 의미로 사용되고 있다. 그 각각의 의미를 추상성의 수준이 높은 것에서 낮은 것으로 순서를 살펴보면 다음 같다.[1]

우선 국가는 **영토에 기초한 정치적 공동체**(나라)를 의미할 수 있다. 국가를 한국과 미국처럼 사용할 경우가 바로 이런 의미인데, 이런 의미의 국가는 국가론 논의에서는 예외적인 경우가 아니면 잘 사용되지 않고 있다.

둘째 의미는 국가를 사회적 총체를 구성하는 여러 '구조', '층위level', 내지 '심급instance'의 하나, 즉 특수한 기능(지배적 사회 질서 내지 관계의 재생산 등)을 수행하는 **객관화된 구조**로 이해하는 것이다. '상부구조'로서 국가라는 이해는 바로 이런 수준의 국가 개념화다.[2]

셋째 경우는 국가를 하나의 **지배연합**a pact of domination 내지 지배블록으로 개념화하는 경우다. 이 경우 국가의 요체를 '국가 권력'으로 보고 국가 권력을 장악하고 있는 계급이나 집단의 성격 차원에서 국가를 정의하려 하는 것이다. 다시 말해 위에서 지적한 '구조로서의 국가'가 재생산 기능을 맡고 있는 지배적 사회관계의 구체적인 성격과 내용을 밝혀줌으로써 구체적인 정치 행위자로서 사회 세력의 정치권력 수준에서 국가를 이해하는 경우다. 자본주의 국가는 자본가들의 국가, 즉 "전체 부르주아의 공동사를 관리하는 집행위원회"라는 마르크스의 분석에서 말하는 국가가 그 대표적 예라 하겠다.[3]

넷째, 국가는 '**사회관계의 응집**'으로 개념화되기도 한다. 자본은 '물thing'이 아니라 사회관계를 의미하듯이, 국가도 사회관계의 한 표현으로서 사회 여러 세력 간의 힘의 역관계 내지 균형 상태를 반영한 사회관계의 응집이라는 이해다. 국가를 사회 여러 세력 간의 양보나 절충의 '불안정한 평형 상태unstable equilibria'로 파악한 그람시A. Gramsci의 국가 개념이나 '후기' 풀란차스N. Poulantzas의 국가 개념은 이런 경우라 할 수 있고, 기본 가설은 다르지만 국가 정책을 사회 여러 집단의 '힘의 벡터vector'로 이해하는 다원주의 국가론의 국가 개념도 이런 차원의 개념화라고 볼 수 있다.[4]

다섯째, 국가를 일련의 제도 내지 조직의 집합체로 이해하는 것이다. 국가 중심적 국가론의 국가 개념이 바로 이런 의미이며, 다른 패러다임(마르크스주의)의 경우에도 국가 권력의 물질화된 구체적 표현으로서의 국가기구 내지 장치의 총체를 국가로 칭하는 경우는 바로 이 수준의 국가 개념화다.[5]

마지막으로 국가를 단순히 국가기구를 장악하고 직접 운영하는 국가 운영자들의 집단으로 이해하는 개념화다.[6]

이런 국가 개념의 다의성은 많은 이론적 문제를 야기하고 있고, 앞으로도 계속 논의가 진행돼야 할 주제다. 다만 이 글에서 지적할 수 있는 것은 특정 국가 연구에서 분석되는 국가가 위에서 지적한 다양한 국가 개념 중 어느 의미로 사용됐는지를 파악해 국가 개념의 오해에서 오는 부작용을 극소화해야 한다는 점이다. 또한 국가 개념의 다의성이 학자들 사이의 커뮤니케이션 왜곡 등 부작용을 일으킬 소지가 많지만,[7] 그것 자체가 모순되거나 문제가 되는 것은 아니지 않느냐 하는 점이다. 즉 국가는 단일 수준이 아니라 이렇게 다양한 추상성의 수준에서 이해돼야 하고, 구체적으로 분석하려는 주제에 따라 그것에 맞는 개념 수준에서 국가 문제를 접근하는 것이 바람직하지 않은가 싶다.

다만 이때 주의해야 할 점은 분석 수준의 문제에 관련지어, 다양한 개념 수준의 위계적 관계에서 생겨나는 **위계적 규정성**을 무시해서는 안 된다는 것이다. 이런 점을 무시하고 국가 개념은 사용자에 따라 이럴 수도 있고 저럴 수도 있다는 식으로 개념 자체를 **상대화**하거나, 거꾸로 특정 수준의 개념만이 옳다고 **절대화**하는 것은 모두 바람직하지 못하다. 이를테면 자본주의 국가의 경우 높은 추상성의 수준에서 보자면 자본주의 사회와 지배적 사회관계의 재생산을 담당하는 특정 수준으로 이해될 수 있지만, 추상성을 낮춰 이해할 경우에는 이런 사회관계 속에서 지배적 위치에 있는 특정 자본가 계급의 지배블록으로 분석될 수 있다. 이것보다 더 추상성을 낮출 경우 자본가 계급의 이익이 주로 관철되는 와중에도 이런 이익이 일방적으로 국가에 반영되는 것이 아니라 자본가 계급과 기타 사회 세력들 사이의 힘의 역관계에 따라 기타 사회 세력들의 이익도 반영된다는 점에서 지배블록의 '구조적 한계' 속에서의 사회적 역관계의 응집으로 이해될 수 있다. 여기서 분석 수준을 더 낮춰서 보면 국가가 기계적으로 사회관계를 반영하는 것이 아니라 구체적으로 물질화된 국가기구를 통해 반영하므로 국가기구의 집합 차원에서 개념화가 가능해진다.[8]

따라서 이를테면 이런 추상화 수준의 위계질서와 여기서 생겨나는 규정성의 위계질서를 무시하고 국가를 단순히 국가기구의 집합으로 개념화해 이 수준을 절대화하는 것은 오류라고 할 수 있다. 그러나 이것보다 추상성이 높은 차원(구조로서 국가, 지배블록으로서 국가, 사회관계로서 국가)이 부여하는 규정성을 전제로 해 좀더 구체적인 차원에서 국가 문제를 엄밀히 하려는 국가기구에 대한 연구는 국가론과 국가 개념의 심화에 도움이 되는 접근 태도라고 할 수 있다.

3. 국가자율성의 세 가지 패러다임

하나의 개념은 그것 자체로 고립된 단순한 '지적 건축물'이 아니라 그 개념이 위치지어진 전체 이론틀 내에서 다른 개념들과 유기적 연관을 맺고 있다. 국가자율성 개념도 그것이 어떤 이론틀 안에서 사용되든, 단순히 국가의 현상적 특징을 서술^{describe}하는 개념의 의미를 넘어서 전체 이론틀과 맺는 불가분한 유기적 연관을 갖고 사용되는, 전체 이론의 한 부분인 이론적 개념이라고 할 수 있다. 따라서 국가자율성 개념은 항상 왜 국가는 자율적 내지 '상대적으로 자율적'이라고 이론화되는가 하는 그 나름의 이론적 논거(전체 이론틀에서 도출되는)들이 전제돼 있다고 볼 수 있다.

국가론 연구에는 다양한 패러다임이 존재하고 있다. 이 다양한 패러다임들이 동일한 국가자율성 개념을 사용하고 있기는 하지만 그 개념의 함의와 각각이 상정하는 국가자율성의 논거에는 차이가 있는 경우가 적지 않다. 따라서 국가자율성 논쟁에서 일차적으로 이루어져야 할 과제는 이 다양한 패러다임이 내포하는 국가자율성의 의미와 논거들을 구별하고 특정 학자가 사용하고 있는 국가자율성 개념이 그것들 중 어느 것인지를 분별하는 일이다.

국가자율성 개념은 크게 세 가지 패러다임, 즉 광의의 마르크스주의 패러다임,⁹ 베버주의 등 국가 중심적 패러다임, 경험주의적 패러다임에서 주로 사용되고 있다고 볼 수 있다.

최근의 국가자율성 논쟁을 촉발시킨 장본인인 마르크스주의 패러다임에서 사용되는 국가자율성 개념은 인간의 물질적 활동(경제, 토대)에 일차적 중요성을 부여하는 역사유물론의 총체적 이론 체계에 연관된 개념이다. 이 개념이 갖는 구체적 의미와 논거는 아래 절들에서 다룰 테지만, 다만 여기서 지적할 점은 마르크스주의 패러다임의 국가자율성 개념은 그 개념만을 고립시키지 않고 역사유물론의 총체적 이론 체계와 맺는 관련 속에서 이해돼야 한다는 점이다. 즉 이때 국가자율성 개념은 국가 등 '상부구조'에 대한 '토대'의 규정성 내지 '선차성primacy'을 고수하면서 국가를 단순히 경제의 반영으로 간주하는 경제환원론, 기계적 유물론, 도구주의적 정통 등 '속류' 마르크스주의를 비판하기 위해 복원된 개념으로서, 출발부터 무제한의 자율성이 아니라 그 구조적 한계, 즉 '상대성(상대적 자율성)'을 기본 전제로 하고 있다. 또한 이때 국가자율성에서 의미하는 국가라는 개념은 그때그때 경우에 따라 차이가 있기는 하지만 주로 위에서 지적한 다양한 의미 중 추상성이 높은 의미, 즉 구조로서의 국가, 지배연합으로서의 국가, 사회관계로서의 국가 등의 의미로 사용되고 있다고 볼 수 있다.

베버주의를 비롯한 '국가 중심적' 국가론에서 사용되는 국가자율성 개념은 그 함의와 논거에서 마르크스주의 패러다임에서 사용하는 국가자율성 개념과 상당한 차이가 있다. 구체적인 내용은 마르크스주의 패러다임과 마찬가지로 다음 절에서 다룰 테지만, 이 국가론 특히 베버의 국가론의 국가자율성을 다루는 데에서 어려움은 개념적 함의가 매우 불분명하다는 점이다. 베버의 경우 경제의 선차성을 주장하는 마르크스주의에 비판적이었다는 사실은 잘 알려져 있지만,[10] 국가와 경제사회의 관계에 대한(즉 국가자율성에 대한) 베버의 정확한 입장이 어떠했는지는 모호하게 남아 있다고 하겠다. 유물론에 대한 베버의 비판이 국가의 '상대적 자율성'을 인정한 마르크스의 주장도 아직 너무 '유물론적'이라는(따라서 상대적 자율성도 모자란다는) 비판인지, 마르크스의 유물론을 기계론적 경제환원론 등 당시의 속류 마르크스주의로 오인한 비판인지가 불분명하다 하겠다.[11] 다만 '사회적 행위'와 '경제적 행위', '정치적 행위'를 계급과 신분status, 정당과 각각 병렬시켜 이론화한 방법론[12]을 놓고 볼 때 국가를 비롯한 정치 현상을 상대적 자율성 이상의 독자적 논리를 가진 것으로 가정하지 않았나 싶다.

스카치폴T. Skocpol을 필두로 한 신베버주의 국가론자들의 경우 네오마르크스주의 국가론의 상대적 자율성 개념을 잘 알고 있으면서도 이 개념을 비판하고 있다는 점에서 이 논자들이 사용하는 국가자율성 개념이 최소한 상대적 자율성 이상의 자율성을 의미한다는 것은 확실하다. 그러나 이 경우에도 이 개념의 국가가 완전한 '독자적 주체independent actor'로서 거의 '절대적 자율성'을 갖는다는 것을 의미하는지, 아니면 사회경제적 제약을 받지만 마르크스주의의 상대적 자율성보다는 그 자율성이 크다는 것인지가 불분명하다고 볼 수 있다.[13] 요약하면 국가 중심적 국가론에서 사용되는 국가자율성 개념은 정확한 의미는 불분명하지만 마르크스주의의 상대적 자율성처럼 그 구조적 한계가 전제되지 않은 자율성으로서, 마르크스주의 패러다임에서 사용되는 국가자율성 개념과는 구별돼야 한다고 볼 수 있다. 또한 이런 국가 중심적 시각의 경우 국가의 개념화에서도 추상성이 낮은 의미, 즉 제도적 총체로서의 국가 개념을 채택하고 있어 마르크스주의 패러다임과 비교할 때 국가 개념 자체에도 차이가 있다는 점에 유의할 필요가 있다. 특히 국가를 단순히 제도의 총체로 이해하는 이런 접근은 앞에서 지적했듯이 좀더 높은 수준의 국가 규정(상부구조, 지배연합, 사회관계 등)을 사장시키는 오류를 범하고 있으며, 이것은 국가자율성을 절대화하는 신베버주의의 또 다른 오류에 밀접히 연관돼 있다.

마지막으로 국가자율성 개념은 경험주의적 패러다임에서 사용되고 있다.[14] 이 경우는 마르크스주의나 베버주의 패러다임처럼 일관된 자기 이론틀 속에서 국가자율성 개념을 사용하는 것이 아니며, 이런 이론틀이 전제되지 않고 다만 실제로 존재하는 국가들을 경험적으로 관찰함으로써 귀납적으로 국가자율성 문제를 이론화하려는 것이다. 이런 국가자율성의 이론화는 구체적인 자료를 축적하는 데에는 도움을 줄 수 있을지 모르지만 다른 경험주의 이론과 마찬가지로 방법론적 한계를 지닌다. 즉 이런 경험적 일반화generalization가 엄밀하게 진행돼 예측 능력까지 갖게 되더라도 왜 국가는 자율성을 지니며 왜 특정 국가가 특정한 자율성을 갖게 되는지에 대한 설명explain 능력은 경험적 연구만으로는 갖춰지지 않기 때문이다.[15]

4. 추상성의 다양성과 혼선

국가자율성에 관한 문헌들을 고찰해볼 때 이 개념이 사용자에 따라 또는 동일 사용자의 경우에도 그때그때 상황에 따라 다양한 추상성의 수준에서 사용되고 있다는 것을 쉽게 알 수 있다. 이 개념은 ① 국가 **일반**의 수준, ② 특정 국가**유형**type of the state의 수준, ③ 특정 국가**형태**form of the state의 수준, ④ 특정 **정권**이나 **레짐**regime의 수준, ⑤ 특수 **상황**의 차원 등 크게 다섯 가지의 추상성 수준에서 사용되고 있는 실정이다.[16] 특히 문제는 특정 이론가가 이야기하고 있는 국가자율성의 구체적 추상성 수준에 따라 각각 제 나름의 논거를 가지고 있는데도 불구하고 개념 사용자들이 대부분 자신이 의미하는 추상성 수준을 명시하지 않고 국가자율성 개념을 사용하며, 이 수준을 명시한 경우에도 독자들의 추상 수준에 대한 무감각으로 사용자들의 이론적 논거들이 제대로 전달되지 않는 경우가 허다하다는 점이다.

1) 국가 일반의 자율성

국가자율성 개념이 가장 추상성이 높은 차원에서 사용되는 것은 모든 국가는 자율적(상대적으로)이라는 국가 일반의 자율성론이다.

우선 마르크스주의의 경우 이런 이론화는 사적 유물론의 체계화에 마르크스보다 많은 시간을 할애한 엥겔스에 의해 제기되고 있다.

> 역사의 유물론적 개념에 따르면 역사에서 **궁극적으로 결정적**인 요인은 생산과 삶의 재생산이다. 마르크스도 나도 그 이상의 주장을 한 적이 없다. …… 경제적 상황이 토대다. 그러나 상부구조의 다양한 요소들도 역사의 투쟁에 영향을 미치며, 특히 많은 경우 그 형태를 결정한다(강조는 인용자).[17]

(역사는) 두 개의 **불균등한** 힘의 상호 작용이다. 한편에는 경제적 운동이, 다른 한편에는 정치적 힘이 있다. …… 전체적으로 보아 경제적 운동이 지배적이 되지만, 스스로 운동하고 **상대적 독자성**relative independence을 가진 정치적 운동에게서 **반작용**을 받는다(강조는 인용자).[18]

이런 국가의 상대적 독자성 내지 자율성 개념은 현대 '정통' 마르크스주의에서도 ① 토대는 국가 등 상부구조를 '궁극적으로' 규정한다, ② 그러나 상부구조는 상대적 독자성을 갖는다, ③ 상부구조는 능동적으로 토대에 개입해 반작용한다는 토대-상부구조론의 정식화에서도 테제로 이론화되고 있다.[19]

'구조주의' 마르크스주의도 전체 이론틀에는 차이가 있지만 이런 국가 일반의 상대적 자율성을 내세우고 있다. 즉 사회적 총체란 경제, 정치, 이데올로기라는 "상대적으로 자율적이면서, 경제 층위에 의해 궁극적으로 결정되며, 특수한 결정 과정에 의해 접합돼 복잡한 구조적 통일을 형성하며 공존하고 있는 여러 층위 내지 심급들의 구조적 총체"[20]라고 주장함으로써 정치와 국가의 상대적 자율성을 '일반 이론'의 수준에서 이론화하고 있다.

국가 일반의 자율성을 또 다른 각도에서 이론화하고 있는 것은 베버주의자들이다. 베버 역시 국가자율성에 대한 체계적인 이론화를 시도하지는 않았지만, 마르크스주의 비판, 제도적 측면을 중심으로 한 국가 분석 등에서 국가자율성에 대한 베버의 이론적 틀을 유추할 수 있다. 특히 베버는 국가의 핵심적 특징을 "주어진 영토 내에서 **폭력의 정당한 행사의 독점**(강조는 원저자)"[21]으로 인식함으로써 정당화된 폭력의 독점을 국가자율성의 중요한 물적 토대의 논거로 삼고 있다고 추론할 수 있다. 베버와 함께 현대 국가 중심적 국가론의 이론적 초석을 제공한 힌츠O. Hintze의 경우 '경제에 대한 정치의 우위'를 특히 국가 안보와 군사적 측면에서 이론화하고 있다.[22] 베버가 **대내적** 측면에서 정당화된 폭력 행사의 국가 독점을 국가자율성의 중요한 논거로 삼고 있다면, 힌츠의 경우 국가가 국제 체제 속에서 외적의 침입을 막고 군사와 외교 활동을 벌이는 등 '국가 생존'에 관련된 **대외적** 기능을 독점하고 있다는 측면에서 자율성의 이론적 근거를 삼고 있다. 스카치폴 등 신베버주의자들의 경우 세칭 '베버힌츠 가설'에 따라 ① 영토 내의 정당화된 폭력의 독점, ② 제도로서의 국가기구가 갖는 제도적 특징 내지 자체 논리와 제도적 역사성, ③ 국가의 대외적 기능의 독점 등을 국가자율성의 논거로 이론화하고 있다.[23]

결국 이런 주장들은 그 논거에 차이가 있기는 하지만 국가는 국가유형에 상관없이 (상대적으로) 자율적이라는 일반 이론적 범주로서의 국가자율성이며, 최근 국가론 논쟁의 초점이 된 자본주의 국가의 상대적 자율성과는 구별돼야 하는 자율성이다.

2) 특수 국가유형의 자율성

국가론 논쟁에서 사용되는 둘째의 국가자율성은 국가 일반의 자율성에 견줘 추상성의 수준이 다소 낮은 국가자율성으로서, 특수 국가유형, 특히 국가유형의 하나인 자본주의 국가의 특성으로서 국가자율성이다. 풀란차스 등 서구 신좌파 학자들이 주로 논의한 국가자율성은 바로 이 특수 국가유형인 자본주의 국가의 특성으로서 국가자율성이다.

국가와 시민사회의 분리, 이 분리에 따른 국가의 상대적 자율화가 헤겔의 주장과 달리 역사적 현상, 즉 통시대적 현상이 아닌 자본주의적 현상이라는 마르크스의 주장은 이런 자본의 국가의 고유한 특질로서 국가자율성에 대한 이론적 단초라 할 수 있다.[24] 마르크스는 자본주의 국가의 상대적 자율성을 직접적으로 체계화하지는 않았지만 《자본》에 나타난 영국의 공장법 입법 분석과 보나파르티즘 연구 등에서 개별 자본이 아니라 총자본을 대표하는 자본주의 국가의 특징으로서 상대적 자율성 국가의 전형을 제시한 바 있다.[25]

엥겔스의 경우 이런 문제의식은 더욱 뚜렷이 나타난다. 경제적 지배 계급이 직접 정치권력도 행사한 전자본주의 국가들과 달리 자본주의 국가에서는 "부는 그 권력을 간접적으로 행사하지만 더욱 확실하게 행사한다"는 분석이나 보나파르티즘을 자본주의 국가의 정상 형태로 간주하는 다음 같은 주장은 상대적 자율성을 자본주의 국가의 고유한 특성을 이해하는 엥겔스의 입장을 보여주고 있다.

> 보나파르티즘은 그 무엇보다도 현대 자본가의 참된 종교다. …… 보나파르티즘 같은 반*독재가 (자본주의 국가의) **정상 형태**라는 것이 내게는 점점 명확해지고 있다. 자본주의 국가는 자본가의 의지에 반하면서까지 자본가들의 큰 물질적 이익을 떠받쳐주지만, 자본가들이 정부 속에 참여하는 것은 허용하지 않는다(강조는 인용자).[26]

자본주의 국가의 고유한 특질로서 국가자율성 문제를 가장 체계화한 것이 풀란차스다. 풀란차스는 이 문제를 생산자와 생산수단의 결합 양식이라는 **생산양식적 특성**의 차원에서 이론화하고 있다. 봉건 사회의 경우 생산자(농노)와 생산수단(토지)이 결합돼 있기 때문에 생산자에게서 '잉여가치'를 수취하려면 경제 외적 강제력이 개입돼야 하므로 정치와 경제가 분리될 수 없는 반면, 생산자와 생산수단이 분리돼 있는 자본주의 사회의 경우 경제 외적 강제력의 직접적인 개입이 없이도 잉여가치가 수취되므로 정치와 경제의 상대적 분리, 이 분리에 따른 국가의 자율성이 가능해진다는 주장이다.[27] 이 밖에도 플란차스는 ① 다양한 자본**분파**들의 편협한 이익에서 자본 **일반**의 이익을 도출해내야 하는 자본 '통합 기능'과 ② 계급 지배를 은폐하고 모든 국민을 평등한 개별 '시민'으로 '위장'하는 민중 '분열 기능'을 수행해야 하는 국가의 임무라는, 자본주의 체제 재생산에 필요한 구조기능적 필요조건에서 자본주의 국가의 상대적 자율성을 도출해내고 있다.[28]

독일의 '국가도출론자'들의 경우도 본질적으로는 하나로 통일돼 있는 경제와 정치의 운동이 자본주의 사회에서는 다른 사회와 달리 현상적으로는 '시민사회의 곁과 밖에 세워진 특수 심급'으로서 국가라는 형태로 경제와 상대적으로 분리돼 '특수형태화particularization'해 본질상의 통일과 현상상의 분리라는 '통일 속의 분리seperation in unity' 형태화한다고 주장하고 있다. 즉 이 이론은 시민 사회에서 국가의 상대적 분리와 국가의 상대적 자율성을 자본주의 국가의 고유한 특질로 이해하고, 그 논거를 마르크스의 《자본》에서 보이는 범주들과 자본 운동의 법칙들에서 체계적으로 '논리 도출'해내고 있다.[29]

논리 구조는 다르지만 베버도 근대 사회에서 나타나는 '권위의 합리화'의 결과, 즉 '전통적 지배'에서 벗어나 지배의 합리화가 일어나면 그 표현으로 나타나는 관료제의 성장과 관료제에 따른 익명의 지배 속에서 자본주의 국가의 자율성이 확대되는 경향을 시사했다고 볼 수 있다.[30] "근대 국가에서 실질적인 지배자는 항상 불가피하게 관료다"라든가 근대 자본주의 사회의 "입헌 국가 이행에 따라 항상 중앙 관료에 권력이 집중되는 것은 불가피하다"는 베버의 주장이 이런 내용이다.[31] 특히 베버는 그런 근거로서 상비군, 직업 공무원제 등 통치 기능을 전담하는 독립된 관료제의 성립과 관료들에 대한 '행정 수단의 집중concentration of the means of administration'[32]을 제기함으로써 마르크스가 경제 영역에서 갈파한 자본의 집중 경향 가설과 좋은 대조를 보여주고 있다.

3) 특수 국가형태의 자율성

또 다른 차원에서 국가자율성이 논의되는 것은 자본주의 국가의 특수형태(이를테면 부르주아 민주주의, 파시즘 등)의 특성으로서 상대적 자율성을 논의하는 경우다. 이 중 특히 주목을 끄는 것은 자본주의 국가의 한 특수형태라고 볼 수 있는 제3세계 국가, 즉 '종속' 자본주의 국가에 관련된 상대적 자율성 논쟁이다.

자본주의 국가 일반이 아니라 제3세계 국가의 고유한 특성으로서 상대적 자율성을 체계적으로 이론화한 대표적인 학자로는 알라비H. Alavi를 들 수 있다. 알라비는 '과대 성장 국가론'에서 제3세계의 경우 식민지 사회의 국가가 경제적으로 발달한 식민지 본국의 토대에 기초하고 있어 식민지 사회의 토대에 비해 과대 성장되며, 이런 과대 성장 국가를 식민지 유제로 물려받은 제3세계의 국가는 중심부 자본주의 국가와 달리 해외 자본, 토착 자본, 지주라는 세 개의 지배 계급 간의 이익 중재라는 독특한 임무를 수행해야 할 필요성 때문에 상대적 자율성을 갖게 된다고 주장한다.[33] 그 뒤 많은 제3세계 연구가들은 알라비의 모델을 변형시켜 토착 자본가의 취약성에 따른 국가의 경제발전 주체화(기업국가론), 토착 자본가의 헤게모니 부재와 민중 세력의 대항 헤게모니 부재에 따른 사회적 교착 상태의 구조화, 뒤이은 국가자율성의 확대(보나파르티즘 모델), 전자본주의적 생산양식의 강한 온존으로 사회구성체 내부에서 자본주의적 생산양식의 지배성을 보장해줘야 하는 국가의 임무('국가 중심성 centrality 테제') 등 제3세계의 정치경제적 특성에서 제3세계 국가의 고유한 특성으로서 상대적 자율성의 논거를 찾고 이론화해왔다.[34]

다른 한편 프랑크[A. G. Frank], 월러스틴[I. Wallerstein] 같은 종속이론가, 세계체제론자들은 정반대로 중심부 자본주의와 종속을 특징으로 하는 종속 자본주의의 정치경제학적 동학의 차이를 논거로 해, 상대적 자율성은 자본주의 국가 일반의 특성이 아니라 자본주의 국가의 특수형태인 중심부 자본주의 국가의 특성일 뿐이라고 주장하고 있다. 즉 중심부 자본주의 국가의 특성은 상대적 자율성일지라도 종속 자본주의 국가는 이런 상대적 자율성조차 갖추지 못한 도구적 국가에 불과하다는 분석이다.[35] 이 학자들 사이에 왜 이런 정반대의 해석이 생겨나고 이 해석들 중에서 어느 입장이 올바른 것인지는 아래(제6절)에서 다룰 예정이므로 일단 뒤로 미루기로 하고, 다만 여기서는 이렇게 국가의 상대적 자율성이 국가 일반이나 자본주의 국가 일반이 아니라 특수 국가형태의 특성으로서 해당 사회의 정치경제학적 특징에 관련지어 논의되고 있다는 점만을 지적하고자 한다.

4) 레짐과 정권 차원의 자율성

국가자율성 문제는 위의 세 가지 경우보다도 추상성이 낮은 또 다른 경우, 즉 특정 레짐이나 정권의 차원에서 논의되기도 한다.

풀란차스가 '역사주의적' 해석에 반기를 들고 특수 레짐의 차원이 아니라 자본주의 국가 일반의 이론적 골격으로 이해해야 한다는 색다른 주장을 편 저서이자 자본주의 국가의 상대적 자율성의 논거로 자주 인용되는 마르크스의 보나파르티즘 연구도 사실 문자 그대로 해석하는 경우 이런 차원의 상대적 자율성이라는 해석이 가능하다. 마르크스는 프랑스 혁명 이후 프랑스 사회를 몇 단계의 시기로 구분해 분석하면서 나폴레옹 치하와 이후 의회공화제 하에서 프랑스 국가는 '지배 계급의 도구'였지만 "제2의 보나파르트하에서만 국가는 완전히 자신을 독립적인 존재로 만든 것처럼 보인다"고 분석하고 있다.[36] 물론 보나파르티즘은 아래에서 지적하겠지만 사회적 교착 상태라는 특수 상황으로 그 본질을 파악해 보나파르티즘인 국가의 상대적 자율성을 이런 특수 상황에 연관시켜 이해하는 것이 올바른 이해 방식이라 할 수 있지만, 문헌 그 자체를 문자 그대로 해석할 때는 특정 레짐인 제2의 보나파르트 정권과 국가의 상대적 자율성을 연관시킨 것이라고 말할 수 있다.

제3세계 국가 연구에 있어서도 많은 학자들은 특정한 레짐유형 내지 정권의 차원에서, 특히 군부 쿠데타 뒤 등장한 '군부 파시즘' 내지 '권위주의' 체제의 특정 차원에서 국가의 상대적 자율성을 분석하고 있다. 즉 남미의 경우 페론 체제같이 국가가 오히려 시민사회에 의해 상당히 침투당해 있던 포퓰리즘 체제가 종속 자본주의 국가의 한 레짐유형일지라도 그 국가의 상대적 자율성을 이야기하는 학자는 거의 없고, 흔히 관료적 권위주의 체제 내지 '종속 파시즘' 체제라고 불리는 포퓰리즘 체제 이후 새 군부독재 체제에 관련시켜 국가자율성을 논하는 것이 대부분이다.[37]

한국 정치 연구에서도 관료적 권위주의 체제 내지 '신식민지 파시즘' 체제

이론이 자주 적용되고 있는 5·16 군사 쿠데타 이후 한국 국가와 관련시켜 국가의 상대적 자율성이 주로 논의됐고, 때때로 제1공화국에 국가의 상대적 자율성 개념이 적용됐지만, 국가가 거의 시민사회의 '포로'가 돼 있던 제2공화국에 대해서는 감히 국가자율성 개념을 적용한 학자는 없다고 하겠다.[38]

이렇게 일부 국가론 논의에서는 종속 자본주의 국가를 논하는 경우에도 종속 자본주의 국가 일반이 아니라 그중 특수한 레짐유형이나 정권에 관련시켜 국가의 상대적 자율성을 분석하고 있다.

5) 특수 상황의 자율성

마지막으로 국가자율성은 특수 상황에 연관돼 분석되기도 한다. 전통적으로 국가자율성이 제고되는 특수 상황으로 간주돼온 상황은 '파국적 평형 상태 catastrophic equilibrium' 내지 사회적 교착 상태라고 불리는 상황과 이행기다. 마르크스는 상대적 자율성을 특징으로 하는 보나파르트 체제를 "자본가 계급이 이미 패배했지만 노동자 계급이 지배 능력을 획득하지 못한 때 가능한 유일한 정부 형태"라고 분석했다.[39] 엥겔스는 이 분석을 더욱 발전시켜 일반적으로 국가란 경제적 지배 계급의 국가지만 "예외적으로 적대적 계급 간의 힘의 평형 상태를 달성해 중재자로서 국가가 일시적으로 어느 정도의 독립성을 갖는 때"가 있으며, 이런 경우가 절대 왕정, 1·2차 보나파르티즘, 비스마르크 체제라고 지적함으로써 국가의 상대적 자율성을 적대적 계급 간의 힘의 평형 상태라는 특수 상황에 연관시켜 체계적으로 설명했다.[40]

이 밖에 봉건 사회에서 자본주의 사회로, 자본주의 사회에서 사회주의 사회로 나아가는 이행기 등 이행기의 경우, '토대'에 의한 '상부구조'의 궁극적 규정과 이 규정에 따른 '토대'와 '상부구조'의 '조응correspondence'이라는 조응 법칙에 예외가 생겨 국가의 상대적 자율성이 제고된다고 가정돼왔다.

현대 국가론 논쟁에서 블록F. Block은 전쟁, 공황, 재건 시기 등 국가 위기 상황의 경우가, 해밀턴^{N. Hamilton}은 피지배 계급에게서 정치적 압력이 가중되고 국가가 이 피지배 계급들과 동맹을 취하는 경우가, 클리버스^{P. Cleaves}는 지배 계급이 분열되고 권위주의의 전통이 강한 경우가 각각 국가의 상대적 자율성이 제고되는 특수 상황이라는 가설을 제기했다.[41]

6) 추상성 수준의 다양성에 따른 문제들

이런 추상성 수준의 다양성은 그 자체가 문제가 아닐 수 있다. 그러나 앞에서 지적한 대로 이렇게 다양한 추상성 수준을 명확히 구별하지 않은 국가자율성 논의는 많은 이론적 왜곡과 의사소통의 혼선을 초래하고 있다.

이런 부작용의 대표적인 경우가 바로 풀란차스의 국가의 상대적 자율성 개념이다. 풀란차스의 국가의 상대적 자율성 개념은 위에서 본 대로 자본주의 국가 일반의 특질로서의 자율성으로서, 자본주의 생산양식에 대한 풀란차스의 전체 이론틀과 유기적으로 결합돼 자본주의 생산양식의 특성에 그 논거를 가지고 있다. 그러나 제3세계 국가와 한국 국가 논쟁에서는 제3세계 국가의 독특한 특성으로 상대적 자율성을 논의하면서 그 논거로 풀란차스의 국가의 상대적 자율성 개념을 자주 인용하는 것을 볼 수 있다. 그 결과 생겨나는 부작용은 추상성 수준의 혼용과 풀란차스의 국가의 상대적 자율성 개념의 왜곡이다. 풀란차스의 국가의 상대적 자율성 개념 중 본질적 논거들은 모두 사라지고 현상적으로 상대적으로 자율적이라는 공통점만을 갖고 풀란차스를 인용하고 있는 것이다. 즉 풀란차스의 국가의 상대적 자율성 개념은 생산자와 생산수단의 분리라는 자본주의 생산양식의 특성에 그 논거를 가지고 있는 데도, 토착 자본가의 취약성, 종속적 맥락에서 국가 위주의 자본 축적의 필요성 등 풀란차스의 논거하고는 전혀 논거가 다른 제3세계의 정치경제적 특성에 연유한 자신들의 제3세계 국가의 상대적 자율성 개념에 인용함으로써 풀란차스의 개념을 왜곡시키고 있다. 따라서 앞으로 국가의 상대적 자율성 개념을 사용하거나 다른 학자들의 이 개념을 이해할 때는 이 개념이 다양한 추상성의 수준 중 어느 수준에서 사용되고 있으며 그 논거가 무엇인지를 명확히 함으로써 이런 혼선과 왜곡을 극복해야 한다고 할 수 있다. 더 심각한 문제는 이론적으로 이런 **다양한 추상성 수준 사이의 긴장을 어떻게 해소하고 하나의 일관된 이론 체계 속에 수용할 것이냐** 하는 문제다.

물론 다양한 추상성 수준의 주장들이 그 자체로 모순되는 것이 아닐 수도 있다. 국가 일반이 상대적 자율성을 갖는다는 주장과 국가 일반이 아니라 자본주의 국가의 고유한 특성이 상대적 자율성이라는 주장은 일견 모순적이지만 상대적 자율성의 '상대적'이라는 의미를 엄격하지 않게 이해해 자본주의 국가는 국가 일반의 상대적 자율성에 자본주의 생산양식에서 도출되는 자본주의 국가의 고유한 특성으로서 상대적 자율성을 덧붙여 갖게 된다고 이해하면 일단 모순을 피할 수 있다.[42] 더 나아가 자본주의 국가 중 특수 국가형태는 다시 여기에 그 나름의 상대적 자율성을, 특정 레짐은 여기에 다시 그 나름의 상대적 자율성을, 특수 상황은 여기에 다시 그 나름의 상대적 자율성을 더 갖게 된다고 이해하면 이 주장들은 모순되는 것이 아니다.

그러나 문제는 이 경우 상대적 자율성 개념은 본질적이고 이론적 개념이 아니고 단순히 계량화가 되는 '**정도**degree'의 문제가 되고, 그저 언어 그대로 다른 국가와 비교할 때만 의미가 있는 '상대성'의 문제가 되고 만다는 점이다. 이렇게 되면 결국 상대적 자율성 개념은 자율성이 제로인 '완전 도구' 국가와 자율성이 100퍼센트인 절대적 자율성 국가를 제외한 모든 경우를 의미하는 것으로 확대 해석이 가능해진다. 또한 완전 도구 국가와 절대적 자율성 국가는 순수 가정으로만 가능하기 때문에, 상대적 자율성 개념은 역사적으로 존재한 모든 국가의 자율성을 수용하는 개념으로서 차별성이 없어져 사실상 무의미한 개념이 되고 만다.

이런 딜레마를 어떻게 극복할지에 대해서 필자의 이론 수준으로는 만족할 만한 해답을 주기는 어려운 실정이다. 다만 원칙적 수준의 몇 가지 제안을 하자면, 우선 국가의 자율성을 아무런 이론적 논거에 의존하지 않고 그저 현존하는 국가의 구체적 자율성 수준에서 경험적으로 연구하고 이론화해야 한다는 경험주의적 접근법은 경험주의 방법론 일반과 마찬가지로 많은 문제점을 안고 있는 듯하다. 그러나 여러 이론적 틀에서 연역적으로 그 이론적 논거를 찾고 있는 상대적 자율성의 경우도 '상대적'이라는 개념의 모호성에서 생겨나는 문제점 때문에 전적으로 의존할 수 있는 개념이라기보다는 국가의 자율성이 절대적이지도 않고, 그렇다고 국가가 단순한 도구도 아니라는 사실을 이해할 수 있게 돕는 **'메타포**metaphor' 정도로 생각해야 하지 않을까 싶다. 따라서 위의 다양한 추상성 수준에서 제기된 이론적 틀들을 일반적인 이론의 틀과 **연구 지침**으로 삼되, 구체적인 국가들의 국가자율성 수준(상대성의 좀더 엄밀한 수준)을 중범위의 다양한 수준에서 이해할 수 있도록 노력해야 할 것 같다.

5. 도구적 자율성과 구조적 자율성 문제

국가자율성을 둘러싼 또 다른 개념적인 문제는 세칭 '도구적 자율성instrumental autonomy'과 '구조적 자율성structural autonomy'이라 불리는 두 가지 '유형'의 자율성 문제다. 고도의 추상성을 갖는 국가자율성 개념을 실증적 연구에 사용할 수 있도록 작업 가설화할 수 있는 좀더 구체적인 수준에서 개념화할 필요성에 관련해 노라 해밀턴이 두 가지 유형으로 체계화한 이 개념들은, 그 유용성에도 불구하고 문제점을 갖고 있는 것도 사실이다.

현대 국가론 논쟁, 특히 자본주의 국가론 논쟁에서 이 두 가지 자율성 문제를 체계적으로 구별하지는 않았지만 간접적으로 시사한 학자는 풀란차스다. 풀란차스는 다원주의 패러다임을 비판하기 위해 현대 자본주의 국가가 국가 운영자 중 자본가 계급 출신의 과잉 대표화, 국가 운영자와 자본가 간의 인적 유대 등을 통해 계급성을 갖게 된다고 주장한 밀리반드에 대한 유명한 서평에서, "자본주의 국가는 자본가 계급의 성원들이 직접 국가기구에 참여하지 않을 때 …… 가장 자본가 계급의 이익에 공헌할 수" 있고 "국가가 지배 계급에 대해 상대적 자율성을 갖는다"[43]고 반박함으로써 국가자율성을 **'지배 계급의 직접 통치 내지 직접적 개입에서 자유로울 수 있는 자율성(도구적 자율성)'**이라는 '소극적' 의미로 사용했다. 더 거슬러 올라가면 자본주의 사회에서 "부는 **간접적**으로 지배하지만 그만큼 더욱더 **확실하게** 지배한다"(강조는 인용자)는 엥겔스의 주장이나 부르주아 민주주의는 "자본주의의 가능한 최상의 정치적 외피the best possible political shell여서 일단 자본이 이런 최상의 외피를 수립한 뒤에는 …… 부르주아 민주공화국의 **구성원**이나 **제도, 정당**이 바뀌어도 자본의 지배를 흔들 수 없다"(강조는 인용자)는 레닌의 분석이 함의하는 자본주의 국가의 상대적 자율성도 이런 의미의 자율성(도구적 자율성)이라고 할 수 있다.[44]

그러나 풀란차스는 다른 저서에서 국가자율성 개념을 적극적인 의미, 즉 단순히 지배 계급의 직접 통치 내지 직접 개입에서 자유롭다는 의미가 아니고, 더 나아가 **'지배 계급의 반대에도 불구하고 지배 계급들의 이익에 반하는 정책을 수행할 수 있는 자율성(구조적 자율성)'**이라는 의미로 쓰기도 했다.[45]

풀란차스의 경우 자신이 이렇게 국가자율성을 두 가지 의미로 사용하고 있다는 사실을 인지하지 못했고, 이 두 유형을 체계적으로 구별하지 않았다. 그 결과 그 뒤 풀란차스의 이론을 중심으로 자본주의 국가의 상대적 자율성을 논하는 학자들도 자율성 개념을 경우에 따라서는 전자의 의미로 사용하거나 후자의 의미로 사용하는 등 많은 혼선이 야기됐고, 아직도 일부에서는 그런 혼선이 계속되고 있다. 이런 혼선을 피하기 위해 해밀턴은 국가자율성을 풀란차스에게 있어서 전자에 해당되는 자율성(지배 계급의 직접 통치, 개입, 통제에서 자유로운 자율성)을 '도구적 자율성'으로, 후자의 자율성을 '구조적 자율성'이라고 명명해 체계적으로 구별했다.[46] 해밀턴은 또한 풀란차스의 입장과 유사한 입장에서 자본주의 국가가 도구적 자율성은 상당히 갖고 있는 경우가 많지만 구조적 자율성은 극히 제한돼 있다고 봤다. 이런 구별은 자본주의 국가를 이해하는 데 필요한 이 두 자율성을 구별하는 데 큰 도움을 줬지만, 아직도 여러 문제점을 남겨놓고 있다. 첫째, **도구적 자율성에 대해 광범위하게 펴져 있는 오해의 문제**이며, 둘째, **구조적 자율성 개념의 모호성 문제**다.

밀리반드-풀란차스 논쟁에서 풀란차스는 자본주의 국가를 자본가 계급의 직접 지배로 이해하는 그릇된 '도구주의적' 전통에 철퇴를 가하고 자본주의 국가는 도구적 자율성을 가지며, 이런 자율성을 가질 때 오히려 자본 전체에 '기능적'이며 진정한 의미의 '도구'(직접 지배라는 의미의 도구가 아니고 그 기능 내지 정책 결과로서 도구)로 기능할 수 있다는 것을 설득력 있게 보여줬다. 이 논쟁 이후 많은 학자들은 풀란차스의 이론이 훨씬 세련되고 올바른 접근법이라고 판단해 무비판적으로 자본주의 국가는 도구적 자율성을 갖는다고 선험적으로 가정하는 경향이 생겨났다. 밀리반드 같은 도구주의적 이론은 물론 비판을 받아야 하지만 풀란차스처럼 도구적 자율성을 선험적 내지 무조건적으로 가정하는 것도 그릇된 것이라고 할 수 있다. 왜냐하면 도구적 자율성이 자본주의에 기능적이라는 주장과, 따라서 자본주의 국가는 모두 도구적 자율성을 갖는다는 주장은 전혀 다른 두 개의 주장인데도 불구하고, 앞의 주장(기능적 필요성)에 근거해 모든 자본주의 국가는 도구적 자율성을 갖는다는 식으로 목적론적인ᵗᵉˡᵉᵒˡᵒᵍⁱᶜᵃˡ 설명 방식에 의존해 자신의 가설을 증명하려 하고 있기 때문이다. 따라서 풀란차스에 따르면 자본주의 국가는 **선험적으로 내지 정의 그 자체에 의해**ᵇʸ ᵈᵉᶠⁱⁿⁱᵗⁱᵒⁿ 자본주의에 기능적인 것이 되고 만다. 또한 풀란차스의 경우 자본주의 국가가 도구적 자율성을 갖지 못하고 특정 자본분파의 직접 통제를 받음으로써 자본 일반의 장기적 이익을 보증해주는 총자본의 기능을 제대로 수행하지 못한 채 특정 자본분파의 편협하고 단기적인 이익만을 국가 정책에 반영해 자본 지배의 재생산에 '역기능'을 가져오고 체제 위기를 초래할 경우가 선험적으로 배제되고 만다. 그러나 한 학자의 지적대로 이런 경우는 얼마든지 이론적으로 충분히 가정할 수 있고, 또한 역사적으로도 이런 도구적 자율성의 결여로 자본주의적 합리화에 실패해 체제 위기를 초래한 경우를 어렵지 않게 찾아볼 수 있다.[47] 뿐만 아니라 풀란차스의 접근법은 구체적으로 존재하는 다양한 자본주의 국가의 다양한 도구적 자율성 수준의 편차와 이 편차에 따라 발생하는 이 국가들의 다양한 자본 지배 재생산 '순기능' 수행 능력의 차별성을 비교 분석할 수 없게 만드는 비역사적 '본질주의'에 빠지고 만다.

따라서 자본주의 국가의 도구적 자율성은 풀란차스식으로 선험적으로 가정돼야 할 것이 아니고, 풀란차스의 모델을 하나의 일반적인 '지도 지침'으로 하되 구체적으로 연구 대상이 되는 국가의 도구적 자율성의 정도를 구체적으로 분석하고 여기에 관련해 해당 국가의 지배 질서 재생산 기능 수준을 구체적으로 비교 분석하는 것이 올바른 연구 방법이라고 할 수 있다.

구조적 자율성 역시 여러 가지 개념적 문제를 안고 있다. '경제적 지배 계급의 반대에도 불구하고 지배 계급들의 이익에 반하는 정책을 펼 수 있는 국가 자율성'으로 이해되는 구조적 자율성에서 '지배 계급의 반대에도 불구하고 지배 계급들의 이익에 반하는'을 어떻게 해석하느냐 하는 문제다. 우선 지배 계급의 반대라는 문제는 두 가지 경우를 가능하게 한다. 하나의 경우는 지배 계급이 지식의 부족, 오판 등으로 자신의 이익을 잘못 인지해 자신의 이익을 옳게 인지한 국가의 정책 의도에 반대하는 경우, 즉 국가가 지배 계급의 실제 이익에 반하는 것이 아니고 지배 계급에 의해 잘못 인지된 이익에 반해 행동하고자 하는 경우다. 다른 한 경우는 지배 계급의 반대가 오판에 따른 것이 아니고 국가 정책이 지배 계급의 실제 이익에 반하는 경우다.

더욱 문제를 복잡하게 하는 것은 국가 정책이 지배 계급의 실제 이익에 반한다는 말이 다시 여러 수준에서 해석이 가능하기 때문이다. 지배 계급의 실제 이익에 반한다는 것은 이익의 종류, 즉 **경제적 이익(이윤의 극대화)**과 **정치적 이익(지배 구조의 재생산)**, 단기 이익과 장기 이익에 의해 크게 네 가지 경우를 상정할 수 있다.[48] 즉 지배 계급의 단기적이고 편협한 경제 이익에 반해 행동함으로써 결과적으로 장기적이고 일반적인 경제 이익을 살려주는 경우(지배 계급의 단기적이고 편협한 경제 이익에 반해 행동할 수 있는 국가의 자율성), 장기적 경제 이익에는 반하지만 정치적 이익을 살려주는 경우(단기 이익뿐 아니라 장기적 경제 이익에 반해 행동할 수 있는 자율성), 단기적 정치 이익에 반하지만 장기적 정치 이익을 살려주는 경우(경제 이익뿐 아니라 단기 정치이익에 반해 행동할 수 있는 자율성), 장기적 정치 이익에도 반해 행동하는 경우(장기적 정치 이익에도 반해 행동할 수 있는 자율성, 즉 자본주의 체제의 재생산 자체에 반해 행동할 수 있는 자율성) 등 네 경우다.

따라서 구조적 자율성을 이야기할 때도 사용자에 따라 전혀 다른 경우를 의미하게 되며, 그 자율성을 위의 네 경우 중 어느 경우로 사용하느냐에 따라 자본주의 국가가 구조적 자율성이 있느냐 없느냐, 있다면 어느 정도의 자율성을 갖느냐에 대한 다른 평가를 가져오게 된다. 사실 자본주의 국가가 자본가의 반대에도 불구하고 상대적 자율성을 이용해 자본주의적 합리화를 관철시킨 대표적인 경우로 자주 인용되는 뉴딜 정책이나 '복지국가'화의 경우도 이것들 중 어느 경우에 해당하는지 다른 해석이 가능하고, 이 해석들 중 어느 해석이 맞는지는 그렇게 쉽게 판단할 수 있는 것이 아니다. 복지국가의 경우도 단기적으로는 자본에 손해가 됐지만 장기적으로는 경제적으로도 자본에 덕이 됐다는 해석이 가능하고 복지 정책이 자본 축적에 장기적으로도 마이너스가 되고 민중 부문에 대한 실질적인 경제적 양보였지만, 이런 양보가 없어혁명 같은 체제 위기가 일어나는 것보다는 낫지 않느냐는 점에서 자본의 장기적 정치 이익을 살려준 것이라는 해석도 가능하다.

이런 유형을 체계적으로 구분하지는 않았지만 자본주의 국가가 자본의 단기적 경제 이익이나 장기적 경제 이익에 반해 행동할 수 있어도 "자본가의 정치적 이익에서는 단 한 발자국도 벗어나지 못한다"고 주장한 풀란차스의 분석의 경우도,[49] 구조적 자율성을 경제적 이익에 반해 행동하는 자율성으로 이해하면 자본주의 국가가 상당한 구조적 자율성도 갖는다는 주장이 되지만, 이것을 장기적 정치 이익에 반해서도 행동하는 자율성으로 이해할 경우는 구조적 자율성이 전혀 없다는 주장이 되고 만다. 해밀턴의 경우 구조적 자율성을 장기적 정치 이익, 체제 재생산 자체에 반해 행동하는 자율성("구조적 한계를 넘어 기존 구조를 제거하고 새 구조를 창조"해 "지배 계급의 존재 자체를 위협하는" 행동의 자율성)[50]으로, 즉 가장 엄격한 의미로 사용하고, 이 기준으로 볼 때 자본주의 국가는 구조적 자율성이 극히 제한돼 있다고 밝히고 있다.

이렇게 구조적 자율성을 엄격한 의미에 국한해 사용할 경우 자본주의 국가 권력의 재생산 자체가 자본주의의 재생산과 불가분하게 유기적으로 결합돼 있음으로써 자본주의 체제 재생산에 반하는 국가 정책은 국가 권력의 재생산에도 해가 되는 행동이라는 점에서 이런 구조적 자율성을 자본주의 국가가 갖지 못한다는 데 별 무리 없이 동의할 수 있다(이 점에서 자본주의 국가의 구조적 자율성은 상대적 자율성이지 절대적 자율성이 아니다). 그러나 이렇게 구조적 자율성을 엄격한 의미에 국한해 사용할 경우에는 우선 이런 구조적 자율성을 자본주의 국가가 갖지 못한다는 가설을 반증하는 일이 불가능해진다. 왜냐하면 분명히 자본가의 단기 정치 이익은 물론 장기 경제 이익, 단기 정치 이익에 반해 국가가 실행한 정책에 대해서도 그 정책은 자본의 장기적인 정치 이익에는 반하지 않고 오히려 장기적인 정치 이익을 살려준 정책이며, 따라서 구조적 자율성이 없는 것이라고 주장할 경우, 이런 주장에 그렇지 않다고 반박하는 것이 불가능해지기 때문이다. 나아가 이렇게 구조적 자율성을 엄격한 의미에 국한해 사용할 경우 모든 자본주의 국가는 구조적 자율성이 없다는 말이 돼버리기 때문에, 자본의 단기적 경제 이익에 반해 행동할 자율성조차 없는 자본주의 국가와 자본의 장기적 정치 이익, 체제 재생산 자체에 반해 행동하는 자율성은 없지만 최소한 자본의 단기적 경제 이익, 장기적 경제 이익, 단기 정치 이익에 반해 행동할 자율성은 있는 국가 사이의 차별성 부여와 비교가 불가능해지고 만다. 따라서 구조적 자율성을 자본의 장기적 정치 이익, 체제 재생산 자체에까지도 반해 행동하는 자율성이라는 식으로 엄격한 의미에 국한해 사용하는 것보다는 위의 네 가지 경우를 모두 포괄할 수 있도록 광의(단순히 지배 계급의 반대에도 불구하고 지배 계급들의 이익에 반해 행동할 수 있는 자율성)로 정의하고, 그 자율성 속에 이 네 가지 경우를 구별해 구체적인 국가의 자율성을 이 네 기준에서 분석하고 비교하는 것이 더 건설적이라고 할 수 있다.

6. '대내적 자율성'과 '대외적 자율성'

서구 자본주의 국가 내지 자본주의 국가 일반을 주제로 한 서구 자본주의 국가론 논쟁은 자본주의 국가를 외부의 영향이나 세계 자본주의 체제에서 고립된 폐쇄적 일국 모델화해온 경향이 있다.[51] 따라서 자본주의 국가의 국가자율성은 일국적 사회구성체 내의 토대에 대한 국가의 자율성 내지 국내 사회 세력들, 특히 지배 계급에 대한 국가자율성의 차원에 국한해 다뤄졌다. 그러나 이런 경향은 세계 자본주의 체제 내의 '종속적' 위치 때문에 외부적 규정성을 강하게 받고 국가자율성에 강한 제약이 주어지는 제3세계 '종속' 자본주의 국가의 경우 많은 문제점을 드러내고, 따라서 적지 않은 혼선이 빚어지고 있다.

이 문제에 관해 시사적인 것은 현대 국가의 자율성은 해당 국가 또는 사회구성체를 세계 자본주의 체제에서 차지하는 위치에 연관해 분석해야 한다는 해밀턴의 주장 내지, 이 주장을 더 체계화해 현대 국가의 자율성은 "(해당) 국가 내의 특정 사회 집단들과 세계 경제 속에 위치한 다른 국가들에 대한" 자율성으로 이해해야 한다는 월러스틴의 '세계체제'적 시각이다.[52] 자본주의 국가의 자율성은 도구적 자율성이든 구조적 자율성이든 일국 내의 시각에서 접근해서는 안 되며, 국내의 경제적 지배 계급 등 국내 사회 세력들에 대한 자율성('대내적 자율성')과 해외 독점자본과 해외 국가들에 대한 자율성('대외적 자율성')이라는 양면을 총체적으로 파악해야 한다.

사실 위에서 지적한 바 있는 종속 자본주의 국가의 국가자율성에 대한 상이한 해석, 즉 중심부 국가는 상대적 자율성 국가일지 몰라도 제3세계 국가는 도구적 국가에 불과하다는 종속이론류의 주장과 중심부 국가가 상대적 자율성 국가라면 주변부 국가는 자율성이 더 큰 '절대적 자율성' 국가에 가깝다는 주장은 국가자율성의 대내외적 측면 중 한쪽만을 강조한 데서 생겨난 해석의 차이와 편향들이라고 볼 수 있다. 종속자본주의 국가가 해외 독점자본과 제국주의 때문에 구조적 자율성이 극히 제한됨으로써 정책이 '식민지적 정책'을 벗어나지 못한다는 종속이론, 세계체제 이론 등의 가설은 종속 자본주의 국가의 대외적 자율성에 초점을 맞추고 있다.[53] 이런 이유 때문에 국내 소장 학자들이 한국 사회성격론으로 제기한 '식민지반#봉건사회론' 내지 '식민지반#자본주의사회론'도, 국제그룹 해체 사태 같은 국가에 의한 재벌 기업의 해체가 한국 국가의 상대적 자율성을 보여주는 것 같지만 사실은 해체가 가능한 이유는 한국 국가가 '봉사'하고 있는 '주인'이 국내 재벌이 아니고 해외 독점자본이기 때문이며, 따라서 이런 사태는 한국 국가의 상대적 자율성이 아니라 거꾸로 해외 독점자본에 대한 도구성을 보여줄 뿐이라고 주장하게 되는 것이다.[54] 다시 말해 한국 국가의 자율성을 이야기할 경우 대외적 자율성(미국 등 중심부 국가와 해외 독점자본에 대한 자율성)에 따라 판단돼야 하며, 그런 의미에서 한국 국가 등 제3세계 국가의 자율성은 거의 없다는 주장이다.

한편 종속 자본주의 국가는 토착 자본 계급의 미발달, 그 결과인 국가의 자본 축적 주체화 등 독특한 정치경제학적 맥락에서 중심부 국가의 상대적 자율성 이상의 자율성, 즉 절대적 자율성에 가까운 자율성을 갖는다는 주장[55]은 국가자율성의 또 다른 측면, 즉 대내적 자율성에 국한해 자율성을 논하고 있다고 할 수 있다. 그러나 국가자율성의 또 다른 측면, 즉 대외적 자율성을 고려할 경우 이런 주장 역시 많은 문제점을 갖게 된다. 종속 자본주의 국가는 중심부 국가와 해외 독점자본에 대해서도 중심부 국가의 상대적 자율성 이상의 자율성, 즉 절대적 자율성에 가까운 자율성을 갖는다고 말할 수 있을까?

결국 이런 종속 자본주의 국가자율성 논쟁은 국가자율성이라는 동일 개념을 가지고 서로 다른 것(한쪽은 대내적 자율성, 다른 한쪽은 대외적 자율성)을 지칭해 의사소통의 단절을 초래하고, 국가자율성의 양면 중 한 면만을 절대화하는 오류를 범하고 있다. 따라서 앞으로는 국가자율성의 대내외적 측면을 구별하고 이 개념을 총체적으로 이해하도록 노력해야 한다고 말할 수 있다. 다시 말해 앞에서 분석한 국가자율성의 두 가지 유형(도구적 자율성과 구조적 자율성)과 여기에서 지적한 두 가지 측면(대내적 측면과 대외적 측면)을 결합해 **대내 도구적** 자율성, **대내 구조적** 자율성, **대외 도구적** 자율성, **대외 구조적** 자율성이라는 네 가지 자율성을 구별하고, 이 개념들 사이의 정확한 관계에 관한 좀더 엄격한 이론화에 바탕해 구체적인 연구들을 진행하는 것이 국가자율성에 대해 한 단계 나아간 이론을 수립하는 데 기여하는 한 방법이라고 말할 수 있다(**표 1** 참조).

7. 국가론에서 국가자율성 개념의 위상과 그 한계

위에서 지적한 대로 국가자율성 개념은 여러 가지 공헌에도 불구하고 많은 개념적 문제점들을 안고 있다. 특히 이 글에서는 이런 문제점을 극복하기 위해 다양한 추상성 수준과 국가자율성의 여러 가지 유형들을 구별하고, 여기에 관련된 문제들을 좀더 엄격하게 다뤄야 한다는 문제의식을 제기한 뒤, 몇 가지 제안을 했다. 그러나 마지막으로 지적해야 할 사실은 국가자율성 문제가 국가론의 전부는 아니며, 이 개념이 국가론에서 차지하는 위상 이상으로 문제의 초점이 돼 다른 문제들이 등한시되면 안 된다는 점이다.

설사 국가가 '토대'에 의해 궁극적으로 규정을 받지만 상대적 자율성을 지니며 반작용도 한다는 입장을 수용하지 않더라도, 국가가 고립되고 화석화된 실체가 아니고 사회 속에서 규정을 받고 영향도 주며 움직이는 유기적이고 동태적인 실체, 즉 총체적인 사회를 구성하는 한 구성 층위라는 점을 인정

표 1. 국가자율성의 유형

	도구적	구조적	
대내적	대내 도구적	대내 구조적	反 단기 경제 이익 反 단기 정치 이익 反 장기 경제 이익 反 장기 정치 이익
대외적	대외 도구적	대외 구조적	反 단기 경제 이익 反 단기 정치 이익 反 장기 경제 이익 反 장기 정치 이익

한다면 국가론에 대한 올바른 접근 시각은 그 사회의 구체적 '사회성격'과 유기적으로 연관해 그 '국가성격'을 파악하는 총체적 접근법이라 할 수 있다. 국가자율성 문제는 이런 총체적인 국가성격을 파악한 위에서 국가와 경제 구조 사이의 관계, 국가와 지배 계급 등 국내외적 사회 세력들 사이의 관계를 좀더 엄밀하게 파악하도록 도와주는 '보조적' 개념틀이라고 할 수 있다. 이런 점을 무시하고 국가자율성 문제만 집착할 경우 국가자율성이라는 형식이 담지하고 있는 구체적 내용들은 사장되고 국가자율성이라는 한 형상적 단면만 부각시키는 결과를 가져오게 된다.

이를테면 제1공화국하의 한국 국가와 제6공화국하의 한국 국가의 비교 연구에서 국가자율성을 중심으로 한 연구는 이 국가들과 국내외적 사회 세력들 사이의 관계를 밝히는 데는 도움이 되지만, 한국 자본주의의 발달에 따른 한국 사회성격의 변화와 여기에 관련된 국가성격의 변화, 각각 그 시기 국가의 구체적 성격 등을 이해하는 데는 도움이 되지 못한다. 또 다른 예를 들어 국가자율성 연구를 통해 한국과 방글라데시가 국가자율성이라는 점에서 여러 측면에서 유사하다는 사실이 밝혀졌다고 해서 이 두 나라의 국가성격이 유사하다고 이야기할 수는 없고, 본질적인 국가성격의 문제는 이 두 사회의 사회성격에 관련해 총체적으로 파악돼야 한다고 볼 수 있다.[56] 따라서 국가자율성 문제는 이런 국가자율성 개념이 전체 국가론 속에서 차지하는 위상과 한계를 명확히 인지한 전제 위에서 진행돼야 한다고 지적할 수 있다.

2장

공장법 분석과 마르크스의 자본주의 국가론*

1. 머리말

마르크스가 체계적인 국가론을 남기지 않았다는 것은 주지의 사실이다. 그 결과 (마르크스주의 정치경제학에 상응하는) 마르크스주의 국가 이론의 '부재' 내지 '공백'은 마르크스주의에 많은 문제점을 야기해왔다.[1]

특히 마르크스의 국가론을 연구하는 과정에서 부딪히는 어려움의 하나는 마르크스의 국가에 관련된 여러 저작이 갖는 추상성 수준의 다양함이다. 마르크스의 국가에 관한 저작들은 크게 보아 ①《헤겔 〈법철학〉 비판》, 〈유대인 문제에 관하여〉 등 국가 문제를 직접적으로 다룬 초기 저작들, ②《루이 보나파르트의 브뤼메르 18일》 등 다양한 고급 저널리즘적 신문 기고들, ③《공산당 선언》 등 '이론'적 목적보다는 '실천'적 목적으로 쓰인 정치 팸플릿들, ④《자본》 등 국가 문제를 직접적으로 취급하지 않았지만 정치경제학의 체계를 '완성'시킨 원숙한 마르크스의 저작들로서 이런 방법론에서 국가 문제를 유추 해석할 수 있게 해주는 저작들[2]이라 하겠다. 따라서 이 문헌들 중 어디에

---

* 손호철, 《한국정치학의 새구상》, 풀빛, 1991에 실린 글을 수정하고 보완했다.

초점을 둬 마르크스 국가론을 이해하느냐에 따라 상당한 편차가 생겨난다고 볼 수 있다. 특히 여기에 '초기 마르크스'와 '후기 마르크스' 사이의 세칭 '인식론적 단절' 문제까지 고려하면 문제는 더욱 복잡해진다.[3] 왜냐하면 인식론적 단절을 인정할 경우 국가 문제를 직접 취급한 초기 저작들은 올바른 마르크스의 국가 이론을 이해하는 데 큰 도움이 되지 못하기 때문이다. 비록 초기 마르크스와 후기 마르크스 간에 '뛰어넘을 수 없는' 날카로운 단절을 인정하지 않더라도 마르크스의 사상이 하나의 완성된 체계가 아니라 변증법적으로 부단하게 자기 정정을 해온 모순적 경향의 '집합체'이며 〈공산당 선언 정정〉에서 보여주듯이[4] 마르크스 스스로 자기 정정을 계속해왔다는 점에서 분명히 초기 저작에 의존하는 것은 문제가 있다. 그러나 원숙한 마르크스의 경우 〈플랜Plan〉에서 보여주듯이 정치경제학 비판이 국가에 대한 별도의 체계적 분석을 계획하고 있었지만,[5] 마르크스가 이 계획을 완성하지 못하고 사망함으로써 공백을 남겨주고 있다.

마르크스의 국가론에 관련해 가장 자주 거론되는 저작은 흔히 '상대적 자율성' 모델로 상정되는 보나파르티즘이 제기되는 《루이 보나파르트의 브뤼메르 18일》이지만, 이 문헌은 기본적으로 역사적 분석으로서 여기에서 자본주의 국가론 일반을 도출해내기에는 여러 문제가 있다. 특히 보나파르트 국가의 상대적 자율성을 자본주의 국가 일반의 상대적 자율성과 동일시하는 것은 두 적대 계급 간의 힘이 팽팽히 맞선 교착 상태라는 특수 상황에서 연유되는 국가의 상대적 자율성을 생산양식의 특성에서 도출되는 자본주의 국가 일반의 상대적 자율성과 구별하지 못하고 특수와 보편을 혼동하는 오류다.[6]

따라서 이 글에서는 원숙한 마르크스의 저작으로서 국가 문제를 직접적으로 다루지 않았는데도 불구하고 내용 면에서는 그 핵심적 주제도 포괄하고 있는 《자본》 중 공장법 입법 부분을 중심으로 마르크스의 국가 이론을 비판적으로 재구성함으로써 마르크스의 국가 이론에 대한 이해를 돕고자 한다. 특히 이 글은 이런 분석을 통해 '계급 지배의 도구'로서의 국가라는 마르크스의 정식화가 피상적으로 오해되고 있듯이 국가의 상대적 자율성을 부인하는 도구주의적 국가론하고는 거리가 먼 정식화라는 것을 입증하고자 한다.[7]

2. 마르크스의 '공장법' 분석

1) 문제의 제기

마르크스는 《자본》 1권 제10장 〈노동일〉과 13장 〈기계와 대공업〉에서 표준 노동시간 제정을 통해 노동시간을 규제한 '공장법Factory Act'을 분석하고 있다.[8] 이 분석에서 마르크스는 직접 국가론이라는 시각에서 문제를 접근하고 있지 않지만, 국가의 성격이란 결국 '국가 정책' 속에 가장 집약적으로 표현된다는 점에서 자본주의 국가인 당시 영국 국가의 구체적 정책인 공장법의 입법 배경, 과정, 그 의미와 영향 등을 분석한 이 부분은 마르크스의 국가론 이해에 핵심적인 부분 중 하나라 하겠다.

공장법은 그전까지 무제한의 노동시간 '착취'를 허용하던 것을 1833년 1차 입법에서는 1일 12시간 노동으로, 1848년에는 1일 10시간 노동으로, 1867년에는 그전까지 대규모 공장(당시 기준으로)에만 적용되던 공장법을 가내 공업과 소규모 작업장 등에 전면적으로 확대 적용한 조치로, 이런 입법에 자본가 계급이 완강한 반대를 표명했으리라는 것은 쉽게 상상할 수 있다("날마다 1시간씩의 노동을 잃는다면 이것은 상업국에게는 커다란 손실이다"는 당시 《산업과 상업에 관한 일론》(273)의 주장이 이런 견해를 잘 대표한다).

그러면 영국 국가가 자본가 계급의 반대에도 불구하고 이런 법을 제정한 것은 '자본주의 국가=자본가 계급의 도구'("전체 자본가 계급의 공동사를 관리하는 집행위원회")[9]라는 마르크스의 국가론과 달리 영국 국가가 '노동자 계급의 국가'거나, 국가주의적 국가론자들이 주장하듯 자본주의 국가가 사회적

'공동선'을 추구하는 초계급적 국가(헤겔류)[10] 또는 이런 의미는 아니지만 상대적 자율성 이상의 '절대적 자율성'을 지니고 국가 관리자들의 정책 가치관이나 기호Preference를 관철해 나가는 국가주의적 국가[11]라는 것을 의미하는가?

마르크스의 분석은 물론 그렇지 않다는 것을 보여준다. 따라서 이 장에서는 공장법 입법에 대한 마르크스의 분석을 쟁점별로 재구성해 보여줌으로써 마르크스의 국가론에 대한 이해를 돕고자 한다.

2) 공장법 입법의 배경 — '과다 착취'

공장법 입법이 단행된 당시 영국은 초기 자본주의 발달에 따라 노동시간의 연장을 통한 잉여가치의 수탈(절대적 잉여가치의 착취)이 지배적인 상황 때문에 무제한의 노동시간 연장이 팽배해 있었다. 특히 성인 남자뿐 아니라 여성들과 아동 노동에서도 마찬가지였다.

상상을 뛰어넘는 당시의 노동 조건에 대한 마르크스의 생생한 기록 중 그때의 상황을 가장 웅변적으로 보여주는 한 가지 자료만을 재인용함으로써 당시 상황에 대한 서술을 대신하고자 한다. 이 인용된 1차 자료는 공장법(10시간 노동)이 이미 제정되어 있던 1860년대 초의 상황에 대한 것이라는 점에서 그 이전의 상태는 어떠했을지는 가히 쉽게 상상해볼 수 있다.

주 치안판사는 …… 도시 주민 중에서 레이스 제조에 봉사하는 사람들은 다른 문명 사회에서는 예를 찾아볼 수 없는 고통과 궁핍에 시달리고 있다고 밝혔다. …… 새벽 2시, 3시, 4시경에 9세에서 10세 정도 되는 어린이들이 더러운 침대에서 끌려 나와 그저 입에 풀칠을 하기 위해 밤 10시, 11시, 12시까지 노동을 강제당하고 있는데, 그동안 팔다리는 시들어버리고 몸은 왜소해지며 표정은 마치 얼빠진 듯하고 인간성은 돌과 같은 무감각한 상태로 굳어져버려 눈으로 보기에도 끔찍할 지경이다. …… 이 제도(무제한의 임금노동 제도)는 …… 무제한의 노예 상태의 제도다. 사회적으로나, 육체적으로나, 도덕적으로나, 지적으로, 그리고 어느 점으로 보나 노예 상태의 제도다. …… 남자의 노동시간을 1일 18시간으로 제한하라고 청원하기 위해 공공 집회를 개최하려는 도시가 있다는 것을 대체 어떻게 생각해야 할까. …… 우리는 버지니아나 캐롤라이나의 (노예) 농장주를 비난한다. 그러나 그곳에 어떤 종류의 채찍의 공포나 인신매매가 있다 하더라도 흑인 노예 시장이 …… 자본가의 이익을 위해 …… 행해지고 있는 이 완만한 학살에 견줘 더 참혹하기야 하겠는가? (괄호 안은 필자 주, 《데일리 텔레그래프》(런던), 1860년 1월 17일, 285~286쪽)

3) 노동력 '과다 착취'의 원인

왜 이런 노예제보다도 "더 참혹한 완만한 학살"이 일어나는가?

마르크스의 분석에서 ① 자본의 기본 법칙인 **무제한의 자기 팽창성**, ② 자본주의의 기본 원리인 **경쟁**, ③ **시장의 무정부성**이라는 세 가지 이유를 발견할 수 있다.

우선 "자본은 잉여 노동을 갈구하는 그 무제한적이고 맹목적인 충동, 그 늑대 같은 갈망을 갖고 노동일의 정신적 최대 한계뿐만 아니라 순수하게 육체적인 최대 한계마저 돌파"하기 때문이다(309).

둘째, 이런 '과다 착취'는 "개별 자본가의 마음씀씀이의 좋고 나쁨에 달려 있는 것이 아니다. 자유 경쟁은 자본주의적 생산의 온갖 내재적 법칙들을 개개의 자본가에 대해서 외적 강제 법칙으로 작용"하기 때문이다(314). 즉 다른 자본가에 대해 "과도 노동"을 시키는 자본가는 그만큼 "초과 이윤을 확보"(283)하게 해줌으로써 경쟁에서 도태하지 않기 위해서는 다른 자본가들도 여기에 상응하는 과도 노동을 자신의 노동자에게도 강제하지 않으면 안 되는 악순환이 지속되기 때문이다. 마르크스는 일부 제빵업자들이 다른 제빵업자들에 견줘 긴 노동시간을 강요하고 여기에 기초해 덤핑을 하고 있다는 《제빵 직공의 불평에 관한 보고서》를 길게 인용하면서 이런 덤핑 제빵업자들에

민을 대표하고 있다. …… 주민들은 조로하고 단명한다. …… 이 지방 주민들의 퇴화가 더 심해지지 않은 것은 오로지 주변 농촌 지방에서 사람들이 보충되고 더 건강한 종족들을 만나 결혼한 덕택이다. (287~288)

이런 아직 자본주의화되지 않은 부분에서 유입된 보충이 자본주의의 전일화에 따라 소실되고 전 사회가 이런 과다 착취 아래에 종속될 경우 노동력의 고갈은 피할 수 없는 결과다. 앞에서 언급한 제빵업에 대한 보고서를 인용하면서 마르크스는 노동자 열 명 중 한 명꼴로 요절하고 있으며, 이런 요절을 용케 면하더라도 그중 42세를 넘기는 사람이 매우 드물다고 지적하고 있다(294). 특히 주목할 점은 마르크스가 인용한 또 다른 정부 보고서 그 자체가 12시간 이상 노동을 규제할 필요성을 이런 노동력 고갈에 대한 염려에 연결시켜 피력하고 있다는 점이다. "본 위원회가 믿는 바에 따르면 노동시간은 자연법칙에 따라 제한돼 있고 그 법칙을 어기면 반드시 벌을 받는다. …… 12시간 이상의 노동은 노동자의 건강을 파괴할 염려가 있으며 조로와 요절을 초래"한다는 것이다(295).

이런 분석에 기초해 마르크스는 국가가 강제하는 공장법을 통한 노동일의 규제가 '자본 논리' 내지 자본 자신의 장기적 경제 이익을 위해서도 필요하다는 것을 다음같이 보여주고 있다.

자본은 …… 그 무제한적이고 맹목적인 충동을 …… 갖고 노동일의 …… 순수하게 육체적인 최대 한계마저 돌파한다. 자본은 신체의 성장과 발달, 건강 유지를 위한 시간을 가로챈다. …… 비록 그것이 아무리 건강에 해롭고 무리이며 고통스럽다 할지라도 자본은 노동력의 수명을 문제삼지 않는다. 자본이 관심을 갖는 것은 오로지 1노동일에 유동화될 수 있는 노동력의 최대치뿐이다. …… 자본주의적 생산은 노동력그 자체에 너무 이른 소모와 소멸을 낳는다. 그것은 노동자의 생활시간을 단축시킴으로써 주어진 시간 안에서 노동력의 생산 시간을 연장시키는 것이다. …… 노동일의 반자연적 연장이 노동자 하나하나의 생존 기간을 단축시키고 따라서 노동자들의 노동력의 내구 기간을 단축시킨다면, 소모된 노동력의 좀더 급속한 보전이 필요하게 되고 따라서 노동력의 재생산에는 더 많은 소모비가 들어가게 되는데, 그것은 마치 기계의 소모가 빠르면 빠를수록 매일 재생산돼야 할 가치 부분이 더 크게 되는 것과 마찬가지다. 바로 그런 점 때문에 자본은 그 자신의 이해관계에서 표준 노동일을 설정할 필요성을 지시받고 있는 것처럼 보인다. (309~310)

다시 말해 미국에서 노예가 귀하고 값이 비쌀 때는 노예의 수명 연장이 노예주의 이익이라는 점에서 노예를 혹사시키지 않았지만, 노예 무역이 활발해지고 공급이 늘어나 대체 비용이 싸지자 되도록 짧은 기간에 최대의 노동력을 뽑아내고 새 노예로 대체하는 방식이 가장 경제적이라는 이유로 노예 무역 뒤 오히려 노예 학대가 가속된 것과 동일한 논리라는 말이다(310).

결론적으로 마르크스에 따르면 "이 법률은 국가에 의해, 그것도 자본가와 대지주가 지배하는 국가에 의해 노동일을 강제적으로 제한함으로써 노동력의 무제한적인 착취를 제어"하는 것이 목적이며, 이것은 "날이 갈수록 위협적으로 팽창해가는 노동운동을 제외한다면 영국의 경작지에 구아노(퇴비) 비료를 주는 것과 동일한 필연성의 명령에 따른 것"이라는 분석이다(280).

둘째로 무제한한 과도 착취는 계급적 갈등을 심화시킴으로써 혁명의 위험을 제고시키는 문제점이 있다. 마르크스는 앞에서 본 장기적 경제 이익의 문제(노동력의 장기적인 안정적 공급)에 견줘 상대적으로 체계적인 분석을 하지 않고 단편적으로만 언급하고 있기는 하지만, 분명히 공장법 입법을 계급적 갈등의 완화를 통한 혁명의 예방과 자본주의적 질서의 안정적 재생산이라는 자본가 계급의 정치적 이익을 위한 정책으로 인식하고 있었다고 볼 수 있다. 이런 판단을 하게 해주는 근거는 우선 앞에 인용한, 공장법을 지력 감퇴 예방을 위한 퇴비 비유 부분이다. 이 구절을 다시 인용하면 공장법은 "**날이 갈수록 위협적으로 팽창하는 노동운동**을 제외한다면 영국의 경작지에 구아노 비료를 주는 것과 동일한 필연성의 명령에 따른 것"(강조는 인용자)이라는 분석인데, 이 인용문 중 전반부가 바로 이런 노동자 계급의 저항이 공장법을 입법하게 만든 또 다른 이유라는 점을 입증해주고 있다. 또한 과다 착취로 "공장 감독관들은 계급들 사이의 적대감이 믿을 수 없을 정도로 긴장돼 있다고 정부에 강경하게 경고했다"(339)는 분석 역시 공장법 입법이 이런 계급 적대감의 완화를 통해 혁명을 예방하는 데 있다는 것을 보여주고 있다. 이 밖에 여러 차례에 걸쳐 마르크스가 지적하는 공장법 입법은 장기간에 걸친 영국의 계급 전쟁의 산물이라는 분석 역시 공장법 입법의 이런 정치적 목적을 보여주는 분석이라 하겠다(아래 참조).

결론적으로 공장법은 **상대적 자율성을 갖는 총자본**인 국가가 자본가의 반대에도 불구하고 자본가 계급의 단기적 이익에 반하는 정책을 폄으로써 자본가들의 더 차원 높고 본질적인 이익을 보증해주는 총자본적 정책이라고 볼 수 있다. 또한 공장법 입법에 나타난 마르크스의 자본주의 국가론은 마르크스가 자본주의 국가를 자본가 계급의 직접 통제를 받고 상대적 자율성을 갖지 못한 '도구주의적' 국가가 아니라 상대적 자율성을 갖는 총자본으로서 국가로 파악하고 있었다는 점을 입증해주고 있다.

마지막으로 짚고 넘어가야 할 점은 마르크스의 공장법 입법, 특히 공장법을 전체 사업장에 확대 적용하는 입법에 관한 분석이 기본적으로 총자본적이면서도 자본분파적인 접근의 해석 가능성을 보여주고 있다는 사실이다. 이 점에 관련해 다음 같은 마르크스의 분석을 주목할 만하다.

기계 경영의 초기 모습을 띠는 방직업과 방적업에 대한 하나의 예외법이던 공장법을 모든 사회적 생산에 관한 법들로 일반화할 필요성은 대공업의 배후에서는 매뉴팩처와 수공업, 가내 노동이라는 전래의 형태가 완전히 변혁돼, 매뉴팩처는 끊임없이 공장으로 변하고 수공업은 끊임없이 매뉴팩처로 변함으로써 결국 비교적 놀랄 만큼 짧은 기간에 수공업과 가내 노동의 모든 영역이 자본주의적 착취가 극도로 난폭하게 횡행하는 고난의 동굴로 변화하기 때문이다. 여기에 최후의 결정을 내리게 한두 가지 사정이 있는데, 첫째는 사회의 주변인 개별 지점에서만 국가의 통제를 받게 되면 자본은 다른 지점에서 더욱더 과도하게 보상을 얻어낸다고 하는 끝없이 되풀이되는 경험이고, 둘째는 **경쟁 조건의 평등**(곧 노동 착취의 평등한 제한)을 요구하는 자본가들 자신의 부르짖음이다. (555, 강조는 인용자)

'경쟁 조건의 평등'이란 분명히 총자본적인 함의를 갖는다. 그러나 동시에 "경쟁 조건의 평등(곧 노동 착취의 평등한 제한)을 요구하는 자본가들 자신의 부르짖음"이란 일부 특정 자본분파, 즉 공장법의 제한적 적용으로 피해를 보고 있는 특정 자본분파가 공장법의 확대를 요구하고 나섰다는 것을 보여준다. 또한 이것은 이런 요구가 공장법 확대 입법으로 현실화됐을 가능성을 시사함으로써 국가에 대한 자본분파적 접근을 가능하게 해준다. 마르크스는 위의 인용문에 이어서 곧바로 "부근의 여러 공장에서는 예전부터 불규칙한 제도가 계속되고 있어 이 회사(공장법 적용 회사 — 필자)는 그 소년공들이 저녁 6시 이후에 어딘가 다른 곳에서 노동을 계속할 수 있다는 유혹 때문에 손해를 보고 있다"(555), "대규모 사업주의 공장은 규제를 받는데 똑같은 사업 부문에서도 소경영은 노동시간에 대한 어떤 법적 제한도 받지 않는다는 것은 대규모 사업주에게는 부당한 일이다"(556)라는 정부 보고서와 "나는 공장법을 실시하기 위한 청원이면 무엇이든 서명할 작정이다. …… 내 공장을 닫은 뒤 다른 사람들이 더 오랜 시간 작업을 해서 내 주문을 가로채지나 않을까 하는 생각에 항상 잠자리가 불편하다"(556)는 한 자본가의 넋두리를 인용하고 있다. 이런 인용은 유독 규제를 받고 있는 특정 자본분파로서 대자본들이 국가에 압력을 넣어 공장법의 확대를 '강제'했다고 하는 해석 가능성을 보여준다 하겠다. 또 다른 부문에서는 반대로 소자본가들이 노동일의 규제를 요구한 사례도 마르크스는 지적하고 있다. 호황에 따라 면화 가격이 상승하자 면직물 공장주들이 공동 협정을 맺어 공장 노동시간을 단축했지만, 협정 기간이 끝난 뒤 대자본들이 그동안 본 손해를 만회하기 위해 노동시간을 대폭 늘리자 "소규모 고용주들은 어려운 나머지 공장 노동자들에게 도움을 구하며 9시간 노동을 열심히 추진하도록 호소하고 이 목적을 위해서 기부금을 내놓겠다고 약속"했다는 것이다(315).

자본주의 국가가 상대적 자율성을 갖고 자본가 계급의 반대에도 불구하고 특정 정책을 추구해 자본의 이익을 살려준 대표 사례로 지적되는 뉴딜도 사실은 특정 자본분파(자본 집약적이고 세계 시장 지향적인 국제 자본분파)의 주도권 아래 실행됐다는 실증 분석도 이런 해석에 관련해 생각해볼 만하다.[13]

5) 공장법의 영향

공장법은 앞의 분석들이 보여주듯 노동력의 과도 착취를 규제함으로써 노동력의 장기적인 안정적 공급과 혁명 예방 효과를 가져왔으리라는 점은 쉽게 추론할 수 있다. 마르크스는 이 밖에도 공장법이 가져온 다양한 영향들을 분석하고 있다. 즉 이 법에 따라 자본가들은 법적 제한 노동시간 안에서 자본 축적을 극대화해야 하므로 노동 강도 강화와 기계제 도입 등을 가속함으로써 노동생산성을 증대하고, 더 우월한 '상대적 잉여가치의 착취'를 통한 축적양식으로 나아가는 이행을 가져와 궁극적으로 자본주의적 생산을 고도화하는 **효과**를 가져다줬다는 것이 마르크스의 분석이다.

마르크스는 "자연 발생적으로 일어나고 있는 이 산업혁명이 …… 모든 산업에 공장법을 확장시킴으로써 산업혁명은 인위적으로 더욱 촉진된다. 노동일 …… 에 관한 강제적 규제 …… 등은 기계 설비의 증가와 증기의 사용을 요구한다"(539)거나, "갖가지 기계들이 크게 개량됨으로써 그 기계들의 생산력은 무척이나 높아졌다. 노동일의 단축이 …… 이 개량들에 자극을 줬다는 데에는 의심의 여지가 없다"(475)며 공장법의 기계화 효과와 기술혁신 효과를 지적하고 있다.

노동 강도의 강화에 대해서도 마르크스는 공장법 실시 뒤 "12시간 노동은 이제 10시간도 안 되는 노동시간 안에 압축돼 있다. 그러므로 요즈음 몇 해 사이에 공장 노동자의 노고가 얼마나 혹독하게 증가해왔는지는 매우 명백하다"는 한 하원의원의 발언을 인용한 뒤 "공장 감독관들은 …… 공장법이 낳은 좋은 결과를 끊임없이, 또한 충분히 칭찬할 권리를 갖고 칭찬하고 있는데, 그럼에도 불구하고 감독관들도 노동일의 단축이 이미 다시 노동자의 건강, 따라서 노동력 자체를 파괴할 정도로 노동의 강화를 가져왔다는 것을 인정하고 있다"고 고발하고 있다(476). 결국 노동일을 일정 시간으로 규제하면 그만큼 노동 강도가 강화되기 시작해, 어느 시점이 지나면 다시 노동력 자체를 파괴할 수준에 이르고 "이 점에 도달되게 되면 노동시간을 다시 한 번 줄이지 않을 수 없게"(447)되는 악순환이 반복되고 있다는 것이 마르크스의 지적이다.

마지막으로 공장법이 자본주의의 기본 법칙 중 하나인 **생산의 집적과 생산의 집중** 경향을 가속시킴으로써 독점자본주의로 성장 전화하는 초석을 마련해주게 되는 것을 마르크스는 예리하게 파헤치고 있다. 자본은 공장법 규제에 따라 "시간적으로 잃어버린 것을 공간적으로 보상하려고 화로나 건물 따위같이 공동으로 이용되는 생산수단을 확장시킨다. 결국 한마디로 말하자면 생산수단의 더 큰 규모의 집적과 거기에 대응하는 노동자의 더 큰 규모의 밀집이 나타나게 된다. …… 매뉴팩처와 가내 노동 사이의 여러 중간 형태와 가내 노동 그 자체에 관한 말하자면, 그것들이 서 있는 바탕은 노동일과 아동 노동의 제한이 실현되면서 몰락해버리고 만다. 값싼 노동력의 무제한적인 착취야말로 이 형태들이 지닌 경쟁력의 유일한 기초"였기 때문이다(539).

한마디로 공장주들이 정부위원회에 토로한 고백대로 "우리가 공장법 시행에서 예기했던 우려는 나타나지 않았다. 생산의 저해가 보이지 않았다. 우리는 똑같은 시간에 전보다 많은 생산을 하고 있다"(541)는 것이다.

6) 총자본적 '합리화'의 계기

앞의 분석들은 공장법이 총자본적 시각에서 자본주의를 한 단계 높은 수준으로 '합리화^{rationalization}'해주는 효과를 가져다준 점을 잘 보여주고 있다. 문제는 왜 자본가들은 공장법이 이렇게 자기들에게 커다란 득이 된다는 것을 모르고 여기에 반대했으며, 국가는 어떻게 해서 이것이 자본에 이익이 된다는 것을 알고 총자본적 시각에서 이런 합리화를 주도할 수 있었느냐 하는 것이다. 이런 문제에 관련해 대표적인 신좌파 국가 이론가인 풀란차스는 마르크스의 공장법 분석과 유사하게 자본주의 국가가 상대적 자율성을 갖고 총자본의 기능을 수행하는 '심급'이라는 분석을 하고 있으면서도, 위의 문제에 대해서는 그것이 자본주의에 기능적으로 필요하기 때문이라는 식의 목적론적이고 구조기능주의적인 설명에 의존하고 있다는 비판을 받고 있다.[14] 그러나 마르크스는 이 문제에 대해서도 풀란차스보다도 더 과학적이고 체계적인 해답을 제공하고 있다.

우선 마르크스는 왜 자본가 계급이 자신들에게 득이 되는 공장법 같은 입법에 반대하는지에 대해서는 공장법 분석에서는 직접 언급하지는 않지만 다른 저작에서 풀란차스와 유사한 대답을 하고 있다. 즉 자본가 계급은 속성상 단기적이고 편협한 자기 이익에 얽매여서 장기적인 자본 일반의 이익을 추구할 수 없다는 것이다. "자본가 계급은 자신들의 가장 **편협하고** 가장 추잡한 이익을 위해 자신들의 가장 **일반적인 이익, 즉 정치적** 이익을 희생시킨다"고 마르크스는 보나파르티즘의 분석에서 지적하고 있다.[15] 또한 앞에서 지적한 자본의 논리, 즉 자기 팽창의 법칙, 자유 경쟁, 무정부성 등 때문에 설사 개별 자본가가 이 정책이 자신에게 득이 된다는 것을 인식한다고 할지라도 이런 노동일 규제를 혼자만 시행할 경우 경쟁에서 도태하기 때문에 정책을 시행할 수 없다는 것이 앞의 분석에서 유추할 수 있는 마르크스의 또 다른 답변이라 하겠다.

문제는 그렇다면 국가는 어떻게 해서(단순히 국가 관리자들이 자본가보다 더 똑똑해서?) 이 정책이 자본가에게 득이 되는 필요한 정책인지를 알고 시행하느냐 하는 문제에 대한 마르크스의 분석이다. 그 이유는 **계급투쟁**(더 구체적으로 노동자 계급의 밑에서 올라오는 압력)이며 특히, 국가가 이런 계급적 압력과 위협을 가장 집약적으로 감지하는 **전략적 위치**에 있기 때문이라는 것이 마르크스의 답변이다(이런 점에서 풀란차스의 목적론적 설명 방식을 비판하면서 자본주의 국가가 자본주의의 합리화를 할 수 있는 이유는 계급투쟁이 존재하기 때문이며, 또한 국가가 이 계급투쟁을 가장 첨예하게 느끼는 전략적 위치에 있기 때문이라고 분석한 블럭의 분석은 마르크스가 지닌 원래의 문제의식을 복원시킨 중요한 지적이라 하겠다).[16]

마르크스는 "표준 노동일의 제정은 자본가와 노동자 사이의 몇 세기에 걸친 투쟁의 결과"(315) 내지 "자본가 계급과 노동자 계급 사이의 오랫동안 다소 은폐된 내전의 산물"(347)이라고 분석하고 있다. 더 구체적으로 마르크스는 노동일 규제가 **"결코 의회의 사고의 산물은 아니었다. …… 그것들의 정식화나 공인, 그리고 국가적 선언은 오랜 기간에 걸친 계급투쟁의 결과였다"**(329)고 설명하고 있는 것이다. 물론 이런 설명에 대해 설사 그렇더라도 국가가 단순히 노동자의 요구에 굴복한 것이지 그런 조치가 자본가에게 득이 된다는 사실을 알고 한 일은 아닐 수 있지 않느냐는 반론이 가능하다. 그러나 이 경우도 노동자의 요구에 단순히 굴복했다는 것은 그런 정책을 실시하지 않을 경우 혁명 같은 사건이 일어날 수도 있다는 판단과 염려에 기초할 것이므로 그것 자체가 결과에 대한 인지를 의미한다. 뿐만 아니라 앞에서 인용한 정부 보고서들은 관계자들이 이런 위험을 충분히 인지하고 있었다는 사실을 입증해준다. 또한 노동력의 안정적 공급에 관련해서도 앞에서 인용한 정부 보고서들이 노동일 규제가 필요한 이유로 노동력의 안정적 공급을 들고 있었다는 점은 이런 위험을 인지한 사실을 보여주는 증거다. 다만 노동 강도 강화, 기계제 도입 등에 따른 생산 증대의 경우 이런 결과를 국가가 사전에 인지하지 못했을 가능성이 크지만, 앞의 두 가지 의도를 가지고 이런 정책을 집행했다가 그 부산물로 생산의 증대까지 얻게 됐다면 설명에 모순이 없다고 하겠다.

공장법 같은 자본주의적 합리화와 계급투쟁 사이의 연관에 관련해 두 가지 점을 짚고 넘어갈 필요가 있다. 첫째, 이런 합리화가 총자본적 정책으로 자본에 득이 된다고 해서 마르크스가 이런 합리화를 노동자에게 해가 되는, 따라서 노동자가 반대해야 하는 정책으로 판단하지는 않았다는 사실이다. 마르크스는 분명히 공장법 같은 부분적 개혁의 한계를 통렬히 비난하면서도 동시에 이런 입법을 노동자 계급을 위한 진보로 이해했으며("노동자들은 단결해 하나의 계급으로서 법(공장법)의 통과를 획득해야 한다"(350)), 동시에 자본가 계급이나 국가가 베풀어준 시혜가 아니라 노동자 계급이 벌인 투쟁의 전리품으로 파악했다(315).

둘째, 마르크스는 앞에서 본 대로 국가를 자본가 계급의 계급 지배의 도구로서 총자본으로 파악하면서도 더 추상성이 낮은 구체적 수준에서는 국가를 "사회 여러 세력의 힘의 역관계의 응집"으로 이해한 '후기' 풀란차스[17]처럼 사회적 역관계의 응집으로, 따라서 국가 정책의 성격도 궁극적으로 지배 계급의 이익이 관철되는 구조적 한계 안에서는 계급 간의 역관계에 따라 상대적으로 노동자 계급에게 유리해질 수도 있고 불리해질 수도 있다고 파악하고 있다. 이를테면 마르크스는 노동일의 변화를 육체적 한계뿐 아니라 사회의 도덕적 한계와 사회적 한계 속에서 움직이는 것으로 인식하고 있다(273). 또한 마르크스는 노동일의 역사가 직선적으로 단축돼온 것이 아니라, 계급적 역관계에 따라 축소되다가 자본의 공세기에는 이런 법령이 위헌 판결을 받아 무효화되거나 무시되고, 또 다시 노동의 반격이 일어나는 과정으로 이해하고 있다(329~332). 이런 인식은 국가 정책의 성격을 정세론적 시각에서 그때그때의 사회 세력들 사이의 힘의 역관계에 관련해 좀더 구체적인 수준에서 연구할 수 있는 방법론적 기초를 제공한다고 하겠다.

7) 공장법의 한계

마르크스가 노동시간 단축의 진보성을 인정하고 노동시간 단축을 위한 노동자 계급의 투쟁을 촉구하고 있다는 사실은 이미 지적했다. 그러나 동시에 마르크스는 공장법의 한계 또한 명확히 지적하고 있다. 공장법의 내용들은 "자본주의적 생산양식이 본질상 어떤 일정한 수준을 넘어서는 어떤 합리적인 개량화도 허가하지 않는다는 사실을 확실하게 나타내고 있다"는 것이다(546). 또한 앞에서 인용한 대로 노동시간의 규제는 거기에 상응하는 노동 강도의 강화를 통해 또다시 노동력 자체의 파괴 수준까지 치닫게 되는 악순환이 반복된다는 지적은 이런 관계를 고발한 또 다른 예라 하겠다(**그림 1** 참조).

이런 이유 때문에 자본은 "아직 한 조각의 근육, 한 가닥의 힘줄, 한 방울의 피라도 남아 있는 한 결코 그 노동자를 놓아주지 않는다"(349~350)고 판단한 마르크스는 사적 소유의 폐지만이 이런 '반反생명적' 착취를 폐절할 수 있다는 혁명론 입장을 피력하게 된다 하겠다. 또한 이런 당위론뿐 아니라 마르크스는 공장법 입법이 자본주의의 전일화를 통해 자본주의의 모순을 보편화시킴으로써 새로운 사회의 형성 요소와 새로운 사회로 나아갈 변혁의 계기를 성숙시킨다는 분석을 제공하고 있다.

> 노동자 계급의 육체적, 정신적 보호 수단으로서 공장 입법의 일반화가 불가피하게 진행돼왔다면, 그것은 또 …… 다른 한편에서는 왜소한 규모의 분산적인 노동과정에서 커다란 사회 규모의 결합된 노동과정으로 나아가는 전화와 자본의 집적과 공장 제도의 단독 지배를 일반화하고 촉진한다. 공장 입법의 일반화는 자본의 지배를 아직 부분적으로 은폐하고 있는 고풍스러운 형태들과 과도적인 형태들을 모조리 파괴하고, 그것들을 자본의 직접적이고 노골적인 지배로 대체시킨다. 따라서 공장 입법의 일반화는 또한 이런 지배에 대한 직접적 투쟁도 일반화한다. 공장 입법의 일반화는 개별 작업장에서는 획일성, 규칙성, 질서, 절약을 강요하지만, 다른 한편으로는 노

그림 1. 노동일 규제 악순환 모델

동일의 제한과 규제가 기술적 측면에 가하는 엄청난 자극 때문에 전체로서 노동자의 경쟁을 증대시킨다. 공장 입법의 일반화는 소경영과 가내 노동의 모든 영역을 파괴하면서 동시에 '과밀 인구'의 최후의 도피처, 곧 온 사회 기구의 종래의 안전판을 파괴한다. 공장 입법의 일반화는 생산과정의 갖가지 물적 조건들과 사회적 결합을 성숙시키며, 또한 생산 과정의 자본주의적 형태가 지니는 모순과 적대 관계뿐만 아니라 새로운 사회의 형성 요소와 낡은 사회의 변혁의 계기를 성숙시킨다. (567~568)

3. 맺는 말

이 글에서는 《자본》의 공장법 분석을 통해 마르크스의 자본주의 국가론을 비판적으로 재구성해봤다. 앞에서 본 대로 마르크스의 자본주의 국가 분석은 속류화된 도구주의적 국가론이나 국가주의적 국가론의 '현상적' 분석을 뛰어넘어 현상 뒤에 은폐된 자본주의 국가의 본질을 (이 점에서 "사물의 현상과 본질이 일치한다면 모든 과학은 필요 없어질 것이다"는 마르크스의 주장[18]이 시사적이다) 자본주의 생산양식의 특성에 기초한 특수 심급으로서 국가의 상대적 자율성과 여기에 기초한 총자본으로서 국가의 기능과 효과, 이것에 관련된 계급투쟁의 동학과 힘의 역관계, 총자본으로서 국가 개입의 기능의 한계와 변혁론적 함의라는 여러 차원에서 단편적이기는 하지만 모범적으로 보여주고 있다.

　그러나 여기에서 주목해야 할 점은 이런 마르크스의 분석이 비록 산업혁명 당시의 영국을 분석 대상으로 삼고 있기는 하지만,《자본》의 일반 체계가 그러하듯이 그 분석이 하나의 역사 분석이라기보다 본질적으로 그 이론적인 핵심 부분들은 고추상성의 자본주의 국가 일반의 수준에서 논의를 전개하고 있는 것으로 이해돼야 한다는 점이다. 따라서 문제는 이런 마르크스의 자본주의 국가론을 **어떻게 추상에서 구체로 상승시켜 나아갈 것이냐** 하는 숙제다. 이 문제에 대해 마르크스는 '침묵'하고 있고, 그 뒤 마르크스주의 국가론 역시 마르크스의 문제의식을 발전시킨 괄목할 만한 이론적 혁신을 만들어오지 못한 것이 현실이다. 그 결과로 나타난 마르크스주의 국가론의 체계적인 **국가형태론, 통치형태론의 부재**[19]는 ① 특정 시기에 특정 사회구성에 존재하는 구체적인 자본주의 국가의 구체 분석에는 한계가 많은 고추상성의 자본주의국가 일반론과, ② 구체 분석의 경우 서술적이고 사후 분석 내지 그때그때 상황에 맞게 설정한 편의주의적이고 임기응변적인 특수 가설$^{ad hoc basis}$ 이론화(따라서 진정한 이론화라고 볼 수 없는)라는 양극적 경향을 배태해왔다고 볼 수 있다.

결론적으로 현대 마르크스주의의 총체적 위기의 중요한 구성 요소인 이론으로서 마르크스주의의 위기를 극복하려면 이론으로서 마르크스주의의 약한 고리 중 하나인 국가론(특히 국가형태론과 통치형태론)의 공백을 메꿔야 하고, 이런 과제를 위해 추상성의 위계적 '사다리'에서 고추상성에서 "여러 규정의 총괄"로서 구체[20]로 나아가는 상승을 매개하는 연계 고리 내지 계제로서의 중범위 수준(국가형태와 통치형태 수준)에서 국가론의 이론화와 실증적 연구가 시급히 촉구되고 있다 하겠다.[21]

3장

'계급 지배의 도구'로서의 국가와 '도구주의적' 국가*

카를 마르크스의 국가론, 나아가 마르크스주의 국가론에 대해 가장 광범위하게 퍼져 있는 오해는 '계급 지배의 도구로서의 국가'라는 정식에 대한 오해다. '국가=계급 지배의 도구'(따라서 '자본주의 국가=자본가 계급의 계급 지배의 도구')라는 테제가 좁게는 마르크스의 국가론, 넓게는 마르크스주의 국가론 일반의 핵심 테제라는 것은 부인할 수 없는 사실이다. 그러나 문제는 국가가 계급 지배의 도구라는 정식이 의미하는 바가 정확히 무엇이냐다.

이 정식에 대한 일상적인 이해(정확히 말해 오해)는 국가의 상대적 자율성을 인정하지 않은, 마르크스의 그릇되고 과잉 단순화된 국가론의 한 이론적 요소라는 해석이다. 다시 말해 마르크스의 자본주의 국가론에는 보나파르티즘 분석에서 나타나듯이 자본주의 국가의 상대적 자율성을 인정하는 '상대적 자율성 모델'과 자본주의 국가를 단순히 자본가 계급의 도구로 이해하는 '계급 지배의 도구 모델'이 모순적으로 혼재해 있는바, 이 중 계급 지배 도구 모델은 극복해야 할 조야한 모델이라는 해석이다. 이를테면 테다 스카치폴 등 국가주의적 국가론자들의 경우 정통 좌파 국가론은 국가의 상대적 자율성마

---

* 손호철, 《한국정치학의 새구상》, 풀빛, 1991에 실린 글을 수정하고 보완했다.

저 인정하지 않는 '계급 지배 도구' 모델, '신좌파 국가론=상대적 자율성 모델'이라는 그릇된 모델화를 통해 마르크스주의 국가론을 제멋대로 희화하는가 하면,[1] 밥 제솝처럼 뛰어난 신좌파 국가론 학자도 마르크스 속에 계급 지배 도구 모델과 상대적 자율성 모델이 공존하고 있다고 파악하고 있다.[2]

그러나 문제는 '국가=계급 지배의 도구'라는 정식이 과연 국가의 상대적 자율성을 부인하는 것이며, 계급 지배의 도구로서의 국가라는 개념화와 국가의 상대적 자율성이 상호 모순되는 대안적 개념화냐는 것이다. 결코 그렇지 않다는 것이 필자의 생각이다. 계급 지배의 도구로서의 국가라는 정식이 국가의 상대적 자율성을 부인하는 것이라는 통념은 계급 지배의 도구, 즉 경제적 지배 계급의 도구라는 이론화에 있어서 '도구'의 의미를 일면적으로, 따라서 잘못 해석한 데서 생겨난 오해다. 다시 말해 이 경우 '도구'의 의미를 이런 '도구'로 기능하게 되는 메커니즘 중 특정 메커니즘(직접 지배 내지 통제)을 부각시키는 그릇된 '도구주의적' 국가론에서 말하는 '도구'의 의미로 협애화함으로써 '계급 지배의 도구'로서 국가 테제를 이런 테제로 받아들이는 마르크스주의 국가론 중 특정 학파의 도구주의적 국가론(밀리반드류의)[3]과 등치시키는 데서 생겨난 오해다.

여기에서 우리는 '도구'라는 것이 두 가지 의미로 해석될 수 있다는 데 주목할 필요가 있다. 하나는 그 지배 메커니즘에 관련해 자본가 계급의 직접적 지배, 즉 국가의 도구적(상대적) 자율성의 결여, 나아가 구조적(상대적) 자율성의 결여를 의미하는 '도구' 내지는 '주구'의 의미다. 이것이 바로 도구주의적 국가론에서 의미하는 도구의 의미이며, 이 경우 분명히 상대적 자율성의 부인을 의미한다. 그러나 둘째 의미는 이런 의미가 아니라 지배 메커니즘이나 국가의 의도에 무관하게 그것이 수행하는 '기능', '효과' 내지 결과라는 점에서 특정 경제적 지배 계급(자본가 계급)의 이익을 관철해준다는 의미에서 도구(기능 내지 결과로서 도구)를 의미하는 경우다. 이 경우 지배 계급의 도구로서의 자본주의 국가라는 것이 자본주의 국가의 상대적 자율성과 모순되는 것은 아니다. '지배 계급의 도구'라는 표현이 비과학적인 비유의 느낌이 강하고, 따라서 이 테제가 전자(도구주의적 해석)로 오해하도록 만들 수 있는 소지가 있는 것은 사실이지만, 마르크스와 엥겔스는 분명히 후자의 의미로 이런 테제를 사용했고, 레닌의 경우도 국가독점자본주의론에 관련해 국가 운영자와 독점 자본가의 '인적 결합Personal Union' 테제를 통해 도구주의적 측면을 강조한 것은 사실이지만 전반적 의미는 후자의 의미를 강조했다고 볼 수 있다.

　　마르크스의 경우 《자본》 1권에서 공장법 입법에 관련해 상대적 자율성을 전제한 총자본적 시각에서 국가 문제를 분석한 것은 주지의 사실이다. 일단 이런 사실을 논외로 하고, 마르크스와 엥겔스의 '지배 계급의 도구' 테제가 국가의 상대적 자율성을 무시한 도구주의적 국가론을 의미한다는 논거로 가장 많이 인용되는 《공산당 선언》의 유명한 문구를 다시 엄밀히 분석할 필요가 있다.[4] "현대 국가의 집행부는 전체 부르주아의 공동사를 관리하는 집행위원회에 불과하다"[5]는 이 구절이 '자본주의 국가=전체 부르주아의 공동사 관리 집행위원회', 따라서 자본가 계급의 도구라는 테제를 의미하는 점은 분명하지만, 이 구절이 결코 국가의 상대적 자율성을 부정하는 도구주의적 국가론을 의미한다는 논거는 전혀 존재하지 않는다. 오히려 개별 자본가의 이익이 아니라 '전체 부르주아의 공동사를 관리'한다는 것은 총자본으로서의 상대적 자율성을 전제로 한 것(상대적 자율성 없이 개별 자본가의 개별 사안이 아니라 전체 자본가의 공동사를 어떻게 관리할 수 있는가?)이고, 이런 상대적 자율성을 가지고 기능 내지 결과로서 자본가들의 이익을 관철시킴으로써 '도구'로 기능한다는 것을 의미한다고 해석하는 쪽이 올바른 해석이다.

　　지배 계급의 '도구'라는 표현이 직접 제기되는 엥겔스의 《가족, 사유재산, 국가의 기원》의 경우도 문제는 똑같다. 인용을 하면 다음 같다.

　　…… 국가는 일반적으로 가장 강력한, 경제적 지배 계급의 국가이며 국가의 매개를 통해 이 지배 계급은 정치적 지배 계급이 되어 피억압 계급을 누르고, 착취할 새로운

수단을 획득한다. 따라서 고대 국가는 무엇보다도 먼저 노예를 억압하기 위한 노예 소유주들의 국가였고, 봉건 국가는 농노를 억압하기 위한 영주들의 기관이었으며, 현대 대의제 국가는 자본이 임노동을 착취하기 위한 **도구**다.[6]

여기에서도 도구의 의미는 국가 권력의 계급적 성격을 이야기하고 있을 뿐 도구주의적 해석을 가능하게 하는 주장은 나타나고 있지 않다. 특히 위 문장에 이어지는 다음 같은 분석은 '자본주의 국가=자본가 계급의 도구'라는 엥겔스의 테제가 결코 상대적 자율성, 특히 도구적 자율성을 부인하는 도구주의적 주장이 아니라는 점을 정확히 입증해주고 있다.

역사적으로 존재한 대부분의 국가들에서 시민들의 권리는 그들의 부에 비례함으로써 직접적으로 국가가 무산 계급에 대해 유산자를 보호하기 위한 유산 계급의 기구임을 보여주고 있다. 이미 아테네와 로마 시대에도 재산에 따른 차별이 있었다. …… 그러나 이런 재산 차별을 정치적으로 인정하는 것은 결코 본질적인 것이 아니다. 반대로 그것은 국가 발전의 저단계라는 점을 보여주는 것이다. 국가의 최고 형태, 즉 민주공화제는 …… 공식적으로 재산의 구별을 인정하지 않는다. 여기에서 부는 그 권력을 **간접적으로**, 그러나 그만큼 더욱더 **확실하게** 행사한다.[7]

이렇게 엥겔스는 자본가 계급의 도구라는 의미를 도구적 자율성의 결여와 직접 지배로 이해한 것이 아니라 도구적 자율성을 통한 간접 지배로 명확히 이해하고 있었다고 볼 수 있다.

레닌의 경우도 사태는 똑같다. 《국가와 혁명》의 다음 구절은 레닌에게 있어서도 '자본주의 국가=자본가 계급의 도구'라는 정식이 도구주의를 의미하는 것은 아니라는 점을 잘 보여주고 있다.

봉건제 국가들과 달리 자본주의의 민주공화국에서 '부'의 만능성이 더욱 확고한 이유는 그것이 **정치 기구의 개별적 결함이나 자본주의의 결함이 있는 정치적 외피에 의존하고 있는 것이 아니기 때문**이다. 민주공화제는 자본주의의 정치적 최상의 외피이다. 따라서 자본이 일단 이런 최상의 외피를 확보하면 그것은 그 권력을 너무도 확실하게 확립함으로써 민주공화국 내의 **인물이나 제도, 정당을 바꾼다고 그 권력을 흔들어놓을 수 없다.**[8]

특히 이 인용문의 마지막 부분은 레닌이 '지배 계급의 도구' 테제를 도구적 자율성을 결여로 이해하고 있지 않다는 것을 명확히 보여주고 있다.

국가독점자본주의에 관련해 레닌은 국가 관리와 독점 자본 간의 인적 결합을 여러 차례 지적하고 있지만 다음 같은 구절이 보여주듯이 그런 지적은 도구주의적 국가론으로 물러나는 '후퇴'를 의미하지 않는다.

> 니콜린 씨가 '관료제'와 상업 부르주아지 및 산업 부르주아지의 상층부 사이의 **인적인 결합**에 대해 강조한 것은 매우 정확하며 가치 있는 일이다. 20세기의 첫 10년 동안에 생겨난 새로운 변화에 대해 생각해보지 않은 사람들, 러시아에서 경제적 관계와 정치적 관계 간의 상호 의존에 대해 아무것도 이해하지 못하는 사람들만이 이런 인적 관계가 존재한다는 것을 부인할 수 있다. …… 그러나 니콜린 씨의 치명적인, 결정적인 오류는 …… '관료 기구'의 상당한 **자급성**self-sufficiency과 **독자성**independence을 **망각**하고 있다는 점이다(강조는 인용자).[9]

그 뒤 스탈린이 국가독점자본주의론에 관련해 정식화한 '예속' 내지 '종속' 테제의 경우 스탈린적 편향에 따라 도구주의적 경향이 가시화돼 도구주의적으로 해석돼온 것은 사실이다. 그러나 그 합리적 핵심은 결코 도구주의적인 설명이 아니라 다만 '국가독점자본주의=독점 자본의 도구'라는 '기능' 내지 '효과'로서의 '도구'다. 즉 스탈린은 국가 권력과 독점 자본의 권력이 단일 메커니즘으로 융합됐다는 융합 테제가 이런 융합이 동등한 지위에서 일어난 융합인가 또는 누구의 '우위' 내지 누가 누구에 종속되는가 하는 문제를 제대로 표현하고 있지 못하다는 점에서 종속 테제(국가가 독점 자본에 종속돼 있다)를 제기한 것이었다(따라서 이런 문제 제기 자체는 정당하다). 이때 국가가 독점 자본에 종속된다는 것은 독점 자본이 경제나 정책 운영에서 '우위'에 서서 (일상적인 '국가 주도'에 대칭되는 의미의) 국가를 종속시켜 '도구화'(도구주의적 의미의)하며 따라서 국가는 상대적 자율성을 갖지 못하게 된다는 뜻이 아니라, 설사 그것이 **현상적으로 국가 주도라고 하더라도 궁극적으로 관철되는 것이 독점 자본의 이익**(추상적인 또는 독자적인 국가의 이익이 아니라)**이고 독점자본주의적 질서라는 점에서 국가가 독점 자본에 종속된다는 것**, 따라서 국가는 이런 종속성에도 불구하고 상대적 자율성을 갖는다는 것이 그 합리적 핵심이다(따라서 국가독점자본주의의 국가를 독점 자본의 총자본, 즉 "**독점적 총자본**"으로 인식한 짜골로프의 문제의식[10]은 이런 합리적 핵심을 계승한 것이라 하겠다). 다만 문제는 종속 테제가 스탈린적 편향 때문에 이런 합리적 핵심을 벗어나 도구주의적으로 세속화돼 보급된 경향이 있다는 사실이다.

사실 국내 사회성격 논쟁에서도 일부 주장들이 무의식중에 이런 편향을 안고 있는 것이 아닌가 하는 생각이 든다. 즉 (신식민지)국가독점자본주의란 (국가에 대한) 사적 독점의 우위를 전제로 하는데, 사적 독점의 우위가 아니라 국가 주도 내지 국가 우위이던 1970년대의 경우 한국의 사회성격이 신식민지국가독점자본주의가 아니라 국가자본주의였다는 주장이 그것이다.[11] 이 주장은 (신식)국독자의 전제를 사적 독점, 특히 금융과두제의 확립과 사회 전체에 대한 질적 규정성의 확보로 보고 그 확립 시기를 실증적으로 검토할 필요성을 제기한 점에서는 정당한 문제 제기다. 그러나 문제를 확대시켜 이 주장을 1970년대에 궁극적으로 관철된 이익이 누구의 이익(독점 자본의 이익이냐 국가 '자신'의 이익이냐)이며 재생산되는 질서와 발전 전망이 어떤 것이었느냐가 아니라 현상적인 경제 운영에서 국가 주도였느냐 사적 독점 주도였느냐 또는 집행 과정에서(궁극적 이익 관철이 아니고) 누가 누구에게 '종속'됐느

그림 1. 밀리반드 모델

도구주의적 의미의 국가의 도구화		'기능', '효과'로서의 도구화
(지배 메커니즘에서의 상대적 자율성 결여)	(인과성)	
O (도구적 자율성 결여, 직접 지배)	⟶	O

그림 2. 풀란차스 모델

도구주의적 의미의 국가의 도구화		'기능', '효과'로서의 도구화
O (상대적 자율성 결여, 직접 통제)	⟶	X (역기능)
X (상대적 자율성 존재, 간접 통제)	⟶	O

냐라든가 누가 우위였느냐 하는 식으로 검증하려는 시도(국가 우위=국가 자본주의, 사적 독점 우위=국가 독점자본주의)는, 내용에서는 전혀 다르지만 방법론적 줄기는 종속 테제에 대한 스탈린주의적 편향과 뿌리를 같이하고 있는 것이 아닌가 하는 느낌이 든다.[12] 경제 운영과 집행 과정에서 국가 우위 내지 국가 주도면 국가자본주의고 사적 독점의 우위 내지 주도면 국가독점자본주의인 것이 아니라(이 기준으로 보면 선진 자본주의 국가, 특히 프랑스 등의 경우도 상당 부분은 국가 주도고, 따라서 국가자본주의로 봐야 한다는 결론에 도달할 수도 있다), 아무리 현상적으로 국가 주도더라도 궁극적으로 관철되는 것이 독점자본의 이익이고 재생산되는 것이 독점자본주의적 질서라면 독점자본주의 내지 국가독점자본주의라고 봐야 할 것이다.

마지막으로 문제를 명확히 하기 위해 위에서 논의한 두 가지 의미의 도구(도구주의적 의미의 도구와 '기능' 내지 '효과'로서의 도구)를 밀리반드-풀란차스 논쟁에 연결시켜 설명하면 다음과 같다.

밀리반드가 《자본주의 사회의 국가》에서 자본주의 국가가 계급성을 갖고 자본가 계급의 '도구'로 기능하게 되는 이유를 국가기구 내에서의 자본가 계급의 과잉 대표화, 인적 결합 등의 직접 통제 메커니즘(도구주의적 의미의 국가의 '도구'화)을 통해 증명하려 한 시도[13]는 다소 과잉 단순화하면 **그림 1**과 같은 도구주의적 모델로 정리될 수 있다.

반면 풀란차스는 자본주의 국가가 도구주의적 의미로 도구화될 경우, 즉 상대적 자율성이 없을 때 국가는 특정 자본분파의 편협하고 단기적인 이익에 얽매여 '진정한 의미'의 도구(즉 '기능' 내지 '효과'로서의 도구)가 될 수 없으며, 자본주의 국가가 도구주의적 의미의 도구가 아닐 때(상대적 자율성이 있을 때) 오히려 '진정한 의미'의 도구로 작용할 수 있다고 본다(**그림 2** 참조).[14]

위에서 살펴본 대로 이 두 개의 모델 중 밀리반드식의 도구주의적 모델은 마르크스주의 국가론의 '계급 지배의 도구'의 합리적 핵심과는 거리가 먼 모델이고, 오히려 풀란차스의 모델이 합리적 핵심에 가깝다 하겠다. 물론 풀란차스의 경우도 기능적 필요성에서 거꾸로 상대적 자율성을 연역하는 목적론적 설명 방식 등의 문제가 있기는 하지만 말이다.[15]

결론적으로 1차 문헌을 전혀 독해하지 않거나, 독해하더라도 피상적으로 이해해 마르크스주의의 '계급 지배의 도구로서의 국가'론을 도구주의적 국가론과 동일시하고 존재하지도 않는 '가상의 적'을 비판하는 것은 마르크스주의 국가론의 희화에 불과하다 하겠다.

자본주의 국가, 총자본인가 자본분파인가*

마르크스주의 국가론에서 자본주의 국가를 자본 전체의 일반 이익을 대표하는 '총자본'으로 이해하는 총자본적 시각은 중요한 이론적 전통이 돼왔다. "현대 국가는 그 형태가 어떠하든 본질적으로 자본주의적 기구, 자본가들의 국가, **총국가 자본의 관념적 의인화**ideal personalization of the total national capital다"라는 프리드리히 엥겔스의 개념화[1]에 기초한 '자본주의 국가=관념적 총자본'이라는 정식은[2] 자본주의 국가(이하 국가)가 자본가 계급의 계급지배의 '도구'[3]이면서도 개별 자본에서 상대적 자율성을 갖는다는 인식을 가능하게 함으로써 국가론의 발전에 커다란 기여를 해왔다. 그러나 문제는 '총자본'으로서의 국가란 구체적으로 어떤 것을 의미하며 총자본이 아니라 특정 자본분파의 이익을 대표하는 자본분파로서의 국가와 어떤 관계가 있느냐 하는 것이다.

이런 두 시각 사이의 논쟁을 유발할 수 있는 주제는 현대 선진 자본주의 국가인 국가독점자본주의의 국가성격 문제다. 페레스트로이카 이전의 소련공산당 강령처럼 현대 선진 자본주의 국가를 《공산당 선언》에서 한 분석같이

---

* 손호철, 《한국정치학의 새구상》, 풀빛, 1991에 실린 〈'총자본'으로서의 국가와 '자본분파'로서의 국가〉를 수정하고 보완했다.

"전체 자본가의 공동사를 관리하는 집행위원회"가 아니고 "**독점** 부르주아지의 업무를 대행하는 위원회"[4]로 이해하는 것은 기본적으로 현대 국가 권력을 전체 자본가 계급의 권력이 아니라 그 특정 분파인(지배적 분파이기는 하지만) 독점 자본가 계급의 권력으로 이해하는 자본분파적 시각이라 볼 수 있다. 반면 니코스 풀란차스는 이런 시각은 국가의 상대적 자율성을 무시한 도구주의적 시각이며 현대 자본주의 국가는 특정 자본분파에서 상대적 자율성을 가지고 독점 자본가 계급뿐 아니라 비독점 자본가 계급도 권력블록 속에 포함시켜 자본가 계급 전체의 헤게모니를 조직화해내고 있다고 주장하는바, 이런 시각은 총자본적 시각에 가깝다고 볼 수 있다[5](이런 이유로 풀란차스는 비독점 자본가를 포함시킨 정통 좌파의 전통적인 반[反]독점 계급 동맹을 우편향이라고 비판하게 된다.[6] 그러나 풀란차스 자신도 후기('후기' 풀란차스)에 들어서는 권력블록 속에서 헤게모니를 행사하는 것은 독점 자본가 계급뿐이며 비독점 자본가가 반독점 동맹에 포함될 수 있다는 방향으로 입장을 수정해 정통 노선에 수렴하는 경향을 보이고 있다).[7]

여기에서 명확히 해야 할 것은 물론 기존의 소련의 국가독점자본주의론이 스탈린적 편향에 관련해 도구주의적 편향(국가 관리와 독점 자본가 간의 인적 결합 등을 강조하는)을 갖고 있는 것은 사실이지만, 따라서 풀란차스의 주장을 확대해 '자본분파적 시각(국가독점자본주의론을 포함한)=도구주의적 시각', '총자본적 시각=상대적 자율성론'이라고 이해하는 것은 과잉 단순화라는 점이다. 왜냐하면 자본분파적 시각도 국가가 해당 자본분파 내의 개별 자본에서 상대 자율성을 갖는 '총자본분파'로서의 국가라는 시각이 가능하기 때문이다. 현대 자본주의 국가를 독점 자본가 계급(전체 자본가가 아니라)의 국가로 이해하는 '정통적' 국가독점자본주의론도 짜골로프 같은 학자들은 이것을 총자본에 상응하는, 개별 독점 자본에 대해 상대적 자율성을 갖는 '독점적 총자본',[8] 즉 '**총독점자본**'으로 파악하고 있는 것이 좋은 예다.

국내 학계의 경우도 브루스 커밍스의 한국 현대사 연구 비판에 관련해, 필자는 해방 정국에서 미국의 대한 정책을 둘러싼 미국 국가기구 내의 '국제주의자'(대소련 협상을 통한 한반도 문제 해결주의자)와 '민족주의자'(단독 정부 수립파) 간의 갈등을 단순한 두 정책 사이의 갈등이나 관료들 사이의 충돌이 아니라 궁극적으로는 미국 내의 자본분파, 즉 국제 자본(국제주의자)과 내수 자본(민족주의자) 사이의 갈등으로 이해해야 한다고 지적하면서 미시적 분석의 경우 이런 자본분파적 시각이 유용하다는 문제의식을 제기한 바 있다.[9] 이 주장에 대해 이삼성 박사가 반론을 펼쳐 이런 자본분파적 시각은 국가의 상대적 자율성을 무시하는 도구주의적 성격이 강하며 자본분파들 간의 갈등보다는 통일을 강조하는 총자본적 시각이 우위에 놓여야 한다고 주장해서 많은 논의가 오고갔다.[10]

도구주의적 경향이라는 문제의 경우 자본분파적 시각도 상대적 자율성과 모순되는 것이 아니므로 이삼성 박사의 반론은 해명될 수 있다. 더 본질적인 문제는 총자본적 시각과 자본분파적 시각 사이의 정확한 관계를 어떻게 이해하는 것이 올바른가 하는 문제다. 필자의 입장은 다음 같다. 우선 총자본적 시각이 자본분파적 시각보다 우위에 놓여야 한다는 것은 극히 원칙적인 수준에서 맞는 이야기라 볼 수 있다. 그러나 이때 우위에 놓여야 한다는 말은 총자본적 시각이 '더 옳다'는 것이 아니라 **더 추상적인 시각**이라는 의미다. 어느 시각이 더 올바른 분석 결과를 가져올지는 분석하려는 문제의 추상화 수준에 달려 있다(이런 문제의식에서 필자는 커밍스에 대한 비판에서 미시적인 구체 분석의 수준에서는 자본분파적 접근이 더 유용하다고 주장한 것이다). 따라서 사회구성체 수준이 아니라 추상화 수준이 낮은 정세론 내지 사회성격론 수준(기본 모순이 아니라 주 모순을 중심으로 한)에서는 자본분파적 시각, 도구주의적 경향이라는 오해를 피하기 위해 더 정확히 표현해서 '총자본분파적' 시각(총독점자본으로서의 국가 같은)이 더 올바른 이해 방식이 아닌가 싶다.

다음으로 분석해야 할 점은 '총자본'적이라는 것이 구체적으로 무엇을 의미하느냐 하는 문제다. '총자본'적이라고 생각할 수 있는 것은 우선 **자본주의**

적 질서 그 자체의 재생산(자본가들의 장기적 정치 이익)을 들 수 있다. 이것은 확실히 개별 자본이나 자본분파를 넘어서 전체 자본 일반의 이익을 대표하는 총자본적 이익일 것이다. 이 밖에 도로, 통신 시설(기간 설비)의 건설 등 생산의 **일반적인 물질적 조건의 제공**도 총자본적인 것이라 하겠다.[11] 문제는 이렇게 전체 자본에 모두 이익이 되는 경우가 아닌 때, 즉 자본 간의 이익이 엇갈리는 경우에 무엇이 총자본적인 것이냐다. 이를테면 시장 개방같이 자본 간의 이해가 엇갈리는 경제 정책이나 다양한 자본분파의 이익을 대변하는 정당 간의 선거 경합(이를테면 여당은 독점 자본, 야당은 비독점 자본), 각각 다른 자본분파의 이익이 충돌하는 미군정하 미국의 대한 정책의 경우 어떤 것을 총자본적인 것이라고, 따라서 어떤 정책이 총자본적 정책이라고 이야기할 수 있느냐 하는 문제다. 결국 이 경우 총자본적이란 '하늘에서 떨어져 내려오는 것'도 아니고, 국가의 총자본적 직관에 의해 상정되는 그 무엇도 아니며, 결국 이 **자본분파들 간의 힘의 역관계를 가산한 이익의 '산술적 합계' 내지 이익의 '벡터**^{Vector}'(즉 지배적 자본분파의 지배적 힘이 그만큼 많이 관철되는)가 아니냐는 것이다. 따라서 이 경우 자본분파적 시각은 총자본적 시각과 모순되는 것이 아니라 총자본적 이익을 파악할 수 있게 하는 구체적 방법이라 할 수 있다. 쉽게 말해 미군정 당시 국제주의적 전략과 민족주의적 전략 중 어느 것이 총자본적이냐는 이런 자본분파적 분석을 거치지 않고는 선험적으로 이야기할 수 없고, 당시 이 자본분파들의 비중, 힘의 관계를 반영해 나오는 '벡터'적 결과물이 바로 총자본적이라고 봐야 하지 않느냐는 것이다.

마지막으로 자본들 간의 '갈등'과 '통일'의 문제도 '통일'을 선험적으로 우위에 있는 것으로 가정할 수 있는 것은 아니라는 점이다. 뉴딜같이 자본분파들 간의 헤게모니 이행기(내수 자본에서 국제 자본으로 바뀌는)의 경우 '갈등'이 지배적인 경향으로 부상되며, 구체적인 사회의 자본들 간의 관계에 따라 '통일'과 '갈등' 중 어느 것이 더 우위인지가 판단돼야 한다고 볼 수 있다.[12]

5장

국가자율성, 국가능력, 국가강도, 국가경도*

1. 문제의 제기

현대 서구 자본주의의 위기에 관련해 신좌파 이론가들이 제기한 자본주의 국가론 논쟁은 정치학에서 국가론의 복권을 가져왔다.

이런 상황에 대해 정치학의 일각, 특히 과학주의 운동 아래 국가론의 '실종'을 주도한 정치체제론 내지 구조기능주의 이론가들의 경우 계속 국가론의 타당성에 의문을 제기하고 있는 것도 사실이다.[1] 그러나 정치학은 이런 방식의 소극적 대응을 넘어서 신좌파의 문제 제기를 수용하고, 나아가 그 경쟁 모델인 국가 중심적 국가론의 제시와 국가능력 이론의 개발 등을 통해 다양한 국가론 사이의 경쟁에 따른 국가론의 발전을 도모하고 있다.

현대 국가론의 이런 전개 양상에 대해 일부에서는 좌파 내지 신좌파 국가론이 제기한 문제의식을 "동화와 왜곡이라는 이중 과정"[2]을 통해 중립화 또는 무력화하려는 노력이라고 비판한다. 이런 비판은 국가 중심적 국가론이

---

* 손호철, 〈국가자율성, 국가능력, 국가 強度, 국가硬度〉, 《한국정치학회보》 제24집 특별판, 1991, 한국정치학회에 실린 글을 수정하고 보완했다.

① 신좌파의 상대적 자율성 개념의 오해 내지 왜곡을 통해 '정통 좌파 이론=사회 중심적, 신좌파 이론=국가 중심적'이라는 그릇된 이분법을 거쳐 신좌파 이론을 국가 중심적 국가론으로 이행하는 징검다리로 삼고,[3] ② '상대적 자율성' 개념을 자의적으로 확장한 국가자율성 개념을 통해 국가 중심적 국가론의 입지를 강화했다[4]는 점에서 정곡을 찌르는 정확한 평가다. 그러나 이런 문제점을 고려 대상에서 제외하면 다양한 국가론의 개발은 패러다임 간의 경쟁을 통한 학문의 발전이라는 면에서 건강하고 바람직한 현상이라 볼 수 있다.

경쟁을 통한 학문의 발전이라는 원칙을 대전제로 해 현대 국가론을 조망할 때 한 연구자가 예리하게 지적[5]했듯이 현대 국가론은 이론사적으로 국가강도 State Strength 내지 국가경도 State Hardness에 대한 연구에서 국가의 (상대적) 자율성에 대한 연구를 거쳐 국가능력 State Capacity 연구로 변천해왔다. 그러나 문제는 이런 시기적 선후 관계가 각 이론의 이론적 우월성에 비례하는 것이냐 하는 의문이다. 또한 국가강도強度 내지 국가경도硬度와 국가의 자율성, 국가능력은 동일한 현상에 대한 명칭의 차이일 뿐인가? 아니면 각각 경쟁하고 있는 대안적 개념들인가? 그것도 아니라면, 이 개념들 사이의 관계는 상호 보완적 관계인가? 보완적 관계라면 그 보완적 관계의 위계질서 등 그 구체적 관계의 내용은 무엇인가라는 문제가 제기된다.

이 글의 목적은 이런 의문에 기초해 이 개념들과 이론들 사이의 관계를 위에서 제기한 질문을 중심으로 규명하고, 현재 제각기 진행되고 있는 각 이론들의 논의의 타당성과 논의들 사이의 관계를 밝혀줌으로써 다양한 분석틀의 난립에 따른 '개념의 홍수' 속에 '익사'하지 않을 수 있는 작은 지침을 제공해, 앞으로 국가론 논의에 조금이나마 도움을 주는 데 있다. 우선 국가강도, 국가경도, 국가자율성, 국가능력 그리고 이 개념들처럼 자주 사용되지는 않지만 일부 학자들에게는 주요 개념이 되고 있는 국가 권력 내지 국가힘 State Power 개념에 대한 국내외 학자들의 다양한 용법을 체계적으로 정리해 소개한 뒤, 비판적 평가를 통해 각 개념별로 어떤 개념화가 가장 유용하며 이 개념들 사이

의 관계를 어떻게 이해하는 것이 가장 올바른 이해 방식인지에 대한 필자의
입장을 개진하고자 한다.

2. 국가자율성, 국가능력, 국가강도, 국가경도, 힘에 관한 여러 용법

국가, 특히 자본주의 국가의 상대적 자율성 개념은 통념과 달리 신좌파 이론
가들의 발명품이 아니라 오랜 역사를 갖고 있다. 마르크스와 엥겔스가 이론
화한 이 개념은 이후 줄곧 광의의 좌파[6] 내지 계급론적 국가론의 핵심 개념이
돼왔다.[7] 다시 말해 국가의 상대적 자율성은 국내외 좌파 학자들 사이에서 국
가의 계급적 한계를 파악하면서도 '도구주의적' 국가론을 배제하기 위한 중
심 개념으로 사용돼왔다. 특히 최근 들어 이 개념은 구체적 분석을 위한 개념
으로 작업 가설화하기 위해 도구적 자율성(국가가 지배 계급 등 사회 세력들
의 직접 지배 내지 통제에서 자유로울 수 있는 자율성)과 구조적 자율성(국가
가 지배 계급의 반대에도 불구하고 지배 계급들의 이익에 반하는 정책을 펼
수 있는 자율성)이라는 형태로 발전됐고, 구조적 자율성의 경우 그 다양한 유
형(반反경제 이익, 반反정치 이익, 반反단기 이익, 반反장기 이익)으로 유형화하려
는 노력이 이어지고 있다.[8]

　이 글의 주제에 관련해 이런 국가의 상대적 자율성 개념 이외에 좌파 이론
가들이 사용하고 있는 개념은 국가 권력State Power이다. 일부 국가 중심적 국가
론에서 사용하는 국가 권력은 아래에서 다루겠지만, 거의 대부분 국가강도와
동일한 개념으로서 '강한 국가=국가의 힘이 큰 국가'라는 식의 국가의 힘Power
의 강약을 지칭하기 위한 개념인 반면, 좌파 이론가들의 국가 권력 개념은 강
약을 측정하기 위한 것이 아니라 '봉건주의 국가의 권력=영주의 계급 권력, 자
본주의 국가의 권력=자본가 계급의 권력'이라는 식으로 상대적 자율성을 가
지면서도 계급 권력과 분리시켜 생각할 수 없는 말 그대로의 '국가 권력'의 계

급적 내용 내지 사회적 성격을 지칭하기 위한 질聚적 개념으로 사용하고 있다.[9]

다만 풀란차스의 경우 이런 문제의식을 기본 전제로 해 국가 권력의 기본이 되는 계급 권력을 "특정 사회계급이 자신의 특정한 객관적 이익을 실현시킬 수 있는 능력"으로 정의하고[10] 이런 능력이 계급 간의 역관계에 따라 변할 수 있다는 점을 지적함으로써 국가 권력도 강하거나 약한 계급 권력을 매개로 양적인 개념이 될 가능성을 간접적으로 시사하고 있다.

이 밖에 좌파 이론가들은 필자에 따라 강성強性국가, 경성硬性국가 등의 개념을 사용함으로써 국가강도 내지 경도의 문제를 다루기는 하지만, 다만 서술적 표현에 불과할 뿐 이것들을 본격적인 분석틀의 하나로 사용하고 있지는 않다. 다만 이매뉴엘 월러스틴은 좌파 이론가 중에서 독특하게 국가의 상대적 자율성이 아니라 국가의 강도를 국가론의 핵심에 위치 짓고 있는 학자다. 국가의 강도는 "세계체제 내의 다른 국가들과 …… 해당 국가 내의 사회 집단에 대한" 강도로 정의돼야 하며, 강성국가Strong State는 중심부에서 약성국가Weak State는 주변부에서 생겨나게 된다고 월러스틴은 주장한다.[11] 그러나 "강성국가는 …… 일정한 행위 선택의 폭을 갖는다는 점에서 부분적으로 자율적인 주체. …… 그러나 국가기구가 약한 국가들에 있어서는 …… 국가란 다만 여러 지주 중의 하나에 불과하다"[12]는 주장에서 볼 수 있듯이, 월러스틴 역시 상대적 자율성 개념을 사용하고 있으며 국가강도 개념은 상대적 자율성 개념과 동일한 개념인 것을 알 수 있다(중심부 국가=강성국가=상대적 자율성 국가, 주변부 국가=약성국가='도구주의적' 국가).

현대 국가론에서 광의의 좌파 내지 계급론적 국가론과 다른 입장에서 이런 문제를 이론화한 선구적인 학자로는 군나르 뮈르달을 들 수 있다. 뮈르달은 제3세계 경제발전 문제에 관련해 제3세계 국가를 "정부가 국민들에게 요구할 수 있는 것이 거의 없고" 국민들에게 법률상으로 "실재하는 의무도 지키도록 집행할 수 없는" 연성국가Soft State로 규정함으로써 연성국가와 경성국가Hard State 라는 국가경도 문제를 제기했다.[13] 특히 이때 국가경도는 다른 이론가들의 강성국가와 약성국가라는 국가강도와 동일하다는 점에 유의할 필요가 있다.

피터 카젠스타인, 스티븐 크래스너, 알프레드 스테판 등도 70년대 중반 이 주제에 관한 초기 이론화를 시도했다.

카젠스타인의 경우 국제 환경에 대한 각국의 상이한 대응 능력에 주목하면서 이것을 국가자율성의 문제로 파악하고 있다. 이 밖에 '국가힘State Power'의 문제도 거론하고 있는데, 계급론적 국가론에서 사용하고 있는 국가 권력의 문제, 즉 계급 권력에 관련된 국가 권력의 성격 문제가 아니라 강성국가나 약성국가 같은 강약의 문제로 인식함으로써 사실상 다른 이론가들의 국가강도 State Power와 같은 의미로 이 개념을 사용하고 있다.[14] 또한 국가힘과 국가자율성은 동일한 개념으로 인식되고 있지만, 구체적 정의는 제공되지 않고 있다.

크래스너는 국가강도, 국가힘, 국가자율성을 모두 동일한 개념으로 이해하면서 지배적 국가, 강성국가, 중간국가, 약성국가라는 네 가지 이념형을 제시하고 있다.[15] 특히 국가자율성, 강도, 힘에 대해 국가가 "사적 압력에 굴복하지 않고, 사적 집단의 행위 유형을 변화시킬 수 있고, 사회 구조를 변경시킬 수 있는 능력"의 정도라는 세 가지 기준을 중심으로 체계적 정의를 내리고 있다. 뿐만 아니라 크래스너는 국가 행위의 범위의 증가나 감소 그 자체가 국가힘의 증감과 일치하지 않는다는 것을 지적함으로써 나중에 '힘의 아이러니irony of strength'라는 형태로 제기된 문제를 일찍이 간파하고 있다.[16]

스테판의 초기 연구 역시 국가능력이라는 개념을 체계적으로 국가론에 도입한 중요한 연구라고 할 수 있다.[17] 우선 스테판은 국가의 상대적 자율성, 국가강도, 국가힘, 국가능력이라는 개념을 모두 동원하고 있다. 상대적 자율성이란 "국가 엘리트가 계급 분파들에 의해 제약받지 않고 자신의 계획을 사회에 강요할 수 있는 자유의 정도"라고 정의하면서, '국가자율성=국가강도'라는 일반적 통념과 달리 국가 설립기에서 국가자율성은 국가강도와 비례한다고 볼 수 있지만 제도화 단계에서는 오히려 반비례할 수 있다고 지적해 국가자율성과 국가강도 간의 불일치성을 지적하고 있다.[18] 이 밖에 국가힘의 문제도 함께 거론 하고 있지만, 국가강도와 국가힘의 정확한 의미와 관계에 대해서는 특별한 언급을 하지 않고 있다. 다만 국가강도와 국가힘은 동일 개념으로 추정되며, 특히 국가힘에 관련해 이것을 규정하는 결정 요인으로서 국가의 모니터링 능력, 해외 자본 통제 능력, 저축 능력과 투자 능력 등을 제시함으로써 국가능력state capacity이라는 개념을 국가론에 도입하고 있다.[19]

그러나 크래스너의 최근 논문의 경우 국가의 상대적 자율성, 국가힘, 국가능력, 국가강도를 사실상 동일한 개념으로 사용함으로써 원래의 문제의식에서 '후퇴'한 감을 주고 있다.[20]

크래스너의 최근 논문이 함께 수록된 '사회과학연구위원회SSRC' 국가와 사회구조분과의 공동 연구는 국가 중심적 국가론 내지 네오베버주의 국가론과 국가능력론을 공식으로 선언하고 나선 중요한 연구다. 이 중 스카치폴의 경우 국가자율성과 국가능력을 분리해 체계적인 개념화를 시도하고 있다. 즉 국가자율성은 국가가 "사회 세력, 계급의 요구나 이익의 단순한 반영이 아닌 목표를 설정, 추구"할 수 있는 자율성, 즉 "독자적인 목표 설정autonomous goal formation"의 자율성[21]을 의미하며, 국가능력은 이런 정책을 "집행할 수 있는 능력"[22]이라고 개념화하고 있다. 이런 문제의식은 정책 결정 과정의 자율성이 집행 과정에서 집행 능력을 의미하는 것은 아니라는 점에서 국가자율성과 국가능력은 구별돼야 하며, 나아가 두 개념은 두 개의 다른 차원에서 한 개념화이자 상호 보완적 관계로 이해해야 한다는 점을 시사하고 있다. 이 밖에 스카치폴은 국가힘 문제와 국가강도 문제도 거론하고 있지만, 이 개념들의 사용은 다른 이론가들의 개념을 원용하며 비판적 평가를 하는 경우에 한정돼 있어[23] 스카치폴 자신이 이 두 개념을 국가론 연구에 필요하다고 느끼고 있는지 여부는 모호하다 하겠다.

피터 에반스와 디트리히 루시마이어는 상대적 자율성을 국가론의 핵심적 개념의 하나로 간주하고 있다. 특히 ① 자본주의 국가의 자율성이 스카치폴류의 '무제한'의 자율성이 아니라 어디까지나 상대적인 자율성이며, ② 그 대상이 단순한 시민사회가 아니라 지배적 경제 계급이고, ③ 가장 자율적인 자본주의 국가의 자율성도 국가의 지배 계급에 대한 "하녀의 역할handmaiden role"에는 변함이 없을 정도로 극히 제한된 상대적 자율성에 불과하다는 점을 강조함으로써[24] 국가의 자율성 인식에 있어서는 스카치폴 등 국가주의자들보다는 오히려 좌파 국가론에 가까운 입장을 취하고 있다. 또한 국가의 일정한 상대적 자율성이 국가의 정책 "목표 형성뿐만 아니라 목표의 집행에도 필요하다"[25]고 주장함으로써 국가자율성 문제를 정책 목표 수립 문제에 국한시키고 있는 스카치폴과 달리 집행 과정에도 관련시켜 이론화해야 할 필요성을 시사하고 있다. 반면 국가능력 문제를 다루고 있는데도 불구하고 이 개념에 대한 스카치폴식의 체계적인 개념화나 국가자율성과 국가능력의 관계를 설정하지 않고 있다. 오히려 분산 고립적인 국가능력이라는 개념의 사용(국가의 개입 능력, 국가 관료 제도의 조직 능력)에 견줘 오히려 국가가 세운 정책 목표를 현실적으로 집행해 그 목표를 획득할 수 있는 능력, 즉 스카치폴의 국가능력 개념으로 국가의 효율성efficacy이라는 개념을 사용하고 있다.[26] 이 국가효율성이 결국 의미하는 바가 국가능력이라고 보고 논의를 전개한다면, 국가자율성이 국가효율성 내지 능력을 자동으로 보증해주는 것이 아니라는 에반스와 루시마이어의 주장은[27] 두 사람 역시 스카치폴식으로 이 두 개념의 구분이 필요하다고 강조하고 있는 것이라고 해석된다.

마지막으로 이런 구별에도 불구하고 "국가자율성은 효과적인 국가 행동의 전제 조건"이라는 에반스와 루시마이어의의 주장[28]은 두 사람이 국가자율성과 국가능력 간의 관계 설정에서 단순한 상호 보완적 관계 설정을 넘어서 하나의 위계성(국가자율성의 '우위' 내지 선차성)을 상정하고 있다는 것을 시사하고 있다.

SSRC 공동 저작의 결론에 해당하는 스카치폴, 에반스, 루시마이어의 글은 국가자율성과 국가능력을 구별하고 이 두 개념을 중심으로 국가론에 관한 연구를 진행해야 한다고 주장하고 있다.[29] 그러나 이 두 개념의 의미, 두 개념

간의 관계 등에 대해서는 앞에서 지적한 두 글 간의 미묘한 차이가 해소되지 않은 채 그대로 넘어가고 있다. 이 밖의 특징은 위의 두 글과 달리 국가강도 개념을 다시 도입하고 있는 점이다. 이때 국가강도는 정책 분야issue area에 따라 다른 국가능력을 총체적으로 일반화한 '일반적 국가능력overall level of generalized state capacity'을 의미한다고 정의됨으로써 국가능력 개념과 동일시되고 있다.[30]

SSRC 공동 저작 뒤 본격화된 국가능력 논의는 다양한 변형으로 나타나고 있다. 존 이켄베리는 강성국가 같은 국가강도가 조야하고 오도된 개념이라고 전제한 뒤 국가능력론을 대안으로 제시한다.[31] 그러나 막상 국가자율성 문제에 대해서는 구체적 언급이 없어 정확한 입장을 알 수는 없지만, 국가자율성 개념을 전혀 거론하고 있지 않다는 점에서 국가능력을 국가자율성의 대치 개념으로 이해하고 있는 것으로 추정할 수 있다. 이켄베리는 국가능력을 때로는 독자적 가치 선호 창출 능력, 자원 추출 능력 등 "정치적 결과에 대한 국가의 통제력"이라는 넓은 의미로 사용하고, 때로는 정책 결정 결과를 "집행할 수 있는 능력"이라는 좁은 의미로 사용함으로써 국가능력에 대한 일관된 개념화를 하고 있지는 않다.[32] 또한 강성국가가 국가의 통제력이 많은 것은 아니라고 주장함으로써[33] 스카치폴 등과는 달리 국가능력과 국가강도의 불일치성을 주장하고 있다. 이 밖에 국가 개입이나 행동이 강성국가의 징표고 국가 비개입이나 '무행동inaction'이 약성국가의 징표인 것은 아니라고 비판하고 있어,[34] 이켄베리는 강성과 약성의 국가강도론에 대한 비판이 '강성국가=국가 행위의 영역이 큰 국가, 약성국가=국가 행위의 영역이 작은 국가'류로 국가강도론을 왜곡 내지 협애화해 그 위에서 진행된 자의적 비판이라는 느낌을 주고 있다.

이런 논의를 제3세계국가론에 적용한 예를 보면 우선 조엘 미그달의 연구를 들 수 있다. 미그달은 국가능력을 "국가 지도자가 국가기관을 사용해 자기들이 국민들로 하여금 하도록 만들고 싶은 것을 주민들이 하도록 만드는 능력", "그 자신의 하부 기구를 통해 시민사회에 침투하고 시민사회의 행위를 중심이 돼 조정할 수 있는 국가의 힘" 등으로 다양하게 정의하고,[35] 그런 능력의 구체적 구성 요소로 자원 추출 능력, 사회 침투 능력, 사회관계 규제 능력 등을 들고 있다. 또한 미그달은 '고高국가능력 국가=강성국가, 저低국가능력 국가=약성국가론'으로 등식화함으로써 국가능력과 국가강도를 동일시하면서, 한국과 대만 등 관료적 권위주의 체제만이 강성국가이고 나머지 제3세계는 외양과 달리 약성국가라고 주장하고 있다.[36] 이 밖에 미그달은 "국가자율성과 국가강도"라는 식으로 이 두 문제를 병렬적으로 제기함으로써 국가자율성 개념도 사용하고 있지만, 이 개념의 의미와 국가자율성과 국가능력 간의 관계에 대해서는 전혀 언급하지 않고 있다.[37]

스티븐 해거드의 경우 '신흥공업국'에 관한 박사 학위 논문에서 국가자율성과 국가강도를 중심으로 국가를 논하고 있다. 이때 국가자율성은 국가의 "사회적 요구가 정책 결정으로 이어지는 제도적 통로에 대한 국가의 통제도"[38]라는 독특한 정의를 내리고 있고, 국가강도는 자원 수취 능력 등 국가가 "자신의 선호에 따라 행위할 수 있는 정책 수단의 소유 정도"로 개념화하고 있다.[39] 해거드가 말하는 국가강도란 다른 이론가들의 국가강도 개념과 상당한 차이가 있고, 오히려 다른 이론가들의 국가능력 개념에 해당된다고 볼 수 있다. 또한 해거드는 미그달과 달리 권위주의 정권이 강성국가가 아니라고 지적함으로써[40] 경성국가(권위주의 국가)와 강성국가의 구별 필요성을 간접적으로 시사하고 있다(아래 참조).

그러나 최근 논문의 경우 해거드는 국가자율성을 "조직적 격리성 내지 독자성"[41]으로 정의함으로써 국가자율성을 세칭 '도구적 자율성'으로 협애화하는 한편 국가능력의 한 변형이라 볼 수 있는 '전략적 능력strategic capability'이라는 개념을 도입하고 있지만,[42] 그 구체적 의미나 이 개념과 국가자율성 간의 관계에 대해서는 언급하고 있지 않다.

프레드릭 디요는 정치적 폐쇄도, 정책 기구의 통합도, 외자 관리 능력 등을 중심으로 '전략적 능력' 모델을 제시하고 있지만,[43] 체계적이기보다는 극히 난잡하기 이를 데 없는 문제와 분석적이기보다는 예증적이고 서술적인 논리 전개 탓에 그 모델이 정확히 무엇을 의미하고 국가자율성 등 다른 개념과 관계를 어떻게 설정하고 있는지를 재구성해내는 작업은 거의 불가능한 실정이다.

게다가 근대화 이론과 종속이론 등 급진적 이론, 다른 국가론 등에 대한 분석이 본인의 주장하고 섞여 있어 어디부터 전략적 선택 모델의 내용인지가 판독이 안 된다.

다만 이 모델은 국가의 전략 선택이 경제발전 등 해당 분야의 전개에 중요하다는 문제의식[44]에서 출발해 이런 전략적 개입 능력을 지칭하기 위한 분석 틀인 것은 확실하다. 그러나 전략적 능력이라는 개념이 국가가 상대적으로 독자적인 정책 목표를 수립하는 목표 수립의 자율성까지를 포함한 아주 포괄적인 의미의 전략적 능력인지, 아니면 그렇지는 않고 그 주어진 목표 아래 이 목표를 성취하기 위해 가능한 다양한 구체적인 전략 대안 중 특정 전략을 선택하고 나아가 집행하는 능력만을 의미하는지, 그것도 아니면 단순히 정해진 전략을 일관되고 효과적으로 집행해 소기의 성과를 거둘 수 있는 집행 능력만을 의미하는 것인지는 극히 불분명하다. 그래도 굳이 해석을 해본다면 마지막 의미가 디요의 입장이 아닌가 싶다. 지배연합이나 국가의 자율성 문제를 거론하고 있는 것으로 봐서는 첫째나 둘째로 해석할 수도 있지만, 전략적 능력에 주요 변수로 거론되는 제도적 구성이 "전략의 효과적 집행" 문제에 연관돼 논의된다거나 "발전 주도 국가의 자율성은 일반적인 전략적 우선순위에 대한 지배연합의 구성보다는 이런 일반적 우선순위를 일관된 작업 프로그램으로 전환해내는 능력에 관계가 있다"는 주장들[45]이 이런 해석을 뒷받침해준다. 사실 국가자율성 등이 논의되기는 해도, 이렇게 효율적 집행을 위한 전략적 능력을 규정하는 규정 변수의 하나로 거론되고 있을 뿐이다.[46] 또한 전략적 능력이 국가의 목표 설정 자율성 문제까지 포괄할 경우 국가가 국가 주도형으로 경제발전에 적극적으로 개입할 것인가 말 것인가 자체가 이 수준에서 거론돼야 하는데도 이 수준에서는 당연히 개입하는 것을 전제로 한다는 점, 즉 '불개입의 전략'은 선험적으로 배제하고 개입의 전략 능력만을 다루고 있다는 점에서 이 개념은 셋째인 낮은 수준의 의미밖에 없다고 볼 수 있다.

국가자율성과 맺는 관계의 경우 앞에서 지적한 대로 특이하게도 국가자율성을 전략적 능력을 규정하는 한 변수 내지 전략적 능력의 한 부분으로 간주하고 있는 듯하다. 마지막으로 한국에 대해 강성국가라는 표현을 쓰면서 국가강도의 개념도 사용하고 있지만, 국가강도와 국가자율성, 전략적 능력 간의 관계는 거론하고 있지 않다.

찰머스 존슨은 일본을 연성국가로 파악하고 한국을 경성국가로 파악해 국가경도를 국가 이해의 주요 분석틀로 삼으면서 국가경도를 국가의 상대적 자율성 정도와 동일시하고 있다.[47]

이런 다양한 개념화와 모델화는 국내 학계에 수용되면서 여기에 상응하는 다양한 변형을 가져오고 있다. 광의의 계급론적 국가론의 입장을 채택하고 있는 학자들의 경우 국가의 상대적 자율성(원래 제기된 고유한 의미의) 개념, 특히 구조적 자율성과 도구적 자율성을 국가론의 중요한 분석틀로 삼고 있다.[48] 한편 국가강도와 국가경도의 문제를 중심으로 국가를 접근하고 있는 학자로는 사공일과 리로이 존스, 브루스 커밍스를 들 수 있다.[49] 사공일과 존스의 경우 한국 국가를 경성국가로 인식하는 국가경도의 시각에서, 커밍스의 경우 강성국가로 인식하는 국가강도의 시각에서 각각 분석하고 있다.

사공일과 존스는 특히 국가강도와 권위주의의 관계에 대해 언급하며 "권위주의가 (국가)강도의 필요조건도 충분조건도 아니다"고 전제해 국가강도를 결정된 "정책을 행동으로 전환시킬 수 있는 정부의 능력"이라는 극히 좁은 의미, 즉 집행 능력의 의미로 사용하고 있다.[50] 반면 커밍스는 강성국가를 "(시민사회에 대해) 침투력이 강하고, 포괄적이며, 명료하고 특정 집단이나 계급에서 상대적으로 자율적인"[51] 국가로 이해함으로써 크게 보아 국가강도를 국가의 상대적 자율성과 유사한 개념으로 보고 있다.

국가자율성과 국가경도라는 두 개념을 국가론의 중심에 놓고 있는 학자로는 박광주 교수를 들 수 있다. 그러나 특이하게도 박 교수가 경성국가로 칭하는 단어는 강성국가로 번역해야 더 적합한 'Strong State'로,[52] 박 교수의 국가 경도란 사실상 다른 이론가들의 국가강도라는 점에 유의할 필요가 있다. 또한 "경성국가 구조상의 중심적 특징을 사회 세력들로부터 독립적인 관료제에 있"으며 "국가의 도구적 자율성이 높을수록 권력 장치인 관료제의 지위가 높아"[53]진다는 주장은 박 교수의 국가경도란 도구적 자율성, 즉 사회 세력에서 국가의 독립성을 의미하는 것이라고 추정하게 해준다. 박 교수의 다른 주요 분석틀인 국가자율성 개념은 명백하지는 않지만 "그 자체가 헤게모니 세력이 되는 초계급적 국가로서의 주변부 국가는 …… 도구적 자율성을 그 특징으로 한다"[54]는 주장에서 읽을 수 있듯이 도구적 자율성(구조적 자율성은 아니고)만을 의미하는 것 같다. 박 교수는 이 밖에 "제3세계의 경우 국가능력은 매우 의심스럽다", "국가수행능력", "국가능력의 여부" 등 국가능력에 관해 거론하고 있지만,[55] 최근의 국가능력론처럼 국가능력 문제를 별도의 본격적인 분석틀로 상정하는 것은 아니고 국가경도와 국가자율성에 관련해 서술적 표현으로 용어를 사용하고 있다는 느낌이 강하다.

　다양한 국가론의 독자적인 절충을 시도해온 강민 교수의 경우 국가자율성과 국가능력을 국내 학자 중 가장 체계적으로 이론화하고 있다. 우선 국가자율성의 경우 국가 중심적 국가론의 '절대적' 자율성론을 상대로 한 논쟁에서 보여주듯이 계급론적 국가론의 '상대적 자율성'론에 동조하는 입장이었고,[56] 최근 들어 국가주의적 시각으로 옮겨가고 있다는 느낌이 들기는 하지만 아직도 상대적으로 상대적 자율성론에 가깝다 하겠다.[57] 국가능력에 대해서는 스카치폴 등처럼 좁은 의미, 즉 정책 집행 능력으로 개념화하고, 이 두 분석틀은 "대치되는 개념이 아니라 상호보완적인 개념"[58]으로 사용돼야 한다고 주장하고 있다. 또한 "필요조건으로서의 국가자율성과 충분조건으로서의 국가능력성"[59]이라는 주장을 보면, 강 교수가 스카치폴류의 단순 병렬형 상호 보완보다는 에반스나 루시마이어식의 위계형(국가자율성 우위의) 상호 보완의 입장을 취하고 있는 것으로 해석된다.

강 교수는 이 밖에 국가 권력이라는 개념을 또 다른 주요 개념으로 사용하고 있는바, 이 개념은 일단 국가자율성과 국가능력을 총괄하는 총체적인 '국가의 힘'의 의미를 갖는다.[60] 이 경우에는 일종의 질적 개념으로서 '국가 권력'보다는 양적인 '국가의 힘'이라는 표현이 더 적합할 듯하지만, 강 교수는 국가 권력에 별도의 이론화를 추가하고 있다. 국가 권력이 그 물적 기반으로서 ① 물적 자원, ② 강제적 자원, ③ 정치적 정통성 자원을 가지며 개별 국가의 자원 의존 형태에 따라 다른 지배 방식을 갖는다는 주장, 그리고 이런 국가 권력이 전략적 선택성과 밀접한 연관이 있다는 가설이다.[61] 이 경우 지배 방식 문제는 단순한 양적 힘의 문제는 아니므로 국가의 힘보다는 국가 권력이라는 표현이 적합할 수도 있다.

국내에서 국가능력론에 가장 적극적인 지지를 보내고 있는 학자는 김석준 교수다. 김 교수는 국가능력 이론을, "국가성격 논쟁에 머물고 있어서 논쟁의 실익에 비판"의 여지가 많은 국가자율성론의 보완 개념이 아니라 이 개념을 대체하는 더 나은 대안, 즉 현재까지 나온 모델 중 "가장 적합하다고 판단되는" 모델로 평가하고 있다.[62] 이 점에서 김 교수는 국가능력을 국가자율성의 보완 개념으로 이해하는 스카치폴, 에반스, 강민 교수 등과 입장을 달리하고 있다. 김 교수는 국가능력을 이렇게 국가자율성의 대체 개념으로 격상시키기 위해 "국가 전체의 이념적, 관료제적 측면에서의 제도화 수준, 국가 관료제가 국내 사회세력 및 세계체제의 구성요소들과 맺고 있는 연락망, 그리고 국가 관료제도의 조직, 학습, 정책 결정 및 집행 등과 관련되는 종합적 능력"[63]으로 정의함으로써 국가능력을 정책 집행 능력 문제에 국한시킨 스카치폴 등에 견줘 개념 영역을 대폭 확장시키고 있다. 다시 말해 국가자율성이 다루고 있는 문제들까지 국가능력의 개념 속에 포함되도록 정의의 영역을 넓게 잡고 있다. 김 교수는 이 밖에 국가경도, 국가강도 개념은 국가자율성보다 '낙후된 개념'으로 보고 사용을 거부하고 있다.[64]

또 다른 국가능력론 이론가인 최병선 교수의 경우 국가능력을 "국가엘리트들의 국가관리 능력", 즉 단순한 "정부능력을 넘어서 국가엘리트 …… 가 국가에 대한 도전 …… 을 얼마나 신속하고 정확하게 파악하고 얼마나 효과적인 정책수단을 동원하여 이에 대처함으로써 국가를 안정적으로 관리해나가는 능력"[65]으로 이해한다. 이 정의는 국가능력을 단순한 정책 집행 능력으로 이해하는 스카치폴 등 '다수파'의 입장보다는 포괄적이고 김석준 교수보다는 좁은, 중간 정도의 정의라 볼 수 있다.

최 교수는 이 밖에 김 교수와 달리 국가와 자율성(도구적이고 구조적)을, 강 교수와 달리 국가강도 개념을 각각 사용하고 있다. 이 개념들 사이의 관계에 관해 보면, "국가자율성의 기초와 국가능력이 다르게 나타"난다는 주장[66]에서 이 두 개념이 동일 개념이 아니라는 점을 알 수 있지만 둘 사이의 정확한 관계는 명시적으로 지적되지 않고 있다.

이 밖에 유신 체제하의 국가가 "국가능력 면에서 표면적으로는 …… 강한 국가의 모습을 보여주는 듯이 보였음에도 불구하고 …… 약한 국가"[67]였다는 최 교수의 주장은 최 교수가 국가강도와 국가능력을 거의 동일 개념으로 사용하고 있다는 것을 시사해주고 있다.

국가자율성, 국가능력, 국가강도, 국가경도를 모두 사용하는 학자로는 김형국 교수를 들 수 있다.[68] 국가능력과 국가자율성의 관계와 개념화에 대한 김 교수의 입장은 논문 속에 명시적으로 제시돼 있지 않지만, 필자하고 개인적으로 나눈 대화에서 "국가자율성은 정치체제론에서 입력input 과정의 문제이고 국가능력은 출력output 과정의 문제"라는 견해를 피력함으로써 기본적으로 스카치폴과 같은 입장인 것을 밝혔다. 김 교수는 이 밖에 강성국가와 경성국가를 별 구별 없이 사용하고 있어[69] 이 두 개념을 상호 교환 가능한 동일 개념으로 이해하는 듯싶다. "강한 국가능력", "국가능력과 시장과의 관계에 대한 개념적 정의를 한다면 강력한 국가는 ……"[70] 등에서 볼 수 있듯이 김 교수는 전반적으로 국가강도를 국가능력과 동일시하고 있는 듯하다. 내적 논리에 다소 모순이 있기는 하지만(이 정의에 따르면 권위주의적 국가가 반드시 강성국가는 아니기 때문에), 특히 주목을 끌 만한 것은 강성국가 내지 경성국가 문제를 정치적 강압성의 문제로 연결해 이런 강압성(권위주의 체제)이 높은 국가능력을 갖게 하는 것은 아니라는 점, 김 교수의 표현을 빌리자면 "강성국가의 역기능" 내지 "권위주의적 논리의 한계"를 지적하고 있다는 점이다.[71]

　마지막으로 박종철 박사의 경우 다른 학자들처럼 국가자율성과 국가능력을 개념틀로 사용하지만 국가자율성을 국가 엘리트 격리성, 국가능력, 국가의 정책망, 경제적 자원이라는 네 변수의 상호작용의 결과로 이해함으로써[72] 국가능력을 국가자율성에 포함되는 한 부분 내지 국가자율성의 한 규정 변수로 간주하고 있다.

　지금까지 한 논의를 정리하기 위해 이 내용을 도표화하면 **표 1**과 같다.

3. 비판적 평가

앞에서 본 대로 현대 국가론은 국가강도, 국가경도, 국가자율성, 국가능력, 국가 권력 내지 힘 등 개념 내지 분석틀의 다양화에 각 개념에 대한 의미와 용법의 다양화까지 겹쳐 가히 분석틀의 '춘추 전국 시대'를 맞고 있다.

　이런 '춘추 전국 시대화'에 건설적으로 대응하는 주요한 첫 걸음은 각 연구자들의 다양한 분석틀과 의미, 용법을 정확히 이해함으로써 학문적 의사소통을 원활히 하고 오해와 왜곡을 극소화하는 것이라 하겠다. 이런 점에서 불완전하기는 하지만 이 논문에서 정리한 내용이 다양한 용법을 이해하는 데 조금이나마 보탬이 됐으면 하는 것이 필자의 바람이다. 그러나 더 본질적인 문제는 문제의 제기에서 이미 지적한 대로 위의 다양한 개념 내지 이론틀들의 의미와 이것들 사이의 관계에 대한 가장 올바른 이해가 어떤 것인지를 여러 논쟁과 비판적 평가를 통해 밝혀내는 일이라고 하겠다. 이런 문제의식에서 이 문제에 대한 필자의 입장을 시론적으로 제시하면 다음과 같다.

표 1. 국가론 주요 개념의 사용법

	(A)		국가자율성 (B)	국가능력 (C)	국가권력 국가힘 (D)	A/B	A/C	A/D	B/C	B/D	C/D	비고
	국가 硬度	국가 強度										
Marx 등 신좌파	△	△	○		○	(동일 개념)				차원이 다른 개념		A는 필자에 따라 서술적으로 사용
Wallerstein		○	○			동일 개념						
Myrdal			○									
Katzenstein			○	○						동일 개념		D는 강약 문제로 국가강도와 유사
Krasner		○	○		○	동일 개념		동일 개념		동일 개념		
Stepan(Ⅰ)		○	○	○	○	반드시 일치 않음	C-A 결정 요인	동일 개념	반드시 일치 않음	반드시 일치 않음	C-D 결정 요인	A/B, B/C, B/D의 경우 건립 단계-일치 제도화 관계-불일치
Stepan(Ⅱ)		○	○	○	○	동일 개념	동일 개념	동일 개념	동일 개념	동일 개념	동일 개념	
Rueschemeyer & Evans			○	○ (국가 효율성)					상호 보완적			국가능력 대신 국가효율성 개념 사용, 자율성-정책 결정 및 집행 과정/효율성 -집행 과정
Skocpol			○	○					상호 보완적			자율성 -정책 결정 과정 능력 -집행 과정
Rue., Evans Skocpol		○	○	○		불일치	동일 개념		상호 보완적			
Ikenberry			○	○								
Migdal		○	○	○		모호	동일 개념		모호			

	(A)		국가자율성(B)	국가능력(C)	국가권력국가힘(D)	A/B	A/C	A/D	B/C	B/D	C/D	비고
	국가硬度	국가强度										
Haggard	○	○	○					상호보완				불일치 국가강도-국가능력 해당 국가경도-권위주의
Deyo	○		○	○		모호	모호		B-C의 결정요인			
Cumings	○		○			동일개념						
Johnson		○	○			동일개념						
사공일 등		○										
강민			○	○	○				상호보완(위계적)	B+C =D	B+C =D	국가자율성-목표 설정 (필요조건) 국가능력-집행 능력 (충분조건)
김석준			○									국가능력-대안적 개념 으로 광의의 개념
최병선	○		○	○		모호	동일개념		모호			
김형국	○	○	○	○	○	모호	동일개념		상호보완			국가자율성-입력 관련 국가능력-출력 관련
박종철			○	○					C-B의 한 요소			
박광주			○	○	△	동일개념						국가경도는 번역상 차이로 사실상 국가강도, C는 서술적 개념

국가자율성 문제의 경우 국가의 '상대적 자율성'이라는 계급론적 국가론과 상대적 자율성 이상의 자율성, 즉 (무제한적 내지 '절대적') 국가자율성이라는 국가 중심적 국가론이 대립돼 있는 것은 주지의 사실이다. 여기에 관련해 상대적 자율성 개념이 국가 중심적 국가론에 의해 상당히 오해돼 이해되고 있다는 점은 이미 지적했다. 나아가 이 두 개념 중 상대적 자율성 개념이 엄밀성의 결여, 다양한 추상화 수준 간의 관계 문제 등 여러 문제점에도 불구하고[73] 더 올바른 개념이라는 것이 필자의 생각이다. 이를테면 국가자율성의 핵심 부분인 구조적 자율성을 놓고 이야기하자면 계급론적 국가론에서 자본주의 국가의 상대적 구조적 자율성이란 국가가 자본 일반 내지 그중 특정 분파인 독점자본의 단기 경제 이익, 장기 경제 이익, 단기 정치 이익에 반하는 행동을 함으로써 궁극적인 이익, 즉 장기적 정치 이익(자본주의 체제의 유지와 재생산)을 보장해주게 된다는 의미에서 구조적 제약(지배 계급의 장기 정치 이익에 반하는 정책은 할 수 없다는 의미의) 내에서 국가가 갖는 상대적 자율성(그러나 단기 경제 이익, 장기 경제 이익 등에는 반하는 정책을 펼 수 있는)을 의미한다.[74] 따라서 국가 중심적 국가론처럼 이런 상대적 자율성 이상의 자본주의 국가의 국가자율성을 주장하기 위해서는 **자본주의 국가가 자본주의 체제의 재생산 자체에 반하는, 즉 자본주의 "구조를 제거하고 새 체제를 창조"하는 자율성[75] 을 가지고 있다는 것을 입증해 보여줘야 하는 것**이다. 그러나 이런 자율성은 자본주의 국가가 지닐 수 없다는 점에서 국가 중심적 시각의 국가자율성보다는 '상대적 자율성'이 옳은 이론화로 간주돼야 한다는 것이 필자의 생각이다.

이 문제에 관련해 한 가지만 더 첨언한다면 일부에서는 선진 자본주의 국가가 상대적 자율성 국가라면 종속 자본주의 국가는 자신이 헤게모니의 주체가 되는 거의 '절대적' 자율성 국가라는 '조건부' '절대적' 자율성 국가론이 제기되고 있지만,[76] 종속 자본주의 국가도 자본주의 국가인 한에는 위에서 지적한 한계를 넘어서지는 못한다 하겠다. 사실 종속 자본주의 국가라고 자본의 장기 정치적 이익에 반하는 정책을 펼 수 있는 자율성이 있느냐 하는 거창한 질문까지 가지 않더라도, 국가의 상대적 자율성이 극대화되는 예외 상황인 혁명기라고 봐야 할 5·16 군사 쿠데타 직후에도 재벌 재산 몰수를 통한 경제 건설이라는 제1차 경제개발 5개년 계획이 구조적 한계에 갇혀 좌초한 사실은 종속 국가의 상대적 자율성이 지니는 한계를 웅변적으로 보여준다.[77] 또한 국가의 상대적 자율성이 해당국 내의 사회 세력에만 국한되지는 않을 텐데 종속 자본주의 국가가 해외 독점자본과 외국에 대해서도 상대적 자율성 이상의 절대적 자율성을 갖는다고는 결코 아무도 이야기할 수 없을 것이다.

이 문제에도 관련 있는 다음의 중요한 문제는 국가능력의 개념화와 국가능력과 국가의 상대적 자율성 사이의 올바른 관계 설정 문제다. 여기에 관한 여러 입장들을 과잉 단순화의 위험을 무릅쓰고 우선 정리하면 다음 같다.[78]

1. 국가능력=국가자율성(Stepan II)

2. 국가능력≠국가자율성

　가. 국가자율성만으로 이론화(좌파, Krasner 등)

　나. 국가능력만으로 이론화(Ikenberry, 김석준)

　다. 양 개념 모두 채용

　　1) 단순 병렬형 상호 보완(Stepan, Skocpol)

　　2) 국가자율성 우위의 위계적 상호 보완(Rueschemeyer & Evans, 강민)

　　3) 국가능력 우위의 위계적 상호 보완(Deyo)

위의 다양한 입장을 체계적으로 평가하는 것은 국가능력 분야 연구자들 개개인의 정의의 차이 등 때문에 상당히 어려운 작업이라고 볼 수 있다. 이런 한계를 전제로 해 평가한다면 국가능력을 국가자율성과 동일시하는 입장은 불필요한 개념의 추가를 통한 혼란만을 가중시키는 '개념의 낭비'라 할 수 있다.

두 개념을 동일시하지 않는 입장의 경우에 우선 국가의 상대적 자율성만을 분석틀로 고수하는 입장을 들 수 있는데, 이것이 바람직한지에 대한 평가는 논의의 중복을 피하기 위해 아래의 논의로 미루고자 한다.

이 입장의 반대쪽에 서 있는 입장은 국가능력론을 국가의 상대적 자율성론의 대안, 그것도 우수한 대안으로 간주하는 국가능력에 의한 국가자율성 '대체론'적인 입장이다. 이런 입장을 평가하려면 국가의 상대적 자율성 개념이 추상화해내고자 하는 원래의 문제의식으로 돌아가 사고해볼 필요가 있다.

상대적 자율성 개념은 본질적으로 국가와 사회 여러 세력, 특히 경제적 지배 계급이 맺는 관계를 추상화해내기 위한 '관계적relational', 특히 '사회관계적' 개념이라고 볼 수 있다. 또한 이런 관계는 국가 이해의 핵심적 요소라는 점에서 문제의식과 개념화는 정당한 것이라고 평가될 수 있다. 문제는 국가능력이 이런 국가와 지배 계급 등 사회 여러 세력 간의 관계를 추상화내고 있는, 그것도 좀더 우수하게 추상화내고 있는 '관계적 개념'이냐는 것이다.

이런 문제에 대한 답은 앞에서 지적했듯이 국가능력의 구체적 정의에 따라 달라질 수 있지만, 일반적 수준에서 이야기하면 그렇지 못하다는 것이 필자의 생각이다. 국가능력, 즉 국가의 자원 수취 능력, 정책망, 전략적 능력, 이미 형성된 목표를 실제 집행할 수 있는 능력 등은 기본적으로 사회관계를 추상화하는 사회관계적 개념이 아니고 국가와 물적 능력의 관계에 관한 '물적' 개념, 굳이 관계적이라면 **물관계적**thing-relational 개념이라는 점이다.

이를테면 조세 징수 능력으로 지수화되는 자원 수취 능력의 경우 일반적으로 이야기해 시기적으로 현대 자본주의에 올수록, 후진국에서 선진국으로 갈수록 증가돼온 것을 알 수 있다. 그러나 국가의 지배 계급에 대한 '능력' 내지 힘의 상대적 상승과 지배 계급의 국가에 대한 '능력' 내지 힘의 하강을 의미하지는 않는다는 점에서 자원 수취 능력은 사회관계에 대해서는 아무것도 이야기해주지 못하고 있다. 자원 수취 능력과 재정 규모의 팽창은 경제적 지배 계급(독점자본)의 이익을 위해 팽창돼왔고 '관념적 총자본'으로서 국가에 의해서 이 독점자본들의 총자본적 이익을 위해 사용되는 경우를 얼마든지 상정할 수 있으며, 그런 주장이 '국가독점자본주의'론의 핵심적 테제다.[79]

물론 사회 규제 능력, 사회 침투 능력을 국가능력의 주요 구성 요소로 간주하는 국가능력론의 경우에 대해서는[80] 그 개념이 사회관계적인 것이 아니냐 하는 반론이 가능하다. 그러나 이 경우도 사회 규제 능력과 사회 침투 능력의 증가가 누구를 위해 사용되느냐에 대해서는 이야기하지 못하고 있다. 능력 증가가 내적인 계급적 구별이 없는, 사회 전체에 대한 총합적[aggregate] 능력으로서 사회 전체에 대한 능력 증강을 통해 자본가 계급을 위해 그 능력이 사용될 수도 있고, 설사 자본가 계급 자신에 대한 능력 증강이더라도 개별 자본가에 대한 국가의 규제 능력의 증가를 통한 총자본적 정책(자본 전체의 일반 이익을 위한)의 수행을 의미할 수 있기 때문이다. 사실 현대 자본주의 국가에서 제반 규제의 증가는 국가능력이나 자율성의 증가가 아니고 독점자본을 위한 국가 독점적 규제라는 것이 국가독점자본주의론의 또 다른 중심 가설이다.[81]

다만 이런 비판에서 예외로 될 수 있는 국가능력 대체론자를 든다면 김석준 교수다. 왜냐하면 김 교수의 경우 앞에서 본 대로 국내외적 사회 세력과 맺는 관계를 추상화하기 위한 사회계급 관리 능력과 세계체제 관리 능력을 국가능력 속에 포괄시켜 국가능력 대체론 중 가장 광의의 국가능력 개념을 가지고 체계적인 이론화를 시도하기 때문이다. 이런 상대적 장점에 도 불구하고 남는 문제는 지배연합 형성 수단 관리 능력, 반지배연합, 융합 수단, 관리 능력 등으로 구성되는 사회계급 관리 능력이 국가의 상대적 자율성이 추상화하려 한 사회관계적 측면을 올바르게 추상화하기에는 부족한 감이 든다는 점이다. 앞에서 든 몇 가지 예와 마찬가지의 논리로 이런 지배연합 형성 수단 관리 능력 등, 특히 그 능력의 지표인 정책망의 제고[82]가 곧바로 국가의 지배 계급에 대한 관계의 상대적 우위화를 의미할 수 없기 때문이다. 이 문제를 다른 시각에서 접근해보면 결국 김 교수의 모델은 국가의 상대적 자율성이 추상화하고자 하는 사회관계적 측면(사회계급 관리 능력)에다가 국가능력과 국가 자율성을 상호 보완적으로 이해하려는 다른 국가능력 이론가들이 이야기하고 있는 국가능력(좁은 의미의 국가능력), 즉 정책 집행 능력을 추가시킨 것이라고 볼 수 있다. 그렇다면 김 교수의 국가능력은 그 실질적 내용에서 의도하는 바가 '상호 보완적 입장의 국가능력+국가자율성'과 거의 동일한 개념이 되고 마는데, 이 두 개념을 구별하면서 상호 보완적으로 사용하는 것보다 김 교수처럼 유독 국가능력 개념을 확장시키고 국가자율성 개념을 폐기하는 것이 이론적으로 어떤 장점이 있고 어떤 독이 되느냐는 것이다. 결국 득은 별로 없고, 반대급부로 사회관계적인 사회계급 관리 능력과 이것하고는 전혀 차원이 다른 능력들을 같은 국가능력 속에 묶어놓고 산술적으로 가산함으로써 혼란만 가중시키는 실을 가져오는 것이 아니냐는 느낌이 든다.

그렇다면 국가능력 개념은 폐기돼야 할 불필요한 개념일까? 그렇지 않다는 것이 필자의 생각이다. 왜냐하면 국가능력 개념은 올바른 문제의식과 올바른 관계 설정 위에서 사용될 경우 국가의 상대적 자율성 개념이 지닌 개념적 모호성을 교정해줄 수 있기 때문이다. 일단 이런 점에서 국가자율성과 국가능력만의 관계 설정은 상호 보완적 입장이 가장 올바르다고 볼 수 있다.

자본주의 국가가 자본가의 반대에도 불구하고 상대적 자율성을 가지고 총자본적 정책을 실시해 자본가들의 반대의 근거가 되는 이익(이를테면 단기적 경제 이익)보다 한 단계 높은 수준의 이익(이를테면 장기적 경제 이익 내지 정치 이익)을 보장해주려 하는 경우(이를테면 토지공개념 실시)[83]에는 ① 상대적 자율성이 없어 정책을 실시하지 못하는 경우, ② 상대적 자율성이 있어 정책을 실시하기로 했지만 정책 수단 등 정책 집행 수단이 없어 실시하지 못하고 마는 경우, ③ 상대적 자율성과 집행 수단을 모두 가지고 있어 성공적으로 실시하는 경우의 세 가지 시나리오를 상정할 수 있다. 이때 전통적인 상대적 자율성 개념은 ①과 ②를 구별하지 못하는 한계가 있다. 같은 논리로, 전통적인 상대적 자율성 개념은 특정 자본주의 국가가 지배 계급에게서 상대적 자율성을 가질 경우 당연히 어떤 정책이 이익이 되는지를 알고 그 정책을 집행할 수 있는 정책 수단도 보유해 총자본으로서 지배 계급의 이해를 제고해주는 결과(**의도된 결과의 현실화**)를 가져올 것이라고 상정하는 경향이 그 논리 속에 내재해 있었다고 볼 수 있다. 이런 점에서 국가자율성을 통한 한 국가 정책의 의도된 결과란 "국가의 정책능력이 수반될 때 현실성을 가지는데도 …… 기존의 국가자율성 개념은 …… 필요조건으로서의 국가자율성과 충분조건으로서의 국가 능력성을 나누어 개념화하는 데 실패함으로써 경험적 연구에 큰 보탬이 되지 못했다"[84]는 강민 교수의 지적은 문제의 정곡을 찌르는 정확한 평가라 하겠다. 이런 문제의식, 즉 위의 ①과 ②를 구별할 필요성이야말로 바로 국가자율성을 보완하는 개념으로서 국가능력 개념을 도입할 필요성을 정당화해주는 논거다. 그러나 이 경우 주목해야 할 점은 국가능력을 스카치폴이나 에반스, 강민 교수식으로 정책 집행 과정의 집행 능력, 즉 정책이 의도한 바를 현실적으로 정책 결과물로 전환시켜낼 수 있는 능력으로, 즉 좁게 정의해야 이런 상호보완성이 확립된다는 점, 따라서 국가능력에 대한 이런 정의가 가장 건설적인 정의라는 점이다.

그러나 이 경우에도 남는 문제는 스카치폴식으로 국가자율성은 집행과 분리된 정책 결정 과정만의 문제로 국한해 두 개념 간의 완전한 영역 분리라는 입장을 취할 것인가, 아니면 에반스식으로 국가자율성을 집행 과정까지 포괄하는 개념으로 봐 국가능력을 국가자율성 속에 포괄되는 한 구성 부분으로 이해하는 것이 더 바람직하느냐 하는 문제다.[85]

전자의 경우 '국가자율성=정책 결정 과정, 국가능력=집행 과정'이라는 식으로 그 개념의 작동 영역을 명확히 구별해준다는 점이 커다란 장점이라 볼 수 있다. 그러나 이 경우 지배 계급이 정책 결정 과정에서 반대 노력이 좌절된 뒤 집행 과정에서 반대 노력을 펼쳐 정책을 좌절시키는 경우까지 국가능력(집행 과정)의 문제로 치환하게 되면서 국가자율성이 갖고 있는 사회관계적 문제의식이 국가능력 속에 융해돼버리고 거꾸로 '물관계적'인 '순수한' 정책 집행 능력을 분석하기 위한 국가능력 개념 속에 국가자율성에 관련된 사회관계적 측면이 포함되게 되는 문제점이 있다.

후자의 입장을 취할 경우 국가의 자율성이란 단순히 정책 결정 과정에서 나오는 지배 계급의 반대뿐 아니라 정책 집행 과정에서 나오는 반대까지 누르고 특정 정책을 펼 수 있는 자율성이어야 한다는 점에서 이 문제까지 분석해 낼 수 있다는 장점이 있지만, 자율성 문제를 집행 과정까지 확대함으로써 국가능력과의 작동 영역을 구별이 모호해져 경험적 연구에서는 구분이 어려워진다는 문제점을 안고 있다. 이런 장단점이 있기는 하지만, 후자의 입장이 구체 연구의 어려움에도 불구하고 문제의식이나 이론적 일관성이라는 점에서 올바른 이론화가 아닌가 싶다.

마지막으로 두 개념 간의 관계 설정이 어느 개념의 선차성을 전제로 하지 않는 순수 병렬형 상호 보완이냐, 선차성이 전제된 위계형 상호 보완이냐 하는 문제가 남는다.

이 문제에 대해 명확한 입장을 표시하고 있지는 않지만 정책 결정 과정의 국가자율성과 집행 과정의 국가능력을 구별하고 단순히 병렬시킨 스카치폴의 경우는 전자에 가깝다고 볼 수 있는 반면, 국가능력의 중요성에도 불구하고 "국가자율성은 효과적인 국가 행동의 전제 조건"으로 파악하는 에반스, 루시마이어나 국가자율성을 필요조건으로 국가능력을 충분조건으로 이해하는 강민 교수의 경우[86] 국가자율성의 선차성을 인정하는 위계형 상호 보완으로 볼 수 있다. 이 밖에 국가자율성이 오히려 국가능력에 포함되는 느낌을 주는 디요식의 국가능력 우위의 위계적 상호 보완도 있지만, 이것은 앞의 정의(국가능력에 대한 좁은 정의)를 취할 경우 꼬리에 몸통을 포함시키는 본말전도에 불과하다. 이 문제에 대해서는 국가 연구에서 사회관계적 측면이 집행 능력에 관련된 '물관계적' 측면과 동일 수준이자 비중으로 다뤄지는 것이 부적합하다는 점에서 후자의 입장(위계성)이 더 올바른 이론화라고 필자는 본다.

다음에 문제가 되는 것은 국가강도, 국가경도의 올바른 개념화와 이 개념들과 국가자율성, 국가능력 사이의 관계다.

국가강도와 경도에 대해서는 이 개념들이 과학적 분석에 기초하지 않은 극히 인상주의적이고 서술적인 조야한 개념으로 폐기돼야 한다는 주장이 제기되고 있다.[87] 또 다른 학자들의 경우는 개인에 따라 국가강도 또는 국가경도를 국가자율성 내지 국가능력과 동일한 의미의 다른 명칭으로 사용하고 있다. 이를테면 앞에서 본 대로 존슨의 경우는 국가경도를 국가자율성으로, 월러스틴은 국가강도를 국가자율성으로, 미그달은 국가강도를 국가능력으로 각각 등치시켜 개념화하고 있다.

이 문제에 관한 판단 역시 각 이론가들의 국가론 관련 여타 개념과의 독특한 연관 속에서 내려져야 한다는 점에서 극히 어려운 작업임에 틀림없다. 다만 지금까지 진행된 국가론의 논쟁 구도, 문제의식 등과 앞에서 정리한 국가의 상대적 자율성과 국가능력의 바람직한 개념화, 이 개념들 간의 관계를 고려할 때 다음 같은 시론적인 제안을 할 수 있을 것 같다. 이 개념들을 단순히 국가자율성이나 국가능력의 또 다른 표현으로 사용하는 것은 개념의 '낭비'라는 점에서 바람직하지 못하고, 그렇다고 이 개념을 조야한 개념으로 몰아붙여 폐기해버리는 것만이 능사가 아닌 듯하다.

앞에서 제기한 대로 국가자율성과 국가능력을 상호 보완적 개념으로 이해하고 국가 문제를 접근할 경우 국가자율성과 국가능력을 총괄하는 총체적인 '국가의 힘'을 지칭하는 개념의 필요성이 제기되는바, 이런 개념으로 국가강도 개념을 사용하는 것이 더 건설적이지 않는가 하는 것이 필자의 생각이다.

그렇다면 국가강도와 국가경도 간의 관계는 어떠한가? 이 두 개념은 동일한 의미인데도 불구하고 연구자에 따라 국가강도 또는 국가경도로 표현되는가 하면, 앞에서 본 대로 'strong state'를 강성국가로 번역하고 'hard state'를 경성국가로 번역해야 더 적합한데도 불구하고, 일부 학자의 경우 'strong state'를 경성국가로 번역할 정도로 상호 교환 가능한 유사한 개념으로 사용해온 것이 사실이다. 그러나 이 두 개념도 구별해서 더 엄격하게 사용하는 것이 바람직하지 않나 싶다. 이 문제에 관련해 주목할 필요가 있는 것은 일상적인 통념과 달리 제3세계의 군부독재 같은 권위주의 체제가 반드시 강성국가가 아니라는 타당한 지적이다.[88] 이것은 '국가의 힘'이 강한 강성국가와 경직적이고 억압적인 권위주의 국가를 구별할 필요성을 의미하는데, 국가의 강도를 의미하는 국가강도와 달리 국가경도란 권위주의 체제같이 경직적인 국가체제, 즉 국가 체제의 경직성을 지칭하기 위해 사용하는 것이 바람직하지 않나 싶다. 언어적인 면에서도 '강함strength'과 '딱딱함hardness'의 차이가 국가강도와 국가경도의 차별적 사용을 용이하게 해줄 수 있다고 보인다.[89]

끝으로 다뤄야 할 문제는 '국가 권력' 내지 '국가의 힘State Power'이다. 이 문제에 대해서도 크게 ① 이 개념을 계급 권력에서 상대적 자율성을 가지고 있으면서도 밀접히 연관돼 있는 국가 권력의 성격, 특히 계급적 성격, 즉 질적인 내용 면을 파악하기 위한 개념으로 사용하는 계급론적 시각, ② 국가 강도와 동일한 개념, 즉 국가강도 자체가 국가 권력의 강도를 의미한다는 뜻으로 사용하는 경우(크래스너), ③ 국가강도 개념을 사용하지 않고 사실상 그 의미 면에서 국가강도 개념으로 사용하는 경우(카젠스타인, 강민 등)로 나눠지고 있다. 둘 다 동일한 'State Power'지만 ①의 경우 '국가 권력'이라는 표현이 적합하고 ②, ③의 경우 결국 강약의 문제가 초점이 되므로 '국가 권력'보다는 '국가의 힘'이라는 표현이 더 적합한 표현이 아닌가 싶다. ①이 질적인 면에 초점이 있다면 ②와 ③은 양적인 면에 초점을 맞추기 때문이다.

②는 개념의 혼란을 피하기 위해 국가 권력이라는 개념을 버려도 별 지장이 없으므로 문제가 되지 않고, ③도 결국 그 의미에서는 국가의 상대적 자율성과 국가능력을 총체적으로 고려한 총체적인 국가의 힘을 뜻할 바에는 앞에서 제안한 대로 그런 의미의 국가강도라는 개념이 있으므로 국가강도 개념으로 통일하는 쪽이 건설적이지 않는가 하는 것이 필자의 생각이다.

왜냐하면 계급론적 국가론의 문제의식처럼 국가 연구에서 국가의 사회적 성격을 추상화할 수 있는 개념의 필요성이 계속 남는바, 국가 권력 개념이 이 것을 의미하게 되는데 국가 권력 내지 국가의 힘 개념을 양적인 국가강도의 의미로도 사용할 경우 전자의 질적인 면(국가의 사회적 성격)과 후자의 양적인 면(강약)이 혼용돼 혼란이 예상되기 때문이다.

다만 이런 제안에서 따로 고려해야 할 것이 있다면 강민 교수의 입장이다. 국가자율성과 국가능력을 총괄하는 총체적 개념으로서 국가강도가 아니라 국가 권력이라는 개념을 사용하는바, 강 교수의 입장이 단순히 '국가 권력=국가자율성+국가능력'인 경우 위의 논리에 따라 국가 권력이라는 개념을 국가강도 개념으로 대체하는 것으로 단순히 문제가 해결될 수도 있다.

그러나 앞에서 지적한 대로 강민 교수의 경우 이런 입장을 넘어 국가 권력에 대한 추가적 이론화를 시도하고 있다. 즉 국가 권력은 물적 기반으로 ① 물적 자원, ② 강제적 자원, ③ 정치적 정통성 자원을 지니고 자원 의존 형태에 따라 다른 지배 방식을 갖게 되며, 다른 한편 국가 권력이 전략적 선택성에 연관돼 있다는 주장이다. 따라서 이런 추가적 이론화 부분까지 국가강도라는 개념이 다룰 수 있느냐 하는 문제에 부딪힌다.

더 체계적인 별도의 연구가 필요하다고 생각되지만 몇 가지 문제만 지적하면, 우선 강민 교수의 모델 중 '국가자율성+국가능력=국가 권력'이라는 주장과 국가 권력이 위의 세 가지 물적 기반에 의존해 있으며 그 의존 형태에 따라 지배 방식이 달라진다는 주장 사이의 관계 문제다. 즉 물적 자원과 강제적 자원 등이 국가능력의 자원도 된다는 점에서 두 주장은 동일한 현상에 대한 다른 표현일 뿐인가, 아니면 두 개의 독립된 주장인가라는 의문이다. 또한 두 개가 독립된 가설이라면 이 양자 간의 관계는 어떠하냐는 것이다. 또한 국가 권력과 전략적 선택성 사이에도 논리적 연관이 불분명하다는 점을 지적할 수 있다. 결국 이런 문제들이 명확히 해명될 때 국가 권력 내지 국가의 힘과 국가강도라는 개념 간의 관계에 대한 더 엄밀한 위상 설정이 가능하다고 볼 수 있다.

4. 결론

이 글에서는 국가론 분야에서 최근 급속히 부상하고 있는 국가능력론과 관려해, 국가론 연구에 혼재해 있는 국가강도, 국가경도, 국가의 (상대적) 자율성, 국가능력, 국가 권력 내지 국가의 힘이라는 개념의 '춘추 전국 시대화'에 효과적으로 대응하기 위해 이 개념들을 체계적으로 분석해봤다. 이 개념들에 대한 여러 연구자들의 다양한 용법을 비교 분석한 결과 다음 같은 시론적인 제의를 결론으로 찾아냈다.

국가자율성 문제의 경우 다양한 용법 중 국가의 상대적 자율성이라는 좀더 엄격한 의미의 사용법이 여러 문제점에도 불구하고 현단계에서는 가장 올바른 개념화라고 하겠다.

국가능력은 여러 용법 중 협의의 사용법, 즉 집행 과정에서 의도한 바를 현실의 정책 결과로 현실화시킬 수 있는 집행 능력으로 이해하는 방식이 가장 바람직하고, 국가의 상대적 자율성과 국가능력 간의 관계는 상호 보완적이되 **국가자율성이 '선차성'을 갖는 위계적 상호 보완 관계**가 가장 건설적인 결과를 가져올 것으로 보인다. 그러나 국가의 상대적 자율성을 정책 결정 과정에 국한해 국가능력 집행 과정과 완전한 영역 구별을 하게 하느냐 아니면 상대적 자율성을 집행 과정도 포괄하는 개념으로 사용할 것인가는, 각각 장단점이 있지만 후자가 이론적인 면에서 좀더 올바른 이론화라고 할 수 있다.

이 밖에 국가강도는 국가자율성과 국가능력을 총괄하는 총체적인 '국가의 힘'이라는 의미로 사용하고, 국가경도는 국가강도와 상호 교환해서 사용하는 일상적인 용법과 달리 권위주의 체제 같은 경직성 내지 강압성을 의미하는 것으로 두 개념을 구별해 사용하는 것이 바람직하다고 볼 수 있다.

마지막으로 국가 권력은 국가강도와 같은 의미의 국가의 총체적 힘이라는 양적 개념보다는 국가 권력의 사회적 성격을 의미하는 질적 개념에 국한해 사용하는 것이 건설적이라 하겠다.

이런 시론적 개념화와 관계 설정을 토대로 여러 논쟁을 거쳐 폭넓은 합의가 형성돼 개념적 혼란을 극소화하고 각 개념의 장점을 극대화하는 상호 보완적 연구를 펴는 것이 현대 국가론의 발전에 도움이 될 것으로 보인다.

6장

니코스 풀란차스의 국가 이론*

노동자 계급의 정치 운동의 궁극적 목표는 정치권력의 정복이다. ― 카를 마르크스

모든 혁명의 근본 문제는 국가 권력의 문제다. ― 블라디미르 일리치 레닌

정치학은 지난 30여 년 이상 국가를 잊기 위해 믿기 어려울 정도의 긴 여정을 떠나온 것 같다. ― 지안프랑코 포기^{Gianfranco Poggi}

1. 왜 풀란차스인가

일찍이 마르크스주의의 위기를 온몸으로 끌어안고 극복을 위해 몸부림친 루이 알튀세르는 위기의 이론적 근원을 마르크스주의의 두 개의 '공백'과 두 개의 '난점'으로 표현했다. 이 두 공백의 하나인 마르크스주의적 정치 이론이 짧지 않은 마르크스주의의 역사에서 줄곧 마르크스주의의 '아킬레스건'이 돼온

---

* 《이론》 제5호, 1995에 실린 〈니코스 풀란차스〉를 수정하고 보완했다.

것은 일종의 상식에 속한다. 그러나 아이러니하게도 서구의 1960~1970년대 마르크스주의의 르네상스 속에서 좁게는 국가 이론, 넓게는 정치 이론이 이런 마르크스주의 부활의 중요한 기폭제가 됐을 뿐 아니라 마르크스주의가 (적어도 최근까지는) 주류 사회과학에 견줘 '비교 우위'를 갖는 '강한 고리'가 돼 왔다. 이렇게 오랜 공백으로 남아 있던 마르크스주의적 국가 이론, 나아가 정치 이론을 조금이나마 채워내고 정치학 일반에서도 '과학주의'의 미명 아래 실종된 국가 이론을 현대 정치학의 핵심 분야로 복권시키는 데 핵심적인 구실을 한 이론가를 뽑으라면, 단연 니코스 풀란차스Nicos Poulantzas다.

이 점에서 풀란차스가 "전후 시기의 가장 중요한 마르크스주의적 정치 이론가"[1] 내지 "전후 시기의 가장 영향력이 큰 마르크스주의적 정치 이론가"[2]라는 평가를 받는 것은 무리가 아니다. 아니 나아가 주류 이론까지 통틀어서 '사회과학 전체에서 전후 시기의 가장 중요한 국가 이론가'라는 평가도 충분히 가능하다. 현대 국가 이론 하면 으레 '반사적으로' 떠오르는 국가의 '상대적 자율성'이라는 개념만 봐도, 잘 알려져 있듯이 풀란차스의 독창적 발명품은 아니지만 이 개념을 '재발견'해 제 위치로 되돌려놓은 이론가는 알튀세르이며, 이 개념을 '세공', 보급, 유행시킨 결정적인 공은 단연 풀란차스의 몫이다.

그러나 풀란차스의 정치사상은 으레 따라다니는 두 개의 꼬리표, 즉 국가의 상대적 자율성과 '구조주의적 마르크스주의'로 환원하기에는 너무도 풍부하고 앞으로 계속 발전시켜야 할 중요한 번뜩이는 아이디어, 내적 긴장과 모순, 고뇌들을 다수 안고 있다. 물론 풀란차스의 이름은 다른 서구 '신좌파' 이론가들에 견줘 많이 알려져, 최소한 국가 이론에서는 각주에서 많이 소개되는 등 의례적이고 '의전적인' 대접을 받고 있으며 이론도 널리 소개돼 있다.[3] 그렇지만 풀란차스의 이론은 주로 그 악명 높은 밀리반드-풀란차스 논쟁 정도로, 여기서 한발 더 나가봐야 '초기'의 구조주의적 마르크스주의에서 '후기'의 유로코뮤니즘 좌파로 바뀌는 이론적 변신 정도로 이해되는 것이 현실이다. 특히 '정통의 복원'과 당장의 실천적 필요성이라는 강박 관념이 지배적이던 1980년대 우리 사회의 마르크스주의 (재)수용사의 특수성에 관련해, 풀란차스는 대부분의 서구 '신좌파' 이론가들이 그렇듯이 정당한 평가를 받지 못한 채 정통의 복원으로 가는 우회로에서 잠시 소개되고는 사라진 하나의 '지적 정거장'에 불과한 느낌이 강하게 든다. 따라서 풀란차스의 삶과 이론에 관한 총체적인 소개와 평가는 때늦다 하지 않을 수 없다. 특히 (일반인의 눈에는) 현실 사회주의의 몰락 이후 폭발적으로 가시화된 마르크스주의의 위기에 관련해, 정치 이론에 관한 한 그 위기의 전화와 극복을 위한 노력이 어떤 형태로든 풀란차스의, 특히 풀란차스 '말기'의 이론화와 고뇌에 찬 문제 제기들을 비켜갈 수는 없다는 점에서 더욱 그러하다.

뿐만 아니라 1980년대 우리 사회의 특수한 정세와 '무지가 가능하게 한 용기'가 결합돼 '정통 좌파'가 아니라는 이유로 풀란차스를 '프티부르주아적인 죽은 개'로 취급하던 우리 사회의 적지 않은 진보적 이론가들이, 현실 사회주의가 몰락한 뒤 '포스트주의'라는 냉수를 먹고 '속 차린'(?) 뒤 이번에는 풀란차스를 지나치게 마르크스주의적이어서 '속 덜 차린, 본질주의적인 또 다른 죽은 개'로 취급하고 있는 현실의 아이러니에 연관해, 풀란차스를 다시 한 번 음미해보는 일은 특별한 의미와 감회가 있을 것 같다. 다만 이 글에서는 본격적인 평가보다는 평가를 위한 기초 작업과 관심 제고라는 수준에서 풀란차스의 삶과 이론을 소개하고자 한다. 특히 지면의 한계상 이미 상당히 소개돼 있는 초기 저작은 간략히 다루고 후기 저작에 상대적으로 초점을 맞추려 한다.

2. 삶과 죽음[4]

니코스 풀란차스는 1936년 유럽의 '주변부 저개발국'인 그리스의 법조 명문가에서 태어났다. 일찍이 그리스 현지 프랑스 학교 등 엘리트 특수 교육을 받아 프랑스어에 능통했고, 무시험으로 아테네 대학교 법과대학에 입학했다. 수

재형인 풀란차스는 그리스의 지적 폐쇄성에 반발해 프랑스 사상, 특히 사르트르 등의 실존주의에 심취했다. 대학 시절 이미 지하당인 그리스 공산당KKE 관련 학생 동아리와 합법 조직인 유일한 좌파 정당 민주좌파연합당EDA에 관여했다. 또한 대학 재학 중 키프로스 문제 관련 시위로 체포되기도 했다.

졸업 뒤 징병제에 따라 해군에 입대한 풀란차스는 '애정 행각'을 위한 근무지 이탈로 '오지 귀양'을 가기도 했다. 3년간의 군복무 뒤 변호사 자격을 획득한 풀란차스는 1960년 그리스 법학에 영향력이 강한 독일로 유학을 떠났다. 그러나 독일에 도착하자마자 독일이 나치 성향 이론의 영향이 너무 강하다는 이유로 프랑스로 다시 유학을 떠났다. 외국인이라는 약점과 치열한 경쟁에도 불구하고 풀란차스는 소르본 대학교에서 조교TA로 발탁됐고, 그곳에서 1964년 〈사물과 법의 본성〉이라는 논문을 써 박사 학위를 받았다. 실존주의, 현상학, 마르크스주의를 종합해 법의 가치 형성에서 사실과 가치 간의 변증법적 통일 문제를 다룬 이 논문은 풀란차스의 지적 성가를 높여놓았다. 정치적으로도 풀란차스는 프랑스 도착 즉시 그리스 공산당에 정식 당원으로 가입, 당의 이론적 작업뿐 아니라 일상 업무에 적극 개입했다.

학위 취득 뒤 프랑스 지성계에 본격적으로 뛰어든 풀란차스는 《현대Les Temps Modernes》 등에 정기 기고하면서 사르트르나 메를로퐁티 등하고 가깝게 지냈다. 2년 뒤인 1966년에는 국립과학원CNRS의 법학 분야 연구원으로 채용됐고, 3년간 사귄 소설가 안니 르클레르크Annie Leclerc하고 결혼했다. 이때부터 풀란차스는 법학에서 관심 영역을 넓혀 자본주의 국가 이론과 마르크스주의적 정치 이론을 본격적으로 연구하기 시작했다. 특히 초기의 사르트르부터 알튀세르(나중에는 푸코) 등의 프랑스 철학과 델라 볼페Della Volpe학파와 그람시 등 이탈리아 마르크스주의를 독자적으로 소화해 발전시키게 된다. 이 중 알튀세르의 경우 풀란차스가 비록 파리 고등사범학교의 제자들로 구성된 '알튀세르 사단'의 일원은 아니었지만 정기적으로 만나 함께 공부하며 '초기' 알튀세르의 '구조주의적 마르크스주의'를 국가 이론에 적용하고 보급하는 데 일조했다.

그때까지만 해도 정치적으로 반[※]스탈린적 마르크스레닌주의자이던 풀란차스는 이때부터 서서히 국가독점자본주의론과 프롤레타리아독재론 등에 대한 비판적 평가와 함께 독자적인 이론화와 정치적 입장을 세워가게 된다(그 뒤 생의 말년까지 대부분 풀란차스는 정치적으로 볼 때 기본적으로는 마르크스레닌주의적 입장이었다).

1967년에 군부 쿠데타로 그리스 군정이 수립되자 풀란차스는 해외에 있기는 하지만 이론과 실천 양면에서 반독재 투쟁에 앞장선다. 1968년 파리의 5월혁명 발발 며칠 뒤 (나중에 영역본을 통해 풀란차스를 현대 국가 이론의 일인자로 만든) 《정치권력과 사회계급》(이하 *PPSC*, 1968; 영역본 1973)[5]이 출간됐고, 다음해 《신좌파 평론New Left Review》 지상에서 펼친 밀리반드-풀란차스 논쟁을 통해 국제적 명성을 얻게 된다. 5월혁명의 성과인 대학 제도 개편에 따라 실험 대학으로 설립된 파리 8대학의 사회학과 창립 멤버로 초빙돼 대학에 자리를 잡았다. 그 뒤 풀란차스는 지적으로 '구조적 인과율에 대한 계급투쟁의 우위성'이라고 흔히들 표현하는 계급투쟁의 중요성을 강조하는 쪽으로 이론적 경향이 바뀌게 된다. 또한 이데올로기적 국가장치의 중요성에 주목하며 '대중노선', 문화혁명의 필요성 등 마오주의적 경향도 보이게 된다. 특히 1970년이 되자 코민테른의 입장을 주제별로 비판적으로 평가하기 위한 소규모 연구 모임을 조직했다. 그 첫 성과에 해당하는 것이 코민테른의 파시즘론을 비판한 《파시즘과 독재》(이하 *FD*, 1970; 영역본 1974)[6]다. 이 책은 파시즘과 '일반 독재'를 구별함으로써 1936년 이래의 다양한 그리스 국가들을 줄곧 파시즘으로 본 그리스 공산당의 이론화에 개입하려는 정치적 목적에 관련이 있다.

그러나 풀란차스는 코민테른 연구가 학문적 가치는 있을지 모르지만 현재의 정치적 실천에는 별 도움이 안 된다는 주변의 충고를 받아들여 이 프로젝트를 포기한다. 대신 풀란차스는 유럽 좌파의 당면한 정치적 문제, 즉 반독점, 반제국주의 계급 동맹 문제에 관련해 '계급 연합'과 '민주화 연합'의 이론적 기초 연구에 전념하는바, 그 결과가 1974년에 출간한 《현대 자본주의의 계급들》(이하 CCC: 영역본 1975)[7]이다. 그해에 풀란차스는 그리스의 정치 전망에 대한 원고를 청탁받고 국가 이론에 대한 자신의 '탁월한' 지식을 동원해 '주변부 자본주의'로서 그리스의 특수성과 관련, 그리스 군정의 장기 지속성을 전망했다. 그러나 풀란차스의 예측과 달리 그리스 군정은 그해 민중 봉기에 의해 붕괴한다. 연이은 포르투갈과 스페인 등 '남유럽'의 민주화를 목격하면서 풀란차스는 5월혁명 이후 이미 보이기 시작한 '계급투쟁의 우위성' 테제를 향한 이동을 가속하며, 국가를 그 내부에 계급투쟁의 모순이 침투되고 각인된 '계급투쟁의 장' 내지 '사회적 관계의 응집'으로 파악하는 '후기 풀란차스'로 옮아가게 된다. 이런 '이행기적 저작'이 바로 1975년에 낸 《독재의 위기》(이하 CD: 영역본 1976)[8]다.

군정 붕괴 뒤 비로소 고국에 돌아갈 수 있게 된 풀란차스는 교육부 교육개선위원으로 임명돼 그리스 정치에 직접 개입하는 한편 교환교수 자격으로 고국의 강단에 서게 된다(1975~1976년). 파리로 돌아온 풀란차스는 막 영향력을 갖기 시작한 푸코의 연구에 관심을 기울이는 한편, 기승을 부리기 시작한 '반동적'인 '신철학'에 대한 비판에 나선다. 풀란차스는 권력에 대한 푸코의 '관계론적relational' 개념화에 동의, 푸코의 개념을 수용하면서도 '해체적' 경향에는 적극 비판을 가한다. 그 결과가 마지막 저서인 《국가, 권력, 사회주의》(이하 SPS, 1978; 영역본 1978)[9]다. 풀란차스는 이 책에서 '(자본주의 국가의) 분쇄 테제'에 기초를 둔 레닌주의적 '이중 권력' 전략과 '(점진적) 장악 테제'의 유로코뮤니즘 전략을 모두 비판하면서 국가 자체의 내부에서 시작하는 민주화를 통한 연속적인 질적 단절이라는 자기 나름의 독특한 '사회주의를 향한 민주적 길'을 주창한다. 평소에도 갖고 있던 '현실 사회주의'에 대한 비판적 관점이 캄보디아 폴 포트 정권의 '킬링필드' 탓에 더욱 강화된 때문이었다. 풀란차스는 또한 레지 드브레Régis Debray(알튀세르의 제자이자 《혁명 속의 혁명》의 저자로 라틴아메리카에서 오랜 투쟁과 투옥 생활을 한 프랑스 마르크스주의자)와 함께 1977년 프랑스 공산당PCF과 프랑스 사회당PSF의 '좌파 연합'이 붕괴되지 않게 막으려고 PCF 쪽에 적극 개입하지만 실패한다('좌파 연합'이 붕괴한 결과 1978년 선거에서 좌파는 패배한다). 이 일은 특히 좌파 정당과 좌파 지식인의 관계에 대해 깊이 생각하게 했는데, 풀란차스는 좌파 정당 간의 연합이 이론적 논쟁의 일시 중단을 가져와서는 안 되며, 오히려 민주적이고 개방적인 이데올로기 투쟁의 활성화를 동반해야 한다고 믿었다. 그리하여 풀란차스는 드브레, 앙리 베베르Henri Weber, 피에르 비른봄Pierre Birnbaum, 크리스틴 부시-글룩스만 Christine Buci-Glucksmann 등 다양한 성향의 좌파 지식인 12명으로 '멜뤼진Melusine'(반은 여자고 반은 뱀인 신화 속 여인)이라는 연구 집단을 만들어 공산당 내부에서 벌어진 국가독점자본주의와 프롤레타리아독재 논쟁, 사회당 내부에서 벌어진 프랑스 민족 자본과 아메리카 헤게모니 논쟁 등에 적극 개입했다. 그러나 이 모임 역시 내부의 견해 차이를 해소하지 못하고 해체되고 만다.

그 뒤에도 풀란차스는 현실 사회주의의 '전체주의' 문제, 서유럽의 조합주의와 사회민주주의의 문제에 관심을 기울이는 한편 영미권의 논쟁에도 깊이 관여하기 시작했다. 그러던 중 1979년 10월 3일에 43세의 가장 생산적이어야 할 나이에 스스로 목숨을 끊었다. 최근 출간된 자서전 《미래는 오래 지속된다》에서 알튀세르가 한 회고에 따르면, 죽기 며칠 전 거리에서 우연히 마주친 풀란차스는 자신의 연구 프로젝트에 관련해 의욕에 가득차 있었다고 한다.[10]

3. 이론

풀란차스 연구의 '권위자'라 할 수 있는 밥 제솝은 마르크스와 풀란차스 간의 재미있는 공통점을 지적한 적이 있다.[11] 둘 모두 법철학에서 시작해 국가 이론을 거쳐 정치경제학으로 연구의 초점을 옮겨갔다는 점이다. 또한 제솝은 마르크스 사상의 3대 기원이라고 흔히들 지적하는 독일 관념 철학, 프랑스 사회주의, 영국 정치경제학에 대비해 풀란차스의 경우 독일 철학이 아니라 프랑스 철학(실존주의, 이후 구조주의, 말기에는 푸코), 프랑스 정치학이 아니라 이탈리아 정치학(그람시, 그리고 말기에 들어서는 피에트로 잉그라오^{Pietro Ingrao}), 그리고 영국 정치경제학이 아니라 로마법과 독일법이 이론적 3대 원천이 되고 있다고 분석한다.[12]

1) 자본주의 국가 이론 — '특수·부문' 이론

풀란차스는 알튀세르를 만나기 전인 1965년에 쓴 논문에서 자신의 자본주의 국가 이론의 골격이 된 주요 내용을 개진한다.[13] 그러나 풀란차스는 알튀세르가 1960년대 말에 주도한 역사유물론의 과학화 작업을 기초로 해 그동안 공백으로 남아온 과학적인 마르크스주의적 자본주의 국가 이론의 건설이라는 야심적인 기획에 착수한다. 풀란차스의 국가 이론은 생애 대부분 지니고 있던 레닌주의적 정치관에 '초기' 알튀세르의 '구조주의적' 방법론과 그람시적 내용, 특히 헤게모니 이론을 접합시킨 야심적 저작이라고 할 수 있다.

풀란차스에 따르면 국가 이론은 생산양식 일반 이론, 생산양식의 한 부문으로서 정치적인 것,[14] 즉 국가의 일반 이론, 특수 이론으로서 자본주의 생산양식 이론, 다시 이 이론의 한 부문 이론(특수·부문 이론)으로서 자본주의 국가 이론의 구축의 순서로 나가야 한다(PPSC, 23). 풀란차스는 알튀세르를 따라 하나의 생산양식은 헤겔류의 '표출적 총체성^{expressive totality}'이 아니라 경제가 최종 심급에서 규정하는 복합적 전체이며, 각 층위 간의 관계는 과잉 결정^{overdetermination}적 관계를 맺고 있다고 주장한다(13~14). 또 하나의 층위로서 국가는 특정 사회구성체의 각 층위 간의 '응집소^{factor of cohesion}'의 기능을 수행하며, 하나의 계급적 실천으로서 정치는 그 목표를 바로 이 국가(의 재생산 내지 변혁)로 한다는 데 그 특수성이 있다(43~45). 한편 하나의 특수한 생산양식으로서 자본주의의 특징은 생산자와 생산수단의 분리, 소유와 점유^{possession}의 일치로 특징지어지며(27, 127), 이런 특징은 자본주의의 경우 경제가 '최종 심급의 규

철학(실존주의, 이후 구조주의, 말기에는 푸코), 프랑스 정치학이 아니라 이탈리아 정치학(그람시, 그리고 말기에 들어서는 피에트로 잉그라오^{Pietro Ingrao}), 그리고 영국 정치경제학이 아니라 로마법과 독일법이 이론적 3대 원천이 되고 있다고 분석한다.[12]

정'뿐만이 아니라 '지배적 구조'가 되도록 한다(29). 또한 이런 특징은 자본주의 생산양식에서는 전자본주의적 생산양식과 달리 잉여의 수취에 경제 외적 강제가 불필요하고 생산과정 속에서 자연스럽게 잉여 수취가 일어나므로 경제라는 층위와 정치 층위(국가) 간의 관계는 '상대적 자율성'으로 특징지어지도록 한다(29, 127). 이런 이론화는 그동안 자본주의 국가의 상대적 자율성을 무시하는 '도구주의적 국가 이론' 등 정통 좌파 국가 이론의 속류 유물론적 편향을 비판하고 상대적 자율성을 기초로 자본주의 국가를 과학적으로 이론화하는 데 초석을 제공한다.

풀란차스는 경제에 대한 국가의 상대적 자율성이 자본주의 국가의 주요한 특징들을 설명할 수 있게 해준다고 주장한다. 우선 이런 자율성은 계급투쟁에서 경제투쟁과 정치투쟁을 상대적으로 자율적으로, 즉 분리되게 만든다(130). 이 중 경제적 관계에서 자본주의 국가의 법 이데올로기는 사회계급 구성원들을 계급 구성원이 아니라 평등하고 자유로운 개인적 법적 주체로 구성시키고 계급 관계를 은폐하는 '고립 효과'를 창출한다(130~133).[15] 한편 정치적 관계에서 자본주의 국가는 이렇게 자유롭고 평등한, 개체화된 개인들을 묶어 '인민-민족people-nation'으로 통합하는 기능을 수행한다(134). 이 과정을 통해 자본주의 국가는 계급 국가인데도 불구하고 봉건제 국가 등 다른 계급 국가하고는 달리 계급 중립적인 '일반 이익'의 표상 내지 '민족-민중적national-popular' 국가의 형태를 띨 수 있게 되며, 여기에서 중요한 역할을 담당하는 것이 국가의 상대적 자율성, 그리고 이것에 따른 (지배 계급에 대한 국가의 상대적 자율성에서 연유하는) 국가에서 지배 계급의 부재다.

상대적 자율성과 함께 풀란차스가 자본주의 국가의 특수성으로서 '민족-민중적' 국가성격을 설명하기 위해 동원하는 이론적 무기는 그람시의 헤게모니 개념이다. 풀란차스는 그람시의 헤게모니 개념이 문제가 있지만 '정화'해 사용한다고 말한다(137~141). '민족-민중적' 국가로서 자본주의 국가가 갖는 중요한 특징은 (단순한 강제력이 아니라) '헤게모니'와 '동의'에 의해 지배한다는 점이다(190). 여기에서 국가의 역할이 결정적이다. 풀란차스는 그람시를 따라 국가를 계급투쟁의 세력 관계에 따른 "지배 계급과 피지배 계급의 이익 간의 절충의 불안정한 평형 상태"로 이해하고[16] 지배 계급에게서 상대적 자율성을 갖는 자본주의 국가는 "지배 계급의 단기적 경제 이익에 반해서까지도 피지배 계급의 일정한 경제 이익을 보장"(190)해줌으로써 헤게모니에 의한 지배를 가능하게 해준다. 즉 "자본주의 국가는 지배 계급의 경제적 이익을 직접적으로 대표하는 것이 아니라 지배 계급의 정치적 이익을 대표한다"(190, 강조는 원저자).[17] 그러나 "이런 사회(복지) 정책이 피지배 계급의 투쟁에 의해 지배 계급에 강제된 실질적인 경제적 희생을 내포하고 있다 할지라도 (자본가 계급의 계급 권력이라는) 구조적 한계 속에서 작동하기 때문에 국가의 자본주의적 유형성type을 의심할 수는 결코 없다"(194). 이 구조적 한계를 넘어서서는 "자본주의 국가는 부르주아 계급의 정치적 이익에서 단 한 발자국도 벗어날 수가 없다"(286).

풀란차스에 따르면 자본주의 국가의 상대적 자율성은 헤게모니에 관련해 지배 계급 자체에 대해서도 중요한 기능을 수행한다. 그 기능은 개별적 고립에 대응해 계급적 통일성을 구성시켜주는 것이다(137). 이 분파들은 자신들의 편협한 특수 이익에 따라 분열되고 대립될 가능성이 크다. 그러나 자본주의 국가는 다양한 지배 계급 내 분파(계급분파)들을 이 중 헤게모니적 분파의 헤게모니 아래 하나의 '권력블록power bloc'으로 구성해 정치적 통일성을 형성해주는 '헤게모니 조직소'의 기능을 담당한다(299). 삼권 분립은 '외양appearance'에 불과하며 국가 권력의 통일성(국가 권력은 분점되는 것이 아니라 통일된 권력이고 단일 계급의 권력이라는 통일성)은 유지된다(305). 또한 자본주의 국가는 특정한 헤게모니적 분파와 특수한 관계를 맺고 있는 것은 사실이지만 "권력블록 전체의 이익을 대표하기" 때문에 "과거의 부르주아 국가가 자본가 계급(전체)의 대표자였지만 현재의 독점자본주의 국가는 독점자본 분파만의 대표자라는 널리 퍼져 있는 신화는 깨부수어야"(301) 한다.

풀란차스는 이런 내용을 핵심으로 하는 하나의 '특수 부문' 이론으로서 자본주의 국가 (일반) 이론을 개진하는 한편, 이런 자본주의 국가 이론을 기초로 해 추상화의 사다리를 타고 구체로 상승해 구체적인 개별 사회구성체의 자본주의 국가들을 구체적으로 연구해야 한다고 주장한다.[18] 또한 이런 상승의 중간 매개와 중범위의 추상화 수준에서 이론적 작업을 발전시키기 위해 다양한 자본주의의 국가형태, 정부형태, 레짐형태 등에 대해 자본주의 사회구성체의 단계stage와 국면phase의 시기 구분, 권력블록과 헤게모니 분파의 변화 등에 관련시켜 시론적인 이론화도 시도한다(142~156, 308~324).

이런 이론화는 '구조기능주의'적 냄새가 강하게 풍기는 기능주의적 설명 방식 등 여러 문제점에도 불구하고[19] 국가 이론의 활성화와 그동안의 국가에 대한 '도구주의적'이고 '경제주의적'인 접근과의 단절을 통한 발전의 계기를 제공했다. 극히 추상적이고 난해한 이 저작은 외견적인 '관념성'에도 불구하고 치열한 정치 실천적 개입 의지의 산물이다. 이 저작은 기본적으로 유럽 좌파의 사회민주주의적 경향과 국가독점자본주의론, 특히 프랑스 좌파의 단계론적 국독자론에 대한 이중의 이론적 전선에서 나온 비판이다. 자본주의 국가에 대한 구조주의적 이론화와 국가 권력의 통일성 테제를 통해 풀란차스는 국가와 지배계급의 관계를 구조적 관계가 아니라 주관적이고 인적인 관계로 이해하는 한편 국가 권력을 국가 경영자의 인적 구성을 장악함으로써 점진적으로 한 부분씩 장악할 수 있다고 생각하는 사회민주주의론, 그리고 그 변형인 '제도적 조합주의'론(노동자 계급이 자본과 함께 자본주의 국가 속에 제도화돼 있다는)을 비판하려 한 것이다(257, 269~270).

다른 한편 풀란차스의 국가독점자본주의론 비판은 한층 복잡하다. 풀란차스는 국가독점자본주의론의 다양한 내부 분파(단계론, 경향론 등)를 구별하지 않고 뭉뚱그려 비판하고 있는데, 비판은 크게 세 가지로 요약된다. 우선 국독자론은 국가의 경제에 대한 전면적인 개입을 '사회주의적'인 것으로 보고 국가 권력의 전면적인 단절이 없이도 사회주의로 이행할 수 있다고 믿고 있다는 것이다(이 비판은 보카라류의 국독자 단계론에만 해당된다). 또한 이 이론은 자본주의적 국가장치를 분쇄하는 것이 아니라 사회주의 이행에 이용할 수 있다고 생각하고 있다(레닌도 《임박한 파국》에서 이런 편향을 드러내고 있는 것이 사실이다). 둘째, 국독자론, 특히 국독자론의 반독점 전략은 국가가 상대적 자율성을 가지고 자본가 계급 전체를 권력블록으로 조직해낸다는 점, 즉 비독점 자본가 계급도 지배블록의 일원이라는 점을 간과한 우경적 이론화라는 것이다(301).[20] 셋째, 국가를 독점자본의 도구로 이해하는 국독자론은 조야한 도구주의적 국가 이론에 기초를 두고 있으며 "국가를 소수 독점가의 손에 놓아두기 위해 개인적 인적 관계를 이용하는 음모"(273), 즉 인적 유착만 청산하면 문제가 해결될 것이라는 그릇된 처방을 준다는 것이다.[21]

2) 예외국가 이론(I) — 파시즘

그 뒤 출간된 풀란차스의 중요한 저작들('중기' 풀란차스)은 이런 자본주의 국가 일반 이론에 기초를 두고 자본주의 국가의 다양한 국가 형태들, 특히 '예외국가exceptional state'[22]들을 분석한 것들(FD, CD)이다.

　이 연구들은 ① 마르크스주의에 팽배해 있는 '경제주의'적 편향과 정치의 자율성과 계급투쟁을 과소평가하는 편향에 대한 비판, ② 자본주의 국가 일반 이론에 기초를 두면서도 '규정들의 총괄'로서 구체(구체적인 역사적 자본주의 국가)를 이해하는 데서 '환원론적' 시각을 벗어나 추상화의 사다리를 타고 규정들의 복합적 총체와 구체적인 정서conjuncture를 파악해가는 구체적 분석 방법의 제시, ③ (남유럽과 제3세계의) 군부독재를 파시즘과 동일시하는 좌파적 경향에 대한 비판과 군부독재의 특수성에 대한 강조, ④ 계급투쟁에 의해 각인되는 자본주의 국가의 내적 모순과 '취약성'에 대한 초점, ⑤ 반파시즘, 반독점 동맹에 관련된 계급과 민중 동맹 간의 문제에 대한 인식 제고 등 여러 면에서 중요한 의미를 갖는다.

우선 파시즘론을 보자. 풀란차스는 파시즘은 국가유형으로서 자본주의 국가의 하위 형태라는 극히 상식적인, 그러나 중요한 일반적 규정에서 출발한다(*FD*, 310).[23] 즉 파시즘은 이중의 규정 속에서 하나의 자본주의 국가형태다. 그것은 독점자본주의와 제국주의 단계의 자본주의 국가의 한 형태(18)이며 동시에 '예외국가'의 한 형태다. 따라서 파시즘의 예외국가적 성격을 과소평가해 '(국가)독점자본주의의 상부구조=파시즘'으로 이해하는 편향과 동시에 파시즘과 독점자본주의의 연관을 경시하고 예외국가적 성격만을 강조해 파시즘과 보나파르티즘 등의 차이를 간과하는 편향을 동시에 경고한다(310). 다시 말해 파시즘은 제국주의 단계의 특수한 **복합 국면**에서 계급투쟁의 결과로 생겨나는 '정치적 위기'의 필요에서 배태되는 특수한 하나의 예외국가다.

이런 인식은 파시즘을 "자본주의의 '경제적' 발전의 불가피한 필요로 환원시킬 수 없고 계급투쟁의 **구체적 상황**에 따라서만 설명될 수 있다"(39, 강조는 원저자)는 인식, 즉 경제주의적 설명에 대한 비판으로 나아간다. 그러나 불행하게도 코민테른의 파시즘론은 경제결정론에 빠져 있었다는 것이다.

우선 풀란차스는 레닌을 따라 제국주의적 세계체제를 자본주의의 불균등 발전 법칙에 따라 불균등하게 발전된 사슬과 고리의 연결체로 이해한다. 또한 고리의 강약 역시 단순한 경제적 모순이 아니라 경제, 정치, 이데올로기적 모순의 과잉 결정으로 파악해(23), 그 고리가 가장 약한 러시아에서 혁명이 일어나고 그다음으로 약한 두 개의 고리, 즉 독일과 이탈리아에서 파시즘이 등장하게 된다는 것이다(24). 그러나 코민테른은 제국주의를 단순히 경제적 현상으로 이해하고(18) 모순의 축적 및 고리의 강약 문제를 이런 과잉 결정이 아니라 경제적 발전 정도로 간주함으로써 파시즘이 생겨날 국가를 제대로 파악하지 못하고 말았다(24).

이런 제국주의 고리에서 차지하는 위상은 핵심적으로 중요하지만, 그런 이유로 이 나라들에서 숙명적으로 파시즘이 생겨날 수밖에 없었다는 것은 아니므로, 여기에 못지않게 중요한 것은 이 나라들의 구체적인 계급투쟁의 상황이다(24). 그러나 코민테른은 이런 '계급투쟁의 선차성'을 무시하고 '자본주의의 내재적 모순=경제위기의 필연화=붕괴의 필연화'라는 "경제주의적 파국론"에 빠져 있었고(40~44), '경제적 위기=노동자 계급의 공세기'라는 기계론적 발상에서 파시즘을 부르주아의 취약성의 징표이자 "그 최후 순간의 임박성에 대한 확실한 징표"(50)로 파악해 반파시즘 투쟁에서 좌우 편향 사이에서 동요하는 오류를 범하고 말았다. 대안으로 풀란차스는 구체적인 계급투쟁의 양상에 대한 '구체 분석'을 제공한다.

코민테른의 분석과 달리 파시즘의 등장은 지속되는 구조적 위기 속에서 시기적으로 선행한 계급투쟁에서 노동자 계급이 연이어 패배한 탓에 가능했다(139). 이런 패배에 뒤이어 지배계급의 권력블록 내부의 내적 모순이 심화해 누구도 헤게모니를 행사할 수 없는 '헤게모니의 위기'가 발생하고, 여기에 정당 대의제의 위기와 지배 이데올로기의 위기까지 가세해 파시즘이라는 예외국가를 통해 금융자본 내지 거대 독점자본의 헤게모니를 확립해주게 된다(71~78).

풀란차스는 또한 파시즘을 프티부르주아지의 독재 체제로 보지 않으면서도 프티부르주아지의 중요성에 주목한다. 구조적 위기 속에서 경제적 하락을 경험한 프티부르주아지는 노동자 계급 쪽으로 경도되다가 파국론에 기초를 둔 공산당과 프티부르주아지 간의 동맹 정책의 부재 때문에 사회민주주의로 나아가지만, 이것에도 환멸을 느낀다(248). 이때 권력블록의 위기, 이데올로기 위기 등이 생겨나자 파시즘에 경도됨으로써 그 중요한 지지 기반이 되며(248), 프티부르주아 이데올로기가 노동자 계급 등 피지배 계급에 영향을 끼쳐 이 계급들을 무력화한다는 점에서 중요한 역할을 수행한다(251~256).

노동자 계급의 경우, 1차 대전 뒤 "혁명적 상황" 속에서 국가 권력을 장악하는 데 실패한 뒤 "상대적 안정기"의 지구전 속에서 노동자 계급과 대중은 점점 수세에 몰렸다. 게다가 부르주아의 정치투쟁 전략에 대조적으로 경제투쟁을 우선시함으로써 부르주아의 공세에 결정적으로 패배해 파시즘의 대두를 막지 못했다(139~143). 풀란차스는 특히 이런 패배의 원인으로 노동자 계급의 이데올로기적 위기와 혁명 조직의 위기를 주목한다(143). 대중 노선의 결여에 따른 당과 노동자 계급 대중의 분리, 당내 분열이라는 혁명 조직의 위기(143~144)는 당이 '지도'라는 이데올로기적 역할을 수행하는 데 실패하게 함으로써 무정부주의, 자생주의, 폭동주의 같은 프티부르주아 이데올로기와 노동조합주의, 개량주의 같은 부르주아 이데올로기가 노동자 계급으로 침투(144~145)할 수 있게 했다. 그 결과는 경제투쟁 위주의 우편향과 사회 파시즘론류의 좌편향이라는 동요로서, 이런 동요는 파시즘의 대두에 맞서 노동자 계급이 과학적으로 대응하지 못하게 가로막았다(166~167).

풀란차스의 파시즘론은 이렇게 경제주의 비판, 정치와 이데올로기의 상대적 자율성, 계급투쟁에 대한 강조와 여기에 따른 계급투쟁 동학의 구체 분석 등 그 의미가 지대하다. 특히 주목할 만한 점은 풀란차스가 파시스트 이데올로기에 대한 프티부르주아지와 일부 기층 민중의 정치적 동원과 지지 등을 파시즘의 핵심 요소의 하나로 파악하고, 대중 동원이 아니라 대중의 정치적 탈동원demobilization을 특징으로 하는 1960~1970년대 남유럽의 군부독재와 '종속적 국가독점자본주의'로 불리는 일부 제3세계 국가의 독재를 파시즘으로 규정하기를 거부한다는 사실이다(CD 80~81). 이 점은 풀란차스가 파시즘의 종별적 형태의 하나인 독일과 이탈리아의 경험을 일반화해[24] 파시즘의 부차적 성격인 대중 동원을 본질적 요소로 격상시킨다는 비판을 야기하고 있다.[25]

3) 예외국가 이론(II) — '군부 독재'와 그 위기

풀란차스는 1970년대 중반 그리스, 스페인, 포르투갈에서 독재 체제가 붕괴하는 모습을 목도하면서 《독재의 위기》를 통해 이 체제의 성격과 붕괴 원인, 그 과정에서 이행 전략 문제에 관한 이론화를 시도한다. 풀란차스는 앞에서 지적한 대로 이 체제들이 예외국가이기는 하지만 좌파의 통념과 달리 파시즘은 아닌 '군부독재'라는 가설에서 출발한다.

우선 풀란차스는 이 군사독재를 현단계 제국주의 세계체제에서 이 국가들의 위상, 즉 종속성에 관련시킨다. 그러나 내적 요인의 우위성을 강조하며, 나아가 생산의 국제화라는 제국주의의 현 국면에서는 외적 요인의 '내면화'에 따라 양자의 기계적 구분이 무의미하다고 지적한다(CD, 22). 종속적 자본주의 국가의 특수 형태로서 군부독재(21)는 포르투갈과 스페인의 경우 매판 부르주아지와 대지주 간의 계급 동맹을, 그리스의 경우 헤게모니적 계급 분파인 매판 부르주아지와 종속적 산업화가 성장시킨 국내 부르주아지[26]로 구성된 권력블록을 계급적 기반으로 한다(47~48).

군부독재의 붕괴는 종속적 산업화 과정에서 생겨난다. 우선 다국적 기업에 의한 생산의 국제화와 종속적 산업화 과정 속에서 주도권을 쥔 쪽은 미국 자본이지만 미국 헤게모니의 약화와 함께 유럽공동체[EC]가 부상하면서 '제국주의 간 모순'이 격화한다(25~28). 이런 결과에 따라 지배 계급 내에 '친미적 분파'와 '친EC적 분파' 사이의 갈등이 첨예해지고 국가기구 내에서도 북대서양조약기구[NATO] 문제들을 둘러싼 갈등이 생겨나 권력블록의 불안정화에 기여하게 된다(29~33).

권력블록의 위기를 더 자세히 분석하면, 종속적 산업화는 종전의 매판 자본과는 다른 국내 자본의 성장을 가져다준다. 이 분파는 종속성에서 연유하는 물적 토대의 취약성, 이데올로기적이고 정치적인 취약성 때문에 그 나름의 부르주아적 민주주의 혁명을 수행하지는 못하지만, 매판 자본과 달리 군부독재에서 거리를 두기 시작해 민주화를 지지한다(46). 또한 일반 대중, 특히 노동자 계급에게도 유화적이고 개방적인 태도를 보이며 자유화와 민주화를 요구한다(55). 그러나 예외국가의 특성인 체제의 경직성 때문에 이런 요구를 체제 내에 수용해서 권력블록의 불안정을 해소하지 못하고 정치적 위기를 가속하게 된다(93~95).

또한 종속적 산업화는 프롤레타리아 계급의 급성장, 이농과 농민의 양극분화, 신중산층의 증가를 가져다주는 한편 계급투쟁을 심화시켰다(68). 물론

이 피지배 계급들의 투쟁은 내전, 정치적 총파업, 대중 폭동 등 "체제를 직접적으로 패배시킬 수 있는 '정면' 공격"을 수반하지는 않았다(76). 오히려 투쟁은 "대중 투쟁의 전위"인 노동자 계급의 경우 임금, 고용 보장 등의 요구와 근무 태만 등 소극적 사보타주 등의 형태를 띠었고, 보건 등 사회 정책에 대한 투쟁, 농민 투쟁, 학생운동, 여성해방운동, 그리고 지식인의 저항 등의 형태를 띠었다(70~71). 파시즘의 대중 동원, 이데올로기적 헤게모니에 대조적인 이런 "민중의 무언의, 다양한, 그러나 지속적인 저항이 이것들을 고전적 파시즘과 구별해주는 특징이다"(79). 또한 대중 투쟁이 아니라 권력블록과 국가의 내부 갈등이 군부독재 붕괴의 "직접적 내지 주된 요인"이지만, 이런 내부 갈등 그 자체를 규정한 것은 민중 투쟁이라는 점에서 붕괴에 '궁극적으로 결정적인 요인'은 민중 저항이었다(78, 85).

이런 논의를 통해 풀란차스는 단일 지주적^{monolithic}이고 강력하게만 느껴온 국가에 대한 재이론화로 나아간다.^{27} 물론 "국가 권력의 통일성은 항상 존재하지만" 국가는 하나의 관계이자 힘의 관계의 응집으로서 "계급 국가로서 본성 그 자체에 의해 국가 내부에 계급적 모순을 재생산한다"는 것이다(82). 국가 속에 "민중은 아무데도 없지만 …… 사실은 도처에 존재한다"(83). '민주적 단절'은 전면 폭동 같은 국가에 대한 '정면 공격' 없이는 불가능하다는 통념은 그릇된 것이라는 주장이다(87).

전략적인 면에서 좌파는 국내 부르주아지와 매판 부르주아지 간의 모순, 따라서 반독재 동맹의 동맹 세력으로서 국내 부르주아지의 역할을 과소평가했다. 또한 이 나라들에서 반독재 민주화 과정은 반제 반독점의 과정으로 전환되고 있지 못한바, 이것은 반독재 투쟁이 국내 부르주아지의 헤게모니하에 진행됐다는 점에 연관이 있다(60). 결국 좌파는 국내 부르주아지를 이중적으로, 즉 동맹 세력(반독재 투쟁에서)으로서, 그리고 동시에 적(반제 반독점과 사회주의 투쟁에서)으로서 과소평가했다는 비판이다.

4) 계급 이론

국가 이외에 풀란차스가 관심을 기울인 주요 주제는 계급 이론이다. 정치에서 핵심 주체가 계급이라는 점을 상기하면, 마르크스주의 정치 이론을 '완성'하려 한 풀란차스가 계급 이론에 각별한 관심을 기울인 것은 어쩌면 당연하다고 하겠다. 풀란차스는《정치권력과 사회계급》에서도 계급 문제에 상당한 지면을 할애하고 있지만, 여기서는 그 뒤 이 논의를 더욱 발전시킨《현대자본주의의 계급들》을 중심으로 풀란차스의 계급 이론을 간략히 살펴보고자 한다.

풀란차스는 계급을 '경제, 정치, 이데올로기라는 구조들 전체의 결과'로 이해하던 초기의 '구조주의적' 계급 이론(PPSC, 67~69)을 벗어나, 재정의된 '생산관계론적' 계급 이론을 제기한다. 계급은 생산관계의 우위 아래에서 "노동과정, 생산력, 그리고 생산관계의 통일체"(CCC, 20)인 "생산과정에서 자신들의 객관적 위치에 의해서만은 아니지만 주로 이것에 의해 정의되는 사회적 행위자들의 집단"(14)이라는 것이다.

여기에서 두 가지가 중요하다. 우선 '순수한' 경제적 측면의 생산관계는 소유(단순한 법적 소유가 아니라 '실질적인 경제적 소유'), 점유, 착취 관계를 포함한다. 이런 생산관계 개념의 엄밀화는 '생산관계=법적 소유' 여부로 세속화시켜 '경영자 혁명'(소유와 경영의 분리)으로 마르크스주의 계급 이론이 논거를 잃었다는 우스꽝스러운 비판[28]을 체계적으로 반비판하게 만들어주는 한편, 소유와 점유의 다양한 결합과 분리 형태가 자본주의의 단계와 국면에 따라 어떻게 변화하는지를 파악할 수 있게 해준다(134~135). 둘째, 생산관계의 '구성'에는 정치적 관계와 이데올로기적 관계가 이미 현존하고 "이미 그 속에 있기" 때문에, 즉 정치와 이데올로기가 경제와 함께 생산관계의 내적 계기이기 때문에, 계급을 규정하는 데서 생산관계에 정치적 관계와 이데올로기적 관계가 첨가되는 것이 아니라 계급의 구조적 규정에 정치와 이데올로기 관계가 구성적 역할을 수행한다(21)[29]는 사실이다. "생산과 착취의 과정은 동시에 정치적이고 이데올로기적인 지배와 종속 관계의 재생산 과정이다"(21).

한편 풀란차스는 '노동 귀족'의 예가 잘 보여주듯이 이런 계급의 '구조적 규정'이 개별 국면, 즉 구체적인 계급투쟁의 상황에서 특정 계급이 실질적으로 취하는 '계급적 입장class position'과 반드시 일치하지는 않으며 이 양자를 구별해야 한다고 주장한다(15~16). 여기에서 개입되는 것은 '계급투쟁'의 중요성이며, "계급은 계급투쟁 속에서만 존재한다"(14)는 발리바르와 궤를 같이하는 주장을 개진한다.[30] 그러나 이런 강조가 반대로 계급적 입장에서 계급적 규정을 거꾸로 읽어내려는 '주의주의적' 해석으로 나아가서는 안 된다(14~15). 결국 풀란차스의 계급 이론에도 '구조'와 '행위' 간의 긴장이 내재해 있다.[31]

이런 이론적 전제에 기초를 두고 풀란차스는 현대 자본주의의 계급에 대한 구체적인 분석을 시도한다. 풀란차스는 우선 현 국면의 독점자본주의와 제국주의를 생산의 국제화에 따른 자본주의적 생산관계의 국제화(38~69), 트러스트 등 경제적 소유의 집중에 따른 (다양한 자본분파간의) 경제적 소유와 점유 간의 분리(124~125) 등으로 파악하고, 이것을 바탕으로 자본가 계급 내부의 모순을 분석한다. 현대 자본주의는 해외 자본 대 국내 자본, 독점자본 대 비독점자본, 독점자본 내의 산업자본과 은행자본 등 다양한 자본분파 간의 모순과 개별 독점체들 간의 모순을 야기한다. 독점자본에 대한 비독점자본의 예속이 심화되고 잉여가치의 상당 부분이 후자에서 전자로 이전되는 등 양자 간의 갈등이 첨예해지고 있다(150). 그러나 착취란 전체 부르주아 대 노동자 계급과 민중 사이에 일어나는 것이기 때문에 독점자본-비독점자본 간의 관계를 착취라고 이야기할 수 없고(150~151), 비독점자본이 지배 계급이 아닌 것으로 봐서도 안 된다(156~164). 산업자본과 은행자본의 융합으로 이야기되는 금융자본 역시 그 구성적 요소인 생산적 자본과 화폐 자본 간의 갈등이 심화되고 있다(130~131).[32] 이런 갈등의 양상과 특정 분파의 주도권 여부는 구체적 상황 분석의 문제다(133).

또한 풀란차스는 앞의 이론틀로 고용 사장, 전문 경영인, 국가 고위 관료

등에 대한 계급 분류를 시도한다. 법적 소유자는 아니지만 실질적인 경제적 소유와 점유에 관련해 일정한 권한을 행사하며, 공장과 기업의 위계적 권위 체계 속에서 생산관계의 내적 계기들인 정치적이고 이데올로기적인 지배—종속 관계에서 자본의 기능을 수행하므로, 고용 사장과 경영인들은 부르주아 계급의 구성원이다(180). 국가 관료의 경우 "사회적 분업, 특히 정치적이고 이데올로기적인 지배—종속 관계의 재생산을 위한 국가의 역할을 작동"하고 있기 때문에 고위 관료는 부르주아 계급에 속하고,[33] 지식노동—육체노동, 결정-집행의 분리 속에서 육체노동과 집행을 담당하는 나머지 중간 그룹은 신프티부르주아지에 속한다(187~189).

풀란차스의 계급 이론에서 극히 논쟁적인 것은 노동자 계급 이론이다. 풀란차스는 서비스 부문의 팽창, 육체노동자의 축소, 화이트칼라 근로자의 증가 등을 둘러싼 서유럽의 계급 논쟁을 비판적으로 고찰하면서[34] 모든 임금 생활자, 나아가 모든 생산적 임금 생활자가 노동자인 것은 아니라는 극히 엄격한, 협의의 노동자 계급 이론을 피력한다(20). 우선 풀란차스는 마르크스의 '생산적-비생산적 노동'의 구분에 기초를 두고 서비스 부문 종사자와 공무원 (국영 기업의 생산적 노동자 제외) 등은 잉여 노동이 수취당하기는 하지만 자본주의적 착취 형태, 즉 '잉여가치'의 형태를 통해 착취당하는 것은 아니므로 노동자 계급이 아니라고 주장한다(209~214). 노동자 계급의 규정에는 이런 경제적 기준만으로는 부족하고 생산관계의 내재적 계기들인 정치적 관계와 이데올로기적 관계가 고려돼야 한다. 사실 프티부르주아지를 규정하는 데서 결정적인 것은 이런 정치적 관계와 이데올로기적 관계들이다(225). 공장의 십장 등은 생산직 노동에 종사하지만, 공장 전제정factory despotism 속에서 노동과정에 대한 감독과 통제를 통해 노동자계급의 잉여가치 추출을 주 기능으로 함으로써 노동자 계급이 아니라 (신)프티부르주아지다(227~228). 이때 지배적인 것은 '정치적 관계'이므로 이런 계급들의 계급적 성격을 이중적인 것으로 파악하는 것도 오류다(228).

이데올로기 관계에서 핵심적인 것은 지식노동–육체노동의 분리다. 프랑스 공산당은 엔지니어, 기술자 등을 '지식 노동자'로서 노동자 계급의 일부로 파악하고 있지만, 이런 관점은 지식, 과학, 테크놀러지를 중립적으로 보는 오류다(231~232). 자본주의의 발달에 따른 직접 생산자와 지식의 분리(240), 지식과 부르주아 이데올로기 간의 관련의 심화(239) 등을 고려할 때, 이 노동자들은 경제적으로는 생산적 노동을 하고 있지만 자본이 지배하는 데 필요한 이데올로기적 관계를 유지하는 데 점점 더 중요한 역할을 담당하므로 노동자 계급이 아니라 신프티부르주아지다(242). 한마디로 신프티부르주아는 지식노동–육체노동의 분리 속에 위치하며(251~252), 교육적 국가장치의 노동력 훈련 과정이 야기하는 이런 분리에 따라 재생산된다(259). 나아가 이런 신프티부르주아지는 생산수단의 소유와 타인 노동의 비착취를 특징으로 하는 구프티부르주아지(285)와 단일한 동일 계급이다(204). 이 둘을 단일 계급으로 묶어주는 것은 둘 다 부르주아지도 프롤레타리아트도 아니라는 사실이다(206). 이것은 단순히 '부정적[negative] 정의'가 아니다. 왜냐하면 문제는 이런 부정적 공통성이 야기하는 정치적이고 이데올로기적인 효과이기 때문이다.

프티부르주아지는 자본주의가 야기하는 '양극화' 속에 위치 지을 때 장기적으로 독자적인 계급적 입장을 갖지 못한다(297). '부르주아지의 길'과 '프롤레타리아트의 길'에 상응하는 제3의 길은 없고, 프티부르주아지의 정치적 입장은 부르주아지와 프롤레타리아트 사이의 세력 관계에 좌우된다(297). 따라서 프티부르주아지의 정치적 입장이 자본주의 단계와 국면, 그리고 구체적인 정세의 한계 속에서 좌우로 동요하는 것은 불가피하다(298).

현대 자본주의 사회에서 좌파의 문제는 객관적 양극화가 '계급적 입장'의 양극화로 나아가지 못했다는 데 있다(332). 농민(소농)은 역사적으로 부르주아지를 지지해왔으므로 노농 동맹은 신화이고, 노동자 계급화한 이들의 자녀들에게 희망을 걸어야 한다. 또한 부르주아지가 '반[反]자본주의적이지만 현상 유지적인 이데올로기를 지닌 구프티부르주아지를 견인하는 데는 성공해왔지만 '반자본주의적이며 개량주의적'인 신프티부르주아지를 견인하는 데는 한계를 드러내왔으므로, 좌파는 신프티부르주아지를 상대로 동맹을 맺어 지구전을 펴야 한다(333~334). 신프티부르주아지의 견인은 프롤레타리아트의 힘이 강할 때만 가능하므로 프롤레타리아트의 힘을 축적해야 한다. 또한 프티부르주아지는 독자적 정치 조직을 갖기 어렵기 때문에 노동자 계급의 계급투쟁 기관을 통해 프티부르주아지들의 이익을 대표해줌으로써 프롤레타리아 헤게모니 아래에 계급 동맹을 추구해야 한다(334~335)는 주장이다.

풀란차스의 계급 이론은 노동자 계급의 정의에 문제가 있고, 기본적으로 '성층론적'이며, 분류론적 계급 이론의 잔재를 지니고 있다는 비판도 받지만,[35] 라이트[E. O. Wright]의 계급 이론 등[36] 현대 계급 이론에 중대한 영향을 끼쳤다.

5) '후기' 풀란차스

풀란차스의 마지막 저서인 《국가, 권력, 사회주의》는 풍부하면서도 도처에 모순이 가득찬 특이한 저작이다.

이 저작에서 풀란차스는 그동안 자신이 펼친 국가 이론에 중요한 수정을 가한다. 즉 토대-상부구조라는 그동안의 범론적汎論的, topological 내지 건축학적 비유나 국가를 상대적으로 자율적인 하나의 층위로 파악하던 '구조주의적' 시각을 벗어나 생산관계에 기초를 둔, 더욱 철저한 '마르크스주의적' 국가 이론을 제시한다.[37] 과거의 층위론적 국가 이론의 경우 경제라는 층위 자체가 정치나 이데올로기의 도움이 없이도 자기 규제와 운동을 하는 자기 완결적 공간으로 파악되고 있지만, 이런 시각은 세칭 '경제의 기초'인 생산관계의 구성과 재생산에 국가와 정치가 이미 현존해 있다는 점에서 오류라는 것이다(SPS, 16~17). 따라서 국가와 정치는 생산관계의 구성과 재생산의 다양한 계기 중의 하나로 재정식화된다(26~27).

이런 재정식화를 바탕으로 풀란차스는 국가의 경제에 대한 비개입으로 특징지어지는 고전적 자본주의, 경제에 대한 국가 개입으로 특징지어지는 현대 자본주의('국독자') 등에 관한 통념은 (경제 속에 이미 내재해 있는 국가의 현존을 인식하지 못한 채) 이미 전제된 경제에 대해 '외부'적인 국가의 '사후적'인 '개입' 내지 '비개입'이라는 그릇된 인식에 이르게 된다고 경고한다(167). 이런 인식은 결국 역사상 국가가 경제에 개입하지 않고, 따라서 국가와 경제의 관계가 외적 관계인 자본주의(즉 자유방임 자본주의)가 존재한다는 환상을 가져다준다는 것이다. 이 경고는 모든 자본주의는 궁극적으로 이런 의미에서 국가자본주의이고 모든 자본가는 국가 자본가라는 '중기' 발리바르의 문제의식의 발본적 심화하고 궤를 같이한다.[38]

이런 '생산관계론적' 국가 이론 덕에 풀란차스는 자본주의 국가의 특수성을 생산관계가 아니라 상품 교환의 교환 관계에 정초시키고 국가-계급투쟁이 아니라 국가-시민사회의 대당에 위치 짓는 파슈카니스[E. Pashukanis], 이탈리아 델라 볼페학파나 독일 일부 '자본논리'파에 대한 비판(50~51)과 현실 사회주의에 대한 독특한 평가를 할 수 있게 된다. 즉 현실 사회주의 사회의 국가와 자본주의 국가의 유사성은 노동자 배제적인 생산관계와 사회적 분업의 유사성에 기인하며, 그 결과가 전자에서 나타난 "생산의 진정한 사회화가 아닌 국가화"이고 그 정치적 표현인 "프롤레타리아에 대한 독재"라는 것이다(51). 또한 거꾸로 소련과 동유럽의 정치권력이 지닌 '전체주의적 특징'은 풀란차스가 '권위주의적 국가주의'라고 표현한 현대 자본주의 국가에서도 발견되는바, 그런 특징은 이른바 '기술 관료적' 측면이 아니라 주로 "생산관계와 사회적 분업의 '자본주의적 측면'에서 연유한 것"이다(207~208). 따라서 "자본주의 국가의 모든 민주적 형태들 그 자체가 전체주의적 경향을 가진다"(209).

후기 풀란차스의 또 다른 특징은 관계적, 특히 '관계-전략적[relational-strategical]' 국가 이론과 권력 이론이다. 풀란차스는 이전 저작에도 이미 나타난 그람시적 요소를 더욱 발전시켜 국가는 자본과 마찬가지로 하나의 (사회적) 관계, 즉 "계급과 계급분파 간의 세력 관계의 특수한 물질적 응집"이라고 주장한다

(129). 다시 말해 사회적 관계의 응집이되 기계적인 반영이 아니라 그 힘의 관계가 국가장치의 제도적 물질성을 통해 반영되는 응집이며, 이 중에서 관계(계급투쟁)가 제도적 측면에 대해 선차성을 갖는다는 것이다(45). 따라서 국가는 그 자체가 계급투쟁의 장^{site}이 되며, 더는 단일 지주적 존재가 아니라 그 속에 모순과 계급투쟁, 지배 계급의 다양한 헤게모니 전략들, 피지배 계급의 현존이 각인된 존재로 이해된다.

문제는 이런 이론화가 국가 권력은 여러 계급이 분점할 수 없는 단일 계급의 권력(국가 권력 통일성 테제)이며 지배 계급의 '도구'(도구주의적 의미가 아니라 과학적 의미의)[39]라는 그동안 풀란차스가 공유해온 마르크스주의적 가정하고 어떤 관계가 있느냐는 것이다. 이 점에 관한 한 풀란차스의 입장은 모순적이다. 풀란차스는 국가가 세력 관계의 응집이고 국가장치 속에 피지배 계급이 저항의 센터를 장악할 수는 있어도 "국가 권력의 통일성 때문에" 국가 권력을 분점할 수는 없다는 종래의 입장을 고수한다(140~142). 나아가 국가 권력의 통일성뿐 아니라 국가장치의 장치적 통일성까지 주장한다(138). 이런 주장은 세력 관계의 변화에 따른 국가 권력의 점진적 장악을 통한 민주적 이행이라는 유로코뮤니즘 전략을 향한 비판이며, 자본주의 국가의 분쇄 테제를 고수한다는 것을 의미한다.

그러나 다른 한편 '민주적 사회주의' 전략론에서 풀란차스는 이탈리아 공산당류의 점진적 국가 권력 장악 이행론과 레닌주의적 이중 권력 전략(국가 밖의 소비에트 권력)을 모두 비판하면서,[40] 자본주의 국가 내에 피지배 계급이 권력의 센터를 장악하는 것이 가능하며 국가 내부의 세력 관계의 변화와 국가의 민주화(국가 밖에서 일어나는 민주화와 국가의 분쇄가 아니라)가 '복수의 실질적 단절'들을 통해 민주적 이행을 가져다줄 수 있다고 주장한다(259). 그러나 풀란차스가 주장하는 질적 단절이 구체적으로 무엇이며, 그 단절이 유로코뮤니즘하고 구체적으로 어떻게 다른지는 설명되지 않고 남아 있다. 또한 그 질적 단절까지는 국가 권력이 세력 관계의 변화에도 불구하고 지배 계급의 권력이다가 단절 이후에는 피지배 계급의 민중 권력으로 된다고 볼 수도 있다는 점에서 이 주장 자체가 국가 권력 통일성 테제의 폐기는 아닐 수 있으며, 이 점에 관한 풀란차스의 입장이 정확히 무엇인지는 불분명하다. 어쨌든 이 속에서 레닌주의적 전통과 유로코뮤니즘 좌파, 오스트로마르크스주의의 전통 사이의 긴장과 모순을 읽을 수 있으며, 풀란차스의 고민을 생생히 느낄 수 있다.

풀란차스는 또한 마르크스주의의 위기를 돌파하기 위해서는 언어학과 정신분석학, 푸코의 권력론의 도움이 필요하다는 전제 아래[41] 푸코의 지식과 권력관계에 초점을 둔 정치 이론에 주목한다. 풀란차스는 '지식=권력'이라는 푸코의 테제를 적극 수용하되 지식과 권력의 문제를 어떻게 보면 '진부한 시각'에서, 그러나 또 다르게 생각하면 한층 '발본적인 시각'에서 지식노동과 육체노동 간의 자본주의적 분업 속에 위치시킨다. 지식노동과 육체노동의 분리 속에서 후자는 민중 속에 집중되는 반면 전자(지식-권력)는 자본주의 국가(과학자-국가) 속에 물질화된다(56). 그러나 풀란차스는 푸코의 (자신과 유사한) 권력에 대한 '관계-전략적' 이론화와 지식-권력론을 적극 수용하면서도 푸코의 마르크스주의적 비판에 대해 반비판을 가하는 한편, 마르크스주의적 원칙에 기초해 세칭 포스트주의적 문제의식을 끌어안으려는 시도를 한다.

우선 풀란차스는 푸코의 마르크스주의 비판의 두 가지 핵심 주장이 '무지'와 '오해'의 산물이라는 점을 정확히 지적한다. 첫째, 마르크스주의가 정치와 권력의 문제를 국가의 문제로 환원하는 '국가주의적' 시각에 빠져 있다고 푸코는 비판한다.[42] 이런 비판은 푸코가 국가를 (최소한 속류 마르크스주의가 아닌) 마르크스주의와 달리 극히 협의의 법적 정의에 따라 아주 세속으로 이해하고 있다는 점에 크게 기인하며, 더 나아가 마르크스주의가 그토록 강조해온 것이 생산관계 그 자체가 권력 현상이자 계급 권력의 핵심적 기초라는 사실을 망각한, '허상의 마르크스주의'에 대한 비판일 뿐이라는 반비판(36~37)이다. 둘째, 마르크스주의가 경제를 중립적인 생산 기술의 문제로 당연시함으로써 "권력관계를 …… 경제 과정과 외재적 위치"에 있는 것으로 파악하고 있다는 푸코와 질 들뢰즈^{Gilles Deleuze}의 비판(나중에 라클라우와 무페 등 포스트마르크스주의자들이 반복하는) 역시 마르크스주의에서 "경제 과정 자체가 계급 투쟁이고, 따라서 권력관계"(36)라는 점에 무지한 결과라는 것이다. 또한 마르크스주의에서 "그 구성 요소가 개인들인 사회 모델은 계약과 교환의 추상적, 법적 형태에서 빌려온 것이라고 말해지며, 이 모델에 따르면 상품 생산 사회가 고립된 법적 주체의 계약적 연합으로 표상된다"[43]고 전제해놓고 시작되는 마르크스주의의 경제결정론에 대한 푸코의 비판은 자본주의 사회를 착취와 생산관계가 아니라 교환과 유통 관계에 기초를 둔 상품 생산 사회로 '오해'한 데 기인한 것이라는 비판이다(68~69).

결국 풀란차스는 "계급 분열이 권력 구성의 유일한 지반이 아니"(43)며, "권력을 국가와 동일시하거나 국가로 환원시킬 수 없기"(35) 때문에 과거 마르크스주의에서 일정하게 나타난 사회적 적대와 계급환원론적 시각과 권력과 정치의 국가환원론적 시각도 문제지만 푸코 등에서 특징적으로 나타나는 계급 관계의 중심성의 부정과 "국가에서 미시권력의 다원주의"(44)로 나아가는 중심의 이동 역시 "계급과 계급투쟁의 중요성을 과소평가하고 국가의 중심적 역할을 무시"(44)하는 오류라고 지적한다.[44] 풀란차스는 푸코나 해체주의가 주장하고 있는 총체적 전략의 부정과 단일 이슈 위주의 고립 분산적 '미시 저항들^{micro-revolts}'의 각개약진 전략이 현실 설명이라는 이론 면에서도 오류고, 현실 극복이라는 실천 면에서도 문제가 있다고 비판한다. 따라서 풀란차스가 시사하고 있는 것은 위의 양 편향을 극복하고 사회적 관계에서 계급 관계의 중심성을 고수하면서 이것으로 환원될 수 없는 다른 사회적 적대들을 계급 관계에 접합시키는 한편 정치에서 국가의 중심성을 지키면서 '국가 외적 정치(일상성의 정치 등)'를 통합시키려는 이론적 프로젝트, 즉 자신이 미완의 상태로 남겨놓은 프로젝트다.

풀란차스는 이렇게 푸코가 권력을 그 물질성 위에 제대로 위치 짓지 못했기 때문에 권력이 있는 곳에 저항이 있다는 푸코의 테제[45] 역시 다만 원칙의 순수한 확인과 인사치레일 뿐 공허한 주장이라고 비판한다(149). 즉 권력이 있는 곳에는 "왜 항상 저항이 있어야 하는지? 저항은 어디에서 나오고 어떻게 그것이 가능한지"(149)를 밝히지 못함으로써 저항의 '기반'을 제공하는 데 실패하고 말았다는 것이다(79, 150).

이 밖에 풀란차스는 푸코의 규율discipline과 '정상화normalization'에 대한 강조는 그동안 간과돼온 권력 기술의 한 측면을 부각시킨 장점이 있는 반면, 동의와 물리적 폭력의 중요성을 경시함으로써 "현대 권력과 지배가 더는 물리적 폭력에 기초를 두지 않는다"는 환상을 불러일으키고 있다고 비판한다(79~80). 그 결과가 바로 국가의 역할, 특히 억압적 국가장치와 법의 역할을 무시하는 것이다(77). 또한 권력을 생산관계가 아니라 '파놉티시즘Panopticism'(사방을 감시할 수 있는 감옥) 같은 탈역사적인 '추상적 기제'에 위치 짓는 푸코의 이론화는 관념론이자 구조주의에서 흔히 볼 수 있는 '신기능주의'라는 비판이다(68).

한편 풀란차스는 알튀세르에 대해서도 일정한 비판을 가한다. 알튀세르의 국가와 권력의 개념화는 "억압-금지와 이데올로기-은폐"라는 국가의 부정적 기능만을 주목하고 있을 뿐 "국가는 동시에 현실을 창조하고, 변혁시키고 만들어냄으로써 긍정적 방식으로도 기능한다"(30, 강조는 원저자)는 점을 간과하고 있다는 것이다. 그러나 권력은 부정적일 뿐 아니라 창조적이고 긍정적이라는 푸코의 권력론[46]에 기초를 둔 이 비판은 알튀세르의 이데올로기적 국가장치론이 이데올로기를 은폐라는 부정적 측면만으로 이해하는 것이 결코 아니라는 점에서 빗나간 비판이라는 느낌이 든다.

후기 풀란차스의 또 다른 주요 관심사는 현대 자본주의와 현대 자본주의 국가, 특히 후자에 관한 새로운 이론화다. 우선 현대 자본주의를 분석하는 문제에서 풀란차스는 종전의 입장과 달리 정통 좌파의 국가독점자본주의론에 상당히 수렴하고 있다. 풀란차스는 이제 "현재의 국가는 자유주의적 국가와 독점자본주의의 이전 국면과 질적으로 다르며"(166), 과거의 국가의 경우 국가의 '경제적 기능'이 다른 기능에 종속적이었던 반면 이제는 그 기능이 지배적 기능이 됐다고 지적한다(167). 또한 이런 현상은 착취에 대한 저항의 표현인 이윤율 저하 경향에 대한 반경향을 도입하는 노력으로서, 주된 것으로는 고정자본의 '가치 잠식'과 착취율의 제고 등을 들 수 있다는 것이다(173~174). 비독점자본까지를 포괄하는 정통 좌파의 반독점 전략에 대한 풀란차스의 비판 역시 상당히 완화되고 있다. 국가의 '경제 개입'과 이런 개입에 따른 '경제의 정치화'의 결과, 부르주아지와 프티부르주아지 간의 동맹이 의문시되고 있으며 (211), 비독점자본은 과거하고 다르게 종종 독자적 사회 세력으로 기능할 뿐만 아니라 독점자본과 갈등이 심화돼 종종 독점자본을 견제하기 위해 민중 계급의 지지를 추구하기도 하며(CCC, 148), 비독점자본과 민중의 연대를 위한 객관적 장이 확대되고 있다(211)는 것이다. 그러나 그럼에도 불구하고, 비독점자본은 아직도 권력블록의 일부이며 현대 자본주의 국가는 독점자본이 아니라 "전체 부르주아지의 장기적인 정치 이익을 대표"하기 때문에 '국가=독점자본의 국가'로 파악하는 국독자론은 잘못된 것이라는 입장을 고수한다(128). 또한 자본주의 국가는 권력블록의 특정 분파에서 상대적 자율성을 지니기 때문에 국독자론의 융합 테제는 이런 자율성을 무시한 도구주의적 국가 이론에 기초를 둔 그릇된 이론화라는 것이다(129). 또한 국독자론이 대안으로 제시하는 국유화론, 그리고 보카라류의 국독자론에서 나타나는 자본주의하의 국가 소유를 '사회주의적'인 요소로 파악하는 경향은 잘못이며, 진정한 대안은 현실 사회주의 사회의 경험 등과 달리 국유화가 아니라 생산관계와 국가 권력의 성격 자체의 근본적 변화를 동반하는 '실질적 사회화'라고 주장한다(175).

주목할 만한 것은 풀란차스가 '권위주의적 국가주의Authoritarian Statism'로 명명한 현대 자본주의 국가의 국가성격론이다. 권위주의적 국가주의란 (신보수주의 등으로 상징되는) 1970년대 말 복지국가와 사회민주주의적 계급 타협의 위기 속에 선진 자본주의 국가 일반에서 나타난 반동적 경향에 관한 풀란차스 나름의 이론화로, "정치적 민주주의의 급격한 후퇴와 세칭 '형식적' 자유의 다양한 형태의 가혹한 축소에 결합된 사회생활과 경제생활의 모든 영역에 대한 국가 통제의 강화"(203)를 특징으로 한다. 이 밖에 이 국가는 입법부에서 행정부로 권력 중심의 이동, 삼권 분립의 약화와 권력의 행정부 집중, 정당의 퇴화와 관료제의 부상, 국가의 공식 조직과 공존하는 제2의 유사 권력망의 성장 등으로 특징지어진다. 이런 현상은 일시적이 아니라 제국주의와 독점자본주의의 현 국면, 특히 이 국면에서 생산관계와 사회적 분업의 변화, 여기에 관련된 구조적 경제위기와 정치적 위기에 상응하는 경향이며, 대의제 민주주의가 자본주의 국가형태로서 이제는 뒤처진 현실을 의미한다는 것이다(204~206).

그러나 이런 국가는 일부 좌파 이론가들이 주장하듯이 '새로운 파시즘'도 아니고, 나아가 새로운 형태의 '예외국가'도 아니며, "현재의 자본주의 국면의 부르주아 공화국의 새로운 '민주적' 형태"(209)다. 사실 이 국가형태는 자본주의 역사상 처음으로 전체주의적 요소가 공식 국가와 평행하며 항시적 구조 속에 그 유기적 특성이 응집돼 나타나는 정치체제라는 것이다(210). 이 점에서 이 국가형태는 파시즘보다 나은 점도 있지만, 오히려 더욱 위험하고 못한 점도 적지 않다. 어쨌든 풀란차스는 국가 개입의 전면화가 야기하는 경제적 이슈와 사회적 이슈의 '정치화', 여기에 따른 '민중투쟁의 정치화'를 유발한다는 점에서 사회주의를 향한 민주적 이행의 새로운 객관적 가능성을 열어주고 있다고 분석한다(206).

여기에서 노동자 계급의 중심성, 당의 역할, 신사회운동 등 복합적 문제들이 얽혀 있는 후기 풀란차스의 이행 전략 문제를 짚고 넘어갈 필요가 있다. 앞에서 언급한 바 있는 풀란차스의 '민주적 사회주의론'의 두드러진 특징은 '혁명 후' 사회에서 대의제 민주주의를 직접민주주의로 교체한다는 정통 마르크스주의의 테제를 부정하고 오스트로마르크스주의의 전통에서 양자 간의 결합을 추구한다는 것이다(263). 문제는 '혁명 후' 사회 구상이 아니라 '이행 전략'으로서 풀란차스의 '민주적 사회주의론'의 특징이 무엇이냐는 것이다. 그 특징은 국가 (내에서의 국가) 자체의 민주화 투쟁과 국가 밖에서의 민주화 투쟁의 병행이지만, 정통적 마르크스주의 역시 이 양자의 필요성을 부인하지는 않는다는 점에서 그것 자체는 풀란차스의 특징일 수 없다. 다만 독특한 것은 민중이 국가 내에서 권력의 센터를 장악할 수도 있고 국가 분쇄를 거치지 않고도 복수의 '진정한 질적 단절들'(258)을 통해 국가성격의 변혁이 가능하다는 것인데, 이런 주장의 모호성과 모순성은 이미 앞에서 지적한 바 있다. 또한 풀란차스의 '민주적 사회주의론'이 이탈리아 공산당류의 선거에 의한 의회주의적 이행을 의미하지 않는다고 스스로 밝히고 있으므로(259), 이런 주장은 아닐 것이다. 그렇다면 결국 남은 것은 흔히 사용돼온 잘못된 의미, 즉 '평화적' 이행이라는 의미의 '민주적' 사회주의론일 것이다('민주적'이라는 개념과 '평화적'이라는 개념은 두 개의 다른 개념이다). 그러나 이 문제에 대해서도 풀란차스는 "혁명가로서 무장투쟁에 원칙적으로 반대하지 않지만 폭력에 의존하지 않고 해내는 것이 …… 폭력을 사용하는 것보다 낫다"[47]는 식으로 정통적 입장과 별 차이를 보이지 않고 있다.

그러나 풀란차스는 《국가, 권력, 사회주의》 이후에 쓴 짧은 글들과 인터뷰에서 여러 문제들에 한층 근본적 의문을 제기한다. 풀란차스는 종전의 입장과 달리 '신사회운동'으로 불리는 생산 현장 밖의 다양한 사회적 문제들이 지니는 자율성과 중요성에 주목하며, 이런 문제들을 수용하는 데서 정당이라는 조직 형태가 갖는 한계와 여기에서 연유한 '정당의 위기'에 관심을 기울인다.[48] 따라서 '민주적 사회주의'를 향한 투쟁은 《국가, 권력, 사회주의》만 해도 신사회운동이 주목하는 비계급 문제들이 계급 문제로 환원될 수 없다고는 하지만 매개를 거쳐 궁극적으로는 계급 관계로 표현되며 여기에 궁극적으로 정치적 의미를 부여하는 것은 계급 권력이라는 주장(43~44)에서 나아가 비계급 세력과 신사회운동의 자율적 역할을 강조하는 다계급적이고 다정당적인 성격의 한층 복잡한 '민족-민중적' 연합 전략으로 제시된다.[49] 풀란차스는 또한 마지막 인터뷰에서는 혁명 과정에서 전위당의 중심 역할을 부정할 뿐 아니라 노동자 계급의 헤게모니에도 근본적인 의문을 제기한다.[50]

4. 맺음말

위에서 본 대로 풀란차스, 특히 후기 풀란차스는 정치와 국가, 토대(생산관계)-상부구조(국가) 대 국가-시민사회의 대당, 거대 권력과 미시 권력, 다양한 사회적 '적대'들과 계급적 '적대', 노동조합과 정당을 중심으로 한 전통적인 계급 운동과 신사회운동, 대의제 민주주의와 직접민주주의 간의 관계 등 이른바 포스트마르크스주의 논쟁 등의 형태로 '사회변혁적' 정치 이론에서 현재 쟁점이 되고 있는 주제들에 관해 일찍이 독자적인 이론화를 시도했다. 이 쟁점들에 대해 풀란차스는 정치를 국가의 문제로 치환하는 '국가주의'적 정치관, 사회적 적대를 계급의 문제로 환원하는 '계급환원론' 등 전통적 마르크스주의에 내재해 있던 일정한 편향에 대해 비판을 가하면서도 거꾸로 모든 것을 상대화하고 해체해버리려는 '해체주의적' 정치 이론에 대해서도 맹렬히 저항했다. 결국 국가, 계급, 계급 정치의 중심성을 전제로 해 세칭 '포스트마르크스주의적' 문제의식을 마르크스주의 정치 이론에 통합하려 한 풀란차스의 노력은 많은 내적 긴장과 모순을 안은 채 미완의 프로젝트로 끝나고 말았다. 또한 마지막 인터뷰 등에서 나타나는 여러 문제 제기들을 고려할 때 풀란차스는 '마르크스주의의 벼랑'에 서 있었으며, '때 이른 죽음'이 아니었으면 풀란차스의 이론이 어떤 방향으로 나갔을지는 쉽게 예측할 수 없는 일인지도 모른다.

한쪽에서는 정치의 상대적 자율화를 통해 정치의 '절대적 자율화'로 넘어가는 초석을 닦아주는 등 포스트마르크스주의를 가능하게 해준 '원흉'의 하나로 비판하고,[51] 다른 한쪽에서는 끝까지 "고전적 마르크스주의 정치경제학의 함정 속에 갇혀 있"[52]은 탓에 이것을 버리면 가능했을 많은 이론적 발전들을 실현하지 못한 '여전히 지나치게 마르크스주의적'인 이론가라고 비판하는 등 풀란차스는 상반된 평가를 받고 있다.

이 중 현 정세에서 특히 문제가 되는 점은 후자의 평가일 것이다. 이 평가처럼 당시 이미 서유럽 학계를 휩쓴 '마르크스주의의 위기'라는 유행 속에서 '외로운 소수'로 생산관계와 사회적 분업의 중심성 등을 미련스럽게 고수한 고집은 득보다 실이 큰 '풀란차스의 비극'이었을까? 이 문제에 대해서는 많은 논란이 가능하지만, 어떤 형태의 사회주의건 그것이 또 하나의 '급진적 자유주의'가 아니라 '임금노예'의 폐절을 통한 노동 해방과 인간 해방을 의미한다면, 이런 원칙의 고수가 그 대안인 해체와 '절대적 상대주의'에 따른 고립 분산적인 단일 의제 위주의 저항의 산개보다 과연 실이 큰 걸까?

이런 문제의식에서 볼 때, 미완으로 끝난 풀란차스의 종착점은 마르크스의 정치 이론이 시작해야 하는 출발점이라고 볼 수 있다.

7장

밥 제솝의 '전략-관계적' 국가론
마르크스주의 국가론의 최후의 보루?*

1. 여는 글

과학주의의 영향 아래 정치학에서 추방된 국가론은 서구 신좌파의 도움을 받아 복권돼 '국가론의 르네상스'를 구가한 바 있다. 그러나 이런 '영화'도 잠시뿐, 국가론은 서구 학계에서도 한국 학계에서도 더는 '인기 산업'이 아니다. 국가론은 이제 넓게는 현대 사회과학, 좁게는 현대 정치학의 중심적 관심사라는 지위를 누리지 못하고 있으며, 국가론에 관심을 갖고 있는 경우도 이론적 교착 상태에서 새롭고 획기적인 돌파가 실행되지 못하고 있는 실정이다.

현존 학자 중 가장 '선진적인' 국가론 이론가의 한 명이라 할 수 있는 영국의 사회학자 밥 제솝Bob Jessop은 이런 현대 국가론의 역사를 '비극'으로 끝난 1970년대의 좌파 국가론과 '희극'으로 입증된 1980년대의 '국가 중심적' 국가론으로 특징지었다(Jessop 1990a, 2).[1] 이 글의 목적은 이런 국가론의 현상태를 극복하고 이론의 새로운 지평을 열기 위해 밥 제솝이 최근 들어 의욕적으로 체

✱ 손호철, 〈밥 제솝의 '전략-관계적' 국가론 — 맑스주의 국가론의 최후의 보루?〉, 《근대와 탈근대의 정치학》, 문화과학사, 2002를 수정하고 보완했다.

계화하고 있는 '전략-관계적strategic relational' 국가론을 요약하고 소개한 뒤 비판적으로 평가하는 데 있다.[2] 다만 전략-관계적 국가론이 조절이론을 구체적인 분석틀로 사용하고 있는데다가 영국 '사회주의경제학자회의CSE·Conference on Socialist Economists' 그룹과 벌이는 논쟁을 통해 이론을 발전시키고 있지만, 이번 국가론 연구 프로젝트의 다른 논문[3]들과 중복을 피하기 위해 가능하면 그 부분은 최소화하고 '전략관계론'이라는 측면에 초점을 맞추려 한다.

2. 형성사

제솝의 전략-관계적 국가론의 형성사는 두 가지 측면에서 접근될 수 있다. 하나는 제솝 자신의 이론적 발전 과정에 대한 추적이고, 또 다른 하나는 전략-관계적 국가론이 빚지고 있는 다양한 이론적 전통에 대한 추적이다.

제솝의 국가론의 이론적 발전 과정은 ① 마르크스주의 국가론의 '본질주의'와 '환원주의'에 반대해 국가를 단순히 제도의 총체로 이해한 '제도주의 시기'(1977~1982), ② 이런 이해에 기초해 국가를 사회적 관계이자 전략으로 파악하기 시작한 '전략관계론 시기'(1983~1986), ③ 조절이론의 도입에 따라 전략관계론에 구체적인 내용을 채워가는 '조절이론 시기'(1987~)로 나뉜다고 볼 수 있다.[4] 한편 제솝은 자신의 국가론을 1980년대 초에는 '제도적'이며 '정세적, 관계적conjunctural, relational' 국가론이라고(1982, 259; 1990a, 206), 1980년대 중반에는 '전략 이론적strategic theoretical' 국가론이라고(1985, 343) 각각 명명했다.[5] 그러나 '전략 이론적'보다는 '전략-관계적'이라는 표현이 제솝의 국가론에 대한 좀더 정확한 성격 규정이라는 한 제자의 제언[6]에 동의, 그 뒤에는 이런 명칭을 채택하고 있다(1990a; 1991c). 이 문제에 관련해 짚고 넘어갈 것은 전략-관계적 국가론의 이론적 위상, 특히 마르크스주의와 맺는 관계다. 제솝은 자신의 국가론이 담화 이론 등 서구 좌파의 '포스트마르크스주의'와 준별되는 마르크스주의, 특히 '비판적 마르크스주의'라고 주장해왔지만(1990a, 4), 최근에는 자신의 국가론을 담화 이론, 조절이론과 함께 포스트마르크스주의적 이론으로 규정함으로써 마르크스주의와 일정한 거리를 유지하고 있다(1991c, xiv~xv).

한편 제솝의 전략-관계적 국가론이 다양한 현대 사회과학의 이론적 성과들을 창조적으로 종합한 '건설적 절충주의'에 입각해 있다는 점에서 이 이론이 빚지고 있는 중요한 이론적 전통들을 살펴볼 필요가 있다.

우선 과학철학에서 이 이론은 경험주의와 기능주의, 방법론적 개인주의와 구조주의 등 여러 사회과학 이론이 지닌 문제점을 극복하기 위해 로이 바스카와 데릭 세이어 등이 주장한 '비판적 실재론critical realism'을 채택한다.[7] 따라서 인과적 설명이란 단순한 실제 결과나 경험적 지표를 제시하는 정도로 부족하며 이런 결과에 이르는 인과적 메커니즘을 제시해야 한다고 주장된다.

전략관계론이 빚지고 있는 또 다른 방법론은 '구조-행위'의 이분법을 극복하기 위한 앤서니 기든스의 '구조화structuration' 이론과 '이중의 해석학double hermeneutics'이다.[8] 국가론에 관련된 이론적 전통으로는 우선 '자본논리학파'의 '가치형태value form'론적 접근을 들 수 있다.[9] 가치형태론이 하나의 형태 규정으로서 (자본주의) 국가라는 기본적인 인식틀을 제공한다면, 정작 이 이론의 골격을 구성하는 것은 '관계적' 접근과 '전략적 접근'이다. 이런 관계적이고 전략적인 방법론의 중심에 놓여 있는 선구자는 '후기' 풀란차스지만, 이론적 전통은 좀더 복잡하다.[10] 관계적 접근은 자본이 물thing이 아니라 관계라는 마르크스의 분석[11]에 연원하며, 국가는 지배 계급과 피지배 계급의 이익 사이의 "불안정한 평형 상태"라는 안토니오 그람시[12]를 거쳐 계급과 계급분파 사이의 세력 관계의 응집으로서 국가라는 니코스 풀란차스Nicos Poulantzas[13]의 인식을 발전시킨 것이다. 제솝의 국가론에서 상대적으로 가장 독창적이라고 볼 수 있는 '전략으로서의 국가'라는 사고 역시 그람시에서 시작해 풀란차스[14]에서 이미 발전된 것으로, 특히 '권력=전략'이라는 미셸 푸코의 이론화[15]에 많은 빚을 지고 있다. 푸코, 데리다, 라클라우/무페로 이어지는 담론 이론도 전략관계론을 이론적으로 구성하고 있다.[16] 이 밖에 사회를 구성하는 국가와 경제 관계의 동태적 분석에서는 '구조적 결합structural coupling', '상호진화co-evolution' 등 급진적 체계 이론('자기생산 이론')까지 동원되고 있다.[17] 마지막으로 이런 국가론의 구체적인 내용은 최근 들어 정치경제학의 새로운 패러다임으로 부상하는 조절 이론의 이론적 자원들에 크게 의존하고 있다.

3. 전략-관계적 국가론 ─ 요약

제솝의 국가론 '재정식화'의 출발점은 "구체적인 것은 그것이 다양한 규정들의 종합, 즉 잡다한 것들의 결합이기 때문에 구체적이다"는 마르크스의 방법론적 지침[18]이다. 따라서 "'현실적-구체적' 현상은 즉자적으로 파악될 수 없으며 '다면적 규정의 복잡한 종합'으로서 사고 속에서 재구성되지 않으면 안"되는바(1982, 23), "하나의 '현실적-구체적' 대상으로서의 국가는 다수 규정들의 복합적 종합이다"(1982, 137). 그 결과 "국가 일반의 통일적이며 수미일관한 국가론을 확립하는 것은 불가능"(1982, 28)하며, 계급성같이 "단일한 인과 원칙에 기초해 주어진 정세의 특정한 국가를 설명하려는 노력은 …… 환원주의와 본질주의에 빠지게 된다"(1982, 29)는 비판에 이르게 된다. 비환원론적이고 비본질주의적인 국가론은 "단일한 분석 지평에서 펼쳐지는 추상에서 구체로 나아가는 운동과 다양한 분석 지평에서 도출되는 규정들의 결합(단순에서 복잡으로 나아가는 운동 ─ 인용자) 양자를"(1982, 213) 필요로 하며, "특정 정세의 '우발적 필연성contingent necessity'과 그 결과들을 정세의 다양한 결정 요인이라는 측면에서 설명하려 노력해야 한다"(1982, 212). 이를테면 현대 국가가 단순히 계급 국가일 뿐 아니라 여성을 억압하는 가부장적 국가이기도 하기 때문에, 계급이라는 단일 지평에서 추상에서 구체로 나아가는 운동으로 파악하는 것으로는 충분하지 않고 젠더라는 또 다른 지평에 대한 분석이 필요하다. 그리고 이런 다양한 분석 지평의 종합이 추상에서 구체로 나아가는 운동과 분리되는, 단순에서 복잡으로 나아가는 운동이다. 이런 문제의식은 최근 자연과학에서도 새롭게 부상하고 있는 '복잡성 이론'에 관련해, 현대 국가를 이해하는 과정에서 전통적 마르크스주의가 저질러온 계급환원론을 극복할 수 있는 중요한 이론적 출발점을 제공한다. 여기에서 짚어야 할 문제는 우발적 필연성이라는 독특한 개념이다. 얼핏 보면 언어 모순처럼 보이는 우발적 필연성이란 "다양한 인과적 연쇄들의 상호작용이 특정한 결과를 초래하는 반면(필연성 — 인용자), 이런 인과적 연쇄가 작동하는 방식을 예측할 수 있는 단일 이론은 존재하지 않는다"(우발성 — 인용자)는 것을 지칭한다(1982, 212; 1990a, 12~13).[19] 쉽게 말해 모든 현상은 그 원인이 복잡하기는 하지만 인과적 관계에 의해 발생한다는 점에서 인과론적으로 필연성을 가지며, 이것을 계급 이론, 페미니즘 이론 등 단일 이론으로 인식할 수는 없다는 점에서 이론의 입장에서 보면 우발적인 것으로 보인다는 이야기다. 따라서 과학적인 국가론은 다양한 규정에 대한 '접합articulation의 방법', 즉 다양한 규정을 설명할 수 있는 다양한 이론들의 접합이라는 방법에 의해 마련돼야 한다(1982, 213; 1990a, 11).

이런 방법론적 입론에 기초해 제솝이 대안적으로 제시하는 전략-관계적 국가론은 제솝이 기존의 국가론 중 가장 건설적이라고 생각하는 '국가도출론'을 출발점으로 삼는다.[20] 국가도출론에 따르면 자본주의 생산양식은 생산자가 생산수단에서 분리돼 있어 잉여의 수취에 경제 외적 강제가 직접적으로 불필요하고 '가치형태'를 취한다는 고유한 특성에 기초해 정치와 경제가 생산관계를 구성하는 다른 계기 내지 측면에 불과함에도 불구하고 각각 분리된 공간의 형태를 취하고 있으며, 국가 역시 '시민사회의 곁과 밖'에 존재하는 형태, 경제에서 제도적으로 분리된 형태를 취하고 있다는 것이다.[21] 이런 이론화는 경제에서 제도적으로 분리된 실체로서 국가라는 자본주의 국가의 종별적 특성을 그 생산양식적 특성에 관련해 체계적으로 파악하도록 하는 데 도움을 주면서 동시에 마르크스의 유명한 〈정치경제학 비판 서문〉부터 초기 풀란차스 같은 구조주의적 마르크스에 이르기까지 광범위하게 퍼져 있던 토대-상부구조론이라는 위상학적 사고를 벗어날 수 있게 해준다. 다시 말해 후기 풀란차스가 자기비판을 통해 밝힌 대로 토대-상부구조라는 위상학적 사고, 이것에 기초해 자본주의 국가는 토대의 규정을 받지만 상대적 자율성을 갖는다고 보는 전통적인 사고는 경제를 국가의 개입 없이 자기 재생산을 할 수 있는 폐쇄적 공간으로 상정하고 국가가 이런 경제에 사후적으로 개입하는 것처럼 사고함으로써 국가가 이미 생산관계 속에 개입해서 내재해 있으며 이 점에서 정치는 생산관계의 내재적 계기의 하나일 뿐이라는 사실을 생각하지 못하게 해온 반면, 국가도출론은 《자본》의 부제인 '정치경제학 비판'이 상징적으로 보여주고 있는 이런 마르크스의 문제의식을 다시 살려낸 것이다.

그러나 국가도출론의 문제는 "이런 국가의 구조적 특성들이 항상 자본가의 이익을 우선시하게 한다고 가정하는 것이다."[22] 다시 말해 국가도출론이 생산이 단순한 경제적 생산이 아니라 생산의 '사회적 조건의 생산'이기도 하다는 점에서 정치를 생산관계의 내재적 계기로 보고, 나아가 이런 생산관계의 생산을 자본 스스로 해결할 수 없기 때문에 국가라는 분리된 제도를 필요로 하게 된다고 본 것까지는 옳지만, 여기에서 한발 더 나아가 이런 제도적 분리가 국가로 하여금 자본가의 이익을 위해 봉사하는 관념적 총자본으로 기능하게 만든다고 보는 데 대해서는 기능주의라고 비판한다. 정반대로, 국가를 관념적 총자본으로 상정하는 국가도출론의 가정과 달리 자본주의 국가의 "이런 (경제에서 분리된, 특수화된 — 인용자) 형태 그 자체가 자본을 위한 국가의 기능성을 문제시하게 한다"(1990a, 358; 1985, 351). 더 구체적으로 국가의 "제도적 분리는 명백히 국가의 활동과 자본의 필요 사이의 탈구^{dislocation}를 가능하게 한다"(1990a, 206). 따라서 "국가형태가 반드시 자본가의 이익을 선호한다고 가정할 하등의 이유가 없다"[23]는 것이다. 다시 말해 국가도출론은 국가가 경제에서 제도적으로 분리된 것을 국가가 총자본적으로 기능하는 논거로 이해한 반면, 제솝은 이런 분리를 국가의 활동이 자본의 요구에서 분리될 수 있는 논거로 이해하고 있다.

이런 문제의식에 기초해 제솝은 국가를 그 자체로는 권력을 행사할 수 없는 단순한 '제도의 총화'로 재정의하는 한편, 그 권력은 선험적으로 자본주의적인 것이 아니라 "주어진 정세에서 그것이 자본 축적에 필요한 조건들을 창출하고 유지하고 복원시키는 한 자본주의적이고, 그렇지 못하는 한 비자본주의적"(1982, 221)이라는 입장을 피력한다. 결론적으로 "우리는 가치형태의 복잡한 지맥에 의존하지 않고 자본주의의 역사적 특수성을 이해할 수 없지만, 가치형태 그 자체가 자본 축적의 경로를 전적으로 결정하지 않"(1990a, 197)고, "가치형태에 의해 정해진 모형母型, matrix 내에 자본주의적 발전의 리듬과 경로의 실질적인 편차의 여지가 존재"(1990a, 198)한다는 점에서 "가치형태와 국가형태는 미결정적이며 전략(이라는 개념 ─ 인용자)에 의해 보완돼야 하는데, 전략은 그것이 없을 경우 형식적 통일성에 머물러 있을 대상에 일정한 내용적 일관성을 부여해준다"(1990a, 197).

한편 이런 (경제에서 분리된, 특수화된) 국가형태는 자본주의 국가 분석의 가장 추상적인 규정으로 작동하지만, 좀더 구체적인 수준에서 형태로서의 국가state-as-form 규정은 대의 제도의 형태, 국가 개입의 형태, 국가 내부 조직의 형태라는 3가지 측면으로 구성돼 있다(1990a, 207). 이 세 측면은 자본의 지배를 매개하는 데에서 핵심적이므로 이 측면들을 국가의 추상화의 위계성(국가유형, 국가형태, 레짐유형 등)에 따라 구체 분석하는 일이 구체적인 자본주의 국가를 분석하는 데 필요하다는 것이다. 쉽게 말해, 이를테면 대의 제도의 형태가 코포라티즘적이냐 의회주의적이냐에 따라 동일한 자본주의 국가도 자본의 지배를 매개하는 과정에서 구체적 정책과 효율성이 다르게 나타날 수밖에 없다는 주장이다.

'국가=전략'이라는 '전략적' 이론화 역시 전략-관계적 국가론의 핵심적 내용이다. 이것은 권력관계는 "의도적이되 비주관적"이며 특정한 목표가 없이 행사되는 권력은 없다는 의미에서 전략적이라는 푸코의 권력론[24]과 국가는

"교차하는 권력망의 전략적 지형"이라는 '후기' 풀란차스의 국가론[25]에 기초하고 있다. 특히 여기에서 중요한 것은 후기 풀란차스의 국가론이다. 풀란차스는 자신의 초기 국가론이 가지고 있던 구조기능주의적 결점, 즉 국가가 어떤 정책이 자본에 바람직한 총자본적 정책인 줄 어떻게 알고 정책을 실행하느냐는 반론에 대해, 이런 정책이 선험적으로 만들어지는 것이 아니라 다양한 전략들이 국가라는 전략적 지형을 통과하며 국가 속에 내장된 구조적 선택성에 의해 여과돼 결과적으로 총자본적 정책이 생겨난다는 전략적 지형으로서의 국가 개념을 발전시켰다.

이런 전통에 기초해 제솝은 국가란 '전략적 지형', 더 정확히 표현해 "모든 사회 세력과 모든 정치적 프로젝트에 결코 중립적일 수 없는 전략적으로 선택적인 지형"(1990a, 353)이라고 주장한다. 좀더 구체적으로, 국가의 특수한 제도적 '형태', 구조, 작동 양식이 특정한 유형의 정치적 전략이나 특정 사회 세력에 더 수용적이며, "국가장치에 접근할 기회의 차별성과 특수한 효과를 실현할 기회의 차별성"(1982, 224) 내지 "형태결정적form-determined 편향"(1990a, 147~148)을 내장하고 있다는 점에서 전략적으로 선택적이다. 그러나 동시에 이런 "편향은 항상 경향적이고 적절한 전략에 의해 잠식당할 수도 있고 강화될 수도 있"으며, 따라서 "국가 구조와 운영 절차에 대해 정해진 전략적으로 선택적인 한계 내에서 국가 권력의 결과물은 정치적 행동에 참여하는 세력들 간의 변화하는 역관계에 의해서도 결정된다"(1990a, 353). 이런 측면에 주목하는 것이 '관계', 더 정확히 말해 '사회적 관계의 응집'으로서의 국가라는 '관계적' 국가론이다. 분석의 순서를 바꿔 이야기하면, 국가는 그 속에 다양한 사회 세력 간의 힘의 역관계가 각인된다는 점에서 사회적 관계의 응집이지만, 이런 사회적 관계는 기계적으로 그대로 반영되는 것이 아니라 각 세력이 추구하는 다양한 전략들이 국가의 형태 속에 내장된 편향과 선택성에 의해 조건지어지고 왜곡되는 사회적 관계라는 점에서 '전략-관계적'이다.

이런 전략적 선택성 개념은 구조주의 냄새가 나는 '구조적 선택성'[26]을 넘어서 이런 선택성의 '관계적 성격'을 부각시킨다는 장점이 있으며(1990a, 260), 구조주의적 마르크스주의의 '구조적 인과성'을 넘어설 수 있는 개념틀로서 '전략적 인과성'(1985, 128)이라는 개념을 부각시킨다. 이 밖에 전략-관계적 국가론은 자본 논리와 계급 논리 간의 간극을 메우는 데 필요한 '전략'이라는 '중범위 개념'(1985, 344)을 통해 국가의 형태 규정을 전략적 선택성이라는 측면에서 분석하고 힘의 관계의 응집을 전략적 '계산 주체'로 연결시킴으로써 '자본 이론적' 접근의 추상적 구조결정론과 '계급 이론적' 접근의 정세적 상대주의, 행위결정론이라는 이분법을 벗어나게 해준다(1985, 359).[27] 즉 이런 국가론은 가치형태와 국가형태의 다양한 계기들에 의해 부여되는 구조들과 이런 구조적 한계 안에서 취해지는 전략들 사이의 "구조와 전략의 변증법"(1985, 344; 1990a, 205) 내지 "구조적 제약들과 정치적 결정들의 결합"의 변증법[28]을 추적해냄으로써 과학적인 국가론을 가능하게 한다는 것이다.

다만 여기에서 주목할 것은 전략은 항상 복수이며 단일한 총체적 전략은 존재하지 않는다는 점이다(1985, 355~357; 1990a, 264~265). 즉 "사회적 관계에 있어서 거시적 필연성은 존재하지 않"으며 항상 대안적 전략들이 존재한다. 이 점에서 전략-관계적 국가론을 제시했지만 미시적 전략들이 국가라는 전략적 지형을 통과하면서 사후적으로 거시적 필연성이 확보된다고 본 풀란차스와 제솝은 일단 이론적으로 결별한 뒤 진일보하고 있다. 이렇게 할 경우 부딪치는 문제는 제솝의 주장처럼 국가가 하나의 특수화된 제도적 총화에 불과하고, 게다가 거시적 필연성도 단일한 총체적 전략도 존재하지 않는다면, 그럼에도 불구하고 국가는 어떻게 해서 그 내적 통일성을 확보할 수 있으며 자본주의 사회는 어떻게 해서 사회적 통일성을 확보할 수 있느냐는 것이다. 즉 자본주의적 국가 체계와 자본주의 사회구성체의 재생산을 어떻게 (비환원론적, 비기능주의적, 비구조주의적이며) 전략-관계적으로 설명할 것이냐는 문제다.

이 문제를 설명하기 위해 도입되는 개념 중 하나가 '국가효과state effect'의 원천으로서 '국가프로젝트state project'다. 우선 고정된 실체로서의 '사회'의 실정성에 대한 포스트마르크스주의의 비판[29]과 같은 맥락에서 제솝은 '고정된 실체로서의 국가'에 대한 근본적인 의문을 제기하는데, 다양한 국가장치의 통일성은 "선험적으로 주어지는 것이 아니고 정치적으로 구성"된다는 주장이다(1982, 222). 다시 말해, "하나의 통일된 국가의 존재의 내재적 불가능성" 때문에 다양한 국가장치에 통일성을 부과하기 위한 구체적인 국가프로젝트에 의해서만 이 국가는 '실질적인 장치적 통일성apparatus unity'을 갖게 된다(1990a, 9, 353).[30] 그러나 국가의 장치적 통일성만으로는 불충분하다. 왜냐하면 "이런 통일성이 민족-민중적national-popular 프로젝트와 결합할 때만 국가와 그 운영자들이 자본가들의 이익의 정치적 담지자Traeger가 될 수 있"(1990a, 8)음에도 불구하고 "국가 운영자들 자신이 국가의 총체적인 정치적 기능을 무시하고 자신들의 좁은 정치적 기능을 중심으로 국가의 통일성을 구성할 수도 있기" 때문이다. 쉽게 말해, 국가 운영자들이 자신의 이익만 추구할 수도 있다는 이야기다. 어쨌든 국가프로젝트는 이것뿐 아니라 국가의 장치적 통일성을 민족-민중적 프로젝트에 결합시킴으로써 "제도적 통일성과 계급적 통일성"을 결합해주는 역할도 수행한다. 헤게모니프로젝트에 밀접히 관련돼 있지만 이것으로 환원될 수는 없는 독자적 프로젝트라 할 수 있는 국가프로젝트는, 특정한 역사블록과 헤게모니프로젝트의 틀 내에서 "환상적 공통체illusory community"를 구성해내는 담론에 대한 국가의 프로젝트(1990a, 346) 또는 특정한 역사블록과 헤게모니프로젝트의 틀 내에서 사회적 "요구를 수렴하고, 변형시키고, 우선순위를 정하며 타협의 불안정한 평형 상태를 유지하기 위해 필요한 물질적 양보의 흐름을 조정하는 특수한 대중 통합 양식"과 "물질적 타협, 상징적 보상, 억압의 혼합"에 대한 국가의 프로젝트(1990a, 207) 내지 전략이다.[31] 이런 국가프로젝트에 의해 국가의 장치적 통일성이 헤게모니프로젝트와 접합돼 실질적인 통일된 내용을 갖게 되며 헤게모니프로젝트의 내용이 국가장치 속에 각인된다. 이 점에서 국가의 '전략적 선택성'이라는 개념이 사회 세력의 역관계와 이 세력들이 추구하는 다양한 전략에 대해 국가가 미치는 차별적 영향을 지시한다면, "국가프로젝트라는 개념은 전략 형성의 장인 동시에 대상으로서 국가의 성격을 부각시킨다"(1990a, 9). 그러나 이런 장치적 통일성과 환상적 공동체는 완전한 것도, 고정된 것도, 필연적인 것도 아니고 "항상 잠정적이며 불안정하고 경향적"일 뿐이다(1985, 350).

국가형태는 가치형태의 더 넓은 맥락 속에서, 구체적인 국가는 더 넓은 사회적 맥락에서 위치지어져 분석돼야 하기 때문에, 자본축적과 사회구성체의 재생산에 대한 과학적 인식은 국가론에서 필수적이다. 이것에 대한 비환원론적, 비기능주의적, 비구조주의적인 '전략-관계적' 사고를 제공해주는 것이 바로 제솝이 자신의 전략-관계적 국가론에 접합시키려 하는 조절이론이다.[32] 특히 조절이론이 방법론적으로 전략-관계적 국가론과 매우 비슷한 입장에 서있다는 점,[33] 조절에서 국가가 차지하는 역할의 중요성에도 불구하고 조절이론이 체계적인 국가론을 개진하지 못하고 있다는 점 등은 이 두 이론 사이의상호 보완적 접목을 가능하게 할 뿐 아니라 필수적인 것으로 만든다.

조절이론에 따르면, 국가와 마찬가지로 자본은 "형태결정적 사회적 관계"로서, 선험적으로 정해진 '자본의 법칙'은 존재하지 않으며, 자본축적은 "가치형태에 의해 규정되는 틀 내에서 계급적 세력들이 상호작용하는 와중에 이 세력들 사이의 변화하는 힘의 역관계의 복잡한 결과물"(1990a, 197)이다. 이런 문제에 관련해 조절이론은 구조주의적 마르크스주의의 추상적이고 구조기능주의적인 '재생산'이라는 개념을 대체한 '조절'이라는 개념을 통해 "자본주의의 사회적 전화의 조건, 리듬, 형태"를 설명하려는 시도,[34] 다시 말해 "자본주의적 관계 그 자체가 지속적인 자본축적을 의심스럽게 만드는 적대와 위기를 불가피하게 생산해냄에도 불구하고 어떻게 해서 살아남아왔는가"(1990a, 308)를 설명하려는 시도다. 여기에서 조절, 즉 조절메커니즘은 특정한 제도적 형태, 사회적 규범, 전략적 행위의 패턴(1990a, 308) 내지 "사회적 요소들을 개인 행동에 체현시키는 내면화된 규범이나 사회적 절차"[35]를 의미한다.

이런 문제의식에서 제솝은 자본주의 사회의 구체적인 발전 유형을 '축적체제'regime of accumulation', '발전양식mode of development', '조절양식mode of regulation'이라는 중범위 개념으로 설명하려는 조절이론의 이론화를 수용한다. 다시 말해 자본주의의 자본축적과 자본주의 사회의 발전 과정은 자본의 법칙으로 설명될 수 있는 것이 아니라 가치형태 위에서 진행되는 구체적인 축적체제, 발전양식, 조절양식, '축적전략'(아래 참조)에 의해 설명될 수밖에 없다는 비환원론적인 주장이다. 여기에서 축적체제와 발전양식은 추상성을 달리하는 개념으로서, 전자는 좀더 추상적인 차원에서 생산과 소비의 특수한 유형을 추상화한 개념인 반면 후자는 좀더 구체적인 개별 사회구성체 차원에서 이런 유형과 국제 분업에서 맡은 역할을 추상화시킨 개념이다. 반면 조절양식은 "특정한 축적체제 내에서 사회적 관계의 변화하는 역관계에 조응해 전형적인 행동 양식들의 적합성compatibility을 확보하는 제도적 형태, 네트워크, 규범의 총체"(1989, 262)를 의미한다. 이런 문제에 관련해 제솝은 앞에서 소개한 국가전략이라는 개념 말고도 '축적전략accumulation strategy', '헤게모니프로젝트hegemony project'라는 개념을 통해 축적체제와 축적전략, 헤게모니 구조와 헤게모니프로젝트 사이의 '구조와 전략의 변증법'을 추적하려 시도한다.[36]

우선 축적전략은 "다양한 경제 외적 전제 조건들을 갖춘 특정한 경제 '성장 모델'"(1990a, 198), 좀더 구체적으로 "특정한 경제성장 모델과 여기에 연관된 제도들의 사회적 틀('조절양식'), 이것들의 안정적 재생산을 위한 일련의 정책"[37]을 지칭한다.[38] 이런 모델이 성공하려면 이 전략이 특정 자본분파의 헤게모니 아래에 산업자본, 상업자본, 독점자본, 중소자본 등 다양한 자본분파들을 통일하고 자본 순환의 다양한 계기들을 통일시켜줄 수 있어야 한다. 또한 여기에서 '경제적 헤게모니'는 헤게모니적 자본분파가 자신의 '경제적·조합주의적economic-corporate' 이익을 희생하고 다른 자본분파들, 나아가 피지배 계급들의 경제적·조합주의적 이익을 어느 정도 충족시켜준 뒤 특정 축적전략에 대한 '일반적 동의'를 얻어냄으로써 이 분파들을 자본순환 속에 통합시키는 것에 기초한다. 즉 자본순환의 통일성과 자본 운동의 재생산은 자본의 법칙에 의해 선험적으로 진행되는 것이 아니라 축적전략에 의해 진행되며, 자본 일반의 이익 내지 '총자본적 이익' 역시 선험적으로 주어지지 않고 이렇게 "특정한 축적전략 속에서 특정한 축적전략을 통해 접합"되는 것이다(1990a, 203). 그러나 경제적 헤게모니가 다양한 자본분파들 사이에 경쟁과 갈등을 제거한다거나 대안적 축적전략들을 제거한다는 것을 의미하지는 않는다. 동시에 축적전략은 "단순히 자의적, 합리적, 의지적인 것이 아니다"(1990a, 200). 축적전략은 자본 순환의 지배적 형태, 자본 국제화의 지배적 형태, 국제적 조건, 국내외적 세력들 간의 역관계 등을 고려해야 한다.

한편 축적전략과 "부분적으로 중첩돼 있고 이것과 서로 조건을 지우는 관계지만 동일한 것은 아닌 것"이 헤게모니프로젝트다(1990a, 208).[39] 축적전략이 국내외적인 경제적 팽창에 직접적으로 관련된 것이라면, 헤게모니프로젝트는 주로 다양한 비경제적인 목표들에 관련된 것으로서 "사회적 지지 기반 대중들에게 경제적 양보를 제공하면서 축적전략에 있어 지배적 부문들의 장기적 이익을 실현시키는 정치적, 지적, 도덕적 지도력의 '민족-민중적 프로그램'"을 지칭한다.[40] 제솝에 따르면 한 사회는 그 사회의 다양한 제도들 사이의 제도적 통합('체제 통합')과 사회적 응집('사회 통합')을 통해 재생산되는데, 이런 사회적 통합은 헤게모니프로젝트의 '사회화societalization' 효과에 의해 가능해진다(1990a, 4).[41] 즉 조절은 단순한 경제적 재생산뿐 아니라 여기에 필요한 다양한 사회적 조건들, 즉 '사회적 축적구조들social structures of accumulation'의 조절을 필요로 하는데, 헤게모니프로젝트와 사회화는 이것에 관련이 있다. 여기에서 다시 주목할 점은 헤게모니 역시 선험적 내지 구조적으로 주어지는 것이 아니라 이런 헤게모니프로젝트의 효과 내지 결과라는 사실이다. 즉 특정 계급의 헤게모니는 헤게모니 계급의 장기적 이익을 전진시키면서 이 목표를 위해 특정한 피지배 계급 등의 경제적·조합주의적 이익을 실현시켜주는 과정에서 "일반 이익으로 나타나는 구체적인 행동의 민족-민중적 프로그램 아래에 지지를 동원"하는 헤게모니프로젝트의 산물이다(1990a, 208). 뿐만 아니라 헤게모니프로젝트가 민족-민중적 프로그램에 연관된다는 말은 '비계급적' 사회 세력의 중요성에 주목하는 것이며, 동시에 "특정 헤게모니프로젝트의 계급적 성격은 그 요소들의 선험적 계급적 성격 …… 에 달려 있는 것이 아니라 특정한 정세에서 그 프로젝트를 추구하는 효과에 달려 있다"(1990a, 217)는 것을 의미한다.[42] 그러나 헤게모니프로젝트 역시 축적전략과 마찬가지로 "자의적, 합리적, 의지적"인 것은 아니다. 성공적인 헤게모니프로젝트는 ① 국가의 형태 규정에 관련된 전략적 선택성이라는 구조적 결정과의 조응 여부, ② 피지배 세력의 일정한 이익을 실현시켜줌으로써 민족-민중적 프로그램에 집결시킬 수 있는 '전략적 능력', ③ 피지배 계급에게 물질적 양보를 제공해줄 수 있는 물적 기초에 관련돼 있다(1990a, 210). 바로 이런 점에서 헤게모니프로젝트는 축적 과정에 의해 조건지어지고 제약받는다.

마지막으로, 특정한 축적전략, 특정한 계급 관계와 사회적 형태의 총화, 특정한 헤게모니 구조와 전략 등을 하나로 묶어 통일성을 부여하는 것이 그람시의 '역사적 블록historic bloc' 개념이다. 역사적 블록은 "다양한 제도적 질서의 진화적인 구조적 결합과 (이것들 사이에) 일정한 조응성을 부여하기 위한 다양한 프로젝트"에 연원한 "비필연적non-necessary이며 사회적으로 구성되고 담화적으로 재생산되는 상대적 통일성"을 특징으로 하며(1990a, 366), 자본주의적 사회구성체의 역사적 재생산의 비밀이다. 그러나 이런 통일성은 다시 한 번 "항상 잠정적이고, 불안정하고, 경향적"일 뿐이다. 그러므로 자본주의의 "재생산 역시 항상 불안정하고 부분적이다."[43] 따라서 결국 역사는 "자연적 필연성도 제멋대로의 우연성도 아니다. 역사는 자기들 자신의 역사를 만드는 — 그러나 자기들 자신이 스스로 선택하지도, 완전히 이해할 수도, 지배하기를 바랄 수도 없는 환경 속에서 만들어가는 — 사회 세력들의 복잡하고, 모순적이고, 불안정하며, 미완성의, 잠정적인 산물이다."[44] 이런 점에서 "미래는 만들어지지만 예측될 수는 없다."[45] 사후적 설명만이 있을 뿐이다.

이해를 돕기 위해 지금까지 한 논의를 어느 정도 과잉 단순화의 위험에도

그림 1. 전략관계적 국가론

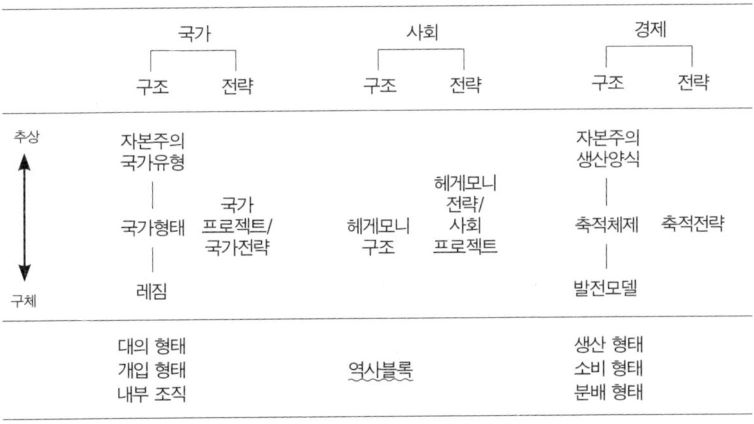

	국가		사회		경제	
	구조	전략	구조	전략	구조	전략
추상 ↕ 구체	자본주의 국가유형 〡 국가형태 〡 레짐	국가 프로젝트/ 국가전략	헤게모니 구조	헤게모니 전략/ 사회 프로젝트	자본주의 생산양식 〡 축적체제 〡 발전모델	축적전략
	대의 형태 개입 형태 내부 조직		역사블록		생산 형태 소비 형태 분배 형태	

※ 전략의 추상성 수준은 구조보다 낮다는 것이지 그것이 국가형태 수준과 일치한다는 의미는 아니다.
※※ 국가, 사회, 경제 구분에 상응하도록 헤게모니구조와 역사블록을 사회 속에 배열시킨 것은 다소 과잉 단순화다.

불구하고 도식으로 정리하면 **그림 1**과 같다.[46]

　다만 몇 가지 서술적 내용들을 덧붙이자면, 이런 이론화에 따라 제솝은 각 범주에 대해 다양한 유형을 제시하는데, 국가형태의 중요한 구성 부분인 대의 형태의 경우에는 앞에서 소개한 의회주의, 코포라티즘, 후진국에서 볼 수 있는 후견인주의 등이 대표적인 예다. 이 밖에 국가가 경제에 개입하는 개입 양식에 대한 개입 형태, 대통령제, 내각제, 관료제의 응집성 등 국가의 내부 조직 형태 역시 국가형태의 중요한 구성 부분이다. 이미 조절이론에서 많이 연구된 축적체제와 축적전략의 경우에는 장시간 저임금, 절대적 잉여가치의 수취에 의존하는 초기 자본주의의 '유혈의 포드주의', 기계화에 따른 대량생산, 생산성 향상에 따른 이윤 증가와 임금 상승을 연계함으로써 대량소비를 유도해 대량생산과 대량소비를 연계하는 상대적 잉여가치 수취 의존형 포드주의, 그리고 포드주의 위기 이후 나타난 유연 축적의 포스트포드주의가 대표적인 예이며, 발전모델은 전후 독일의 발전 모형인 '모델 도이치'처럼 개별 국가들의 독특한 발전모델이다. 한편 그람시의 개념들을 제솝이 체계화한 헤게모니프로젝트의 경우에는 가장 헤게모니적인 것이 전후 '복지국가'처럼 전국민을 통합시키는 '일국민 헤게모니프로젝트'고, 그다음이 대처리즘처럼 국민을 열심히 일하는 국민과 게으른 복지 수혜자로 나눠 후자를 배제하고 전자의 지지를 얻어내는 '이국민 헤게모니프로젝트', 지배 계급이 헤게모니까지 이르지 못한 채 개혁을 통해 피지배 계급의 반발을 선제공격해 무마하는 '수동혁명', 그리고 적나라한 계급 대립인 '기동전'으로 분류될 수 있다는 것이다. 결국 제솝은 이런 다양한 전략과 구조의 유형화를 통해 과거의 추상적인 마르크스주의의 자본주의 국가론을 발전시켜 좀더 구체적인 수준에서 다양한 자본주의 국가들을 구체적으로 분석할 수 있는 틀을 제공해준다.

한편 제솝의 뒤를 이은 '제2세대' 전략-관계적 국가론을 간단히 짚고 넘어갈 필요가 있다. '제2세대' 이론가들의 경우 좀더 '급진화'돼 제솝이 유보 조항을 달고 있는 담화 이론을 적극 수용해 전략-관계적 국가론과 담화 이론, 조절이론을 하나의 틀로 묶어내려 한다.[47] 이 이론가들에 따르면 제솝의 국가론은 많은 이론적 공헌에도 불구하고 사회를 경제, 국가, 이데올로기라는 층위들로 파악하는 구조주의적 마르크스주의의 유제, 구조와 전략의 병렬, 담화 이론와 해체주의에 대한 비판적 관점 등 문제점도 많다는 것이다.[48] 이런 전제에 기초해 이 이론가들은 정치적인 것the political, 경제적인 것the economic, 사회적인 것the social 사이의 경계의 개방성과 (상호 침투에 의한) '급진적인 모호화radical blurring' 테제,[49] 그리고 정치의 재정의에 따른 '정치의 우위성primacy of politics' 테제(마르크스주의의 '경제우위론'을 대체하는)를 주장한다. 좀더 구체적으로, 사회 구성이란 국가, 경제, 사회라는 계기들이 정치적으로 구성되어 접합돼 있는 '개방적인 상대적 총체성'[50]인데, 여기에서 상대적 총체성이라는 것은 이것들 사이의 경계가 모호한 비통일적인 제도적 질서를 의미하며, 개방적이라는 것은 그 상대적 총체성이 이것들의 봉합을 저지하는 '구성적 외부constitutive outside'에 의해 계속해서 전복되고 있다는 것을 의미한다.[51] 여기에서 정치는 "사회적 관계들을 구성하고 전복시키는 특정한 일련의 실천들"[52]로 재정의되며, 사회적 관계의 구성/전복이 이런 정치에 의해 규정된다는 의미에서 정치에 '우위성'을 부여해야 한다는 것이다.[53] 뿐만 아니라 다양한 요소들elements을 계기moments화시켜 일정한 규칙성을 부여하는 이런 담화의 실천[54]은 "의미의 거의 무한한 유희"[55]라는 해체주의로 나아간다.

4. 비판적 평가

제솝을 중심으로 한 전략-관계적 국가론은 현대 사회과학의 거의 모든 '첨단 이론'들을 하나의 이론틀 안에 접합시킴으로써 '비환원론적'인 국가론을 향한 '높은 경로'를 추구해온 중요한 연구 성과라는 데에는 의문의 여지가 없다. 그리고 이런 이론 구성 자체와 그 구성 자원들의 복합성은 이 이론에 대한 평가 역시 쉽지 않게 만든다. 이런 평가는 최소한으로 보더라도 이 이론을 구성하고 있는 다양한 이론적 자원들에 대한 평가, 그리고 이 이론적 자원들이 내적 모순 없이 하나의 일관된 틀을 구성하고 있느냐 하는, 이 자원들 사이의 내적 정합성에 대한 평가를 필요로 한다. 그 결과 이를테면 이 이론을 "이해하지 않고는 누구도 국가론의 발전에 뒤처지지 않았다고 주장할 수 없다"고 할 정도로 이 '높은 경로'를 매우 높이 평가하는 한 비평가의 경우도 그 이론적 자원 중 담화 이론과 자기생산 이론에 대해서만은 정치학의 "전前마키아벨리적 수준"과 탤컷 파슨스류의 구조기능주의적 체계 이론system theory으로 되돌아가는 후퇴라고 비판하고 있다.[56] 전략-관계적 국가론이 의존하고 있는 개별 이론적 자원들 하나하나에 대한 평가부터 그 내적 정합성에 대한 평가 등 깊이 있는 총체적 평가는 필자의 능력을 벗어난 일이고, 다만 이 글에서는 제솝의 전략-관계적 이론에 제기된 다양한 비판적 평가들을 요약하고 소개한 뒤 필자 나름대로 비판적 평가를 가하려 한다.

우선 과학철학이라는 측면에서 제솝은 '비판적 실재론'과 '이중적 해석학'

등을 채용하고 있지만, 이런 시도는 '이론과 실천의 통일'이 아니라 이 양자 간의 분열에 뿌리를 둔 이론/메타 이론의 분열에 기초하는 그릇된 이론화라는 비판이다.[57] 그 결과 제솝에게 있어 메타 이론은 단순한 '방법론'을 의미하고 후자는 '실증주의'를 의미하게 되며, '해석학'이 '인과관계론causalism'에서, '방법론'이 '사회학'에서, '구조/전략의 변증법'의 '구조'가 '전략'에서 분리돼 이원화되는 것이다.[58] 따라서 구조와 행위의 변증법에서 변증법은 '상호관계interrelation'(그 결과 궁극적으로 인과적 관계)가 아니라 '매개'의 관계, 내적 관계가 아니라 외적 관계가 되고 만다.[59] 제솝은 철학에 대해서는 사회학으로, 사회학에 대해서는 철학으로 비판하는 교차 비판play off against each other으로 문제를 회피하고 있고, '결정적 추상determinate abstraction'이라는 것은 사라지게 된다는 것이다.[60] 이 밖에 제솝이 제시하는 '접합의 방법'이라는 것도 현실적인 것과 구체적인 것은 무한한 경험적 요인들에 의해 매개되기 때문에 우연적이고 비결정적이라고 보는 것이며, 이것은 결국 '실증주의'와 '상대주의'로 귀결되고 만다는 비판도 제기되고 있다.[61] 또한 이런 방법이 막스 베버의 방법론처럼 '관계적 전체relational whole'를 다양한 이론적 요소들로 파편화하고 이식시키는 방법에 기초해 있어 '방법론적 반합리주의'와 '역사주의', '방법론적 절충주의'로 나아가고 만다는 것이다.[62] 이 문제에 관련해 제솝은 "케이크는 담화로 구성해놓고 케이크를 먹는 것은 마르크스주의식으로 하기를 바란다"는 비판[63]을 귀담아 들을 만하다. 또한 일본의 한 마르크스주의 이론가는 제솝의 전략-관계적 국가론이 철학적으로 막스 베버의 영향을 받아 인간 인식의 상대성을 강조하는 '신칸트주의'이자 일종의 '주관적 관념론'이라고 비판한다.[64] 전략이라는 개념 역시 사실상 뒷문으로 헤겔류의 관념적 주체를 다시 등장시키는 '관념론'이며 '방법론적 개인주의'와 밀접한 관계가 있다는 비판도 제기된다.[65]

이 밖에 제기되고 있는 비판들은 조절이론 일반과 특수하게는 제솝의 전략-관계적 방법론에 관한 것이다. 가장 일반적으로 제기되는 비판은 조절이론이 (마르크스주의적) 정치경제학 '비판'이 아니라 '서술적 사회학주의descriptive sociologism' 내지 "경제학에 대한 사회학적 비판",[66] "현상의 현상학",[67] 한발 더 나아가서는 "자유주의적 제도주의 경제학"[68]에 불과하다는 비판이다. 즉 조절이론과 제숍은 경제가 중립적인 것이 아니고 사회적 관계 자체 속에 정치, 이데올로기의 계기들이 내재해 있다는 점을 인정하면서도, 이것들을 분석하기 위해 마르크스주의적인 정치경제학 비판으로 나아가지 않은 채 분석 방법이 결여되고 엄밀한 개념도 부재한 상태에서 비판을 사회학적 서술로 대치하고 있다는 것이다. 그 결과는 이론이 아니라 단순한 '이론적 서술'이다. 이런 방법론은 불가피하게 이론을 포드주의나 포스트포드주의 같은 '형식적 분류학'으로 대체하게 된다는 비판이다.[69]

특히 CSE 그룹의 경우, 조절이론과 제숍이 '구조주의적 마르크스주의'의 비판에서 출발하고 있으면서도 구조와 계급투쟁을 탈구시키고 분리시킴으로써 궁극적으로는 구조주의적 마르크스주의와 마찬가지로 목적론, 기능주의, 구조주의에 빠지고 만다고 비판한다.[70] 이를테면 제숍의 전략-관계적 국가론이 사회를 경제, 국가, 이데올로기라는 층위들의 결합체로 파악하는 구조주의적 마르크스주의를 비판하면서도 헤게모니프로젝트와 축적전략을 인위적으로 분리시킴으로써 부문 이론을 재생산해내고 있다는 것이다.[71] 구조와 전략의 변증법 역시 구조와 투쟁의 분리, 즉 '구조와 투쟁의 이분법과 이원론'을 전제로 한 것으로서 구조주의와 기능주의의 또 다른 얼굴인 자발주의와 정치주의를 배태시키는가 하면,[72] 앞으로는 기능주의를 비판하면서도 "뒷문으로 세련된 기능주의"[73]를 숨겨 들여오고 있다는 것이다.

이런 비판들에 대해 제숍은 많은 부분이 단순한 오해나 전략-관계적 국가론에 대한 무지에 기인한다고 반박하는 한편 일부 주장에 대해서는 반비판을 통해 자기 옹호를 하고 있다(1990a, 262~267; 1991a; 1991b). 어쨌든 이런 논쟁을 전제로 해 전략-관계적 국가론의 문제점을 몇 가지만 비판적으로 검토하고자 한다. 우선 비환원론적, 비목적론적, 비기능주의적인 마르크스주의 국가론을 구성해보려는 전략-관계론적 국가론의 노력은 분명 값지다. 사실 국가론을 비롯해 마르크스주의의 핵심 이론과 핵심 개념들은 유물론이라는 이름 아래 '유물론의 관념론화'에 빠지고 말았다. 이런 마르크스주의의 문제점을 고려할 때 마르크스주의는 '물질성'과 '역사성'을 중심으로 새롭게 태어나지 않으면 안 된다.[74] 이런 점에서 국가장치의 통일성, 자본 운동의 통일성, 관념적 총자본으로서의 국가, 헤게모니 등 국가론에 동원돼온 핵심 개념들 속에 내재한 관념론적 사고를 폭로하고 이것들을 구체적인 프로젝트의 결과로 설명하려 한 노력은 높이 살 만하다. 특히 학문적 유행 속에서 어렵게 복원된 국가론이 포스트주의의 유행과 미시권력론의 대두에 따라 관심 밖으로 멀어지고 있는 현실을 고려할 때, 이런 이론들의 문제 제기를 비판적으로 수용하면서도 국가의 중심성을 고수하는 한편 제솝 자신의 표현대로 "남들이 담화 분석이라는 '포스트마르크스주의적' 샛길을 배회하고 있을 동안 세련된 마르크스주의 패러다임 속에서 가능한 경로를 탐험해온"(1990a, 4) 점은 아무리 칭찬해도 지나치지 않다. 이 밖에 구조/행위의 이분법을 '구조와 전략의 변증법'을 통해 극복하려 한 점, 축적전략과 헤게모니프로젝트 등 다양한 중범위 개념과 이 개념들의 여러 유형을 개발해 추상성의 사다리를 타고 체계적인 '구체 분석'으로 나아가는 이론틀을 마련한 점 등 제솝이 공헌한 바가 지대하다고 할 수 있다. 특히 풀란차스의 경우 전략-관계적 국가론의 초석을 놓았다고는 하지만 헤게모니프로젝트에 대비되는 축적전략에 대한 인식이 거의 전무한 점, 나아가 헤게모니전략의 경우도 그런 추상적 개념은 갖고 있었지만 일국민 전략, 이국민 전략 등 그 구체적인 유형에 대해서는 논의를 전개하지 않은 점을 감안하면, 전략관계론의 '전략'을 국가프로젝트, 축적전략, 헤게모니프로젝트로 체계화하고 관련 유형들을 개발한 것은 제솝의 독창적인 공이다. 그러나 앞에서 본 대로 제솝에 대한 비판과 문제점들도 만만치 않다. 따라서 여기서는 이런 비판과 문제점 중에서 중요한 몇 가지를 살펴보려 한다.

'전략'이라는 개념을 도입해 '구조-행위'라는 이분법을 극복하려 한 시도만 해도 그렇다. 앞에서 본 대로 제솝은 전략의 선택폭이 무제한적이지 않으

관해 "부르주아적 입장에서 보더라도 '직공들의 부불 노동이 덤핑 제빵업자들의 경쟁의 기초를 형성하고 있다'는 것을 알 수 있다"(293)고 지적하고 있다.

셋째, 이 점에 관련해 나타나는 것이 의식적이고 계획적인 규제가 결여돼 있는 시장의 무정부성 내지 자연발생성이다. 이런 규제의 결여와 무정부성은 결국 무제한의 노동시간의 연장과 무제한의 착취로 귀결되는바, 마르크스는 바로 이 점에서 공장법은 "사회가 그 생산 과정의 자연발생적 형태에 가한 최초의 의식적이고 계획적인 반작용"이라고 서술하고 있다(542).

4) 문제점과 공장법의 의도

노동력의 과다 착취는 근본적으로 자본가 계급의 입장에서 보더라도 ① 장기적으로 안정적인 노동력의 **지속적 공급에서 나타나는 위협**, ② 과다 착취에 따른 노동자 계급의 '**초궁핍화**'와 여기에 따른 **혁명의 위협**이라는 문제를 초래한다. 따라서 분명히 "자본의 착취권에 대한 간섭"(544)인 공장법은 이런 간섭에도 불구하고 반反자본적인 정책이 아니라 ① 자본의 편협하고 단기적인 경제 이익(현재의 과다 착취)에 반함으로써 자본의 좀더 차원 높은 장기적 경제 이익(노동력의 안정적인 재생산과 공급)을 살려주는 한편, ② 자본의 단기적 경제 이익(현재의 과다 착취)에 반함으로써 자본의 궁극적 이익, 즉 정치적 이익(혁명의 방지를 통한 자본주의적 질서의 유지와 재생산)을 살려주기 위한 '총자본적'인 정책이라는 것을 마르크스의 분석을 살펴보면 알 수 있다.[12]

우선 노동력의 안정적 공급이 자본주의적 생산의 기본적 전제 조건이라는 점을 상기할 필요가 있다. 그러나 무제한의 노동일에 따른 과다 착취는 이런 기본 전제 자체를 위협한다. 이런 문제점을 마르크스는 당시 영국 정부의 각종 위원회의 보고서를 인용하면서 생생하게 분석하고 있다.

하나의 계급으로서 도예공은 여자나 남자나 …… 육체적으로 정신적으로 퇴화한 주며 전략이 단순한 의도와 목표만을 의미하는 것이 아니라 그 실현의 물질적 조건까지 의미하는 것이므로 전략관계론은 자발주의가 아니라고 해명한다 (1985, 358). 이를테면 "축적전략은 항상 국가 개입의 특수한 형태, 세력 관계, 경제의 조직적 형태를 전제로 하고 있다."[75] 그래도 문제는 남는다. 이 문제에 관련해 "전략의 효율성은 기존 구조에 내재적인 행동 여백margin of manoeuvre에 해당 전략이 적응하는지 여부에 달려 있다"는 주장(1985, 359; 1990, 205)을 주목할 필요가 있다. 문제는 여기에서 그 '행동의 여지'가 얼마나 되느냐는 것이다. 이것은 그 구체적 내용에 따라 구조결정론일 수도 있고 자발주의일 수도 있는 문제로서, 구체적이거나 명시적이지 않은 제솝의 분석이 비판자에 따라 때로는 구조결정론으로 평가되고 때로는 자발주의로 평가되는 것은 당연한 일이다. 구조와 제도화가 "가능한 행동의 범위를 촉진시키면서 동시에 제약시키는 이중의 역할을 가지고 있다"는 주장 역시 매한가지다.[76] 왜냐하면 문제는 '촉진 기능'과 '제약 기능'의 비중이 어떠하냐는 것이며, 그 비중에 따라 구조결정론도 되고 자발주의도 될 수 있다. 사실 제솝의 열렬한 추종자들인 '제2세대' 전략-관계적 국가론자들도 전략이라는 개념이 "구조와 행위 간의 관계에 관련된 문제들을 정말로 극복"한 것이냐는 의문을 스스로 제기하고 있다는 점에 주목할 필요가 있다.[77]

이처럼 두 개의 대립쌍을 그 관계의 구체적이고 실질적인 내용을 밝히지 않은 채 그저 형식적으로 병렬하거나 형식적 관계만을 열거함으로써 문제를 해결한 듯한 느낌을 주는 것이 전략-관계적 국가론의 한 특징인 듯하다. 조절 개념이 재생산과 이행, "재생산과 단절"을 동시에 사고하게 해준다는 것만 해도 그렇다.[78] 과연 조절이론과 전략-관계적 국가론은 재생산과 이행을 동시에 사고할 수 있게 하는가? 그렇지 않은 것 같다. 재생산 속에서 이행의 계기를 파악하는 것이 아니라 재생산만이 특권화된다. 위기와 '단절'을 말하지만 어디까지나 포드주의 같은 축적체제 수준의 위기와 단절일 뿐 생산양식 수준(자본주의)의 위기와 단절은 아니며, 재생산/단절은 사실상 생산양식 수준(자본주의)의 재생산과 이것보다 추상화 수준이 낮은 단절(자본주의의 하위 유형인 특정한 축적체제의 단절)의 병렬일 뿐이다.[79] 이런 맹점 탓에 이 이론에서 계급투쟁은 사실상 이행의 동력이 아니라 사회적 타협을 만들어내고 조절양식을 '발견'할 수 있게 함으로써 재생산을 가능하게 하는 기제로 전락하며, 이 이론을 통해 '진정한 이행', 즉 탈자본주의를 사고하는 것은 불가능해진다.

사회적 관계로서의 국가라는 문제의식 역시 비판의 대상이 될 수 있다. 이런 문제의식은 분명 다양한 사회적 역관계와 국가성격 간의 관계를 부각시킴으로써 구체적인 역사적 국가에 대한 구체 분석에 기여한다. 그러나 문제가 없지는 않다. '국가=사회적 관계'라는 주장은 사실 새로운 주장이 아니라 국가는 사회적 세력 간의 힘의 벡터라는 다원주의론의 주장으로 돌아온 것으로 볼 수 있다. 이 점에서 한쪽에서는 제솝의 국가론이 "일종의 계급균형론적 국가론"이라는 평가까지 제기되고 있는 실정이다.[80] 이런 비판에서 전략-관계론적 국가론을 구해주는 것은 앞에서 본 대로 그 전략적 선택성, 즉 자본주의 국가가 '중립적 도구'가 아니라 "자본가들의 영향에 더 개방적이 되도록 만드는 내장된, 형태 결정적 편향in-built, form-determined bias"을 갖고 있다는 주장(1990a, 147~148)이다. 여기에서 문제는 이런 편향의 강도와 폭이다. 물론 이런 편향의 정도는 구체적인 국가형태와 레짐에 따라 다를 수밖에 없다. 그래도 문제는 남는다. 이런 편향의 정도가 그 다양한 변형에도 불구하고 일정한 규칙성 내지 '구조적 한계'를 갖고 있느냐 아니면 철저하게 '우연적' 내지 '정세적'인 것이냐 하는 문제다. 자본주의 국가에 대한 전통적 마르크스주의 국가론과 다른 신좌파 국가론에 대한 제솝의 비판, 자본주의 국가가 특별히 자본주의적이어야 할 이유가 없다는 주장(1982, 22), "국가의 구조적 특징들이 자본주의적 이해관계들을 반드시 선호한다고 가정"할 이유가 없다는 주장[81] 등을 보면 전략-관계적 국가론은 어떤 구조적 한계를 인정하지 않는 것 같다. 이것은 자본주의 국가를 사회적 관계의 응집으로 파악하면서도 이런 국가를 '자본가 계급의 권력'이라는 규정에 모순되는 것이 아니라 이런 규정과 추상성을 달리

하는 낮은 추상성 수준의 국가라는 의미로 이해한 그람시나 '후기' 풀란차스하고는 다른 입장이다.[82]

이런 주장은 우선《고타강령 비판》에서 마르크스가 형태의 다양성에도 불구하고 '본질적 특징'에 기초해 자본주의 국가 일반을 추상화한 것이 '타당한 추상화'이며(1982, 29), 그 복합성에도 불구하고 가장 추상적 규정은 '자본주의적 생산관계'라는 제솝 자신의 주장(1982, 30)에 모순된다. 뿐만 아니라 자본주의 국가가 자본주의적이어야 할 이유가 없다는 주장은 하위 규정이 좀더 추상적인 규정으로서 국가의 자본주의적 성격을 바꾸어놓을 수 있다는 이야기로서, 전략-관계적 국가론의 추상성의 사다리가 '허구의 추상성의 위계성'이라는 것을 의미한다. 여기에서 이해가 잘 되지 않는 것은 제솝이 '자본주의 국가'가 자본주의적이어야 할 하등의 이유가 없다고 주장하면서도 '자본주의 국가'라는 명칭을 고수한다는 점이다. 물론 자본주의적 국가라는 명칭은 사회적 내용이 아니라 단순한 형태적 특징(제도적 분리)만을 지칭할 뿐이라고 밝히고 있지만, 형태적 특징에 기초해 '자본주의적'이라는 명칭을 부여하는 것은 부적합하다고 할 수 있다. 결론적으로, 전략-관계적 국가론은 자본주의 국가의 사회관계적 측면을 지나치게 절대화해서 그 사회적 성격을 '절대적으로 상대화, 역사화'시키고 있다.[83]

전략-관계적 국가론이 전통적 마르크스주의부터 구조주의적 마르크스주의에 이르는 다양한 조류에 대해 지적하는 '경제결정론' 문제도 짚고 넘어갈 필요가 있다. 이 문제에 관련해 제솝은 조절이론이 역편향으로 정치주의를 내재하고 있다는 비판에 대해서 이런 비판은 중요한 조절이론 국가론자인 히르쉬에게는 타당하지만 자신에게는 적용될 수 없다고 반박했다(1991a, 76). 그러나 정치주의라는 비판은 제솝의 전략관계론에도 적용될 수 있다. 전략-관계적 국가론은 "현대 사회는 복잡하고 분화돼 있어 어떤 하위 체제도 최종 심급에서 구조적으로 규정적일 수 없으며" 상호 의존적이라는 '상호작용론 interactionism'을 취하고 있기는 하다(1990a, 365).[84] 그러나 이어 "이것(하위 체계)들 사이의 상호 의존을 운영하는 데 최종 심급에서 책임이 있는 것은 국가"라고 주장함으로써(1990a, 365), 사실상 알튀세르의 '최종 심급에서 경제결정론'[85]을 전도시킨 '최종 심급에서 정치결정론'으로 귀결되고 있다.

이 밖에 '제2세대' 전략-관계적 국가론자들이 공공연하게 '정치우위론'을 주장하는 데 주목할 필요가 있다. 정치가 사회적 관계들을 구성하고 전복시키기 때문에 정치가 우위성을 갖는다는 이 이론가들의 테제는 그럴듯하게 들리지만 타당하지 않다. 다시 문제는 제도화의 수용/전복이 어떻게 결정되느냐는 것이다. 만약 이 문제가 정치라는 특정한 '실천(구성/전복의 실천) 그 자체에 의해 결정된다면 이것은 '자발주의' 내지 '행위우위론'에 다름 아니며, 그렇지 않고 구성/전복의 실천 자체가 또 다른 제3의 변수에 의해 결정된다면 정치의 우위성 테제는 허구에 불과하다. (사실 이 이론가들의 재정의에 따르면 정치는 '담화' 그 자체에 다름 아니며 정치 우위성 테제란 담화우위론, 담화결정론에 다름 아니다. 뿐만 아니라 정치를 사회적 관계의 구성과 전복의 실천으로 재정의할 경우 인간의 실천 중에서 정치가 아닌 것이 없게 되는 개념의 과잉 확장을 불러온다.) 이 문제에 관련해 구성/전복, 제도화/정치화에 대한 예증은 시사적이다. 이 이론가들은 과거에는 여성의 가사노동이 제도화돼 있다가 2차 대전 뒤 이런 상황이 전복되고 정치화돼 여성의 고용 참여가 제도화됐으며, 다시 최근 들어 보수주의적 담론에 의해 여성의 고용 참여가 정치화되고 있다는 것을 대표적인 예로 들고 있다. 그러나 이 예증은 기이하기 짝이 없게도 전후 여성의 고용 참여의 제도화는 "노동력 공급 부족을 야기시킨 경제성장"의 결과로 분석하고, 제도화된 여성의 고용 참여가 최근 재정치화되고 있는 흐름은 경제위기에 따른 "높은 수준의 실업의 재부상" 때문으로 분석하고 있다.[86] 이 이론가들은 '최종 심급에서의 경제결정론'을 포함해 모든 '경제결정론'을 비판하며 '정치우위론'을 표명하고 있으면서도 역설적이게도 자신들은 이 문제들을 경제성장과 실업의 재부상이라는 조야하기 짝이 없는 '경제적 요인'에 근거로 설명하고 있다. 물론 마르크스주의의 경제결정론은 문제가 많지만, 문제를 마르크스주의의 기준으로 봐도 조야하기 짝이 없는 경제적 요인으로 설명할 생각이라면 왜 그토록 복잡하고 어려운 이야기를 하면서 최종 심급에서의 경제결정론을 비롯한 모든 경제결정론을 비판하고 있느냐는 것이다.

여러 변명과 반비판에도 불구하고 전략-관계적 국가론과 조절이론이 '서술적 사회학주의'라는 비판은 피할 수 없을 것 같다. 다른 비판들이 언급하지 않은 개념적 모호성의 예를 하나 들자면 바로 포드주의다. 일상적으로 포드주의는 축적체제로 이해되고 있는데, 제솝은 "축적전략으로서 포드주의"(1990a, 201)라는 표현이 보여주듯 축적전략으로 개념화하기도 한다. 따라서 '축적체제와 축적전략의 변증법'이란 '포드주의와 포드주의 변증법'이라는 기이한 상황에 도달하고 만다. 더 근본적인 문제는 개념적 모호성을 넘어서 여러 이론가들이 비판했듯이 경제주의 비판이 '정치경제학 비판'[87]이 아니라 사회학주의로 나아가고 있다는 점이다. 분석은 경험적인 현상 기술(그것도 사후적인)에 머무르고 소비 규준의 변화, 생산 편성의 변화 등은 그 원인이 해명되지 않은 채 단지 변화의 결과만이 분석의 전제를 구성하게 된다. 게다가 사후적 설명이라는 것이 결국 '기능주의적'이다. 조절이론이 기능주의적이라면, "사후적 기능주의"라는 핵심 조절이론가의 '변명 아닌 변명'[88]이 이런 한계를 잘 대변해주고 있다. 다시 말해 기능주의를 벗어나야 한다는 제솝의 주장은 맞고 이런 목표를 위한 노력은 높이 평가해야 하지만, 결과적으로 제솝의 전략-관계론적 국가론 역시 이론적 설명력을 갖는 부분(즉 과거에 대한 사후적 해석)에서는 결국 사후적 기능주의일 따름이다.

주목할 만한 것은 현재 서구 국가들이 포드주의의 '케인스적 복지국가'에서 포스트포드주의의 '슘페터적 근로국가Schumpeterian Workfare State'로 '경향적으로' 전환하고 있으며, 이 근로국가는 (민주공화제가 자본주의의 '가능한 최상의 정치적 외피'라는 레닌의 분석을 원용해) '포스트포드주의의 가능한 최상의 정치적 외피'라는 제솝의 주장이다(1993). 이런 주장은 여러 면에서 전략-관계적 국가론이 그토록 비판해온 기능주의, 자본 이론적 환원주의, 구조주의의 냄새가 강하게 풍기는 주장이다. 문제는 정작 이런 비판의 '예상 문제집'에 대한 제솝의 답변이다. 제솝은 자신의 이런 주장에 기능주의라는 비판이 제기될 것을 예상하면서, 고추상성 수준의 국가 분석은 "불가피하게 기능주의적이고, 자본 이론적이며 구조적인 경향을 갖게 돼 있"지만 "그런 설명이 더욱 구체적이고 복잡한 것이 될 때"는 이야기가 달라질 수 있다고 해명한다(1993, 35). 이런 주장은 고추상성에서는 자본의 '경향적 법칙들'이 유효하고 구조적 규정이 지배적이지만 좀더 구체적인 수준에서는 '행위' 등 다른 변수들이 작동하고 있다는 주장, 즉 인과적 규정성에서 '구조'와 '행위'의 규정성이 서로 추상성을 달리하는 규정성이라는 것을 의미한다. 그리고 이것은 정확히 그람시와 후기 풀란차스가 취한 입장이다. 다시 말해 그람시와 후기 풀란차스는 전략-관계적 국가론을 주장하면서도 고추상성의 자본주의 국가의 자본주의적 규정성을, 다시 말해 자본주의 국가는 그 전략-관계적 다양성에도 불구하고 근본적으로는 자본가 계급의 권력이라는 국가 권력의 통일성을 부정하지 않았다. 따라서 이 문제는 제솝의 전략-관계적 국가론의 이론적 위상을 근본적으로 재검토할 필요성을 제기한다. 왜냐하면 제솝의 슘페터적 근로국가론은 고추상성 수준에서는 자본주의 국가의 (경향적) '기능성'을 상정하는 것이 타당하다는 것, 기존의 (제솝이 기능주의적이고 자본 이론 환원적이며 구조주의적이라고 비판해온) 마르크스주의 국가론들이 고추상성 수준에서는 적절한 이론화라는 것, 다만 이 이론들이 구체 분석에 이를 수 있는 분석 도구들을 갖지 못한 점이 문제라는 것, 따라서 전략-관계적 국가론은 이 이론들에 대한 대안적 모델이 아니라 다만 중범위 수준에서 이 이론들을 보완하기 위한 보완적 이론화에 불과하다는 것을 의미하기 때문이다. 이것은 전략-관계적 국가론이 단순히 보완적 모델이 아니라는 제솝의 주장(1990a, 262)에 정면으로 모순된다.

짚고 넘어가야 할 또 다른 문제는 조절이론과 전략-관계적 국가론의 강점이자 이론적 잠재력이 돋보이는 분야라고 할 수 있는 '구체·복합 분석'의 문제다. 한 역사학자가 수행한 실증 분석은 조절이론의 강점인 '구체·복합' 분석이라는 것이 사실은 역사적 사실들에 전혀 정합적이지 않다는 점을 실증적으로 입증해 보여줘 충격을 주고 있다. 이를테면 조절이론은 사회민주주의적 계급 타협이 대량생산과 대량소비의 연계를 통해 전후 자본주의의 부흥을 가능하게 했다고 설명하지만, 역사적 사실은 그런 부흥이 노동자 계급의 높은 소비 수준의 제도화가 아니라 막대한 군비 지출에 기인할 뿐 아니라 군비 지출의 결과인 경제 부흥이 거꾸로 계급 타협을 가능하게 한 것을 보여준다.[89] 이런 문제점과 함께 주목해야 할 지적은 조절이론의 '구체·복합' 분석이 추상화 수준의 혼선에 기초한 자의적 역사 해석이라는 비판이다. 조절이론이 다양한 '발전모델' 내지 조절양식의 차이에 연유한 결과로 분석하는 많은 현상들이 실제로는 발전모델이나 조절양식의 차이가 아니라 '사회적 소유 관계' 내지 생산양식의 차이에 기인한다는 점을 보여줌으로써 조절양식 같은 개념들의 유용성에 근본적인 의문을 제기하는 것이다.[90] 마지막으로 현재의 위기에 대한 조절이론의 진단이 잘못된 것이기 때문에 새로운 계급 대타협과 여기에 기초한 새로운 조절양식의 창출이 필요하다는 처방은 듣지 않을 테고 새로운 정치적 흥정 제안 역시 살아남을 수 없다는 지적도 주목할 필요가 있다.[91] 이런 지적은 앞에서 말한 '정치적 패배주의'에 관련해 새로운 대타협의 모색이라는 '패배주의의 수용'마저도 별 득을 가져다주지 못하리라는 것을 함의하는 중요한 경고다.

이런 경고는 전략-관계적 국가론과 조절이론의 정치적 함의 문제로 자연스럽게 넘어갈 수 있게 해준다. 이 이론들은 계급투쟁이 가치형태 '내'에서 상대적 이득에 관한 투쟁만이 아니라 가치형태 그 자체에 대한 투쟁, 국가 '내'에서 하는 투쟁만이 아니라 국가형태 그 자체에 대한 투쟁이라는 점을 인정하면서도(1991b, 154), 가치형태나 국가형태 그 자체에 대한 투쟁보다는 이것들 '내'에서 하는 투쟁을 특권화하며 화폐형태, 임금형태, 산업관계 체계 등 사회적 형태의 복수성을 이유로 사실상 생산관계보다는 소비관계에 초점을 맞추게 된다.[92] 이 점이 바로 조절이론의 숨겨진 매력은 "패배주의를 좀더 편안하게 만들어"준다는 것이라는 비판[93]을 불러일으키고 있다고 하겠다.[94] 또한 국가의 인식에 있어서 추상화 수준을 무시하고 사회적 역관계라는 측면을 절대화시켜 자본주의 국가가 특별히 자본주의적이어야 할 이유가 없다고 파악하는 것도 국가 '내' 투쟁을 특권화하고 국가형태 자체에 대한 투쟁을 경시하는 데 기여한다. 정치적 함의에 관련해서 앞에서 지적했듯이 이 이론들이 사실상 계급투쟁을 이행의 동력이 아니라 계급적 타협 양식의 발견을 통한 조절과 재생산의 계기로 파악하는 것 역시 주목할 필요가 있다. 재생산의 특권화(이것에 따른 이행의 사실상의 포기)와 밀접한 관계가 있는 문제로서, 마지막으로, 그러나 어쩌면 가장 중요한 문제는, 전략-관계적 국가론에 정작 '전략'이 없다는 사실이다.

이 문제에 관련해서 주목할 것은 기이한 '비대칭'이다. 국가프로젝트, 헤게모니프로젝트, 축적전략 등 '자본의 전략'에 대해서는 풍부한 분석을 하고 거의 모든 논의를 여기에 집중하는 반면, 정작 중요한 저항 전략에 대해서는 침묵하고 있다. 제솝이 유일하게 저항 전략에 관해서 한 논의는 제도 정치 내부에서 벌이는 투쟁을 통한 국가 내의 민주화와 시민사회 내의 다양한 진지전에 관련된 직접민주주의 투쟁을 병행할 필요성을 주장하는 풀란차스의 언급을 인용하는 것이 고작이며(1990a), 포스트포드주의에 대해서도 새로운 대타협의 필요성을 지적하는 정도에 그치고 있다. '(저항) 전략 없는 전략관계론'이 제솝의 전략관계론이 안고 있는 근본적인 비극이다.

5. 마치며

국가도출론자 등 여러 이론가들이 보여줬듯이 마르크스의 《자본》은 또 다른 정치경제학 이론서가 아니라 생산관계에 대한 분석서이며, 정치란 토대 위에 세워진 독자적인 층위가 아니라 생산관계의 내재적 계기에 불과하다. 따라서 마르크스주의에 국가론이 부재한다는 일반적인 비판과 달리 마르크스주의의 진정한 특징이자 진정한 강점은 국가론이 없다는 점이라는 주장, 즉 정치경제학 비판이 바로 국가론(국가론 비판)이며 별도의 국가론을 만드는 일은 정치와 경제가 분리돼 있다고 생각하는 부르주아 사회과학의 함정에 빠지는 것이라는 주장은 분명히 맞다. 그러나 동시에 이런 원론적 비판을 넘어서 구체적인 자본주의 국가를 분석하고 비판하려면 이런 사실에도 불구하고 우리는 불가피하게 그 나름대로 마르크스주의적인 국가론을 만들어갈 수밖에 없다는 딜레마에 빠지고 만다.

이런 마르크스주의적인 국가론을 만들어가는 작업에 관련해, 또한 마르크스주의의 탈관념화와 재유물론화 움직임에 관련해, 제솝의 전략-관계적 국가론은 가장 첨단의 이론적 작업으로서 많은 이론적 공헌을 하고 있으며 새로운 가능성을 시사하고 있다. 그러나 앞에서 지적한 여러 문제점들을 생각할 때 그 한계 또한 무시할 수 없을 정도로 심각한 것도 사실이다. 이런 이론적 잠재력과 한계를 어떻게 발전시키고 극복하느냐에 따라 전략-관계적 국가론은 '마르크스 국가론의 최후의 보루'가 될 수도 있고 '탈마르크스로 가는 출구'로 작용할 수도 있을 것이다.

전략-관계적 국가론, 그 이후

위의 본문에서는 현대 국가론 이론가 중 가장 주목받고 있으며 마르크스주의적 국가론을 현대화하려 노력해온 밥 제솝의 국가론을 비판적으로 검토했다. 그러나 위의 본문을 쓴 뒤 상당한 시간이 흐르면서 제솝의 국가론은 많은 변화를 계속하고 있다. 제솝은 1990년대 후반 들어 자신의 이론적 여정에서 제3기라 할 수 있는 전략-관계적 국가론을 넘어 새로운 단계(제4기)로 들어서 거버넌스governance와 투명성transparance을 중심으로 새로운 국가론,[1] 즉 '체계system-네트워크적 국가론'을 개진하고 있다.[2] 다시 말해 전략-관계적 국가론이 마르크스주의적 국가론과 포스트주의적 국가론의 경계에서 마르크스주의적 국가론의 설명력을 극대화하기 위해 위험한 줄다리기를 하고 있었다면, 제4기에 들어서서는 마르크스주의하고는 거리가 먼 엉뚱한 방향으로 나아가고 있다는 것이다.

이런 변화는 제솝의 이론적 진화 과정을 보면 어느 정도 예상된 일이라고 할 수 있지만, 새로운 진화의 내용은 이전의 이론적 작업과 별 연속성이 없으며 그런 방향으로 나아가게 된 이유를 이해할 수 있게 해주는 이론적 발전의 내적 필연성도 발견하기 어려운, 고개를 갸우뚱하게 하는 방향이다. 이런 점에서 제4기에 들어가기 전에 제솝이 남긴 전략-관계적 국가론을 논외로 한다면, 이제 기대할 수 있는 마지막 마르크스주의적 국가론은 《캐피탈 앤드 클래스Capital & Class》라는 잡지를 주도하고 있는 영국 CSE 그룹의 국가론이다.[3]

제솝과 CSE 그룹의 마르크스주의 국가론의 현대화가 공통의 출발점으로 삼는 것은 위의 본문에서 소개한 독일의 '국가도출론' 내지 '자본논리'학파라고 불리는 이론적 전통[4]이다. 제솝과 CSE 그룹은 모두 전통적인 토대–상부구조론을 비판하고 국가와 정치를 생산관계의 내재적 계기로 보면서 왜 내재적 계기인 정치가 분리된 형태를 취하고 있는가 하는 형태 비판을 기본적 문제의식으로 삼는 국가도출론에서 출발하지만 전혀 다른 길을 가게 된다. 구체적으로 제솝은 국가도출론의 문제의식에서 출발하지만 여기에 그람시와 풀란차스의 전략-관계적 문제의식을 접합시키고 그 내용을 풍부하게 함으로써 과거의 추상적인 마르크스주의 국가론이 설명하고 분석할 수 없던 구체적인 자본주의 국가들을 설명하고 분석할 수 있는 '현실 분석 이론', 즉 '실증 이론empirical theory'으로서의 마르크스주의 국가론을 발전시키려 했다. 반면 CSE 그룹은 국가도출론의 문제의식에 더 충실하게 매달린다. 구체적인 현실 분석 이론으로서 마르크스주의 국가론을 발전시키기보다는, 정치와 경제를 분리된 것으로 보는 국가도출론의 국가론 비판과 국가형태 비판을 계속 밀고 나오면서(이런 문제의식에 따르면 독립된 이론으로서 국가론은 없어야 한다) 네그리류의 아우토미아 이론을 결합해 '열린 마르크스주의open Marxism'[5]라는 흐름을 형성하고 있다. 다시 말해 전자가 구체적인 서술과 분석을 위한 중범위 이론을 찾아서 '정치사회학'으로 나아갔다면, 후자는 정치경제학 비판의 문제의식을 고수했다.

분명 이 중 마르크스주의의 문제의식에 충실한 쪽은 CSE 그룹이다. 그러나 국가형태 비판의 문제의식이 정당하다고 하더라도 문제는 단순한 국가형태 비판과 국가론 비판을 넘어서 구체적인 자본주의 국가를 분석하고 설명할 수 있는 이론적 틀, 즉 '현실 분석 모델'로서의 마르크스주의 국가론의 필요성은 여전히 남는다는 사실이다. 바로 이 점에서 제4기 들어 본격화한 변신에도 불구하고 그람시와 풀란차스의 전통을 이어 제솝이 추구한 전략-관계적 국가론은 여전히 의미를 가지며, 더욱 발전시켜 나갈 필요가 있는 중요한 이론적 자원이다.

8장

푸코의 권력론 읽기
무늬만의 탈근대성*

1. 여는 글

미셸 푸코는 20세기 후반이 낳은 가장 위대한 사상가, 철학자, 이론가, 역사학자 중 한 사람이다. 특히 푸코는, 잘 알려져 있듯이, 68혁명의 정신을 잘 반영한 '68혁명의 이론가'로서 포스트모더니즘, 포스트구조주의, 포스트마르크스주의 등으로 대표되는 포스트주의를 꽃피운 포스트주의의 이론가이며, '지식의 고고학'과 '계보학'이라는 독특한 방식을 통해 그동안 이성과 동일성의 원리에 억압되던 '타자의 철학'과 '타자의 목소리'를 살려냄으로써 이론과 실천 양면에서 중요한 기여를 했다. 그러나 푸코는 무엇보다도 후기에 들어서 권력의 문제를 집중적으로 연구해 지식권력론, 미시권력론, 생체권력론 등 새로운 권력론의 장을 연 '권력 이론가'다.

이 글은 이런 사실에 관련해 푸코의 권력론을 비판적으로 검토하는 것이 목적이다. 그러나 이미 많이 나온 기존 연구들처럼 푸코의 권력론을 총체적으로 분석하고 평가하는 글은 아니다. 오히려 권력에 대한 푸코의 방대한, 그리

---

* 손호철, 《근대와 탈근대의 정치학》, 문화과학사, 2002에 실린 글을 수정하고 보완했다.

고 다양한 연구 중 분량에서는 아주 일부에 불과하지만 권력 문제를 직접적이며 가장 체계적으로 이론화한 《성의 역사 — 제1권 앎의 의지》의 제4부 2장의 '방법' 중 약 5쪽에 이르는 초반의 핵심 부분을 체계적으로 독해한 글이다. 이 밖에 이 핵심 부분의 보완으로서 《지식과 권력》, 《주체와 권력》 등 권력 문제를 이론화한 후기 저작들을 다루려 한다. 따라서 본격적인 푸코의 권력론 연구라기보다는 일종의 연구 노트라고 할 수 있다.

이런 연구는 많은 문제점을 갖는다. 잘 알려져 있듯이 권력에 대한 푸코의 위대한 저작들은 권력에 대한 '이론'적 저작이 아니라 《광기의 역사》, 《병원의 탄생》, 《감시와 처벌》 같은 역사학적이고 계보학적인 저술들이며, 푸코 자신이 '사회과학적'인 '이론화'나 '철학적 이론화'에 강한 거부감을 보였기 때문이다. "오랫동안 '사변적', 이론적 성찰은 역사에 대해서 소원한, 어쩌면 약간 오만한 관계를 유지했다. 철학자들(그리고 사회과학자들)은 생생하고 '정밀한' 1차 자료로 간주되는, 그리고 가끔은 매우 수준이 높은 역사서를 읽고는 잠시 성찰한 뒤 자신이 직접 얻은 것이 아닌 진실과 의미를 거기에 부여하기 일쑤였다. …… (이제 더는) 남들이 저 아래 내려가서 본 사실을 위에 앉아 머리로만 알고 있는 사람들을 신뢰하지 않게 되었다"[1]는 푸코의 말이 이 점을 잘 보여주고 있으며, 그 핵심 주장은 분명히 타당하다. 따라서 이 글은 권력에 관해 푸코가 "저 아래 내려가 본 사실을 위에 앉아 머리로만" 평가하는 꼴이다.

그러나 이런 문제점에도 불구하고 이 글이 주 텍스트로 삼으려 하는 문제의 부분은 푸코의 권력론을 가장 집약적으로 응집해 보여주는 핵심이며, 어떤 계보학적 연구나 역사적 연구도 이론이 없는 '순수한 원자료'에 의한 연구란 불가능하다는 점에서 이 글은 나름의 의미가 있다. 이 글에서 나는 사회과학자, 특히 정치학자로서 푸코의 권력론을 넓은 의미의 마르크스주의의 관점에서 비판적으로 독해하려 한다.

2. 텍스트

앞에서 지적했듯 이 글이 분석할 주 텍스트는 《성의 역사 — 제 1권 앎의 의지》의 제4부 2장의 '방법' 중 절반가량에 해당되는 도입부다. 조금 길지만 엄밀한 읽기를 위해 해당 부분을 축약 없이 그대로 전제하려 한다. 인용은 한국어 번역본인 《성의 역사》[2]를 기본 텍스트로 삼아 영어본과 대조해서 이상한 부분은 프랑스어 원문을 확인해[3] 수정했고, 수정 부분은 각주로 표시했다.

문제는 억압이나 법의 관점에서가 아니라 권력과의 관계에서 성에 관한 몇몇 유형의 앎이 형성된 과정을 분석하는 것이다. 그러나 〈권력〉이란 이 말은 여러 가지 오해, 그것의 실체·형태·통일성에 관한 오해를 불러일으킬 우려가 있다. 내가 쓰는 권력이라는 말은 특정한 국가 내에서 시민들의 복종을 보증하는 제도와 기제들의 총체로서의 〈대문자의 권력Power〉을 뜻하지 않는다. 권력이란 말로 나는 폭력과는 현저히 달라서 규칙의 형태를 취할 예속의 양태를 의미하고자 하는 것도 아니다. 마지막으로, 그 말은 하나의 구성요소 또는 집단에 의해 다른 구성요소나 집단에 행사되고 효과가 연속적으로 파생되어 사회구성체 전체를 가로지르는 일반적인 지배 체계를 의미하지도 않는다. 권력 면에서 행해지는 분석은 국가의 주권, 법의 형태, 또는 지배의 전반적 통일성을 **최초의 여건으로** 가정하지 않아야 한다. 이것들은 오히려 권력의 최종적 형태the terminal forms[4]에 지나지 않는다. 내가 보기에 권력이란 말에서 이해해야 할 것은 우선 출현 영역에 내재하며 하나의 조직된 전체를 구성하는 세력 관계들의 다양성이고, 끊임없는 투쟁과 충돌을 거쳐 그것들을 변화시키고 강화하며 역전시키는 놀이이고, 그러한 세력 관계들이 연쇄나 체계를 형성하게끔 서로에게서 찾아내는 뒷받침 또는 반대로 그것들을 서로 분리시키는 괴리와 모순이며, 마지막으로 세력 관계들로 하여금 효력을 발휘하게 함과 동시에 국가의 기구들, 법의 명문화, 다양한 사회적 헤게모니를 통해 전반적 구상 또는 제도상의 결정화가 구체적으로 이루어지게 하는 전략이다. 권력을 존재케 하는 조건, 또는 어쨌든 권력의 가장 "주변적인" 효과에

서조차 권력의 행사를 이해하기 쉬운 것으로 만들며 또한 그것의 기제들을 사회 영역에 대한 이해 가능성의 격자로 활용하게 해주는 관점, 이것을 최초에 존재하는 것으로서의 중심점에서 파생되어 내려가는 형태들이 넘쳐 나오는 유일한 주권의 원천에서 찾으려고 해서는 안 된다. 언제나 국지적이고 불안정한 것일망정 권력의 여러 상태를 끊임없이 유도하는 것은 바로 서로 불균등한 세력 관계들의 움직이는 받침돌이기 때문이다. 권력의 편재編在라고나 할까. 그러나 이것은 권력이 자체의 결코 무너지지 않을 통일성 아래 모든 것을 재편성할 특권을 지니기 때문이 아니라, 매 순간 모든 상황에서 또는 더 정확하게 말해서 한 지점에서 다른 지점으로 관계가 맺어지는 경우라면 어느 때라도 권력이 나타나기 때문이다. 권력은 도처에 있다. 이것은 권력이 모든 것을 포괄하기 때문이 아니라, 도처에서 발생하기 때문이다. 그리고 "보통 말하는" 권력이란, 그것이 영속적이고 반복되고 무기력하고 스스로를 재생산하는 것인 한, 그 모든 유동성들을 출발점으로 하여 뚜렷해지는 전체적 효과, 그 유동성들 하나하나에 기대며 그리고는 반대로 그것들을 고정시키려고 하는 연쇄에 지나지 않는다. 필시 명목론의 입장을 취할 필요가 있을 것이다. 권력은 제도도 아니고, 구조도 아니며, 일부 사람들에게 부여되어 있다고 하는 특정한 권세도 아니다. 그것은 주어진 한 사회에서 복잡한 전략적 상황에 부여되는 이름이다.

그렇다면 표현을 뒤집어 정치는 다른 수단에 의해 수행되는 전쟁이라고 말해야 할까? 아마 전쟁과 정치 사이의 간격을 계속 유지하려고 한다면, 오히려 〈전쟁〉의 형태로든 〈정치〉의 형태로든 그 다양한 세력관계들이 ― 결코 전적으로가 아니라 부분적으로 ― 법규화될 수 있다고 주장해야 할 것이다. 이럴 때 전쟁과 정치야말로 불균형하고 이질적이며 불안정하고 긴장된 그 세력관계들을 통합하기 위한, 그러나 어느 한쪽으로 기울기 쉬운 두 가지 전략이다.

이러한 논의의 방향을 따르면서, 우리는 몇 가지 제안을 내놓을 수 있을 것이다:

▶ 권력은 손에 넣거나 빼앗거나 서로 나눠 갖는 어떤 것, 간직하거나 놓치는 어떤 것이 아니다. 권력은 무수한 요소들로부터, 그리고 불평등하고 유동적인 관계들의 상호작용을 통해 행사된다.

▶ 권력 관계는 다른 유형의 관계들(경제적 과정, 인식 관계, 성적 관계)에 외재적인 것[5]이 아니라 그것들에 내재하고, 따라서 그러한 관계들에서 생기는 분할·불평등·불균형의 직접적 효과이며, 거꾸로 이러한 차등화의 내적 조건이다. 권력관계는 단순한 금지 또는 갱신의 역할을 지닌 상부구조의 위치에 있는 것이 아니라, 작용하는 거기에서 직접적으로 생산적인 역할을 수행한다.

▶ 권력은 아래로부터 나온다. 곧 지배하는 자와 지배받는 자 사이의 전체적인 이항 대립, 위에서 아래로 그리고 또 사회체의 밑바닥에 이르기까지 점점 더 국한된 집단들에 영향을 미치는 그 이원성이 권력관계의 원리에 일반적 모체로서 자리잡고 있는 것은 아니다. 그보다는 생산기구, 가족, 국한된 집단 제도들 안에서 형성되고 작용하는 다양한 세력 관계가 사회체 전체를 가로지르는 매우 폭넓은 균열cleavage 효과에 대해 받침대의 역할을 떠맡는다고 추정해야 한다. 이러한 분열 효과는 국지적 대결 상황들에 스며들고 그것들을 서로 연결시키는 전반적인 세력선을 형성하며, 그런 뒤에는 말할 것도 없이 그것들을 재분배하고 일렬로 줄짓게 하고 동질화하며 계통별로 정리하고 한곳에 모이게 한다. 지배적인 지배들은 이 모든 대결 상황들을 지속적으로 유지함으로써 생겨나는 헤게모니의 효과이다.

▶ 권력 관계는 의도적intentional이고 동시에 비주체적non-subjective[6]이다. 권력 관계가 실제로 명료하다면, 이것은 권력 관계가 권력 관계를 "설명해줄" 다른 작인의 — 인과율에 따른 — 결과이기 때문이 아니라, 권력 관계 구석구석에 계산이 스며들어 있기 때문이다. 이를테면 일련의 목표와 목적 없이 행사되는 권력은 없다. 그러나 이것은 권력이 개별적인 주체의 선택 또는 결정에서 유래한다는 것을 의미하지 않는다. 따라서 권력의 합리성을 관장하는 참모본부를 찾지 말자. 통치 계급도, 국가의 여러 기구들을 통제하는 집단도, 가장 중요한 경제적 결정을 내리는 자들도 한 사회에서 기능하는 (그리고 사회를 기능하게 하는) 권력의 조직망 전체를 관리하는 것은 아니다. 권력의 합리성은 서로 연관되어 서로를 끌어들이고 퍼뜨리며 다른 곳에서 버팀목과 조건을 찾아내면서 마침내 전반적 장치를 표출하는 — 권력의 국지적 파렴치라고 불러도 좋을 정도로, 제각기 자체의 제한된 개입 위상에서 흔히 매우 노골적인 — 여러 책략

들의 합리성이다. 거기에서는 논리 역시 완벽할 정도로 분명하고 목표 또한 쉽게 판독할 수 있으면서도, 그러한 책략들을 구상한 인물도 없고 그것들을 명확히 표명한 이도 거의 없는 "기이한" 현상이 일어난다: 〈고안자〉 또는 책임자가 흔히 위선 때문에 괴로워하지 않아도 되게끔 떠들썩한 책략들을 조정하는 익명의 그리고 거의 무언의 대단한 전략이 갖는 암묵적인 성격.

▶ 권력이 있는 곳에 저항이 있으며, 그렇지만 아니 더 정확히 말해서 그렇기 때문에 저항은 권력에 대해 외재하는 것이 아니다. 누구든 예외 없이 법에 종속되어 있을 것이기 때문에, 사람들은 모두 필연적으로 권력 "안에" 있고 권력으로부터 "벗어나지" 못하며, 권력에 대해 절대적으로 외재하는 것은 있을 수 없다고 말할 필요가 있을까? 아니면 역사가 이성의 농간이듯 권력은 역사의 농간이고 그래서 언제나 이득을 본다고 말해야 할까? 이것은 권력 관계의 엄밀히 관계적인 성격을 무시하는 것이라고 생각된다. 권력 관계는 다양한 저항점들과의 관련 아래서만 존재한다. 그것들은 권력 관계에서 반대자, 표적, 버팀목, 공략해야 할 모난 부분의 역할을 수행한다. 이러한 저항점들은 권력망 도처에 존재하고 있다. 따라서 권력과 관련하여 "단 하나의" 위대한 〈거부〉의 처소 — 반항의 정신, 모든 반란의 원천, 혁명가의 순수한 규범 — 가 있는 것이 아니라, 제각기 특별한 경우인 "여러" 저항들, 이를테면 가능한 것, 필요한 것, 있음 직하지 않은 것, 자발적인 것, 우발적인 것, 외로운 것, 합의된 것, 은밀히 퍼지는 것, 격렬한 것, 화해할 수 없는 것, 재빨리 타협하는 것, 이해관계로 일어나는 것, 또는 희생적인 것이 있다. 정의상 이러한 저항들은 권력 관계의 전략 영역 안에서만 존재할 수 있다. 그러나 이것은 그 저항들이 권력에 대한 반발 또는 실속 없는 보복일 뿐이며, 기본적인 지배와 관련하여 언제나 수동적이고 결국 패배하게 되어 있는 이면을 이룬다는 것을 뜻하지 않는다. 저항이 몇몇 이질적인 원칙들에서 파생하는 것은 아니다. 그렇다고 해서 필연적으로 어긋나는 속임수나 약속인 것도 아니다. 저항은 권력 관계와 한 짝을 이루는, 다른 반쪽^{odd term}이고, 환원 불가능한 대립물로 거기에 각인되어 있다.[7] 그러므로 저항도 역시 불규칙하게 배분되어 있다. 저항점과 저항의 핵심 및 발원지들은 시간과 공간 안에 어느 정도 조밀하게 흩어져 있고 때때로 집단이나

개인을 결정적으로 동원하며 육체의 몇몇 부위, 삶의 몇몇 순간, 몇 가지 유형의 행동에 불을 붙인다. 거대한 근본적 단절, 대대적인 이항적 분할인가? 때때로는 그러하다. 그러나 대개의 경우, 변화하는 균열들을 사회에 야기하여 통일성을 깨뜨리고 재편성을 부추기며, 개인들 자체에 자국을 내고 그들을 두드러지게 하고 그들의 면모를 새롭게 하며, 그들의 내부에, 다시 말해서 그들의 육체와 영혼에 환원 불가능한 영역을 구획짓는 유동적·과도적 저항점들일 따름이다.[8] 권력 관계의 그물이 기구와 제도를 가로지르면서도 정확히 그것들에 국한되지는 않는 두꺼운 조직을 형성하는 것으로 끝나는 것과 꼭 마찬가지로, 다수의 저항점들이 사회적 계층과 개별적인 개인들을 가로지른다. 그리고 국가가 권력관계들의 제도적 통합에 기반을 두고 있는 것과 유사한 방식에 의해 이러한 저항점들의 전략적 코드화가 혁명을 가능하게 할 것이라는 사실은 확실하다.[9]

3. 읽기 전략 — '낡은' 분석적 읽기

앞에서 길게 인용한 부분은 '20세기 후반의 위대한 권력 이론가'라는 푸코의 평판에 걸맞게 탁월하면서도 독특한 글쓰기와 축약적이면서도 뛰어난 통찰력이 담긴 권력의 이론화라는, 형식과 내용 양면에서 뛰어난 글이다. 이 점에서 카를 마르크스의 《공산당 선언》을 연상시킨다. 사실 문제의 글은 일종의 '포스트주의적 권력론의 《공산당 선언》'이라고 해도 별 무리가 없을 것이다.

어쨌든, 이제 문제는 이 텍스트를 어떻게 읽을 것인가다. 최근 우리 학계, 나아가 우리 사회에는 다양한 텍스트를 새롭게 읽기, 삐딱하게 읽기 등 다양한 독해법이 유행하고 있다. 바람직한 현상이다. 그러나 이 글에서 쓰는 읽기 방식 내지 전략은 그런 새로움과는 거리가 먼, '전통적'이고 '낡은', '분석적' 읽기다. '분석적' 읽기라고 해서 거창한 읽기 전략이 아니라, 우리의 분석력을 동원해서 텍스트의 핵심을 추출해내고 추출된 핵심을 비판적으로 평가하는 아주 전통적인 읽기 방식이다. 다만 '새롭게 읽기'와는 다른 '전통적 읽기' 내지 '낡은 읽기'라고만 이름 붙이기에는 무언가 어색해 '분석적'이라는 표현을 첨가했다. 푸코의 문제의 텍스트는 그 중요성에도 불구하고 이런 전통적인 분석적 방식에 의해 엄밀하게 읽힌 적이 없다는 점에서[10] 그 나름의 의미가 있다고 생각했기 때문이다. 그리고 그 구체적인 내용은 다음과 같다.

우선 푸코의 권력론을 '권력은 무엇이 아니다'라는 기존의 권력론에 대한 비판 부분과 '권력은 무엇이다'라는 푸코의 대안적 권력론을 분석적으로 재구성하는 것이다. 이 중 비판 부분의 경우 기본적으로 다양한 주류 사회과학의 권력론과 마르크스주의의 권력론을 비판 대상으로 상정하고 있다고 할 수 있다. 이 두 비판 대상 중 전자는 이 글의 관심 밖의 일이다. 따라서 이 글에서는 마르크스주의의 권력론에 대한 푸코의 비판이라는 관점에서 위 텍스트의 비판 부분을 독해하고자 한다. 이 부분이 읽기 작업의 두 번째 부분으로, 푸코의 마르크스주의 권력론이 과연 마르크스주의 권력론에 대한 정확한 이해에 기초한 것인가, 아니면 푸코가 오해에 기초해 마르크스주의가 아니라 허수아비를 상대로 내공을 겨루고 있는 것인가를 읽어내는 것이다.

여기에는 극복할 수 없는 어려움이 내재해 있다. 푸코가 기존 권력론을 비판하면서 그중 어느 부분이 주류 이론에 대한 비판이고 어느 부분이 마르크스주의에 대한 비판인지를 밝히고 있지 않다는 점이다. 따라서 푸코의 비판에서 타당하지 않은 것 중 어느 것들은 원래 푸코가 마르크스주의를 공격하려고 한 것들이라 마르크스주의에 대한 푸코의 오해 내지 무지의 결과라고 할 수 있지만, 다른 어느 것들은 마르크스주의에 대한 푸코의 오해 내지 무지의 결과가 아니며 애당초 마르크스주의가 아니라 주류 이론에 대한 비판이었을 가능성을 상정해야 한다. 그러나 후자의 경우도 푸코가 마르크스주의를 오해한 것은 아니더라도 최소한 마르크스주의가 이야기한 내용을 반복하고 있다고 할 수 있다. 즉 푸코의 권력론은 주류 이론에 대해서는 새로운 비판일 수 있지만 마르크스주의에 대해서는 마르크스주의가 주장해온 내용을 반복하고 있는 것일 따름이다. 또 다른 어려움은 마르크스주의 자체가 갖는 정체성의 모호성이다. 물론 마르크스주의가, 이 주제에 관련해 마르크스주의 권력론이 무엇인가는 논쟁적 주제다. 그러나 이 글에서는 일반적으로 마르크스주의 권력론이라 할 수 있는 '표준적 저작'들, 특히 마르크스 자신의 저작을 중심으로 하되, 마르크스 자신이 체계적인 권력론을 남기지 않은 탓에 마르크스의 저작을 현대적으로 재해석한 대표적인 마르크스주의 정치학자이자 푸코의 동시대인으로서 푸코와 많은 대치점을 갖고 있는 니코스 풀란차스의 저작을 마르크스주의 권력론의 텍스트로 삼아 논의를 진행하려 한다.

읽기의 세 번째, 즉 마지막 부분은 푸코의 마르크스주의 비판 중 마르크스주의에 관한 이해가 정확한 경우에 대한 평가 작업이다. 이 경우 마르크스주의의 주장과 푸코의 대안적 권력론이 정면으로 충돌하는데, 이 중 어떤 것이 옳은 것인지를 판단하려 한다. 아니 이런 극단적인 경우가 아니더라도, 즉 두 이론이 명시적으로 서로 충돌하지 않더라도, 마르크스주의가 침묵해온 새로운 정당한 권력론을 푸코가 주장하고 있는 부분이 어느 것인지를 밝혀내려 한다. 지금까지 논의한 읽기 전략을 요약해 정리하면 다음과 같다.

〈경우 1〉 주류 이론 비판(마르크스주의 해당 무) — 마르크스주의도 이야기해온 것으로 푸코의 새 공헌 아님

〈경우 2〉 마르크스주의 비판

　〈경우 2-가〉 마르크스주의에 대한 오해에 따른 비판(사실은 푸코 주장=마르크스주의) — 푸코의 무지의 결과

　〈경우 2-나〉 마르크스주의에 대한 올바른 이해에 기초한 비판

　　〈경우 2-나-1〉 마르크스주의가 옳고 푸코가 틀렸다
　　　　　　　　　(푸코의 오류 내지 침묵)

　　〈경우 2-나-2〉 푸코가 옳고 마르크스주의가 틀렸다
　　　　　　　　　(마르크스주의의 오류 내지 침묵)[11]

4. 읽기

이제 앞에서 설명한 읽기 전략에 따라 텍스트를 본격적으로 읽을 차례다. 이런 읽기는 위의 읽기 전략대로 우선 텍스트에서 푸코의 기존 권력론 비판과 대안적 권력론을 테제 형식으로 뽑아내는 일에서 시작될 수밖에 없다. 그리고 그 내용들은 텍스트의 앞부분에서 뒷부분으로 나가는 순서대로 뽑아보면 다음과 같다(편의상 앞에 푸코가 비판하는 기존 권력을 배치했고 뒤에는 대안적 권력론을 대비시켰다).[12]

1) 법적, 제도적 권력론/(현실) 관계적 권력론

2) 권력의 통일성/권력의 통일성 부정

3) 국가중심성/미시 권력

4) 권력의 단일 원천성/권력의 편재성

5) 구조적 권력론/상황적 권력론

6) 권력의 고정성/권력의 유동성

7) 실체론(소유론)/명목론(전략적 상황)

8) 외재성 테제/내재성 테제

9) 일원성(계급환원론)/다원성(모든 사회적 관계)

10) 상부구조/내재성

11) 억압, 금지/생산성

12) 위로부터의 권력론/아래로부터의 권력론

13) 주체주의/의도적 비주체주의

14) 권력·저항 분리론/권력 속에 저항의 내재성

15) 단일 저항 지점 특권화/특권화 부정

이제 이 15개 테제들을 하나씩 구체적으로 살펴볼 차례다. 편의상 우선 각 테제별로 비판에 관련된 해당 부분을 찾아 이것이 마르크스주의에 대한 합당한 비판인지 아니면 푸코의 오해인지를 검토해보려 한다. 그리고 위 15개 테제들은 사실 표현만 다를 뿐 내용이 비슷한 것들도 있기 때문에 그런 경우 함께 묶어서 논의하려 한다.

1) 법적 제도적 권력론/관계적 권력론

푸코는 권력이 단순히 법이나 "특정한 국가 내에서 시민들의 복종을 보증하는 제도와 기제들의 총체"(즉 일상적으로 '정부')를 의미하지 않는다고 비판한다. 분명 일반인들 사이에는 권력을 법과 정부 같은 제도에 연관시키는 경향이 지배적이고, 주류 사회과학의 경우 이런 인식은 학자들 사이에도 상당히 널리 유포돼 있다. 따라서 푸코가 이 문제를 강조한 것은 적절하다. 그러나 이런 비판은 푸코의 기본 권력론 비판 중 가장 초보적인 수준에 해당하는 것으로, 주류 사회과학에는 해당될지 모르지만 마르크스주의에는 전혀 해당되지 않는 비판이다.

우선 법적 권력론의 경우 유명한 〈정치경제학 비판 서문〉에 나오는 "생산관계들 혹은 이 생산관계들의 법률적 표현인 소유관계들"[13]이라는 표현이 보여주듯이 마르크스가 사회 현상에 대한 법적 접근에 비판적이었다는 것은 상식에 속한다. 사실 20세기 초반 이른바 소유와 경영이 분리되기 시작한 경영자 혁명이 일어나자 일부 학자들은 마르크스의 계급 개념이 생산수단의 법적 소유 여부인 것으로 오해하고 법적인 소유권을 가지지 않은 경영자, 즉 '고급 노동자'들이 기업을 경영하게 됐으니 마르크스의 계급론은 시대착오적인 것이 됐다는 주장을 하기는 했다.[14] 그러나 위의 인용이 보여주듯이 마르크스에게 중요한 것은 실질적 생산관계고, 소유관계는 생산관계의 법적인 표현에 불과했다. 마찬가지로 마르크스주의는 권력을 분석하는 과정에서 단순히 법률에 의한 법적 권력관계를 주목하지 않고 실질적인 권력관계에 초점을 맞춰왔다.

제도적 접근에 대해서는, 물론 마르크스주의 권력론이 '국가'라는 제도에 관련된 '국가론'을 중심으로 전개돼온 것은 사실이다. 그러나 마르크스주의 국가론이 권력을 제도와 등치시키는 제도적 권력론은 결코 아니다. 그것은 마르크스가 파리 코뮌 분석에서 "노동자 계급은 단순히 이미 만들어진 국가 장치를 장악해 자신들의 목적에 사용할 수는 없다"[15]고 분석한 것에서, 나아가 이런 언명에 기초해 과거 마르크스레닌주의적 전통이 기본적으로 부르주아 국가를 장악하는 것이 아니라 분쇄해야 한다는 '분쇄 테제'를 기본 입장으로 유지해온 점이 잘 보여주고 있다. 권력을 단순히 제도로 인식했다면 분쇄 테제가 아니라, '국가장치의 장악=국가 권력의 장악'이라는 사회민주주의적 권력론에 기초해 선거를 통한 국가장치의 점진적 장악 전략으로 나아갔을 것이다. 다시 말해 사민주의의 권력론이라면 모를까 마르크스주의는 제도적 권력론과 거리가 멀다. 이런 문제의식은 풀란차스의 다음 같은 주장이 가장 극명하게 보여준다. "'국가 권력' 같은 표현, 즉 제도들에 권력을 부여하는 것처럼 보이는 표현이 갖는 의미를 명확히 할 필요가 있다. 엄밀히 말해서 다양한 사회적 제도들, 특히 국가 제도들은 어떤 권력도 갖지 않는다. 권력의 측면에서 바라볼 때, 제도들은 사회 지배 계급에 관련돼 있을 뿐이다. 이 사회 계급들의 권력이 권력 센터인 특정한 제도들을 통해 조직되는 것이며, 이런 맥락속에서 국가는 정치권력 행사의 가장 중요한 센터다."[16]

한마디로, 마르크스주의는 결코 법적, 제도적 권력론이 아니며, 아래에 설명하겠지만 대표적인 '관계적' 권력론이다. 따라서 이 부분은 위의 분류 중 〈경우 1〉(마르크스주의 해당 무)이나 〈경우 2-가〉(마르크스주의에 대한 푸코의 무지)에 해당된다.

2) 권력의 통일성/권력의 통일성 부정(?)

이 부분은 가장 중요하며 가장 논쟁적일 수 있다. 마르크스주의 권력론, 좀더 구체적으로 마르크스주의 국가론을 다른 이론들(다원주의, 포스트마르크스주의 등)과 구별해주는 가장 중요한 차이는 '자본주의 국가=자본가 계급의 권력'이라는 계급국가론이다. 그리고 마르크스주의가 이렇게 주장하는 이유는 마르크스주의 국가론에 (국가)권력은 나눠 가지고 싶다고 해서 분점되는 것이 아니라 단일한 계급의 권력이라는 '(국가)권력 통일성 테제'가 이론적 전제로 자리잡고 있기 때문이다. "일반적으로 국가는 가장 강한, 경제 지배 계급의 국가"라는 엥겔스의 유명한 정식화[17]부터 레닌은 말할 것도 없고 그람시, 발리바르, 풀란차스, 그것도 68혁명 뒤 상당한 자기비판을 거친 후기 풀란차스까지[18] 일관되게 나타나는 것이 바로 이 '국가 권력 통일성 테제'다.

이 권력의 통일성 테제는 과거에는 자본주의 사회에서 국가 권력은 다양한 사회 집단에 분산돼 있다는 다원주의 국가론, 즉 자본주의 국가는 민주적 국가라는 민주주의론에 의해 주로 공격을 받았다. 그러나 최근 들어서는 포스트마르크스주의, 포스트모더니즘의 미시권력론 등이 권력의 통일성을 부당 전제한다는 비판을 가하고 있다. 권력의 통일성 테제는 마르크스주의의 근대성과 관념성을 보여주는 대표적인 사례라는 것이다. 그러나 이 문제가 논쟁적인 이유는 마르크스주의 때문이 아니라 오히려 푸코 때문이다. 구체적으로, 위의 인용문으로 돌아가보면 권력은 "사회구성체 전체를 가로지르는 일반적 지배 체계를 의미하지 않"으며 "지배의 통일성을 …… 가정하지 않아야 한다"는 것이 푸코의 주장이기 때문이다. 따라서 쟁점은 푸코가 다른 포스트주의자들처럼 권력의 통일성을 부정하고 있느냐는 것이다. 일반적 통념은 '그렇다'다. 그러나 전혀 그런 것 같지 않다. 푸코가 부정하는 것은 권력의 통일성 자체가 아니다. 푸코는 "지배의 통일성을 **최초의 여건으로** 가정하"는 '선험적인 권력의 통일성 테제'를 부정하고 있을 뿐이다. "사회구성체 전체를 가로지르는 일반적 지배 체계"라는 부분도 일반적 지배 체계, 즉 권력의 통일성 그 자체를 부정하는 것이 아니라 그 앞에 놓인 형용구 부분("하나의 구성요소 또는 집단에 의해 다른 구성요소나 집단에 행사되고 그 효과가 연속적으로 파생되어 사회구성체 전체를 가로지르는")이다. 다시 말해, 이 경우도 부정하는 것은 권력의 통일성 그 자체가 아니라 권력의 단일 원천이다(아래 참조).

그렇다면 이제 남은 문제는 마르크스주의가 푸코가 비판하는 선험적 권력론이냐는 것이다. 그렇게 쉽지 않은 질문이다. 사실 모든 선험론이 마르크스주의가 표방하는 '유물론의 적'임에도 불구하고 마르크스주의가 유물론이라는 이름 아래 관념론화돼온 사실은 부인할 수 없으며, 권력의 통일성 테제 역시 상당히 관념론화되고 선험론화돼온 것은 사실이다. 그러나 동시에 곰곰이 생각해보면 이것은 단순한 선험적 테제가 아니라 노예 사회부터 현대 사회에 이르는 역사를 연구한 과정에서 나온 현실 연구의 결과다. 그리고 마르크스, 레닌, 그람시, 풀란차스에게 물어보면 아무도 자신들이 권력의 통일성을 "최초의 여건으로 가정"했다고 답하지 않을 것이다.

마르크스주의는 그렇다 치고 푸코는 어떤가? 앞에서 봤듯이 푸코는 미시 권력론자인 동시에 포스트주의자치고는 예외적이게도 권력의 통일성론자라 할 수 있다. 앞에서 인용한 두 부분 말고도 "균열들을 사회에 야기하여 **통일성을 깨뜨리고**"라는 구절은 통일성이 전제돼야 통일성을 깨뜨릴 수 있다는 점에서 푸코가 권력의 통일성론자임을 보여주며, 이 점은 "국가가 **권력 관계들의 제도적 통합**에 기반을 두고 있는"이나 "(국지적 권력들의) 상호 연결 관계가 …… 어느 정도 **일관성을 갖는 단일한 전략**의 형태로 조직된다"[19] 등에서도 확인된다. 이 점이 바로 푸코의 강점이자 약점이다. 권력의 통일성 테제를 인정하지 않은 한, 우리는 체제의 '재생산'을 설명할 수 없다. 미시 권력의 '우연한' 접합으로 수백 년 동안 이어진 자본주의의 재생산을 어떻게 설명할 것인가? 어떻게 해서 무수한 미시 권력들이 서로 충돌하고 갈등을 일으켜 자본주의를 붕괴시키지 않고 지금까지 자본주의가 재생산되는 방향으로 나왔는가? 우연적 접합이라는데 이 세상에 수백 년 지속되는 '우연'도 있는가? 포스트주의의 이 맹점을 피하기 위해 푸코는 권력의 통일성을 인정하고 있으며, 그것이 바로 푸코의 강점이다. 그러나 동시에 관념론적이고, 선험적인 권력의 통일성 테제는 부정한다는 점에서 푸코는 비선험적인, '사후적 권력의 통일성' 론자라 할 수 있다. 여기까지는 모든 것이 완벽하고 멋지기만 하다!

그러나 문제는 미시 권력이 어떻게 통일성(거시적 필연성)으로 전화되느냐는 것이다. 이 문제에 대해 푸코는 사실상 완전히 침묵하고 있다. 기껏해야 "권력의 구체적인 메커니즘을 분석하고, 이것들의 연결고리를 찾아내고, 조금씩 전략적 지식을 쌓아가야 한다"[20]는, 천 번 만 번 맞는 이야기지만 공허하기 짝이 없는 조언을 할 뿐이다. 나아가 푸코는 《감시와 처벌》, 《광기의 역사》, 《성의 역사》 등 불후의 명작을 남겼지만 이런 연구에 의해 얻어진 전략적 지식들이 자본주의 체제의 재생산을 설명해주기에는 턱도 없이 부족하기만 하다. 이 점에서 푸코는 말로는 '선험적 권력의 통일성 테제'를 비판하며 '사후적 권력의 통일성 테제'를 주장하고 있지만 실제 내용에서는 사실상 '선험적 권력의 통일성 테제'를 주장하고 있다.[21] 결국 푸코는 근대 이론과 탈근대 이론의 좋은 점만을 그저 병렬하고 있을 뿐이다.[22] 포스트주의적 입장에서 미시권력론과 권력의 '사후적' 통일성 테제를 주장해 근대 이론의 문제점 중 하나인 선험론과 관념론을 피하면서도, 동시에 미시권력론으로는 그동안의 자본주의의 재생산을 설명할 수 없다는 점을 잘 알기 때문에 근대 이론의 권력의 통일성 테제를 수용하고 있는 것이다.

사상누각 같은 이 두 병렬 사이에 실종된 핵심 고리, 즉 미시 권력이 어떻게 거시적 필연성(권력의 통일성, 재생산)으로 전화되느냐는 것이 바로 마르크스주의 국가론이 그동안 그토록 고민하고 숱하게 논쟁해온 핵심 주제다! 그리고 후기 풀란차스의 경우 푸코의 《성의 역사》와 비슷한 시기에 출간한 저서를 통해 시민사회에서 분리된 국가라는 자본주의 국가의 물질적 틀과 형태가 어떻게 해서 그 형태 속에 내장된 '전략적 선택성'과 '구조적 선택성'을 통해 모순된 다양한 전략과 전술들을 걸러내어 특정 정세와 힘의 역관계 속에서 자본주의의 재생산에 필요한 일관된 전략과 통일성을 사후적으로 만들어내는 가를, 부족하지만 그런대로 설득력 있게 설명했다.[23] 이 점에서 권력의 통일성 테제에 관한 한, 상대적으로 더 선험적이고 더 관념적인 것은 마르크스주의가 아니라 푸코다.

뿐만 아니라 이런 문제를 피하기 위해 푸코의 인용문들을 푸코가 권력의 통일성 테제 자체를 부정한 것으로 독해한다고 해서 문제는 해결되지 않는 다. 아니 이런 경우 그동안의 역사적 재생산을 전혀 설명하지 못한다는 점에 서 더 큰 문제를 불러일으킬 뿐이다. 결론적으로 이 부분은 앞에서 열거한 경 우 중 〈경우 2-가〉이거나 〈경우 2-나-1〉일 것이다.

3) 국가 중심성/국가 중심성의 부정과 미시 권력들(?)

앞에서 살펴봤듯이 마르크스주의는 권력을 국가라는 제도와 결코 등치시키 지 않고 국가는 고유한 권력을 갖지 않는다고 주장해왔다. 그러나 동시에 "모 든 혁명은 국가 권력의 문제다"라는 레닌의 언명이 가장 상징적으로 보여주 듯이, 마르크스주의의 권력론은 '권력 행사의 중심 센터'인 국가를 중심으로 전개돼왔다. 반면에 푸코는 일반적으로 권력 문제에서 국가의 중심성을 부정 하는 미시권력론자로 알려져왔다. 그러나 이런 인식은 오해에 불과하다. 이런 오해는 '푸코=미시권력론자'라는 통념에다가 "국가의 주권 …… 등은 오히려 권력의 **최종적 형태**에 지나지 않는다"는 구절이 "오히려 권력의 **말단적** 형태 에 지나지 않는다"로 잘못 번역돼 푸코가 '국가=권력의 말단적 형태'라고 주 장한 것으로 잘못 소개된 탓에 생겼다.[24] 푸코가 미시 권력을 강조한 미시권 력론자인 것은 사실이지만 국가의 중심성을 부인하지는 않았다.

물론 앞의 인용문 중에는 국가의 중심성을 부정하는 주장은 없지만 그렇 다고 국가의 중심성을 명시적으로 주장한 부분도 없다. 다만 "국가의 기구들 …… 을 통해 전반적 구상 또는 제도적 결정화가 구체적으로 이루어"진다는 주장이나 "국가가 권력 관계의 제도적 통합에 기반을 두고 있"다는 주장 등에 서 푸코가 국가의 중심성을 믿었다는 사실을 간접적으로 유추 해석할 수 있을 정도다. 그러나 그 뒤 저작들에서는 국가의 중심성 테제가 명시적으로 나타난다. 이를테면 "**미시적인 권력 메커니즘들이 역사의 어느 시점에서인가 부르주아의 이익을 대표하게 됐다. …… 그리고 연구돼야 할 어떤 이유에서인가, 이 미시적인 권력 메커니즘들이 전반적 지배 메커니즘과 국가에 포섭되고 이것들에 의해 유지되게 됐다**"[25]거나 "현대 사회에서 국가는 단순히 권력 행사의 특수한 상황들이나 형태들 중 하나(설사 그것이 가장 중요한 것이라고 할지라도)가 아니라 특정한 방식에 의해 **모든 권력 형태들은 국가에 관련돼 있다.** 그러나 이것은 그 모든 것들이 국가에서 도출되기 때문이 아니라 **모든 권력관계들이 점점 국가의 통제하에 놓여지기 때문**이다"[26]고 쓰고 있다. 이렇게 후기로 갈수록 푸코는 국가의 중요성을 강조하고 국가의 중심성 테제를 강조하는 방향으로 나아가고 있었다. 따라서 국가의 중심성에 관한 한, 일반적인 통념과 달리 마르크스주의와 푸코 사이의 차이는 없다.

다만 문제는 상호 연관돼 있는 두 가지 사안이다. 하나는 미시 권력의 문제고, 둘째는 미시 권력과 국가 간의 관계 문제다. 분명 마르크스주의는 '미시 권력'이라는 용어를 사용하지 않았다. 그러나 우리가 흔히 정부나 국가라고 부르는 국가장치를 넘어서 생산 현장, 시민사회에 내장된 다양한 권력 기제(특히 그람시의 경우)들에 관심을 가져온 것도 사실이다. 또한 국가론에서도 추상적인 국가론을 넘어서 구체적인 통치 기제들에 대한 구체 연구의 필요성을 누누이 강조해왔다. 그러나 실제 연구에서 이런 미시 권력에 대한 연구가 공백으로 남겨져온 것도 사실이다. 따라서 미시 권력 문제는 마르크스주의 스스로 숱하게 인정해온 마르크스주의의 취약점이며 푸코가 엄청나게 중요하게 공헌한 부분이다. 그러나 동시에 짚고 넘어갈 점이 있다. 미시 권력에 대한 관심을 불러일으키고 여기에 관련된 계보학적 연구들을 모범적으로 보여줬지만, '권력 통일성' 문제에서 이미 지적한 대로 푸코는 정작 중요한 문제, 즉 이 미시 권력들이 어떻게 국가를 통해 통일성을 획득하느냐 하는 문제는 오히려 마르크스주의보다도 잘 설명하지 못하고 있다는 사실이다.

둘째, 미시 권력과 국가의 관계에서 쟁점이 되는 것은 '선후 관계'다. 앞에서 봤듯이 푸코도 미시 권력의 기제들이 국가의 통제하에 있다는 점을 인정하고 있다. 그러나 마르크스주의가 국가에 의한 위로부터의 통제를 강조한다면 푸코는 역사적으로 권력은 '선 미시 권력 메커니즘, 후 국가로의 포섭'의 과정을 밟아왔다고 주장하고 있다. 물론 국가에 의한 위로부터의 통제를 일면적으로 주장하는 것도 문제지만 푸코의 주장 역시 문제가 많다. 즉 푸코는 미시 권력이 먼저 만들어지고 이것이 나중에 국가에 의해 포섭된다고 주장함으로써 미시 권력의 메커니즘을 만들어내는 국가 권력의 '창조적 역할'과 '생산적 역할'을 부정하는 잘못을 저지르고 있다. 또한 미시 권력이 국가에 포섭되기 전의 자본주의의 어느 시점 이전에는 국가의 도움이 없이 다양한 미시 권력만으로 자본주의 체제가 재생산됐다는 주장을 하고 있는 셈이다.

이 문제에 밀접한 관련이 있는 것이 "권력은 아래로부터 나온다"는 푸코의 그 유명한 테제다. 그러나 이 문제는 다음에 다루기로 하고, 여기에서는 그만 줄이려 한다.

4) 위로부터/아래로부터, 단일 원천/편재성

"권력은 아래로부터 나온다"는 푸코의 테제는 그 명성과 문학적 표현다운 우아함에도 불구하고, 사실 내 지적인 한계, 서구식 이성중심주의라면 직관과 감수성의 한계, 염화시중의 웃음을 척하면 알아들을 수 있는 '도력'의 한계 때문에 나는 정확한 의미를 이해할 수 없다. 결국 이것은 다양한 미시 권력들이 존재하고 이 미시 권력들이 모여 아래에서 위로 올라가며 권력의 통일성을 사후적으로 달성한다는 이야기인가? 그렇다면 이 말은 미시권력론을, 그리고 선험적 권력 통일성 테제 비판을 다르게 표현한 것에 불과하다. 그것이 아니라면 "권력은 아래로부터 나온다"는 테제만이 가진, 고유하고 심오한 뜻은 무엇인가? 별로 없는 듯하다는 것이 내 판단이다.

"권력은 도처에 있다"는 권력편재론도 마찬가지다. 이것 역시 미시권력론, 아래로부터의 테제의 또 다른 표현일 뿐 고유한 의미는 없는 듯하다. 아니, 더 정확히 표현하면, 미시권력론과 아래에서 살펴볼 사회적 관계의 다차원성론(계급환원론에 대비되는)이 결합해서 나타난 권력론의 가장 급진적 테제가 바로 "권력은 도처에 있다"는 표현일 것이다.

오해를 막기 위해, 명확히 하고 넘어갈 점은 결코 이런 주장이 푸코가 말한 이 구절들의 역사적 의미를 과소평가하려 하는 것은 아니라는 점이다. 특히 "권력은 도처에 있다"는 주장은 마르크스주의를 포함해 역사상 가장 급진적인 권력론이라고 나는 생각한다(비슷하게 생각할 수 있는 사례는 조금 의미는 다르지만 조지 오웰의 《1984》 정도일 것이다). 다만 그 주장도 핵심 테제들을 간단한 말 속에 집약한 탁월한 표현을 제외하면 푸코의 다른 주장들, 즉 미시권력론, 사전적 권력 통일성 테제 비판, 사회적 관계의 다차원성을 결합한 것일 뿐 또 다른 고유한 내용을 담고 있지는 않다는 점을 지적하고 싶다.

또 다른 문제는 아래로부터의 권력, 권력 편재성 테제와 국가가 맺는 관계다. 도처에 편재해 아래로부터 권력을 만들어내는 미시 권력의 장치들이, 바로 위의 인용처럼 "국가에 의해 포섭되고 유지"된다면, 그리고 "점점 국가의 통제하에 놓"이게 된다면, 그것은 '위로부터의 권력론'(도처에 있는 아래로부터의 권력을 위로부터 국가가 통제하는 궁극적인 위로부터의 권력론)이 아닌가?[27] 그렇다면 푸코는 후기에 들어서 초기의 아래로부터의 권력론, 권력 편재성 테제에서 점점 국가의 중심성, 위로부터의 권력론으로 변해온 것은 아닌가? 그렇지 않다면 국가 통제 테제는 아래로부터의 권력론, 권력편재론을 보완하는 병렬적 테제인가? 이 중 어느 것이 맞는 독해인지는 알 수 없다. 그러나 확실한 것은 아래로부터의 권력론과 권력편재론이 미시권력론에 견줘 새로운 내용이 별로 없을 뿐 아니라 국가의 중심성 테제와 국가의 통제론 때문에 우리가 생각해온 것보다 훨씬 보잘것없는 위상으로 축소된다는 사실이다.

5) 실체론(소유론)/명목론(전략관계적 권력론)

"권력은 손에 넣거나 빼앗거나 서로 나눠 갖는 어떤 것", 즉 물thing이 아니라 불평등한 사회적 관계와 "전략적 상황에 부여된 이름"일 뿐이라는, 반실체론적이고 명목론적인 권력론은 푸코의 권력론의 또 다른 핵심 부분이다. 그러나이 문제는 제도적 권력론과 밀접히 관련돼 있으며, 제도적 권력론처럼 논의하기 쉬운 초보적인 주제다. 한마디로 실체론적 권력론은 마르크스주의에 관련해서는 해당 사항이 없기 때문이다.

제도적 권력론에서 이미 지적했듯이 마르크스주의는 권력을 장악하거나 소유해야 할 제도로서의 국가의 문제로 파악하지 않았다. 오히려 마르크스주의는 마르크스의 공장 전제정 비판 등이 보여주듯이 사회적 관계, 즉 계급 관계가 권력관계라고 인식한 관계적relational 권력론의 선구자다. 국가 문제에서도 장악 테제 비판이 보여주듯 국가를 장악해야 할 물thing로 보지 않았을 뿐만 아니라, 국가 권력 통일성 테제에도 불구하고 보나파르티즘 분석에서 나타나는 "서로 적대하는 계급들의 힘이 거의 균형을 이루는 시기"[28] 등이 보여주듯 일찍부터 국가 권력의 문제를 사회 세력 간의 힘의 관계를 중심으로 설명해왔다. 그람시는 이것을 더욱 발전시켜 국가는 지배 계급의 국가이지만 동시에 그 한계 안에서 "근본 집단과 피지배 집단의 이익 간의 불안정한 평형 상태"[29]라는 관계적 국가론, 관계적 권력론을 이론화했다. 끝으로 풀란차스는 구조주의적이라고 비판받은데다가 심지어 자기비판까지 한 초기 저작에서 이미 그람시의 이런 문제의식을 계승하고 있으며,[30] 후기에 이르러서는 아예 국가란 사회 세력들 간의 "힘의 역관계의 물질적 응집"[31]이라는 '관계적' 국가론을 체계적으로 정식화하게 된다.

그러나 동시에 짚고 넘어가야 할 것은 마르크스주의가 이처럼 실체론적 권력론하고는 거리가 멀어도 한참 먼 관계적 권력론의 원조인데도, 몇몇 표현 때문에 마르크스주의를 제대로 읽지 않은 이론가들이 마르크스주의를 실체론적 권력론으로 오해하게 만드는 한편 마르크스주의 안에서도 이렇게 생각하는 경우가 생긴 측면이 있다는 사실이다. 문제의 몇몇 표현이란 다름 아니라 "국가 권력의 장악", "국가 권력의 보유"다.[32] 이 표현들은 국가 권력을 마치 장악하고 보유할 수 있는 실체적인 무엇으로 생각하게 만든 경향이 있다. 그러나 이런 구절은 표현의 어려움에 기인한 것으로, 권력은 장악하는 그 무엇이 아니라고 주장해온 푸코 역시 서구 휴머니즘을 비판하는 도중에 휴머니즘이 서구 문명에서 "권력에 대한 욕구를 금기시하고 **권력을 장악**seize**할 기회**를 배제시켰다"[33]는 표현이나, 자신의 작업은 "권력에 대한 투쟁"이고 이 투쟁은 대중의 의식을 깨우거나 대중에게 '참된' 욕구를 가르쳐주는 것이 아니라 "권력을 위해 투쟁하는 사람들과 함께"해 **권력을 장악하는**take power **것**"[34]이라는 표현을 쓴 적이 있다는 사실을 상기해야 한다.

앞에서 지적한 대로 마르크스주의가 줄곧 국가장치의 장악이 국가 권력의 장악을 의미하지 않는다고 주장해온 점에서, 물론 마르크스주의에서는 국가 권력의 장악이나 국가 권력의 보유가 국가장치의 장악이나 국가장치의 소유를 의미하지 않는다. 그렇다면 마르크스주의가 국가 권력의 장악이나 소유를 통해 의미해온 것은 과연 무엇이냐는 의문이 남는다. 다시 말해 우리는 무엇을 보고 노동자 계급이 국가 권력을 장악했다고 이야기할 수 있을까 하는, '국가 권력의 장악' 여부에 대한 판단 기준의 문제다. 개인적으로 이 문제를 곰곰이 생각해보고 얻은 결론은 결국 생산관계와 계급관계의 근본적 변혁이 기준이라는 것이다. 생산관계가 근본적으로 변혁될 때, 그래서 국가 권력의 성격에 근본적인 변화가 생길 때, 우리는 비로소 국가 권력을 '장악'했다고 이야기할 수 있다는 이야기다. 그렇다면 지배적 생산관계의 변혁과 유지라는 문제가 잘못 표현된 말이 바로 국가 권력의 장악이나 소유라는 구절일 것이다. 따라서 정확한 표현은 국가 권력의 장악은 "국가 권력의 변혁"(권력은 장악하는 것이 아니라 권력관계를 변화시키는 것이고, 그리하여 권력관계의 성격을 변화시키는 것이니까), 국가 권력의 소유는 바로 "국가 권력의 재생산"일 것이다. 따라서 앞으로는 이렇게 표현해야 한다.

　권력은 "**전략**적 상황에 부여된 이름"일 뿐이라는 주장이 보여주듯이 푸코의 권력론은 관계적이면서 동시에 권력은 전략이라는 전략적 권력론이다. 이 부분은 고전적 마르크스주의에서는 생소하다. 마르크스주의 논의들이 대부분 실천적 전략에 관한 논의들이지만 기이하게도 고전적 마르크스주의 중에서 권력 문제를 전략이라는 문제의식 아래 다룬 사례는 없는 듯하다. 이 점에서 푸코의 논의는 새로우며, 분명히 중요한 이론적 진전이다. 따라서 나는 이 논의야말로 푸코의 권력론 중 가장 독창적이고 가장 높이 평가해야 할 부분이라고 생각한다.

　그러나 이 논의를 푸코와 동시대를 산 마르크스주의 이론가인 풀란차스와 비교하면 상황은 달라진다. 다시 말해, 새롭지 않다. 풀란차스는 푸코의《성의 역사》와 비슷한 시기에 출간한 후기 저작에서 다음처럼 전략적 국가론과 전략적 권력론을 개진한 적이 있기 때문이다. "국가를 힘의 역관계의 물질적 응집으로 위치지우는 데 있어서 우리는 동시에 국가를 권력의 네트워크가 교차하는 **전략적 장과 과정**으로 이해해야 한다. …… **국가라는 전략적 장 속에서** …… **다양한 전술** 등이 서로 교차하고 갈등하고 특정한 국가장치 안에서 목표물을 발견하면서 궁극적으로 …… 일관된 일반 전략의 국가적 수립이 이루어진다"(강조는 인용자).[35]

　결국 실체론 비판과 그 대안으로서의 관계적 권력론은 〈경우 1〉이나 〈경우 2-가〉인 또 다른 대표적 사례다. 다만 전략적 권력론은 고전적 마르크스주의가 침묵해온 문제라는 점에서 후기 풀란차스 이전의 마르크스주의에 관한 한 〈경우 2-나-2〉라고 할 수 있다.

6) 구조적, 고정적 권력론/상황적, 유동적 권력론

푸코는 "권력은 …… 구조도 아니고 …… 한 사회에서 복잡한 전략적 **상황**에 부여되는 이름이다"는 언명을 통해 구조적 권력론을 비판하고 상황적 권력론을 대안으로 제시한다. 이것은 권력관계란 고정된 것이 아니라 당사자들이 어떤 전략을 택하느냐에 달려 있다는 문제의식에 연결돼 있는 점에서 전략적 권력론의 당연한 귀결 내지 또 다른 표현이다. 또한 권력관계가 이처럼 전략에 좌우되고 상황적이면 당연히 고정적이지 않고 유동적일 수밖에 없다는 점에서 권력의 유동성 테제로 연결되기도 한다("끊임없는 투쟁과 충돌을 거쳐 그것들을 변화시키고 강화하며 역전시키는", "그 모든 유동성들을 출발점으로 하여 …… 그 유동성들 하나하나에 기대며").

물론 구조 결정적인 권력론, 권력관계의 고정성 테제는 잘못된 것이다. 그러나 마르크스가 구조를 강조했는지 몰라도 구조결정론자는 아니었다는 점은 긴 설명이 필요 없다. "모든 단단한 것은 녹아서 허공으로 사라진다"는, 포스트주의자들이 자주 인용하는 《공산당 선언》의 유명한 구절을 인용하지 않더라도 마르크스가 권력관계의 고정성을 주장하지 않았다는 점도 긴 설명이 필요 없을 것이다. 아마도 푸코의 비판에 가장 가까운 사례가 있다면, 이른바 '구조주의적 마르크스주의', 특히 초기 알튀세르의 영향을 받은 '초기' 풀란차스일 것이다. 그러나 풀란차스 역시 "구조적 인과성에 대한 계급투쟁의 우위"를 주장한 후기는 말할 것도 없이 초기에도 구조환원론자는 아니었으며 구조와 계급투쟁(즉 전략)의 변증법을 누누이 강조했다.[36]

문제는 오히려 푸코 쪽에 있다. 구조결정론적인 권력론이 잘못이지만 권력관계는 단순히 전략적이고, 상황적이고, 유동적이기만 하느냐는 문제다. 발리바르는 이 문제를 다음같이 질문한다. 마르크스와 푸코 사이의 "환원할 수 없는 상위점을 특징지우는 것은 **사회적 갈등의 구조** …… 이다. 상위점은 …… 모순이 기껏해야 그것들의 특수한 배치일 뿐인 **세력 관계**의 논리와 '세력 관계'가 그것의 전략적 계기일 뿐인 **모순**의 논리 사이의 대립에 관한 것이다. …… '사회적 관계' 개념 또는 세력 관계들에 내재적인 구조로서의 모순이라는 개념 …… 마르크스주의적 역사유물론을 지지하는 것이 바로 이것이다."[37] 이 문제와 관련해 푸코류의 순수한 상황론은 구조결정론 못지 않게 잘 못이라는 것이 내 생각이다. 이를테면 자본과 노동 간의 권력관계는 전략과 세력 관계에 좌우되는 측면도 크지만, 구조적 권력관계가 내장돼 있다. 즉 마 르크스가 이야기한 '이중적 의미의 자유'에 관련해. 생산수단에서 벗어난 분 리 내지 '자유'는 노동자들로 하여금 자신의 노동을 팔지 않고는 생계를 유지 할 수 없도록 강제하고 있으며, 이런 생산양식적인 특징은 자본가들에게 구 조적 권력을 부여하고 있다. 다시 말해 특정 국면에서 노동과 자본 사이의 권 력관계는 상황적이고 양자가 추구하는 전략에 관련된 사안이지만, 생산수단 의 분리에 따라 노동자들로 하여금 노동력을 판매하도록 강제하는 구조적인 권력의 틀 위에서 맺어지는 관계일 따름이다.

이것을 정치학에서 논의되는 권력론에 연결시켜 설명하자면 푸코의 권력론 은 이른바 '1차원적 권력'만을 문제삼고 있다고 하겠다. 주어진 경기 규칙 안 에서 결과를 자신에게 유리하게 이끌어낼 수 있는 능력에 관련된 '상황적 권 력' 내지 '협상 권력bargaining power'이라는 1차원적 권력만을 주목하는 것이다. 그 러나 권력은 1차원적 권력만이 아니라 더 근본적인 2차원적 권력과 3차원적 권력, 구체적으로 말해 경기 규칙 자체를 만들고 바꾸는 '구조적 권력'과 체계 수준의 '체제 권력systemic power'이 있으며,[38] 이 중 2차원적 권력과 3차원적 권력 은 결코 상황적인 것으로 환원할 수 없다. 이를테면 임금을 둘러싼 노동자와 자본가 사이의 힘겨루기는 상황적 권력관계지만, 이 측면에만 주목하면 힘겨 루기가 여의치 않을 경우 경기 규칙 자체를 바꿔 생산 시설을 해외로 옮기고 이른바 '생산의 세계화'를 추구할 수 있는 자본의 구조적 권력을 간과하게 되 는 것이다. 따라서 이 부분 역시 〈경우 2-나-1〉에 가깝다.

7) 외재성, 상부구조 테제/내재성 테제

권력의 내재성 테제 역시 푸코 권력론의 매우 중요한 부분이다. "권력관계는 모든 유형의 관계들과 외재적인 것이 아니라 그것들에 내재"한다는 것이다. 이런 내재성 테제는 "권력관계는 단순한 금지 또는 갱신의 역할을 지닌 상부 구조의 위치에 있는 것이 아니라 …… 생산적 역할을 수행한다"는 상부구조 비판론에 연결돼 있다. 물론 상부구조를 언급한 부분의 원래 목적은 권력이 란 특정한 행동을 하지 못하게 금지하고 억압하는 것이라는 '억압 가설'과 '금지 가설'에 대한 비판을 통해 권력의 생산적 기능을 강조하기 위한 것이다. 그러나 그렇다고 푸코의 생각이 권력이란 상부구조이되 단순히 억압적인 것이 아니라 '생산적'인 상부구조라는 뜻은 아닐 것이다. 따라서 이 부분 역시 내재성 테제에 연결시키면 권력은 단순히 국가 등에 관련된 상부구조적 현상이고 경제 등은 권력 현상이 아니라고 이해하는 상부구조론에 대한 비판으로 유추해 해석할 수 있다.

분명히 권력의 내재성 테제는 정당하며 권력을 단순히 상부구조적 현상으로 보는 것은 잘못이다. 그러나 여기에서도 문제는 마르크스주의가 외재성 테제냐는 것이다. 분명히 마르크스의 〈정치경제학 비판 서문〉의 유명한 토대-상부구조 메타포가 보여주듯이, 마르크스주의가 토대-상부구조라는 위상학 적 메타포에 의존해왔고 이것에 기초해 권력을 국가에 관련된 상부구조적 현상으로 이해한 국가환원론적 경향이 있는 것은 사실이다. 그리고 그런 경향은 마르크스의 《자본》을 단순히 토대에 대한 정치경제학 이론으로 독해하고 여기에 상응하는 상부구조에 대한 하나의 부문 이론regional theory으로서 마르크스주의 국가 이론을 만들려 한 '초기' 풀란차스의 작업에서 절정에 다다른다.

그러나 마르크스주의가 반드시 권력의 외재성 테제를 의미하는 것은 아니다. 마르크스의 《자본》은 여러 사람들이 주장해왔듯이 경제에 대한 정치경제학 이론이 아니라 '정치경제학 비판'이며, 정치와 경제가 사실은 하나인데도 자본주의 아래에서는 왜 분리된 형태를 띠고 있는지를 밝힌 책이다.[39] 생산관계와 정치, 국가, 권력은 외재적 관계가 아니며 후자가 전자의 내재적 계기라는 것이다. 긴 설명이 필요 없이 공장 전제정에 대한 마르크스의 비판은 생산관계 자체가 지배/종속의 권력 현상이라는 점을 탁월하게 분석했으며, 이 점은 푸코 자신이 《감시와 처벌》에서 인정하고 있다.[40] 일부 학자는 바로 이런 이유 때문에 마르크스주의의 문제는 국가론이 없다는 점이라는 일상적 인식과 달리 (정치와 경제는 하나이기 때문에) 국가론이 없는 것이야말로 마르크스주의의 장점이며, 《자본》이야말로 최고의 마르크스주의 국가(비판)론, 권력(비판)론이라고 주장한다.[41]

마르크스가 권력을 단순히 상부구조적 현상으로 이해하거나 외재성 테제를 가정하지 않은 사실은 고차원적 이론적 연구하고는 거리가 먼 《공산당 선언》에서도 "자본은 개인personal이 아니라 사회적 권력이다"[42]고 쓰고 있는 것을 보면 쉽게 알 수 있다. 레닌도 권력의 문제인 정치에서 "가장 중요한 것은 국가 권력"의 문제이지만 "모든 계급투쟁은 정치투쟁"[43]이라고 주장한다. 다시 말해 '정치투쟁'만이 아니라 '경제투쟁'도 사실은 정치투쟁이라는 것, 경제도 권력관계라는 것이다. 풀란차스도 후기에 이르러서는 자기비판을 통해 토대와 상부구조라는 식의 층위론이 경제란 국가의 개입 없이도 자기 재생산을 할 수 있는 자기 완결적 공간이며 국가는 경제에 사후적으로 개입하는 듯한 착각을 불러일으키고 있다면서, "국가라는 정치적 장은 항상 생산관계의 구성과 재생산에 현존한다"는 내재성 테제를 명시적으로 제시한다.[44] 결국 이 문제 역시 〈경우 1〉에 해당된다.

8) 억압, 금지/생산성

권력은 억압과 금지를 의미하는 것이 아니라 생산적이라는 유명한 테제 역시 멋있는 표현이지만, 조금만 생각해보면 너무 당연한 이야기이고 전혀 새롭지 않다. 주류 정치학의 표준적인 교과서들도 권력은 "A가 B로 하여금 X라는 행동을 **하도록('못 하도록'이 아니라) 만드는 능력**"이라고 정의하고 있다. 마르크스만 생각해도 그렇다. 노동자에 대한 자본의 권력은 노동자들로 하여금

일을 하게 만드는 구조적 강제력이 핵심이다. 그런 사례는 무수히 많다. '객관적 이해'라는 구절 때문에 '본질주의'라는 비판을 듣지만, 초기 풀란차스의 권력에 대한 정의도 다른 계급과의 관계 속에서 "한 사회 계급이 자신의 특수한 객관적 이해를 **실현할** 수 있는 능력"[45]이었다. 이런 정의가 모두 권력의 생산적 측면을 지칭한 것이다. 이데올로기에 대한 알튀세르의 유명한 정의,[46] 즉 "사회적 관계에 대한 상상적 관계"라는 표현 역시 권력의 현실 생산적 능력을 지칭한 것이다.

결국 생산성 테제 역시 〈경우 1〉이다. 사실 이 경우는 주류 이론도 생산성 테제를 이야기해왔기 때문에 주류 이론에도 해당되지 않는, 일반인들에게나 해당되는 비판이다.

9) 일원성(계급환원론)/다원성(모든 사회적 관계)

내재성 테제 부분에서 살펴본 "권력 관계는 다른 유형의 관계(경제적 과정, 인식 관계, 성적 관계)와 외재적인 것이 아니라 그것들에 내재"한다는 푸코의 언명은 내재성 테제 이외에도 권력의 다차원성 내지 다원천성이라는 문제를 제기한다. 즉 계급 관계만이 아니라 인식 관계, 성적 관계 등 모든 사회적 관계가 권력관계라는 주장이다. 이 문제를 다루기에 앞서 푸코 원전에 대한 독해 문제를 간단히 짚고 넘어갈 필요가 있다.

이것은 권력의 다원천성 문제와 앞에서 이미 다룬 미시 권력, 권력의 편재성 문제 사이의 관계다. 이런 문제들은 깊이 생각하지 않고 판단하면 같은 문제들인 것처럼 보이고, 사실 위의 상부구조 부분처럼 푸코를 있는 그대로 읽으면 그렇게 읽힐 가능성이 적지 않다. 권력의 편재를 설명하면서 "유일한 주권의 원천을 찾지 말아야 한다"는 표현이 나오기 때문에 편재 테제가 단일 원천성의 대당인 것처럼 읽힐 가능성이 크다. 그러나 그렇지 않다. 미시 권력/거대 권력의 문제와 일원론 내지 단일 원천성(이를테면 계급)/다원론 내지 다원천성은 전혀 다른 것이다. 이를테면 모든 권력은 계급 권력 문제라는 주장은 일원론이지만 그것이 반드시 거대 권력론인 것은 아니다. 왜냐하면 그 계급 권력이 국가만이 아니라 공장을 비롯한 삶의 다양한 현장의 미시 권력을 통해 재생산되고 편재돼 있다고 주장할 수 있기 때문이다. 따라서 우리는 이런 의미의 다원천성을 미시 권력이나 권력의 편재 테제와 구별해 별도의 테제로 다룰 필요가 있다.[47]

어쨌든 이 문제는 내가 보기에 푸코가 하는 비판 중 마르크스주의의 가장 취약한 부분이며 마르크스주의가 겸허하게 반성해야 할 문제라고 생각한다. 물론 인간을 단순한 생산관계의 담지자가 아니라 생산관계 이외의 다양한 "사회적 관계들의 총체"[48]로 정의한 유명한 마르크스의 정의는 계급환원론과 거리가 멀었고, 스탈린주의의 교조적 교과서[49]들도 사회구성체를 단순히 생산관계의 총체가 아니라 다른 여러 사회적 관계까지 포함한 것으로 정의했다. 그러나 구체적인 이론적 실천에서 마르크스주의가 계급환원론적인 경향을 드러낸 사실은 부인할 수 없다. 또한 바로 앞에서 본 대로 마르크스주의가 권력은 단순히 상부구조적 현상이 아니며 경제와 생산관계 등도 그것 자체가 권력 현상이라는 내재성 테제를 주장했지만, 이런 인식은 모두 계급에 관련된 것일 뿐 성적 관계 등에 대해서는 체계적으로 개진하지 않았다.

이 점에서 성적 관계와 인식 관계 등이 모두 권력관계라는 주장이 얼마나 독창적인 주장인지는 그 방면의 전문가가 아닌 나로서는 모를 일이지만, 푸코의 비판은 유효하며 마르크스주의의 자기비판이 필요하다. 참고삼아 말하자면 후기 풀란차스 역시 이런 문제를 인식하고 "계급 사회에서는 계급 권력이 권력의 주춧돌"이기는 하지만 "계급 균열이 권력 구성의 유일한 지형은 아니"라는 언급을 통해 계급중심성을 고수하면서도 계급환원론을 비판하고 성적 관계 등 다른 사회적 관계의 권력 문제를 인정한다.[50] 그러나 그러면서도 계급 권력이 이 관계들을 횡단하고, 이 관계들에 정치적 의미를 부여하며, 이렇게 계급 문제와 접합되지 못하는 비계급적 권력 문제는 정치적 의미를 갖지

못한다는 식으로 내용상의 계급환원론을 주장하는 오류를 범하고 있다.[51]

특히 이것은 최근 급속히 문제가 되고 있는 비계급적 사회적 관계들의 문제, '주체의 다원주의', '성체성의 정치', '차이의 정치' 문제[52]에 관련해 마르크스주의의 한계를 잘 드러내는 주제다. 결론적으로 이 문제는 대표적인, 마르크스주의가 틀리고 푸코가 맞는 〈경우 2-나-2〉다.

10) 주체주의/의도적 비주체주의

푸코는 또한 "권력은 의도적이되 비주체주의적"이라는 언명을 통해 이른바 "전략가 없는 전략"[53]이라는 개념을 제시한다. 모든 권력은 의도를 가지고 있다는 점에서 '의도적intentional'이지만, 권력 문제를 자신의 의도대로 총괄하는 단일한 지도부는 없다는 점에서, 즉 특정한 전략가의 의도대로 되는 것은 아니라는 점에서 '비주체적non-subjective'이라는 것이다. 주체주의, 특히 특정한 주체를 특권화하는 대문자의 주체주의는 비판돼야 한다.

그러나 이 문제 역시 마르크스주의가 주체주의인지는 의문이다. 알튀세르가 주체주의와 이론적 인간주의에 대항해 싸우기 위해 "인간은 구조의 담지자"[54]라고 주장했다가 주체의 문제를 실종시켰다는 신랄한 비판을 받은 사례가 잘 보여주듯이, 개별 이론가에 따라 차이가 있지만 굳이 분류하자면, 오히려 구조주의에 가까우면 가까웠지 주체주의하고는 거리가 멀다는 것이 일반적인 평가다. 물론 변혁 주체로서 프롤레타리아트를 특권화했다는 비판은 있지만, 이것은 조금 차원이 다른 문제다.

사실 푸코의 '의도적 비주체주의', '전략가 없는 전략'이라는 문제의식은 직접적으로 권력론을 지칭하지는 않았지만, 초기의 "구조주의와의 지나친 불장난"에 대해 자기비판을 하고 역사는 "주체 없는 과정"[55]이라고 지적한 '중기' 알튀세르의 언명과 매우 흡사하다. 아니 푸코의 주장은 역사를 훨씬 거슬러 올라가 다음 같은 엥겔스의 주장과 유사하다고 하겠다. "역사는 많은 개인들의 의지들 간의 충돌로부터 최종적 결과가 생겨나는 방식으로 전개된다. ……
(최종적 결과로서의) 역사적 사건은 …… 전체로 볼 때는 무의식적이고 의도
가 없이 작동하는 권력관계의 산물로 간주될 수 있을지 모른다. 왜냐하면 개
개인의 개별적 의지가 다른 사람들의 의지에 의해 간섭받고, 결과적으로 나타
나는 것은 누구도 의도하지 않은 그 무엇이기 때문이다. …… 무엇인가를 원
하는 개개인의 의지들이 이루어질 수 없지만 총합적 평균, 공통의 결과물로
융합된다는 사실을 볼 때, 우리는 이 의지들이 무의미한 것이라고 결론지어
서는 안 된다. 정반대로, 이것들이 각각 결과에 기여하고 어느 정도 그 결과에
포함돼 있다."[56] 이 주장을 푸코식으로 재구성하면, 역사와 권력 현상은 많은
개인들의 의도가 개입되는 '의도적' 현상이지만 특정 개인의 의도가 그대로
관철되지 않고 힘의 관계의 벡터에 의해 이 의도들이 종합된다는 점에서 '대
문자의 전략가'는 존재하지 않으며("전체로 볼 때는 무의식적이고 의도가 없
이 작동") 비주체주의적이라는 것이다.

따라서 의도적 비주체주의라는 부분도 사실은 마르크스주의에 해당되지
않는 〈경우 1〉이다.

11) 권력·저항 분리론/저항의 내재성

이제 우리는 길고 지루한 푸코의 권력론 읽기를 거쳐 마지막 부분, 즉 저항 이
론 부분에 다다랐다. 권력이 있는 곳에 저항이 있다는 푸코의 주장은 분명히
우아하기 짝이 없고 충격적인 테제다. 그리고 내가 아는 한, 이런 테제를 푸코
이전에 이야기한 마르크스주의자는 없었다. 그러나 이 문제 역시 곰곰이 생각
해보면 마르크스주의의 이론 전체가 바로 이 테제에 관한 것이 아닌가 싶다.
좀더 구체적으로, 마르크스주의 권력론의 알파이자 오메가인 착취관계와 생
산관계의 분석이 결국 그 속에 내장된 저항의 '필연성'과 모순을 규명하는 것
이었다고 할 수 있다. 위에서 인용한 마르크스와 푸코의 비교에서 발리바르

가 마르크스주의의 변증법에 대해 "모순들의 종말 목적에 대한 가상적 예상"으로서의 목적론적 경향을 자기반성하면서도, 사회적 관계들에 "내재적인 구조로서의 모순"이라는 마르크스주의의 개념을 옹호하면서 "그 내적 규정들 속에서의 모순들의 현재적 운동의 분석으로서 변증법"의 사고를 화두로 던진 것도 이런 맥락에서다.[57]

문제는 여기에 그치지 않는다. 후기 풀란차스가 푸코를 직접 겨냥해 공격하고 있는 부분이 바로 이 지점이다. 푸코는 권력이 있는 곳에 저항이 있다고 말하지만, 이런 말은 "순전히 원칙의 선언"일 뿐 그 저항의 기반을 제시하지 못하는 만큼 사실은 권력을 특권화하고 있다는 비판이다. 풀란차스는 "왜 권력이 있는 곳에 항상 저항이 있어야 하느냐"고, 또한 "저항이 어떻게 해서 가능하냐"고 반문한다.[58] 나는 풀란차스의 이런 문제 제기에 동의한다. 푸코의 말대로 권력이 있는 곳에 저항이 있는 이유는 인간이란 원래 권력이 있는 곳에는 저항하는 '본성'을 가진 '호모 레지스탕스'(저항인)이기 때문일까? 그렇다면 푸코의 이 생각은 새로운 본질론이자 관념론이 아닌가?

반면 마르크스주의의 경우 생산관계와 착취관계에 내재한 '적대의 물질성', '모순의 물질성'에서 저항의 물적 기반을 찾고 있다. 이것과 관련해 푸코가 이야기하는 "'육체들' 자체가 그 계급적 독자성 속에서 관계들의 견지에서 사고돼야" 하고, 이런 점에서 마르크스와 푸코 중 "덜 형이상학적인 사람", 즉 "일관된 명목론자"는 마르크스라며 발리바르는 '마르크스를 위한 변명'을 한 적이 있다.[59] 타당한 주장이다.

따라서 저항의 내재성론 역시 내용적으로는 새롭지 않은 〈경우 1〉이다. 한 가지만 더 지적하자면, 이 문제를 포함한 푸코의 여러 문제들은 **하나의 생산양식으로서의 자본주의**에 대한 문제의식이 거의 없다고 말할 정도로 취약하기 때문에 생겨나는 것이 아닌가 싶다. 푸코의 분석들은 대부분 뛰어나지만, 결국 권력이 어떻게 자본주의의 재생산에 연결되는지를 설명할 이론적 장치가 부재한 상황에서 그 나름의 권력 문제를 분석한 뒤 이런 연결 고리를 설명하지 않은 채 갑자기 자본주의라는 개념을 끌어와 억지춘향으로 권력과 자본 주의를 연결시키고 있다는 느낌을 지울 수 없다.

이를테면 푸코의 뛰어난 지식권력론 역시 지식이 어떻게 자본주의와 결합해 자본주의를 재생산하는지에 대해서는 침묵하고 있다. 사실 하나의 생산양식으로서 자본주의라는 문제의식이 없는 지식권력론은 결국 지식 소유 개개인이나 지식 소유 집단인 지식인층이 지식을 통해 권력을 행사한다는 주장 이상으로 나아갈 이론적 장치가 별로 없어 보인다. 반면 후기 풀란차스의 경우육체노동과 정신노동의 분리, 구상과 실행의 분리 등 자본주의의 특징과 지식-권력 문제를 결합해서 지식이 자본가 계급과 국가의 전략에 연결돼 자본주의의 재생산으로 이어진다는 논리를 통해 이 문제를 나름대로 설명한다.[60]

12) 단일 저항 지점 특권화/특권화 부정

마지막으로 푸코는 저항에 관련해 단 하나의 위대한 저항의 처소는 없으며 권력망 도처에 내재한 저항들이 중요하다는 '미시저항론'을 피력한다. 물론 마르크스주의가 일상적 저항과 일상적 투쟁을 강조하지 않은 것은 아니다. 그러나 미시권력론이 취약한 것과 마찬가지로 국가와 공장 같은 거대 권력의 처소들을 지나치게 강조하고, 미시 저항들을, 그리고 미시 저항의 처소들을 경시해온 것은 사실이다. 따라서 이런 문제에 대한 푸코의 비판은 타당하며, 마르크스주의도 이런 지적을 받아들여야 한다.

사실 마르크스가 《자본》에서 지적한 대로 생산은 단순한 경제적 생산이 아니라 생산의 사회적 조건의 생산에 관련된 문제다. 다시 말해 하부구조로부터 교육, 이데올로기, 사회적 규율 등 다양하고 '비경제적인' 생산 밖의 생산의 사회적 조건이 충족되지 않으면 경제적 생산은 불가능하다. 이런 점에서 '순수한 경제'란 존재하지 않으며, 정치와 이데올로기 등 모든 것이 생산관계의 내재적 계기가 된다. 이런 문제의식은 당연히 생산의 사회적 조건의 현장인 사회 전체의 다양한 계기들과 현장들이 바로 저항의 장이며 이 현장들과 계기들을 교란시키면 자본주의의 재생산은 위협받을 수밖에 없다는 문제의식으로 이어지게 된다. 따라서 네그리처럼 이제 생산 현장만을 특권화시킬 것이 아니라 사회를 하나의 확장된 공장으로 보는 '사회적 공장social factory'[61]이라는 문제의식이 필요하다. 이렇게 될 때 우리는 모든 사회적 현장을 자본의 재생산을 교란할 수 있는 저항의 장으로 인식하고 효과적인 저항을 만들어낼 수 있다. 이런 점에서 이 부분 역시 푸코가 맞는 〈경우 2-나-2〉이다.

5. 맺는 글

이 글에서는 푸코의 권력 이론을 《성의 역사》의 '방법' 부분을 중심으로 해 분석적으로 읽어봤다. 권력에 대한 푸코의 계보학적인 연구는 모르지만, 결론적으로 권력 '**이론**'에서는 푸코가 기존 문제의식을 명료화하고 많은 기여를 한 사실은 맞다. 그렇지만 푸코가 한 공헌의 정도나 이론적 독창성이 과장돼 있고 틀린 부분도 적지 않다는 것이 내 주장이다. 그리고 무엇보다도 **미시 권력이 어떻게 하나의 통일된 전략과 권력으로 전화돼 체제를 재생산해왔느냐 하는 결정적인 문제에 대해, 나아가 여기에 대칭되게, 미시 저항들을 어떻게 전략적으로 코드화하고 접합시켜 거대한 변혁의 계기로 삼을 수 있느냐에 대해 침묵한다**는 결정적인 결함을 갖고 있다.

그러나 이런 비판과 문제 제기가 푸코의 공헌이나 위대성을 부인하는 것은 결코 아니다. 다시 한 번 강조하지만, 그동안 등한시해온 일상성의 민주주의에 관련해서 위에서 지적한 문제점 때문에 푸코의 미시권력론, 계보학과 고고학적 방법론, 타자의 철학이 이성과 진리라는 이름 아래 억압돼온 타자의 목소리에 해방의 논리를 제공하는 중요한 기여를 한 사실이 손상되지는 않는다. 그리고 마르크스주의의 경우도 푸코를 위시한 포스트주의자들이 제기한 문제, 특히 역사유물론이라는 이름 아래 관념론화된 마르크스주의의 문제들을 철저히 자기비판해야 할 필요가 있다. 결국 발리바르의 표현처럼 '물질성'과 '역사성'이 유물론의 핵심이라면, 푸코가 육체의 물질성과 역사성을 추적했듯이 사회적 관계의 내적 구조로서 모순의 물질성과 역사성을 철저히 파헤치는 것이 마르크스주의에 주어진 과제다.

3부

민주주의, 자유주의, 사회주의

1장

미국 《연방주의 교서》 비판*

1. 서론

어떤 정치사상도 공백 상태에서 만들어지지 않는다. 대체로 특정한 역사적 상황의 산물이다. 이것이 우리가 사회적, 정치적 배경에 주의를 기울이지 않고서는 정치사상을 적절히 이해할 수 없는 이유다. 미국 정치사상의 최고 고전으로, 미국 건국 당시 연방주의를 주장한 《연방주의 교서》도 예외는 아니다.[1] 그러나 이 논문에서는 지식사회학의 입장보다는 주로 내용 분석에 초점을 둬 《연방주의 교서》를 검토하려 한다. 특히 《교서》의 주요 주장들이 함의하고 있는 내재적 또는 외재적 가정을 추론하고, 그 가정들의 타당성과 부당성, 일관성과 비일관성, 그리고 《교서》가 제시하고 있는 처방들을 분석하는 데 초점이 맞춰질 것이다. 《교서》는 세 가지 주요 요소로 구성돼 있다. ① 인간 본성에 대한 가정, ② 사회의 바람직한 목적, ③ 그 목적을 달성하기 위한 수단이 그것이다. 기본 도식은 다음처럼 요약될 수 있다.

---

* Hochul Sonn, "A Critical Review of the Federalist Paper," Univ. of Texas at Austin, 1981을 번역해서 손호철, 〈미국 《연방주의 교서》 비판〉, 《전환기의 한국정치》, 창작과비평사, 1993으로 발표한 글을 수정하고 보완했다.

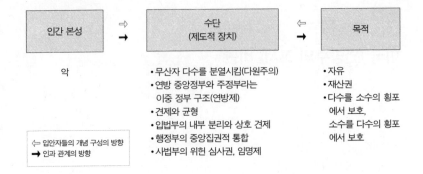

이 논문에서는 우선 인간 본성, 진정한 목적에 관련해 입안자들이 지니는 문제를 검토한 다음, 《교서》의 주요 내용으로 제안된 제도적 장치에 대해 분석하려 한다.

2. 인간 본성과 사회의 목적

《연방주의 교서》의 저자인 알렉산더 해밀턴[A. Hamilton], 제임스 매디슨[J. Madison], 존 제이[J. Jay]는 홉스처럼 명백하게 인간 본성은 악하다고 가정한다. ① "도대체 정부는 왜 세워져야 하는가? 그 이유는 인간의 열정이 이성과 정의의 명령에 따르지 않기 때문이다"(110). ② "당파의 잠재적 원인들은 인간의 본성에 심어져 있다"(79). ③ "상호 적대감으로 치닫는 인류의 성향"(79). ④ "변덕스러운 인간의 심성"(108). ⑤ "그것은 권력욕에 기원이 있다"(111). ⑥ "인간의 이기심"(112). ⑦ "어떤 이성적 인간도 필요로 하는 권력욕의 극한점"(118). ⑧ "인간 본성 때문에 우리는 야망을 견제하기 위해 야망을 만들어내지 않으면 안 된다." 이런 가정들은 매우 문제가 많기 때문에 더 면밀히 검토할 필요가 있지만, 여기서 더 상세하게 논의하지는 않으려 한다. 왜냐하면 인간 본성이 악하냐 아니냐 하는 것은 증명될 수 있는 문제가 아니며 또한 '생산적인' 문제도 아니기 때문이다.

그러나 위의 가정들은 다음 같은 이유로 주목할 만한 가치는 있다. 그 가정들은 입안자들이 어떻게 그것들을 효과적으로 이용해 자신들의 논의를 전개하고 정당화하며, 또한 때로는 필요한 경우에 어떻게 편의적으로 그것들을 버리는지를 보여주기 때문이다(이 글의 다음 절을 참조).

국가가 추구해야 하는, 사회의 진정한 목적은 무엇인가? 입안자들은 그 목적을 정의로 간주하며, 후반부에서는 자유와 재산권의 보호, 그리고 소수의 횡포에 맞서 다수의 권리를 보호하는 것과 다수의 횡포에 맞서 소수의 권리를 보호하는 것으로 세분한다. 흥미로운 사실은 절대로 평등을, 정의, 즉 사회의 목적에 포함시키지 않으며, 심지어는 평등을 언급조차 하지 않는다는 것이다. 그러나 입안자들은 정의가 어떻게 결정되는가, 즉 **정의란 무엇인가를 누가 결정할 것인가**에 대해서는 대답을 유보하고 있다. 그런 결정은 철인왕이 하는가, 아니면 민주적 다수가 하는가? 또한 어떤 종류의 정의를 위해 어떤 종류의 정의를 희생시켜야 하는가(즉 재산권 대 평등, 다수의 권리 대 소수의 권리)? 《교서》의 저자들은, 정의는 민주적 다수의 결정이라고 암묵적으로 가정하는 것 같다. 왜냐하면 비록 자신들의 입장을 명확히 밝히지는 않지만 "다수에게서 독립적인, 즉 사회 자체에서 독립적인 의지를 창출"(323)하는 독단적인 권위를 비판하기 때문이다. 그러나 뒤에 다시 보게 되겠지만, 《교서》의 '엘리트주의적' 또는 '반反다수주의적' 요소는 입안자들이 진실로 민주적 다수의 결정이 정의를 규정하는 원칙이라고 생각했는지를 의심스럽게 한다.

3. 제도적 장치

이제까지 인간 본성과 목적들에 대해 살펴봤다. 그렇다면 '정의로운' 사회에 도달하기 위한 가장 적절한 제도적 장치는 무엇이라고 저자들은 생각했는가? 저자들은 당파faction(동일한 이해관계를 가진 복수의 집합체라는 의미로,

현대적 용어로는 집단), 특히 공동의 이해관계에 의해 결합된 무산자 다수의 연합의 역기능적 결과로 여겨지는 것(이를테면 사유재산에 대한 위협 등)을 효과적으로 치유하는 방법에 관한 문제를 가장 기본적인 과제라고 봤다. (이런 문제의식을 가진 이유는 저자들이 "파당의 가장 일반적이고 지속적인 원천을 다양하고 불균등한 소유의 분배"이며 "유산자와 무산자는 유사 이래 줄곧 사회에서 뚜렷이 구별되는 이해를 형성해왔다"고 본 때문이었다. 이 점에서 저자들은 마르크스주의와 마찬가지로 '계급적' 시각에서 문제를 보고 있다. 다만 차이는 이런 분석에 기초해 자신들의 계급적 입장, 즉 유산자의 입장에서 마르크스주의와 정반대의 처방을 하고 있다는 점이다.)

사실 저자들이 내린 거의 모든 처방은 대부분 이 문제를 겨냥하고 있는 실정이다. 입안자들에 따르면 유일한 치유책이란 "전체 중의 다수의 **정의롭지 못한** 결합이 거의 불가능하게끔 **시민들을 각각 분리시키는 것**"(325, 강조는 인용자)이다. 즉 무산자 다수가 결합해 '부정의한 것'(이를테면 사유제 폐지, 경제적 평등)을 관철하는 것을 예방할 수 있는 처방은 '다원주의'를 통한 무산자 다수의 상호 분리다. 이런 다수의 횡포에 맞서 소수의 권리(재산권 등)를 보호하기 위한 한층 구체적인 처방은 '주체의 다원주의'를 이용해 계급적 분화 이외에도 성, 인종, 종교, 지역 등 다양한 기준을 기초로 분화를 촉진함으로써 무산자 다수가 단일한 절대 다수(무산자 계급의 통일성)로 뭉치지 못하고 흑인 무산자 대 백인 무산자, 여성 무산자 대 남성 무산자 등으로 나뉘어 '다원화'되도록 하는 것이다. 이 점에서 저자들이 주장하는 다원주의는 현대 다원주의하고는 다르게 일종의 '분리 통치'divide and rule' 전략이며 지배 전략으로서의 다원주의다. 바로 여기에 주에 대한 연방의 비교 우위라고 여겨지는 것이 있는데, 그것은 '이익의 더 많은 다양성'이다. 그러므로 매디슨은 다음같이 말한다. "많은 다양한 이해관계가 존재하는 확대된 공화국인 미합중국에서는 …… 다수의 연합이 …… 정의와 보편적 선에 의하지 않는 다른 원칙을 취하지 않는다"(325, 강조는 인용자). 그러나 매디슨은 (공화국의 확대에 의한) 이익의 다양성이 어떻게 그리고 왜 자동으로 "정의롭지 못한 다수의 결합"을 "정의의 원칙"에 근거를 둔 다수의 연합으로 변화시키는지에 대해서는 설명하지 않고 있다. 또한 어떻게 그리고 누가 다수의 정의로운 결합과 정의롭지 못한 결합을 객관적으로 구별할 것인가? 이를테면 재산권에 반대하고 더 많은 평등을 요구하는 다수가 왜 정의롭지 못한 결합인가? 재산권의 보호는 정의이고 평등은 정의가 아니기 때문에 그렇다고 말한다면 동어 반복에 지나지 않을 뿐이므로, 입안자들은 정의 그 자체를 규명하는 설득력 있는 이론을 제시해야 한다. 또 다른 예를 들어보자. 정의로운 결합과 정의롭지 못한 결합을 구별하는 포괄적인 개념틀 없이 저자들은 어떻게 제헌 의회(연방주의자가 승리해 미국의 국가 형태를 국가연합에서 연방제로 바꾸고 제헌 헌법을 제정한 회의)에서 연방주의자(저자들을 포함한)들이 거둔 승리가 공동 이해에 의해 결합된 다수의 정의롭지 못한 연합에 따른 결과라는 비난을 물리칠 것인가? 입안자들은 이런 모든 문제에 대해 침묵하고 있다.

연방주의에 관련해 저자들은 연방 중앙정부가 외형상 다른 형태를 갖는 지방정부보다 우월하다고 설교한다. 저자들에 따르면 연방 중앙정부의 강점은 두 가지다. 첫째, "계몽된 견해와 덕망 있는 감정으로 지역적 편견과 정의롭지 못한 음모를 압도하는 대표"(83~84)를 확보한다. 둘째, 확대된 공화국에서 "당파적 지도자들의 영향력은 특정 영역에 국한해 불을 지필 수 있을지는 모르지만 이 불이 다른 주들에 걸친 전체적 범위까지 퍼지게 할 수는 없다"(84). 그러나 첫째, 어떤 근거에서 연방 중앙정부 수준의 대표는 항상 **계몽된** 견해와 **덕망 있는** 감정을 갖는 반면, 지역 지도자는 자동으로 **편견과 부정의**의 포로가 된다고 말할 수 있는가? 둘째, 아무런 설명 없이 저자들은 파당의 성향이라고 여겨지는 악한 인간 본성이 연방 중앙 지도자에게는 없다고 전제한다. 만약 연방 중앙 지도자들이 그렇지 못하다고 할 경우, 연방 중앙정부의 수립은 파당적 갈등의 불꽃을 어느 특정 주 내부에 국한하기보다는 지역적인 수준에서 전국적인 수준으로 확대하게 된다고 하는 편이 오히려 더 논리적일 것이다.

해밀턴은 연방 중앙정부의 과대 성장을 염려하는 국가연합파[Confederalist]들에게 반대하면서 이렇게 말한다. "연방의회가 각 주들을 연결시키는 권력을 남용할 성향을 가질 가능성은 없다. 왜냐하면 …… 권력을 소유하는 것은 …… 연방 중앙정부의 …… 존엄성에 아무런 도움이 되지 않기 때문이다." 그러나 권력욕을 인간 본성으로 보는 해밀턴의 가정을 우리가 인정한다면 연방 중앙 지도자들이 연방정부의 존엄성을 보호해야 한다는 이유만으로 권력욕, 즉 인간 본성으로 여겨지는 속성을 포기하리라고 보는 것은 비현실적이다. 여기에 그치지 않고 해밀턴은 연방정부가 주를 침해하기보다는 주들이 연방정부를 침해할 것이라는 염려까지 표명한다. 해밀턴에 따르면 주가 연방정부에 견줘 인민의 영향을 더 많이 받게 되기 때문에 그렇다는 것이다. "일반적으로 애정은 거리가 멀어질수록 약해지는 것"(119)이 인간 본성이라는 주장이다. 그러나 해밀턴은 "연방정부는 시민 대중의 관찰 아래 덜 직접적으로 운영되며 사색적인 사람들이라면 연방정부가 주는 이익을 인지하고 주목할 것"(120)이라고 말하면서 스스로 위로한다. 이런 두 가지 주장에서 우리는 해밀턴이 간과하거나 은폐하려 한 어떤 중요한 정치적 함의를 끌어낼 수 있다. 해밀턴이 가정한 바로 그 인간 본성 때문에 연방 지도자와 연방정부는 다수의 보통 인간보다는 부유하고 힘 있는 사람에게 애착을 갖게 될 것이다. 해밀턴에 따르면 보통 사람의 행동과 의식의 범위는 주로 지역적인 것에 국한되는 반면, 부자와 엘리트들은 자신의 사업과 사회적 관계 때문에 먼 거리에 있는 사람하고도 서로 쉽게 연결된다. 그러므로 부자들이 보통 사람들보다 더 연방 지도자와 연방정부에 가깝다는 사실, 따라서 필연적으로 연방 정부가 부자들에게 유리하게 치우치리라는 사실을 해밀턴 자신도 부인하기는 어려울 것이다.

　(연방정부의 장점을 이해하지 못하는 대중에 대한) 해밀턴의 둘째 불만은 또 다른 정치적 함의를 이끌어낼 수 있는 논리적 근거를 우리에게 제공한다. 그 정치적 함의란 연방정부를 수립함으로써 지배 엘리트와 유산자가 국가와 대기업의 특수한 경제적 이익의 결탁 같은 부정의를 일반 인민들이 보지 못하

도록 은폐할 수 있게 된다는 것이다. 다시 말해 지역 정부가 아닌 연방정부일 때는 그 정부가 주는 **이익**(해밀턴이 주장하는)**뿐 아니라** 그 정부가 주는 **손해** (해밀턴이 결코 언급하지 않는)까지 일반 사람들이 알아채기는 매우 어렵다는 말이다. 이런 사실은 연방정부를 창출함으로써 재산 문제와 분배 정책 같은 매우 민감하고 결정적인 논쟁이 일반인들의 영역을 훨씬 넘어서서 연방정부 수준에서 벌어지고, 그 결과 정치과정에서 다수를 소외시키게 될 잠재적 위험 이 존재한다는 것을 우리에게 일깨워준다. (이 저자들에 대해 한층 비판적인 입장을 갖고 있는 사람은 입안자들이 재산권에 반대하는 무산자 다수의 반 란을 가장 염려한다는 것, 그리고 입안자들이 연방정부의 행위가 지방정부의 행위보다 대중의 시선에서 훨씬 더 떨어져 있다는 사실을 잘 알고 있다는 것, 이 두 가지를 다 같이 고려하면서 연방정부를 선전하는 입안자들의 진짜 동 기는 연방주의라는 사탕발림을 통해 재산권에 관련된 중대한 정책을 입안하 는 과정에서 다수의 영향력을 최소화하려는 것이라고 주장할 것이다. 이 문제 는 나중에 더 논의하기로 하자.)

정부의 내적 구조로서 견제와 균형의 메커니즘이 필요한 이유 역시 인간 본 성 때문이다. "인간본성 때문에 우리는 야망을 견제하기 위해 야망을 만들어 내지 않으면 안 된다." 특히 무산자 다수의 압제에 대한 저자들의 두려움을 생 각해보면, 저자들이 대의제 민주주의의 경향이라고 여기는 "선거 전제주의"에 대한 비난에서 입법부가 주요한 표적이 되고 있다는 사실은 별로 놀라운 일 이 아니다. ('대표 없이 과세 없다'는 슬로건과 함께 미국 독립전쟁을 시작한 바로 그 사람들이 정부의 내적 구조를 구성하는 과정에서 입법부 통제를 주 요한 목표로 삼았다는 사실은 역설적이다.) 입안자들은 입법부를 여러 상이 한 부문들로 분리시킬 것을 제안하는 반면 행정부는 통합돼야 한다고 주장 한다. 설사 그런 주장에 따라 행정부에서는 힘이 가장 중요한 요소라는 것을 우리가 인정하더라도, 왜 행정부 내부에서는 야망을 견제하기 위해 야망이 만 들어질 필요 없는지에 대한 설명이 더 필요하다. 이 문제에 대한 부분적 설명은 "인민의 …… 감시의 …… 대상이 하나여야 더 안전"하기 때문에, "행정 권력은 그것이 하나일 때 더 쉽게 제한될 수 있다"(430)는 해밀턴의 정당화에서 발견될 수 있다.

그러나 만일 우리가 해밀턴의 논리를 따른다면, 삼권 분립이 아니라 단지 집중화된 단일 정부로 구성된 주정부만을 갖는 것이 주정부, 그것도 행정, 입법, 사법으로 분리된 3개 부문을 갖는 것보다 낫지 않겠는가? 전자의 경우가 제한되고 감시돼야 하는 정부와 부문의 수가 더 적기 때문에 훨씬 더 안전할 것이다. 그러나 입안자들에 따르면 행정부 역시 이제까지 헌법을 위반한 적이 없지는 않다. 그렇기 때문에 사법부에 무엇이 정의인지, 즉 무엇이 입헌적인지를 결정하는 최종 권위를 주는 것이다. 왜 입안자들이 그토록 열심히 입법부의 권력을 제한하고 사법부에 최종적 권위를 주려 했는가? 이 구상은 단지 대중의 영향력을 최소화하기 위해 만들어진 '정교화된 계획'은 아닌가? (사법부가 종신 임명제에 따라 선거의 영향, 즉 다수 무산자의 영향을 가장 받지 않는 반면, 입법부는 다수가 가장 쉽게 자신의 영향력을 행사할 수 있는 부문이라는 사실을 상기하자.) 그것이 아니라면 실제로 입안자들이 말하듯 사법부는 가장 믿을 만한 존재인 반면, 입법부는 대의제 공화국의 민주주의에 반하는 가장 위험한 위협의 원천이기 때문인가? 이 문제는 오로지 우리가 여기에서 분석하려 하는 《교서》의 일반적 맥락 안에서, 즉 입안자들이 자기들의 입장을 입증하기 위해 내세우는 논거의 정당성 또는 더 정확히 말해서 진실성을 통해 대답돼야 한다.

4. 결론

이미 살펴본 대로 입안자들은 자기들의 주장을 정당화하기 위해 매우 **선택적으로** 기본적 가정들을, 특히 인간 본성에 대한 가정을 사용하고 있다고 말할 수 있다. 달리 말하면 그 가정들과 입안자들이 내린 처방 사이에는 일련의 모순이 존재한다. 이런 선택성selectiveness이 고의적인가 아닌가 하는 것은 주로 지식사회학의 관점으로 다른 관련 자료들을 면밀히 검토해야 하는 어려운 문제다. 한 가지 언급할 수 있는 사실은 저자들이 가진 대부분의 문제들은 인민들을 속이기 위한 음모라기보다는 자기들의 **순진성**과 내면화된 **엘리트주의적 태도**에서 유래하는 것으로 보인다는 점이다.[2] 즉 입안자들은 자신들이 옳다고 생각한 것을 진실로 옳다고 믿은 것으로 보인다. 이를테면 자신들이 정의롭지 못한 것으로 간주한 것은 당연히 정의롭지 못한 것으로 믿고 자신들이 정의롭다고 간주한 것은 역시 당연히 정의로운 것으로 믿었기 때문에, 정의에 대한 어떤 포괄적인 개념틀 없이도 다수의 정의로운 결합과 정의롭지 못한 결합에 대해 얘기할 수 있었던 것 같다. 간단히 말해 입안자들은 자신들을 악한 인간 본성을 극복하고 자기들 말대로 "계몽된 견해"에 도달한 선택된 인간으로 가정한 것이다. 이런 엘리트주의적 요소는 《교서》 전반에 걸쳐서 발견된다. 어떤 정당화가 필요해질 때마다 입안자들은 항상 최후의 수단으로 이런 엘리트주의적 논거에 의존한다. ① "우리의 연방적 정부의 결점은, 연방을 옹호하는 **지적인** 지지자들에 의해 오랫동안 지적돼왔다"(106). ② "나는 …… 를 인정하지 않는 **지적인** 사람을 만나본 적이 없다"(431). ③ "공공선이 사심에 찬 다수의 우세한 세력에 의해 무시되고 있다고 하는 불평이 우리의 가장 **신중하고 덕망 있는** 시민들에게서 들려오고 있다"(77). ④ "정의롭지 못하고 사심에 찬 다수의 일치된 은밀한 소망에 반대되는 …… **계몽된 견해와 덕망 있는 감정**을 가진 대표들"(84). ⑤ "…… 연방정부에서 나오는 이익은 사색적인 인간에 의해 주로 인지될 것이다"(120). 기타 등등(모든 강조는 인용자).

우리가 살펴본 《교서》의 문제들이 고의적인 결과가 아니라고 말한다고 해서, 입안자들이 우리의 비판에서 벗어나는 것은 아니다. 왜냐하면 그런 사실도 입안자들이 내린 처방의 특정한 역기능적 결과를 막지는 못하기 때문이다. 이미 살펴본 대로 입안자들의 주요 관심은 **'더 강한'** 당파의 바람직하지 못한 영향, 즉 '더 약한' 소수의 권리에 대한 '더 강한' 다수의 위협을 어떻게 제거할 것인가(강한 다수의 횡포에 맞선 약한 소수의 권리 보호)다. 여기에 현실을 호도하는 저자들의 **형용사**와 마술이 있다. 본래의 뜻을 왜곡하지 않은 채, 소수와 다수를 각각 **소수의 유산자와 엘리트**, 그리고 **무산자 다수**라는 단어로 대체해보자. (어떤 이는 다수와 소수는 항상 재산에 따라 나뉘는 것이 아니라고 말할 수도 있다. 그러나 입안자들도 재산의 불평등한 분배가 당파의 가장 강력하고 가장 영구적인 원천이라고 누차 주장하면서 대부분의 경우 다수와 소수라는 단어를 무산자 다수와 유산자 소수라는 의미로 사용하고 있다.) 그렇게 할 때 '더 약한'과 '더 강한'(각각 '소수'와 '다수'에 붙여지는)이라는 형용사가 말이 되는가, 아니면 그 위치를 바꿀 때 말이 되는가? 현실적으로 무산자 다수가 단지 **숫자**상으로 우세하다는 이유만으로 소수의 부자들보다 실제로 '강한가?' 그렇다는 그릇된 평가 때문에 저자들은 "다수를 구성하는 많은 사람들이 …… 소수가 될 수도 있고"(525) 소수가 다수로 될 수도 있다는 낙관적인 전망을 할 수 있었다. 불행하게도 많은 사회학적 연구들은 부자들이 무산자 다수로 전락하는 일이 거의 없으며, 그 반대의 이동(무산자가 유산자로 지위가 상승하는 경우)도 마찬가지로 매우 제한돼 있다는 것을 보여준다. 넓게는 인류 역사 전체를 보고 좁게는 현대를 되돌아볼 때, 재산 없는 다수의 이익을 **과대 대표**하는 경향이 민주주의에 가장 커다란 위협이 돼왔는가, 아니면 그런 다수의 이익을 **과소 대표**하는 경향이 민주주의에 더욱 커다란 위협이 돼왔는가? 필자가 보기에《교서》의 비극은 입안자들이 재산에 따라 나뉜 다수와 소수 사이의 권력관계에 대한 잘못된 평가를 근거로 해 예상되는 희생자를 다수 무산자가 아니라 소수 유산자로 잘못 평가하고, 이렇게 잘못 예상된 희생자를 보호하기 위해 그릇된 방향에 선 데에 있다.

결론적으로 다원주의, 국가연합에 반해 이것보다 강력한 국가형태로서 연방제에 대한 선호, 연방정부와 주정부라는 이중 구조, 삼권 분립, 입법부의 내부 분리 견제와 행정부의 중앙집권적 통일, 사법부의 위헌 심사권 등 미국 '건국의 아버지'라고 불리는《연방주의 교서》작성자들이 제안한 제도적 장치(현대 자본주의 국가의 중요한 제도적 장치가 된)들은 우리가 현재 알고 있는 그 현대적 의미와 달리 무산자 다수의 정치적 영향력을 견제하고 다수에 맞서 소수의 권리, 특히 사유 재산권을 보호하는 데 그 목적이 있었다는 것을《교서》는 우리에게 보여주고 있다.

이 밖에 더 검토돼야 하는 또 다른 문제가 있다. 왜 저자들은 재산권을 정의로 간주했으며, 따라서 다수의 요구에 맞서 재산권을 보호하려 했는가? 부분적으로는 자기 자신의 재산을 보호하려 하는 무의식적 이기심 때문이라는 점을 아무도 부인할 수 없을 것이다. 그러나 또한 그것은 어떤 진지한 이론적 확신, 즉 자유 시장경제라는 기본 가정에서 나왔다고도 보인다. 입안자들에 의하면 재산권은 정의롭다. 왜냐하면 "인간 재능의 다양성"(78)에서 연유한 것이기 때문이다. 그러나 차등적인 재능만이 오직 재산의 기원인가? 재산권이 재능에서 유래한 것이기 때문에 특정 재산의 보호가 정의라는 것을 인정한다고 할 때, 재능과 무관한 부당한 수단, 이를테면 점령이나 세습을 통해 얻은 재산을 정부는 보호해야 하는가? 만약 그렇지 않다면 우리는 어떻게 (보호돼야 하는) 재능에 의해 얻어진 재산과 (보호한다면 정의롭지 못한 것이 되는) 그렇지 않은 재산을 구별할 수 있는가? 또한 장애인이 재능을 가지지 못했다는 이유로 재산을 가질 수 없다고 하는 것 역시 정의인가?

마지막으로 의도적이건 아니건 간에 연방주의를 통해 정부 정책의 다양한 집중화와 분산화를 달성하고 그런 과정을 통해 '소유의 정치'를 '정치적 권리의 정치'에서 분리하는 것은 실제로 시장 체제의 자유방임 이데올로기, 즉 정치는 경제적 문제와 무관하다는 진실에서 벗어난 교의를 강화하는 데 기여해 온 듯하다.

해밀턴, 매디슨, 제이를 현대 세계의 프리즘을 통해 비판하는 것이 정당한가? 이 질문은 과거를 그것 자체의 맥락에서 봐야 하는가 아니면 현재의 맥락에서 봐야 하는가 하는 사회과학의 영원한 딜레마의 하나를 떠올리게 한다.

물론 18세기의 사람에게 현대의 사람처럼 생각하고 행동하기를 기대하는 것은 정당하지 않다. 그러나 우리를 우리 자신의 역사적 지평에 놓지 않고 그 시대정신에 놓는 단순한 역사주의는 역사를 역사적 맥락을 제거한 채 현재를 통해서만 보려 하는 '**과다환원주의**'만큼 위험한 것이다. 해석 없는_{interpretation-free} 사회과학은 없다. 다시 말하면, 이해한다는 것은 **재생적**_{reproductive}일 뿐 아니라 그 자체가 창조적_{productive}인 작업이기 때문에 역사상의 거리가 이해하는 데에 항상 장애가 되는 것은 아니다. 오히려 반대로 일정한 역사적 거리가 있을 때에만 역사를 더 잘 이해할 수 있다. 이런 의미에서 모든 사회과학은 어느 정도 필연적으로 해석적이며, 또한 그래야만 한다.

2장

자유민주주의와 선거*

1. 머리말

하나의 주제 설정은 시대 정세의 궁극적 규정을 받으면서도 상대적 자율성을 지닌 논쟁의 지형, 문제의식 등을 반영한다. 따라서 왜 '자유민주주의와 선거'라는 주제인지를 살펴볼 필요가 있다.

아주 일상적인 대답은 올해(1992년)가 총선과 대선이 있는 선거의 해이기 때문이라는 것이겠지만, 이 점은 일단 논외로 하면 1980년대 이후의 민민운동(민중민주운동)의 성장과 함께 최근 급속히 진행되고 있는 '진보정당'운동에 관련해 자유민주주의에서 선거가 지니는 의미를 평가할 필요성에 밀접한 연관이 있을 것이다. 나아가 더 본질적으로는 현실 사회주의 실험(국가사회주의?)의 좌초, 마르크스주의의 위기 내지 한발 더 나아가 붕괴론 등에 관련해 '전통적'인 마르크스레닌주의에 대한 전반적인 재검토 속에서 사회주의로 나아가는 '의회주의적 길', 즉 '선거사회주의'의 가능성과 한계를 재평가할 필요성에 관련된다고 볼 수 있다.[1]

---

* 한국산업사회연구회의 1992년 1월 월례발표회 발제문 〈자유민주주의와 선거〉를 수정하고 보완했다.

이 글은 이런 문제의식에서 자유민주주의와 선거 사이의 연관과 선거사회주의의 가능성과 한계를 분석하는 데 목적이 있다.

2. 자유민주주의란 무엇인가

'자유민주주의와 선거'라는 주제를 다룰 때 선행돼야 하는 것은 자유민주주의란 무엇이냐는 자유민주주의에 대한 이해다. 자유민주주의는 개념 사용의 일상성이나 높은 빈도에도 불구하고 과학적으로 정의하기가 그다지 쉽지 않고 이론적 합의 또한 부재한 '논쟁적' 개념이다.

자유민주주의를 이해하는 데는 크게 세 가지 방식이 있다. 첫째, 자유민주주의를 부르주아 민주주의와 등치시켜 이해하는 방식, 즉 자본가 계급의 정치적 지배를 민주적 방식으로 관철시키는 정치 형태 내지 민주적 통치 형태의 자본주의 국가 일반으로 이해하는 방식이다.[2] 둘째, 자유민주주의를 부르주아 민주주의 일반의 한 역사적 유형으로 이해하는 방식이다.[3] 즉 자유민주주의를 '야경국가'에 관련해 개인과 기업의 자유의 극대화를 추구하는 '작은 국가'형 자본주의 국가형태로 이해하면서, 그 전형적 형태를 경쟁적 자본주의의 상부구조, 고전적 자본주의와 '신보수주의' 등으로 파악하는 이해 방식이다. 셋째, 자유민주주의가 자본주의 국가 일반과 마찬가지로 특별히 자본주의여야 할 이유가 없으며, 탈**계급 내지 초계급적인 인류 보편적 유산이라고 이해하는 방식이다.[4]

이 중 첫째 이해 방식은 자유민주주의의 역사적 측면(역사적 형성 과정)에 관한 인식이 돋보인다. 원래의 자유주의는 민주주의에 대립된 것이었지만 이런 자유주의가 독점자본주의의 시기에 와서 밑에서 올라온 민주주의의 요구를 수용해 자유민주주의의 형태로 나타났다는 주장('독점자본주의 단계의 자유주의의 실현 형태'로서 자유민주주의)[5]으로서, 자유민주주의의 기본적 전제의 하나인 보통선거권이 독점자본주의 단계에 이르러 획득된 것이라는 역사적 사실(아래 참조) 등을 고려해 자유주의의 역사적 전개 과정에 대한 올바른 분석에 기초해 있다 하겠다. 그러나 이런 이해 방식에 기초할 경우 '복지국가', '개입국가' 등으로 불리는 현대 자본주의 국가가 그 전형으로 간주되게 되는 바, 자유민주주의와 사회민주주의의 관계가 모호해진다는 문제점을 안고 있다. 특히 이 입장은 사회민주주의를 자유민주주의의 한 분파 내지 조류로 이해하고 있지만,[6] 과연 이런 이해가 타당한지에 대해서는 본격적인 논의가 필요하다 하겠다.

둘째 입장은 자유민주주의에서 '민주주의'의 측면을 강조하는 첫째 입장과 달리 자유민주주의의 '자유주의'라는 측면(소극적 자유, 자유 경쟁 등)을 강조하고 있다고 볼 수 있다. 따라서 이런 자유주의적 뿌리와 개입 국가 및 국가독점자본주의 국가 간의 차별성을 강조하는 측면이 강하다. 또한 자본주의 사회에서 자유와 평등은 상품 교환에서 자유 계약 및 등가 교환 법칙에 연관이 있다고 본 마르크스의 분석의 전통이나 "민주주의는 자유 경쟁에 조응하고, (정치적) 반동은 독점에 조응한다"는 레닌의 테제들과 맥을 같이하는 이해 방식이다. 자유민주주의에 대한 첫째 이해 방식이 '역사적'이고 '계급투쟁적' 측면을 강조한다면, 둘째 이해 방식은 '논리적' 측면, 특히 '자본 논리적' 측면을 강조한다고 볼 수 있다. 이 이해 방식은 결국 자유민주주의와 사회민주주의의 경계(자유민주주의 대 사회민주주의 식으로)를 명백하게 해준다는 이점이 있지만, 자유민주주의가 민주주의와 맺는 관계를 비역사화 내지 탈역사화함으로써 원래의 자유주의는 민주주의와 모순되는 것이었다는 사실을 간과한다는 약점을 갖고 있다.

셋째 입장은 자유민주주의가 궁극적으로는 '국가유형'으로서 자본주의 국가의 하나의 '국가형태'(내지 '통치형태')인 자유민주주의라는 추상성 수준의 위계성과 이것에 관련된 자본주의 국가의 한 국가(내지 통치)형태로서 자유민주주의가 갖는 계급적 내용을 경시한다는 문제를 안고 있다. 이 입장은 특히 보통선거권의 실시, 노동자 계급 정당의 국가기구(의회 등) 진출 등에도 불구하고 자유민주주의 체제가 재생산하는 질서는 자본주의적 질서이며, 이 점에서 자유민주주의 체제하의 국가 권력이 자본가 계급과 노동자 계급 등에게 다원적으로 분점돼 있는 것이 아니라 궁극적으로 자본가 계급의 권력이라는 국가 권력 통일성 테제를 무시한다는 한계를 갖고 있다.[7]

결론적으로 가장 올바른 이해 방식은 첫째 방식이지만, 그런 이해 방식의 문제점, 즉 자유민주주의와 사회민주주의의 관계에 대해서는 좀더 본격적인 논의가 필요하다는 것이 필자의 입장이다.

3. 자유민주주의와 선거 — 그 연관의 본질

1) 자본주의 국가와 보통선거권 — 역사적 고찰

'자유민주주의 선거'라는 주제를 다루는 데서 핵심적인 매개 고리는 보통선거권일 것이다. 보통선거권은 자유민주주의의 충분조건은 아니더라도 필요조건으로서, 고전적 자유주의를 자유'민주주의'로 변화시킨 결정적 계기라 할 수 있다. 그러나 문제는 자유주의, 자본주의 국가, 나아가 자본주의와 보통선거권 사이에는 본질적인 연관이 존재하느냐 하는 것이다. 이 문제를 검토하기 위해서는 자유민주주의 체제라 할 수 있는 서구 자본주의 사회에 보통선거권이 도입된 보통선거권의 역사를 간단히 살펴볼 필요가 있다(표 1 참조).[8]

선진 자본주의 사회에 보통선거권이 도입되기 시작한 때는 20세기 초인데, 그중 일부 국가에서 파시즘의 대두나 세계 대전 등으로 선거권이 다시 박탈되는 등 우여곡절을 겪으면서 보통선거권이 선진 자본주의 사회에서 전면화된 시기는 사실상 2차 대전 이후라고 할 수 있다.

이런 사실은 보통선거권 등 자유민주주의의 민주주의를 구성하는 부분들

표 1. 선진 자본주의 국가의 보통선거권 도입

	남성 보통선거권	보통선거권	사회주의당	사회주의당 의회 진출
이탈리아	1907	1919	1889	1897
벨기에	1919	1948	1885	1894
덴마크	(1849)	1915	1878	1884
핀란드	1906	1906	1899	1907
프랑스	1884	1946	1879	1893
독일	1871	1919	1867	1871
이탈리아	(1919)	1945	1892	
네덜란드	1917	1917	1878	1888
노르웨이	1898	1913	1887	1903
스웨덴	1907	1921	1889	1896
스위스	1898	(1971)	1887	1897
영국	1918	1928	1893	1892
미국		1970 (1945)		

※ 괄호 안은 주 8의 양 출처 간에 차이가 있는 경우를 뜻한다. 미국의 경우 1945년, 1970년이라는 커다란 차이가 나는 것은 남부 흑인들에게 실질적으로 보통선거권이 부여된 것을 기준으로 하느냐, 단순히 형식적으로 보통선거권이 부여된 것을 기준으로 하느냐에 따라 생겨난 차이이다.

이 시장경제나 자본주의의 내재적 요소 또는 그 산물이 아니라는 것을 보여주고 있다. 오히려 보통선거권은 계급투쟁의 산물 내지 노동자 계급 등 민중 부문의 전리품이고, 동시에 이런 상향식 압력을 수용해 체제 내화할 수 있는 현대 자본주의(특히 '중심부 자본주의' 내지 제국주의)의 팽창성과 탄력성이 가져온 결과라 할 수 있다.[9] 다시 말해 자유민주주의는 자본가 계급이 물적 토대와 헤게모니를 기초로 해 노동자 계급 등 민중 부문을 배제하는 것이 아니라, 체제 내로 포섭해서 동의와 강제력이라는 통치 기제 중 동의를 주된 기제로 해 자본의 지배를 관철시키고 자본주의적 질서를 재생산하는 정치체제라 할 수 있다.

2) 보통선거권, 선거 제도, 자유민주주의

여기서 짚고 넘어가야 하는 문제는 보통선거권, 선거 제도, 자유민주주의 간의 관계다. 보통선거권은 민주적 선거 제도의 핵심적 구성 요소이기는 하지만 그것 자체가 민주적 선거 제도와 등치될 수는 없으며, 보통선거권과 민주적 선거 제도도 자유민주주의의 중요한 기준이기는 하지만 이것 또한 양자가 등치될 수 있는 것은 아니다. 부르주아 민주주의에서 민중이 누리는 민주적 권리들(부르주아 민주주의적 권리라기보다는 민중적 권리)과 부르주아 민주주의적 정치 제도를 구별해야 한다는 한 연구자의 지적을 빌리면,[10] 이 보통선거권은 민중적 권리 내지 '인류 보편적' 권리지만 자유민주주의 내지 자본주의 국가적 선거 제도는 기본적으로 부르주아적인 것으로 볼 수 있다. 또한 보통선거권이 자유민주주의를 판별하는 중요한 기준이기는 하지만, 그 제도가 자유민주주의 그 자체는 아닌 것은 자명하다. 사회주의 사회에서도 보통선거권이 가능하다는 점, 보통선거권이 있던 한국의 역대 공화국들과 제3세계 국가들이 자유민주주의에서 거리가 멀다는 점에 대해서는 부연 설명이 필요 없다. 따라서 '자유민주주의와 선거'라는 이 주제의 논의가 한국 사회에 갖는 적실성은, 한국 자본주의 국가의 '국가성격'에 관련해 볼 때 제한적일 수밖에 없다는 점을 유의할 필요가 있다.

4. 자유민주주의에서 선거와 민주 변혁

1) 이론적 입장들

자유민주주의에서 선거와 민주 변혁의 관계, 즉 '선거사회주의'의 가능성에 대해서는 크게 세 가지 입장으로 나누어진다.

첫째, '극좌'적 시각으로서 자본주의 체제하에서 선거의 의미를 전면적으로 부정하는 입장이다. 독일 '좌파 공산주의'들의 볼셰비키 의회 참여 전술에 대한 비판이 이런 시각의 전형적인 예로서, "역사적으로나 정치적으로 도태된 의회주의적 투쟁 형태로 돌아가는 어떤 복귀도 단순히 거부돼야 한다"는 주장이다.[11] 이런 입장을 세련화한 어떤 현대 이론가는 보통선거권 등 자본주의 사회의 선거란 ① "노동계급의 급진화를 예방하기 위해 지배 계급이 의식적으로 사용하는 술책"으로서 노동 계급의 혁명적 힘을 선거 정치로 유도하고, ② 선거 결과가 국민 의지의 참된 반영이며 자유 의지에 의한 선택인 것 같은 환상을 만들어내어 이데올로기적 정당화 기능을 수행하며, ③ 대중의 정치 상태를 알려주는 바로미터로서 부르주아를 위한 '조기 경보 장치'로 기능하는 한편, ④ 자본가 계급 내의 분파적 갈등을 조정하는 기능을 수행할 뿐이라고 주장하고 있다.[12]

둘째, 자유민주주의에 관한 위의 셋째 이해 방식에 기초를 둔 사회민주주의, 유로코뮤니즘 등 다양한 조류의 '의회주의적' 입장이다. 한마디로 선거를 통한 사회주의 이행이 가능하며 바람직하다는 주장이다. 실현 가능성의 문제에 대해서는 선거, 의회 제도, 자본주의 국가가 "특정한 계급적 시각을 가져야 할 이유"도 없고 "특별하게 내재적으로 자본주의적이어야 할 이유도 없기"[13] 때문에 선거와 의회를 통한 이행이 불가능할 이유가 없다는 주장이다. 특히 낙관론의 색조에서 차이가 있기는 하지만 이런 입장에 선 많은 이론가들은 세칭 '권력자원 동원power resource mobilization 이론'에 기초를 두고서, 결국 문제는 노동자 계급이 올바른 계급 동맹(선거 연합)의 입장을 취하고 선거라는 게임에서 정치적 자원을 얼마나 효과적으로 동원할 수 있느냐 하는 비규정적이고 '열린' 변수에 달린 것으로 파악하고 있다.[14] 나아가 이 시각은 실현 가능성 말고도(학자에 따라서는 실현 가능성과 별개로) 자유민주주의 아래의 선거 제도나 의회 제도(대의제)를 앞서 지적한 대로 인류 보편적 유산으로 보아서 파괴하는 것이 아니라 계승하고 발전시켜야 한다는 입장을 취하고 있다.[15]

마지막으로 '정통 좌파'의 시각을 들 수 있다. 마르크스, 엥겔스, 레닌으로 대표되는 이런 시각의 정확한 입장에 대해서는 보통선거권, 민주공화제, 부르주아 민주주의, '의회주의의 길'에 대한 평가 자체의 모호성, 내부 모순성 등 때문에 단언하기가 어렵고 다양한 해석이 제기되고 있다. 그러나 이런 입장이 자본주의 사회의 선거를 단순히 변혁에 무용한 것으로 간주하는 '극좌'적 시각이나 반대로 유일한 내지 가장 효과적인 수단으로 간주하는 '의회주의적' 시각과 달리 체제를 안정화시키는 '체제 안정적' 기능의 측면과 '계급투쟁적'이고 '변혁적' 측면이 공존하는 '양날의 검'로 인식하고 있는 것은 확실하다 하겠다. 다만 문제는 이 두 측면 중 어느 쪽에 더 무게 중심을 두고 있느냐는 해석의 문제일 것이다.

이를테면 마르크스는 국민을 위해 봉사한 파리코뮌의 보통선거제에 대비시켜 자본주의하의 선거는 "몇 년마다 한 번씩 지배 계급의 구성원 중 누가 의회를 통해 인민을 억압할지를 결정하는 것"일 뿐이라고 비판하며 "노동자 계급은 단순히 기존의 국가기구를 장악해 자신의 목적으로 이용할 수 없다"고 주장하면서도,[16] 다른 한편으로는 "보통선거권은 노동자 계급의 정치권력에 다름 아니다. …… 보통선거권의 실현은 유럽에서 사회주의의 이름으로 정해진 그 어느 것보다도 더 사회주의적인 조치가 될 것이다. 그것이 가져온 결과는 노동자 계급의 정치적 지배권이다"[17]고 주장했다. 또한 마르크스는 영국처럼 보통선거권 등을 통해 "노동자 계급이 자기들의 목표를 평화적 선전을 통해 더 확실하게 획득할 수 있는 곳에서 봉기는 미친 짓"[18]이라는 '모순적'인 주장을 했다는 점은 잘 알려져 있다. 레닌의 《국가와 혁명》만 해도 자유민주주의와 민주공화제는 "자본주의의 최상의 정치적 외피"라는 체제 안정화 '기능성'을 주장하면서도 다른 한편으로는 이것이 "자본주의하에서 노동자 계급을 위한 최상의 국가형태로 우리는 이것을 지지해야 한다"고 지적하고 있다.[19]

이런 일견 '모순적'인 주장은 마르크스가 보통선거권의 확대에 따라 점진적으로 의회주의적 이행을 향한 길로 진화해온 것인가, 아니면 의회주의적 이행의 길은 구체적인 사회적 상황에 따라 가능할 수도 있다는 역사주의적 입장을 취한 것인가 하는 문제를 야기하며, 레닌의 경우에도 의회주의 노선에 대해 상대적으로 비판적인 입장이 러시아적 특수성을 반영한 것일 뿐인가 등의 문제를 낳는다.

이런 문제에 대한 정통 좌파들의 입장에서 합리적 핵심은 다음의 두 가지 가설로 요약될 수 있다는 것이 필자의 생각이다. 첫째, 선거 등 의회 투쟁과 의회 밖의 투쟁은 구체적 상황에 대한 구체적 분석의 문제라는 것이다. 이를테면 의회주의적 노선에 비판적인 것으로 알려진 레닌도 "러시아에 확고히 성립된 의회 체제가 있다고 가정해보자. 그런 상황은 의회가 지배 계급이나 지배 세력의 주된 지배 형태가 됐다는 뜻이며, 따라서 의회가 사회적 이익과 정치적 이익들 사이에서 갈등의 주된 장이 됐다는 뜻이다. …… 이 경우 의회 투쟁을 방기하는 것은 심각한 오류이며, 의회주의를 가장 심각하게 받아들여야 하는 것이 노동자 정당의 의무다. 그러나 현재로서는 러시아에 확립된 의회 체제가 존재하지 않는다. 러시아에서 지배 계급의 주된 지배 형태는 비의회적 형태고, 의회는 사회적 이익과 정치적 이익 사이에서 벌어지는 갈등의 주된 장이 아니다. …… 이 경우 의회주의는 투쟁의 주된 장이 될 수 없다"고 밝히고 있다.[20]

그러나 이 입장이 '무정형의 상대주의'를 의미하지는 않는 것 같다. 이 주장이 이런 상대주의로 흐르지 못하게 막아주는 것이 바로 둘째 가설로, 국가유형으로서 자본주의 국가의 구조적 한계(고추상성의 규정)를 전제로 한, 따라서 선거와 의회주의의 궁극적 한계를 전제로 한 바탕 위에서 의회주의와 선거 전략을 구체 분석의 문제로 간주하지 않았느냐는 것이다.

2) 비판적 검토

보통선거권 아래의 선거는 본질적으로 '수의 게임'이다. 선거라는 수의 게임에서 소수의 자본가 계급에 견줘 절대적인 수적 우위를 확보하고 있는 노동자 계급과 민중이 승리함으로써 '선거사회주의'를 실현시키지 못할 이유가 있는 것일까? 사실 이런 산술적인 수적 비대칭성 때문에 미국의 '건국의 아버지Founding Fathers'들이 '다수의 횡포'(무산자 다수의 선거사회주의)에 맞서 소수(유산자)를 보호하기 위한 제도적 안전장치를 설치할 필요성을 역설했는가 하면, 많은 자유주의적 사상가들이 보통선거권을 반대하거나 유보하는 태도를 갖게 했다.[21] (조금 과잉 단순화해 이야기하면 이런 염려와 선거사회주의 이론의 낙관론은 정치적 입장의 차이에도 불구하고 방법론적 뿌리는 동일한 일란성 쌍생아라고 볼 수 있다.)

이런 문제에 관련해 자유민주주의의 보통선거제 아래에서 "수가 모든 것을 결정한다. …… (그러나 중요한 것은) 득표 계산은 긴 과정의 마지막 의식final ceremony"에 불과하다는 사실을 인식하는 것이라고 그람시는 분석한다.[22] 문제는 단순한 수가 아니라 물적 토대, 생산관계에서 드러나는 지배–종속 관계, 시민사회 내지 확장된 국가에서 관철되는 헤게모니 등 득표 계산이라는 마지막 의식에 선행하는 '긴 과정' 속에서 나타나는 구조적 제약이다.

여기에서 특히 주목해야 하는 것은 자본주의 사회에서 선거가 분명히 다수가 이기는 수의 게임인데도 불구하고 소수인 자본가가 승리할 수밖에 없는 이유다. 핵심적인 것은 부르주아의 헤게모니인데, 이것은 흔히들 생각하듯이 단순히 이데올로기 투쟁이나 정치투쟁으로 전환시킬 수 있는 정치적인 것이나 이데올로기적인 것이 결코 아니라는 점을 상기해야 한다. 다시 말해 "헤게모니가 윤리적이고 정치적이라 할지라도, 헤게모니는 동시에 경제적이어야만 하고, 반드시 경제 활동의 결정적 핵에서 지도 집단이 수행하는 결정적 기능에 기초를 둬야만 한다."[23] 더 구체적으로 자본주의 사회에서 자본가 계급이 헤게모니적이고 선거에서 승리할 수밖에 없는 이유는 다음과 같다. "어느 경제 체제도 지속적 생산, 고용, 소비의 필요조건이 재투자이기 때문에 자본주의 체제에서 이윤은 투자를 위한 필요조건이다. 따라서 자본가가 이윤을 점유할 수 없으면, 자본가들이 착취를 하지 않으면, 생산은 감소하고 소비도 감소해, 모든 집단이 자기들의 물질적 이해를 만족시킬 수 없다. 자본가 계급의 물질적 이해(착취를 통한 이윤의 보장, 자본주의 체제의 재생산 — 인용자)의 현재적 실현은 자본주의 체제 내의 모든 집단의 물질적 이해를 실현하기 위한 필요조건이다."[24] 이런 논리는 노동조합운동이 아무리 전투적이어도 기업 자체를 망하게 하면 안 되는 것과 동일하다.

특히 주목할 만한 것은 '분석적 마르크스주의자'로 알려진 쉐보르스키와 스프래그가 지적한 '선거사회주의의 딜레마'다.[25] (이것은 필자가 분석적 마르크스주의에 전적으로 동의한다는 뜻은 아니다. 오히려 형식주의적 추상화, 변증법의 폐기, 이론의 탈역사화, 실천적 대안 제시의 무능력 등 분석적 마르크스주의의 문제점를 향한 여러 비판에[26] 공감하는 입장이지만, 행위의 '미시적 기초'를 제공하려는 이 이론이 미시적 정치 행위, 즉 선거사회주의가 주된 문제로 설정하고 있는 투표 행태라는 측면을 설명하는 데는 탁월한 설득력을 갖는다고 하는 '제한적 공감'에 바탕을 둔 인용이다.)

선거사회주의의 입장에서 노동자 계급 정당의 노선을 표방하던 독일 사민당이 히틀러 이전의 독일에서 부딪친 '3분의 1의 장벽'(투표자의 3분의 1 이상의 지지를 얻을 수 없는)이라는 문제의식의 연장선상에서 쉐보르스키는 우선 프롤레타리아트는 어느 사회에서나 수적으로 절대 다수가 될 수 없다고 주장하고 있다.[27]

그러므로 선거를 이행의 주된 (또는 유일한) 투쟁 방식으로 받아들이는 선거사회주의의 입장에서는 수의 게임을 승인하자마자 딜레마에 빠지게 된다. 노동자 계급 정당의 입장을 고수하면 수의 게임에서 승리할 수 없고, 따라서 수의 게임에서 이기려면 계급 정당을 벗어나 대중 정당, 나아가 표가 된다고 생각되면 무엇이든 하는 포괄 정당catch-all party화해야 한다는 딜레마다. 바로 이런 선거 연합 내지 득표 확대 전략으로서 대중 정당화가 바로 자기 파괴적이라는 분석이다. 이 부분이 우리가 주목해야 할 선거사회주의의 아킬레스건이라고 할 수 있다.

문제는 이런 득표 확대 전략과 대중 정당화는 유권자들을 계급의 구성원이 아니라 하나의 '시민' 내지 개인으로서 견인하는 수단이기 때문에 담론의 '탈계급화', 정치 행위의 단위로서 계급의 경시화, 궁극적으로 정치의 탈계급화를 초래하고 만다는 것이다. 쉐보르스키의 표현을 빌리면 당은 기껏해야 단순히 "개인들(의 집합체)로서 노동자의 당"(노동자 '계급'의 당이 아니라)이 되고 말며 "대중의 선거 동원 과정은 동시에 계급으로서 노동자 계급의 해체 과정"이 되고 만다.[28] 뒤집어 말하면 서구에서 나타나고 있는 정치의 '탈계급화'는 바로 서구의 사회당과 공산당 등이 채택한 이런 선거사회주의의 필연적 결과이자 이 정당들에 상당한 책임이 있다는 주장이다.[29] 이런 주장은 '주체 위치'에서 생산관계의 중심성을 인정하면서도 이것이 정치적 행위 주체로서 계급으로 자동 전화되는 것은 아니라는 일정한 비결정성을 전제로 해, 계급투쟁이 '계급 간의 투쟁struggles among classes'이기 이전에 '계급에 관한 투쟁struggles about class(주체 단위로서 계급이냐, 아니면 다른 무엇이 될 것인가를 결정하기 위한 '계급투쟁')이라는 사실을 전제하고 있다.[30] 이 점에서 다양한 주체 위치 중에서 생산관계의 중심성을 부인하는 무작위적 다원성과 주체 형성 기제로서 담론의 절대화 등의 문제점을 논외로 하면, 주체 위치의 다원성과 비결정성에 대한 '포스트마르크스주의'의 문제 제기는 (새삼 새로운 것은 아니기는 하지만) 정당하다고 볼 수 있다.

문제는 이것을 넘어서 자본주의 사회의 기본 모순으로서 계급 모순이 해결되지 않았는데도 포스트마르크스주의가 사실상 주체의 해체주의를 통해 일방적인 노동자 계급 정치의 탈계급화(자본가 계급의 경우 신보수주의가 보여주듯 정치의 탈계급화는커녕 계급적 공세를 강화하고 있는데도) 효과를 창출하고 있다는 점, 특히 한국의 경우 분단의 특수성 때문에 빚어진 정치적 주체로서 계급의 미발달과 '전 계급적 정치pre-class politics'에서 뒤늦게 '계급 정치'로 어려운 성장을 하고 있는 시점에 객관적 조건과 동떨어진 '포스트 계급 정치'

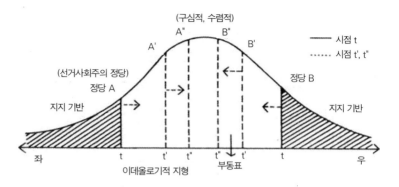

그림 1. 양당 체제하의 정당 행태

론을 기계적으로 도입해 '계급 정치의 조로화'를 유도하고 있다는 점이다.

이런 계급 정치의 형성에서 계급적 담론이 갖는 중요성은 선거사회주의의 '상대적' 성공 여부가 정당 체제와 밀접한 관계가 있다는 점을 간접적으로 보여주고 있다. 영국과 미국 같은 양당 체제나 서독식 '온건 다원주의적' 정당 체계에서는 선거에서 승리하려면 절대다수의 표(온건 다원주의의 경우 연합 정부의 형태로라도)를 획득해야 하기 때문에 결국 이데올로기적 스펙트럼에서 중간층의 획득 여부가 승패를 좌우하게 된다. 따라서 이 경우 정당의 담론과 실천은 탈계급적이고 대중 정당 지향형으로 나아가며, 경쟁 정당 간의 입장이 중심으로 수렴하는 '구심화'를 가져오게 되는 경향이 강하다(**그림 1** 참조).[31] 결국 이런 상황은 앞에서 지적한 대로, 정치의 탈계급화를 초래함으로써 선거사회주의의 기반을 스스로 붕괴시키게 된다.

반면 파시즘의 경험 이후 단일 정당의 독주를 막기 위한 견제 정치 제도를 강화한 이탈리아 같은 양극 다원주의polarized pluralism 내지 극단 다원주의extreme pluralism 정당 체제하에서는 여러 당이 난립하게 되고, 따라서 선거에서 승리해 제1당이 되기 위해서 (물론 제1당이 돼도 집권당이 되려면 다른 당들과 연합을 통해 연립 내각을 구성해 과반수를 확보해야 하지만) 반드시 과반수를 차지할 필요가 있는 것은 아니다.

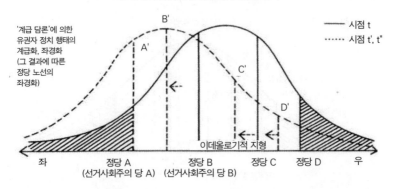

그림 2. 양극 다원주의 정당체제하의 정당 행태

'계급 담론'에 의한
유권자 정치 행태의
계급화, 좌경화
(그 결과에 따른
정당 노선의
좌경화)

시점 t
시점 t', t"

이데올로기적 지형

좌   정당 A   정당 B   정당 C   정당 D   우
    (선거사회주의 당 A) (선거사회주의 당 B)

※ 물론 원래의 양극 다원주의 정당 행태는 양극 원심적으로 양극의 쌍봉우리 형태로 나아간다는 가정이고, 정치의 계급화 속에서 자본의 담론이 승리하는 경우 위 그림과 반대로 유권자들의 정치적 외식이 우로 이동하는 것도 가능하지만, 여기서는 계급 담론이 좌파의 우세로 나아가는 경우를 상정했다.

　

이런 경우 이념 정당 내지 계급 정당의 탈계급화와 대중 정당화는 오히려 지지 기반의 이탈을 초래해 득보다 실이 크므로 정당은 '원심적' 정치 행태를 보여주고, 계급적 담론을 계속 유지하면서도 선거사회주의 투쟁의 상대적 성공을 가능하게 해주는 경향이 있다(그림 2 참조).[32] 이탈리아 공산당[PCI]의 '상대적 성공'은 '역사적 타협' 등에 연유한다고 볼 수도 있지만, 이런 특성에도 상당한 영향을 받았다고 할 수 있다.[33]

선거사회주의의 문제점은 또 다른 각도에서도 조망될 수 있다. 토대의 근본적 변혁을 동반하지 않은 선거사회주의의 '승리', 더 정확히 표현하면, 선거 승리와 집권은 자기 패배적이라는 사실이다. 이것은 그동안의 사회민주주의의 경험과 1980년대 사민주의의 위기, 그리고 이런 위기 속에서 예외적으로 선거 승리를 경험한 스페인, 포르투갈, 그리스의 경험이라는 두 측면에서 살펴볼 수 있다.

사회민주주의는 선진자본주의 국가들에서 노동 생산성과 임금, 대량생산과 대량소비를 연계시킨 축적체제를 기초로 해 노동과 자본의 관계를 넌제로섬non-zero sum 게임으로 규정하는 사회 협약을 통해 상당한 성과를 축적해왔지만, 이런 넌제로섬 게임을 가능하게 해준 물적 기초의 붕괴(1970년대 이후의 경제위기)와 함께 심각한 위기에 봉착했다. 이것은 넌제로섬 게임이 궁극적으로 제로섬 게임으로 전환되는 '단절'의 시점에 물적 토대를 장악하지 못한 사회민주주의의 궁극적 한계, 즉 궁극적 이행 전략으로서 선거사회주의의 한계를 보여주는 동시에 그동안 어렵게 획득한 개혁 역시 언제라도 되돌려질 수 있다는 사실을 입증해주는 셈이다. (선거와 개혁을 통한 사회주의는 이런 개혁이 가역 불가능irreversible하고, 효과 면에서 누적적이며, 새로운 개혁을 촉발하고, 목적 면에서 사회주의 지향적이라는 네 가지 조건을 모두 충족할 때만이 사회주의로 나아갈 수 있지만, 선거사회주의는 이 조건들을 충족시킬 수 없으므로 이행 전략으로서 실패할 수밖에 없다는 쉐보르스키의 주장을 상기할 필요가 있다.)[34]

최근 현실 사회주의의 붕괴 이후 사회민주주의가 국내 학계와 진보적 운동 진영에서 부상하고 있지만, 사실 이 점에서 궁극적인 이행 전략(자본주의의 민주화 전략이 아니라)으로서 사회민주주의는 현실 사회주의의 붕괴에 따른 마르크스레닌주의 모델의 '파국' 이전에 이미 파국을 경험한 셈이다. 물론 스웨덴의 경우 1980년대의 위기를 '임노동자 기금' 정책을 통해 극복하려 노력하고 있지만, 자본의 국제화와 치열한 국제 경쟁 속에서 얼마나 오랫동안 이런 넌제로섬 게임을 지속할 수 있을지, 이런 넌제로섬 게임이 제로섬 게임이될 때 다른 서구 국가들의 경험을 피할 수 있을지 등에 관련해 필자의 경우 회의적으로 전망한다는 점에서 스웨덴도 이런 실패에서 예외가 아닐 것이라고 본다.

특히 주목해야 할 점은 스페인, 그리스 등 선거에서 상대적으로 성공을 거두고 있는 남유럽 선거사회주의다. 비록 선거에서 성공하기는 했지만, 그 게임에서 계속 승리하려면 경제 실적이 중요한데, 그 물적 토대를 자본가가 장악하고 있는 상황, 특히 국제 경쟁과 자본의 국제화 시대라는 상황 때문에, 사회당은 개혁의 정당이 아니라 '내핍의 당', '구조조정의 당'이 돼야 하는 자기 파괴적 딜레마에 빠져 있다.[35] 사회주의 당이 집권하면 "달라지는 것은 노동 통제를 잘한다는 것뿐"이며, "우리는 그 자본가들의 더러운 일만 해준 셈We did their dirty job"이라는 한 유럽 사회당 고위 간부의 자조나, "장기적으로 남유럽 사회주의의 성장과 하락이 가져오는 가장 심각한 결과는 사회주의 이념의 가치 하락이다. 사람들은 사회주의라고 하면 사회변혁의 약속 대신 내핍, 실업, 권력의 낡은 센터들의 재조정을 연상하게 될 것이다. 결과는 유권자들의 분노, 냉소, 탈정치화다. …… 결과적으로 사회주의자들은 황야 속으로 사라져버릴 것"이라는 페트라스의 경고는[36] 바로 이런 딜레마를 파헤치고 있다.

다음으로 '동의'와 강제력의 변증법에 관련해 선거사회주의의 또 다른 문제는 자본주의 체제 자체가 위협받는다고 할 때 경기 규칙(선거, 민주주의) 자체를 바꿀 수 있는 부르주아의 '구조적 권력'의 문제를 간과하고 있다는 점이다. 동의와 강제력은 분리될 수 없는 유기적 관계를 맺고 있으며, 동의('정치')는 주된main 것이지만 근본적인fundamental 것은 강제력('군사'적인 것)이라는 그람시의 지적을 상기할 필요가 있다.[37] 자유민주주의 체제는 동의에 의해 지배되는 dominated 것이지만 궁극적으로 여기서도 결정적인 것determinant은 강제력이다.[38] 따라서 그람시의 진지전은 선거를 통한 국가장치의 점진적 장악이라는 선거사회주의와 거리가 멀 뿐 아니라, '혼합 투쟁mixed struggle'[39]이라는 표현이 보여주듯이 기동전의 유기적 부분(내지 전제 조건)으로서 진지전이라고 할 수 있다. 이런 사실은 물론 그 실패 원인에 대해서는 다양한 해석이 존재하지만, 칠레에서 선거사회주의가 실패한 경험이 잘 보여주고 있다.[40]

마지막으로 본질적으로 '대의제 민주주의'의 핵심 기제라는 점에서 선거가 지배 대 피지배, 육체노동 대 정신노동이라는 구분을 재생산하는 측면들을 기층 민주주의와 직접민주주의라는 측면에서 검토할 필요가 있다.[41]

그렇다면 자유민주주의 아래의 변혁운동에서 선거와 의회 투쟁은 의미가 없는 것일까? 물론 그렇지는 않다. 선거와 의회 투쟁의 의미는 선거사회주의의 주장처럼 그것 자체가 특권화된 주된 이행 수단이라는 데 있는 것이 아니

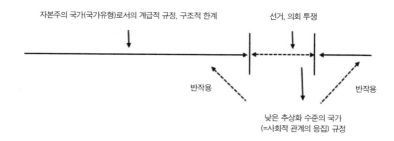

그림 3. 자본주의 국가와 선거

라, 자본주의 국가의 구조적 한계 내에서 열려진 정치 지형 속에 사회적 역관계를 더 유리하게 반영시키는 것(낮은 수준의, 즉 사회적 역관계의 응집으로서의 국가), 이런 과정을 통해 구조적 한계 내에서 자본주의를 민주화시키는 것, 좀더 유리한 지형을 창조하고 국가기구 내에서 '저항의 센터'를 확보[42]함으로써 국가 내에 계급투쟁과 모순을 각인시켜 이행에 좀더 유리한 반작용과 개입을 유도해내는 것에 있다고 하겠다(**그림 3 참조**).

나아가 앞서 지적한 선거와 의회주의의 양면성, 즉 체제 안정화와 계급투쟁 내지 변혁적 측면 중 어느 쪽이 우세한 것이냐 하는 사안은, 구체적 실천을 통해 어느 쪽을 우세하게 만들어내느냐 하는 구체적 실천의 문제이자 구체 분석의 문제라고 할 수 있다.

결론적으로 사회민주주의 등 선거사회주의의 문제점은 이런 의미(자본주의의 민주화 등)를 넘어서 그것 자체를 가능한 '궁극적인 이행 전략'으로 과대 평가한다는 데 있다. (이 점에서 사회민주주의의 더 정확한 명칭은, 스스로 추구하는 주관적 목적이 사회주의냐 아니냐에 상관없이 '민주자본주의'라는 것이 필자의 생각이다.) 물론 이런 주장이 자본주의의 민주화가 중요하지 않다는 뜻은 결코 아니다. 자본주의의 민주화는 과거에도 중요했고, 특히 현실 사회주의 실험이 파국을 맞은 뒤 '설득력 있는 구체적 대안'이 없는 것처럼 보이는 현상황에서는 "자본주의를 개선하려는 투쟁은 그 어느 때보다도 필수적이지만, 그러나 이런 투쟁을 사회주의를 위한 투쟁하고 혼동해서는 안 된다"[43]는 것이다. 자유민주주의에서 선거의 의미도 이런 맥락에서 파악돼야만 한다.

3장

민주주의의 이론적 문제[*]

1. 왜 다시 민주주의인가

민주주의는 현대 사회에서 일상생활에 가장 밀접한 관계가 있는 까닭에 가장 많은 관심을 불러일으켜온 주제다. 이런 이유 때문에 봉건제가 붕괴한 뒤 세계 근현대사에서 민주주의는 끊임없이 (특히 자유주의적 이념과 사회주의적 이념의 투쟁에 관련해) 논쟁의 주제가 돼왔다. 이런 민주주의의 문제는 특히 최근 들어 세계사에 급격한 변화가 일어나면서 다시 한 번 새롭게 진보적 사회과학과 민주변혁운동의 쟁점으로 부상하고 있다.

　민주주의의 문제는 역사적으로 서구에서는 1970년대 프롤레타리아 독재 개념의 포기와 '사회주의를 향한 민주적 길'을 표방한 유로코뮤니즘의 성장에 관련해서, 그리고 1970년대 말과 1980년대에 들어 가시화된 신보수주의에 맞서 그동안 획득한 민주주의의 성과들을 방어하기 위한 맥락에서 활발하게 논의돼왔다. 다양한 형태의 독재 체제가 '정상' 국가 형태가 돼왔고, 민주

---

[*]　손호철, 〈민주주의를 다시 생각한다〉, 《창작과 비평》 74호, 1991을 수정하고 보완해서 한국정치연구회 사상분과가 편저한 《현대 민주주의론》, 창작과비평사, 1992에 〈민주주의의 이론적 제 문제〉로 실었다. 이 글을 바탕으로 다시 수정하고 보완했다.

주의하고는 인연이 멀던 제3세계의 경우도 1980년대 들어 세칭 '민주화의 물결'이 전반적으로 일면서 '민주주의의 재발견'이 있어왔다. 이런 민주화는 '형식적 민주주의'라는 제한된 기준으로 보더라도 '자유화' 내지 '제한적 민주주의'에 불과한 수준이었다. 그럼에도 불구하고 이 제한적 민주화는 대부분의 제3세계에서 논쟁의 중심축을 그동안의 '변혁'의 문제에서 '민주주의'의 문제로 옮겨놓고 있다는 평가가 제기되고 있다.[1] 마지막으로 현실 사회주의 실험의 실패, 특히 비극적이다 못해 가히 희극적이라고 해야 할 소련의 군부 쿠데타 에피소드는 당연시되던 민주주의와 사회주의의 유기적 연관 등 민주주의에 대한 기존 관념을 근본부터 다시 평가하기를 요구하고 있다.

이 글의 목적은 이런 문제의식을 기초로 민주주의와 독재, '형식적 민주주의'와 '실질적 민주주의' 문제에 관련된 민주주의의 형식과 내용 문제, 부르주아 민주주의의 평가 문제, 다원주의, 국가와 시민사회 문제 등 민주주의의 쟁점들을 비판적으로 재검토하는 데 있다. 특히 최근 들어 세계사적 정세의 변화와 함께 '마르크스주의 위기' 논쟁이 '마르크스주의 붕괴' 논쟁으로 발전하고 마르크스주의의 종언을 공공연하게 선언하는 '청산주의적' 입론이 득세하는 현실 속에서, 이런 작업은 '계승'하고 '발전'시켜야 할 마르크스주의 민주주의론의 합리적 핵심은 무엇이며 자기 정정이 필요한 부분은 무엇인가를 규명하기 위한 시론적 작업이다. 다만 필자의 능력이 부족해 이런 작업이 완성된 해답을 주기보다는 문제 제기와 극히 초보적이고 원시적인 자기 정정의 방향을 제시하는 수준에 그치고 있다.

2. 민주주의와 독재

민주주의의 문제를 다루는 데서 선행돼야 할 작업은 민주주의에 대한 다양한 이해 방식 중 어떤 것이 가장 과학적인 이해 방식인지를 규명하는 작업이다. 이 작업을 위한 하나의 유용한 우회적 접근법은 민주주의에 관한 중요한 쟁점 중의 하나인 민주주의와 독재 사이의 관계를 재조명해보는 것이다. 특히 유로코뮤니즘의 정통 마르크스주의 비판부터 최근의 현실 사회주의의 붕괴에 이르기까지 마르크스주의 정치 이론에 대한 비판이 주로 프롤레타리아 독재라는 '독재론'에 초점이 맞춰져 있다는 점에서 그러하다.

마르크스의 계급 독재(부르주아 독재, 프롤레타리아 독재)의 문제의식부터 유명한 레닌-카우츠키 논쟁, 유로코뮤니즘의 경우 프랑스 공산당 제22차 당대회를 둘러싼 논쟁, 이탈리아의 보비오 논쟁에 이르기까지 민주주의와 독재의 관계에 관한 문제는 민주주의론의 핵심 쟁점이 돼왔다. 잘 알려져 있듯이 마르크스와 레닌으로 이어지는 '정통' 좌파의 경우 계급 관계를 초월한 '순수한' 민주주의 내지 '초계급적' 민주주의란 존재하지 않으며 부르주아 민주주의 등 민주주의는 부르주아 독재 등 계급 독재의 한 관철 형태(즉 민주적 관철 형태)라는 입장에서 독재와 민주주의 사이의 관계를 대립적이고 배타적인 관계로 인식하지 않고 있다. 반면 서구 정치 이론의 주류를 형성하는 세칭 '다원주의 이론' 등 부르주아 정치 이론의 경우 이 관계를 대립적 입장에서 파악해 '자유민주주의냐 프롤레타리아 독재냐' 하는 식으로 '자본주의=민주주의, 사회주의=독재'라는 등식을 제기하고 있다. 이 밖에 카우츠키의 볼셰비키 비판이 대표하는 사회민주주의, 유로코뮤니즘 등 또 다른 축의 대립적 입장은 비록 주류 이론처럼 '자본주의=민주주의, 사회주의=독재'로 이해하지는 않더라도, 민주주의와 독재의 문제를 '민주주의냐 독재냐(즉 사회주의적 민주주의냐 프롤레타리아 독재냐)'라는 배타적이고 대립적인 관계로 인식하고 있다.

'정통' 좌파의 입장에 대한 여러 비판의 논거는 논자에 따라 차이가 있지만 크게 보아 ① 독재와 민주주의를 대립적 관계로 보지 않는 계급 독재 이론 그 자체가 잘못된 것이라는 주장(다원주의 이론),[2] ② 이런 주장까지는 안 나가더라도 보통선거 등이 실시되지 않은 마르크스와 레닌 시대의 자본주의 국가는 부르주아 독재였지만 보통선거제 등이 실시된 뒤의 자본주의 국가는 부르주아 독재에서 부르주아 민주주의로 바뀌었다는 식으로 계급독재론을 역사주의적으로 해석하는 경향(이 경우도 독재와 민주주의를 대립적으로 보는 것은 ①과 마찬가지라는 점에서 ①의 변형이다),³ ③ 자본주의 국가에 대해서는 부르주아 독재라는 주장이 맞지만 이것보다 '진보적'이고 민주적이어야 할 사회주의 내지 포스트자본주의에서는 독재(프롤레타리아 독재)가 아니라 '민주주의(다원적 민주주의, 사회주의적 민주주의 등)'이어야 한다는 주장⁴으로 집약될 수 있다.

이렇게 대립하는 주장을 본격적으로 평가하기에 앞서 '정통' 좌파의 계급독재론에서 말하는 '독재'의 정확한 의미와 추상화 수준을 따져봐야 한다. 여러 논쟁에서 잘 나타났듯이 부르주아 독재 내지 프롤레타리아 독재에서 독재의 의미는 군부독재처럼 공공연한 억압성을 드러내는 통상적 의미의 독재, 즉 **'통치형태' 내지 '국가형태'로서의 독재가 아니라 국가 권력의 사회적 성격을 지칭하는 '국가유형' 수준에서의 독재, 즉 단일 지배 계급의 국가 권력 소유라는 의미의 '독재'**이며, 따라서 민주주의와 추상화 수준을 달리하는 개념이다.⁵ 다시 말해 이 경우 부르주아 독재란 자본주의 국가, 프롤레타리아 독재란 사회주의 국가라는 의미 이상이 아니다. 따라서 이때 독재는 '더 민주주의'적이기 위해 전략적 또는 전술적으로 채택하거나 버리거나 하는 **'선택의 개념'**이 아니라 고추상성의 **'현실 분석' 개념**일 따름이다.

다만 명확히 해야 할 점은 '부르주아 민주주의=부르주아 독재'라는 정식은 통치형태 내지 국가형태로서 부르주아 민주주의도 국가유형 수준에서 볼 때는 자본가 계급이 국가 권력을 소유한 자본주의 국가, 즉 부르주아 독재라는 뜻이지, 거꾸로 모든 부르주아 독재가 부르주아 민주주의라는 뜻은 아니다. 여기에서 바로 일상적 의미의 '독재' (민주주의에 대립되는) 개념이 도입되게 되는바, 국가유형으로서 부르주아 독재는 통치형태에서 민주적인 부르주아 민주주의 이외에도 통치형태 자체도 억압적인 파시즘, 보나파르티즘, 제3세계 군부독재 등 '공공연한 독재 체제'를 취할 수 있으며, 프롤레타리아 독재도

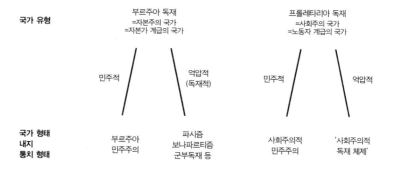

국가 유형	부르주아 독재 =자본주의 국가 =자본가 계급의 국가		프롤레타리아 독재 =사회주의 국가 =노동자 계급의 국가	
	민주적	억압적 (독재적)	민주적	억압적
국가 형태 내지 통치 형태	부르주아 민주주의	파시즘 보나파르티즘 군부독재 등	사회주의적 민주주의	'사회주의적 독재 체제'

통치형태가 민주적인 사회주의적 민주주의부터 통치형태가 억압적인 '사회주의적 독재 체제'라는 다양한 형태를 취할 수 있게 된다.[6] 따라서 통치형태라는 의미에서 (군부독재와 같은) 독재는 민주주의에 대립적이지만 국가유형으로서의 독재, 즉 계급독재론의 독재는 민주주의에 대립하는 것이 아니다.

이런 이론적 이해를 전제로 해서 평가할 때, 보통선거권 도입 여부에 따라 부르주아 독재와 부르주아 민주주의가 구별된다는 식으로(앞의 ②의 주장) 부르주아 독재를 부르주아 민주주의와 같은 추상 수준의 통치형태론으로 이해하는 비판은 단지 독재라는 개념에 대한 이해 부족에서 발생한, 존재하지도 않는 가상의 적을 상대로 한 싸움에 불과하다 하겠다.

다만 더 근본적인 문제는 ①의 비판에 관련된 것으로, 이런 계급독재론의 독재가 민주주의와 추상 수준에서 차이가 있다는 점을 인정하더라도 과연 자본주의 국가는 그 통치형태에 관계없이 자본가 계급이 배타적으로 국가 권력을 소유하는 '부르주아 독재'냐는 문제에 대한 평가다. 다시 말해 마르크스주의가 주장해온 계급국가론과 (국가 권력은 나누어 갖는 것이 아니고 단일 계급의 국가 권력이라는) **'국가 권력 통일성' 테제**[7]가 과학적인 주장이냐는 문제다. 거꾸로 이것은 자본주의 국가가 자본가 계급이 국가 권력을 배타적으로 소유한 자본가 계급의 국가(따라서 부르주아 독재)가 아니라 국가 권력이 다원적으로 분산 소유된 '초계급 국가' 내지 '다원주의' 국가냐는 문제다. (이 점에서 계급독재론에 대한 올바른 대당은 민주주의론이 아니라 다당제 같은 **정치 조직의 다원주의**하고는 다른 의미에서 **국가 권력의 다원주의론**이다.)

따라서 현대 자본주의 국가의 국가 권력이 사회 세력들에 다원적으로 분산돼 있다는 사실을 입증하려는 노력 없이 국가 권력의 차원이 아니라 정치 조직의 차원에서 '다원주의 국가'론을 입증하려는 일상적인 시도, 즉 다당제이므로 다원주의 국가이며 따라서 자본가 계급의 국가나 부르주아 독재가 아니라는 입장은 잘못된 것이다. 이 입장보다 한발 더 나아간 것은 서구 정치학계의 '정치권력' 논쟁에서 제기된 바 있는 '다원주의 이론'이다. 이 이론은 실증적 차원에서 현대 자본주의 국가의 정치권력이 정책 영역에 따라 사회 세력들에 분산돼 있다는 것을 정책 결정 과정에 대한 실증 분석을 통해 입증함으로써 계급독재론을 비판하고 있다.[8] 그러나 이런 이론화 역시 정책 결정 과정 연구가 자본가의 '구조적 힘'(이데올로기적 헤게모니 등)에 의해 아예 정책 고려 대상에서 자동으로 제외돼 제기조차 되지 않는 무결정non-decision 등 구조적 현상을 보지 못하며,[9] 고추상성의 국가 권력의 주체 문제를 특정 사안의 정책 결정 문제로 검증될 수 있는 성질의 것으로 협애화한다는 많은 문제점을 안고 있다. 이런 이유 때문에 이 다원주의 이론가들이 자기비판을 통해 국가 권력의 분산 소유 다원화 테제를 사실상 스스로 폐기하게 되는 것은 우연이 아니다.

주목해야 할 것은 사회민주주의, 유로코뮤니즘 등 서구에서 논의되고 있는 '신좌파' 국가론이다. 이런 이론들의 경우 국가는 사회 세력들 간의 양보와 절충의 '불안정한 평형 상태'라는 그람시의 국가 개념화[10]에 대한 일면적이고 우경적인 해석을 기초로 해 국가는 '계급 지배의 도구'가 아니라 '계급투쟁의 장'이며 사회 세력들 간의 역관계의 응집이라는 주장을 펴고 있다. 즉 국가가 특정한 계급적 내용을 가져야 할 이유도 없고 자본주의 국가가 특별하게 내재적으로 '자본주의적'이어야 할 이유도 없기 때문에 그때그때 사회 세력의 역관계에 따라 다른 내용을 갖게 된다는 것이다.[11] 따라서 이런 이론화는 궁극적으로는 자본주의 국가도 사회적 역관계만 바뀌면 얼마든지 '사회주의 국가'화할 수 있기 때문에 국가기구 내의 계급투쟁을 통해 자본주의 국가기구를 점진적으로 장악해감으로써 사회주의 국가화한다는 세칭 '장악 테제'로 나아갈 수 있게 만들어준다. 여기에서 되새겨볼 필요가 있는 것은 이 신좌파 국가론들, 특히 유로코뮤니즘의 국가론이 그람시를 일면적이고 우경적으로 해석한 데 기초한다는 필자의 지적이다. 문제가 되는 것은 그람시의 진지전 개념과 이 이론들의 (국가기구) '장악 테제' 사이의 연관이다. 그람시의 진지전은 시민사회에서 프롤레타리아 헤게모니를 형성하기 위한 장기적인 투쟁(그것도 기동전과 유기적으로 결합된)을 의미하는 것이지 단순히 (협의의) 국가기구를 점진적으로 장악하기 위한 장기간의 진지전을 의미하는 것은 아니며, 이 점에서 유로코뮤니즘의 정신적 지주는 그람시가 아니라 카우츠키라는 지적은 올바른 평가라고 볼 수 있다.[12]

이런 '국가=사회적 역관계의 응집'이라는 이론화는 '자본주의 국가=자본가 계급의 도구로서의 부르주아 독재'라는 '본질주의적' 정식화를 넘어서 좀더 구체적인 수준에서 사회적 역관계에 따른 다양한 형태의 자본주의 국가가 갖는 계급적 내용의 차별성을 파악하게 해주며, 계급투쟁을 통해 국가기구 속에 각인되는 계급적 모순을 인식하게 해주는 장점이 있다. 그러나 문제는 이런 이론화가 '자본주의 국가=부르주아 독재론'과 모순되는 것, 따라서 부르주아 독재론은 파기돼야만 하며 자본주의 국가가 자본주의적이어야 할 특별한 이유나 역관계에 따른 다양한 변형에도 불구하고 넘어설 수 없는 구조적 한계는 존재하지 않는다는 것을 의미하느냐는 것이다. 노동자 계급의 투쟁 때문에 역관계가 상대적으로 호전된 현대 서구 자본주의 국가들(특히 공산당 등 '노동자 계급을 대표한다'고 자처하는 정당들이 의회나 연립정부 등을 통해 행정부에도 참여한 바 있는 이탈리아, 프랑스 등)은 이런 역관계를 반영해서 이를테면 자본가 계급이 국가 권력의 70퍼센트를 소유하고 노동자 계급이 30퍼센트를 소유한 '비대칭적' 다원주의 사회이며, 역관계에 따라 그 권력 분포가 50 대 50, 30 대 70 등으로 바뀌어가고, 역관계에 따라 자본주의 국가도 노동자 계급의 헤게모니가 관철되는 '사회주의 국가'가 될 수 있다는 말인가?

그렇지 않다는 것이 필자의 생각이다. 자본주의 국가의 상대적 자율성과 사회적 역관계를 반영한 구체적인 수준에서 계급적 내용의 차별성에도 불구하고 자본주의 국가의 사회적 성격에는 넘어설 수 없는 본질적 한계가 존재하며, 이런 국가의 계급적 성격은 자본주의 국가가 자본의 일정 수준의 특정 이익에 반하는 정책을 펼 수 있느냐 내지 펴고 있느냐가 아니라 **국가 권력을 매개로 궁극적으로 재생산되는 질서가 어떤 것이냐**, 자본주의적 질서냐 아니냐에 따라 판단돼야 하기 때문이다. (여기에서도 신좌파 국가론의 가정을 따라가면 역관계에 따라 재생산되는 질서도 70퍼센트는 자본주의적 질서가 되고 30퍼센트는 사회주의적 질서가 돼야 하는데, 과연 이런 상황이 현실적으로 가능한가?) 물론 이 문제에 대해서도 자본주의 국가가 자본주의적이어야 하는 이유는 존재하지 않으며, 다만 지금까지 자본주의 국가가 자본주의적 질서를 재생산해온 것은 그런 내재적 이유가 있기 때문이 아니라 역사적으로 계급 역관계에서 자본가 계급이 강했기 때문일 뿐이다. 따라서 앞으로 역관계가 바뀌면 자본주의 국가의 '노동자 계급 국가'화가 가능하다는 반론이 있을 수 있다. 그러나 이런 주장의 문제는 이 자본주의 국가하의 역관계가 그냥 우연히 또는 자의적으로 결정되는 것이 아니라면 자본가 계급의 생산수단 소유 등 구조적 요인이 역관계에 주는 구조적 규정을 무시하고 있다는 점이다.

그렇다고 해서 '계급 간 역관계의 응집' 내지 '계급투쟁의 장'으로서의 국가론이 파기해버려야 할 무용한 국가 이론이라는 의미는 아니다. 앞에서 지적했듯이 이 이론은 다양하고 구체적인 자본주의 국가의 구체 분석에 유용한 분석틀이다. 이것은 '계급독재론'과 모순되는 것이 아니고 '계급독재론'보다 추상화 수준이 낮은 이론화이기 때문에 좀더 추상적인 계급독재론의 규정을 전제로 해 이 규정을 보완하는 좀더 구체적인 차원의 국가성격 규정의 의미를 갖는다고 할 수 있다.[13] 다만 문제는 이런 규정을 격상시켜 '절대화'하고 계급독재론을 파기해야 하는 대안적 모델로 제시하는 경우다. 이 점에서 국가를 사회 세력 간의 이해의 절충으로 이해하면서도 이것이 자본가 계급 이해의 '본질'을 건드릴 수 없다고 본 그람시나, 국가를 사회적 역관계의 물질적 응집으로 재정의하면서도 노동자 계급이 자본주의 국가에 '저항의 거점'은 확보할 수 있을지라도 '권력의 거점'은 확보할 수 없으며 자본주의 국가의 국가 권력 통일성은 계급적 역관계의 변화에도 불구하고 계속 유지된다고 본 '후기' 풀란차스의 이론화가 이 문제에 관한 한 올바르다고 볼 수 있다.[14] 국내외 일부 학자들의 경우 이런 위계성을 무시한 채 '국가=사회적 관계의 응집'이라는 자신들의 입장을 절대화하기 위해 그람시와 후기 풀란차스를 일면적으로 해석해 희화화하고 있는 만큼 이 점은 꼼꼼하게 짚고 넘어갈 필요가 있다.

우선 그람시의 경우 "헤게모니는 헤게모니가 행사되는 집단(피지배 집단 — 인용자)의 이해와 경향이 고려되고 **특정한 절충의 평형 상태**가 형성돼야 한다는 것, 즉 지도 집단이 자기들의 경제적-조합주의적 이해를 희생해야 한다는 것을 전제로 하고 있다. 그러나 그런 희생과 양보가 **본질을 건드릴 수 없다**는 것은 의심의 여지가 없다"(강조는 인용자)[15]거나, "국가는 특정 집단의 팽창의 극대화에 유리한 조건을 창출하기 위한 **특정 집단의 기관**이라는 것은 사실이다. 그러나 …… 지배 집단은 피지배 집단의 일반적 이익과 구체적으로 조정을 해야 하며 국가의 일상은 **기본 집단의 이해와 피지배 집단의 이해 간의 불안정한 평형 상태**의 형성과 지양의 지속적 과정, 즉 지배 집단의 이익이 지배하지만 그 집단들의 편협하게 조합주의적인 경제적 이해로 전락하지 않는 선까지만 지배적이 되는 그런 평형 상태로 파악될 수 있다"(강조는 인용자)[16]고 쓰고 있다. 이렇게 그람시에게서 계급 간의 힘의 평형 상태로서의 국가는 무제한의 힘의 평형 상태가 아니라 지배 계급의 (도구주의적 의미가 아니고 과학적 의미의) '도구'이자 지배 계급의 이해의 본질을 건드리지 않는 범위에서 낮은 추상성 수준의 힘의 평형 상태일 뿐이다.

풀란차스의 경우도 문제는 똑같다. 후기 풀란차스의 이런 주장에 주목할 필요가 있다. 국가는 계급 등 사회관계의 응집이며, 따라서 "피지배 계급과 그 계급들의 특정한 투쟁은 국가 구조 속에 특정하게 현존을 나타낸다. …… (그러나) 피지배 계급은 자신들의 권력을 집중시키는 (국가)장치들을 통해서가 아니라 본질적으로 지배 계급의 권력에 대한 저항의 센터의 형태로 국가 속에 존재한다. 일부 이탈리아 공산주의자들의 견해와 달리 국가의 내적 모순은 한편으로는 부르주아지의 지배적 권력과 다른 한편으로는 민중적 대중의 권력이라는 이중 권력의 실제 상황이 국가의 중심부에 이미 존재하는 방식으로 그 모순적 특성을 표현하지는 않는다. **민중 계급은 지배 계급의 국가 권력의 통일성 때문에 국가 속에 그런 권력을 장악할 수 없다**"(강조는 인용자).[17]

마지막으로 문제가 되는 것은 ③의 주장이다. 여기서 주목할 만한 것은 포스트마르크스주의를 본격적으로 주창하면서 사실상 마르크스주의의 종언을 선고하고 나선 한 논문이다.[18] 이런 포스트마르크스주의의 입론에 따르면 "부르주아 독재론은 부르주아 사회는 부르주아지의 계급독재사회라는, 사실의 차원에서 따져볼 수 있는, 사실의 입론으로 이해할 수 있는 반면에 프롤레타리아 독재론은 그렇지 않다. 그것은 당위의 차원, 가치의 차원으로서 …… 프롤레타리아 독재론은 …… 사회 모두가 프롤레타리아트가 아닌 이상, 다른 비프롤레타리아적 사회 구성원에 대해 원리적으로 정치적 독재의 논리를 의미하게 된다."[19] 그러나 포스트자본주의 사회는 "어떠한 이름의 독재론과도 양립 불가능"하며 "프롤레타리아트가 선험적, 독점적으로 (해방의 주체로서 — 인용자) 특권적인 지위를 갖는다고 주장하는 프롤레타리아 독재론 — 그 변형태로서의 인민 민주주의론을 포함하여 — 과 근본적인 단절을 이루"는 "적대의 다원성과 복합성"(계급적 '적대'의 특권화에 반대하는)에 기초를 둔 '주체의 다원주의'를 통한 '민중주체 민주주의'론을 주창하고 있다.[20]

이 주장은 우선 자본주의 국가의 경우 이것이 부르주아 독재라는 것을 인정하고 있지는 않지만 또한 부정하지도 않은 채 "따져봐야 할 사실"의 문제로 간주하고 있다. 그러나 포스트자본주의 사회의 경우 설사 자본주의 국가가 부르주아 독재라 할지라도 새로운 사회는 가치의 차원에서 어떤 독재와

도 양립해서는 안 되며, 이 점에서 프롤레타리아 독재는 ① "그것이 아무리 새로운 프롤레타리아 민주주의를 의미하는 것이며 민주주의와 모순되는 것이 아니라고 주장하더라도 사회 구성원이 모두 프롤레타리아트일 수는 없"으므로, 나머지 사회 구성원에 대한 독재이며, ② "인간의 생활양식이 모두 경제생활로 환원될 수 없는 한 민주주의의 근본 원리로서의 '주체의 다원주의'와 모순되므로 폐기돼야 한다"는 주장이다.[21] 이 논문은 올바른 민주변혁이론이란 특정한 고전이나 이론의 권위가 아니라 '의견의 다원주의'(진리의 다원주의와는 다르다)에 기초를 둔 민주적인 이론 투쟁을 통해 획득되는 집단적 결과라는 관점에서 평가할 때, 그 내용에 대한 동의 여부와는 별개로 포스트마르크스주의를 본격적으로 국내 논쟁에 도입한 획기적이고 중요한 저술이라 하지 않을 수 없다. 특히 이 글의 주제에 관련해 프롤레타리아 독재론에 내재한 모순('다수의 독재'로서 이것이 갖는 '상대적인' 민주성의 계기와 다수의 독재라고는 하지만 독재 일반에서 연유하는 배타성과 억압성의 계기의 모순적 혼재 등)[22]을 '가치'와 '당위'의 측면에서 비판하고 있다는 점에서 주목할 만하다.

그러나 **문제는 포스트자본주의 사회의 문제, 특히 그 사회에서의 '독재'와 '민주주의' 문제가 사실의 차원과 무관한 단순한 가치와 당위의 문제인가 하는 점이다.** 물론 프롤레타리아 독재라는 이름하에 소련과 동구 등에서 행해진 '프롤레타리아트에 대한 독재'와 그런 실험의 비극적 '종말'을 목도하면서 프롤레타리아 독재론이 그 수의 많고 적음에 관계없이 비프롤레타리아적 사회 구성원에 대해 본질적으로 가질 수밖에 없는 '독재'(국가 권력의 배타성)를 비판하면서 이런 한계까지도 넘어설 수 있는 이론의 구축에 관해 고민해야 하는 것은 진보적 사회과학자로서 어쩌면 당연한 의무이며, 이 점에서 이것은 가치의 문제다. 그러나 국가 권력 통일성 테제의 진위 여부, 즉 국가 권력이 여러 계급(계급이라는 용어가 포스트마르크스주의가 주장하는 '적대'의 다원성에 어긋나고 생산관계를 특권화하는 용어라면 말을 바꿔 여러 적대적 사회 세력)이 공유할 수 있는 성격의 것이냐는 **가치의 문제가 아닌 사실의 문제다.**

더 나아가 이 이론이 대안적으로 제시하고 있는 '주체의 다원주의'에 입각한 민중주체민주주의 사회[23]는 적대의 완전한 소멸을 내세우는 공산주의의 '공상주의'와 달리, 사회적 적대가 사라진 사회가 아니라 "자본주의와 비교해 적대가 상대적으로 약화"된 "또 하나의 새로운 적대 사회"라는 '현실적 프로젝트'라는 주장(160)을 주목할 필요가 있다. 즉 이런 사회는 비적대 사회가 아니라 경제적 착취 관계를 포함해 어떤 사회적 '적대'도 특권화하지 않고 "상이한 복합적 적대 형태에 대항하는 모든 상대적으로 자율적인 투쟁" 주체들 간의 동맹으로서의 민중(160)과 비민중 간의 복합적 적대 사회라는 주장이다. 그렇다면 이 사회도 결국 프로젝트 구상자의 '가치'(국가 권력의 배타적 소유로서의 '독재'에 대한 혐오)와 상관없이 궁극적으로 비민중의 적대적 질서가 확대 재생산되지 않고 민중의 민주적 질서가 국가 권력을 통해 재생산되는 한 결국 그 국가 권력은 민중의 **(배타적) 국가 권력**인 셈이다. 그렇다면 이 주장의 프롤레타리아 독재 비판의 논리대로 이런 적대가 존재하는 한 **모든 사회 구성원이 민중이 될 수 없고,** 또한 이 국가 권력은 민중이 국가 권력을 배타적으로 소유한다는 의미에서 **비민중에 대한 민중의 독재**이지 않느냐는 것이다.

이런 반론에 대해 이 이론이 제대로 답하지 못한다면 결국 '현실적'이라는 이 프로젝트는 국가 권력의 분산 소유라는 '공상적' 이론에 기초를 둔 프로젝트라는 점에서 적대 내지 계급 사회에서 국가 권력은 지배적 계급(내지 '적대 세력 연합')의 권력이라는 마르크스주의의 '현실적' 분석보다 오히려 더 '공상적'인 프로젝트일 수도 있는 것이다. 또한 이 이론보다 '더 독재적'인 프롤레타리아 독재론을 마르크스가 주창한 이유는 마르크스가 이 이론보다 독재에 대해 덜 비판적인 '가치관'을 가지고 있었기 때문이 아니고 냉철한 현실 분석을 기초로 했기 때문이 되고 만다. (이런 비민중에 대한 민중의 독재 문제 이외에 민중 내부 문제에서도 다양한 적대 형태에 대응하는 투쟁 주체의 다원주의가 동적인 측면에서 볼 때 이 중 특정 세력의 헤게모니화가 아닌 '평등적' 다원성을 유지하는 것이 가능하고 또한 반드시 바람직한지도 의심스럽지만,

이 문제는 지면 관계상 문제 제기로 그치고자 한다. 다만 이때 특정 적대를 특권화하지 않는 다원성이라는 것도 인구수에 비례하는 다원성인가 아니면 사안별 다원성인가, 이를테면 인구의 반을 차지하는 여성의 성차별 폐지 투쟁과 그 수가 제한된 동성애자들의 동성애자 차별 반대 운동의 평등적 다원성은 어떻게 설정돼야 하는가 하는 의문이 든다.)

마지막으로 생산관계를 '특권화'하는 계급론에 대항해 제기하는 '주체의 다원주의' 문제다. 이 문제는 그동안 마르크스주의가 생태계 문제, 성차별 문제 등 생산관계에서 상대적으로 자율적인 비계급적 사회적 '적대'에 상대적으로 무관심해온 결과로 이 문제들에 대한 '과소 결정'[24]과 계급환원론적 편향을 가져온 점에서 문제 제기로서 의미가 크다 하겠다. 그러나 이런 '주체의 다원주의'는 이것을 넘어서 "비경제적 적대의 복합적 형태들은 결코 경제적 적대에 의해 최종심에서 결정되는 것이 아니"고, "모든 사회적 적대가 단일한 원천이 없고 각각의 적대가 고유하고 제한된 것"(165)이며, "서로 등가 관계"에 있다고 주장하고 있다. 이런 주장은 계급 모순(내지 '적대')을 기본적인 중심선으로 하면서 상대적 자율성을 가진 제반 모순(내지 '적대')과의 내적 연관과 매개 고리를 추적하려 하기보다는 이 문제들의 자율성을 **절대화하는 단순한 병렬주의와 주체의 탈중심화 내지 해체주의**로 나아가는 것이 아닌가 하는 염려가 든다. 결국 이런 주체의 탈중심화와 해체주의는 **칼 포퍼류의 경험주의적인 진보론과 역사를 무정형화하는 무정향의 '절대적 상대주의', 그리고 역사와 정치의 무작위화**randomization of history and politics로 귀결되고 말 것이라는 기우가 든다.[25]

이런 문제점 이외에도 눈에 띄는 것은 내적 논리의 모순이다. 적대의 다원성을 기초로 계급 모순 내지 계급적 적대를 특권화해서는 안 된다고 주장하면서 현대 사회를 '자본주의 사회'로 인식하고 자본주의 사회와 탈자본주의 사회를 논하는 것은, 현대 사회를 파악하는 데 자본주의라는 생산관계에 기초를 둔 적대를 특권화하고 이것을 사회적 '적대'의 중심축으로 놓는 논리의 자가당착이 아닌가? 주체의 다원주의에 따르면 현대 사회는 자본주의 사회이기도 하지만 그 주체의 다원주의 원리에 따라 동등하게 여성 억압 사회이자 환경 파괴 사회 등이기도 하므로, 이런 주체의 다원주의에 기초를 둔 새로운 개념화가 필요하다 하겠다.

3. 민주주의의 형식과 내용

민주주의론과 관련해 재검토돼야 할 또 다른 쟁점은 흔히 '형식적 민주주의' 와 '실질적 민주주의'라는 대당으로 표현되는 민주주의의 형식과 내용의 문제다. 이것은 민주주의란 과연 무엇인가 하는 민주주의에 대한 정의와 유기적으로 결합돼 있는 문제로서, 부르주아 이론[26]의 경우 민주주의를 언론, 집회와 결사의 자유, 보통선거권, 공정 선거 등 절차적 측면과 권력의 행사 방식(통치형태), 즉 절차적 민주주의로만 협애화해 파악하고 있는 반면 마르크스주의의 경우 여기에 반대해 그 실질적인 내용적 측면을 중시해왔다. 즉 부르주아 민주주의가 형식적 자유와 평등을 보장하는 '형식적 민주주의'이기는 하지만 실질적 내용에서는 부자유와 구조적 불평등으로 민중의 정치권력이 배제된 정치체제(국가유형으로서의 부르주아 독재)이며, 사회주의적 민주주의만이 '실질적 민주주의'라는 것이다.[27]

　이런 민주주의에 대한 대립적 이해 중 민주주의를 단순히 절차적 문제로 파악하는 것은 문제가 많다 하겠다. 왜냐하면 민주주의는 말 그대로 "인민Demos의 지배Kratos"[28]를 의미하며, 이것은 본질적으로 '어떻게 지배하느냐'만의 문제가 아니라 '누가 지배하느냐'는 국가 권력의 궁극적 주체의 문제이기 때문이다. (사실 민주주의의 어원이자 그 역사적 효시인 그리스 민주주의의 경우도 플라톤과 아리스토텔레스가 지적했듯이 민주주의는 단순한 다수의 지배가 아니라 다수 '무산 계급의 지배'로 이해되고 있다.[29] 이런 국가 권력의 궁극적 주체라는 시각에서 민주주의를 이해할 경우 부르주아 민주주의는 다수일 수도, 더구나 다수 무산자 계급일 수도 없으므로 그 자체가 어불성설인 언어 모순이다. 그리고 앞에서 봤듯이 마르크스주의의 민주주의론도 통치형태보다 추상성이 높은 국가유형 수준에서 국가와 민주주의의 사회적 성격을 규정해주는 더 본질적인 내용 규정을 전제로 하지 않고 민주주의에 대한 통치형태라는 이해만을 고립시켜 파악할 경우, 그것을 부르주아 정치학의 통치형태로서의 민주주의론과 동일한 것으로 오해할 소지가 있다.) 또한 민주주의에 대한 절차적 이해를 기초로 부르주아 민주주의를 찬양해온 대표적인 초기 다원주의 민주주의론자들도 자기비판을 통해 스스로 인정하듯이, 현대 자본주의 사회가 "정치적 평등과 민주주의적 과정을 왜곡시킬 만큼 강력한 사회적 자원과 경제적 자원의 불평등을 만들어"냄으로써 "평등이 실현되는 것이 아니라 저해되는 방향으로, 자유가 증진되기보다는 저해되는 방향으로" 나아가고 있기 때문이다.[30] 따라서 마르크스주의 민주주의론의 문제의식, 즉 민주주의의 형식과 내용에 대한 구별, 실질적 민주주의의 기준에서 본 부르주아 민주주의의 한계, 실질적 민주주의로서 사회주의의 구상 자체는 현실 사회주의 실험의 파국하고는 상관없이 계속 유효하다고 하겠다.

그렇다고 마르크스주의 민주주의론은 문제가 없는 것일까? 그렇지 않다고 할 수 있다. 문제는 그동안의 전통적 마르크스주의가 민주주의의 내용과 형식 양 측면의 관계를 파악하는 데서 그 실질적 내용과 형식적 측면을 **변증법적**으로 통일시켜 파악해야 하는데도 불구하고[31] 사실상 양자를 대립적으로 설정하고 양자택일적 문제로 파악해온 경향이 강하다는 것이다. 민주주의를 탈역사화해 절차의 문제로 협애화하는 것도 문제지만 거꾸로 실질적 내용이라는 이름 아래 그 형식적 측면을 무시하는 것도 문제가 많다. 그럼에도 불구하고 '형식적 민주주의냐 아니면 실질적 민주주의냐'는 그릇된 이분법 내지 **양자택일적** 문제 설정으로 나아가고, 사회주의적 민주주의는 실질적 민주주의라는 미명 아래 형식적 민주주의를 침해할 수 있는 것으로 상정해온 것이 아니냐는 점이다. 이를테면 레닌의 경우도 앞에서 본 대로 분명히 프롤레타리아 독재를 통치형태 수준이 아니라 국가유형 수준에서 이해하고 있으며, 더 나아가 그 민주적인 통치형태인 사회주의적 민주주의에 대해서는 비록 그 형태가 소비에트라 할지라도 ① '민주주의적' 경기 규칙의 하나로서 정부 교체의 원칙 수락, ② 선거 결과에 따라 한 정당에서 다른 정당으로 평화적 방법에 따른 정부 교체, ③ 다당제에 의한 노동자와 농민 등 근로 계급의 대표화 등을 그 필수 요건으로 지적하면서도,[32] 동시에 프롤레타리아 독재의 '독재'를 통치형태적 의미의 "폭력에 직접 의존하고 어떤 법에도 제한받지 않는 지배"[33] 라고 주장함으로써 그 뒤 스탈린주의에 의해 전면화되듯이 프롤레타리아 독재를 통치형태의 독재와 억압성으로 격하하는 한편 형식적 민주주의를 경시하도록 하는 단초를 제공하고 있다.

민주주의의 본질적 의미와 궁극적 목표는 실질적 내용에서 '민중의 지배'이고, 이 점에서 형식적 민주주의의 한계는 자명하다. 그러나 이것은 형식적 민주주의가 민주주의의 **충분조건**이 아니라는 뜻이지 실질적 민주주의라는 이름 아래 형식적 측면을 파괴하거나 무시하는 것이 정당화될 수 있다는 뜻은 아닐 것이다. 다시 말해 민주주의에서 절차성은 결코 민주주의의 충분조건이 될 수는 없지만 **필요조건**이기는 한 것이다. 그런 점에서 **절차적 민주주의가 없는 실질적 민주주의**는 바람직한 것이냐는 수준을 넘어서 **가능한 것인가**라는 문제를 심각하게 자문해봐야 한다. 이 문제에 관련해 "형태는 본질적이고 본질은 형태화한다Form is essential, essence is formed"는 레닌의 테제[34]에 주목할 필요가 있다. 또한 이런 문제의식을 기초로 해 다음 같은 경고를 되새길 필요가 있다.

"우리는 결코 형식적 민주주의의 우상 숭배자였던 적이 없다." 그것이 실제 뜻하는 것은 곧 우리가 항상 부르주아 민주주의의 정치적 형태를 사회적 본질과 구별해왔다는 것이다. 즉 우리는 항상 형식적 평등과 자유라는 사탕발림의 외피 뒤에 숨겨진 자유의 부재와 사회적 불평등의 단단한 본질을 밝혀내왔다. 그러나 그것은 형식적 평등과 자유를 던져버리기 위해서가 아니라 노동자 계급으로 하여금 이 같은 외피에 만족하지 말고 정치권력을 장악하여 그 외피에 새로운 사회적 내용을 채우게 하기 위해서다. 프롤레타리아트의 역사적 사명은 모든 형태의 민주주의를 파괴하는 것이 아니라 부르주아 민주주의 대신 사회주의적 민주주의를 창조하는 것이다.[35]

결론적으로 민주주의의 본질적 의미와 궁극적 목표는 실질적 민주주의라는 이름하에 형식적 측면을 파괴하거나 무시하는 데로 나아가는 것이 아니고, 절차적인 면에서도 민주주의가 지속적으로 발전하고 그 위에 내용적 측면까지 채워져야 하는 것이라고 할 수 있다. 다시 말해 민주주의에 대한 올바른 이해란 민주주의를 단순한 지배 방식으로 이해하는 것도 아니고 지배의 주체 문제로 이해하는 것도 아니다. 민주주의는 다수 민중의 지배라는 내용과 민주적 방식의 지배라는 형식, 양자의 변증법적 통일이라고 할 수 있다. 전통적 입장의 이런 편향(실질적 민주주의와 형식적 민주주의의 형이상학적 대립 구도와 실질적 민주주의에 대한 '맹신')은 여러 부수적인 문제점들을 야기해왔다.

첫째, 형식적 민주주의, 특히 부르주아 민주주의의 형식적 민주주의를 단순히 '환상적'이고 '사기적'인 것으로 간주해버리는 편향을 가져왔다고 볼 수 있다.[36] 분명히 부르주아 민주주의의 형식적 측면은 그 한계에도 불구하고 그것이 민주주의의 전부 내지 그 자체인 것처럼 인식되게 하는 이데올로기 효과를 야기해왔다는 점에서 환상적 측면이 있는 것은 부인할 수 없는 사실이다. 그러나 그 형식적 민주주의의 상당 부분은 단순히 환상적인 것이 아니고 '현실적^{real}'인 것이며, 문제는 그렇지만 그 민주주의가 **부분적**이고 **불완전한 것**이라는 데 있다고 볼 수 있다. 그럼에도 불구하고 부르주아 민주주의의 양면성 중한 면(환상성)만을 강조함으로써 이런 비판이 부르주아 민주주의를 부분적이기는 하지만 '현실적'인 것이라고 느끼고 있는 많은 대중들에게서 고립되는 부작용을 야기했다. 뿐만 아니라 그런 일면적 강조는 이런 형식적 민주주의는 환상적인 것이므로 무시해버리거나 파괴해버려도 된다는 식의 그릇된 판단을 방조해온 것이 아닌가 싶다.

둘째, 위의 편향은 나아가 형식적 민주주의를 단순한 수단으로 바라보고 실질적 민주주의를 목적으로 간주하며 "목적이 수단을 정당화한다"는 논리를 배태해온 것이 아닌가 싶다. 실질적 민주주의를 위해서 형식적 민주주의는 무시될 수 있다는 발상과 유기적으로 얽힌 이런 논리는 한 연구자의 지적대로 "수단이 동시에 목적을 조건 지으며 어느 경우든 주어진 목적은 해당 수단들이 진실로 그 목적에 이르게 한다는 것을 보여줄 수 있는 그런 수단들만을 규정짓는다"는 수단-목적 간의 변증법적 관계를 무시한 오류라 할 수 있다.[37]

더 나아가 이런 편향의 결과로 단순한 형식적 민주주의와 실질적 민주주의 간의 관계에 대한 수단-목적 관계적 인식을 넘어서 궁극적으로는 민주주의와 사회주의 간의 관계를 수단과 목적 간의 관계로 이해하는 민주주의에 대한 '도구적' 관점이 일정하게 내재해온 것이 아닌가 싶다.[38] 따라서 민주주의를 단순히 '사회주의를 위한 수단 내지 방법'이 아니라 사회주의와 분리될 수 없는 유기적인 한 구성 요소로서 그 자체를 하나의 존중해야 할 가치로 복원하는 것이 필요하다 하겠다.

또 다른 문제는 형식적 민주주의와 정치적 민주주의, 실질적 민주주의와 경제적 민주주의 간의 유기적 연관이 있기는 하지만, 이것들 사이에 일대일 조응의 등식이 성립되지는 않는데도 불구하고 '형식적 민주주의=정치적 민주주의, 실질적 민주주의=경제적 민주주의'라는 과잉 단순화된 등식을 갖게 한 것이 아니냐는 점이다. 나아가 형식적 민주주의에 대한 경시는 쉽게 정치적 민주주의에 대한 경시로 이어져온 경향이 있는데, 정치적 민주주의 자체도 민주주의의 일부이자 사회주의의 유기적인 한 구성 요소라는 문제의식에서 그 자체를 중요한 가치로 중시하는 방향으로 나아가야 하지 않느냐는 것이 필자의 생각이다.[39] 또한 이런 문제의식은 "더 이상 본연의 의미의", 즉 전통적 의미의 '정치의 종언'이라는 마르크스의 테제와는 모순되지 않는 것이며, 이런 정치적 민주주의는 "정치의 새로운 실천"[40]으로 채워져야 하지 않느냐는 것이다.[41]

마지막으로 자문해봐야 할 문제는 현실 사회주의 경험의 파국이 단순히 실질적 민주주의에는 문제가 없었지만 형식적 민주주의의 측면에서 잘못돼 생겨난 것인가 하는 문제다. 즉 이 사회들이 아무리 관료적 왜곡 등 문제점이 있었다고는 하지만 본질적으로 사회주의 사회였으며, 정치적으로 볼 때 절차적 측면의 결함에도 불구하고 국가 권력의 주체가 프롤레타리아트인 사회였느냐, 더 구체적으로 체제에 대한 "생산자 계급의 높은 수준의 정치참여와 정치적 지지가 존재"했고 "실질적 권력의 대부분이 소수의 파워 엘리트가 아니라 생산자 계급에 속해" 있던 사회[42]였느냐 하는 점이다. 현실 사회주의 사회가 그동안 축적한 다양한 차원의 실질적 민주주의의 성과에도 불구하고 이 사회들의 권력 주체가 과연 프롤레타리아트였는가에 대해서는 극히 회의적이며, 오히려 이 사회들은 프롤레타리아 독재보다는 "프롤레타리아트에 대한 독재"[43]였다고 보는 것이 더 정확한 평가가 아닌가 싶다. 그렇다고 이 사회들을 '국가자본주의'[44]로 보기에도 문제가 많다는 점에서 이 사회들의 실질적인 생산관계와 사회성격, 국가성격에 대한 연구가 시급하다 하겠다.

4. 부르주아 민주주의의 재평가

국가유형론 차원의 계급독재론과 형식적 민주주의와 실질적 민주주의라는 문제의식이 마르크스주의 정치 이론의 정당한 문제의식이라는 것은 이미 앞에서 지적했다. 그러나 국가 권력의 계급적 성격과 실질적 민주주의 문제에만 지나치게 집착하는 '본질주의적' 태도는 이것보다 낮은 차원의 '누가 지배하느냐'가 아닌 '어떻게 지배하느냐' 하는 문제, 즉 **통치형태론 내지 국가형태론의 부재**를 초래함으로써 통치형태론을 가뜩이나 취약한 고리인 마르크스의 국가 이론에서도 더욱 취약한 고리로 만들어 온 것은 주지의 사실이다.[45]

자본주의 국가의 형태론의 경우 고작 부르주아 민주주의, 파시즘, 보나파르티즘, 제3세계에 관련해서는 부르주아 민주주의, 종속적(신식민지) 파시즘,

전통적 권위주의 정도의 '원시적 수준의' 이론화가 진행돼 있을 따름이다. 이런 이론화의 경우도 그 질적 규정이 극히 조야한 수준을 벗어나지 못하고 있어 많은 문제점을 드러내고 있다. 이를테면 보나파르티즘과 파시즘 내지 전통적 권위주의와 종속 파시즘 간의 관계는 그 계급적 기반으로서 독점자본주의의 존재 여부라는 질적 규정으로 구별이 가능하지만, 파시즘과 부르주아 민주주의의 질적인 구별에는 문제점이 많다. 보나파르티즘과 파시즘, 제3세계의 전통적 권위주의와 종속 파시즘은 모두 공공연하게 공개적으로 억압적인 테러 독재 체제라는 공통점을 갖고 있기는 하지만, 보나파르티즘과 파시즘, 전통적 권위주의와 종속 파시즘 사이에는 전자들이 그 물적 토대로서 독점자본주의의 부재라는 특징이 있고 후자들의 경우 독점자본주의의 존재라는 차별성이 존재한다. 그러나 독점자본주의하에서 대표적인 두 개의 국가형태 내지 통치형태, 민주적인 형태의 계급 독재인 부르주아 민주주의와 공공연한 테러 독재인 파시즘 간의 구별은 결국 공개적 테러성, 즉 공개적인 억압성 여부에 따르게 되는바, 공개적 억압성이란 결국 **연속체**^{continuum}**상의 정도 문제**라는 점에서 양자를 구별해줄 수 있는 질적 규정은 부재한 꼴이 되고 만다.[46] 한국의 경우 '다행히' 부르주아 민주주의의 기본 요건의 하나인 사상과 표현의 자유를 가로막는 국가보안법의 존재 때문에 '상대적으로' 용이하게 질적 규정이 가능한 면이 있기는 하지만, 제6공화국의 국가성격에 대한 논란은 상당 부분 이런 국가형태론 내지 통치형태론의 모호성에 기인하는 바가 큰 것이 아닌가 싶다.[47] 어쨌든 이런 통치형태론의 미발달은 다양한 자본주의 국가들 간의 통치 기제, 재생산 메커니즘 등에서 차별성의 인식을 차단함으로써 거기에 상응하는 운동 방식의 개발을 저해하고 있다 하겠다.

이런 통치 형태의 차별성이라는 문제의식에 기초해서 볼 때 부르주아 민주주의에 대한 재평가가 필요한 것이 아닌가 싶다. 자본주의 계급 국가라는 국가유형적 규정이 부여하는 구조적 한계를 전제로 한 위에서 부르주아 민주주의의 다른 국가형태 내지 통치형태에 대한 상대적인 진보성과 상대적인 체제

안정성을 적극적으로 재검토할 필요가 있다고 볼 수 있다. 이런 문제에 관련해 보통선거권 등으로 대표되는 형식적 민주주의의 '전면화'로서 부르주아 민주주의를 탄생시킨 것은 "자본주의가 아니라 (노동자 계급을 포괄한 민중들의) 자본주의에 대한 투쟁"이었음을 우선 상기할 필요가 있다.[48]

이런 부르주아 민주주의와 계급투쟁의 연관을 무시하고 "독점 자본의 정치적 상부구조는 민주주의에서 정치적 반동으로 전화된다. 민주주의는 자유경쟁에 조응하고 반동은 독점에 조응한다"는 레닌의 테제[49]를 기계적인 토대-상부구조 일대일 조응 이론으로 만들어 '경쟁 자본주의 국가=부르주아 민주주의, (국가)독점자본주의 국가=파시즘 내지 정치적 반동 국가'로 이해하는 것은 오류라 하지 않을 수 없다. 계급투쟁의 결과로 보통선거제가 보편화되고 부르주아 민주주의가 서구 자본주의 사회에 전면화되는 때는 사실상 20세기 중반인데, 과연 국가독점자본주의하의 민중의 민주적 권리가 보통선거권조차 없던 경쟁적 자본주의 시대보다 후퇴했다고 이야기할 수 있을까? 물론 부르주아 민주주의는 전적으로 계급투쟁의 산물만은 아니고, 아래에서 올라오는 민중들의 압력을 수용할 수 있는 선진 자본주의의 "팽창성과 탄력성"[50]의 결과이기도 하며, 이런 팽창성과 탄력성에 제국주의가 상당히 기여한 점에서 보면 대외적 측면에서 '정치적 반동화' 테제는 의미가 있다 하겠다.[51]

1970년대 이후 전면적으로 가시화된 자본주의의 위기(이런 위기에 따른 탄력성과 팽창성의 상실), 그리고 여기에 관련된 계급적 역관계의 변화에 따라 서구에서도 그동안 획득된 민주주의적 성과들이 신보수주의의 공세 속에 후퇴하고, 아래에서 가해지는 압력에 밀려 민주주의를 수용한 부르주아 민주주의 내지 자유민주주의 속에 내재해온 자유주의와 민주주의 간의 모순이 그 물적 토대의 위기와 함께 첨예해지면서 '민주주의에 대항하는 자유주의liberalism against democracy'라는 제로섬적 관계로 전환된 것[52]은 부르주아 민주주의가 자본주의의 산물이 아니라 계급투쟁의 전리품이라는 사실을 또 다른 시각에서 입증해주고 있다 하겠다.

그러면 이런 부르주아 민주주의의 상대적 진보성과 부르주아 민주주의와 계급투쟁의 연관이 일부의 주장처럼 부르주아 민주주의에 특별히 '부르주아적'이라는 명칭을 부여할 이유가 없도록 만드는 것[53]일까? 그렇지 않다는 것이 필자의 생각이다. 왜냐하면 부르주아 민주주의도 부르주아 독재, 즉 자본주의 국가의 한 형태인 한 그 계급적 한계를 벗어날 수 없기 때문이다. 그렇다면 문제는 부르주아 민주주의의 상대적 진보성과 계급적 한계라는 모순적 현실을 전제로 해 부르주아 민주주의를 어떻게 받아들일 것이냐다.

이 문제에 관련해서 필자는 한 연구자의 다음 같은 구별이 매우 유용하다고 생각한다. 바로 우리가 흔히 부르주아 민주주의라고 뭉뚱그려 부르는 것중 두 가지의 구성 요소, 즉 부르주아 민주주의적 **정치 제도** 내지 **국가장치**와 부르주아 민주주의에서 얻어진 일반 민중의 **민주적 권리**들을 구별해야 한다는 것이다.[54] 전자는 그것이 전적으로 계급적 성격으로 환원될 수는 없다 하더라도 모든 국가장치가 그러하듯 계급적 성격과 무관할 수 없다는 점에서 본질적으로 부르주아적이고, 따라서 새로운 민주주의를 위해서는 단절적 계기가 필요하다. 그러나 민주적 권리의 경우 대부분 말 그대로 특별히 부르주아적이어야 할 이유가 없는 '일반 민주주의' 내지 '인류 보편적' 유산, 더 나아가 민중 스스로 투쟁을 통해 획득한 (부르주아 민주주의적 권리가 아닌) 민중적 권리로 봐야 하며, 따라서 더욱 발전시켜야 한다는 것이 필자의 생각이다.

한쪽에서 페레스트로이카와 관련해 부르주아 민주주의는 인류 보편적 유산이므로 파기될 것이 아니고 무조건 더욱 발전시켜 나가야 한다는 일면적 평가를 하고 있다. 이런 논자들이 실제 주장하고 싶은 것은 민주적 권리(후자)를 더욱 발전시켜 나가자는 의미인데, 부르주아 민주주의의 두 부분을 구별하지 않고 이 중 후자(민주적 권리)에만 주목해 부르주아 민주주의 전체를 뭉뚱그려 계승하고 발전시켜야 한다는 주장으로 귀결되는 경우가 많지 않나 싶다. 물론 일부 학자들의 경우 이 수준을 넘어서서 부르주아적 정치 제도와 국가장치 역시 특별히 계급적일 이유가 없다고 주장하면서 정치 제도와 국가기구까지 계속 계승, 발전시켜야 한다고 주장하고 있다.

그러나 국가장치란 사용자에 따라 아무런 목적에나 사용할 수 있는 '중립적'인 단순한 도구가 아니며 국가 권력의 성격과 국가장치 간에는 상당한 상대적 자율성에도 불구하고 유기적 연관이 존재하고 있다는 점을 감안할 때, 이런 주장은 지나친 단순화라는 느낌이 든다. 새로운 정치의 내용과 새로운 정치의 실천은 새로운 형태를 요구할 수밖에 없다. 반면에 부르주아 민주주의와의 전면적인 단절론을 주장하는 입장의 경우는 이 양 측면 중 전자(제도와 국가장치)에 초점을 맞춰 부르주아 민주주의를 파악하고 있는 것이 아닌가 싶다. 따라서 이런 전면 단절론의 또 다른 일면적 파악은 전면 계승론의 역편향으로서 부르주아 국가 제도와 국가장치뿐 아니라 부르주아 민주주의하에서 제도화된 민중의 민주적 권리도 부르주아적인 것이므로 파괴해야 한다는 그릇된 결론을 유도해내고 있다. 따라서 이런 구별은 부르주아 민주주의를 평가하는 데서 계승하고 발전시켜야 할 부분과 단절해야 할 부분을 원칙적 수준에서 구별하게 해준다는 장점이 있는 것이 아닌가 싶다.

마지막으로 통치형태의 차별성이라는 측면에서 부르주아 민주주의의 상대적인 강고함과 체제 안정성에 주목하고 여기에 더욱 깊은 관심을 기울여야 할 필요가 있다. 그동안 통치형태론을 경시하고 부르주아 민주주의의 형식적 민주주의를 단순히 '환상'으로 치부하는 경향은 (서구 자본주의 사회에서 민주변혁운동이 '실패'한 중요한 원인이 된) 이런 부르주아 민주주의의 상대적인 체제 안정성의 숨은 비결을 파악하려는 노력을 차단해왔다.[55] 따라서 "민주공화제는 자본주의의 최상의 정치적 외피여서, 자본이 일단 이런 외피를 확보하면 그 권력을 너무도 확실하게 확립해줌으로써 인물이나 제도, 정당을 바꾼다고 해도 그 권력을 흔들어놓을 수 없다"[56]는 레닌의 분석을 되새겨보면서, 그람시의 '확대국가론 extended state'과 알튀세르의 이데올로기적 국가장치라는 문제의식을 더욱 발전시켜 부르주아 민주주의의 상대적인 강고함의 근원이 되고 있는 내적 동학에 대한 좀더 깊이 있는 연구를 펼쳐야 하겠다(아래 참조).

5. 다원주의와 민주주의

다음에 짚어야 할 문제는 앞에서 간접적으로 언급된 다원주의와 민주주의의 관계다. 다원주의의 문제는 페레스트로이카의 '사회주의적 다원주의'론과 관련해 이미 상당히 논의가 진행된 주제다.

여기에서 우리는 '다원주의=부르주아 민주주의, 부르주아 정치 이론'이라는 통념을 근본적으로 재검토할 필요가 있다고 생각한다. 이런 통념이 전부는 아니지만 상당 부분 부르주아 정치 이론가들이 다당제를 근거로 현대 자본주의 국가를 국가 권력이 계급의 경계를 넘어서 다양한 사회 집단에 의해 분산적 내지 다원적으로 공유돼 있는 다원주의 사회라고 주장하는 데 대한 반작용에 기인하고 있다는 생각이 든다. 분명히 현대 자본주의 국가는 공산당을 포함해 다당제를 허용하고 있지만, 그렇다고 해서 앞에서 국가 권력 통일성 테제에 관련해 언급한 바 있듯이 부르주아 정치론의 주장대로 자본주의 국가가 노동자 계급도 국가 권력을 공유하는 국가 권력의 다원주의 국가는 결코 아니라고 볼 수 있다. 정치 조직의 **'다원주의(다당제)'가 국가 권력의 다원주의**를 의미하는 것은 아니다. 이 논리는 **의견의 다원주의가 진리의 다원주의**가 아니고 **이해**^{利害}**의 다원주의가 소유의 다원주의**가 아닌 것과 동일하다.

진리 자체는 다원적일 수 없지만 무엇이 진리인지는 무오류성의 화신이나 현대판 '철인왕'인 당에 의해 일방적으로 정의될 수 없다는 점에서 무엇이 진리인지를 둘러싼 치열한 이데올로기 투쟁을 허용하는 의견의 다원주의는 필요하며, 진리는 이런 의견의 다원주의를 통해서만 획득될 수 있는 것이 아닌가 한다. 이 점에서 의견의 다원주의와 '경향^{tendency}'의 금지[57](분파 금지를 경향 금지로 확장한 스탈린에 의해 강제됐다)에 의해 자기 정정의 기제를 상실한 것이 현실 사회주의 파국의 가장 큰 원인의 하나가 아닌가 싶다. 이 문제에 관련해 이런 다원주의를 허용하는 "형식적 민주주의에서는 오류가 학습 과정에서 생겨난다. 그러나 원리적으로 보면 그런 오류는 언제라도 자기 정정이 가능하지만 '유일한 참된 과학의 계획'은 이런 자기 정정이 불가능하다"는 점에서 "대중의 오류는 중앙위원회의 지혜보다 가치가 있다"는 비판[58]은, 지나친 일반화의 문제점에도 불구하고 자기 정정 능력과 의견의 다원주의라는 관점에서 볼 때는 중요한 지적이라 할 수 있다.

정치적 다원주의로 주제를 옮기면 '전통적 입장'은 정치적 다원주의의 두 수준을 명확히 구별하지 않음으로써, 즉 정치 조직의 다원주의(다당제)가 정치권력의 다원주의를 허용한다고 오인함으로써 정치적 다원주의 일반에 비판적 시각을 가진 것이 아닌가 싶다. 일견 '급진적'으로 보이는 이 입장은 사실은 '주류 다원주의 국가론'에 수렴한다. 사회주의 사회에서 부르주아지 내지 소부르주아지의 정치 조직을 허용하는 조치는 이 계급들이 국가 권력을 공유하도록 허용하게 되는 것이라는 이야기인데, 그렇다면 거꾸로 노동자 계급 정당을 허용하는 선진 자본주의 국가들은 노동자 계급이 국가 권력을 공유하고 있는 셈이 되고, 따라서 주류 다원주의 국가 이론이 맞는다는 말이 된다.

또한 이것은 앞에서 본 국가 권력 통일성 테제의 폐기를 의미한다. 그러나 현실적으로 자본주의 사회에서 공산당 등 노동자 계급 대표가 의회에 진출하고 연정에 참여해도 자본가 계급은 생산수단의 소유를 기초로 한 경제적 힘 등을 통해 자기들의 헤게모니를 관철하며 국가 권력의 통일성은 계속 유지되고 있다. 이렇게 사회주의 사회의 경우도 그곳이 사회주의 사회라면 설사 자본가 내지 소부르주아적 입장을 대변하려는 세력이 있어 정치 조직의 다원주의를 허용하는 조치에 따라 이 세력들의 정치 조직이 생겨나더라도 그런 상황이 바로 국가 권력의 공유를 의미하는 것은 아니고, 민주적 정치 투쟁을 통해 프롤레타리아트의 헤게모니가 관철되며, 이런 과정을 통해 국가 권력의 통일성이 유지돼야 하고 또한 유지된다고 볼 수 있다.

이 문제에 관련해서 이런 정치 조직의 다원주의를 허용할 경우 이 조건 속에서 프롤레타리아트의 헤게모니가 관철돼 국가 권력의 통일성이 유지되는 것이 아니라 거꾸로 부르주아지 내지 소부르주아지의 헤게모니가 관철돼 국가유형의 반전이 일어나는 것이 아닐까 하는 염려 때문에 '전통적' 입장이 여기에 반대할 가능성도 있다. 그러나 소수의 지배인 자본주의 사회에서도 다당제를 허용하면서 자본가 계급의 헤게모니가 관철되는데 다수의 지배인 사회주의 사회에서 다당제를 허용할 때 프롤레타리아트가 아니라 자본가 계급의 헤게모니가 관철된다면, 그 사회는 진정한 의미의 다수의 지배, 진정한 의미의 사회주의 사회가 아니거나 문제가 잘못돼도 뭔가 근본적으로 잘못된 것이 틀림없다. 따라서 핵심은 정치적 다원주의의 허용 여부가 아니라 정치적 다원주의 속에서 프롤레타리아트의 헤게모니를 관철하는 조건과 전략에 달려 있는 것이 아닌가 한다. 결론적으로 프롤레타리아트의 헤게모니(나아가 덧붙인다면 당의 지도적 역할)란 단순한 법적 강제가 아니라 민주적인 계급투쟁을 통해 확보될 때만이 진정한 것이며 부단한 자기 정정을 통해서만 진정한 헤게모니가 될 수 있다는 점에서 이런 헤게모니를 가능하게 하는 기제로서 정치 조직의 다원주의와 의견의 다원주의는 허용돼야 하며, 그것이 국가 권력의 다원주의나 진리의 다원주의를 의미하지는 않는다는 것이 필자의 생각이다.

하나만 더 짚고 넘어가자면, 계급이 대립하고 있는 자본주의 사회와 달리 "인민 대중이 하나의 사회경제적 생명체로 결합되어 있는 사회주의 사회에서는 다원주의와 다당제가 허락될 수 없다"[59]는 북한의 주장이나 "다원주의란 계급적 구분을 기초로 한 조직 원리"[60]라는 주장이다. 이런 주장은 기본적으로 모든 정당은 적대적 계급투쟁의 산물이어서 적대적 모순이 해소된 사회주의 사회에서는 복수 정당이나 정치 조직의 다원주의는 필요 없다는 스탈린의 정당론[61]에 기초를 두고 있다. 또한 우선 사회주의 사회를 생산수단의 형식적 사회만 끝나면 적대적 모순이 해소된 독자적인 생산양식의 사회로 파악하는 세칭 '사회주의 생산양식론SMP'에 기초한다는 문제점을 안고 있다.

더 근본적인 것은 정치적 다원주의가 계급 구분, 특히 적대적 계급 구분을 기초로 한 조직 원리냐는 의문이다. 사회주의 사회도 무계급 사회가 아니라 노동자 계급과 농민 계급이라는 비적대적이지만 계급은 계급인 복수 계급이 존재하므로, 따라서 정치 조직의 다원주의가 단순히 계급 구분의 조직 원리라면 사회주의에서도 복수 정당이 필요하다는 얘기가 된다. 소유 형태의 일원성이 이익의 일원성을 의미하는 것은 아니므로 설사 소유 형태의 일원화로 단일 계급화가 완성된 무계급 사회에서도 이익의 다원성은 남는다. 따라서 이런 다양한 이익을 매개해 특수 이익과 사회 전체의 이익을 변증법적으로 통일해주는 기제로서 정치 조직의 다원주의는 필요하다는 것, 정치 조직의 다원주의 문제를 적대적 계급 관계의 존재 여부 문제와 등치시키는 것은 잘못된 생각이라는 것이 필자의 견해다. 또한 사회 전체의 이익이 궁극적으로 일치되더라도 그것이 과연 무엇인지를 결정하는 의견의 다원주의는 필요하고, 이런 의견의 민주적 투쟁을 매개하는 정치적 다원주의(여기에서 정치적 다원주의는 반드시 다당제라는 정당의 형태일 필요는 없다) 또한 필요하다고 생각한다.

6. 시민사회와 민주주의

현실 사회주의의 좌절은 시민사회와 민주주의의 관계에 대한 관심을 고조시켜왔다. 현실 사회주의 체제에서 민주주의가 질식한 원인을 시민사회의 미발달로 파악하는 입장이 크게 득세하고 있는 상황에서 이런 사회주의적 시민사회론에 대한 반론도 만만치 않게 제기되고 있다. 시민사회라는 문제의식은 마르크스가 생산양식이라는 개념을 발견하기 전의 '초기' 마르크스 시기에 그것도 헤겔류하고는 다른 용법으로 사용했다는 해석[62]을 기초로, 사회주의적 시민사회라는 개념은 ① 상품-화폐 관계를 근거로 한 사적 이해가 대립하는 부르주아 사회의 개념을 사회주의까지 확대시킨 것이며, ② 시민사회론의 탈국가화가 소유의 탈국가화 내지 사유화에 결합돼 있어, ③ 국가-시민사회의 대당과 시민사회의 강화는 국가 소멸의 문제의식에 문제점을 야기한다는 반론이다.[63] 국가-시민사회의 문제의식에 대한 총체적 평가는 이 글의 주제를 벗어난 일이므로 간단하게만 언급하겠다. 우선 상당히 '정통적' 입장을 고수하고 있는 학자들도 마르크스 안에 '시민사회-국가'와 '토대-상부구조'라는 두 개의 대당이 공존하며 마르크스가 시민사회-국가의 대당에 집착해야 하는 '정당한' 이유가 있다는 점을 인정한다.[64]

국가-시민사회라는 대당이 토대-상부구조라는 분석의 틀을 발견하기 이전의 부르주아적 문제의식에 오염된 대당이라는 주장은 이 대당이 토대-상부구조라는 대당으로는 설명될 수 없는 또 다른 문제의식과 문제 설정을 가지고 있다는 점을 간과한 것이라는 느낌이 든다. 즉 토대-상부구조는 기본적으로 사회 현상을 설명하는 데서 유물론적 관점을 정초하는 문제 설정이라면 국가-시민사회라는 대당은 토대-상부구조라는 대당과 유기적으로 연관돼 있으면서도 이런 대당으로 대치될 수 없는 또 다른 사회 분석의 다른 측면에 대한 문제 설정이라고 볼 수 있다.

국가-시민사회의 대당은 근본적으로 제도화된 '공적' 권력으로서 국가와 이런 공적 권력 밖에 자리하는 사회 세력들의 제도적 연관의 총체라는 대립으로서 구별이 제기하려 하는 문제의식을 토대-상부구조라는 대당이 대치해 설명해줄 수 있을지 회의적이라고 하겠다. 마르크스는 '말기' 저작인 《고타강령비판》에서 '(시민)사회에 대한 국가의 종속'이라는 문제를 제기하고 있는데, 이런 문제의식이 토대-상부구조라는 대당으로 대치돼 설명될 수는 없다고 볼 수 있다(아래 참조).

그리고 시민사회론에서 말하는 탈국가화가 반드시 소유의 사유화를 의미해야 할 이유가 없고 오히려 국가의 실질적인 사회 통제, 소유의 사회화를 의미할 수 있다고 본다. 물론 사회주의적 시민사회론이라는 문제를 제기한 페레스트로이카 논쟁에서는 이런 사회주의적 시민사회론이 소유의 사유화와 관련돼 논의된 것은 사실이지만, 사회주의적 시민사회와 소유의 사유화 사이에 필연적인 논리적 연관이 있다고 보기는 어렵다. 또한 국가 소멸의 문제도 시민사회론의 합리적 핵심은 시민사회의 강화를 통한 국가-시민사회의 분리의 강화라는 측면보다는 오히려 이런 분리의 소멸이 국가에 의한 시민사회의 흡수가 아니라 생산의 실질적 사회화에 병행되는 '국가의 사회화' 내지 더 넓게는 '정치의 사회화'에 있는 것이 아닌가 싶다. 사실 이런 문제의식이 위에서 언급한 마르크스의 《고타강령 비판》에 담긴 문제의식, 즉 "자유는 국가를 사회 위에 군림하는 기관에서 사회에 완전히 종속된 기관으로 전화시키는 것이며, 현재에서도 국가의 형태는 우리가 '국가의 자유'를 제한하고 있는 데 비례해 그만큼 자유롭거나 자유롭지 않은 것이다"는 문제 제기라고 할 수 있다.[65]

이 문제에 관련해서 필자가 더 강조하고 싶은 것은 자본주의 사회에서 시민사회와 민주주의의 문제다. 다소 '실용주의적'이라는 비판을 받을지는 모르지만 특히 여기에서 주목하고 싶은 것은 시민사회라는 개념의 적실성 여부를 떠나서 시민사회라는 문제의식이 가능하게 해주는 민주주의적 함의다. 왜냐하면 그동안의 민주주의 분석, 특히 정치적 민주주의 분석은 지나치게 좁은 의미의 국가의 문제에만 집중돼온 느낌이 들기 때문이다.

물론 정치와 민주주의의 문제에서 결정적인 것은 국가 권력의 문제지만, 민주주의의 문제에서 그람시의 '확장된 국가extended state',[66] 즉 '정치사회(협의의 국가)+시민사회'로서의 국가[67]라는 광의의 국가에 대한 인식이 더 강조돼야 하지 않나 싶다. 또는 시민사회라는 문제의식을 넘어서고, 나아가 헤게모니의 문제의식에 물질성을 부여한 알튀세르의 이데올로기적 국가장치론[68]에 대한 더 많은 관심이 필요하다고 하겠다. 민주주의의 문제는 단순한 좁은 의미의 국가(권력과 장치)에 대한 민주화의 문제가 아니라 가족관계, 커뮤니케이션(언론 등), 교육 등과 이것들을 재생산해내는 광의의 국가 내지 이데올로기적 국가장치의 민주화에 대한 문제이기도 하기 때문이다. 특히 이런 관심은 앞에서 지적한 부르주아 민주주의의 상대적 강건함을 가능하게 하는 근원을 파악하게 해주고, 이런 부르주아 민주주의를 극복할 수 있는 전략적 사고를 심화시켜줄 수 있지 않나 싶다.

여기에서 한걸음 더 나아간다면 사회관계의 중심축이 생산관계이기는 하지만 양자가 등치될 수 있거나 사회관계 전체가 단순하게 생산관계로 환원될 수는 없다는 사실에 주목, 민주주의의 발전이라는 관점에서 생산관계와 계급 모순의 문제 이외에도 신사회운동 등이 부각시키고 있는 비계급적인 여타 사회적 모순에 대한 더 깊은 관심과 이런 문제들의 민주화(매일매일 일상생활의 민주화)를 위한 더 많은 노력도 함께 기울여야 하지 않나 싶다. 그러나 이런 노력이 앞에서 본 대로 포스트마르크스주의식으로 민주주의의 문제에서 계급 모순의 중심성까지 부정하는 '절대적 상대주의'와 탈중심화로 나아가는 것은 문제가 있다고 생각한다. 특히 계급의 문제가 서구 자본주의에 견줘 상대적으로 해결되지 않는 한국 상황에서는 더더욱 그러하다. 현실 사회주의의 실험의 파국이 기존 관념들에 대한 근본적인 사고를 우리에게 강제하고 있는 것은 부인할 수 없는 사실이지만, 그렇다고 그런 실험의 파국이 한국 사회의 계급 모순을 소멸시키거나 우리 사회의 기본 모순의 위치에서 '절대적으로' 상대적인 적대로 격하시키기라도 했다는 말인가?

7. 맺음말

국내외 정세의 변화는 민주변혁운동의 앞날에 많은 어려움을 예고하고 있다. 어려움이 크면 클수록 민주주의의 중요성은 더욱 커질 것이고, 민주주의에 대한 더욱 발본적인 사고와 자기 정정, 그리고 이런 과제의 투철한 실천은 더욱 강하게 요구될 것이다. 마르크스의 분석대로 민주변혁운동의 첫걸음은 "민주주의의 투쟁에서 승리하는 것"[69]이고, 레닌의 말대로 이런 변혁은 "민주주의를 통하지 않고는 불가능"하며 "완전한 민주주의의 실천 없이는 그 승리를 강화시킬 수 없다"[70]는 것은 확실하다. 따라서 어려운 때일수록 "민주주의를 **궁극적으로 끝까지** 발전시키고, 이런 발전을 위한 형태를 찾아내고, 이것들을 **실천에 의해 검증**"[71](강조는 원저자)하는 노력이 그 어느 때보다도 더 절실하다.

4장

페레스트로이카 이후 새로운 민주주의론*

1. 역사적 배경

페레스트로이카와 현실 사회주의 진영의 붕괴, 특히 보수파의 쿠데타 '촌극'으로 가속화된 소련의 해체라는 세계사적 충격 속에서 국내의 진보 운동 진영은 혼란, 자기반성, 내부 분열을 겪으며 새로운 활로를 모색하고 있다.

'포스트현실사회주의' 시대에 적응하기 위한 국내 진보 운동 진영의 이런 모색을 이해하기 위해서는 무엇보다도 먼저 이런 운동을 위치 짓고 있고 근본적으로 조건 지어온 한국 현대사의 특수성에 대한 인식이 선행돼야 한다고 볼 수 있다.

한국 사회의 발전 방향에 관한 '두 개의 길'을 놓고 해방 공간에서 벌어진 다양한 사회적 갈등이 한국전쟁을 통한 분단체제의 최종 '봉인'으로 일단락된 뒤 한국 사회에는 극도로 협소해진 이데올로기 지형, 즉 '우경 반쪽' 이데올로기 지형이 자리잡게 됐다.《자본》같은 고전을 학문적 목적에서 소지하는 행위까지 '이적 출판물 소지'로 불법화된 이런 이데올로기적 동맥 경화증이

---

* 《월간중앙》 1992년 5월호에 실린 〈진보진영의 대안 찾기, 어디까지 왔나〉를 수정하고 보완했다.

한국전쟁 이후의 한국 사회를 진보적 정치운동의 불모지로 만들어온 것은 주지의 사실이다.

그러나 억압적 정치체제 속에서 급속히 진행된 종속적인 자본주의 발전의 결과로 여러 사회적 모순이 누적되면서, 1980년 광주민중항쟁을 계기로 1980년대 들어 이런 한국 사회의 모순을 타파하기 위한 새로운 진보적 사회운동이 배태되기 시작했다. 이런 진보적 운동 진영은 다양한 논쟁과 시행착오를 거쳐 한국 사회의 주된 모순이 외세와 한국 민중 간의 갈등, 즉 민족 모순이라고 파악하는 세칭 '민족해방민중민주주의혁명파[NL]' 진영과 그 주된 모순이 국내외 독점자본과 민중 간의 갈등, 즉 계급 모순이라고 주장하는 세칭 '범민중민주주의혁명파[PD]' 진영으로 크게 나뉘어 이론 투쟁을 펼치면서 영향력을 확대해왔다.[1]

이런 진보 운동이 30여 년간의 공백과 단절을 딛고 새롭게 한국 사회에 뿌리내리기도 전에 강타한 것이 바로 페레스트로이카와 현실사회주의의 몰락이라는 세계사적 충격이다. 유로코뮤니즘의 선두 주자로 일컬어지는 이탈리아 공산당이 페레스트로이카의 충격 이후 당명을 '좌익민주당'으로 바꾸고 대중 노선으로 방향을 변경하는 데 급급해하는 현실이 보여주듯이,[2] 현실 사회주의의 몰락이 세계 곳곳의 진보적 정치운동 전반에 커다란 타격을 주고 있다는 것은 부인할 수 없는 사실이다.[3]

그러나 한국 진보 운동의 경우 그 역사적 특수성 때문에 다른 사회들의 진보 운동에 견줘 상대적으로 큰 충격을 받고 있다고 할 수 있다. 이런 사실은 크게 보아 다음 두 가지 사실에 밀접한 관계가 있다고 하겠다.

첫째, 다른 나라들의 경우 (물론 서유럽 등은 말할 것도 없고 라틴아메리카 등 다른 제3세계의 경우도) 상당히 오랜 진보 운동의 역사적 전통 속에서 다양한 이론적 조류를 소화해내고 변화하는 현실에 적용할 수 있는 지적이고 운동사적인 '노하우'를 어느 정도 체득하고 있던 반면, 한국 사회의 진보 운동은 그 역사적 단절성 탓에 그렇지 못했다고 할 수 있다. 한마디로 채 싹이 내리기도 전에 강풍을 만난 격이 돼버렸다고 하겠다.

둘째, 1980년대 복원된 진보 운동의 주된 사상적 조류와 관련이 깊다고 할 수 있다. 다른 나라들의 경우 진보 운동 내부의 다양한 이론적 조류를 비판적으로 비교하고 검토해 선별 수용하고, 나아가 때로는 독자적인 이론화를 해나갔다. 그러나 우리의 진보 운동은 일단 그동안의 단절을 단기간에 복원해내야 할 필요성, 즉 '정통의 복원' 필요성과 현존 문제의 해결이라는 실천적 요구의 긴박함에 더해 여기에 따른 조급성 때문에, 지나치게 단순화되고 도식화된 소련의 관변 마르크스주의, 특히 스탈린주의에 의해 교조화된 마르크스주의에 이론적으로 크게 경도돼왔다고 볼 수 있다.

실천적 함의는 비록 약하지만 이론적으로 세련된 서구 마르크스주의와 달리 내재적 비판 능력이 결여된 교조적 마르크스레닌주의에 과잉 의존하는 현실은 결국 현실 사회주의 몰락의 충격을 증폭시키는 결과를 가져왔다고 할 수 있다. 사실 이런 점을 고려할 때 진보 진영의 일부 이론가들이 페레스트로이카의 충격 이후 마르크스주의에 대한 '맹신'에서 '청산'과 '고해 성사'라는 극에서 극으로 변신하게 되는 것은 충분히 이해할 수 있는 일이다.

2. 한국 사회의 '새로운' 민주주의론

국내 진보 진영의 자기 모색 배경을 염두에 두고, 새로운 자기 모색들을 구체적으로 살펴보기로 하자.

이런 자기 모색은 크게 보아 실천적인 운동 이념하고는 상대적으로 독립된 각 이론 수준에서의 새로운 이론 모색(정치경제학에서 조절이론 등)과 직접적으로 실천적인 정치 이념에 관련된 새로운 모색의 두 부류로 분류될 수 있다. 이 중 이 글에서는 민주주의론에 초점을 맞춰 논의를 진행하고자 한다. 여기에서 주목해야 하는 것은 두 가지 경향이다. 하나는 전체 논쟁 구도에서 민주주의론의 지위 격상과 '중심화'이며, 다른 하나는 민주주의론 내에서 일어난 내부 분화다.[4] 진보 운동의 새로운 민주주의론으로 현재 제기되고 있는 것은 ① 사회민주주의, ② 사회민주주의에 관련이 있지만 일치하는 것은 아닌 선거 사회주의, ③ 사회주의의 '신노선', ④ 포스트마르크스주의와 '민중주체민주주의' 등이다.

1) 사회민주주의

사회민주주의는 잘 알려져 있듯이 세계사적으로 마르크스주의 못지않게 오랜 역사를 가진 정치 이념이며, 한국 사회에서도 한국전쟁 이후 형식적이기는 하지만 근근이 명맥을 유지해온 혁신 정당들의 정치 이념으로 작동한 '별로 새롭지 않은' 이념이다. 그러나 1980년대 진보 운동에서는 이 이론이 본질적으로 '개량주의적' 한계를 갖고 있다는 면에서 바람직한 대안은 아니라는 점과, 설사 바람직하더라도 '개량의 물적 토대' 등을 갖춘 선진국에서 가능한 이념이지 잉여가치의 유출 등으로 이런 토대가 없는 한국 사회에서는 실현 가능하지 않다는 등의 이유로 별로 주목받지 못했다.

이런 사회민주주의가 뒤늦게 주목을 받게 된 이유는 물론 현실 사회주의의 몰락 때문이다. 비록 1980년대 진보 운동이 직접 '전통적' 마르크스주의의 사회주의 모델을 목표로 내걸지는 않았다고 하지만 많은 경우 묵시적으로 이 모델을 궁극적 지향점으로 삼고 있었다는 것이 사실이라는 점에서, 현실 사회주의의 몰락은 단순한 '실천의 위기'인가 아니면 그 수준을 넘어서 '이론과 모델 그 자체의 위기'인가 하는 논쟁을 불러일으키고 있다. 그렇지만 어쨌든 이런 몰락이 상대적으로 스웨덴식 사회민주주의 모델을 매력적인 대안으로 부상시키고 있다는 것은 쉽게 이해할 수 있다.

'새로운 이념'으로서 사회민주주의에 대한 지지는 서유럽의 좌파 사회민주주의자처럼 궁극적 이행 전략으로서 사회민주주의가 가능하고 바람직하다는 논리를 이론적으로 받아들이는 적극 지지론부터, 이런 논리에는 회의적이지만 다른 대안이 부재한 상황에서 사회민주주의가 가능한 최선책이라는 일종의 '최소주의적' 입장에 이르기까지 다양한 차이가 내재해 있다. 이런 사회민주주의의 대표적인 입장을 소개하면 다음과 같다.[5]

전통적 마르크스주의가 주장하는 계급독재론, 자본주의나 사회주의 같은 계급 사회의 국가는 일상적 의미의 독재가 아니라 특정 경제적 지배 계급이 국가 권력을 배타적으로 소유하고 있다는 의미의 계급 독재 국가라는 전통적 주장[6]과 달리, 사회민주주의는 부르주아 민주주의라고 불리는 보통선거권이 확립된 이후의 자본주의 국가는 자본가 계급 독재 국가가 아니며 사회주의 국가도 프롤레타리아 독재가 되어서는 안 된다고 주장한다.[7]

따라서 현대 자본주의 국가는 국가를 장악하는 세력이 자기편에 유리하게 사용할 수 있는 중립적 도구이자 진보적 유산으로서, 노동자 계급 등 진보적 운동 진영은 보통선거권을 통한 '선거 게임'을 통해 '민주적'으로 사회주의로 나아가야 한다는 것이다. 사회주의 이행의 두 가지 방식, 즉 '독재적 방식'과 '민주적 방식'을 구별하고 프롤레타리아 독재를 전자와 동일시하면서, 프롤레타리아 독재의 폐기를 주장하고 후자의 노선을 채택하는 것이다.[8] 이 밖에 전통적 입장의 전위당 노선의 폐기와 대중 정당 노선의 채택, '봉기 노선' 내지 비합법 투쟁의 폐기와 선거 합법 투쟁 노선의 채택 등을 특징으로 한다.

경제 문제에서는 전통적 사회주의관에서 나타나는 임노동의 폐기와 생산 수단의 사회화, 계획경제 등에 부정적인 시각을 보이면서, 시장의 이용, 생산 수단의 사유화 허용, 임노동의 허용을 전제로 해 자본주의의 모순에서 생겨나는 부작용들을 사회보장 제도, 생산 과정과 경영 과정에 대한 노동자 참여, 통제권 확대 등을 통해 중화시키려 한다. 특히 그 실행 과정에서 상당히 탈색되기는 했지만 기업 이윤의 일정 부분을 의무적으로 임노동자 기금으로 적립해 투자 기금으로 만들어 사적 소유를 점진적으로 집단적 소유로 전환하려는 스웨덴의 '기금 사회주의'에 많은 관심을 기울이고 있다.[9]

한마디로 사회민주주의는 전통적 사회주의론이 자본주의의 모순을 해결할 수 있는 대안이 아니며 현대 자본주의의 성격이 변화하면서 자본주의의 혁명적 위기와 혁명적 이행이 발생할 가능성이 점점 줄어들고 있으므로, 진보 진영은 선거 게임을 통해 점진적으로 자본주의를 민주화해 궁극적인 이행을 지향해야 한다는 주장이다.[10]

그러나 이런 이론은 사회민주주의가 1970년대 말~1980년대 서유럽의 '복지국가의 위기'가 잘 보여주듯이 이미 사실상 파산 선고를 받은 모델이라는 점, 이 이념이 주관적으로는 궁극적인 사회주의를 향한 이행을 내세우고 있기는 하지만 결국 구조적 이유 때문에 자본주의의 민주화에 그치는 '민주적 자본주의'론에 불과하다는 점,[11] 이런 스웨덴식 사회민주주의가 역사상 제3세계에서는 성공한 적이 없다는 점을 고려할 때, 서유럽 사회가 가진 물적 토대가 없는 한국 사회에 적용하기는 힘들다는 지적이 제기되고 있다.[12] 이런 이유 때문인지는 몰라도 아직까지는 사회민주주의가 민중당 내부 일부 분파의 정치적 입장을 대변하는 것 같다는 느낌을 주기는 하지만, 진보 진영의 독자적인 중요 정치 세력으로 자리잡고 있지는 못한 실정이다.

2) 선거사회주의로서의 '민중민주주의'

둘째로 지적할 수 있는 것은 선거사회주의다. 선거사회주의는 선거를 통해 사회주의 이행을 실현하려 한다는 점에서 사회민주주의와 공통점이 많다. 그러나 선거사회주의를 사회민주주의와 구별해 별도의 새로운 이념으로 소개하는 이유는 이 이념의 독특한 한국적 변형의 하나라 할 수 있는 선거사회주의로서 '민중민주주의'를 다루기 위해서다.[13] 따라서 여기에서 선거사회주의는 넓은 의미의 선거사회주의, 즉 선거를 통해 사회주의를 실현하려는 운동 일반이 아니라, 선거사회주의의 한 형태로서 '민중민주주의'를 의미한다.

"현대는 레닌식 고전적 변혁 모델의 건설이 가능하지 않은 시대"[14]라는 대전제에서 출발하는 이 선거사회주의론의 독특한 특징은 그 주체인 '민중'에 대한 개념화다. 이 이론은 한국의 역사적 특수성에 주목해 "현실적으로 실재하는 경제, 사회, 정치적 집단 범주"이자 "사실상 계급의 현실적 존재 양태"라고 볼 수 있는 민중을 한국 사회의 변혁 주체로 상정하고 있다.[15]

더 구체적으로 이 민중은 노동자 계급을 중심으로 농민과 하층 서민 계층 등 생산관계에서 피지배적 위치에 놓인 집단, 즉 전통적 변혁운동에서 의미하는 계급 동맹으로서의 민중을 중심선으로 하되, 권위주의 체제에 의해 정치적으로 소외된 정치적 수준에서의 민중, 외세와 분단 때문에 피해를 보고 있는 세계체제와 남북 분단 수준에서의 민중, 마지막으로 "억압의 경험에 대한 기억"에 관련된 언술 수준에서의 민중이 중층적으로 규정하는 객관적 범주이면서도 동시에 주관적 범주인 포괄적이고 역동적인 사회 집단을 가리킨다.[16]

이 시각은 또한 전통적인 토대–상부구조론을 부정하는 대신 국가–정치사회–시민사회라는 3층 구조론에 입각해,[17] 과거의 경우 과대 성장된 억압적 강권 기구를 통한 비헤게모니적 지배 때문에 한국 사회에 시민사회가 형성될 수 없었지만 6공하에서는 헤게모니가 성립되면서 시민사회의 형성과 확대가 가능해졌다고 본다. 따라서 한국 사회의 변혁은 시민사회에서 민중의 힘을 대의제를 통해 관철시키는 선거사회주의의 길이 돼야 한다고 주장한다.

이때 실현 목표인 선거사회주의로서의 민중민주주의는 정치과정에서 다원적 민주주의를 수용해 그 사회주의의 내용도 사적 소유제의 폐지가 아니라 공적인 통제를 지향하고, 효율성과 경쟁적 시장체제를 존중하며, 세계 자본주의 체제와의 통합을 부정적으로 보지 않는 '최소 강령적 프로그램'으로서 '자본과의 타협'을 배제하지 않는다는 것이다.[18]

결론적으로 이런 최소 강령적 공통 강령을 통해 분열된 운동 진영을 단결시키는 한편, 운동의 중심적 역량을 정치사회의 제도권 내부에서 진행되는 세력화에 두고 선거를 통한 사회주의화를 추구하되, 시민사회와 정치사회의 비제도적 영역에서 대중운동이 하부구조를 형성해 이런 세력화를 보완한다는 것이 이 프로젝트의 핵심이다.

이런 프로젝트 역시 현실적인 정치 세력으로는 아직 뚜렷이 자리잡고 있지는 못한 실정이며, 다만 이론 진영에서만 이 프로젝트가 ① 선거사회주의 일반이 갖고 있는 문제점을 극복하지 못했고,[19] ② 그 주체로서의 민중 개념이 극히 모호하며,[20] ③ 선거사회주의라고 하지만 주체가 민중으로 표현됐을 따름이지 내용에서는 사실상 궁극적인 이행 전략으로서 사회주의를 포기하고 사회민주주의와 마찬가지로 자본주의를 민주화하는 민주자본주의의 수준을 넘지 못하고 있고, ④ 최소 강령 이후의 전망이 결여돼 있다는 등의 문제 제기가 나오고 있을 따름이다.[21]

3) 한국 사회주의 '신노선'

셋째의 새로운 이념은 PD 진영의 인천지역민주노동자연맹 등 노동 현장에서 활동하던 3개 정파의 비합법 노동운동가 중 다수가 최근 출범 뒤 민중당과 통합한 한국노동당을 발기하면서 채택하고 나온 '한국 사회주의 신노선'이다. '신노선'은 아직 완전히 체계화된 수준이 아니다. 이 노선이 전제하고 있는 정확한 이론적 틀이 무엇인지에 대해서는 지상에 발표된 문헌들을 검토할 때 내부에서도 미묘한 차이가 드러나기는 하지만, 기본 골격을 단순화해 요약하면 다음과 같다.

이 입장은 우선 다른 '새로운 이념'들과 달리 전통적 변혁 이론의 핵심적 내용을 상당히 많이 계승하고 있다고 볼 수 있다. 이런 입론은 현실 사회주의 실험의 파국에 대해 다른 입장들이 내리는 일반적인 평가하고는 다른 평가를 내리고 있다는 데 기초를 두고 있다. 다른 입장들이 현실 사회주의의 파국을 마르크스주의, 특히 마르크스레닌주의 자체의 파국으로 이해하고 있는 반면, '신노선'은 이것을 마르크스주의라는 이론 그 자체의 위기가 아니라 단순한 실천의 위기, 즉 스탈린주의의 파산으로 파악하고 있다.[22] 특히 일찍이 마르크스주의의 위기론을 주창해왔고 최근에 국내 진보 진영의 '자기반성'에 상당한 영향을 끼치고 있는 알튀세르적 마르크스주의가 이런 스탈린주의의 핵심을 생산력주의라는 경제주의로 파악하고 있는 데 반해, 이 '신노선'은 스탈린주의의 본질을 객관적인 생산력 발전 수준을 무시한 '생산관계 제일주의'와 경제가 모든 것을 해결해준다는 '경제결정론'으로 파악하고 있다.[23]

이를테면 프롤레타리아 독재의 경우도 일상적인 독재(통치 방식으로서의)로 이해하는 속류적인 개념화에 반대해, 프롤레타리아 독재는 국가유형 차원의 개념화로서 노동자 계급의 권력이라는 사회주의 그 자체와 같으며 민중과의 동맹이나 민주주의에 대립하는 것은 아니라고 주장하고 있다.[24] 따라서 문제는 프롤레타리아 독재 그 자체에 있지 않고, 더욱더 민주적이며 민중의 자발적이고 주체적인 참여를 의미하는 이 개념이 스탈린주의에 의해 당 독재와 당과 국가의 융합 등 억압적인 개념으로 변질된 데 있다는 것이다.

따라서 프롤레타리아 독재라는 개념은 법치국가 이념의 준수, 다당제의 실질적인 보장, 국가와 당의 분리, 견해와 결사의 자유 등 민주주의의 최대 확대 등 원래의 정신에 부합하는 내용을 복원해낸다는 전제 아래에서 계승돼야 한다는 입장인 것 같다. 전통적 변혁 이론의 전위당 이론에 대해서도 진리의 독점과 당의 무오류성 등은 스탈린주의적인 왜곡에 불과하기 때문에 "계급 대중의 정치적 이해를 대변하고 그 정치적 각성을 돕는 선진층의 결집"으로서 전위당 이론은 여전히 유효하며, "정당이 계급의 후진적 대중까지를 100퍼센트 포괄하는 것이 아니라는 점"은 부르주아 정당사에서도 동일하다고 밝히고 있다.[25]

그렇다면 '신노선'의 새로운 내용은 무엇인가? 진보 진영의 조직이 '직업적 혁명가'들의 비합법 전위 정당을 중심으로, 나아가 이런 비합법 전위 정당과 반합법 통일전선체, 합법 정당으로 구성된다는 3분법적 논리는 정당 결성의 자유가 없던 러시아나 5공식 군사독재 체제에서나 의미가 있으며, 사상과 진보 정당 결성의 자유 등이 허용되는 부르주아 민주주의하에서는 직업적 혁명가에 제한되지 않고 혁명적 노동자 등 일정한 한계 내에서 가능한 한 넓은 범위의 일반 대중을 결집시키고 견인해낼 수 있는 합법적인 '전위적 대중 정당'을 구심체로 해 발전해가야 한다는 발상이다.[26] 이런 새로운 인식의 이면에는 그동안 이 세력들이 견지해온 한국의 국가성격, 나아가 사회성격에 대한 독특한 평가가 자리잡고 있다. 바로 한국 사회를 국내외 독점자본이 국가 권력과 단일 메커니즘으로 결합된 '신식민지국가독점자본주의' 사회로 파악하면서도 한국 사회의 발전이 종속 심화가 아니라 종속 약화를 통한 자립화로 나아가고 있다는 평가다.

나아가 한국 사회는 이런 자립화를 통해 확보한 물적 토대를 기초로 6공화국 이후 개량화가 진행되고 있으며, 6공화국은 5공 등 억압성을 주된 통치 기제로 삼던 신식민지파시즘 체제와는 질적으로 성격을 달리하는 부르주아 민주주의 체제 내지 부르주아 민주주의 체제로 이행하고 있는 정치체제라고 판단하고 있다. 따라서 "한국자본주의는 독점의 주도 속에서 세계적으로 유례없이 성장을 거듭하는 등 종속이 완화되면서 개량의 물적 토대가 넓어져 가는" 추세이기 때문에 '신노선'에 따른 합법적 진보 정당 활동을 통해 '평화적 이행'이 가능하다는 것이다.[27]

그러나 이런 '신노선'에 대해서도, 이 노선을 채택하는 과정에서 여기에 반대해 조직을 이탈해버린 '소수파'는 ① 전위적 대중 정당이란 유로코뮤니즘이 입증해주듯이 전위 정당도 대중 정당도 아닌 '잡탕'이 되고 말 것이며, ② 종속 약화를 통한 개량의 물적 토대 확보와 부르주아 민주주의화에 대해서도 남한사회주의노동자동맹(사노맹) 사건, 서울사회과학연구소 사건, '신노선'의 당사자인 한국노동당 창당추진위원회 주대환 대표 구속 사태 등이 잘 보여주듯이 한국의 현실에 관련해 낙관론적 오판을 하고 있다는 비판을 제기하고 있다.[28]

이 밖에 이 노선이 기층 대중 역량의 성숙을 기초로 정치 조직으로 외화해 합법 정당과 기층 대중 조직이 상호 강화 작용을 하며 변증법적으로 발전하는 것이 아니라, 오히려 기층 대중 조직 수준의 역량이 현장에서 제도 정치 쪽으로 빠져나감으로써 노동운동 등 기층 운동이 조합주의적 경향 등에 잠식당해 머리만 큰 '가분수형' 운동이 될 수 있다는 염려도 제기되고 있다.

4) 포스트마르크스주의의 민중주체민주주의

마지막으로 들 수 있는 것은 민중당의 핵심 이론가들이 내세우고 있는 '공식 이념'인 포스트마르크스주의와 민중주체민주주의다.[29]

앞에서 지적한 새로운 이념들은 어떻든 사회적 갈등의 중심축으로서 생산관계, 계급 갈등의 중심성, 변혁의 주체로서 노동자 계급의 중심성을 인정하고 있는 반면, 이 이념은 그것마저도 부인하는 '급진적'인 대안이다. 포스트구조주의, 포스트모더니즘 등 최근 유행하고 있는 '포스트주의 증후군'의 일환으로 부상하고 있는 포스트마르크스주의는 1980년대 서구에서 발전한 반핵, 환경보호, 여성해방운동 등 신사회운동에 이론적 기초를 제공한 이론으로, 서구 철학에서 니체, 하이데거, 푸코, 데리다로 이어지는 반*계몽주의적이고 반*합리주의적인 전통에 뿌리를 두고 있다.

특히 이 이론은 마르크스주의가 ① 사회관계에서는 생산관계에, 사회적 적대에서는 계급적 적대에 중심성을 부여하고, ② 이것을 기초로 해 노동자 계급을 변혁의 주된 동력으로 특권화하는 한편, ③ 대문자로 시작되는 혁명, 즉 특정 순간의 폭발적이고 전면적인 단절을 탈자본주의화의 계기로 특권화하는 근본주의적 사회관, 근본주의적 주체관, 근본주의적 변혁관에 기초를 두고 있다고 비판하고 있다.[30]

나아가 이 이론은 '거대 이론'을 통해 사회 현상을 총체적으로 인식하고 사회를 총체적으로 변혁시킬 수 있다고 생각한 마르크스의 '지적 오만'과 '이론적 전체주의'가 현실 사회주의의 경험이 보여주듯 그 실천 과정에서 전체주의화된 것은 필연적 현상이라고 공박하고 있다.[31] 결국 계급 관계와 노동자 계급이 특권화될 이유가 없고 '담화'와 '접합적 실천'에 선행하는 어떤 사회적 실체나 객관적 이해관계라는 것은 존재하지 않을 뿐 아니라, 역사에는 어떤 예정된 법칙이나 내적 논리도 존재하지 않고 비결정성과 우연성만이 존재한다는 것이다.

이런 현실 인식의 토대 위에서 포스트마르크스주의는 주체 위치의 다원성 (이를테면 노동자 계급이자 여성이며 경상도인이며 불교 신자)을 기초로 삼아 자본주의 사회의 다양한 적대 관계 속에서 등가 관계에 놓여 있고 담화에 의해 접합되는 제한되고 부분적인 새로운 복합적 집합 주체인 민중이 주체가 되는 민중주체민주주의를 대안으로 제시하고 있다. 이때 주목해야 하는 것은 여기에서 말하는 민중은 전통적 의미의 민중, 즉 노동자, 농민, 도시 반#프롤레타리아트 등 사회의 주 모순을 기초로 한 계급 동맹으로서의 민중하고는 질적으로 내용을 달리해, 담화에 의해 접합된 각계 각층의 불특정 다수로서의 민중을 의미한다.

나아가 이 프로젝트는 자유주의적 이데올로기를 부정하는 것이 아니라 이런 이데올로기를 급진적이고 다원적인 민주주의 방향으로 심화하고 확대하는 기획으로서, "공장의 울타리를 넘어선 생활세계의 수많은 복합적 영역에서 확장된 적대와 불평등에 주목"하고 "시민사회 내의 모순의 복합적 차원에 조응하는 환경운동, 평화운동, 여성운동, 청년운동, 인종차별 반대 운동, 민족운동 등 다양한 새로운 사회운동의 독자적 의의를 승인하는 복합적인 집합적 처방의 프로젝트"라는 것이다.[32]

이런 새 이념 역시 ① 포스트마르크스주의가 기본적으로 마르크스주의를 (계급 관계의 중심성을 인정한다는 것이 바로 계급적 이해가 기계적이고 자동적으로 정치 세력으로 전환된다는 식의) 속류 경제결정론, 생산력주의, 진화론적이고 목적론적인 역사철학으로 '오해' 내지 '왜곡'하고 있으며,[33] ② 그 대안으로 모든 것이 담화이자 담화가 모든 것을 결정하며, 나아가 담화밖에는 어떤 사회적 이해나 사회적 실체도 존재하지 않는다는 '담화만능론' 내지 '담화환원론', 따라서 담화만 잘하면 어떤 사회변혁도 가능하다는 '담화혁명론'으로 귀착되고 있다는 비판이 제기된다.[34] 다시 말해 이데올로기와 정치에 절대적 자율성을 부여함으로써 정치와 역사가 우연성에 따라 결정된다는 식으로 무작위화하고 있다는 비판이다.

이 밖에 이 이론은 계급 모순의 중심성은 마르크스의 생존 시기 등 자본주의의 특수한 국면에 나타난 특수한 현상에 불과하며 현대 자본주의는 그 밖의 다양한 적대의 증식에 따라 계급 모순의 중심성이 무너진 '포스트모던'한 사회라고 인식하고 있지만, 과연 실제로 그런지에 대해서는 의문이 제기되고 있다.[35] 더 나아가 서구의 현실에 기초를 둔 이 이론을 기계적으로 적용할 수 있을 정도로 우리 현실에서 계급 모순이 상대화되고 '포스트모던'화했느냐는 반문이 일고 있다.

특히 이런 이론은 우리 사회가 한국전쟁 등의 역사적 특수성 때문에 계급 정치가 저발달하다가 최근에야 어렵게 복원을 시도하며 '전(前) 계급 정치적' 단계에서 '계급 정치'로 이행하는 단계에 놓인 상황에서 서구식 탈계급화를 주창함으로써 '계급 정치의 조로화'를 초래할 것이라는 염려도 나온다.[36]

5) 기타

한편 위에 소개한 다양한 새로운 이념 이외에도 PD 좌파로 불리는 민중회의 등 전통적 입장에 더 충실하려 하는 사회 세력들의 경우, 역시 다양한 방식으로 변화한 환경에 '적응'하려 노력하고 있다.

이런 적응 노력으로 나타나고 있는 반응은 ① '현실 사회주의의 몰락'으로 붕괴한 것은 변형된 사회주의도 아니고 관료적 국가자본주의라는 점에서, '마르크스주의의 위기'가 아니라 혁명적 마르크스주의가 도약할 계기라는 트로츠키주의적 대응,[37] ② '현실 사회주의의 몰락'을 실천의 오류이자 사회주의하에서 벌어진 계급투쟁의 패배로 이해하면서 올바른 전통적 이론에 입각한 올바른 실천에서 해답을 구하는 입장,[38] ③ 단순한 실천의 위기를 넘어서 이론의 위기를 인정하되 마르크스주의의 청산이 아니라 이 중 '산 것'과 '죽은 것'을 구별해 합리적 핵심을 계승하고 발전시킴으로써 자기 정정을 시도하는 입장,[39] ④ 나아가 이 중 '산 것'과 '죽은 것'의 구별을 통해서도 해결될 수 없는 근본적인 모순이 마르크스주의 안에 존재한다고 인정하면서 이 모순의 돌파를 모색하는 입장 등을 들 수 있다.[40]

이렇게 반응은 다양한 형태로 나타나지만, 기본적으로는 사노맹 사건 때문에 투옥 중인 박노해 시인이 최후 진술에서 말한 "긴 호흡, 강한 걸음"처럼 그동안 드러나던 지나친 교조주의와 조급성을 벗어나 긴 호흡의 역사와 변혁운동의 '새로운 순환'을 위한 진지한 자기반성과 자기 정정의 색조를 띠고 있다고 하겠다.

3. 결론에 대신하여

노동 해방과 인간 해방을 내건 마르크스주의가 '당의 무오류성'이라는 형식으로 스탈린주의화해 자기 정정 능력을 상실하고 내적 모순을 증폭시킴으로써 파국을 자초한 현실 사회주의에 견줘, 아직 상대적으로 '건재'한 서구 사회의 상대적인 체제 안정성을 가능하게 한 요인이 바로 서구 사회의 마르크스주의 등 진보적 정치 이념과 진보 운동, 즉 진보가 벌인 투쟁에 따른 서구 사회의 자기 정정이라는 점에서, 현실 사회주의의 파국이 넓게는 진보적 정치 이념, 좁게는 마르크스주의의 종말이나 진보 운동의 파국을 의미하고 있는 것은 아니다.

사실 자본주의 그 자체, 자본주의의 구조적인 모순 그 자체가 이런 진보적 정치 이념과 운동의 최대 '배양자'라는 점에서 자본주의 체제가 존재하는 한 이런 이념과 운동은 존재할 것이고, 그 모순을 극복하기 위해 투쟁할 수밖에 없을 것이다. 특히 그런 모순이 첨예하게 집약돼 있는 한국 자본주의의 경우 더더욱 그러하다.

이런 커다란 문제의식을 전제로 생각할 때 최근 새로운 이념을 모색하는 진보 운동 내부의 움직임은 1980년대 운동의 일정한 '편향'을 정정한다는 의미에서, 나아가 다양한 대안들 사이의 민주적인 이론 투쟁을 통한 운동의 발전이라는 측면에서 원칙적 수준에서는 불가피하고 바람직한 현상이다.

다만 문제는 이런 모색이 "자본의 역사가 통합의 역사였다면 노동의 역사는 분열의 역사였다"는 한 역사가의 탄식처럼 가뜩이나 분열된 진보 운동 진영의 내부 분열과 필요 이상의 상호 소모전을 야기해 '적전 분열'하는 것을 어떻게 방지하느냐는 점이다. 특히 국내 진보 운동 역사의 일천함과 역량의 취약함을 고려할 때 더욱 그러하다. 또한 이런 새로운 모색의 내용 그 자체가 아니라 새로운 모색을 창출하는 과정에서 파생되는 부작용을 극소화해야 하는 문제도 남아 있다. 한 이론의 교조적 맹신자들이 과거의 이론을 청산하고 새로운 이론의 맹신자로 변신하는 데서 생겨나는 이론적이고 정치적인 부작용과 이런 '유행성 첨단주의' 탓에 이론과 운동이 축적되지 못하고 일회성 소모품으로 전락하는 사태를 방지해야 한다.

한국 진보 진영에서 마르크스주의 위기는 마르크스주의 그 자체의 위기이기에 앞서 마르크스주의를 교조적으로 이해해온 "한국 마르크스주의자의 위기" 내지 "마르크스주의 이해의 위기"라는 유팔무 교수의 지적[41]과, "참다운 신념은 실력을 바탕으로 해서만 성립한다고 할 때 요즈음 80년대적 신념의 상실을 목청 높이 공표하는 말소리도 그냥 귀넘어듣게 되지 않을 때가 많다. 그처럼 숱한 신념을 상실하고도 그것이 의당 상실되었어야 하는 것임을 곧바로 확인하고 심지어 새로운 확신으로 대체할 만큼 괄목할 실력의 비약이 그 새에 있었단 말인가"라는 백낙청 교수의 경고[42]를 되새길 필요가 있다.

어쨌든 이제 과거 같은 극단에서 또 다른 극단으로 나아가는 일회성 이론 섭렵이나 유행을 넘어서, 다양한 민주주의 논쟁과 역사적 경험(좌절의 경험도 포함해), 나아가 현실 사회주의의 몰락과 자본의 국제화 등 변화한 세계 질서까지 포괄할 수 있는 한국 사회의 '21세기형' 한국적 민주주의론과 민주변혁론을 천착해 나갈 필요가 있다.

5장

새로운 세계 질서와 민주주의*

1. 문제 제기

'제2의 러시아 혁명'이라고 불리는 페레스트로이카는 세계 질서를 '페레스트로이카'하고 있다. '세계 사회주의 체제'를 구성하고 있는 현실 사회주의 사회들의 경우 사회주의 역사상 유례없는 위기 속에 생존 자체가 심각한 도전을 받고 있고, 세계 자본주의 체제의 경우도 '걸프전 이후 질서post-gulf war order'와 관련해 내적 질서에 변화를 겪고 있다. 또한 이 두 체제 간의 관계에 대해서도 '새로운 사고'와 관련해 탈냉전 구조가 가시화되고 있다.

《공산당 선언》이 출간된 뒤 150년이 지난 현재, 급변하는 세계 질서 속에서 유럽을 배회하는 것은 '공산주의라는 유령'이 아니라 '자유주의라는 유령'이라는 현실은 부인할 수 없다. 이런 현실을 두고 한쪽에서는 자유주의의 최종적 승리와 역사의 종언을 천명한다. 이런 진단처럼 역사는 과연 끝났는가?

이 글의 목적은 이런 문제의식에서 1990년대와 21세기의 상당 기간을 지배

---

* 한국정치학회가 주최한 제2회 한국정치세계학술대회(1991년)에서 발표한 〈세계질서 개편의 정치경제학과 민주주의〉를 축약했다.

할 새로운 세계 질서의 본질은 무엇인가 하는 새로운 세계 질서의 '정치경제학'을 간략히 살펴본 뒤, 이런 변화가 민주주의에 끼칠 영향을 현대 세계체제의 각 구성 지역별로 분석하는 데 있다.

2. 새로운 세계 질서의 정치경제학

1) 현실 사회주의 사회

현대 사회체제는 세계 자본주의 체제와 세계 사회주의 체제로 구성돼 있다. 이 중 가장 급격한 변화를 겪고 있는 것은 잘 알려져 있듯이 세계 사회주의 체제다. 당초 누적된 모순을 해소하기 위해 '수동적 혁명'으로 촉발된 현실 사회주의의 개편에 대해서는 사회주의 강화론, 자본주의 회귀, 이보 전진을 위한 일보 후퇴론, '두 개의 길'론 등 다양한 평가가 제기됐다. 그러나 서독의 동독 흡수 통합이 웅변적으로 보여주듯이 현실 사회주의의 개혁은 '사회주의의 강화'라는 선언적 목표와 달리 '탈脫사회주의'로 나아가고 있는 것이 냉엄한 현실이다. 이 점에서 탈냉전은 단순한 데탕트가 아니라 한 진영의 붕괴이며, '넓은 의미의 냉전'은 지속되고 있다.[1]

이런 사회 구성의 내적 성격 변화(탈사회주의화) 이외에도 사회주의 사회들은 코메콘(동유럽경제상호원조회의)의 해체와 서구 자본의 적극적 도입 등을 통해 세계 자본주의 체제로 통합되려 함으로써 세계체제로서 세계 사회주의 체제가 와해되거나 최소한 부분적으로 와해되는 사태로 귀결될 전망이다. 다만 여기에서 부분적 와해라는 단서 조항이 필요한 이유는 북한, 중국, 쿠바 등 비유럽 사회주의 국가들의 경우 이런 흐름에 계속 저항하고 있고 개별 사회주의 사회의 특수성 탓에 전면 해체를 이야기하기는 시기상조이기 때문이다. 그러나 이 잔존 반反페레스트로이카 사회주의 국가들도 과거처럼 세계 사회주의 체제를 구성하는 것이 아니고 세계 자본주의 체제에 포위된 '고립된 섬'으로 남게 될 것이다. 나아가 사회주의 일반의 내적 모순과 외압 등으로 이 사회들도 점진적인 '통제된 개방'으로 나아갈 가능성이 크다.

이런 현실 사회주의 사회가 탈사회주의화하고 세계 자본주의 체제로 편입되는 흐름은 이 사회들의 국제 경쟁력 수준을 감안할 때 선진 자본주의 사회 (특히 서유럽)에 종속되고 '제3세계화'하는 결과를 가져올 것이다.[2] 특히 서독에 흡수 통합된 동독의 경우 결국 통일 독일의 '내부 식민지internal colony'화 내지 '호남화'될 것이 자명하다.[3] 결국 이런 변화는 이 사회들에서 새로운 민족 모순과 계급 모순을 배태시킴으로써 중장기적으로는 새로운 변혁운동을 불러일으킬 가능성이 높다. 또한 이렇게 자본주의로 회귀함으로써 이 사회들의 급진 개혁파들이 기대하는 자본주의의 장점이 제대로 발현될 수 있을지는 미지수다. 오히려 예상되는 것은, 특히 소련의 경우 현실 사회주의의 단점과 자본주의의 단점을 결합한 '최악의 조합'이다.[4] 현실 사회주의 사회의 노동자 등 민중의 대부분이 '소비자'로서는 자본주의적 풍요를 원하고 '생산자'로서는 현실 사회주의적 '무사안일주의'를 원하는 자기 분열을 겪고 있는바,[5] 자본주의로 회귀하는 것이 그 장점을 드러낼 정도로 기아와 실업의 위협을 통해 냉엄한 자본주의적 규율과 통제를 강제하기에는 민중들의 힘이 아직은 너무 강력하지 않은가 싶기 때문이다. 또한 이 사회들의 자본주의화는 서구식 자본주의가 아니라 귀속 재산 불하와 마찬가지로 구체제하의 특권층이 자본가로 변신하는 악성 관료 자본주의, 그리고 외국과의 연계를 통해 이윤을 얻으려는 매판 자본주의로 나아갈 것이다.

한편 이런 변화는 현대 세계체제를 결국 세계체제론이 주장해온 대로 단일 세계 자본주의 체제로 수렴하는 방향으로 바꾸어 나갈 것이며, 따라서 지금까지 세계체제의 기본 모순 중 하나이던 '진영 모순'은 사실상 소멸하거나 격하되고 민족 모순과 계급 모순의 중요성이 부각될 것이다(아래 참조).[6]

2) 선진 자본주의 사회

위에서 지적한 현실 사회주의 체제의 위기는 일부의 주장처럼 자본주의 체제의 '무위기성'이나 자본주의의 최종적 승리, '역사의 종말'을 반사적으로 보증해주는 것은 아니다. 굳이 자본주의의 '전반적 위기론' 같은 고추상적이고 '본질주의적'인 세계 자본주의 분석에 의존하지 않더라도 선진 자본주의 사회 역시 '일상적 위기'가 아닌 '유기적 위기organic crisis'를 겪고 있다.

국내적인 국가독점자본주의적 규제와 미국 헤게모니하의 국제적 규제(브레턴우즈 체제로 표상되는), 대량생산과 대량소비를 연계한 포디즘 체제를 통해 자본주의 사상 유례없는 장기간의 안정과 호황을 누려온 전후 선진 자본주의는 1970년대 이후 포디즘의 위기에 관련해 평균이윤율의 하락 등 위기가 장기화되고 있다.[7] 또한 국가독점자본주의의 발달은 독점자본의 초과이윤 보장을 위한 '사회지출'의 수요 증가와 독점자본 팽창의 폐해(실업 등)를 중립화하기 위한 '사회자본'의 팽창을 야기함으로써 국가의 재정 위기를 불러일으키고 있다.[8] 국제적으로도 브레턴우즈 체제의 내적 모순들이 이런 위기와 결합해 현재화함으로써 국제적 규제의 골격이 붕괴하고 말았다.

이런 모순과 위기의 심화에도 불구하고 선진 자본주의 사회의 노동운동과 좌파 변혁운동의 침체를 고려할 때 가까운 장래에 급격한 사회변혁이 일어나리라고 기대할 수는 없을 것 같다. 그러나 신보수주의라는 자본의 공세 역시 국가 재정 위기 등의 문제를 해결하는 데 성공을 거두지 못하고 있으며, 과학기술혁명과 결합해 선진 독점자본이 추진하는 포스트포드주의 체제 이행을 통한 위기 극복 역시 많은 장애와 저항 탓에 그리 쉽게 실현되지 못하리라는 점에서 사회적 교착 상태하에 위기가 장기적으로 지속될 것 같다. 일부 학자들은 단기적으로는(1990년대) 이런 자본주의의 위기가 오히려 심화될 것이라고 전망한다.[9] 다만 현실 사회주의 위기에 관련해 나타나고 있는 새로운 자본의 공세와 동구 등 새로운 시장의 등장이 이런 위기를 해소하는 데 커다란 기여를 할 것으로 보인다.

이 밖에 주목할 또 다른 측면은 세계체제의 헤게모니 이행 문제다. 세계 자본주의 체제의 헤게모니 변화에 관련해 미국 헤게모니 쇠퇴론과 쇠퇴 부정론이 맞서 논쟁을 벌이고 있는 것은 주지의 사실이다. 세계체제 헤게모니란 단순히 경제적 헤게모니뿐 아니라 정치적 헤게모니와 군사적 헤게모니를 요구한다는 점에서 경제력의 부상을 이유로 일본의 헤게모니화를 논하기에는 아직 시기상조인 것은 틀림이 없다. 특히 이번의 걸프 전쟁은 세계 헤게모니를 위해서는 경제적 헤게모니뿐 아니라 정치적 헤게모니와 군사적 헤게모니가 필요하다는 점을 잘 보여줬다. 따라서 세계 자본주의 체제의 헤게모니 문제는 단기적으로는 미국의 헤게모니가 재강화되는 추세를 보일 것이다. 여기에 관련해 주목되는 것은 역사상 헤게모니 쇠퇴의 원인이 돼온 군사비 부담 문제를 해결하기 위해 미국이 군비 부담 분담제라는 새로운 전략(무임승차자 규제 전략)을 창안한 점, 우루과이 라운드, 이라크 사태에 대한 다국적군 참전 등 국가독점자본주의의 국제적 규제를 강화하는 시도를 통해 미국 헤게모니하의 '초제국주의' 체제를 구축하려 노력하고 있다는 점이다. 그러나 헤게모니의 영구화나 제국주의 간의 모순이 극복된 초제국주의화란 자본주의의 기본 법칙상 현실적으로 거의 불가능하다는 점에서 중장기적으로는 미국의 헤게모니가 쇠퇴하고 제국주의 간의 모순이 심화되는 상황은 불가피하지 않나 싶다. 특히 전후 미국 헤게모니 체제가 성립하게 된 중요한 계기의 하나인 진영 모순이 현실 사회주의의 개혁에 관련해 약화될 전망이라는 점, 동구 변혁 이후 유럽 통합운동이 '유럽합중국'화를 향해 가속되고 있다는 점 등은 모두 이런 추세가 심화되리라는 점을 예고하고 있다 하겠다. 이 밖에 이라크 사태에 관련된 일본의 자위대 파병 시도 등 일본의 재무장화와 군사 대국화 움직임이 시사적이다.

3) 제3세계

앞에서 지적한 세계체제의 변화는 제3세계의 내적 발전의 동학(그 구체적 내용은 개별 사회구성에 따라 차이가 있기는 하지만)과 결합해 다음 같은 변화를 제3세계에 가져다줄 것이다.

(1) 사회주의 지향국의 쇠퇴

그동안 제3세계에서는 제국주의 식민지 체제의 붕괴와 함께 세계사적 역관계의 변화(사회주의에 유리한) 때문에 자본주의 단계를 뛰어넘어 '비자본주의적 길'을 통해 사회주의로 나아갈 수 있다는 사회주의 지향론에 따라[10] 버마, 이집트, 앙골라, 에티오피아, 모잠비크, 남예멘, 니카라과 등이 '사회주의 지향의 길'을 걸어왔다. 특히 생산력의 발전 수준 등이 뒤떨어진 이 사회들의 '사회주의 지향'에서 핵심적인 것은 이 지향의 헤게모니를 사회주의 진영이 담보해주며 지원해준다는 가설이었다. 그러나 최근 소련이 사회주의 지향론을 공상적 주의주의라고 비판하면서 이 사회들에 자본주의화를 '권유'하고 나섰을 뿐 아니라[11] 원조를 중단함으로써 사회주의 지향국의 쇠퇴가 예상된다. 사실 그 결과 니카라과와 남예멘이 이미 사회주의 지향의 길에서 이탈했고, 나머지 사회들도 그런 방향으로 나가고 있다.

(2) 양적 팽창과 재구조화

많은 학자들이 '제3세계의 종말'을 이야기하고 있는 이 시점에서 '기이하게도' 제3세계의 양적 팽창을 전망하는 이유는 앞에서 지적했듯이 동구 등 현실 사회주의 국가들이 세계자본주의 체제에 편입하면서 '제3세계화'할 것이 자명하기 때문이다. 이런 현실 사회주의 사회들의 제3세계 편입은 국제 분업 체계 전반의 재조정을 가져옴으로써 제3세계 전반의 재구조화를 초래할 것이다. 특히 이 국가들의 편입은 신흥공업국[NICs]이라 불리는 한국 등 제3세계 '엘리트 군단'(종속적 국가독점자본주의국)에 새로운 경쟁 대상으로 등장해 한국 등에 국제 분업상의 '지위 하강' 요인으로 작용할 수도 있다. 그러나 거꾸로 한국 능 신흥공업국의 독점자본이 동구 시장에 적극 뛰어들어 선진 자본주의에 대해서는 경쟁력이 없는 자본재의 수출 특화를 달성할 수 있다면, 이것은 신흥공업국의 '지위 상승' 계기로 작용할 수도 있다.

(3) 제국주의 지배 강화와 민족해방 사회변혁운동의 고양

우루과이 라운드가 잘 보여주듯이 선진 자본주의 국가들이 내적 모순, 특히 1970년대 이후 가시화된 축적 위기를 극복하기 위해 제3세계를 지배하고 제3세계에 개입할 필요성이 높아지고 있다. 반면 현실 사회주의의 위기, '새로운 사고'의 '계급 협조주의적' 노선 탓에 이런 움직임을 상쇄할 만한 견제 추를 잃어버림으로써 제3세계가 선진 자본주의의 한층 노골적인 지배와 개입 아래 놓일 것으로 예상된다. 물론 새로운 사고의 지지자들은 새로운 사고가 냉전 체제를 와해시킴으로써 제국주의 개입의 구실을 제거할 것이라는 낙관론을 피력하고 있지만,[12] '양의 탈을 쓴 늑대를 양으로 보고' 일방적 무장 해제를 선언한 새로운 사고는[13] 니카라과 반혁명의 성공, 파나마에 대한 미국의 무력 개입, 이라크 사태 등이 보여주듯이 이미 그 정반대 효과를 가져왔다.

이런 선진 자본주의의 지배 강화는 일방적인 지배 강화로 끝나는 것이 아니라 제3세계에 민족 모순과 계급 모순의 심화를 가져옴으로써 궁극적으로는 민족해방운동과 사회변혁운동의 고양을 야기할 것이다. 특히 앞에서 지적했듯이 동구에서도 세계 자본주의 체제로 편입한 뒤 종속화되면서 새로운 민족 모순과 반제국주의 운동이 생겨나고, 자본주의적 수탈이 되살아남에 따라 계급 모순의 부활과 새로운 사회변혁운동이 성장하게 될 것이다.[14] 따라서 진영 모순의 소멸에 대비되는 민족 모순과 계급 모순의 부상이 기대된다.

그러나 '제국주의'의 지배 강화는 이런 민족 모순과 계급 모순의 심화를 통해 운동이 고양될 객관적 조건만을 창출할 뿐이라는 점에서 여기에 상응하는 주체적 역량의 성숙 없이 자동으로 운동의 고양, 나아가 성공을 보증하는 것은 아니다. 특히 일단 변혁이 성공을 거둔다 해도 세계 사회주의 체제의 해체와 함께 외부의 반혁명적 개입을 방지할 만한 견제 추를 상실하고 세계체제에서 고립된 객관적 조건 탓에 장기적으로 생존하는 데 어려움이 예상된다.[15]

(4) 내적 분화의 심화

자본주의의 불균등 발전 법칙에 따라 1970년대 이후 제3세계에서는 신흥공업국이라고 불리는 종속적 국가독점자본주의 사회의 등장 등 내부 분화가 가시화됐다. 이런 내부 분화는 불균등 발전 법칙 이외에도 다양한 사회성격의 차이, 초국적 독점체의 선별적 투자 전략 등과 결합해 더욱 가속될 전망이다. 이런 내부 분화의 심화는 그 사회성격과 모순 구조의 차별화에 따른 극복 과제와 변혁 유형의 다양화라는 함의 이외에도 국제적인 제3세계 연대 운동을 더욱 어렵게 한다는 문제를 제기한다. 그러나 내부 분화에 따른 '다양성' 속에서도 관통되는 종속이라는 '통일성'을 고려할 때 '제3세계의 종말론'은 시기상조이며 허구라고 할 수 있다.

4) 민족국가에 대한 도전

마지막으로 앞에서 본 세계체제의 각 구성 요소의 정치경제학적 성격에 상관없이 예상되는 변화는 민족국가에 대한 다양한 수준의 도전이다. 물론 민족국가에 대한 도전이라는 문제는 1970년대 초국적 기업의 부상과 자본의 국제화에 관련해 '민족국가 종말론'이라는 형태로 제기된 적이 있지만, 이런 예측은 현실과 거리가 먼 것이라는 점이 입증됐다.[16] 그러나 또 다른 차원의 도전이 예상되는바, 그중 하나는 더욱 구심력을 띤 운동으로서 유럽합중국 같은 더 높은 수준의 정치적 단위로 이행하려는 움직임에 따른 도전이라고 할 수 있다. 이것보다 보편적이고 심각한 도전은 원심력을 띤 운동으로서 세계 곳곳에서 일어나고 있는 민족 문제와 결부된 분리주의 운동이다. 이런 민족 문제는 최근 유혈 사태로 발전한 이라크(쿠르드족), 인도, 유고슬라비아, 소련 등뿐만 아니라 제1, 제2, 제3세계의 경계를 뛰어넘어 모든 지역에서 민족국가에 심각한 도전을 가져올 것으로 예상된다. 한국의 경우도 예외는 아니어서 지역 문제는 이제 위험 수위를 넘어선 상태고, 근본적인 치유책이 제시되지 않는 한 이런 사태로 발전하는 것을 막기 힘들다고 볼 수 있다.[17]

3. 새로운 세계 질서와 민주주의

1) 민주주의에 대한 이론적 전제

위에서 지적한 세계 질서의 재편이 민주주의에 어떤 영향을 끼치게 될지를 논의하기 위해서는 민주주의에 대한 이론적 전제가 필요하다. 민주주의를 논하는 데서 항상 부딪히는 어려움은 민주주의가 무엇을 의미하는지에 대한 이론적 합의가 없다는 사실이다. 이 글에서는 앞으로 진행되는 논의에 이론적 기초가 될 민주주의의 개념화 문제를 간략하게 짚고 넘어가려 한다.

민주주의의 첫째 개념화는 민주주의를 그 절차적 측면보다는 지배 내지 국가 권력의 사회적 성격 또는 내용을 중심으로, 즉 '다수 민중의 지배'로 이해하는 방식이다. 민주주의의 어원이자 역사적 효시인 그리스의 민주주의가 이런 이해 방식으로, 이때 민주주의는 말 그대로 '인민Demos'의 '지배Kratos'를 의미한다. 특히 이 경우 플라톤과 아리스토텔레스가 지적했듯이 민주주의의 요체는 단순한 수적인 다수의 지배가 아니라 '무산 빈민 계급의 지배'로 이해된다. 이런 전통에 따르면 "민주적 절차에 따라 귀족들이나 부자들이 집권할지라도 그 정체는 여전히 귀족정 내지 과두정인 반면, 설령 폭력적 방식으로 집권하거나 또는 독재적 방식으로 통치하더라도 그 정권이 다수 피지배 대중의 정권이

라면 여전히 민주정"이라는 것이다.[18]

민주주의에 대한 둘째 이해 방식은 현대 민주주의에 관련해 가장 광범위하게 퍼져 있는 이해 방식으로, 민주주의를 단순히 권력의 행사 방식에 관련한 절차적 측면에 국한해 파악하는 방식이다. 민주주의를 '누가 지배 하느냐'의 문제로 이해하는 첫째 방식과 달리 이런 입장은 민주주의를 단순히 '어떻게 지배하느냐'의 문제로 바꿔버린다. 민주주의를 언론과 집회와 결사의 자유, 보통선거권, 공정한 선거 등으로 이해하는 '초기' 로버트 달류의 다원주의나 노르베르토 보비오류의 '자유주의적 사회주의'가 대표적인 예로, 이런 이해 방식은 '민주주의=자유민주주의'라는 등식을 가능하게 한다.

그러나 민주주의의 일면만을 절대화하는 이런 이해 방식들은 모두 문제가 있고, 극히 원칙적인 이야기이지만 민주주의에 대한 올바른 이해는 그 실질적인 내용과 절차 내지 형식적 측면을 변증법적으로 통일시켜 파악할 때 가능하다고 볼 수 있다. 민주주의를 탈역사화해 절차의 문제로 협애화하는 것도 문제고, 거꾸로 실질적 내용이라는 이름 아래 그 형식적 측면을 무시하는 것도 문제가 많다 하겠다. 결국 이런 일면적 파악은 '형식적 민주주의냐 아니면 실질적 민주주의냐'는 그릇된 이분법 내지 양자택일적 문제 설정으로 나아가게 된다고 볼 수 있다. 민주주의의 궁극적 목표는 실질적인 내용에서 '민중의 지배'이고 이런 점에서 형식적 민주주의는 한계가 자명하지만, 실질적 민주주의라는 이름 아래 형식적 측면을 파괴하거나 무시하는 방향으로 나아가서는 안 되며, 절차 면에서 민주주의가 지속적으로 발전하는 바탕 위에 내용적 측면까지 채워져야 한다는 것이 필자의 생각이다. 민주주의에서 절차성은 결코 충분조건이 될 수는 없지만 필요조건이기는 하지 않느냐는 것이다.

이런 문제의식에서 두 측면 사이의 연관을 무시하고 단순히 형식 논리적으로 '순수 가정'적 상황을 상정하면 다음의 네 가지 경우를 가상해볼 수 있다.

① 절차성 ×, 내용성 ×

② 절차성 ○, 내용성 ×

③ 절차성 ×, 내용성 ○

④ 절차성 ○, 내용성 ○

　　민주성이란 0 대 100퍼센트의 문제가 아니고 많은 경우 정도의 문제일 수 있다는 점에서, 위의 가정적 유형으로 현존하는 사회들을 분류하는 데는 어려움이 따르며 많은 논쟁을 유발할 수도 있다. 그러나 이 글의 논의를 위해 다소 과잉 단순화의 위험을 무릅쓰고 군이 분류를 해보면 제3세계의 경우 대부분 ①의 유형에 속한다고 볼 수 있고(1980년대의 세칭 '민주화'에도 불구하고 이렇게 분류하는 이유에 대해서는 아래 참조), 선진자본주의 사회들은 ②의 유형에 가깝다고 볼 수 있다. 현실사회주의 사회의 경우 그 사회 성격을 어떻게 보느냐에 따라 ①의 유형으로 분류될 수도 있고 ③의 유형으로 분류될 수도 있다. 즉 현실 사회주의 사회들이 아무리 관료적 왜곡 등 문제가 있다고는 하지만 본질적으로 사회주의 사회이며, 더 나아가 절차적 면의 결함에도 불구하고 국가 권력의 성격 면에서 민중의 지배가 관철되고 있는 사회로 파악할 경우 이 사회들을 ③의 유형으로 인식하게 된다.[19] 그러나 이 사회들을 다수 민중이 소외되고 국가 부르주아가 국가 권력의 주체인 국가자본주의 사회로 보거나, 그렇지는 않더라도 '프롤레타리아 독재'라는 이름 아래 '프롤레타리아트에 대한 독재'가 실행된 체제로 인식하는 경우 ①의 유형으로 파악하게 된다.[20] 현실 사회주의 사회를 국가자본주의 사회로 정의하는 시각에는 문제가 많지만, 현실 사회주의의 위기가 실질적 민주주의에는 문제가 없고 단순히 절차적 민주주의의 결여 때문에 생겨났다고 보는 것은 문제가 있다는 점에서 오히려 유형 ①에 가깝지 않느냐는 생각이 든다. 한편 형식성과 내용성이 채워진 민주주의(④ 유형)는 마르크스가 '꿈꾼' 이상으로서, 아직까지는 실현되지 못한 공백으로 남아 있다고 볼 수 있다.

　　아무튼 이 글에서는 민주주의의 절차적 측면과 내용적 측면이라는 두 가지 기준에서 현재 세계체제의 3대 구성 부문인 선진 자본주의 사회, 제3세계, 현실 사회주의 사회의 민주주의적 위상을 간단히 진단하고, 세계체제의 재편이 이 사회들의 민주주의에 어떤 영향을 끼칠지를 분석해보고자 한다.

2) 선진 자본주의 사회와 민주주의

선진 자본주의 사회의 민주주의 내지 민주화 문제를 이야기하는 것은 얼핏 기이하게 들릴 수 있다. 특히 '민주주의=절차적 민주주의=자유민주주의'라는 등식에 기초를 둔 서구 '중심적' 이해 방식에 따르면 선진 자본주의 사회에서 민주주의는 이미 '달성'된 것이기 때문이다. 그러나 민주주의는 완성체로 존재하는 것이 아니고, 부단히 발전하고 완성시켜 나가야 하는 경향성이다.

이런 문제의식에서 바라볼 때 선진 자본주의 사회를 특징짓는 자유민주주의 체제는 모든 국민에게 형식적 평등, 자유, 참정권을 부여함으로써 고대 그리스 민주주의나 봉건제, 동일한 자본주의 국가 중 보나파르티즘, 파시즘, 제3세계 독재 체제 같은 비민주적인 국가형태 내지 통치형태에 견줘 민주적인 것은 사실이다. 또한 절차적 민주주의를 더욱 발전시키고 나아가 실질적 민주주의도 충족시켜 나간다는 사회주의적 민주주의가 이론과 달리 실질적 민주주의라는 이름 아래 형식적 민주주의조차 충족시키지 못해오다 위기에 봉착한 현실사회주의의 위기와 재편이 선진 자본주의 사회들의 자유민주주의를 상대적으로 '특권화'시키고 있는 것은 부인할 수 없는 사실이다. 그러나 이사회들의 정치체제는 아무리 절차 면에서 민주적이라 할지라도 자본주의 국가의 한 형태고, 따라서 자본가 계급의 계급 권력과 헤게모니의 한 관철 형태라는 한계, 즉 형식적 평등 뒤에 은폐된 실질적 불평등과 다수 민중이 정치권력에서 소외되는 문제는 계속 남게 되며, 민주주의의 본래의 뜻인 진정한 의미의 '민중의 지배(실질적 민주주의)'에서는 거리가 멀다 하겠다. 이런 이유 때문에 달이나 린드블럼 같은 대표적인 '초기' 다원주의적 민주주의론자들도 현대 자본주의 사회는 "정치적 평등과 민주주의적 과정을 왜곡할 만큼 강력한 사회적 자원과 경제적 자원의 불평등을 만들어내고"[21] 있으며 "평등이 실현되는 것이 아니라 저해되는 방향으로, 자유가 증진되기보다는 저해되는 방향으로" 나아가고 있고, "다원주의가 민주주의적이기 때문이 아니라 민주적이 아니기 때문에 시장체제와 결합하게 되는 역설적인 결과"를 초래한다는 자기비판을 하고 있다. 뿐만 아니라 자유민주주의의 기준 그 자체로 볼 때도 제3세계는 물론 "서구 사회에서 자유민주주의는 실현된 것인가? 그 대답은 명백히 '아니다'이다"는 비판까지 제기되고 있다.[22]

실질적 민주주의 문제는 일단 논외로 하더라도 단순한 형식적 민주주의와 실질적 민주주의를 매개하는 연관 고리들 중 일부라고 볼 수 있는 사회적 민주주의, 산업민주주의, 경제민주주의 등 세칭 '새로운 형태의 민주주의'에서도 선진 자본주의 사회의 현주소가 드러내는 한계는 자명하다 하겠다.[23] 이 밖에 절차적 민주주의라는 면에서도 선진 자본주의 사회의 민주성은 제도화된 억압성과 제약 등 때문에 절대적인 것이 아니고 상대적인 것일 뿐이다.[24]

이런 일반적인 문제점 이외에도 주목해야 할 점은 1980년대 이후 부상한 신보수주의화라는 역사적 국면에 관련해 그동안 선진 자본주의 사회에서 획득된 민주주의적 권리와 성과들이 형식과 내용 양면에서 오히려 후퇴하고 있다는 점이다. 이런 민주주의의 후퇴는 이미 1970년대 중반 '반역의 1960년대'에 대한 반작용으로 세계 질서의 '초제국주의적' 지배 전략을 지향하는 '삼각위원회Trilateral Commission'의 연구보고서에서 지적한 "민주주의의 과잉"과 "통치 가능성의 위기"라는 진단에서 예고됐다.[25] 세칭 '토크빌 효과'에 대한 염려는 전후 선진 자본주의 사회의 기본 골격을 형성해온 '포드주의'와 '케인스주의'의 소진과 그 내적 모순의 위기화로서 '복지국가의 위기', 생산의 국제화와 신국제 분업에 따른 선진 자본주의 사회의 '탈산업화'와 뒤따른 갖가지 사회적 부작용, '새로운 냉전'의 개시 등 복합적 요인과 결합해 신보수주의라는 정치 세력으로 물질화돼 '법과 질서' 사회로 돌아가는 회귀를 주도하고 있다. 이런 민주주의의 퇴화에 대해 니코스 풀란차스는 선진 자본주의 사회가 "정치적 민주주의 제도들의 급격한 후퇴와 이른바 '형식적' 자유의 다양한 형태의 축소에 결합된 사회생활과 경제생활의 모든 영역에 대한 국가 통제가 강화"된 '권위주의적 국가주의authoritarian statism'로 나아갈 것이라고 예측한 바 있다.[26]

이 밖에 레이건주의와 대처주의로 상징되는 이런 정치체제의 변화에 대해서 그 어느 때보다도 세련된 인간적 얼굴을 하고 있기 때문에 더욱더 위험한 '우호적 파시즘friendly fascism'[27]이라는 극단적 평가부터 억압과 규율의 강화가 다수 민중의 '비합리적' 지지 속에 진행되는 '권위주의적 포퓰리즘authoritarian populism'이라는 평가[28]까지 다양한 견해가 제기되고 있다. 무엇이 가장 올바른 개념화든 간에 중요한 점은 신보수주의화와 함께 이 사회들에서 민주주의의 실질적 측면은 말할 것도 없고 언론과 정보의 자유 등 형식적 민주주의의 측면에서도 민주주의의 후퇴가 세계 질서 개편 시기 이전의 정세였다는 사실이다. (이런 후퇴는 국가의 초헌법적 행위, 나아가 비상시국의 계엄령 계획까지 밀실에서 입안한 이란-콘트라 스캔들이 가장 웅변적으로 보여주고 있다.) 특히 주목해야 할 점은 원래 민주주의하고는 꽤 거리가 먼 고전적 자유주의가 밑에서 올라오는 압력에 떠밀려 민주주의를 수용해서 변신한 자유민주주의 속에 내재해온 자유주의와 민주주의 간의 갈등과 모순이 이런 상황을 지탱해온 물적 토대의 위기와 함께 첨예해지면서 '민주주의에 대항하는 자유주의liberalism against democracy'라는 제로섬적 공세로 바뀌어온 점이다.[29] 마지막으로 이런 후퇴는 미국과 영국 등 보수 세력이 집권한 국가들에 국한되지 않고, 사회민주주의의 내재적 한계와 생산의 국제화 등 정치와 경제의 국제화가 끼친 영향 때문에 프랑스, 노르웨이, 그리스, 포르투갈, 스페인 등 사회당 또는 사회민주당 집권 국가들까지 포함해 전반적인 국제적 신자유주의global neoliberalism화 내지 '자유방임과 내핍의 국제화'로 귀결돼왔다는 점이다.[30] 세계 질서의 재편은 선진 자본주의 사회의 민주주의에 어떤 영향을 끼칠 것인가?

여기에서 서구 사회의 민주주의, 즉 자유민주주의는 시장의 원리에서 자동으로 도출된 것이 아니라 노동자 계급 등 밑에서 올라온 투쟁의 산물이며, 또한 이런 밑에서 올라온 요구를 수용할 수 있는 선진 자본주의의 '탄력성과 팽창성'의 결과(개량의 물적 토대)라는 점을 상기할 필요가 있다. 그러나 앞에서 본 대로 이런 토대의 위기와 함께 축적의 논리와 민주주의 간의 갈등이 첨예해지면서 '민주주의의 과잉'이라는 기치 아래 진행된 자본의 공세로 선진 자본주의 사회는 민주주의의 후퇴를 경험했고, 이 추세는 현실 사회주의의 탈사회주의화 등 세계 질서의 재편, 축적 위기에서 탈출하기 위한 선진 자본주의의 근본적인 재구조화 필요성 등과 결합해 더욱 가속될 것으로 보인다. 이렇게 민주주의가 후퇴하는 경향이 지속되리라고 전망하는 이유는 민주주의란 밑에서 올라오는 압력의 산물이고 기본적으로 사회 세력 간의 역관계를 반영하는데, 현재 선진 자본주의 사회에서 진행되고 있는 자본의 공세, 특히 세계 질서 재편에 관련해 예상되는 이런 공세의 가속화를 막을 만한 민중 부문의 사회적 힘이 없기 때문이다. 선진 자본주의 사회의 민중 부문 등 민주주의 수호 세력들이 1920~1930년대의 파시즘 같은 급격하고 전면적인 정치적 반동화를 막을 만한 사회적 기반과 힘은 확보하고 있지만, 현재 진행 중인 '야금야금형 권위주의creeping authoritarianism화'를 막기에는 역부족인 것 같다. 특히 주목할 점은 1980년대 이후 계속되고 있는 좌파 정당과 운동의 침체가 더욱 가속되면서 여기에 맞설 만한 대항 헤게모니 프로젝트가 없다는 현실이다. 물론 자본의 신자유주의와 네오포드주의적 전략에 대항해 생산 과정의 유연 전문화, 탈중앙화, 자율화 등을 강조하는 포스트포드주의론이 제기되고 있기는 하지만 프루동류의 소생산자 연합체에 기초를 둔 '연합 민주주의'가 현실적으로 가능한 대안인지, 나아가 이 대안('디자이너 사회주의?')이 현실적인 힘을 발휘할 수 있을지는 의문이다.[31]

　둘째, 현실 사회주의의 위기에 따른 일종의 경쟁의 소멸, 여기에 뒤따른 '개혁 의지'의 소멸은 민주주의의 발전을 저해하게 될 것이다. 특히 서구의 아이디어, 즉 자유주의적 승리는 자명하고 이제 "이전의 모든 모순은 해소되고 모든 인간의 욕구는 충족"됨으로써 '역사의 종말'에 이르게 됐다는 '의사^{pseudo} 헤겔주의'가 대대적인 각광을 받고 있다는 사실이 시사적이다.^{32} 이제 모든 모순은 사라지고 역사는 행복한 종언을 가했는데 민주주의의 발전을 이야기하는 것부터가 난센스 아닌가?

셋째, 특히 유럽의 경우 유럽 통합운동은 "서구 자본주의를 재편하기 위한 제1의 축으로서 탈규제, 자유방임, 내핍의 전유럽화"를 가져옴으로써 민주주의의 후퇴를 가속할 전망이다. 특히 "민주적 의사 형성에서 유럽공동체^{EC} 내 대다수에게 생사여탈적 상관성을 가진 결정을 분리하고, 그 결정을 코메콘과 그들 단체 간의 로비, 유럽 관료 간의 협상과 협정으로 옮기는 경향"은 주목할 만하다.^{33} 물론 일각에서는 유럽의회 내부에 진보적 세력이 개별 국가의 의회에 견줘 상대적으로 과잉 대표되고 있다는 점을 들어 유럽 통합운동이 민주주의에 끼칠 영향에 대해 낙관적인 견해를 피력하고 있지만, 이것은 '도구주의적' 낙관론이라 하겠다.

이런 민주주의 후퇴 경향을 상쇄하는 반경향이 없는 것은 아니다. 우선 신보수주의가 상당히 '막바지'에 다다른 감이 있다는 점과 신보수주의의 폐해가 가시화되면서 여기에 맞선 저항이 늘어나고 있다는 점이다. 영국에서 주민세에 관련해 일어난 대규모 저항이라든가 독일 통일 뒤 심각하게 대두되고 있는 반기민당 운동 등이 그 예다. 그러나 이런 저항이 전반적인 정세를 역전시킬 수 있을지에 대해서는 회의적이다.

둘째로 고려해야 할 사실은 특히 세계 질서 재편에 직접적으로 연관이 있는 것으로, 세계 사회주의 체제의 해체와 세계 자본주의 체제 편입, 세계 사회주의 체제의 해체에 따른 선진자본주의 사회의 제3세계 지배와 개입에 대한 견제주의의 소멸이라는 변화다. 이런 변화는 이 사회들에 새로운 팽창의 대상을 제공해 위기 탈출의 계기를 마련해줌으로써 고전적 자유주의가 민주주의의 요구를 수용할 여지를 준 '탄력성과 팽창성'을 회복할 수 있게 만들 수 있다는 점이다. 그러나 이 점에서도 현실 사회주의 사회 등 새로운 팽창의 대상이 선진 자본주의 사회에 이런 긍정적 효과를 물질화해내는 데는 꽤 시간이 필요할 것이라는 점에서 단기적으로 새로운 변화가 '민주주의에 대항한 자유주의'를 '민주주의를 수반하는 자유주의'로 복귀시킬 수 있을지는 의심스럽다. 또한 중장기적으로 세계체제의 변화가 선진 자본주의 사회의 물적 토대 면에서 새로운 개량의 여지를 마련해줄 수 있다고 해도 이런 상황이 자동으로 민주주의 후퇴 추세의 반전 내지 민주주의의 확대로 이어질 것이라고 이야기할 수는 없고, 설사 민주주의의 확대로 귀결되더라도 그런 변화는 현실 사회주의 사회와 제3세계에서 나타나는 민주주의의 후퇴를 바탕으로 하는 현상이라는 사실을 잊지 말아야 한다. 이 점에서 포스트포드주의류의 사회민주주의적 프로젝트가 베른슈타인류의 '사회제국주의social-imperialism'(다른 지역의 희생 위에 자국의 민주주의를 확대하는)로 전락해서는 안 된다는 경고에 주목할 필요가 있다.[34]

이런 민주주의의 후퇴는 사회적 부문 등에 따라 불균등하게 진행됨으로써 민주주의의 양극화로 나아가게 되리라는 점도 또 다른 특색이다. 신보수주의가 야기해온 '두 개의 국민two nations화'(근면하게 일하는 '선량한 국민'과 실업자, 빈민, 여성, 복지 수혜자, 소수 민족 등 '기생적 국민'이라는)[35]가 가속되면서 소외 계급과 집단들에게 민주주의 후퇴의 영향이 집약적으로 응집될 것이다. 특히 통일 독일에서 가시화되고 있는 소수 민족에 대한 적대 행위와 신나치주의 등 인종주의와 국수주의의 팽창은 이 선진 사회들의 제3세계에 대한 지배와 개입의 강화에 더해 새로운 유럽중심주의, 나아가 '유럽야만주의 Eurobabarianism'로 나아갈 염려가 있다.[36]

마지막으로 기존 제3세계와 동구 등 '신규' 제3세계에 대한 선진 자본주의 사회의 지배의 강화에 따른 '대외적 민주주의'의 후퇴다. 이 사회들의 제3세계 개입을 위한 견제 추의 상실은 니카라과, 파나마, 걸프전 등이 보여주듯이 제3세계에 대한 직접적 개입과 '억압의 수출'을 강화함으로써 제3세계의 민주주의와 자결권을 더욱 침해하게 될 것이다.[37] 이 문제에 관련해 "남을 노예로 삼고서는 누구도 자유로울 수 없다"는 금언을 상기할 필요가 있다.

3) 현실 사회주의 사회와 민주주의

세계 질서의 재편에 관련해 현실 사회주의 사회들이 '아시아 사회주의' 국가들을 제외하면 대부분 '탈사회주의'의 방향으로 나아가고 있다는 점은 이미 지적한 바 있다. 이런 '탈사회주의화'의 일환으로 동구 등 이런 사회들에서는 프롤레타리아 독재와 당 독재의 포기, 다당제의 허용, 자유로운 경선 등 '정치적 민주화'가 급속히 진행되고 있으며, 대부분의 국가에서 '중도 우파' 세력이 집권하는 사태가 발생하고 있다.

현재 '이행기'에 놓인 이 사회들의 정치체제의 성격에 대해서는 '탈공산주의이자 전민주주의적post-communist and pre-democratic' 체제나 '맹아적 다원주의' 체제 등 다양한 평가가 제기된다.[38] 그러나 시장경제가 본격적으로 작동하고 세계 자본주의 체제로 통합되면서 정치체제에서도 여기에 조응해 '자본주의 국가화' 내지 '자유민주주의화'가 일어날 가능성이 높다.

이런 변화를 민주주의라는 문제의식에서 과연 어떻게 평가해야 할지에 대해서는 편차가 큰 의견들이 개진될 수 있다. 페레스트로이카 이전의 현실 사회주의에서 생산관계의 성격이 정확히 무엇이었고 따라서 이 사회들의 사회성격과 국가성격이 무엇이었다고 파악하느냐에 따라[39] 상당히 다른 평가가 생겨나게 된다. 다시 말해 현재 동구 등 다수 현실 사회주의 사회에서 진행되고 있는 변화와 앞으로 예상되는 변화가 형식적 민주주의 내지 민주주의의 형식성이라는 측면에서 전진이라는 데는 별다른 이의가 없을 것이다. 그러나 이 변화가 실질적 민주주의라는 민주주의의 내용성에서도 과연 전진이냐 하는 평가는 바로 페레스트로이카 이전의 사회성격과 국가성격에 대한 인식에 유기적으로 결합돼 있다. 앞에서 지적했듯이 이 사회들이 아무리 관료적으로 왜곡됐다고는 하지만 국가 권력이 본질적으로 다수 생산자 계급에게 속해 있는 사회, 더욱 구체적으로 "생산자 계급의 높은 수준의 정치참여와 체제에 대한 높은 수준의 정치적 지지가 존재하며 …… 실질적 권력이 생산자 계급에게 속해 있는" 사회였다면,[40] 페레스트로이카 이후의 변화는 형식적 민주주의 면에서는 전진일지라도 실질적 민주주의에서는 후퇴로 인식하게 될 것이다. 그러나 이 사회들이 '프롤레타리아트에 대한 독재' 체제였고 다수 생산자 계급이 실질적인 면에서도 국가 권력에서 소외돼 있었다면 페레스트로이카 이후의 변화는 민주주의의 형식과 내용 양면에서 전진으로 인식될 가능성이 크다.

현실 사회주의 사회의 정확한 사회성격과 국가성격에 관한 필자 나름의 확실한 판단이 서지 않는 상황에서 이 문제에 대한 체계적인 해답을 주기는 어렵다. 다만 단편적인 지식에 입각해 지적하자면 현실 사회주의 사회가 성취한 많은 긍정적 업적에도 불구하고 이 사회들에서 생산자 계급이 국가 권력의 주체였다고 이야기하기에는 무리가 많지 않나 싶다. (이를테면 자본주의 사회에서도 허용되는 파업권이 없었다는 점 등). 특히 주목해야 할 점은 페레스트로이카가 진행되면서 이 사회들의 노동자를 비롯한 민중이 자신의 역사를 만들어가는 역사의 주체로 다시 등장했다는 사실이다.[41] 특히 노동자 계급의 경우 "이번에는 몇 개의 소시지로 우리를 매수하지는 못할 것"이라는 파업 노동자 지도부의 발언처럼 단순한 경제주의를 넘어서 '작업장 민주주의' 등 근본적인 개혁을 요구하고 나섰다.[42] 이런 민중의 재주체화는 페레스트로이카 이후의 변화를 민주주의의 실질적 측면에서도 '전진'으로 파악하는 것이 올바르다는 사실을 확인해주지 않나 싶다. 그러나 이런 전진은 일시적 현상일 뿐 자본주의화가 본격적으로 시작되고 세계 시장에 편입되면 민주주의를 확장할 수 있는 계기를 잃은 채 실질적 민주주의가 후퇴하며, 나아가 형식적 민주주의 면에서도 후퇴하지 않을까 하는 염려가 든다. 그 이유는 두 가지다.

우선 앞으로 자본가 계급의 (국내외) 권력이 팽창하고 지배하게 되면서 설사 이 사회들에서 자유민주주의가 가능해지더라도 과거의 정치 소외(프롤레타리아 독재라는 이름하의 '프롤레타리아트에 대한 독재')는 또 다른 형태의 서구형 정치 소외로 귀결될 것이기 때문이다. 뿐만 아니라 현실 사회주의 사회에서 불완전하다고는 하지만 실질적 민주주의 면에서 거둔 상당한 성과들까지 시장의 원리와 함께 사라져버릴 가능성이 높다. 자본주의가 본격적으로 되살아나면 이 사회들의 20퍼센트 정도만이 옛날보다 나아지고 나머지는 오히려 상황이 나빠질 것이라는 한 학자의 주장은 시사적이다.[43] 또한《슈피겔》이 최근에 한 여론조사에 따르면, 동독인 등 85퍼센트가 자신을 이등 시민으로 자조하고 있으며 57퍼센트가 벌써 통일을 후회하고 있다고 한다.

형식적 민주주의 면에서도 새로운 후퇴를 전망하는 둘째 이유는 이 사회들에서 자유민주주의 체제보다는 새로운 권위주의 체제가 성립될 가능성이 높기 때문이다. 급진 개혁파의 경우 '시장=자유, 계획=독재'라는 낡은 공식에 입각해 시장이 민주주의, 즉 자유민주주의를 가져다줄 것이라고 낙관하고 있지만, 이것은 제3세계의 역사에서 아무것도 배우지 못하는 오류다. 제3세계의 경우 종속적 자본 축적에 관련해 권위주의와 독재 체제가 정상적 국가형태가 돼왔고, 이런 상황은 제3세계에 신규 편입될 현실 사회주의 사회에서도 마찬가지일 가능성이 크다. 미 중앙정보국[CIA]도 동구 등의 "새로운 민주주의는 새로운 생산관계 속에서 좌초해버리고 과거에 견줘 훨씬 더 불평등해지고 다수의 경우 생활 수준이 후퇴하는가 하면 과거의 권리들마저도 잃게 될 것"이라고 전망한 것으로 알려지고 있다.[44] 사실 동구의 경우 이미 "자유민주주의적 경향의 점진적 후퇴와 국수주의와 반유대주의 등의 요소가 결합된 조합주의적 국가민중주의corporate national populism"의 대두가 가시화되는 실정이다.[45]

주목할 점은 자유주의의 선두 주자(급진 개혁파)들이 새로운 민주주의가 시장의 도입 등 이 사회들에 필요한 경제 개혁에 장애가 되므로 개혁을 위해 민주주의는 유보돼야 한다는, 제3세계에 낯익은 '개발독재' 논리를 공공연히 펴기 시작한 것이다.[46] 특히 아이러니한 것은 이 사회들을 분석하기 위한 '전체주의' 모델이 서구 학계에서도 그동안 비판을 받아오다가 페레스트로이카와 동구 민중혁명이 일어난 뒤 시민사회의 역동성을 과소평가했다는 이유로 최후의 일격을 받고 사장되고 있는 현실[47]과 대조적으로, 급진 개혁파들의 경우 바로 이 전체주의 모델을 수입해 자국 사회를 전체주의로 규정한 뒤 제3세계의 권위주의나 개발독재가 상대적으로 진보적이고 민주적이므로 자기들이 "추구해야 할 꿈"이라며 자기들만의 논리를 정당화하고 있다는 점이다.

마지막으로 세계 질서의 재편은 이 사회들의 구성원들에게 불균등하게 영향을 끼쳐 상층부의 경우 민주주의의 확대를 가져다주고 하층부에는 민주주의의 축소를 가져다주는 양극화로 귀결될 가능성이 크다. 특히 전체 인구의 절반 이상을 차지하는 여성의 경우 구체제에서 획득한 민주적 권리들이 후퇴해 가장 커다란 피해를 입을 것으로 보인다. 서독 여성의 권리와 동독 여성의 권리를 구체적으로 분석한 한 연구는 이런 분석을 기초로 결국 "통일 비용을 부담하게 될 쪽은 양국의 여성"이라는 결론을 내리고 있다.[48]

한편 반페레스트로이카 노선에 입각해 전통적 입장을 고수하고 있는 소수 현실 사회주의 국가(북한, 중국 등)들에서는 이런 개편이 민주주의의 후퇴로 작용할 수도 있고 확대로 작용할 수도 있다 하겠다. 즉 세계 질서의 개편이 이 사회들의 고립감과 위기의식을 강화함으로써 체제 수호 차원의 민주주의 후퇴(안보 논리에 입각한)로 귀결될 가능성이 있다. 그러나 한편 동구 민중혁명 등 다른 현실 사회주의 사회의 경험은 관료주의 등 사회주의에 내재한 문제를 개선하지 않고서는 체제 유지에 심각한 위협이 생겨날 것이라는 인식을 낳아 민주주의 확대를 통한 자기 정정의 길로 나아갈 가능성도 있다. 극히 인상주의적 수준에서 이야기하자면 단기적으로는 외압에 맞서 체제를 보호하려는 급박함 때문에 민주주의가 후퇴하겠지만, 중장기적으로는 문제를 더욱 근본적으로 해결하기 위해 점진적으로 민주주의를 확대해가지 않을까 싶다.

4) 제3세계와 민주주의

제3세계에서 민주주의(실질적 민주주의는 말할 것도 없고 형식적 민주주의

조차)는 역사적으로 '인연이 멀었고' 오히려 다양한 형태의 독재 체제가 '정상' 국가 형태가 돼왔다는 것은 주지의 사실이다. 식민지 체제가 붕괴하면서 형식적 독립을 획득한 제3세계에서 시장과 자본주의의 도입은 민주주의를 가져다줄 것이라든지, 민주주의에는 일정 수준의 사회경제적 근대화가 기본적 전제 조건으로 필요하므로 서구에서 자본과 기술 등 근대적 생산요소들을 원조 형태 등으로 '확산'받아 사회경제적 근대화를 달성하면 그 부산물로 민주주의는 자연스럽게 확립될 것이라는 낙관론은 1960년대 말과 1970년대 제3세계 전반을 휩쓴 군부독재의 물결에 파산을 선고받은 지 오래다. 특히 제3세계에 민주주의가 정착되지 않은 원인을 전통 사회로 표현되는 시장 내지 근대화의 결여, 즉 자본주의의 결여로 파악한 이 이론들의 진단과 달리 제3세계 내에서도 자본주의의 발전과 사회경제 근대화의 수준이 가장 높은 브라질, 아르헨티나, 한국 등에서 제3세계 역사상 유례없이 더욱 강력하고 더욱 제도화되고 체계적인 새로운 (학자에 따라 관료적 권위주의 체제 내지 종속적 파시즘으로 성격 짓는) 독재 체제가 등장한 사실은 제3세계의 민주주의 문제에 대한 인식론적 전환을 강제하게 됐다. 이런 인식론적 전환은 제3세계의 민주주의는 선진 자본주의와 제3세계 간의 정치경제학적 동학의 차이, 양자 간의 세계 자본주의 체제상의 위상의 차이, 선진국의 발전과 제3세계의 '저발전', 선진국의 민주주의와 제3세계의 독재 간에 내재한 세계체제적 연관을 파악해야 한다는 문제의식을 낳았다.

그러나 1980년대 제3세계 전반을 휩쓴 '민주화'의 물결과 함께 제3세계에서도 '민주주의의 재발견'이 진행되고 있다. 잘 알려져 있듯이 1980년대 이후 아시아와 라틴아메리카의 많은 나라들에서 외채 위기로 가시화된 군부독재의 '기능적 효능성'의 소진(한국 등 아시아 신흥공업국은 여기에서 예외이지만), 사회적 모순의 심화에 따른 민중 부문의 저항의 심화, 지배블록의 분열, 민중 저항과 그 가능성 소진에 대한 대응책으로 미국의 주도 아래 '강제'된 '의식 개량화'로서 '민주화 프로젝트'의 복합적 결과로 군부 정권이 퇴진하고 세칭 '민주화'가 진행되고 있다. 검은 대륙 아프리카도 최근 들어 뒤늦게 이런 민주화에 가담해 1990년대 들어 민주화의 도미노 현상이 중앙아프리카와 서부아프리카에서 일어나고 있다. 1991년 4월 베냉에서 아프리카 사상 처음으로 선거에서 현직 대통령이 패배하는 '선거 혁명'이 일어나는가 하면 가봉, 카메룬 등 최소한 16개국이 다당제 도입 등 민주 개혁을 약속했다. 따라서 이글에서는 이런 민주화 추세를 전제로 민주화에 대해 과학적 평가를 한 뒤 세계 질서의 개편에 관련해 제3세계 민주주의의 장래를 진단하고자 한다.

최근의 민주화는 크게 세 가지로 평가할 수 있다.[49] 첫째, 민주화를 '인정'하는 것으로 제3세계에서 민주주의가 재건됐거나 재건되고 있다고 보는 견해다.[50] 둘째, 정반대로 최근의 민주화는 '거짓' 민주화이며 정치체제의 본질은 전혀 바뀌지 않았다는 '본질 불변론'이다.[51] 셋째, 최근 진행된 어느 정도의 '제한된' 민주화를 인정하면서도 그 한계를 명확히 하는 한편 제3세계의 구조적 특성에 관련해 이런 특성이 해소되지 않는 한 민주주의의 장기 생존 가능성은 회의적이라는 태도를 견지하는 입장이다.[52]

최근 '민주화'를 겪은 제3세계 국가들의 정치체제가 구체제에 견줘 상대적으로 '민주적'인 것은 사실이지만, 이 체제들을 민주주의, 즉 자유민주주의 체제로 성격 규정하는 데는 '군사 정권=독재 체제, 민간 정권=자유민주주의 체제'라는 그릇된 판단 기준이 내재해 있는 것이 아닌가 싶다. 이 나라들 중 어느 나라를 민주주의 체제로 분류할 수 있을지는 구체적 분석이 따라야 하는 문제이지만, 구체 분석에 따르지 않더라도 자유민주주의의 가장 일차적인 판단 기준의 하나인 사상, 언론, 출판, 결사의 자유(기예르모 오도넬 등의 민주화 프로젝트도 '정치적 민주주의'의 기본 척도로 특정 정당이나 이데올로기의 제한 내지 특정 정당이나 이데올로기의 형성 과정에 대한 제약 여부를 들고 있다)[53]라는 면에서 이 기본 요건을 충족시키고 있는 나라가 있는지 의심스럽다. 이를테면 한국의 경우 사상의 자유를 제약하는 국가보안법 등이 그대로 남아 있고, 남미 국가들의 경우 '더러운 전쟁'에 따른 인권 침해에 관한 조사와 처벌조차 군부의 반발로 좌절되고 있는 현실은 형식적 민주주의만을 기준으로 볼 때도 한계가 자명하다 하겠다. 1980년대 제3세계 민주화 사례 중 가장 극적인 형태로 민주화를 이룩했다는 필리핀도 자유민주주의라고 하기에는 이미 반동화 추세를 보여 '엘리트 민주주의'로 추락했을 뿐 아니라 당초 염려한 '마르코스 없는 마르코스 체제'로 전화하는 경향까지 보이고 있다. 특히 이런 민주화들이 대부분 "통제돼 있고, 극히 점진적이고, 파편적이며, 예방적"이라는 점, 나아가 "과거의 정부에서는 단절"일지 몰라도 "과거의 국가 구조에는 지속성"이 특징이라는 점에 주목할 필요가 있다.[54]

결론적으로 이런 민주화라는 것들이 많은 부분은 '자유화'의 수준이며, '민주화'라고 부를 수 있는 경우도 민주주의 체제가 아니라 기껏해야 "제한적 정치적 민주주의" 수준을 벗어나지 못하고 있다.[55]

이런 평가를 기초로 세계 질서의 개편에 관련해 제3세계 민주주의의 장래를 전망하자면 다음과 같다. 우선 논의를 위해 상기해야 하는 것은 자유민주주의는 국가가 최소한 형식적 자유와 형식적 민주주의를 보장하며 형식적 중립성을 띠는 자본주의 국가의 한 민주적 지배 형태로서, 형식적 자유와 민주주의, 중립성을 확보하기 위해서는 자본가 계급의 지적, 이데올로기적, 정치적 헤게모니와 이런 헤게모니를 가능하게 하는 물적 토대가 전제돼야 한다는 사실이다. 다시 말해 자유민주주의는 자본가 계급이 이런 물적 토대와 헤게모니를 기초로 해 노동자 계급 등 민중 부문을 형식적 면에서는 물론 실질적 면에서도 배제하지 않고 체제 내에 포섭하며, '동의'와 '강제력'이라는 두 개의 통치 기제 중 '동의'를 주된 통치 기제로 삼아 자본주의적 질서를 유지하고 재생산할 수 있을 때 가능한 체제다.

따라서 제3세계 민주주의의 장래란 궁극적으로 제3세계의 자본가 계급이 이런 물적 토대와 헤게모니를 확보할 수 있느냐에 달려 있다고 해도 과언이 아니다. 제3세계에서 앞으로 민주주의(자유민주주의)가 발전하고 제도화될 것이냐는 질문에 대한 답은, 과잉 단순화의 염려가 있기는 하지만, 궁극적으로는 제3세계에서 해외 독점자본과 토착 예속자본이 앞으로 현지 국가의 공권력이 공공연하고 직접적으로 개입하지 않아도 자신의 헤게모니만으로 민중 부문을 통제하고 포섭해낼 수 있느냐에 달려 있다 하겠다. 필자가 볼 때 이 질문에 대한 답은 부정적이고, 따라서 제3세계에서 민주주의의 장래는 그리 밝지 못하다고 생각된다.

'종속'이라고 불리는, 세계 자본주의 체제에서 제3세계가 처해 있는 불평등한 관계 내지 위상은 이런 물적 토대와 자본가 계급의 헤게모니를 힘들게 만들어왔다. 또한 자본주의의 불균등 발전 법칙에 따라 예상되는 제3세계의 내부 분화의 심화를 고려할 때, 일반 법칙화해서 이야기하기는 어렵지만 일반적으로 이 사회들의 '탈종속'과 자립화의 전망은 매우 제한돼 있기 때문이다. 특히 앞에서 지적한 대로 세계 질서의 재편에 관련해 예상되는 제3세계에 대한 선진 자본주의의 지배와 개입의 강화를 고려할 때 더욱 그러하다. 이 밖에 주목해야 할 사실은 사회경제적 근대화가 민주주의를 가져다줄 것이라는 통념과 달리 최근의 제3세계 민주화가 대만과 한국 등 아시아 '신흥공업국'을 제외한 나머지 경우(특히 라틴아메리카와 아프리카)는 아이러니하게도 경제 측면에서 '잃어버린 10년lost decade'[56]이라고 불리는 만성적이고 구조적인 경제위기 속에서 배태됐다는 점이다. 만성적 위기와 선진 자본주의의 지배 강화와 종속 '심화'라는 추세 속에서 이 '민주화' 국가들이 얼마나 오랫동안 '사회적 타협'을 유지하고 민주주의의 게임을 할 수 있을지 극히 의심스럽다 하겠다.

다만 긍정적인 요소가 있다면 오랜 독재의 폐해 속에서 민주주의의 중요성에 대해 광범위한 합의가 확립된 사실[57](비록 긍정적 지지가 아니라 다른 것보다는 낫다는 차선적 선택의 '부정적 합의negative consensus'이기는 하지만)[58]이지만, 이 합의가 제로섬적인 극한적 위기 상황에서 얼마나 힘을 발휘할 수 있을지 회의적이다. 이ㅍ밖에 군부가 자신의 기준, 즉 민주주의를 유보하는 대신 경제발전을 가져다준다는 기준에서도 실패했기 때문에 제3세계 민주주의를 낙관적으로 보는 견해가 존재하지만, 이것은 '독재 체제=군사 정권'으로 보는 그릇된 이론화다.

다만 한국 등 경제적 '성공' 속에서 민주화를 배태시켰고 '종속 약화'의 가능성이 존재하는 아시아 '신흥공업국'의 경우 예외일 수 있다. 이 나라들에서 종속 약화를 통해 자유민주주의의 전제 조건인 물적 토대와 자본가 계급의 헤게모니를 확보할 수 있을 것인지는 '종속 강화'나 '약화'가 법칙적 차원의 문제가 아니라 구체적 선택이 매개되는 구체 분석의 문제라는 점에서 예단할 수는 없다. 이것은 궁극적으로 이 나라들이 지속적인 산업 구조조정의 성공을 통해 국제 분업의 위계질서 속에서 지위 상승을 계속할 수 있느냐에 달린 문제다. 최근 들어 3당 통합 이후 가시화되고 있는 권위주의 회귀 경향은 논외로 하더라도, 기술 투자를 회피하고 부동산 투기와 재테크에 집중하는 등 자본은 투기 자본화하는데 토지공개념과 금융실명제로 이런 투기 자본화를 방지해서 생산적 자본으로 강제할 수 있는 국가의 상대적 자율성이 결여된 상황 등은 성공적인 구조조정을 통한 지위 상승 가능성을 어둡게 하고 있다.[59]

이제까지 제3세계 중 절대다수를 차지하는 '자본주의 지향국'을 중심으로 논의를 진행해왔기 때문에 간략하게 '사회주의 지향국'에 대해 언급하고자 한다. 이 사회들의 경우 앞에서 지적한 대로 세계 질서의 재편에 관련해 '탈사회주의 지향국'화와 '자본주의 지향국'화가 불가피하기 때문에 이 사회들의 '혁명적 민주주의'에 대해 이야기하는 것은 더는 의미가 없다고 볼 수 있다. 문제는 이 사회들의 탈사회주의 지향국화가 이 사회들의 민주주의에 어떤 영향을 끼칠 것이냐 하는 점이다. 이 문제에 대한 평가는 이 사회들이 비슷한 발전 수준의 자본주의 지향국에 견줘 민주주의의 형식과 내용이라는 면에서 어떤 성과를 축적했는지에 대한 평가가 전제돼야 하는바, 이것은 그동안 누적된 연구 업적 등에 비추어볼 때 현실 사회주의 사회에 대한 평가 이상으로 어려운 과제라 하지 않을 수 없다. 다만 여기에서 주목하고 넘어가야 할 것은 그중 니카라과의 경험이다. 단정적 결론을 내리기에는 시기상조이기는 하지만 니카라과는 다른 사회주의 지향국이나 사회주의 사회와 달리 '민주적 헤게모니'

와 '혁명적 다원주의'에 따라 소모사 체제에 견줘 민주주의의 내용 면만이 아니라 형식 면에서도 괄목할 만한 발전을 축적해왔고, 민주주의의 내용과 형식의 변증법적 통일이라는 면에서 이론과 실천 양면에서 새로운 가능성을 보여왔다.[60] 그러나 복합적 이유이기는 하지만 이 실험은 궁극적으로 미국의 탈안정화 전략과 소련의 새로운 사고에 따라 선거를 통한 '반혁명'이라는 형태로 좌초해버렸다. (이런 단정적 결론을 내리기에는 시기상조이기는 하지만) 니카라과의 경우 한 연구자의 지적대로 앞으로 자유민주주의는 어느 정도 (그것은 다른 제3세계와 마찬가지로 한계가 있지만) 확대될지 몰라도 그동안 쌓아놓은 '민중민주주의popular democracy'의 후퇴는 불가피하다 하겠다.[61]

4. 결론에 대신하여

이 글에서는 급변하는 세계 질서에 관련해 세계 질서 개편의 정치경제학적 본질과 함의를 분석하는 한편, 이 분석을 기초로 해서 이런 변화가 민주주의에 끼칠 영향을 지역별로 간략하게 진단해봤다.

'역사의 종말'이라는 일부의 낙관론과 달리 민주주의의 전망은 그리 밝지 않은 듯하다. 그나마 희망적인 요소가 있다면 민주주의의 중요성에 대한 인식과 민주주의를 향한 열망이 매우 광범위하게 대중적으로 공유돼 있다는 사실일 것이다. 역사적으로 민주주의는 시장 등의 논리에서 자동으로 도출되거나 하향식으로 주어진 것이 아니라 다수 민중의 투쟁의 산물이었다. 따라서 세계체제의 개편에 관련한 민주주의 전망은 민중의 이런 인식과 열망을 어떻게 동력으로 삼아 1980년대 이후 가속돼온 자본의 공세를 역전시키느냐에 달린 문제일 따름이다. 특히 민주주의의 내용과 형식의 관계에 대한 과학적인 이론화, 이 관계를 채워가는 매개 고리에 대한 발견, 민주주의의 실현 조건과 민주주의를 실천적으로 획득해낼 수 있는 구체적인 전략의 개발 등 "민주주의를 심각하게 문제로 삼는" 민주주의의 근본적인 재이론화와 이 이론의 실천이라는 엄중한 과제가 민주주의를 생각하는 모든 사회과학자들과 민중에게 주어져 있다 하겠다.

6장

'다원민주주의적' 정치 질서와 정당[*]

1. 여는 글

자유민주주의로 불리는 '다원주의', 좀더 정확히 표현하면 '다원민주주의pluralist democracy' 내지 '다두정polyarchy'은 현대 선진 자본주의 사회의 정치 질서를 대표하는 중요한 정치 질서로서, 이것을 이해하지 않고서 현대 정치를 이해하기는 불가능하다. 특히 이 정치 질서는 '대중 정당'이라고 불리는 독특한 역사적인 정치 조직체 간의 경쟁을 기본틀로 하고 있다는 점이 독특한 특징 중 하나다.

주목할 만한 것은 프랜시스 후쿠야마의《역사의 종언》[1]이 웅변적으로 보여주듯이 현존 사회주의의 몰락이 이런 '다원민주주의'를 특권화시키고 있다는 사실이다. 제3세계, 옛 '국가사회주의' 국가 등 북한, 중국, 쿠바 같은 극소수의 잔존 '국가사회주의' 국가들을 제외하면, 이제 지구상의 모든 국가가 비록 현실 정치는 그렇지 못하더라도 '다원민주주의'를 달성해야 할 목표로 삼고 있다. 이런 다원민주주의의 특권화에 따라 다원민주주의의 기본 단위를 구성하는 대중 정당이 계급 정당이나 '전위 정당'을 제치고 특권화되는 것은 충분

---

[*] 손호철,《근대와 탈근대의 정치학》, 문화과학사, 2002에 실린 논문을 수정하고 보완했다.

히 예측할 수 있는 자연스러운 현상이다. 그러나 다원민주주의가 정치 질서 분야에서 누리기 시작한 '확고한 헤게모니'와는 대조적으로 대중 정당, 나아가 정당이라는 정치 조직의 형태 자체는 현대 사회의 변화 속에서 다양한 측면에서 도전받고 있는 것도 부인할 수 없는 현실이다. 이 글의 목적은 이런 문제의식에 기초해 다원민주주의적 정치 질서의 특징을 고찰하고 다원민주주의적 정치 질서 속에서 정당의 역할과 작동을 비판적으로 고찰하는 데 있다.

2. 다원민주의란 무엇인가

다원주의는 현대 사회과학에서 자주 거론되고 있는 중요하고도 일상적인 개념이다. 그러나 사용되는 맥락과 추상화 수준 등에 따라 그 의미가 극히 다양하며, 따라서 이런 맥락과 추상화 수준 등을 정확히 인식하지 않을 때는 많은 혼란을 야기시킬 수 있는 골치 아픈 개념이기도 하다. 이를테면 이 개념은 철학적 방법론에서는 인과 관계를 설명하며 하나의 원인으로 환원시키는 '일원주의monism'에 대칭되는 개념으로 쓰이고,[2] 최근 '포스트주의' 논쟁에서는 '사회적 관계의 담지자'로서 인간이 계급으로 표상화되는 생산관계뿐 아니라 성, 지역, 인종 등 다양한 측면으로 구성된다는 '주체의 다원성'을 지칭하는 개념으로 쓰여서,[3] 정치 질서로서 다원주의하고는 엄청난 거리가 있다.

주제를 '다원주의 일반'이 아닌 '다원민주주의'로 국한하더라도 기본적으로 문제는 마찬가지다. 우선 규범으로서 다원민주주의와 현실 분석 모델 내지 '실증적 이론empiri-cal theory'으로서 다원민주주의라는 다원민주주의의 두 차원을 엄격히 구별해야 한다. 규범으로서 다원민주주의란 현실이 다원민주주의라는 것이 아니라 오히려 현실이 그렇지 않기 때문에 이 목표를 추구해야 한다는 규범적 처방으로, 실현 가능성 여부 등을 논외로 할 경우 기본적으로 '진보성'을 갖는다. 대표적인 예는 파시즘, 스탈린주의의 '일원주의'에 대항해 사회적 다양성을 주장한 해럴드 라스키$^{Harold\ Laski}$ 등을 들 수 있고, 스탈린주의를 극복하기 위해 다당제의 도입 등을 주장한 페레스트로이카의 '사회주의적 다원주의론'도 한 예라 할 수 있다.[4] 현존 사회주의 사회가 다원민주주의적이라는 주장이 아니라, 그렇지 못하기 때문에 이 목표를 추구해야 한다는 처방이다.

규범적 다원민주주의론의 한 변형으로 '지배 전략'으로서 다원민주주의를 주창한 미국의 '건국의 아버지들$^{Founding\ Fathers}$'의 《연방주의 교서$^{The\ Federalist\ Papers}$》를 짚고 넘어갈 필요가 있다. 이런 다원민주주의론은 사회적 다원성을 통한 민주주의의 함양을 목적으로 하는 다른 규범적 다원민주주의론과 달리, 사회 구성원의 절대 다수인 무산자들을 지역, 인종, 종교 등으로 분리하고 '다원화'해 하나의 세력으로 결집하지 못하게 해서 유산 지배 세력의 기득권을 영속화하는 것을 공공연한 목적으로 삼는 지배 세력의 지배 전략적 처방이다.[5]

이런 규범적 다원민주주의론에 대조되는 것이 이 글의 주제가 될 현실 분석 모형으로서의 다원민주주의다. 이 이론은 분석 대상인 현실 정치 질서가 실질적으로 다원민주주의적이라는 주장으로, 현대 자본주의의 정치 질서를 설명하는 가장 중심적인 정치 이론이 바로 이런 다원민주주의론이다. 1960년대 미국의 정치권력 구조를 둘러싼 다원주의-엘리트 이론 논쟁이 잘 보여주듯이 이런 의미의 다원민주주의론은 현대 자본주의 정치 질서가 실질적으로 다원민주주의적이라고 주장함으로써[6] 규범적 다원민주주의론의 '진보성'과는 달리 현존 질서를 정당화하는 '보수적' 기능을 수행한다고 할 수 있다.

현실 분석 모델로서의 다원민주주의도 오해의 여지가 없는 자명한 것은 결코 아니다. 오히려 '다원적'이라는 말이 의미하는 추상화 수준에 따라 두 가지 전혀 다른 것을 가리킨다.[7] 그중 하나는 1960년대에 벌어진 논쟁 때 다원주의('초기 다원주의')이 의미한 것이자 아직도 다원민주주의론이 일상적으로 의미하는 것으로, 정치권력이 소수 자본가 계급 등에 집중돼 있지 않고 다양한 사회 세력에 다원적으로 분산돼 있다는, '강한 의미'의 다원민주주의론, 즉 '정치권력의 다원민주주의론'이다.[8] 반면 다른 한 가지 의미는 '다원적'의 의미가 추상성이 낮은 '약한 의미'의 다원민주주의론으로서, 정치권력이 다원적으로 분산돼 있다는 것이 아니라 다만 다당제 등 정치 조직이 다원적이라는 의미를 지닌 '정치 조직의 다원주의론'이다. 그러나 대부분의 다원민주주의론은 이런 두 수준을 구별하지 않은 채 '현대 자본주의 사회=다당제(정치 조직의 다원주의)=다원민주주의(정치권력의 다원주의)', '사회주의=일당제=정치권력의 독재'라는 논리적 비약에 기초한 그릇된 공식을 도출하고 있다.

그러나 현대 자본주의 사회가 정치 조직의 다원민주주의에 기초하지만 이 사회들에서 정치권력은 정치권력의 다원주의론이 의미하는 식으로 사회 세력에 다원적으로 분산돼 있다고 볼 수 없다는 점에서, 이 글에서는 다원민주주의를 정치 조직의 다원민주주의를 의미하는 용어로 사용한다. 1960년대 논쟁에서 정치권력의 다원민주주의론을 주장한 대표적 다원민주주의자 로버트 달Robert Dahl도 현대 자본주의 사회의 불평등성에 눈을 뜬 뒤 이 입장에서 후퇴해 다원민주주의의 다원주의를 "조직상의 다원주의organizational pluralism, 즉 한 국가의 영역 안에 상대적으로 자율적인 조직들이 복수적으로 존재함을 지칭"[9]하는 것, 즉 '(정치) 조직의 다원주의[10]를 의미하는 것에 국한한다는 점에 주목할 필요가 있다. 지금까지 한 논의를 체계적으로 정리하면 **그림 1**과 같다.

이제까지 다원민주주의가 무엇인지를 '다원주의'를 중심으로 살폈다. 그러나 "조직상의 다원주의를 표명하는 모든 나라가 반드시 민주적이라고 생각하는 것이 잘못"[11]이며 "다원주의 체계들이라고 해서 모두가 민주적이 아니"[12]기 때문에 다원민주주의에 관한 과학적 이해는 민주주의란 무엇이냐는 문제를 동반한다. 이 문제는 많은 논쟁이 필요한데, 민주주의의 정의 자체가 '개념의 헤게모니'를 둘러싼 중요한 정치적 쟁점이다. 여기에서는 현대 자본주의의 현실 정치 질서에 맞게 다원민주주의를 공적 경쟁과 정치 참여 권리의 포괄성, 가치 선호 형성, 표현 기회의 (형식적) 평등, 강제력이 아닌 헤게모니에 의한 지배 등 '절차' 측면에 초점을 맞춰 개념화하려 한다.[13] 따라서 다원민주주의는 "상대적으로 자율적인 정치 조직의 복수성에 기초하여 공적 경쟁, 정치 참여 권

그림 1. 다원민주주의론의 유형

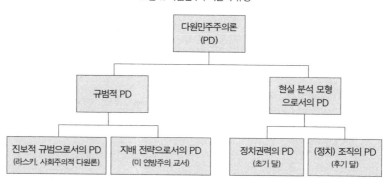

리의 포괄성, 가치 선호 형성 및 표현 기회의 (형식적) 평등을 보장함으로써 강제력이 아닌 헤게모니에 의한 지배를 관철시키는 정치 질서"로 정의될 수 있다.

마지막으로 반드시 짚고 넘어가야 할 문제는 다원민주주의와 자본주의의 관계다. 여러 학자들이 지적했듯이 분명 역사적으로 모든 자본주의 사회가 다원민주주의는 아니라 하더라도 역사적으로 현존한 다원민주주의 사회는 모두 자본주의 사회라는 점은 부인할 수 없다.[14] 그러나 정치 조직, 나아가 조직 일반의 다원민주주의가 전통적으로 자본주의와 사회주의를 구별해온 소유 형태에 관계가 있지 않고 의사 결정의 중앙집권성/분권성 여부에 크게 좌우된다는 점에서, 다원민주주의란 자본주의에 고유한 것이 아니며 '다원민주주의적 사회주의'가 불가능하지 않다는 점을 명심할 필요가 있다.[15]

3. 다원민주주의적 정치 질서와 정당 — 자본주의의 사례를 중심으로

1) 다원민주주의적 정치 질서와 정당

앞 절의 결론에서는 다원민주주의적 정치 질서가 자본주의에 고유한 것은 아나라는 점을 지적했다. 여기에서는 다원민주주의에서 정당의 기능과 역할을 일반 이론 수준보다는 자본주의 사회의 사례를 중심으로 논의하려 한다.

흔히들 정당의 기능을 '이익 집약interest aggregation'이라고 이야기한다.[16] 다양한 사회 세력들의 모순된 이익들을 집약해 국가가 정책에 반영하도록 매개하는 이익 집약, 다시 말해 '시민'들 내지 '시민사회'와 국가 간의 연계linkage 기능[17]이 정당의 주된 기능이라는 것이다. 그러나 어떤 사회든 사회 속의 다양한 이해관계를 집약하는 이런 이익 집약 메커니즘이 존재했다면 왜 하필 현대 자본주의 사회에서는 그 메커니즘이 정당, 특히 대중 정당의 형태를 띠며 정치 질서 역시 이런 정당 간의 경쟁을 주축으로 한 다원민주주의적 형태를 띠게 되느냐는 의문에 부딪친다. 물론 이런 현상은 여러 학자들이 이미 지적한 대로 의회 제도와 선거 제도의 등장, 나아가 참정권의 확대라는 근대적 정치 제도의 출현에 밀접히 관련된다.[18] 그러나 이 문제를 더 근본적으로 파헤치기 위해서는 하나의 독특한 역사적 '생산양식'으로서 자본주의에 대한 이해가 필요하다.

하나의 생산양식으로서 자본주의가 갖는 고유한 특성은 '소유 관계'와 '점유possession 관계'의 일치성homology이다.[19] 반면 노예제 사회, 봉건제 사회 등 전 자본주의적 생산양식은 소유 관계와 점유 관계가 불일치한다. 이 사회들에서 소유 관계 측면에서는 생산수단이 노예주나 영주 같은 법적 소유주에 속해 있지만 점유 관계 측면에서 볼 때는 생산자와 생산수단이 분리되지 않고 결합돼 있어 생산자 자신이 생산수단과 노동과정에 대한 통제권을 갖게 마련이다. 따라서 최종 생산물은 일차적으로 직접 생산자의 손에 들어 있고, 그 결과 생산과정과 경제적 과정에 의해 자연스럽게 잉여의 수취가 일어나지 않아 잉여를 수취하는 데 경제외적 강제가 필요하다. 이런 특징이 가져오는 결과는 '정치'와 '경제'의 비분리 내지 '혼합'이다. 그러나 자본주의의 경우 생산자들이 생산수단에서 분리됨에 따라 소유권뿐 아니라 생산수단과 노동과정에 대한 통제권, 즉 점유권도 자본가 계급에 귀속된다. 이처럼 소유 관계와 점유 관계가 일치함에 따라 잉여가치를 포함한 최종 생산물은 생산수단의 소유자인 자본가 계급에 귀속되며, 그 결과 전자본주의 사회들과 달리 잉여 수취가 자연스럽게 경제적 과정, 즉 생산과정에서 일어나 잉여 수취에 경제외적 강제가 직접적으로 필요하지 않게 된다. 이런 자본주의의 고유한 특징은 자본주의 사회의 또 다른 특징인 '정치와 경제의 상대적 분리'를 가능하게 한다.[20]

'정치와 경제의 상대적 분리'는 자본주의의 대표적인 정치 체제인 다원적 민주주의를 이해하기 위한 가장 근본적인 인식의 출발점이다. 이런 분리 덕에 정치 영역의 민주주의, 즉 '정치적 민주주의'의 달성은 경제 영역에서 일어나는 잉여의 수취라는 현상에 직접적 위협을 가하지 않게 되며, 자본주의 사회가 기본적으로 '계급 사회'인데도 전자본주의 사회와 달리 정치적 민주주의를 허용할 수 있게 된다.[21] 다시 말해 이렇게 정치와 경제가 분리된 결과 정치 영역의 (형식적인) 평등과 민주주의는 공장 문 앞에 오면 멈추게 돼 있다. 프리드리히 엥겔스의 다음 같은 주장은 바로 이런 현상을 지칭한 것이다.

역사적으로 존재한 대부분의 국가들에 있어 시민들의 권리는 자신의 부에 비례함으로써 직접적으로 국가가 무산 계급에 대해 유산자를 보호하기 위한 유산자 계급의 기구라는 점을 보여주고 있다. ⋯⋯ 그러나 이런 재산의 차별을 정치적으로 인정하는 것은 결코 본질적이 아니다. 반대로 그런 인정은 국가 발전의 저단계라는 점을 보여주는 것이다. 국가의 최고 형태, 즉 (자본주의 국가의) 민주공화제는 ⋯⋯ 공식적으로 재산의 차별을 인정하지 않는다. 여기에서는 부는 그 권력을 간접적으로, 그러나 그만큼 더욱더 확실하게 행사한다.[22]

이런 분리를 가능하게 한 정치적 민주주의는 다른 정당론자들이 주목한 의회 제도, 선거 제도, 참정권 확대의 밑거름이 돼 다원민주주의적 정치 체제와 다원정당제를 현대 자본주의 사회의 특징으로 자리잡게 한 근본적 뿌리다.[23]

이것과 밀접히 관련된 자본주의의 독특한 특징은 정치와 경제의 분리에 따라서, 특히 정치적 영역과 법적 영역에서 계급의 구성원이 아니라 동등한 권리와 의무를 갖는 '시민'이나 '개인'으로 사회가 구성된다는 점이다. 따라서 자본주의 국가는 계급 국가인데도 불구하고 외형적으로는 계급 국가가 아니라 '국민·민중적' 국가의 형태를 띠게 되며, 법도 과거 같은 '신분법'이 아니라 '보편법'의 형태를 취하게 된다.[24] 이런 변화는 개별화된 '시민들' 내지 '개인들'의 의지를 총합해 '민의'라는 이름하에 '집단 의지'로 만들어 국가 정책에 반영함으로써 궁극적으로 '국민·민중적' 의지로 만들 수 있는 제도적 장치들과 기제들을 필요로 한다. 그것이 바로 정당이다.

정당은 "이미 인지되기 시작했고 어느 정도는 행동으로써 자신을 표현하기 시작한 집단 의지collective will가 구체적 형태를 취하도록" 하는 '현대의 군주modern prince'라는 그람시의 지적은 이런 맥락이다.[25] 다시 말해 정당이란 편협한 '경제적·조합주의적' 이해관계를 넘어선 "국민·민중적 집단의지national-popular collective will 형성"의 "조직소이자 동시에 이것의 능동적, 활동적 표현"[26]이다.

한편 이런 정당의 역할을 자본주의의 재생산이라는 관점에서 살펴보는 것이 필요하다. 자본주의 사회에서 생산은 '생산'이라면 으레 연상하는 단순한 물질적 생산만이 아니라 '생산의 사회적 조건의 생산'까지 포함한다.[27] 이 점에서 '체제의 재생산'이라는 문제가 부각된다. 그러나 정치와 경제의 분리, 정치적 민주주의 등은 이런 재생산의 '선험적인 보증'을 불가능하게 한다. 이런 상황은 여러가지 함의를 갖는다. 우선 자본주의의 '정상적인' 재생산에 필수적인 자본가 계급의 헤게모니는 선험적으로 주어지는 것은 아니다. 물론 헤게모니는 일부에서 이해하듯 단순한 도덕적·이데올로기적·정치적인 '상부구조적'인 현상만은 아니며 경제적인 것이기도 하다.[28] 따라서 자본주의 사회에서 자본가 계급의 헤게모니의 뿌리는 생산수단의 독점에 따라 투자 결정을 사실상 독점하는 경제적 측면에 기인한다. 자본이 투자를 기피하면 경제 활동이 위축되고 사회 전체의 소비 수준도 떨어질 수밖에 없는 탓에 자본의 이해관계는 사회 전체의 이해관계로 표상되며, 이런 현실은 자본이 지닌 헤게모니의 궁극적 뿌리가 된다.[29] 그러나 이런 경제적 헤게모니가 자동으로 이데올로기적·정치적 헤게모니로 전환되는 것은 아니라고 할 때, 이것의 '조직화'는 중대한 과제다. 결국 이런 조직화란 그 원리로서의 '헤게모니프로젝트hegemony project'[30]를 의미한다. 즉 헤게모니란 선험적 내지 구조적으로 주어지는 것이 아니라 헤게모니프로젝트의 산물이자 효과다.[31] 뿐만 아니라 자본이 하나의 단일한 실체가 아니라 다양한 자본분파와 개별 자본들로 구성돼 있다는 점을 고려할 때 다양한 '대안적 헤게모니프로젝트들'의 존재를 시사한다. 이런 대안적 프로젝트의 형성과 이 프로젝트들 사이의 경쟁을 통해 궁극적으로 실행에 옮겨질 헤게모니프로젝트의 형성에 핵심적인 요소가 바로 정당이다. 풀란차스의 다음 같은 분석은 문제의 핵심을 예리하게 파헤치고 있다.

> 행정부는 그 본성상 정당처럼 헤게모니를 조직해낼 수 없다. 진정한 정당 체제의 유기적 기능은 권력블록 내의 힘의 역관계를 대규모 부작용이 없이 조직해낼 수 있도록 해준다. 따라서 블록 내의 다양한 분파들 간의 갈등이 규제될 수 있다. 힘의 관계의 변화가 정부 정책에 유연하게 물 흐르듯이 표상될 수 있도록 해준다. 블록의 일반적 정치 이익을 응집시키는 장기 정책을 수립할 수 있도록 해준다. 한마디로 다양한 분파들의 자율적인 대의화representation를 통해 헤게모니가 조직될 수 있도록 해준다.[32]

풀란차스의 이런 분석은 권력블록 내의 다양한 분파 안에서 진행되는 헤게모니의 조직화를 주로 다루고 있지만, 이것은 피지배계급 대중에 대한 헤게모니의 조직화에 대해서도 동일하게 적용될 수 있다. 이 점에서 국가를 하나의 '전략의 장strategic site'으로 본 풀란차스의 '전략(관계적) 국가론'[33]을 원용하면 정당 역시 하나의 '전략적 장'이라 할 수 있다. 결국 다른 정책적 프로그램을 가진 정당 간의 경쟁은 이런 거시적 맥락 속에서 이해돼야 한다.

위의 분석을 부연 설명하면 이런 헤게모니의 조직화, 나아가 궁극적으로는 그것을 통한 체제의 재생산을 위해서는 국가가 지배 계급과 피지배 계급 등 다양한 사회 세력 간의 힘의 역관계를 정확히 인지해 피지배 대중과 다양한 사회 세력들에게 필요한 만큼의 양보를 하고 이 각 세력들의 '경제적·조합주의적' 이익을 충족시켜줘야 한다. 그러나 문제는 자본주의 사회에서 이 사회 세력들은 기본적으로 '개인' 내지 '시민'들로 원자화돼 있다는 점이다. 이런 사실에 관련해, 사회 속에 분자화돼 있고 조직화돼 있지 않아서 '계량 예측'이 불가능한 사회 세력 간의 역관계를 조직화해 어느 정도 '계량 예측'이 가능하도록 만들어주는 중요한 기제가 정당이기도 하다. 한마디로 '시민사회'의 사회적 역관계가 '객관적'으로 국가 속에 반영될 수 있게 해주는 것이 정당의 중요한 역할이다.[34] 이 문제에 관련해 주목해야 할 점은 풀란차스가 지적한 국가장치와 비교할 때 정당이 갖는 유연성과 탄력성이다. 이를테면 객관적인 사회적 역관계보다 '우경적'인 정권 때문에 국가성격이 우경화돼 있을 경우 국가정책과 객관적 역관계 사이의 긴장이 생겨나고 궁극적으로 헤게모니의 조직화와 체제 재생산에 문제가 발생하게 마련이며, 이런 상황은 더 '좌파적인' 강령을 내건 정당이 집권해서 객관적인 사회적 역관계가 반영되는 방향으로 자기 정정을 가져와 체제 재생산의 위기를 해소하게 하는 효과를 창출하게 된다. 조금 '극좌적'이기는 하지만, 자본주의 사회에서 정당과 선거 제도가 대중의 정치 상태의 바로미터로서 부르주아를 위한 '조기 경보 장치'의 기능을 할 뿐이라는 주장은 정당의 기능 중 이런 측면을 지칭한 것이다.[35]

자본주의 사회에서 정당은 자본주의 체제 재생산의 중요한 기제이자 헤게모니와 전략 형성의 장인 동시에, 사회적 역관계가 반영되는 계급투쟁의 장이기도 하다. 극단적으로 표현하면 계급투쟁 없이 정당은 없다.[36] 이 점을 자본주의의 고유한 특징인 노동의 상품화에 관련해 생각해보는 것도 중요하다. 자본주의 사회에서 노동력은 다른 상품들과 마찬가지로 상품화된다. 그러나 노동력이라는 상품은 다른 상품들처럼 생산되지 않는다는 독특한 특징을 갖고 있다. 노동력 상품의 재생산을 위한 조건은 자본주의적 상품이 생산되는 과정의 외부에 자리잡고 있다. 대신 노동력을 최저 가격에 구매하려 하는 자본가들에 대항해서 노동자들은 자신의 노동력을 재생산할 수 있는 조건을 유지하기 위해 투쟁한다. 역설적이게도 노동자들의 "그러한 투쟁이 없이는 그 재생산을 보장할 수는 없다."[37] 동일한 논리로, 정당은 계급투쟁의 장이자 계급투쟁을 통해 재생산의 기제로 작동한다.

계급투쟁과 정당의 관계에서 주목해야 할 사실은 정당이 '시민사회'의 사회적 역관계의 '전동 벨트transmission belt'만은 아니라는 점이다. 오히려 정당은 계급투쟁을 '특정한 방식으로 조직화'하거나 '구조화'한다. 다원민주주의적 정치 질서 속에서 여러 정당 사이에 일어나는 경쟁에 관련해서 민주주의는 '불확실성의 제도화'라는 주장이 최근 들어 주목받고 있다.[38] 이 주장처럼 민주주의라는 '게임'의 결과가 어느 정도는 구조화돼 있지만('자본주의 질서 그 자체에 위협이 되지 않게 한다는 한에서'라는 '구조적 한계 안'의 의미에서), 미리 확정되지 않고 참가자들의 전략 등에 따라 어느 정도는 열려진 불확실한 것이며, 이런 불확실성이 사람들을 게임에 참여시켜 게임 결과를 자신에게 유리하게 만들도록 이끈다는 의미에서 모든 사람을 민주주의 게임에 참여하게 하는 기반을 제공한다는 점은 사실이다. 그러나 이런 측면이 부각되면서 다원민주주의라는 게임이 계급투쟁을 '특정한 방식으로 조직화'한다는 사실은 은폐된다. 다원민주주의는 정해진 특정한 경기 규칙을 수용하고 이 규칙을 준수하는 투쟁의 조직화만을 허용함으로써 계급투쟁을 '특정한 방식으로 조직화'하는 것이다. 이 과정에서 중요한 기능을 담당하는 것이 바로 정당이다. 정당은 특정한 계급 내지 계급들과 사회 세력들의 이해를 증진하기 위해 이 세력들을 조직화한 뒤 다원민주주의의 주어진 경기 규칙 안에 들어가 다른 정당들을 상대로 경쟁을 벌이는 도중에 '불확실성의 게임' 속에서 지지 세력의 이해를 실현하도록 도와주지만, 동시에 이런 투쟁을 일정한 '게임의 규칙'에 묶어 놓음으로써 특정한 방식, 즉 '제도 정치권의 정당 정치'의 방향으로 구조화한다. 이런 사실은 나중에 지적할 현대 정당의 '대중 통합 기구화'에 밀접히 관련되며, 세칭 현대 정당이 직면한 위기의 한 근원이 되기도 한다(아래 참조).

이런 문제는 다원민주주의적 정치 질서에서 왜 하필 그 주된 정치적 행위자가 '대중 정당'인가 하는 문제로 우리를 자연스럽게 넘어가게 한다. 물론 자본주의 사회에서 정당이 항상 대중 정당 형태를 띠어온 것은 아니다. 오히려 초기에는 '간부 정당^cadre party' 형태가 주종이었고,[39] 지금도 '계급 정당'에 대립되는 의미의 대중정당화의 정도는 나라에 따라 차이가 있다. 그러나 최소한 다원민주주의적 정치 질서의 최소 조건이라 할 수 있는 보통선거권이 보편화된 뒤의 자본주의 사회에서 대표적인 정당 형태는 대중 정당이며, 스웨덴 등 계급 정치가 상대적으로 활성화된 나라에서도 '순수한' 의미의 계급 정당은 존재하지 않으며 기껏해야 '대중적 계급 정당' 내지 '계급적 대중 정당'이 주된 정당 형태다. 그렇다면 문제는 자본주의의 다원민주주의적 정치 질서하에서는 왜 하필 정당이 대중 정당 형태를 띠느냐다. 자본의 입장에서는 쉽게 설명할 수 있다. 두 가지 이유에서 이런 현상은 자명하다.

첫째, 수적 열세를 고려할 때 자본가 계급을 기초로 한 계급 정당 형태는 수의 게임에서 도저히 승리가 불가능하기 때문이다. 둘째, 자본주의 체제를 순조롭게 유지하는 가장 중요한 비결의 하나는 사회의 조직 원리가 계급이 아닌 듯 보이게 하는 것이라는 점을 고려할 때, 자본가 계급이 정치적 조직 원리로서 계급 구성원이 아닌 개인 내지 시민으로 구성되는 대중 정당을 선호할 것은 자명하다. 그러나 문제는 왜 피지배 계급도 대중 정당의 형태를 취하느냐다. 이 문제를 이해하는 데 이른바 '선거사회주의의 딜레마'[40]가 유용하다.

사실 서구 정당사를 보면 초기 노동자 계급 운동은 노동자 계급의 계급 정당이라는 형태를 띠고 있었고, '대중'이라는 것, 나아가 '대중 정당'이라는 것에 대해 적대적인 태도를 취했다. 1863년 파리 선거에 나선 최초의 노동자 후보가 그랬고 사회민주주의의 고전인 1875년 고타 강령, 초기 스웨덴 사회민주당 강령이 그랬다.[41] 그러나 이런 시도는 노동자 계급 정당은 유권자의 3분의 1 이상을 득표할 수 없다는 세칭 '3분의 1의 벽'에 부딪혔다. '선거'라는 게임에 들어간 노동자 계급 정당은 근본적인 딜레마에 빠지게 된 것이다. '계급 정당'의 위상을 지키면서 만년 소수당으로 남을 것인가, '선거 게임'에서 승리하기 위해 '계급 정당'을 버리고 '대중 정당화'할 것인가의 딜레마다. 결국 노동자 계급 정당들은 후자의 길을 택했고, 선거에서 승리해 집권하기도 했다. 그 결과 노동자 계급 등 피지배 세력의 이익을 관철시키는 정책이 제도화되고 그만큼 이 정당들의 영향력도 커졌다. 그러나 동시에 노동자 계급 등의 계급 투쟁을 앞에서 지적한 대로 '특정한 방식으로 제도화'하는 결과를 가져왔고, 또한 유권자들을 계급의 구성원이 아니라 '개인' 내지 '시민'으로 호명하고 동원함으로써 '정치의 탈계급화'와 '주체의 탈계급화'를 가져왔다. 결국 노동자 계급 정당의 대중정당화와 여기에 기초한 승리의 과정은 "동시에 계급으로서의 노동자 계급의 해체 과정",[42] 다시 말해 '자기 파괴 과정'에 다름 아니었다.

대중 정당이라는 형태는 또 다른 이유, 즉 자본주의의 존재 양식에도 관련이 있다. 자본주의 사회가 기본적으로 계급 사회이고 사회적 관계에서 생산관계가 '중심적'이지만,[43] 이런 사실에도 불구하고 '순수한 계급 관계'란 존재하지 않는다. 다시 말해 순수한 '계급'은 존재하지 않는다. 오히려 계급 관계는 현실 속에서 불가피하게 성적 분할, 지역적 분할 등 다양한 비계급적 사회 관계와의 중첩 결정된 관계 속에서 표상될 수밖에 없다.[44] 뿐만 아니라 노동자 계급 역시 이런 비계급적 사회관계의 중첩 결정 이외에도 노동과정의 구체성에 의해 분할될 수밖에 없다. 그 결과가 흔히 '대중'이라는 존재 양태다.[45] 이것이 정당이 대중 정당의 형태를 띠게 되는 또 다른 이유다. 따라서 현대 자본주의 사회 연구에서 정당 문제를 계급 문제로 환원시키려는 '본질주의'와, 그 반대로 정당의 존재 양식이 '비계급적'이라 해서 정당을 계급 문제에 무관한 것으로 치부하는 '현상주의'라는 양 편향을 경계해야 한다.

이런 논의들은 물론 극히 추상적이고 원칙적이다. 따라서 자본주의 사회의 다원민주주의적 정치 질서와 정당의 좀더 구체적인 동학과 특징, 이 둘 사이의 좀더 구체적인 관계를 이해하기 위해서는 살을 붙이고 구체화시키는 작업이 필요하다. 다원민주주의적 정치 질서도 시기와 나라에 따라 다양한 하위 유형이 존재하고, 이런 정치 질서하의 정당과 '정당 체제party system'[46] 역시 시기와 나라에 따라 차이가 있기 때문이다. 정당 체제는 구체적인 '정치 현장political scene'에 관련된 추상성이 낮은 수준의 레짐유형regime type과 연관을 갖는 구체 분석의 문제다.[47] 그리고 이런 구체 분석의 문제는 이 글의 주제를 벗어난다. 다만 한두 가지만 덧붙이자면, 이런 연구는 계급 구조와 계급 동맹, 사회적 역관계의 구체적인 국가별 차이와 시기별 차이에 따라 나타나는 정당 제도의 차이, 그리고 정당 제도, 정당 체제의 차이가 가져오는 재생산 기능과 계급투쟁 기능의 차이에 주목할 필요가 있다. 또한 다원주의적 정치 질서와 특정한 정당 체제가 구체적으로 계급 정치의 구조화/탈구조화, 조직화/탈조직화에 미치는 차별적 기능들에 대한 관심도 촉구된다. 이를테면 양당제는 경쟁하는 양당 간의 이념적 수렴을 불러와 대중정당화를 가속시키고 정치의 탈계급화를 유도하는 경향이 있는 반면, 다당제는 계급 정당의 정체성을 상대적으로 유지시켜주고 정치의 계급화를 지탱하거나 강화하는 경향이 있다.[48]

2) '정당의 위기'?

1970년대 이후 서구에서 중요한 정치 현상의 하나는 '정당의 위기'나 '정당 정치의 위기'다. 물론 최근 가장 극적인 정당의 위기는 '당=프롤레타리아 전위', '당=진리'라는 당 물신화에 바탕해 프롤레타리아 독재라는 이름으로 행해진 현존 사회주의 사회들, 이 글의 주제인 다원민주주의적 정치 질서와 거리가 먼 사회들에서 벌어진 당 독재의 몰락이 상징하는 '전위당의 위기'다.[49] 그러나 이 사실이 다원민주주의적인 서구 자본주의 사회에서 정당, 그 주된 형태인 대중 정당은 문제가 없고 위기에 처하지 않았다는 것을 뜻하지는 않는다.

우선 현대 서구 사회에서 정당의 위기는 가장 현상적인 차원에서는 유권자들의 정치적 무관심이 증대한 결과인 선거참가율 감소, 나아가 정당 소속 당원의 감소 등 가시적 측면에서 인식되고 분석돼왔다. 특히 미국에서 시작된 이런 현상[50]은 이후 정당 정치, 특히 계급적 정당 정치의 전통이 강한 서구 사회에도 확산돼 풀란차스가 '미국화의 위험'[51]이라고 경고한 현상을 야기해왔다. 이를테면 한 연구에 따르면 최근 들어 19개 서구 국가의 192개 주요 정당 중 23퍼센트가 사라지고 22퍼센트가 통합과 분당 등 대대적인 구조 변화를 겪었다.[52] 뿐만 아니라 이런 위기는 양당제부터 다당제나 일당우위제 등 정당 체제 전반에 걸쳐 광범위하게 일어나고 있었다.[53]

왜 이런 현상이 일어나는가? 첫째, 이런 현상은 위에서 지적했듯이 이런 사회의 정당들이 실용주의적 대중 정당으로 바뀐 변화에 밀접히 관련된다. 실용주의 대중정당화에 따라 정당 간의 뚜렷한 이념적 차이가 실종되면서 정당의 중요성은 물론 정당에 대한 관심을 축소시키는 결과를 가져왔다. 둘째, 대중 매체의 발달이다. '대중매체의 정치', 특히 '텔레비전 정치'가 발달하면서 과거 정당이 누리던, 정치인과 유권자를 잇는 매개 기능을 독점하던 지위가 무너지고 말았다. 대중매체를 통해 정치인과 유권자의 '직거래'가 가능해지고, 이런 직거래의 비중이 커지면서 정당의 중요성은 쇠퇴할 수밖에 없게 됐다. 셋째, 산업 구조 등의 변화다. 산업 구조 등이 변화하면서 유권자의 계급, 계층적 구성이 바뀌고 이해관계가 달라졌는데도 기존 정당들은 전통적인 정강과 정체성에 머물러 있어서 둘 사이의 괴리가 생겨나 정당의 위기로 나타나고 있다는 주장이다. 한마디로 정당이 고유 기능인 '시민사회'와 국가 사이의 '연계' 기능을 제대로 수행하는 데 실패한 '정당 실패party failure'가 원인이라는 말이다.[54] 이런 분석들이 정당의 위기에 관련해 중요한 시사점을 주는 것은 사실이다. 그러나 정당의 위기를 이해하려면 좀더 근본적인 문제들을 인식할 필요가 있다.

정당의 위기는 현대 자본주의의 특징인 경제와 사회에 대한 국가 개입의 증대, 여기에 관련된 정당의 '대중 통합 기구화' 내지 '의사擬似 국가장치화'에 연관된다고 할 수 있다. 물론 알튀세르처럼 "정당이 특수한 이데올로기적 국가 장치, 즉 지배 계급의 정치적 이데올로기를 실현시키는 정치적인 이데올로기적 국가장치political ISA의 한 구성 부분에 불과"[55]하다고 보면 이것은 현대 자본주의의 새로운 현상은 아니며, 경우는 다르지만 그람시 역시 일찍이 "현대 사회에서 정당은 …… 국가(기계적으로 이해되는 정부가 아니라 통합 국가integral state) 속으로 통합돼 발전할 것"[56]이라고 전망했다. 어쨌든 정당 위기론자들이 주목하는 것은 정당이 과거처럼 사회 세력의 이익을 국가 속에 연계시키고 전달하는 '시민사회의 전동 벨트'이기를 멈추고 오히려 최근 들어 "국가 권력의 전동 벨트로 기능해왔다"[57]는 점이다. 특히 이런 분석들에서 주목할 만한 점은 이런 변화가 현대 자본주의의 발전에 밀접한 관련이 있다는 사실이다.

이 문제를 가장 깊이 있게 분석하고 있는 조절이론[58]의 경우 사회의 '포드주의적 재구조화'에 관련시켜 다음같이 설명한다.

증가하는 사회의 자본화, 그에 따른 사회 분열, 전통적인 노동자 공동체의 파괴, 노동자 계급 내의 분화와 분열, '신중산 계급'의 발생, 그리고 강요된 동원 때문에 정당은 정치적 계급 이해를 위한 조직들에서 관료적인 대중 통합 기구로 변화되었다. 노동자 정당이나 부르주아 정당과 같은 전통적 정당과 달리 이들 새로운 정당들은 사회관계로부터 명백하게 분리되는 것으로 특징지어지며 …… 구성원들의 활동이 감소하고 …… 관료정치화가 증대하는 것으로 특징지어진다. …… 그런데 이는 역으로 구성원들로부터 더욱 소외당하는 원인이 된다. …… 정당 체계상의 이 같은 변화는 세계 시장에서 경쟁이 증가함으로 인해 사회경제적인 개혁 과정이 행정적 수단에 의해 수행되어야 한다는 사실에 근거하고 있다. 대부분의 선진 자본주의 국가들에서 국가 정치의 목표는 국민경제를 위하여 세계 시장의 경쟁에서 이익을 획득하는 것이다. …… 그래서 근대 '대중 통합 정당'들의 기능 변화는 확실해진 것 같다. 그것들은 정책 결정 기구들과 다양하면서도 대립적인 이익집단들을 중재하고 접합시키는 등 전통적인 의미로는 기능하지 않는다. 오히려 그것들은 국가 관료들과 그들의 조치에 의해 영향을 받는 국민들 사이를 조절하는 대행자로서 작동한다. 세계 시장에의 의존 상태를 안정화시키기 위해 대중 통합 정당들은 사람들의 요구와 관심을 여과하고 그 통로로 기능함으로써 명백한 제약 요인들과 그것 때문에 영향받는 사람들을 중재하여 그들이 체제적 조건에 적응할 수 있도록 만든다. …… 그들은 점점 더 사회 조직 속으로 침투해 들어가는 행정적 조절 기구의 구성 부분이다(실제로 정당은 사회의 국가화의 주요 형태이다).[59]

최근 정당의 위기는 현대 자본주의의 변화 속에서 집권 정당이나 부르주아 정당뿐 아니라 사회민주주의 정당이나 유로코뮤니즘 정당 등 '좌파 정당'도 "사실상 프롤레타리아 대중을 부르주아 국가 속에 통합시키는, 달리 말하면 부르주아 계급 지배에 대항하는 대중 투쟁을 촉발시키고 전면적으로 발전시키기보다 그러한 투쟁을 순치시키고 투표 행위로 축소시키는 사실상의 부르주아 계급 지배의 이데올로기적 국가장치로 전환된 것"에 관련돼 있다.[60]

풀란차스는 이런 맥락을 공유하면서도 정당의 위기를 분석할 수 있는 또 다른 요인을 부각시킨다. 독점자본주의가 심화되면서 재생산 과정에 대한 국가 개입이 증대하고, 나아가 1970년대 이후 가시화된 현대 자본주의의 위기가 '권위주의적 국가주의authoritarian statism'라고 부른 국가성격의 변화를 가져오는데, 이런 변화들이 정당의 위기로 이어진다는 것이다. 독점자본주의의 발달과 국가 개입의 증대는 '국가-관료-행정부'와 '정당 체제' 간의 관계 변화를 야기한다는 주장이다. "행정부가 권력블록과의 관계 속에서 국가를 조직화하고 지시해 나가는 역할을 독점하게 되고" 입법부와 정당은 역할이 축소될 뿐 아니라 엄청난 변화를 겪게 된다.[61] "행정부는 국민적 대의national representation 과정에서 멀어지"고 지배 대중 정당은 국가에 통합된 '국가 정당state party'이 된다.

마지막으로 이런 자본의 재생산 과정의 사회 영역 전반에 대한 흡수 통합(단순한 생산 현장인 공장을 넘어서 사회 전체를 공장으로 만들어 '사회적 공장social factory'[62]화하는)과 국가 개입의 증대는 과거 '정치화'되지 않던 사회 영역들을 '정치화'해 환경운동, 공동체운동, 여권운동, 반핵운동 등 새로운 대중 투쟁의 정치화를 야기했다. 흔히 '신사회운동'이라고 불리는 이런 새로운 '비제도 정치권적' 대중 투쟁의 폭발[63]에도 불구하고 대의제적 관료 정치 제도권 속에서 관료화되고 국가장치화된 정당들은 이런 투쟁을 흡수하지 못함으로

써 정당의 위기를 자초했다.[64]

　현대 자본주의 사회에서 현상화된 이런 정당의 위기라는 문제를 넘어서 일반 이론 수준에서 정당이라는 '당 형태party form' 자체에 대해서도 근본적인 의문이 제기되고 있다. 68혁명, 그리고 1970년대 서구 자본주의 사회에서 일어난 대중운동의 고양에도 불구하고 공산당 등 전통적인 당 형태가 이 움직임을 활성화시키기는커녕 오히려 운동의 질곡으로 작동한 상황에 대한 자기반성[65]에서 시작된 이런 문제 제기는 현존 사회주의 사회의 당 독재를 포함해 당 형태에 내재한 근본적인 억압성과 한계 등 당 형태 자체에 대한 문제 제기로 발전했다. 당은 국가와 마찬가지로 조직인 한, 아무리 혁명적인 당도 나름의 억압적 국가장치와 이데올로기적 국가장치를 가지며 "당 자체 내에서, 당 지도자와 당 활동가 간의 차이 속에서 부르주아 국가의 구조가 재생산"된다는 것, 당은 "부르주아적인 정치 기구의 모델에 따라 구성된 것"이라는 주장이다.[66] 나아가 새로운 대안적 좌파 이론으로 주목받는 자율주의autonomia 운동과 '분자혁명'론[67]은 당 형태에 대한 비판적 문제의식을 더욱 발본적으로 발전시켜 《공산당 선언》 이후 변혁운동을 지배해온 중앙집권적 전위당 모델 중심의, 즉 당 형태 중심의 운동은 68혁명 이후 죽었으며, 이제 정당이 아니라 다양한 주변적 소수자들을 중심으로 한 자율적인 '분자적' 운동, 이 운동들 사이의 '접속'과 증식을 통해 새로운 사회상을 구성해 나가야 한다고 주장하고 있다.

　이런 위기론에 대한 평가는 양면적일 수밖에 없다. 우선 정당의 위기는 부정할 수 없는 심각한 현실이라는 점에서 이 현실을 정확히 인식하고, 그동안 다원민주주의적 질서, 나아가 현대 정치 속에서 이익 집약과 저항과 변혁의 지휘 본부이자 대안적 권력의 중심으로서 정당에 부여하던 특권적 지위를 벗겨낼 필요가 있다. 특히 변혁운동에 관련된 전위당, 나아가 당 형태 자체에 대한 비판은 소련과 동구의 경험, 서구 좌파 정당들이 드러낸 문제점 등을 고려할 때 타당하기 짝이 없는 주장으로서, 발본적인 재검토가 필요하다. 결국 변혁 정당의 체제 내화, 변혁 정당도 조직인 이상 그 속에 내재된 관료주의화와 억압성의 위험, 권력은 장악하는 것이 아니라 그 관계(권력관계)를 변혁시키는 것[68]인데도 모든 정당 중심의 변혁 모형 속에 내재해 있던 변혁 정당을 통한 '권력 장악' 모델의 문제점 등을 고려할 때, 과연 당 중심의 변혁이 아직도 유효한 변혁 모형일 수 있는가 하는 근본적인 회의가 생긴다.

그러나 동시에 의문이 적지 않은 것도 사실이다. 우선 자본주의 재생산이라는 측면에서 볼 때 이런 위기에도 불구하고 자본주의의 다원민주주의적 질서를 유지하는 데에서 정당을 대신할 만한 대안적 이익 집약 체계 내지 '연계 체계'가 아직 부재하다는 점에서 정당의 위기를 '정당의 몰락'으로 비약시키는 것은 시기상조인 듯하다. 사실 바로 이런 사실 때문에 서구에서 정당의 위기를 둘러싼 논쟁이 벌어질 당시 당 형태 자체의 위기론에 대해 일부 학자들은 현재 "정당제의 전반적 위기"가 본격화된 사실은 맞지만 그런 흐름을 당 형태 자체의 위기로 보는 시각은 논리의 비약이라는 반론을 제기했다.[69] 다시 말해 현대 정치에서 정당은 위기에 처해 있지만, 정당을 대신할 만한 이익 집약 체계가 생겨나지 않는 한 정당은 그 위기에도 불구하고 상당한 기간 동안 중심적인 이익 집약 기제로 작동할 것으로 보인다.

변혁운동이라는 측면에서도 마찬가지다. 운동의 중심 지도부로서 당 형태에 대한 비판은 백번 옳지만, 과연 조직화되지 않은 사회운동의 '각개 약진'과 '유목전', 그리고 소수자운동의 접속과 증식에 기초한 '분자혁명론'이 대안일 수 있는지는 의문이다. 한국에서 이런 분자혁명론에 대한 가장 열렬한 이론적 지지자라 할 수 있는 한 학자의 경우도 "자본과 국가가 지배적인 위치에 있는 한, 그리고 자본주의적 시장 논리가 지배하고 있는 현실에서 이런 흐름이 당장 대중들의 많은 생활 영역에 영향을 끼치지는 않을 것"[70]이라며 한계를 인정한다. 특히 인류를 1920년대의 야만의 시대로 되돌리고 있는 신자유주의적 세계화의 공세를 생각할 때, 이런 한계에도 불구하고 장기적 관점에서 "앞서가는 시계가 되자!"[71]는 논리로 자위하는 정도로는 뭔가 부족한 듯하다.

결국 문제는 변혁운동이 "조직화하되 제도화institutionalization되지 않는 것"일 것이다. 따라서 저항 운동의 조직화에 초점을 둔 당 형태가 조직화의 장점을 가지면서도 제도화되지 않을 수 있는 독특한 형식을 개발하는 일은 불가능한지, 또한 제도화의 위험에서 상대적으로 자유로운 분자혁명과 소수자운동이 강력한 국가와 자본에 대항할 만한 강한 연대의 틀로 조직화하는 일은 불가능한지가 고민의 지점이다.

4. 맺는 글

이 글은 다원민주주의적 정치 질서의 의미라는 문제, 그리고 현존하는 대표적인 다원민주주의적 정치 질서인 선진 자본주의 사회의 자본주의적 다원민주주의에서 정당이라는 문제를, 왜 정당인가, 특히 왜 대중 정당인가 하는 문제와 정당의 기능이라는 측면에 초점을 맞춰 정당의 구조적 특성과 관련해 분석했다. 따라서 극히 추상적이고 원칙적인 수준의 논의에 국한된 만큼 더 구체적인 수준의 역사적 연구를 보완해야 하는 한계를 안고 있다. 또한 이 글은 현대 정치에서 이익 집약과 국가-시민사회 연계 기능의 특권적 주체로 자리잡아온 정당의 위기 문제를 자본주의 사회의 구조적 변화에 관련해 살펴봤다.

현대 사회는 사회주의권의 몰락에 대응한 자본주의적 전일화와 세계무역기구[WTO] 체제로 표현되는 자본의 무한 지구화 등 엄청난 변화를 겪고 있다. 또한 이런 변화가 자본주의 사회가 출현한 뒤 지배적인 정치적 공동체의 기본 단위가 돼온 '국민국가' 형태에 어떤 영향을 끼칠지가 중요한 쟁점이 되고 있다. 이런 점을 감안할 때 국민국가라는 정치적 형태에 뿌리를 둬온 정당 역시 새로운 도전에 직면한 것이 틀림없다. 따라서 이 글이 다룬 다원민주주의적 정치 질서와 정당이라는 주제도 이런 맥락 속에서 새로운 '초국적 다원민주주의적 정치 질서'와 '초국적 정당'이 출현할지, 아니면 전혀 새로운 정치 질서와 새로운 이익 집약 형태가 출현할지 등 새로운 전망이 필요한 시점이다.

신자유주의 선거와 사회정책[*]

클린턴 대통령 선거에서 한 표 부탁합니다.

한 유권자 왜 당신을 찍어야 합니까?

클린턴 지난 4년 동안 제가 수백만 개의 새로운 일자리를 만들어낸 것을 잘 아시지 않습니까?

유권자 아. 그 수백만 개 중에서 세 개는 내가 차지한 겁니다.

— 1996년 미국 대통령 선거 유세 때 한 도시에서[1]

1. 여는 글

1996년 미국 선거는 현대 미국 정치에서 중요한 선거다. 1992년 선거, 그리고 1994년 중간선거에 이어 치러진 선거이기 때문이다. 더 구체적으로 1992년 대통령 선거에서 무명의 아칸소 주지사 빌 클린턴 민주당 후보가 승리해 1980

---

* 손호철, 〈신자유주의 시대의 선거와 사회정책 — 1996년 미국 연방 선거를 중심으로〉, 《한국과 국제정치》 18권 1호, 2002, 1~29쪽에 실린 논문을 수정하고 보완했다.

년 '레이건 혁명'을 시발로 백악관을 장악해온 공화당의 전성기를 끝내는가 싶더니, 2년 뒤인 1994년 중간선거에서는 민주당이 참패하고 공화당이 상하원을 모두 장악하는 엄청난 사태가 발생한 바 있다. 따라서 1996년 선거는 엇갈린 경향을 보여주는 이런 이전의 두 선거의 연장선상에서 미국 정치의 흐름이 어떤 방향으로 나아갈지를 보여주는 중요한 선거라고 할 수 있다. 다시 말해 1992년 대선에서 클린턴의 승리가 보여주듯이 미국 국민들이 '신자유주의'라고 불리는 보수화의 흐름[2]에 일정한 저항을 하고 있는 것인가, 아니면 1994년 중간선거에서 민주당의 참패가 보여주듯이 신자유주의적 보수화는 미국 정치의 대세인가 하는 것을 보여주는 중요한 선거다.

이 글은 이런 1996년 선거의 역사적 의미에 관련해 이 선거가 갖는 여러 가지 분야의 정책적 함의 중 미국의 노동 정책과 사회 정책에 미친 영향에 초점을 맞춰 집중적으로 분석해보는 데 목적이 있다. 즉 신자유주의라는 보수화 흐름 속에서 선거는 신자유주의가 주된 공격 대상으로 삼아온 사회 정책에 어떤 영향을 미치는지를 분석해보려 한다.

이런 문제의식에서 이 글은 먼저 한편으로는 그동안의 미국의 노동 정책과 사회 정책의 흐름을 개관하는 한편 다른 한편으로는 1996년 선거의 의미를 역사적 맥락 속에서 분석하려 한다. 이어 1996년 선거가 노동 정책과 사회 정책에 갖는 의미를 분석하는 문제는 1996년 선거 전략으로 민주당과 공화당이 실행한 노동 정책과 사회 정책, 양당의 노동 정책과 사회 정책 관련 공약과 선거 캠페인, 노동 정책과 사회 정책에 연관된 사회단체들의 선거 관련 활동, 이 정책 공약들이 선거 결과에 끼친 영향, 선거 결과가 노동 정책과 사회 정책에 갖는 함의를 차례대로 분석하고자 한다.

2. 역사적 맥락

1) 1996년의 역사적 의미

위에서 지적한 대로 1996년 선거는 1992년 선거, 특히 1992년 대통령 선거와 1994년의 중간선거라는 1990년대 미국 정치의 역사적 흐름 속에서 이해돼야 한다. 1970년대까지 미국 정치는 1930년대 대공황 속에서 그전까지 미국 정치를 지배해온 '(18)96년 체제'가 해체되고 국제주의적인 다국적 기업과 자본 집약적이고 국제 경쟁력이 있는 첨단산업을 중심으로 노동조합을 하위 파트너로 편입해 형성된 민주당의 '뉴딜 연합'에 지배돼왔다.[3] 그러나 1970년대 들어 2차 대전 이후 지속된 세계 자본주의의 장기 호황이 끝난 뒤 구조적 불황이 찾아오고, 더군다나 세계 자본주의 체제 안에서 미국의 경제적 헤게모니와 국제 경쟁력이 약화되면서 뉴딜 체제에 대한 남부의 반뉴딜 자본의 공격이 강화되며 뉴딜 연합 내의 많은 자본들이 탈규제와 감세 등 작은 정부를 요구하면서 뉴딜 연합을 떠나 공화당의 '신자유주의'를 지지하고 나서자, 공화당이 득세하고 미국 정당 체제가 전반적으로 우경화했다.[4] '레이건 혁명'으로 상징되는 이런 우경화에 따라 공화당은 이후 12년간 백악관을 장악했다.

그러나 '레이건 혁명'이 미국 경제를 되살리는 데 실패하고 공화당의 감세 정책이 연방정부의 적자만 누적시켜 오히려 경제위기를 심화시키자, 그리고 레이건 혁명에 놀란 민주당이 민주당 리더십 자문회의DLC-Democratic Leadership Council의 '신민주당 노선'[5]에 따라 우경화해 사실상 신자유주의적 노선을 수용하자, 공화당 정책에 불만을 가진 적지 않은 자본들이 1992년 대선에서 다시 민주당 지지로 돌아섰다.[6] 한 주요 최고 경영자의 말대로 "민주당이 기업 쪽으로 다가가고 기업 공동체도 민주당 쪽으로 다가갔다."[7] 게다가 경제에 불만을 가진 유권자들의 지지가 더해져 1992년 대선에서 변화를 내세운 민주당은 백악관을 다시 탈환했고, 성급한 학자[8]는 '공화당 시대의 종말'을 선언하기도 했다.

그러나 신민주당주의자로서 선거 과정에서 "우리가 알고 있는 식의 복지welfare as we know it는 끝장내겠다"고 공약하는 등 이미 상당히 보수적이던 클린턴 대통령은 당선 뒤 취임도 하기 전에 경제팀을 선정하는 과정에서 더 보수화하기 시작해, 국민들의 기대를 저버리고 선거 과정에서 약속한 경제 회복을 위한 대대적인 경제 재투자 계획보다도 재정 적자 축소를 우선시하기 시작했다. 이어 클린턴 팀의 아마추어적 행동 양식에 따른 스캔들이 연이어 터져 나오고 제1의 정책 사업으로 힐러리 클린턴이 직접 나서 야심적으로 마련한 의료 개혁안이 군소 의료 이익단체들의 반대에 부딪쳐 허무하게 좌절되면서 클린턴 대통령의 인기는 급락하기 시작했다.[9] 이렇게 클린턴 정부가 약속한 문제 해결에 실패한 사이에 공화당이 뉴트 깅리치Newt Gingrich 연방 하원의장의 주도 아래 균형예산법, 복지 개혁 등 10개항을 중심으로 한 '미국과의 계약Contracts with America'이라는 참신한 아이디어로 재공세에 나서자 "유권자들은 1994년 선거에서 민주당을 해고해버렸다."[10] 1994년 중간선거에서 공화당은 40년 만에 처음으로 연방 하원을 장악했고, 연방 상원을 재장악하는가 하면, 전체 인구의 70퍼센트에 상응하는 30개 주의 주지사를 차지하는 놀라운 승리를 기록했다. 이른바 '깅리치 혁명'이 시작된 것이다.[11]

1996년 선거는 클린턴 대통령으로 상징되는 민주당의 재활과 깅리치 혁명으로 대표되는 공화당의 반격이라는 모순된 흐름 속에서 이해돼야 하며, 앞으로 민주당의 부활이 계속될지 아니면 극단적 형태를 띤 공화당의 신자유주의 공세가 재개될지를 가름하는 중요한 분기점이었다고 할 수 있다.

2) 미국의 노동 정책과 사회 정책

미국의 노동 정책과 사회 정책을 살펴보기에 앞서서 한 가지 짚고 넘어갈 문제는 노동 정책과 사회 정책의 관계다. 우리는 노동 정책과 사회 정책을 구분하고 있지만, 사실 이 둘 사이에는 유기적 관계가 있어 동전의 앞뒤 관계라고 할 수 있다. 다시 말해 사회 정책은 그것 자체가 노동 정책이라고 할 수 있다. 사회보장 제도가 제도화된 2차 대전 이후에는 과거와 달리 실업이 크게 늘어난 경기 침체기에도 임금은 떨어지지 않았다[12]는 사실이 이 점을 잘 보여준다. 사회보장 제도가 "경제적 불안정을 심화시키는 전통적 방법을 통해 임금을 삭감하는 자본의 능력을 약화"[13]시킨 것이다. 그리고 1980년대 이후 진행되는 뉴딜 사회 정책의 신자유주의적 해체는 재정적 이유도 있지만, 좀더 근본적으로는 사회보장 제도의 축소를 통해 그동안 관련 제도 때문에 잃어버린 "노동에 대한 규율을 복원하려는 자본의 공세"라는 점에서 신자유주의적 노동 정책의 또 다른 표현에 다름 아니라는 사실을 인식해야 한다.

미국의 사회 정책은 기본적으로 1930년대의 뉴딜 정책과 1960년대의 '위대한 사회'the Great Society' 프로젝트에 따라 만들어진 것으로, 유럽에 견줘 불안정하고 파편적인 것은 잘 알려진 사실이다.[14] 이를테면 의료보험의 경우 전국적으로 단일한 보편적 의료보험을 갖추고 있는 유럽과 달리 미국은 노인을 위한 메디케어Medicare, 빈민층을 위한 메디케이드Medicaid 등으로 파편화돼 있다. 소득 지원 프로그램도 마찬가지여서 대표적인 프로그램인 아동부양가정 보조금AFDC·Aids to Families with Dependent Children의 경우도 매우 부적절하고 그 지원액이 매우 낮다. 그러나 이렇게 유럽에 견줘 취약하기 짝이 없는 사회복지 프로그램도 1980년대 들어 레이건 혁명의 공격을 받게 됐다. 주목할 것은 1980년대 이후 미국은 세계 자본주의 체제의 구조적 위기, 그리고 이 위기에 지구화와 포드주의적 노사 협약의 파괴로 맞선 자본의 대응 때문에 그 어느 때보다도 사회가 양극화되고 경제적 불안정이 극대화됐다는 사실이다. 미국 사회 자체가 미국의 선거 제도를 닮아가 '승자 독식 사회'winner-take-all society'로 변했고, 경제는 언제 해고될지 모르는 비정규직 노동이 지배하는 '임시변통식 경제'contingent economy'로 전락했다.[15] 따라서 1980년대 이후의 공화당 시절은 아이러니하고 비극적이게도 이런 경제적 불안정에 따라 "복지국가의 확장과 개혁(개악이 아니고 — 인용자) 필요성이 그 어느 때보다도 커졌는데도 불구하고, 정반대로 복지국가에 대한 공격이 그 어느 때보다도 강력하고 체계적으로 조직화돼 있으며 강력하게 정치권에 반영"[16]돼온, 말 그대로 '비열한 시절mean season'이었다.

레이건 이후 공화당 정부는 크게 보아 세 가지 방식을 통해 사회복지 프로그램을 해체하려 시도했다.[17] 첫째, 복지 수혜액을 축소하고 수혜 자격을 강화해 예산을 축소하는 직접적인 공격, 둘째, 레이건의 '신연방주의New Federalism'에 따라 푸드 스탬프Food stamp와 AFDC 같은 프로그램을 주 정부에 떠넘기는 방식, 셋째, 기존의 복지를 복지 수혜에 근로 의무를 연계시키는 '근로복지workfare'로 전환하는 방식이다. 그러나 민주당과 여러 사회 세력들의 반대 때문에 사회보장social security이나 메디케어 등 '보편적' 복지 프로그램의 경우에는 본격적으로 해체하지는 못했다.

문제는 보편성이 약한 '사회적 최약자'를 위한 프로그램들이다. 공화당 정부는 일반인에게 별로 알려지지 않은 다양한 법 개정을 통해 사회보장 프로그램의 약한 고리들, 즉 상대적으로 저항이 약하거나 저항을 고립시킬 수 있는 빈민 지원 프로그램 등 사회적 최약자 대상 프로그램들을 집중적으로 축소했다.[18] 실업수당 신청 요건을 대폭 강화해 대상자 세 명 중 한 명만 수당을 받게 됐고, 복지와 푸드 스탬프를 통한 식료품 지원은 지원액의 실제 가치가 20년 전에 견줘 27퍼센트가 떨어졌을 뿐 아니라[19] 신청 조건을 대폭 강화해 수혜자 수도 크게 줄었다. 그 결과 연방의회 예산처Congressional Budget Office의 조사에 따르면 식료품 지원 수혜 자격을 갖춘 저소득층 중 2분의 1에서 3분의 1만이 실제 지원 물품을 수령하고 있는 것으로 나타났다. 또 한 연구소의 조사에 따르면 빈민층을 위한 의료보험 지원 프로그램인 메디케이드의 경우도 수혜 대상자의 3분의 1이 혜택을 받지 못하고 있는 것으로 나타났다. 이런 추세는 클린턴 정부 들어서도 계속돼 클린턴 정부 4년 동안 복지 수혜자가 9퍼센트 줄었다.[20]

노동 정책 역시 사회 정책하고 크게 다르지 않다. 사회 정책처럼 1930년대에 기본틀이 만들어진 미국의 노동 정책은 기본적으로 유럽 같은 '사회적 코포라티즘^{societal corporatism}'과 거리가 멀고 시장 논리를 기본틀로 하는 취약한 형태였는데, 이런 노동 정책마저 레이건 혁명 이후 자본의 신자유주의적 공세에 밀려 후퇴했다.[21] 미국은 1930년대에 역사적인 '와그너 법^{Wagner Act}'을 통해 노동조합을 합법화하고 최저임금제를 도입했다. 그러나 유럽과 달리 정부가 직접적인 고용 보호를 하지 않고 공장 폐쇄나 정리해고에서 노동자들을 보호하는 데 소극적이었다. 다만 국가는 케인스주의적 완전고용 정책에 따라 노동자들을 간접적으로 보호했고 자본가들 역시 생산성 향상과 임금 인상을 연계시킨 (이것을 통해 대량생산과 대량소비를 연계시킨) 포드주의적 단체협약에 따라 노동자들을 체제 내에 통합해왔다. 또한 노사 관계 분야의 법원 격인 전국노사관계위원회^{NLRB}를 설립해 극단적인 부당 노동 행위에 제재를 가하는 형식을 띠어왔다. 그러나 1980년대 이후 이런 노사 관계는 급속히 바뀌기 시작했다.[22] 우선 자본은 1970년대의 경제위기와 함께 그동안의 포드주의적 노사 관계를 포기하고 유연 축적 방식에 따라 다운사이징과 정리해고를 일상화했다. 정부 역시 이런 고용 불안에 케인스적 정책에 맞춰 적극 대응하는 것이 아니라 케인스주의를 포기하고 신자유주의적 입장을 취했다. 또한 NLRB 등 노사 관계에 관련된 핵심 요직에 반노조적 인물을 임명하는 방식을 통해 급증하는 부당 노동 행위를 외면 내지 묵인했다. 나아가 레이건 대통령 재임 기간에 벌어진 항공 관제사 노조 파업에 대량 해고로 대응한 사실이 보여주듯이 대량 해고 등을 통한 노조 파괴 작업을 서슴지 않았다.

3. 1996년 선거, 그리고 노동 정책과 사회 정책

1996년 선거가 노동 정책과 사회 정책에 끼친 영향을 살펴보기에 앞서 짚고 넘어가야 할 것은 두 가지다. 우선 1996년 선거의 정치적 지형을 규정한 선거 국면 직전의 정치 국면이다.[23] 1994년 중간선거에서 승리해 1952년 이후 처음으로 상하 양원을 모두 장악한 공화당은 깅리치 하원의장을 중심으로 '깅리치 혁명'에 나섰다. 특히 민주당 대통령과 공화당 의회가 정면으로 충돌한 사안은 1995년도 예산안이다. 공화당은 향후 7년 동안 균형 예산을 유지해야 한다며 메디케이드와 메디케어 같은 의료 프로그램, 교육과 환경 관련 예산을 대폭 삭감하려 했고, 클린턴 대통령은 균형 예산은 받아들이겠지만 나머지 부분인 사회 예산 삭감은 사안별 거부권$^{item\ veto}$을 행사해서라도 저지하겠다는 입장을 피력했다. 이런 대립은 결국 예산안을 제시간 안에 통과시키지 못해서 정부를 폐쇄해야 하는 극단적 상황으로 치달았다.

오클라호마 테러 사건을 통해 기대하지 않게 다시 정치적 목소리를 갖게 된 클린턴 대통령은 공화당이 벌인 치킨 게임에 항복하지 않은 채 버티기로 대응했고, 사태는 결국 정부 폐쇄로 이어진 것이다. 이런 사태 전개에 공화당은 1980년대에 비슷한 상황에서 정부 폐쇄 사태가 발생하자 국민들이 의회가 아니라 레이건 대통령을 비판한 전례를 상기하며 클린턴이 타격을 받으리라고 예상했지만, 여론의 반응은 정반대였다. 여론은 공화당 비판이 압도적이었고, 반대급부로 클린턴의 인기는 급등하기 시작했다. 분점 정부 내부의 충돌에서 "카리스마를 가지고 있고 무한히 유연한 대통령과 보수적이고 유연성이 없는 의회"[24] 중 여론은 클린턴의 손을 들어줬다. 한국전쟁이 이승만을 구해줬듯이 "아이러니하게도 궁극적으로 클린턴을 구해준 것은 공화당의 104차 의회였다."[25]

둘째, 클린턴 시기의 노동 정책과 사회 정책이다. 1996년 선거 국면이 찾아오기 전까지 클린턴 대통령의 재임 기간은 크게 보아 세 가지 의제에 지배됐다.[26] 우선 클린턴 대통령이 주도한 의료 개혁인데, 이 의제는 위에서 지적한 대로 실패하고 말았다. 신자유주의적 입장에서 기존의 복지를 근로복지로 바꾸는 것이기는 하지만, 이 개혁 실패의 여파로 공화당의 무자비한 '복지 개혁(복지 개악)'안보다는 온건한 클린턴 대통령의 복지 개혁(복지 개악)안도 흐지부지 패배하고 말았다. 특히 이것은 1992년 대선에서 클린턴 대통령이 약속한 복지 개혁 공약과 관련해 1996년 선거에서 중요한 함의를 갖게 된다. 둘째 의제는 세금 인상이다. 클린턴 대통령은 1992년 선거에서 약속한 중산층 감세에는 실패하지만 재정 적자를 해소하기 위해 공화당의 격렬한 반대에도 불구하고 주로 최상층 1.5퍼센트를 대상으로 하는 세금 인상에 성공했다. 셋째 의제는 최고 부유층 세금 인상 같은 진보적 정책하고는 정반대로, 의회 내 뉴딜 노선을 지지하는 의원들과 민주당의 전통적 지지 기반인 노동조합, 나아가 절대다수 유권자들의 반대에도 불구하고, 북미자유무역협정NAFTA을 지지해 현실화시켰다.[27] 특히 클린턴 대통령은 NAFTA 지지를 통해 다가오는 1996년 대통령 선거에서 미국 정치를 지배하는 '정치 투자가'들인 주요 기업들의 정치자금 지원을 얻어내는 데 성공할 수 있었다.[28]

1) 선거 전략으로서 노동 정책과 사회 정책

1996년 선거가 미국의 노동 정책과 사회 정책에 끼친 영향 중 가장 먼저 살펴봐야 할 것은 민주당과 공화당 양당이 1996년 선거 국면에서 다가올 선거를 의식해 추진한 노동 정책과 사회 정책, 즉 1996년 선거를 대비한 선거 전략으로 입법한 노동 정책과 사회 정책이다. 크게 보아 두 가지인데, 하나는 오랜만의 최저임금 인상이고 또 다른 하나는 클린턴 대통령의 가장 중요한 정책적 결정(부정적 의미의 가장 중요한 '업적')으로 기억될 '복지 개혁'이다.

우선 먼저 성사된 것은 최저임금 인상이다. 위에서 지적한 바 있듯이 유권자들은 민주당이 1992년 선거에서 변화를 약속했는데도 약속한 변화를 가져오는 데 실패하자 1994년 선거를 통해 민주당을 해고해버렸다. 그러자 의회를 장악한 공화당은 유권자의 민심을 엉뚱하게 해석해 부유층의 세금을 인하해주면서 유권자들의 중요한 관심사인 메디케이드와 교육 예산까지 삭감했고, 클린턴 대통령이 이런 조치에 반대하자 정부 폐쇄 사태를 야기시킴으로써,[29] 즉 "일반 유권자들의 문제를 해결하기는커녕 오히려 악화시킴으로써"

인기가 급락했다. 게다가 그동안 관료주의적이고 무기력하기 짝이 없는 협조주의 노선을 유지해온 미국노동총연맹-산업별조합회의^AFL-CIO가 서비스노조 출신의 존 스위니^John Sweeny 위원장 체제를 출범시키면서 전투적인 '사회운동적 노동운동'을 표방하며 공세에 나서는 한편 1996년 선거를 겨냥한 대대적인 공화당 낙선 운동(아래 참조)에 돌입했다.[30] 이런 분위기에 힘입어 민주당은 1996년 3월에 최저임금을 4.25달러에서 5.15달러로 90센트 인상하는 최저임금 인상안을 발의했다. 그러나 민주당은 당초 이 안이 가결되리라고 기대하지 않았는데, 다만 선거를 겨냥해 민주당은 일반 노동자들을 대표하는 반면 공화당은 이 인상안을 반대하고 있다는 것을 보여주려는 의도였다.[31]

공화당은 최저임금 인상은 중소기업에 타격을 줘 오히려 10만~50만 명의 실업자를 만들어낼 것이라고 반박했고, 일부 의원들은 최저임금을 인상은 고사하고 인하해야 한다는 극단적인 견해를 표명하기도 했다. 또한 중소기업들 역시 격렬한 반대 의사를 표명했다. 그러나 여론이 공화당에 적대적인데다가 AFL-CIO가 광고 캠페인 공세를 벌이는 상황에서 최저임금 인상안까지 반대할 경우 다가오는 선거에서 패배할지도 모른다고 염려해, 깅리치 하원의장을 비롯한 상당수의 공화당 의원들이 최저임금 인상안에 찬성표를 던졌다. 이렇게 해서 "오랜만의 노동의 승리"라 할 수 있는 최저임금 인상안이 1996년 7월에 가결됐다.[32] 호전적이고 강경 보수 색채를 띤 공화당 주도 의회라는 정치적 상황을 고려할 때 "충격적인 정치적 쿠데타"[33]라고 할 수 있는 이런 조치를 "가능하게 한 동력은 (리처드 트룸카 AFL-CIO 부위원장의 주장처럼 ─ 인용자) 노동조합의 광고 캠페인"[34] 등 선거라는 변수와 이 변수를 이용한 노동운동의 압박이었다. 그러나 다른 요인들도 기여했다.

우선 공화당이 일부 기업, 특히 중소기업의 반대에도 불구하고 최저임금 인상안을 지지할 수 있게 된 이유는 1970년대 이후 공화당의 주요 정치 투자가인 기업의 구성이 변했기 때문이다. 과거 공화당의 핵심 투자가들이 주로 노동 집약적 산업에 집중돼 있던 반면, 1970년대 이후 뉴딜 연합의 해체에 관련

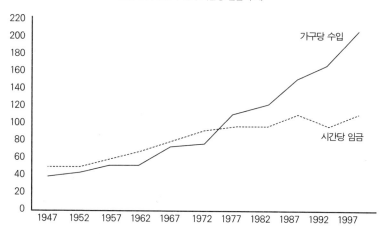

그림 1. 가구당 수입과 시간당 임금 추세

해 생산비 중 임금의 비중이 낮은 자본 집약적인 다국적 기업 등 이른바 '신
우파' 자본이 공화당으로 옮겨와 핵심 투자가로 자리잡음으로써[35] 임금 인
상에 대한 이 정치 투자가들의 저항이 상대적으로 약해졌기 때문이다. 또한
1996년 들어 경제가 빠르게 회복되기 시작한데다가 그동안 다운사이징 등
을 진행한 덕에 기업이 28년만의 최고 수익률을 기록함으로써, 1970년대 이
후 경제적 위기에 관련해 자본과 노동 간에 형성된 제로섬적 상황이 일시적으
로 그리고 상대적으로 완화됐기 때문이다. 마지막으로 이런 최저임금 인상은
결코 노동자들의 생활 향상을 의미하는 것이 아니라 그동안 악화돼 있던 생
활 수준의 극히 일부만을 회복시켜주는 조치일 뿐이라는 사실을 기억할 필요
가 있다(**그림 1** 참조).[36] 사실 1970~1990년 동안 최저임금의 실제 가치, 즉 실
제 구매력은 23퍼센트 떨어졌다.[37] 그리고 이번 인상안이 최저임금을 시간당
4.25달러에서 5.15달러로 21퍼센트 인상했다고는 하지만, 이번 조치가 6년
만의 첫 인상이라는 사실에 관련해서 보면 지난 6년간의 소비자물가 상승률
20.4퍼센트를[38] 고려할 때 지난 6년간 하락한 구매력을 1990년 수준으로 회
복시켜준 것에 불과하다.

다음은 이른바 '복지 개혁', 즉 복지 개악이다. 1996년 7월 최저임금 인상이 보여주듯이 '좌' 쪽으로 불던 워싱턴의 바람은 8월 들어 '우' 쪽으로 불기 시작해 복지 프로그램을 대폭 삭감하는 복지 개혁안이 입법화된 것이다. 여기에서도 결정적인 구실을 한 것은 다가오는 1996년 선거였다.

위에서 지적한 대로 클린턴 대통령은 1992년 선거에서 복지 개혁을 약속한 적이 있고 1994년 자신의 복지 개혁안을 제시하기도 했지만, 이 안은 의료 개혁안의 실패와 함께 패배하고 말았다. 그 뒤 1994년 중간선거에서 승리한 공화당은 깅리치 하원의장의 주도로 복지 프로그램을 거의 해체시키는 강력한 복지 개혁안을 제시해 민주당을 압박했다. 그러자 클린턴 대통령은 1996년 연두교서를 통해 "큰 정부의 시대는 끝났다. 그러나 우리는 우리 시민들을 자력으로 살아가도록 버려두던 시대로 되돌아갈 수는 없다"는 양면적인 입장을 피력했고,[39] 두 차례나 거부권을 행사해 공화당 안을 저지했다.

그러나 선거가 가까워지면서 클린턴의 입장은 바뀌기 시작했다. 정부 폐쇄 조치 뒤, 그리고 경제가 회복하면서 클린턴의 인기가 살아나기 시작했다고는 하지만, 자신의 공약에 관련해 1994년 선거에서 민주당이 참패한 악몽은 클린턴 진영을 불안하게 만들었다. 또한 복지 개혁 문제는 선거에서 클린턴의 아킬레스건이 될 가능성이 큰데다가, 공화당 후보인 밥 돌Bob Dole 진영에서 복지 개혁에 대한 클린턴의 입장을 대통령 선거의 중심 쟁점으로 삼기로 하고 "클린턴 대통령은 복지 개혁안을 한 번도 아니고 두 번도 아니고 세 번이나 거부권을 행사했다"는 텔레비전 광고를 준비 중이라는 보도가 나왔다.[40] 그러자 클린턴은 공화당 쪽에 공화당 안을 완화하면 복지 개혁안에 서명하겠다는 뜻을 전달했고, 공화당은 클린턴이 수용할 수 있는 수준으로 복지 개혁안을 수정하는 전술적 후퇴를 감행했다. 클린턴 대통령은 1992년 선거 공약과 1994년 중간선거 참패에 관련해 자신의 입지를 강화하고, 공화당 의원들은 정부 폐쇄에 따른 적대적 여론에 관련해 공화당 주도 의회의 입지를 강화해, 결국 서로 선거에서 득을 보자는 전술적 합의에 도달한 것이다.[41]

이렇게 클린턴의 지지를 받은 공화당의 복지 개혁안은 백악관 내부의 일부 참모들과 상하원의 민주당 지도부, 많은 사회단체들의 반대에도 불구하고 통과돼 입법화됐다.[42] 이 새 법안은 ① 최빈곤층 어린이들에게 주어지는 60년 된 연방정부의 현금 보조 프로그램, 즉 AFDC를 중단하고, ② 어떤 가정도 5년 이상 복지 지원을 받지 못하게 복지 수혜 기간을 제한하는 한편, ③ 연방정부 예산을 주정부에 일괄적으로 제공해(즉 블록 그랜트) 주정부가 주 나름의 복지와 근로 프로그램을 운영하도록 주정부의 권한을 대폭 강화하고, ④ 앞으로 이민을 오는 이민자의 경우 복지 수혜를 금지하는 것을 핵심으로 하고 있다.[43] 1930년대 사회복지 프로그램이 도입된 이래 최대의 '복지 개혁(복지 개악)'이라고 할 수 있는 이 안이 의회를 통과하면서 복지 수혜를 받는 1280만 명과 식료품 지원을 받는 2560만 명의 생활 수준이 떨어지게 됐고, 이런 희생을 대가로 해서 향후 6년간 550억 달러의 예산 절감 효과를 얻을 수 있을 것으로 기대됐다.

다른 사람도 아니고 클린턴 정부의 사회 정책 주요 관계자가 이 법안이 통과된 날은 "미국 역사에, 그리고 미국의 빈민에게 슬픈 날이며, 앞으로 역사를 통해 두고두고 되돌아와 클린턴 대통령을 괴롭힐[haunt] 날"[44]이라고 평하는가 하면, 저명한 복지 문제 전문가인 대니얼 모이니안[Daniel Moynihan] 연방 상원의원이 "복지 개혁이 아니라 복지 폐지[welfare repeal]"[45]라고 비판한 이 법안에 클린턴 대통령이 서명한 이유는, 헤일리 바버[H. Barbour] 공화당 전국위원회[RNC] 위원장의 평처럼 클린턴 대통령이 공화당의 복지 개혁 공세 아래에서 "선거에서 떨어지는 위험 부담을 안으니 차라리 법안에 서명을 하는 것이 낫다"[46]고 판단했기 때문이다. 이런 점에서 이 법안이 통과되자 "하느님, 올해가 선거의 해인 것에 감사드립니다"고 평한 한 공화당 의원의 말[47]이야말로 1996년 '복지 개혁'의 동학을 가장 집약적으로 표현해준다. 클린턴 대통령이 1996년 대통령 선거 때문에 이 법에 서명을 했다는 사실은 법안 통과 뒤 '뉴딜 민주당원'들과 여러 사회단체들의 비판이 거세게 일자 자신이 서명한 복지 개혁 법안을 선거 뒤에 다시 개정하겠다고 클린턴 대통령 자신이 약속한 사실, 그러자 한 비판적 민주당원이 선거 구호로 "클린턴에게 한 표를 — 클린턴만이 자기가 한 짓을 바로잡을 수 있다"는 구호를 채택하자고 건의한 사실[48]이 간접적으로 입증해주고 있다. 동기야 어찌됐든 민주당의 루스벨트 대통령이 만들어낸, 60년 된 사회복지 프로그램이 클린턴이라는 또 다른 민주당 대통령에 의해 와해된 사실은 역사의 아이러니다. 결론적으로 1996년 여름에 단행된 최저임금 인상과 복지 개혁은 둘 다 11월 선거를 앞두고 선거에서 이 문제들이 쟁점이 되는 사태를 막으려는 공화당 의회와 민주당 대통령 각각의 '선제 방어적preempt 선거 전략'의 결과라 할 수 있다.

또한 여기서 주목할 것은 1996년 대선을 앞두고 클린턴 대통령과 클린턴을 추종하는 연방 의회의 신민주주의자들이 1970~1980년대 대처 총리가 이끌던 영국의 극단적인 신자유주의 정부가 복지국가 해체를 위해 사용한 '두 국민 헤게모니 프로젝트two nation hegemony project'를[49] 선거 전략으로 사용했다는 사실이다. 이 프로젝트는 소수의 복지 수혜자들을 희생양으로 삼아 헤게모니를 재생산하는 전략인데, 최저임금 인상 등을 통해 다수 노동자들의 지지를 얻어내면서 동시에 최약자인 복지 수혜자들은 공격하는 복지 개악을 단행한 것은 이런 전략의 전형적인 예라고 하지 않을 수 없다. 사실 많은 미국 노동자들의 생각 역시 자본의 선전 공세와 경제적 어려움을 겪은 체험 등 때문에 사회보장과 메디케어 등 자기 자신에 관련된 보편적 프로그램은 지지하면서도 빈곤층 대상 복지 프로그램에는 "자기하고 무관한 남의 이야기라고 생각해" 부정적 견해를 보여주고 있다.[50] 그러나 위에서 지적한 대로 복지 정책은 노동 정책이기도 하다는 양자 간의 유기적 관계를 고려할 때 복지 개악은 단순히 복지 수혜자들에 국한된 문제가 아니라 노동자 전체에 관계된 문제이며, 이런 점에서 최저임금 인상과 복지 개악을 통해 미국 노동자들은 사실상 "되로 얻고 말로 잃어버린 셈"이 됐다.

2) 선거 공약과 선거 캠페인

1996년 대통령 선거는 공화당 내 온건파인 밥 돌 후보와 민주당 내 우파인 신민주당 노선의 클린턴 대통령, 그리고 1992년 대통령 선거에 이어 다시 출마한 로스 페로Ross Perot 후보의 삼파전으로 전개됐다. 그러나 페로 후보의 경우 1992년과 달리 별다른 변수가 되지 못했다는 점에서[51] 이 글에서는 민주당과 공화당 양당을 중심으로 1996년 선거의 노동 정책과 사회 정책에 대한 선거 공약과 선거 캠페인을 살펴보고자 한다.

우선 도전자인 공화당부터 살펴보면, 돌 후보가 공화당 전당대회 일주일 전인 1996년 6월 초에 발표한 선거 공약은 재정 적자를 6년 내에 해소하고, 모든 납세자들에게 일률적으로 15퍼센트의 감세를 해주는 동시에 자본 소득에 대한 최고 세율을 50퍼센트 인하하는 한편 저소득과 중간소득 가정에 500달러의 세금 감면 혜택을 주는 감세안을 핵심으로 하고 있었다. 특히 이 중에서 감세안은 돌 후보가 당내 보수파들의 압박에 굴복해 "급증하는 재정 적자를 줄이기 위해 세금 인상과 예산 지출 삭감을 동시에 추구해 당내 우파 들의 분노를 사온 예산 적자 매파"[52]라는 일관된 평소의 입장에서 크게 후퇴 해 채택한 공약이었다. 또한 주목할 것은 돌 후보가 공화당이 지지하는 국방 예산뿐 아니라 일부 공화당 강경파가 삭감을 주장해온 사회보장과 메디케어 를 줄이지 않겠다고 공약한 점이다. 그러나 이런 공약은 감세안에 따라 5510 억 달러의 조세 수입이 줄어드는 상황에서도 예산의 70퍼센트를 차지하는 부분은 손대지 않고 나머지 30퍼센트에서 5500억 달러 이상을 줄여 균형 예 산을 달성해야 하는, 현실적으로 해결 불가능한 모순을 안고 있었다.[53] 따라 서 감세를 해주는 경우에는 현실적으로 균형 예산을 포기하거나, 그래도 균 형 예산을 달성하려면 선거 공약과 달리 메디케어와 사회보장을 대폭 축소해 야 하는 불가피한 선택의 상황에 놓일 수밖에 없었다. 이런 문제 때문에 메디 케어와 사회보장을 줄이지 않는다는 공식적인 선거 공약에도 불구하고 돌 후보 진영과 공화당은 공화당이 이런 프로그램들을 축소하려 한다는 민주당과 노동조합의 공격에 시달려야만 했다. 특히 클린턴 대통령이 돌 후보가 선거 공약을 발표하기 훨씬 전인 선거 캠페인 초기에 공화당 주도의 의회 예산안을 사례로 들어 공화당을 "사회보장과 메디케어를 줄이고, 어린이들을 가난에 몰아넣고, 환경 오염을 허용하려는 급진주의자들"로 그린 광고를 대대적으로 방영해서 이미 선거의 지형을 주조해놓았기 때문에, 이런 공격은 더욱 효과가 있었다.[54]

한편 클린턴 대통령은 돌 후보의 일괄적이고 대대적인 감세안에 대항해 제한적인 '특정 목표형targeted' 감세안과 6년 내의 균형 예산 달성을 약속하는 한편, '2M2EMedicare, Medicaid, education, environment'라는 구호를 통해 뉴딜 사회 정책의 보전을 강력히 주장했다. 우선 감세안의 경우, 이를테면 대학 등록금에는 500달러의 세금 면제 혜택을 준다는 식으로 일반 유권자들의 일상생활에 중요한 목표들을 위해 세금을 감면해주는 방식을 제시했다. 그러나 균형 예산의 경우에는 공화당과 페로의 공격을 피하기 위해 클린턴 대통령이 이미 약속했고 클린턴 재임 기간 중에 예산 적자가 줄었다고는 하지만, 동시에 약속한 감세와 국내 복지 프로그램 유지를 고려할 때 균형 예산은 달성하기 어렵고 2002년에는 적자가 다시 2850억 달러로 늘어나리라는 전망이 전문가들의 분석이었다.[55] 그러나 워낙 말이 되지 않는 돌의 감세안과 균형 예산안에 비판이 집중된 덕에 클린턴의 선거 공약이 갖는 문제점은 비판의 화살을 비껴가는 행운을 누릴 수 있었다. 그리고 "여러분들은 평생을 일한 뒤에는 안전한 은퇴 생활이 보장되기를 바랍니다. 그게 바로 돌 후보와 깅리치가 메디케어 예산을 2700억 달러나 삭감하려 한 것이 틀린 이유입니다"라는 텔레비전 광고 등을 통해 돌 후보와 공화당이 1995년 예산안에서 메디케어 예산을 삭감하려 한 일을 집중적으로 공략했다.

선거 공약 분석에 이어 살펴봐야 할 문제는 AFL-CIO의 정치 캠페인이다. 사실 1996년 선거에서 그 무엇보다도 가장 주목할 만한 현상은 노동조합의 정치적 공세다. 노동조합은 1930년대 뉴딜 연합 형성기 때 이 연합의 중심적인 '정치 투자가'인 자본 집약적이고 국제주의적인 자본들이 하위 파트너로 참가했고,[56] 이어 포드주의석 노사 협약 체제에서 일정한 경제적 혜택과 정치적 발언권을 누려오다가, 1970년대의 경제위기에 따른 뉴딜 체제의 해체와 신민주당 노선으로 상징되는 민주당의 우경화에 따라 그나마 가져오던 '하위 정치 투자가'의 지위조차 위협받았다.[57] 그러나 위에서 지적한 대로 '사회운동적 노동조합론'을 내세운 스위니 체제의 출범과 함께 AFL-CIO는 적극적인 공세에 나서 1996년 선거에서 공화당의 깅리치 혁명을 좌초시키기 위해 총력을 기울이기로 결정했다. 특히 "'미국과의 계약'을 지하 6피트 밑에 묻어버리기 위해" 과거처럼 단순히 정치행동위원회[PAC]를 통해 민주당 의원에게 재정적으로 지원하는 방식을 넘어서, 이런 방식(1994년과 비슷한 수준인 4300만 달러를 PAC를 통해 민주당 후보들에게 지원하는 것) 이외에도 조합 기금 union treasury fund에서 3500만 달러의 별도 자금을 빼내어 이 중 2000만 달러는 정책 광고에 쓰고 1000만 달러는 정치 조직 활동에 투입해 연방하원의 공화당 취약 지역구들을 집중적으로 공략하기로 결정했다.[58] 공화당은 노동조합의 이런 결정이 조합비를 직접적인 후보 지원에 사용하거나 후보의 지지나 낙선 지지를 광고할 수 없다고 규정한 연방법을 위반했다며 비판했지만, AFL-CIO는 이 광고가 "노동자들에게 영향을 미치는 쟁점"에 대한 교육을 위한 것이라고 반박하면서 광고를 강행했다.[59] 광고 캠페인은 주로 의료보험, 교육, 최저임금 등에 대한 공화당의 입장을 비판하는 내용이었다. 그러나 여기에 그치지 않고 AFL-CIO는 '유권자 비디오 가이드'[60]라는 새로운 방식을 통해, 즉 일부 특정 후보를 거명해 비판하되 법에 걸리지 않도록 낙선을 촉구하는 대신 "그 사람의 의회 사무실에 항의하라"고 광고하는 식의 교묘한 방식을 통해 사실상의 직접적인 낙선운동을 전개했다.

놀란 공화당은 그 나름의 이슈 광고로 방어에 나섰다. 중앙당 격인 RNC는 노동조합 낙선운동 지역을 중심으로 공화당의 감세안을 선전하고 감세안에 대한 클린턴의 거부권 행사를 비판하는 광고를 방영했고, 전국공화당의회위원회NRCC·National Republican Congressional Committee는 취약 지역을 중심으로 공화당이 메디케어를 삭감하려 한다는 비판은 사실이 아니라는 이슈 광고를 내보냈다. 10월 들어 선거가 가까워지면서 공화당과 자본은 여기에 그치지 않고 노동조합을 직접적으로 공격하는 캠페인을 전개했다. NRCC는 "워싱턴의 노동조합 지도자들이 의회를 매입하려 하고 있으니 노조 간부들에게 전화해 '우리 주는 세일이 아니다'고 답해주라"는 내용의 텔레비전 광고를 35개 취약 지역에 방송했고, 상공회의소의 주도로 31개의 기업 단체들이 '연합The Coalition'이라는 이름의 비상 기구를 만들어 노동조합의 주장을 반격하는 대대적인 광고 캠페인을 펼쳤다.[61]

이런 노동조합의 공격적인 이슈 캠페인은 선거 결과에도 큰 영향을 미치지만(아래 참조), 선거 과정, 즉 선거 공약과 선거 캠페인에도 적지 않은 영향을 미쳤다. 공화당 후보들은 "당선하기 위해 공화당은 메디케어와 메디케이드를 삭감할 것이라고, 교육 예산을 삭감할 것이라고, 작업장의 건강과 안전 규칙을 완화할 것이라고 이야기할 수 없었다"는 리처드 트룸카 AFL-CIO 부위원장의 주장처럼,[62] 노동조합이 오랜만에 벌인 전투적인 선거 투쟁은 선거 지형의 우경화를 차단하는 효과, 더 구체적으로 공화당의 노동 정책과 사회 정책 관련 공약의 우경화를 예방하는 중요한 기능을 수행했다. 자기들이 메디케어를 삭감하려 한다는 말은 사실이 아니라는 광고를 공화당 쪽이 방영해야만 한 현실이 이 점을 잘 보여주고 있다.

3) 1996년 선거 결과, 그리고 노동 정책과 사회 정책

1996년 선거 결과는 클린턴 대통령이 재선되고 상하원에서 공화당의 우위(상원은 공화당 55 대 민주당 45, 하원은 공화당 223 대 민주당 211)가 다시 확립됐기 때문에, 얼핏 보기에는 한 연구자의 평처럼 "현상 유지 선거status quo election"[63]인 듯하다. 그러나 미국 현대 정치에서 대통령의 재선은 흔한 일이 아니며, 특히 민주당 대통령으로는 클린턴 대통령이 루스벨트 대통령 이후 처음으로 재선에 성공한 점에서, 또한 연방의회 선거의 경우도 하원 선거에서 민주당이 2년 전에 견줘 4석을 더 얻은 점에서, 1996년 선거는 압승은 아니지만 민주당의 승리라고 봐야 한다.

문제는 이런 선거 결과가 노동 정책과 사회 정책에 갖는 함의가 무엇이냐는 것이다. 결론부터 이야기하면, 노동 정책과 사회 정책에 관련해 1996년 선거 결과가 보여준 것은 한마디로 미국의 다수 유권자들이 아직도 뉴딜식 사회 정책들을 바라고 있다는 사실, 그리고 클린턴 대통령과 민주당이 이런 의제를 옹호한 것이 궁극적으로 민주당이 승리한 원인이라는 사실이다.

이런 사실은 여러 여론조사 결과를 보면 쉽게 알 수 있다. 우선 선거 당시의 출구조사에 따르면, 클린턴을 찍은 유권자들의 경우 가장 많이 든 이유가 경제와 일자리(21퍼센트), 메디케어와 사회보장(15퍼센트), 교육(12퍼센트)이어서, 범죄 퇴치, 예산 적자 축소 등 신민주당적 의제를 압도했다.[64] 다른 각도에서 보면, 이 의제들이 자신의 가장 큰 관심사라고 답한 사람들 중 60~75퍼센트가 클린턴에 표를 던진 것으로 나타나, 가장 큰 관심이 범죄 퇴치라고 답한 사람의 40퍼센트, 예산 적자 축소라고 답한 사람의 27퍼센트만이 클린턴을 찍은 결과하고 좋은 대조를 보인다. 선거 뒤 실시한 한 여론조사 역시 비슷한 결과를 보여준다. 클린턴 지지자들의 경우 59퍼센트가 지지하는 이유로 메디케어 등 국내 프로그램을 든 반면 신민주당 노선이라고 답한 사람은 31퍼센트에 불과했다.[65]

마지막으로, 어쩌면 결정적인 증거로서, 뉴딜 노선을 비판해온 신민주당 노선의 작전 본부인 DLC가 실시한 여론조사 결과다. 이 조사에 따르면 "이번 선거의 의미는 무엇이었다고 생각하느냐"는 질문에 대한 대답에서 절대적 우위를 보인 것은 "메디케이드, 메디케어, 교육, 환경을 보전하는 것"이었고, 신민주당 노선의 "기회와 책임감을 확대하고 공동체로서 함께 일하는 것"이나 "낡

은 민주당 노선을 끝장내고 민주당을 주류로 끌고 가는 것"이라는 답은 소수에 불과했다.[66]

이 문제를 다른 각도에서 살펴보면, 돌 후보의 15퍼센트 감세안은 옳았지만 너무 늦게 수용한 결정이 문제였다는 식의 보수주의자들의 분석[67]은 말이 되지 않는 아전인수식 논리다. 다수 유권자들의 주된 관심은 위에서 지적한 사회 프로그램의 보존과 예산 적자 축소였지 감세하고는 거리가 멀었다. 선거에서 감세를 가장 중요한 의제로 생각했다는 사람은 11퍼센트에 불과해서 뉴딜 의제에 훨씬 뒤떨어졌다.[68] 또한 "나는 공화당원이지만, 예산 적자가 나를 클린턴을 찍게 만들었다"는 대표적인 대기업 휴렛팩커드 대표의 말[69]처럼 많은 자본가들도 15퍼센트 감세안에 부정적인 견해 때문에 공화당을 떠나 민주당을 지지했다.

노동 정책과 사회 정책에 관련해 짚고 넘어가야 할 또 다른 선거 결과는 AFL-CIO의 낙선운동이 가져온 결과다. 노동조합의 낙선운동에 맞서 공화당과 많은 기업 관련 단체들이 대항 캠페인을 벌였지만 낙선운동은 성공적이었다. 낙선운동은 의회에서 공화당의 우위를 붕괴시키는 데는 실패했지만 꽤 많은 공화당 의원을 낙선시켰다. 다시 말해 공화당이 "미국 역사상 가장 거대한 특수 이익단체의 권력 약탈 행위를 이겨내고 의회의 다수파를 지킨 것"은[70] 노동조합의 낙선운동이 실패한 증거라는 공화당의 평가는 잘못된 '정치적 발언'에 불과하다. 이런 사실은 구체적인 통계를 살피면 쉽게 알 수 있다. 광고 캠페인을 통한 낙선운동 대상자는 40명 중 7명이 떨어져 17.5퍼센트의 성공률을 보였고, 더 강력한 유권자 비디오 가이드를 통한 낙선운동 대상자는 24명 중 9명이 떨어져 37.5퍼센트의 성공률을 보였다(**표 2** 참조). 이런 낙선 비율은 낙선운동 대상이 아닌 공화당 의원의 낙선 비율이 1.3퍼센트에 불과한데 견주면 엄청나게 높은 수치다. 특히 낙선 대상 공화당 의원에 맞선 민주당의 도전자가 경험 많은 정치인인 경우 25명 중 12명을 떨어뜨려 48퍼센트의 성공률을 보였다.[71] 쉽게 말해 평균 두 명 중 한 명을 낙선시켰다는 이야기다.

표 2. AFL-CIO 공화당 낙선운동 결과

연방 하원 공화당	초선	재선	합계
AFL-CIO 낙선운동 비대상자	27	122	149
낙선	0	2	2
낙선자 비율	0%	1.6%	1.3%
광고 캠페인 대상자	23	17	40
낙선	5	2	7
낙선자 비율	21.7%	11.8%	17.5%
유권자 비디오 가이드 대상자	21	3	24
낙선	7	2	9
낙선자 비율	33.3%	66.7%	37.5%
significance	p=.006	p<.001	p<.001

※ Gary Jacobson, "The 105th Congress: Unprecedented and Unsurprising," in Nelson(ed.), *op. cit.*, p. 158.

긴 설명이 필요 없이, 공화당 우위의 의회에서 공화당이 "정치자금법 개혁에서 가장 먼저 해야 할 일은 워싱턴에 있는 노동조합의 지도자들이 이 나라의 남녀 근로자들에게서 강제로 조합비를 거둬 이 사람들의 승낙도 없이 이 돈을 정치적 목적으로 사용하는 관행을 뿌리 뽑는 것"[72]이라는 공화당 중앙당[RNC] 의장의 발언은 1996년 선거에서 노동조합의 낙선운동이 얼마나 공화당에 타격을 줬는지를 가장 웅변적으로 증언해준다.

결론적으로 1996년 선거 결과, 나아가 AFL-CIO의 낙선운동 결과는 미국의 유권자들이 아직도, 아니 그동안의 지구화와 신자유주의적 정책에 따른 경제적 불안 때문에 그 어느 때보다도 더 뉴딜적인 노동 정책과 사회 정책을 바라고 있다는 것을 보여준다.[73] 다시 말해, 그동안 여러 여론조사들이 보여준 유권자들의 보수화와 '큰 정부'에 대한 불신은 경제적 불안에도 불구하고 정부가 자본의 요구에 굴복해 엉뚱한 정책에 우선순위를 두고 예산을 낭비해온 행태에 대한 반감의 표현, 즉 정부가 추진하는 특정한 정책 방향에 대한 불만의 표현일 뿐, 정부 그 자체에 대한 불신이나 뉴딜적 사회 정책을 폐지해 달라는 요구가 결코 아니다.[74]

민주당의 미래, 미국 정치의 미래, 나아가 다수 미국 국민의 미래는 민주당이 1996년 선거가 지니는 이런 의미를 제대로 이해하고 그동안의 잘못된 우경화를 벗어나, 지구적 신자유주의 시대를 살아가는 노동자 계급의 경제적 불안을 해소해주는 '제2의 뉴딜'을 펼 수 있느냐에 달려 있다.

8장

현대 미국 사회의 변동과 정당 정치의 변화
보수화의 기원을 다시 생각한다*

언젠가 벤저민 프랭클린은 이 세상에 한 남자가 가질 수 있는 믿을 만한 친구는 셋인데, 그건 나이든 부인과 늙은 애완견, 언제든 동원할 수 있는 돈이라고 말한 적이 있습니다. 이 말처럼 나는 미국 정치에서 우리가 가질 수 있는 가장 믿을 만한 친구를 갖고 있습니다. 그건 언제든 동원할 수 있는 현금입니다.

— 1996년 선거 비용 모금 파티에서 공화당 소속 텍사스 주 상원의원 필 그람[1]

1. '미국예외주의'

어느 사회나 그 사회만의 독특한 역사적 특수성을 갖고 있으며, 이 점에서 모든 사회는 엄격히 말해 모두 '예외적'이다. 정치도 마찬가지다. 모든 나라의 정치는 그 나라만의 독특한 특징을 갖고 있으며, 이 점에서 모두 '예외적'이라고 할 수 있다.

그러나 현대 정치학, 나아가 현대 사회과학에서 미국 정치는 그 역사적 특

---

* 손호철, 《근대와 탈근대의 정치학》, 문화과학사, 2002에 실린 글을 수정하고 보완했다.

수성에 기인해 이런 수준의 예외성을 넘어서 진정한 의미의 독특한 특징을 갖고 있다고 인정을 받아왔다. 그 결과 '미국예외주의'는 일찍이 미국 연구의 효시를 연 알렉시 드 토크빌[2]부터 카를 마르크스나 프리드리히 엥겔스 같은 마르크스주의의 창시자[3]를 거쳐 현대 사회과학[4]에 이르기까지 미국 정치 연구의 중요한 한 부분이 돼왔다.

미국 정치가 다른 나라, 특히 비교의 중요한 준거틀이 되는 유럽 같은 다른 선진 자본주의 국가와 다른 독특한 특징은 무엇보다도 정치적 균열 구조가 노동과 자본을 중심으로 한 '보수 대 진보'의 구도로 형성돼 있지 않다는 점, 다시 말해 사회민주주의, 사회주의, 녹색당 같은 '좌파 정당'이 주요 정당으로 존재하지 않고 사실상의 보수양당제를 유지하고 있다는 점이다. 미국은 선진 자본주의 국가 중 유일하게 좌파 정당이 중요한 정치 세력으로 존재하지 않는 국가다.[5]

미국이 이렇게 정치적 예외성을 갖게 된 데에는 몇 가지 중요한 이유가 있다. 우선 많은 학자들이 주목하는 이유는 '신세계'라는 특징이다. 토크빌부터 엥겔스, 막스 베버, 그람시 등이 지적한 대로,[6] 미국은 봉건주의를 경험하지 않아서 근대 사회에 들어서도 전통적인 봉건적 유제들을 물려받은 유럽과 달리 봉건주의에서 자유로웠다. 그람시의 표현을 빌리면 "미국과 유럽의 차이는, 전통이 지나간 역사에 의해 침식당해온 모든 사회적 형태들의 소극적 잔재를 의미하는 한에 있어 미국에서 '전통'의 부재다."[7] 그 결과 미국의 경우 '순수한' 자본주의가 자리잡을 수 있었고, 개인주의와 자유방임, 반국가주의 등이 팽배함으로써 좌파 정당의 성장에 장애로 작용했다는 것이다. 다시 말해 "사람들이 수천 년간 독특한 계급과 신분 제도에 익숙해진" 유럽과 그렇지 않은 미국은 정치적 성향에서 차이가 있을 수밖에 없다. 그러나 똑같은 '신세계'인 캐나다의 경우 신민주당New Democratic Party, 퀘벡 주의 퀘벡당Parti Quebecois 등 좌파 정당들이 주요 정당으로 자리잡고 영향력을 행사하고 있는 것을 고려하면, 미국예외주의를 봉건적 유제의 부재 탓만으로 돌리는 것은 잘못이다.

미국예외주의의 둘째 원천으로 지적할 수 있는 것은 미국 사회의 독특한 계급 구조다. 이것은 크게 보아 두 가지라 할 수 있는데, 지속적인 이민에 따른 노동자 계급의 인종적 다양성 내지 노동자 계급 내부의 이질성이 하나고, 또 다른 하나는 흔히 '아메리칸 드림'이라고 부르는 사회적 유동성이다. 일찍이 마르크스는 미국에 대한 분석에서 "미국의 노동자 계급은 현지민과 외국에서 태어난 이민자라는 두 개의 적대적 진영으로 분리돼 있다"며 다양한 인종적 배경을 가진 노동자들의 단결을 호소했지만,[8] 미국의 노동자 계급은 시대에 따라 새로 유입되는 다양한 인종의 이민자들에 따라 인종적으로 분리돼 유럽 같은 통일성과 단결력을 보여주지 못했다. 특히 미국 노동운동의 중심 구실을 해온 미국노동총연맹AFL·American Federation of Labor은 현지 출생 노동자들과 북유럽계의 '구 이민' 노동자들이 중심이 돼 '후발 이민' 세력인 남부와 동유럽, 중국계, 아프리카계 노동자들을 의도적으로 배제하고 경계했다.[9]

이것에 못지않게 좌파 정당의 등장을 막은 요인은 유럽에 견줘 상대적으로 높은 사회적 유동성 내지 미국은 기회의 땅이라는 사회적 유동성에 대한 신화다. 신생국인 미국은 "실제로 이미 계급이 생겨났다고는 하지만 이 계급들이라는 것이 아직 고정되지 않았고, 부단히 변화하고 지속적인 유동 상태에서 그 요소들을 상호 교환하고 있다"는 마르크스의 분석[10]은 초기 미국 사회에 대한 지적이기는 하지만, 바로 이 문제를 말한 것이다. 결국 이런 사회적 유동성 때문에 미국의 노동자들은 유럽의 노동자 계급처럼 집단적 해결책을 추구하지 않고 개인의 신분 상승이라는 개인적 해결책을 추구하게 되면서 계급적 정체성이 약화됐고, 결과적으로 좌파 정당의 등장을 막아왔다고 할 수 있다.

셋째, 미국의 정치 제도가 갖는 독특한 특징이다. 유럽에 견줘 미국의 정치 제도가 갖는 독특한 특징들이 좌파 정당의 성장을 가로막았다고 할 수 있는데, 대표적인 것들이 사실상의 간선제인 선거인단 제도, 승자독식winner-take-all주의, 다수결제, 보통선거권의 조기 획득 등이다. 유럽의 경우 19세기 말과 20세기 초에도 노동자들에게 투표권이 주어지지 않아 좌파 정당 등의 주도 아래 노동자들이 단결해 투쟁을 벌여 보통선거권 등 시민권을 획득함으로써 처음부터 계급적 인식을 갖고 정치에 참여한 반면, 미국은 백인 남자에 국한되기는 했지만 1820년대에 이미 보통선거권이 주어진 탓에 좌파 정당이 등장한 때는 노동자들이 이미 기존 보수 정당에 편입돼 있어 영향력을 깨기가 어려웠다. 보통선거권이 산업화와 산업화에 따른 본격적인 노동자 계급의 형성에 선행함으로써 좌파 정당의 등장에 장애가 된 것이다. 이 문제가 좌파 정당에 주로 해당되는 사안이라면, 아래에서 다룰 다른 사안들은 좌파 정당만이 아니라 우파 정당을 포함해 새로운 신생 정당의 등장을 가로막는 미국 정치 제도의 일반적인 문제점들이다.

선거 제도에서 비례대표제를 기본틀로 하는 유럽과 달리 미국은 단순다수결제를 채택하고 있다. 단순다수결제는 소수 정당의 표를 모두 사표로 만들어 양당제를 유지하고 제3당의 출현을 저지하는 경향이 있다.[11] 이런 점은 미국사회당The American Socialist Party의 역사를 보면 쉽게 알 수 있는데, 사회당은 전성기인 1912년 선거에서 6퍼센트를 득표하지만 단순다수결제에 때문에 단 한 석의 의석도 얻지 못한 채 의회 진출에 실패했다.[12] 승자독식주의, 선거인단 제도로 특징지어지는 독특한 대통령 선거 제도 역시 좌파 정당을 포함한 제3당의 출현을 저지하는 데 기여했다. 미국의 대통령 선거는 선거인단 제도에 따라 선출되는데, 이 선거인단을 득표 비율에 맞춰 나누는 것이 아니라 해당 주에서 가장 많이 득표한 후보가 다 가져가는 승자독식주의를 채택한다. 그 결과 좌파 정당을 비롯한 제3당의 경우 어느 정도 유권자들의 표를 얻어도 선거인단은 한 명도 획득하지 못해 영향력이 감소되는 손해를 봐왔다.

이런 다양한 선거 제도상의 특징 때문에 남북전쟁 이후에 치른 33차례의 대통령 선거에서 제3후보가 5퍼센트 이상을 득표한 사례는 다섯 번에 불과하며, 제3당이 의회 선거에서 두 번 연속 5퍼센트 이상을 득표한 사례도 19세기 말의 민중당People's Party을 제외하면 전무하다.[13] 결국 이런 정치 제도상의 특징, 그리고 보통선거권의 조기 획득이라는 역사성이 미국 정치에 예외적으로 좌파 정당의 불모화와 보수양당제를 확립하는 데 기여했다고 할 수 있다.

마지막으로 노동조합과 좌파 정당의 분열 내지 분리 현상이다. 노동자 계급의 경제 조직과 정치 조직, 즉 노동조합과 정당이 상호 보완적인 역할을 하며 함께 발전해온 유럽과 달리 미국의 경우 AFL 같은 장인 노조craft union가 지배적인 역할을 해왔다. 이 노동조합들은 기본적으로 독자적인 노동자 정당 내지 진보 정당을 만드는 데 적대적인 태도를 보이면서 기존 정당에 영향력을 행사해 자신들의 이익을 향상하는 방식을 선호했다.[14] 그 결과 노동조합과 좌파 정당이 분리돼 좌파 정당은 노동조합의 조직적 지원을 받지 못한 채 진보적 지식인이나 진보적인 개별 노동자의 지지에 의존하는 한계를 가져왔다. 다른 나라의 경우 노동운동이라는 말이 노동자 계급의 '경제 조직'(노동조합)과 '정치 조직'(정당)의 활동을 통틀어 부르는 용어로 사용되는 반면, 미국의 경우 노동조합 활동을 의미하는 단어로 사용되는 현실이 이런 분리를 웅변적으로 보여준다.

2. 예외주의의 표현으로서 현대 미국 정당 정치

앞에서는 미국 정당 정치의 특징이 좌파 정당의 부재와 보수양당제이며, 이런 미국의 예외주의는 신세계라는 역사적 특수성, 지속적 이민에 따른 노동자 계급의 내부적 이질성과 높은 사회적 유동성이라는 계급 구조적 특성, 승자독식주의 같은 정치 제도의 특수성, 노조와 정당의 분리 현상 등에 기인한다는 점을 분석했다. 이 절은 이런 분석에 기초해 미국 예외주의의 표현으로서 보수양당제가 현대 미국 정당 정치에서 어떤 형태로 구체화돼 나타났는지를 살펴보려 한다. 특히 이 글의 목적이 1980년대 이후 미국 사회의 변화가 미국 정당 정치에 미친 영향을 연구하는 것인 만큼, 1980년대의 '레이건 혁명' 때문에 큰 변화를 겪을 때까지 전후 미국 정치의 중심축을 형성한 '뉴딜 연합' 아래의 현대 미국 정당 정치를 주요 분석 대상으로 삼고자 한다.

미국 정당 정치가 좌파 정당의 부재를 특징으로 한다고 해서 계급 정치나 경제적 이해관계에서 자유로웠다는 것은 결코 아니다. 지금은 구체적인 실증 연구에 관련해 많은 비판을 받지만 미국의 제헌 헌법 제정 과정에 대한 비어드의 선구적 연구[15]를 필두로 한 그동안의 연구들은 미국 정당 정치가 시기에 따라 구체적으로 차이는 나지만 계급 정치와 경제적 이해관계에 밀접한 관계가 있다는 사실을 보여준다. 다만 미국 정당 정치만의 특징이 있다면, 계급 정치에서 자유로운 것이 아니라 오히려 계급 정치의 특수한 형태를 띤다는 점, 즉 유럽과 달리 자본과 노동을 중심으로 한 보수 정당 대 진보 정당의 구도가 아니라 다른 경제적 이해에 기초한 기업 연합 세력들 간의 경쟁, 즉 '자본분파'들 간의 경쟁[16]이라는 점이다.[17] 더 구체적으로, 시대에 따라 산업 구조의 변화에 상응해 구체적인 내용을 달리하는 다양한 경제 엘리트 연합 간의 경쟁은 ① 초기의 연방주의자 대 제퍼슨적 공화주의자, ② 잭슨주의적 정당 체제, ③ 남북전쟁 정당 체제를 거쳐, ④ 이른바 '(18)96년 체제'로 불리는 체제로 변화해왔다. 전후 미국 정치의 중심축을 형성하는 뉴딜 체제도 마찬가지다.

미국 정당 체제의 구체적인 내용과 역사적 변천을 한곳에서 전부 다루는 일은 불가능하다는 점에서, 여기에서는 이 논문의 본 주제인 뉴딜 체제의 해체와 관련해 뉴딜 체제의 등장에 밀접한 관계가 있는 96년 체제에서 논의를 펼치기로 한다. 공화당의 헤게모니로 특징지어지는 96년 체제가 19세기 말 등장하게 된 가장 결정적인 이유는 일상적 의미가 아니라 엄격한 의미에서 '금융자본'의 등장이다. 금융자본은 단순한 은행자본이 아니라 이런 화폐 은행자본이 산업자본을 지배하는 상태를 의미하는데, 제이피 모간 같은 은행자본들이 1897~1901년 사이의 대대적인 합병 붐에 따라 제조업을 장악함으로써 명실상부한 금융자본으로 성장한다.[18] 남북전쟁 체제의 연장선상에서 그 전까지 보호무역을 지지하는 절대 다수의 산업자본에 대항해 자유무역을 지지하던 이들은 제조업을 장악하자 정치적 입장도 제조업의 입장, 즉 보호무역 지지로 돌아서 공화당의 새로운 지원 세력이 됐다. 그동안 자유무역 지지에 기초해 자기들을 지지하던 주요 은행가들이 이탈하자 남북전쟁 뒤 재건기를 거치며 1870년대 이후 괄목할 만한 성장을 계속하던 민주당은 커다란 타격을 입었다. 민주당이 남부 농장주들, 제조업을 장악하는 데 실패한 전통적 은행가들, 인터내셔널 하비스터International Harvester 같은 국제 경쟁력을 갖춘 소수의 다국적 기업이 지원하는 약체 정당으로 전락함으로써 공화당과 민주당 사이의 힘의 균형이 전자의 압도적인 우위로 바뀐 계기가 바로 96년 체제다. 96년 체제는 한마디로 "카네기(철강), 듀폰(화학), 모간(내수 은행자본)의 연합 체제"라고 할 수 있다. 그러나 이런 상황은 20세기 들어 세계 자본주의 체제가 바뀌고 미국의 산업 구조와 국제적 위상이 달라지면서 함께 변하기 시작했다.

가장 결정적인 계기는 1차 대전이다. 전쟁은 미국을 순부채국에서 순흑자국으로 만들고 세계 자본주의 체제에서 차지하는 국제적 위상을 격상시켰다. "우리의 산업은 세계 시장으로 자유로운 출구를 찾지 못한다면 이제 옷을 찢고 몸이 터져 나올 정도로 팽창해버렸다"는 우드로 윌슨 대통령의 토로가 이런 현실을 웅변적으로 보여준다.[19] 국제 정치경제학적 위상의 변화에 따라 보호무역과 고립주의에서 경제 개방과 국제주의로 변화하는 흐름은 윌슨의 국제연맹 설립 운동으로 구체화되지만, 이 시도는 여전히 의회를 장악하고 있던 내수 산업자본의 반발 때문에 무산되고 만다.[20]

1920년대의 경제적 붐은 미국의 국제 정치경제적 위상을 더욱 제고시켰지만, 호황 뒤에 찾아온 대공황은 96년 체제에 결정적인 변화의 계기를 가져다줬다. 대공황은 두 개의 논쟁을 중심으로 자본분파들 사이의 연합을 재구성함으로써 미국 정당 체제를 재편성했다.[21] 그중 중심적인 것은 남북전쟁 체제 이후 줄곧 문제가 된 보호무역을 중심으로 한 내수 산업자본 중심의 '일국 자본주의' 노선 대 국제 경쟁력에 기초한 개방적인 '국제주의' 노선 사이의 논쟁이다. 그동안 엄청나게 성장한 존 데이비슨 록펠러를 중심으로 하는 국제주의적 금융자본과 주요 석유회사처럼 국제 경쟁력을 갖춘 자본 집약적 첨단 산업자본들은 공화당을 중심으로 한 일국 자본주의 노선에 대항해 새로운 '역사적 블록'을 구성하고 민주당의 프랭클린 루스벨트 후보를 지지했다.

자본분파들 사이의 이런 갈등 말고도 미국 정당 체제에 중요한 변화를 가져온 또 다른 요인은 노동 문제다. 20세기 들어 노동자 계급이 수적으로 급속히 증가하고 빠르게 노동조합으로 조직되는 등 크게 성장하기 시작한 미국의 노동운동은 1919~1920년에 들어 격렬한 노동자 파업 사태가 일어나면서 절정에 이르렀다. 노동자들의 저항에 직면한 내수 산업자본과 공화당은 공권력과 고용 폭력단 등을 동원해 잔인한 진압으로 대응했다. 그러나 노사 갈등이 초래하는 장기적인 사회적 비용과 대공황의 충격은 노동 쟁의를 단순히 물리력으로 진압하면 안 된다는 자각을 루스벨트를 중심으로 한 민주당과 일부 자본가들에게 가져다줬다. 특히 민주당을 지지하기 시작한 국제주의적 금융자본과 자본 집약적 첨단 산업자본들은 공화당을 지지하는 노동 집약적인 대부분의 내수 산업자본들과 달리 기업의 전체 비용에서 임금이 차지하는 비중이 낮기 때문에 노동자 계급의 요구를 어느 정도 들어주고 체제 내에 통합할 수 있는 '물적 기반'이 있었다.

따라서 노동 배제의 비용이 노동 통합의 비용보다 더 크다고 판단했고, 이런 판단에 따라 노동 집약적인 내수 산업자본과 공화당의 노동 배제적 전략에 대항해 노동 통합적인 개량주의 노선을 지지하기 시작했다. 이런 변화는 역사적인 와그너 법^{Wagner Act}의 제정으로 가시화됐다. 자본 집약적이고 국제주의적인 첨단산업과 국제주의적인 금융자본의 주도 아래 노동조합이 하위 파트너로 결합하는 독특한 연합 체제, 즉 뉴딜 체제가 등장한 것이다. 그 뒤 미국의 정당 정치는 뉴딜 연합의 헤게모니에 내수 중심의 일국주의적 산업자본의 지지를 받는 공화당이 대항하는 양상을 띠어왔다(**그림 1** 참조). 이런 정당 정치에서 중요한 변화가 있었다면, 1960년대 인권운동을 거쳐 아프리카계 등 유색 인종 소수민족들이 뉴딜 연합의 하위 파트너로 가담해 새로운 지지 기

그림 1. 뉴딜 연합

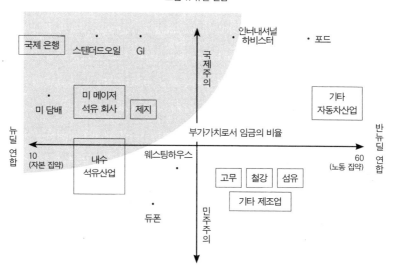

표 1. 민주당과 공화당 정치자금원 비교(1936년 선거)

	평균치	평균 오차	t-값	degree of freedom	significance
은행, 금융기관 포함 시					
국제주의					
민주당	1.69	0.07	6.75	155.56	(.00)
공화당	0.93	0.08			
노동 문제					
민주당	24.09	1.53	-3.38	145.07	(.00)
공화당	31.47	1.55			
은행, 금융기관 포함 시					
국제주의					
민주당	1.66	0.08	8.79	129.49	(.00)
공화당	0.65	0.08			
노동 문제					
민주당	25.12	1.57	-5.46	123.68	(.00)
공화당	37.06	1.53			

※ Source: Ferguson, "Industrial Structure and Party Competition in the New Deal: A Quantitative Assessment," Ferguson, *op. cit.*, p. 225.

반으로 자리잡은 것 정도라고 할 수 있다.

뉴딜 체제에 대한 이런 분석에는 조야한 경제결정론적 설명이라는 비판[22] 부터 전통적으로 남부와 북부로 나뉜 미국 정치의 지역적 기반을 무시한 분석이라는 비판[23]까지 다양한 비판이 제기된 것은 사실이다. 그러나 뉴딜 연합의 핵심 선거인 1936년 선거에서 민주당과 공화당에 정치자금을 낸 다양한 기업과 기업가들을 국제주의 대 일국주의, 해당 산업의 부가가치에서 임금이 차지하는 비율을 기준으로 통계적으로 분석해보면 이런 가설은 잘 입증되고 있다(표 1 참조).

사실 19세기까지는 몰라도 민주주의가 발달한 뉴딜 이후 현대 미국 정치의 경우 일반 유권자들의 평균적 정치의식이 특정 정당의 지지 투표를 통해 미국 정당 정치를 좌우한다는 '중간치 유권자median voter 모델'에 관해 간단히 짚고 넘어갈 필요가 있다. 물론 과거와 달리 유권자들의 선호도가 중요하며, 이 점에서 이른바 '레이건 민주당원', '소수민족' 등 특정한 일반 유권자 집단이 상대적으로 중요해진 것은 사실이다. 그러나 올슨의 집단논리 이론[24]이 잘 보여주듯 일반 유권자들이 정당 정치에 결정적인 역할을 한다는 가정은 낭만적 환상에 불과하며, 여전히 미국 정치를 좌우하는 집단은 기업 같은 조직화된 '정치 투자가'들이다.[25]

3. 현대 미국 사회의 변화

1970년대 이후 미국 사회는 새로운 변화의 물결에 휩싸이게 됐다. 여기에서는 미국 정당 정치의 변화를 가져온 중요한 동력으로 작동한 이런 흐름을 미국 경제의 변화, 노동-자본 관계의 변화, 정치 지리의 변화를 중심으로 살펴보려 한다.

1) 미국 경제의 변화

미국, 나아가 세계 자본주의 체제는 1970년대 들어 엄청난 변화를 겪게 됐다. 20세기 미국 사회의 결정적 분기점이 1930년대의 대공황이라면, 여기에 상응하는 또 다른 분기점은 1973년 11월에 시작해 1975년 3월까지 17개월간 계속된 미국 경제의 불황이다. 1930년대 대공황 이후 가장 길고도 깊은 이 불황은, 대공황 이후 지속된 세계 자본주의의 유례없는 장기 호황과 미국의 세계적인 경제적 헤게모니에 종지부를 찍은 분기점이라 할 수 있다.[26]

2차 대전 이후 브레튼우즈 체제로 대표되는 지구적 케인스주의와 대량생산과 대량소비를 연계시킨 포드주의 축적체제[27]에 의해 유례없이 긴 장기 호황을 누린 세계 자본주의 체제는 1970년대 들어 축적체제의 소진과 누적된 내부 모순 때문에 구조적 위기에 돌입하기 시작했다. 설상가상으로 미국의 헤게모니 아래 전후에 경제를 회복한 유럽과 일본의 성장, 그리고 제3세계 신흥공업국 등장에 따라 세계 자본주의 체제 안에서 미국이 누리던 경제적 헤게모니는 약화되기 시작했다. 경제성장은 둔화되고 기업 이윤이 급감한데다가 국제 시장에서 미국의 경쟁력은 심각하게 약화되기 시작했다.

물론 소련과 동구의 몰락에 따른 세계 자본주의 체제의 평천하, 이런 국제 정치적 변화에 기초해 미국이 추진한 지구적 신자유주의 프로젝트, 즉 WTO 체제의 출범, 그리고 정보화 혁명에 관련된 정보화 산업의 발전, 장기간의 지구적 경제 불황에 따른 과잉 축적 자본의 미국 집중 등에 힘입어 클린턴 정부 출범 뒤 미국 경제가 회복세를 보이고 오랜만에 경제 호황을 누리고 있는 것은 사실이다. 그러나 1990년대의 이른바 경제 호황에도 불구하고 경제성장률과 생산성 증가율 면에서 미국 경제는 1973년 이전 수준을 회복하지 못하고 있다. 거품에 기댄 주식시장의 호황을 빼면 경제성장률과 생산성 등 실물경제 면에서 1990년대는 침체기인 1970, 1980년대에 견줘 특별히 나을 것이 없다 (**그림 2** 참조).[28]

표 2. 미국 경제의 국제화

	1960	1970	1980	1999(*는 1998)
수출/GNP	4.0	4.3	8.2	29.7
수입/GNP	3.0	4.0	9.2	37.1
공산품 수출/GNP	8.8	11.6	24.3	41.5*
공산품 수입/GNP	4.8	10.3	21.3	56.7*
미국의 해외 직접투자	304억 달러	756억 달러	2155억 달러	9806억 달러*
해외 투자 수익/기업 수익	12.2	23.8	23.0	32.5*
외국인의 미국 내 직접투자	–	132억 달러	684억 달러	8118억 달러*

※ 1980년까지는 James M. Cypher, "Monetarism, Militarism and the Market," *MERIP Reports*, 14(Nov.-Dec, 1984), p. 10에서 인용. 1999년 수치는 *Statistical Abstract of the United States*, 2000.

그림 2. 미국 국내총생산과 생산성 추세

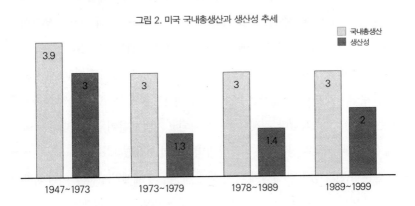

뿐만 아니라 미국 경제는 최근 다시 불황으로 접어들고 있으며, 1990년대의 호황 역시 미국 경제의 부활의 징후가 아니라 조락의 징후일 가능성이 크다. 세계 자본주의 체제의 헤게모니의 변화에 관련된 역사를 살펴보면 과거의 헤게모니 국가들이 모두 헤게모니가 몰락하기 직전에 '좋은 시절belle epoch'이라고 불리는 경제 회복기를 가진 사실을 알 수 있다.[29]

미국 경제의 또 다른 변화들은 탈산업화deindustrialization와 국제화 내지 지구화다. 미국 경제의 탈산업화와 지구화라는 두 현상은 서로 밀접한 관계를 맺고 있는데, 미국 자본들이 1970년대 이후 가시화된 경제위기를 이른바 '신국제 분업'을 통해 돌파하려 했기 때문이다. 미국의 주요 자본들은 1970년대 이후 명실상부한 초국적 자본으로 탈바꿈해 주요 생산 시설을 임금이 싸고 환경 규제도 약해 생산비를 절감할 수 있는 제3세계 등으로 이전했다. 게다가 미국 상품의 국제 경쟁력이 약화하면서 일본과 신흥공업국 등의 값싼 제품들이 미국 시장에 쏟아져 들어와 경제의 국제화와 지구화를 가속시켰다. 수출입이 전체 국민총생산GNP에서 차지하는 비중부터, 해외 직접 투자, 해외 투자의 기업 수익 이윤에 대한 비중 등 모든 지표가 놀라운 속도로 진행되는 미국 경제의 지구화 추세를 보여준다(**표 2 참조**).

이런 미국 경제의 지구화는 특히 소련과 동구가 몰락한 뒤 미국이 세계 자본주의 시장에서 약화된 국제 경쟁력을 제고하고 세계 자본주의 체제를 새로운 단계, 즉 전지구적 신자유주의와 금융 지구화로 끌어올리기 위해 추진한 WTO 체제의 출범과 NAFTA의 조인[30]과 함께 더욱 속도를 더하고 있다. 경제의 국제화와 지구화의 결과는 주요 생산 시설의 해외 이전에 따른 탈산업화다. 여러 연구들이 생생히 보여주듯이[31] 1970년대 미국의 주요 자동차, 철강산업들이 강한 힘을 가진 자동차 노조와 철강 노조를 피해 임금이 싼 중남미와 극동 지역으로 주요 생산 시설을 옮겨서 미시건 주와 오하이오 주의 지역 경제가 초토화됐다. 경제의 국제화 말고도 산업 구조의 변화와 정보화 혁명 등이 2차 산업의 비중을 저하시킴으로써 미국 경제의 탈산업화에 또 다른 중요한 원인이 되고 있다.

2) 노동-자본 관계의 변화

미국 경제의 변화는 노동자 계급의 내부 구성, 조직화, 노동-자본 관계에서 엄청난 변화를 가져다주고 있다. 우선 주목할 점은 탈산업화와 산업 구조의 변화에 따른 노동자 계급 내부 구성의 변화다. 탈산업화에 따라 전통적인 블

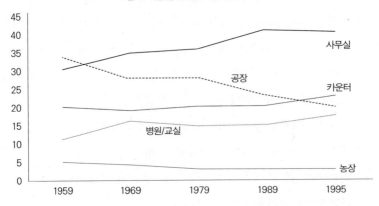

그림 3. 직업별, 산업별 고용 변화 추세

표 3. 노동자 계급 조직화의 역사적 추세

	1960	1970	1980	1990	1999
노동조합원 수(만 명)	1812	2075	2177	1674	1647
조직률(%)	23.6	22.6	19.7	16.1 (11.9)	13.9 (9.4)

※ *Statistical Abstract of the United States*, 1962, 1972, 1983, 1992, 2000에서 작성.
※※ 조직률은 전체 노동 인구에 대한 노조 조합원의 비율. 괄호 안은 공공 부문을 제외한 사적 부문의 조직률임.

루칼라 노동자는 25퍼센트 수준으로 줄어든 반면 사무실에서 일하는 화이트 칼라 노동자는 전체의 57퍼센트로 늘어났다(**그림 3** 참조). 최근 한 정부 보고서에 따르면, 도매, 소매, 금융, 보험, 부동산, 공공 부문 등 광의의 서비스 부문 종사자가 전체 고용 인구의 80퍼센트에 이를 정도로 '경제의 서비스 산업화'와 그 결과인 '노동력의 서비스 산업화'가 빠르게 진행되고 있다.[32]

　노동자 계급의 내부 구성 못지않게 중요한 변화는 노동-자본 관계의 변화다. 1930년대의 역사적인 와그너법 제정 뒤, 특히 전후 부흥기를 통해 미국의 노동과 자본은 포드주의적 노사 협약에 따라 동반자적 관계를 유지해왔다. 과거 '유혈의 테일러주의'와 달리 기계화를 통해 생산성을 향상시키고 대량생산을 도모하는 한편 생산성 향상에 따른 이윤 증가와 임금을 연계해 상대적 고임금을 통해 대량소비를 유도함으로써 대량생산과 대량소비를 연계시키는 포드주의적 축적체제와 포드주의적 노사관계에 의존했다. 그러나 1970년대 경제위기와 함께 미국 경제가 기본적으로 제로섬적 상황으로 변하면서 미국의 독점 자본들은 포드주의적 노사 협약을 파기하고 노동의 유연성을 극대화하는 유연 축적 방식과 포스트포드주의로 전환하기 시작했다.[33] 대대적인 구조조정으로 노동자가 해고됐고, 노동-자본 간의 힘의 균형은 자본의 절대적 우위로 전환됐다. 노동자들은 노동시장에 벌거벗은 상품으로 내동댕이쳐졌다. 한마디로 미국 사회는 필요에 따라 정리해고를 밥먹듯 하는 '임시변통식 경제contingent economy' 아래에서 다수 노동자들은 경제적 불안에 시달리고 모든 경제적 부는 소수 자본가에게 집중되는 '승자독식 사회'로 변했다.[34]

마지막으로 지구화와 탈산업화, 유연 축적 방식의 등장, 그리고 이 요인들에 못지않게 중요한 노동자 계급에 대한 자본의 공세에도 불구하고, 1995년에 존 스위니로 교체될 때까지 AFL-CIO를 이끈 레인 커크랜드Lane Kirkland의 현상 유지적이고 무기력하기 짝이 없는 노동조합 노선[35]은 노동자 계급의 조직적 힘을 대변하는 노조의 쇠퇴를 가져왔다. 미국의 노조 가입자 수는 1980년 2200만 명 수준을 정점으로 점차 줄어들기 시작해 1999년 현재 1647만 명 수준으로 떨어졌다. 지난 20년 동안 조합원이 거의 30퍼센트 줄어든 결과 전체 노동 인구 중 노조 가입률은 1960년 23.5퍼센트, 1979년 22.6퍼센트, 1980년 19.7퍼센트, 1990년 16.1퍼센트로 떨어져, 1999년 현재 13.5퍼센트로 급락했다. 특히 공무원노조 등 공공 부문을 뺀 사적 부문인 일반 기업체 고용 노동력만 살펴보면 노조 가입률은 10퍼센트도 안 되는 9.4퍼센트에 그치고 있다(표 3 참조).

3) 정치 지리의 변화

미국 사회의 변화에서 주목할 만한 또 다른 현상은 흔히 '선벨트의 부상'[36]이라 부르는 남부의 경제력 상승, 그리고 그 결과인 인구 증가다. 텍사스 주부터 플로리다 주, 조지아 주, 테네시 주, 앨라배마 주, 아칸소 주, 루이지애나 주, 미시시피 주, 사우스캐롤라이나 주, 노스캐롤라이나 주, 버지니아 주로 이어지는 선벨트의 성장은 기본적으로 이 문제를 다룬 한 선구적 연구자가 '6개의 기둥'(농업, 방위산업, 하이테크, 석유와 천연가스, 부동산 개발, 관광레저 산업)이라고 부른 동력의 산물이다.[37] 특히 석유수출국기구OPEC로 상징되는 1970년대 자원민족주의의 부상은 석유 등 지하자원 관련 산업들의 경제력을 폭발적으로 끌어올렸고, 지하자원이 풍부한 남부의 경제력은 빠르게 성장했다.

이 밖에 전통적으로 남부 지역이 지지 기반인 민주당은 다양한 방식으로 다른 지역에 견줘 남부에 정책적 배려를 해서 선벨트의 성장을 도왔다. 다양한 방위산업을 남부에 유치하는가 하면 미국 항공우주국NASA으로 상징되는 항공우주산업의 유치, 농업 보조금 지원, 세법을 통한 부동산 개발 장려 등이 대표적인 사례이고, 이 밖에 사회보장 제도 덕에 많은 은퇴자들이 은퇴 뒤 날씨가 좋은 남부 지역으로 이주했다.[38] 게다가 1970년대 들어 환경운동이 빠르게 성장하고 환경 문제에 관한 사회적 의식이 발전하면서 이미 한계에 이를 정도로 산업화된 북동부 도시들에서는 공해 관련 환경 규제들이 강화되기 시작했고, 이런 규제는 환경이 아직 훼손되지 않은 남부로 탈출하도록 기업들을 부채질하는 결과를 가져왔다.[39]

이런 현상은 1980년대 이후에도 이어져 선벨트는 지금도 성장하고 있으며, 별 다른 사건이 없는 한 앞으로도 이런 흐름은 계속 이어질 전망이다. 남부와 중서부의 22개 주에는 미국 전체 인구의 4분의 1 정도가 살고 있지만, 1992년 이후 2000년까지 전국적으로 생겨난 2100만 개의 새로운 일자리 중 절반가량이 이 지역에 집중된 것으로 집계되고 있다.[40] 그 결과 이 지역은 나머지 지역보다도 연평균 60퍼센트 정도 빠른 연 3.4퍼센트 정도로 경제가 성장하고 있는 반면, 과거 미국 경제의 중심지이던 북동부 등은 전체 인구의 절반이 살

표 4. 지역별 인구 이주 추세(단위: 1000명)

	북동부	중서부	남부	서부
1980~1981	-242(-35)	-406(-226)	407(899)	161(675)
1990~1991	-585(-376)	-15(193)	433(784)	167(784)
1995~1996	-234(51)	68(198)	150(620)	16(492)
1998~1999	-163(35)	-171(50)	270(814)	63(529)

※ Statistical Abstract of the United States, 2000. 앞의 숫자는 국내인구 이동이고 괄호 안은 이민을 포함한 숫자임.

표 5. 전체 인구 중 아프리카계의 비중(단위: 1000명)

	1920	1950	1980
남부	32	25	20
기타 지역	3	5	9
미국 전체	10	10	12

※ Earl Black & Merle Black, *Politics and Society in the South*, Cambridge: Harvard Univ. Press, 1987, p. 17에서 작성.

고 있는데도 신규 일자리의 30퍼센트만 만들어진 결과 남부과 중서부의 절반 정도인 연평균 1.8퍼센트의 경제성장에 그치고 있다.

선벨트의 성장은 단순히 경제력의 성장에 그치지 않고 거기에 맞춰 인구도 증가하는 중이다. 북동부는 탈산업화에 따라 인구 유입보다는 다른 지역으로 이주하는 인구가 많아 인구 유출 현상을 보이고 있는 반면, 남부는 새로운 일자리를 찾아 많은 인구가 새로 유입됨으로써 미국 안에서는 인구 면에서 가장 빠른 성장을 보여주고 있다(표 4 참조).

전체적인 인구 증가에 더해 주목할 만한 현상은 인구 구성의 변화다. 전통적으로 남부에 집중돼 있던 아프리카계가 다른 지역으로 이주하면서 남부의 전체 인구 중 아프리카계가 차지하는 비중이 점점 낮아지고 있다(표 5 참조).

미국 사회의 이런 변화들은 미국의 정당 정치에 어떤 영향을 미쳤고 앞으로 어떤 영향을 미칠 것인가?

먼저 미국 사회의 변화에 관련해, 미국 정당 정치의 변화를 이해하는 데 전제가 돼야 하는 중요한 사실은 미국 선거가 갈수록 많은 돈이 들어가는 자본 집약형 선거로 변하고 있다는 사실이다. 이런 변화는 텔레비전 선거 등 대중매체를 통한 선거운동이 중요해지면서 생겨난 현상으로, 지난 2000년 선거만 하더라도 4년 전의 1996년 선거보다 무려 80퍼센트가 늘어난 32억 달러의 정치자금을 쓴 것으로 집계됐다.[41] 이렇게 선거가 자본 집약적이 되면서 정당 정치의 향방에 기업 같은 '정치 투자가'들의 입김이 어느 때보다도 커지고 있다. 따라서 정치 투자가들의 내적 힘의 구성 변화, 그리고 산업 구조의 변화 등에 관련된 정치 투자가들의 정치적 선호의 변화야말로 현대 미국 정치의 변화를 이해하는 해답의 핵심이라고 할 수 있다.

이 문제에 관련해 미국 정당 정치의 최근 변화 중 가장 기본이 되는 요소는 노동자 조직, 즉 노동조합의 정치적 영향력 약화와 여기에 대조되는 기업과 자본의 영향력 급증, 그리고 그 결과인 둘 사이의 영향력 격차의 심화다.

자본의 힘은 단순히 자본이 동원할 수 있는 자금력이 아니라 생산수단의 독점을 통한 경제 활동 전반에 대한 통제에 있다.[42] 그러나 이런 근본적인 문제까지 가지 않더라도 선거의 자본집약화에 관련해 노동과 자본 사이의 재정적 자원의 불균형은 미국 정당 정치에서 중요한 함의를 지니게 됐다. 1982년을 기준으로 노동조합의 전체 수입이 3억 2400만 달러에 불과한 반면 기업의 이윤은 500배에 이르는 1560억 달러인 사실은 이런 불균형을 웅변적으로 보여준다.[43] 특히 주목할 것은 1970년대 불황과 미국 경제의 위기가 가시화되면서 나타난 "기업 공동체의 정치화"[44] 현상이다. 기업 공동체는 경제위기가 심화되자 정치적 영향력을 직접적으로 확대해 친자본 정책을 만들어내

표 6. 자본과 노동의 PAC 정치자금 사용 비교

	1972	1978	1982
노동조합	$850만	$1,860만	$3,500만
기업체(A) 자본 관련 단체(B) A+B	$800만	$1,520만 $2,380만 $3,900만	$4,320만 $4,170만 $8,490만

※ Thomas Byrne Edsall, *The New Politics of Inequality*, New York: W. W. Norton, 1984, p. 131.

기 위해서 나름의 정치행동위원회, 즉 PAC을 구성하고 정치적 활동을 확대해 갔다. 그 결과 1972년의 경우 거의 비슷한 수준이던 노동조합과 자본 관련 단체들의 PAC 정치자금 사용액이 10년 뒤인 1982년에 이르러서는 후자의 사용액이 전자의 2.5배로 벌어졌다(표 6 참조). 이 격차는 그 뒤에도 계속 벌어져서 1996년 연방 의회 선거의 경우 노동조합은 3500만 달러를 정치자금으로 사용한 반면 기업체들은 7배에 이르는 2억 4200만 달러를 후보자들에게, 특히 대부분 친자본적인 공화당 출마자들에게 지원한 것으로 집계되고 있다.[45]

그러나 기업 공동체의 정치화와 뒤이은 노동과 자본 사이의 정치적 영향력 격차의 확대 못지않게, 어쩌면 그 이상으로 중요한 변화는 1970년대 경제위기, 포드주의의 해체, 세계 자본주의 체제 내 경제적 위상의 약화에 따른 다수 자본들의 뉴딜 연합 이탈과 공화당행이다. 다수 자본의 뉴딜 연합 이탈에 앞서 우선 주목할 것은 전통적인 공화당 성향 투자가들인 '구우파' 자본의 약진이다. 반뉴딜 연합의 핵심인 독립 석유 회사들, 섬유 등 보호주의 지지 자본들, 1차 상품 생산자들이 1970년대 들어 경제가 어려워지자 공화당과 다양한 보수 단체들에 막대한 지원을 쏟아부어 민주당의 뉴딜 체제를 공격했다. 특히 선벨트의 부상, 석유 위기에 따른 석유 가격의 폭등은 전통적으로 뉴딜에 강력히 저항한 텍사스 주, 오클라호마 주, 캘리포니아 주의 독립 석유 회사들과 대형 농업 자본들에게 막대한 부를 선사했고, 이런 기업들은 그 막대한 부를 활용해 전국보수파정치위원회National Conservative PAC 등을 구성하고 근본주의적 기독교 세력을 지원하는 한편 적극적으로 공화당을 지지하고 나섰다.[46] 남부의 부상이 자본 내부의 힘의 균형에서 전통적인 반뉴딜 자본분파의 힘이 도약적으로 성장하는 계기가 되면서 미국 정당 체제의 재편을 강제한 것이다. 그러나 여기에 못지않게 심각한 것은 '신우파 자본'의 등장이다. 보호무역주의자들인 '구우파 자본'과 달리 자유무역을 지지해온 이 자본들은 대부분 다국적 기업으로, 과거에 민주당을 지지했지만 경제위기와 함께 뉴딜 연합을 떠나 공화당 지지로 돌아섰다. 물론 이 기업들은 자본 집약적이어서 경제위기에도 불구하고 임금 삭감 등이 위기 극복에 상대적으로 큰 도움이 되지 않기 때문에 최소한 위기 초기에는 공개적으로 반노동적 태도를 견지하지는 않았다. 그러나 결국 위기 극복을 위해 규제 자율화와 감세 등 시장경제와 작은 정부, 즉 보수파의 '신자유주의'[47]를 적극 지지하고 나섰다. 특히 화학, 의약, 석유, 원자력 부문 등은 환경과 노동자 안전 문제에 관한 이른바 사회적 규제에 가장 민감한 부문으로서, 1970년대 초에 가장 적극적으로 규제 자율화를 위한 정치 활동과 《퍼블릭 인테레스트The Public Interest》 같은 보수 잡지를 지원하는 데 가장 적극적으로 나섰다.[48] 주요 자본들이 규제 자율화와 감세 등을 내걸고 펼친 자유시장 운동은 민주당 쪽 기업 공동체의 전통적인 지지 기반이 붕괴하고 뉴딜 연합에서 이탈하는 흐름을 촉진했다.

이런 사실은 정치자금 관련 주요 통계를 보면 쉽게 알 수 있다. 한 선거 사이클인 1977년 1978년 사이에 양당의 재정을 책임지는 '3대 위원회', 즉 중앙당 격인 전국위원회와 상원과 하원의 캠페인위원회를 비교하면 공화당은 민주당의 3배에 이르는 8450만 달러를 모금했는데, 1985~1986년 사이클 동안에는 격차가 4배 이상으로 늘어났다(표 7 참조). 이런 추세는 계속돼 정치자금 모금의 천재라는 빌 클린턴이 민주당의 대표 주자로 등장한 1992년 선거 때도 기업의 선거 자금 후원액에서 양당의 격차는 여전히 크다(표 8 참조).

위에서 지적한 여러 변화들, 즉 소요 정치자금의 기하급수적 팽창, 노조의 약화와 여기에 대조되는 기업 공동체의 정치화, 반뉴딜적 '구우파'의 물질적

표 7. 민주당과 공화당의 '3대 위원회' 모금액 비교(단위: 백만 달러)

선거 사이클	1977~1978	1979~1980	1981~1982	1983~1984	1985~1986
민주당	26.4	37.2	39.3	98.5	61.8
공화당	84.5	169.5	215.0	297.9	252.4

※ Thomas Byrne Edsall, "The Changing Shape of Power," Steve Fraser & Gerstle(eds.), *The Rise and Fall of the New Deal Order, 1930~1980*, Princeton: Princeton Univ. Press, 1989, p. 280.

표 8. 주요 기업체의 정당별 선거 자금 후원 현황

	1988(n=1,380)	1992(n=948)
민주당	17%	21%
공화당	46%	55%

※ Ferguson, *op. cit.*, p. 253, 291에서 재작성.

기반의 성장과 다국적 기업의 '신우파화'와 뉴딜 연합 이탈은, 민주당 우위로 특징지어지는 뉴딜 체제의 해체, 그리고 불안정하기는 하지만 새로운 공화당 우위 체제 내지 최소한 공화당 대통령과 민주당 의회의 분점 정부 체제[49]를 만들어냈다(**표 9** 참조). 물론 이런 공화당 체제의 출발점이자 정점은 '레이건 혁명'이다. 그리고 레이건 혁명의 경제적 파국에 따른 민주당 클린턴 대통령의 백악관 탈환과 재선은 레이건식 신자유주의 혁명과 공화당 체제가 끝났다는 낙관론을 낳기도 하고 있다. 한 미국 정치의 권위자는 "리처드 닉슨이 마지막 뉴딜 대통령이었다면 빌 클린턴은 마지막 (작은 정부와 신자유주의로 특징지 어지는 — 인용자) 공화당 시기의 대통령이 될 가능성이 크다"[50]고 주장했다. 그러나 주목할 것은 또 다른 미국 정치 권위자가 "그 결과가 지닌 함의에서 지난 100년 동안에 아마도 가장 중요한 선거"[51]라고 지적한 1994년 중간 선 거다. 1992년에 민주당이 12년 만에 백악관을 탈환하지만, 2년 뒤 이 선거에 서 이른바 '깅리치 혁명'[52]을 통해 "40년 만에 처음으로 공화당이 미 연방의회 하원을 장악하고, 상원을 재장악하고, 전국 인구의 70퍼센트를 대표하는 30

표 9. 역대 미국 선거 결과

	대통령	의회	
		상원	하원
1961~1965	민(케네디·존슨)	민(64:36) 민(67:33)	민(262:175) 민(258:176)
1965~1969	민(존슨)	민(68:32) 민(64:36)	민(295:140) 민(258:127)
1969~1973	공(닉슨)	민(58:42) 민(54:44)	민(243:192) 민(255:180)
1973~1977	공(닉슨·포드)	민(56:42) 민(61:37)	민(242:192) 민(291:144)
1977~1981	민(카터)	민(61:38) 민(58:41)	민(291:143) 민(277:158)
1981~1985	공(레이건)	공(46:53) 공(48:54)	민(243:192) 민(268:167)
1985~1989	공(레이건)	공(47:53) 민(55:45)	민(253:182) 민(258:177)
1989~1993	공(부시)	민(55:45) 민(56:44)	민(260:175) 민(267:167)
1993~1997	민(클린턴)	민(57:43) 공(47:53)	민(258:176) 공(204:230)
1997~2001	민(클린턴)	공(45:55) 공(45:55)	공(207:227) 공(211:223)
2001~2005	공(부시)	민, 공 동수 (50:50)	공(210:220)

표 10. 민주당 지지(전체 기업 평균 이상) 산업 부문

1988		1992	
음료업체	50%(0.01)	담배	50%(0.20)
투자은행	40%(0.01)	석유, 가스	28%(0.18)
부동산 개발	39%(0.01)	자본 집약적 수출업	43%(0.17)
컴퓨터	32%(0.07)	항공사	54%(0.00)
		컴퓨터	38%(0.12)
		운송	33%(0.08)
		투자은행	46%(0.00)

명의 주지사를 차지"한 것이다.[53] 또한 2000년 선거에서 공화당은 선거인단 제도라는 시대착오적 제도와 플로리다 주 개표 부정 덕이기는 하지만, 백악관, 상원, 하원을 모두 장악함으로써 오랜 분점 정부 체제를 정리했다.

이 문제에 관련해 공화당 우위 체제의 확립 못지않게, 아니 어쩌면 이것보다 더 중요한 것은 민주당의 우경화와 뒤이은 미국 정당 체제 전체의 우경화다. 레이건 혁명 뒤 민주당은 보수적인 남부 의원들을 중심으로 민주당의 '현대화'라는 이름 아래 민주당 리더십 자문회의DLC와 산하 기관인 진보정책연구소PPI·The Progressive Policy Institute를 만들어 당을 우경화시켰다.[54] 1992년 민주당 예비선거에서 빌 클린턴이 거둔 승리[55]로 상징되는 신민주당 노선의 확산과 본선에서 거둔 승리는 전통적 뉴딜 노선을 내건 예비선거 후보에게 자본이 드러낸 거부 반응, 그리고 총론에서는 신자유주의를 지지하지만 각론에서는 공화당 정책에 불만을 품은 일부 자본분파들이 신민주당 노선에 보낸 지지에 크게 힘입고 있다는 점을 주목할 필요가 있다(표 10 참조). 결국 그 덕으로 민주당은 백악관을 탈환했지만 클린턴 대통령이 "등록된 공화당 당원을 상당히 닮았으며 그로버 클리브랜드 이후 가장 보수적인 민주당 대통령으로 역사에 기록될 것이 자명하다"[56]는 모순을 안게 됐다. 이런 평가는 클린턴이 민주당의 전통적 지지 기반인 AFL-CIO는 말할 것도 없고 다수 노동자들이 반대하는 북미자유무역협정에 서명하고 복지를 대폭 삭감하는 이른바 복지 개혁을 단행한 결과다.

여기서 살펴봐야 할 것은 최근의 선거 결과, 특히 이른바 1994년의 선거 쿠데타가 미국 유권자들이 미국 주요 언론들의 주장처럼 "거의 만장일치로 한 방향, 즉 '반민주당 노선against liberalism'과 우경화를 요구한 것"[57]인가 하는 문제다. 이런 주장은 이 글의 입장과 달리 미국 정치가 유권자들의 의견을 반영하고 있다는, 앞에서 비판한 중간치 유권자 모델에 기초한 분석으로서, 1980년대 이후의 정당 정치, 나아가 미국 주요 정책의 우경화의 본질이 기본적으로 자본이라는 주요 투자가들의 재편성에 따른 "유권자 재편성 없는 정책 재편

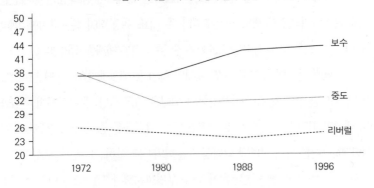

그림 4. 이데올로기 자기 평가 변화 추세

그림 5. 정부 크기에 대한 지지도

성policy realignment without electoral realignment"[58] 내지 "유권자 재편성 없는 정당 재편성"이라는 사실을 은폐하고 있다. 물론 여론조사들을 보면 점점 많은 유권자들이 자신을 보수적이라고 답하는가 하면 정부가 현재보다 작아져야 한다고 대답하는 등 우경화 추세를 드러내는 듯 보이는 것은 사실이다(**그림 4, 그림 5**).[59]

그러나 더 깊이 분석해보면 자본에 대한 규제 필요성과 정부 역할에 대한 유권자들의 우경화 경향은 최소한도로 이야기하면 지나치게 과장돼 있거나, 좀더 급진적으로 이야기하면 실제 유권자 의식에서는 크게 변화가 없거나 오히려 좌경화되는 중이라는 점을 알 수 있다. 우선 유권자 우경화의 분기점으

표 11. 정부 정책의 우선순위 평가(1997)

	실제 정부가 우선순위를 주고 있다(A)	우선순위를 줘야 한다(B)	A-B
싼 의료 혜택 보장	15%	75%	-60%
노인층 생활 보장	17%	72%	-55%
천연자원 보존	24%	76%	-52%
빈곤 축소	16%	65%	-49%
빈곤층 대학 진학 보장	11%	50%	-39%

※ Pew Research Center, *Deconstructing Distrust: How Americans View Government*, Washington, D. C.: Pew Research Center for the People and the Press, 1998.

표 12. 정부 예산에 대한 유권자 평가(1998)

	너무 적다	적당하다	너무 많다	net score*
교육	73%	21%	7%	66%
의료	70%	24%	7%	63%
환경	65%	28%	8%	57%
사회 안보	60%	33%	7%	54%
빈곤층 지원	63%	26%	11%	51%
대중교통	35%	55%	10%	25%
국방	19%	49%	32%	-13%
우주 개발	12%	47%	42%	-30%

* net score는 너무 적다는 비율로부터 너무 많다는 비율을 뺀 차이이다.
※ Tom Smith, "Trends in National Spending Priorities, 1973-1998," Chicago: National Opinion Research Center, 1999에서 재작성.

로 일컬어지는 레이건 혁명 당시인 1980년의 유권자 의식을 보면 소수 대기업에 너무 많은 권력이 집중되고 있다는 응답은 오히려 1969년의 61퍼센트에서 79퍼센트로, 기업이 너무 많은 이윤을 남기고 있다는 응답은 38퍼센트에서 51퍼센트로, 기업 이윤에 제한을 가해야 하느냐는 질문에 그렇다고 답한 사람이 33퍼센트에서 60퍼센트로 각각 늘어났다.[60]

최근의 여론조사도 비슷한 결과를 보여준다. 뉴딜적 문제의식에 관련된 정책 사안들에서 정부가 부여해야 할 당위적인 우선순위와 실제 정부가 부여한 우선순위를 평가하라는 질문에 대해 유권자들은 큰 격차로 뉴딜적 정책에 우선순위를 부여하면서 정부가 제 기능을 못하고 있다고 답한다(**표 11** 참조). 또한 이런 뉴딜적 사안들에 관련된 정부 예산에 대한 평가도 써야 할 정당한 몫보다 너무 적게 쓰고 있다는 의견이 압도적이다(**표 12** 참조). 사실 남부의 반란이라고 부르는 남부의 탈민주당 추세[61]도 핵심은 위에서 지적한 전통적 반뉴딜 세력인 남부 자본의 영향력 확대, 그리고 남부 자본과 근본주의적 기독교 세력의 결합이며, 일반 유권자의 보수성은 과장된 측면이 많다.[62]

최근의 선거 결과도 유권자들의 이런 태도를 입증해주고 있다. 클린턴 대통령이 1994년 중간 선거에서 민주당이 당한 참패와 여러 스캔들에도 불구하고 1996년 대선에서 승리해 프랭클린 루스벨트 이후 최초로 재선에 성공한 민주당 대통령이 되는 영광을 누리게 된 이유를 살펴볼 필요가 있다. 이 선거에서 밥 돌 후보는 신자유주의적 입장에서 15퍼센트의 일괄 감세를 약속한 반면, 클린턴 대통령은 신민주당적 입장에도 불구하고 이런 감세는 의료 보호 등 뉴딜형 기본 서비스의 축소를 가져온다며 이른바 'M2E2[Medicare, Medicaid, Education, Environment]'라는 슬로건을 통해 뉴딜 프로그램을 옹호했다.[63] 출구조사 결과 클린턴을 찍은 이유로 경제와 일자리 문제 해결이라고 답한 사람이 21퍼센트, 의료 보호와 사회보장이라고 답한 사람이 15퍼센트, 교육이라고 답한 사람이 12퍼센트로, 뉴딜적 의제들이 이른바 신민주당적 의제들을 압도한 것으로 나타났다.[64]

2000년 선거 결과도 마찬가지다. 민주당의 앨 고어 후보는 클린턴의 연이은 스캔들과 고어 자신의 딱딱한 스타일 때문에 고전을 면치 못하자 신민주당적 입장을 버리고 좌파 성향의 당내 선거 전문가인 스탠리 그린버그를 영입했다. 고어는 민중주의적 노선을 채택해 부시 후보의 감세안 등을 최부유층 1퍼센트를 위한 정책이라며 비판하고 나선 뒤 인기를 회복했고, 결국 선거인단 제도 때문에 패배하기는 했지만 유권자 선거에서는 부시 후보를 누를 수 있었다.[65] 이런 모든 사실은 현재 다수 미국 유권자들이 반대하고 있는 것은 지금 같은 정부의 정책 방향일 뿐 정부 그 자체가 아니며, 실제로는 고용 불안

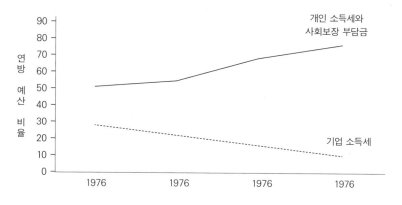

그림 6. 연방 재원 구성비

과 사회적 양극화 등 신자유주의적 지구화의 부작용을 정부가 나서서 막아주기를 바라고 있는 현실을 보여준다. 결론적으로 레이건 혁명과 뉴딜 연합의 붕괴를 가져온 가장 중요한 원인인 큰 정부에 대한 대중적 불신의 핵심에는 경제위기와 함께 뉴딜 연합에서 이탈한 자본을 붙잡기 위해 민주당이 취한 우경화 노선, 친자본 성향을 띤 잘못된 정책 우선순위, 다수 노동자 계급에 대한 방기가 자리잡고 있다.

주목할 것은 큰 정부에 대한 대중적 불신은 위에서 지적한 잘못된 정책 우선순위 말고도 잘못된 세금 정책에 크게 기인한다는 사실이다. 다수 유권자가 보수화된 변화의 핵심에는 경제위기에 따라 날로 어려워지는 생활 속에서 세금 부담이 늘어나는 현실에 대한 반발, 즉 '세금 반역'이 자리잡고 있다. 이런 '세금 반역'은 민주당과 공화당이 자본의 지지를 얻기 위해 경쟁적으로 기업소득세를 삭감하면서 개인소득세와 사회보장세에 대한 연방 정부의 재정 의존도가 상승한 결과다(**그림 6** 참조).[66] 다시 말해 경제위기와 함께 포드주의적인 노사 공생 관계가 깨지면서 민주당도 일반 유권자들이 원하는 정책 우선순위는 무시한 채 자본이 요구하는 부문에 예산을 집중하는 한편 정부의 재원은 기업이 아니라 일반 유권자가 내는 세금에 점점 더 의존하는 정책을 취하면서 유권자들의 정부 불신과 이른바 보수화를 자초한 것이다.

이런 모든 상황을 고려할 때, 설사 미국 유권자들이 보수화되고 있다는 사실을 인정하더라도 중간치 유권자 모델이 하는 주장처럼 일반 유권자들이 보수화해서 투표를 통해 뉴딜 체제의 해체와 미국 정당 체제의 보수화를 가져왔다고 볼 수는 없다. 오히려 이런 인과 관계와는 정반대로, 경제위기와 함께 미국의 자본들이 보수화하면서 보수화된 자본들을 잡기 위한 미국 정당 체제의 보수화가 일어났고, 그 결과 보수적 정책 때문에 소외된 유권자들의 정부 불신이 누적돼 유권자들까지 이른바 '보수화'(작은 정부 선호화)하기 시작한 것이라고 봐야 한다.

이런 보수화의 동학은 미국 정당 정치의 미래에 관련해서도 중요한 함의를 지닌다. 신자유주의적 정책에 따른 잘못된 정책 우선순위, 특히 그 결과인 다수 유권자들의 일상에 관련된 국가 프로그램과 서비스의 축소는 국가에 대한 유권자들의 불신을 강화해 다시 신자유주의에 대한 지지로 나타나는 악순환을 반복할 가능성이 크다.[67] 이 점에서 미국 정당 정치의 미래는 과연 민주당이 이런 악순환의 고리를 끊을 수 있느냐에 달려 있고, 이것은 다시 민주당이 DLC류의 신민주당 노선과 진보적 노선 중 어떤 전략적 선택을 하느냐 하는 당내 정치에 달려 있다. 그러나 전지구적 신자유주의에 따라 날로 강화되고 있는 초국적 자본의 힘, 특히 자본 집약적인 미국 선거의 현실을 고려할 때 진보적 노선이 승리하기는 쉽지 않다. 그리고 지금 같은 신민주당 노선이 계속될 경우 페로 현상[68]이나 녹색당 같은 제3당 운동, 나아가 WTO 체제에 저항한 시애틀 항쟁[69] 같은 '거리의 정치'가 끊이지 않을 것이다. 결국 한 정치학자가 저서의 제목[70]을 통해 비판한 미국 정치의 황금률, 즉 "황금을 지배하는 자가 정치를 지배한다"는 미국 정치의 변치 않는 '황금률'을 혁파하지 않는 한, 미국 정치, 나아가 미국 사회의 미래는 암울할 수밖에 없다.

9장

마르크스주의와 선거[*]

1. 들어가며

현대 정치, 현대 민주주의의 핵심은 누가 뭐라 해도 단연 선거다. 보통선거권에 기초해 공정하고 자유로운 선거에 따른 (선거 결과의) '불확실성의 제도화'라는 선거 민주주의가 민주주의의 핵심으로 자리잡은 지 오래다.[1] 그 결과 '제3의 물결'이라고 부르는 1980년대 제3세계와 현실 사회주의 진영의 '민주화' 흐름 속에서 민주주의의 '공고화consolidation'의 기준으로 무장투쟁이나 혁명 같은 대안이 사라지고 정치에서는 선거가 "마을의 유일한 게임"이 되는 것이라는 주장까지 제기됐다.

    마르크스주의를 포함한 진보 진영의 경우도 마찬가지다. 소련과 동구의 몰락 이후 변혁이라는 단어가 뒤로 멀어지고 민주주의가 중심이 되는 화두로 자리잡은 뒤 선거와 선거사회주의가 진보 진영의 중요한 고민으로 자리잡았다고 해도 과언이 아니다. 변혁의 무기를 둘러싼 화두까지, 많은 경우 선거사

** *** 손호철, 〈마르크스주의와 선거〉, 《마르크스주의 연구》 제8권 4호, 경상대학교 사회과학연구소, 2011, 12~32쪽에 실린 논문을 수정하고 보완했다.

회주의자들이 주장하는 '종이 짱돌paper stones'로 바뀌었다고 할 수 있다. 다시 말해 파리코뮌 당시 바리케이드 노동자들이 던지던 분노의 돌팔매질은 이제 투표용지라는 '종이 짱돌'로 바뀐 지 오래다.[2]

한국의 경우도 크게 다르지 않다. 1987년 민주화와 함께 선거민주주의가 자리잡고 소련과 동구가 몰락하면서 변혁의 전망이 극히 부정적으로 바뀌자 진보 진영에서도 선거사회주의에 대한 관심이 꾸준히 증가해왔다. 특히 2004년 총선에서 진보 정당이 5·16 쿠데타 이후 40여 년 만에 국회에 진출하면서, 나아가 이명박 정부 들어 그동안 어렵게 획득한 정치적 민주주의와 남북 관계가 후퇴하면서, 2012년 총선과 대선에 관련해 선거와 선거민주주의에 대한 관심이 마르크스주의 진영과 진보 진영에서 그 어느 때보다 높다.

이런 점을 고려할 때, 마르크스주의의 입장에서 선거와 선거민주주의를 다시 한 번 원론적으로 깊이 있게 생각해볼 필요가 있다. 이 글은 이런 문제의식의 한 표현이다.

2. 자본주의와 선거민주주의

마르크스주의의 입장에서 현대 정치의 특징이 된 선거를 이해하기 위해서는 하나의 생산양식으로서 자본주의의 특수성을 이해해야 한다. 왜냐하면 선거민주주의, 특히 그 핵심인 보통선거권은 자본주의의 독특한 특징이기 때문이다. 물론 고대 그리스 등 일부 사회의 민주주의가 선거 제도를 가지고 있었지만 보통선거 제도는 오직 자본주의 사회에 와서 가능해졌기 때문이다. 다시 말해 우리는 왜 자본주의 사회는 다른 전자본주의 사회와 마찬가지로 계급사회인 동시에 다른 전자본주의 사회와 달리 보통선거권 같은 법적, 정치적 평등을 보장하고 정치적 민주주의와 선거민주주의를 보장하느냐는 근본적인 질문에 답해야 한다.

이 질문에 대한 답은 《프랑스 혁명사 3부작》 같은 카를 마르크스의 '정치적' 저작들이 아니라 흔히 단순한 '정치경제학' 저서로 오해받는 《자본》에서 찾을 수 있다.[3] 《자본》은 말한다.

부불 잉여노동을 직접적인 생산자에게서 강탈하는 특수한 경제적 형태가 지배와 종속 관계를 결정한다. …… 직접적인 생산자에 대한 생산 조건의 소유자의 직접적인 관계 — 이 관계의 특수한 형태는 당연히 노동 방식 그리고 사회적 노동 생산력의 일정한 발전 단계에 항상 상응한다 — 에서 우리는 언제나 사회 구조 전체의 가장 깊은 비밀과 은폐된 토대, 그리고 또한 주권-종속 관계의 정치적 형태(요컨대 그때그때의 특수한 국가형태)의 가장 깊은 비밀과 은폐된 토대를 발견하게 된다.[4]

마르크스는 정치적 지배와 종속의 관계, 이 관계의 정치적 형태와 특수한 국가형태를 찾는 비밀은 "은폐된 토대", 구체적으로 "부불 잉여노동을 직접적인 생산자에게서 강탈하는 특수한 경제적 형태"에서 찾아야 한다고 주장하고 있다. 왜 그러한가?

명백한 것은 현실의 노동자가 자기 생활 수단의 생산수단과 노동 조건의 "점유자possessor"이기도 한 모든 형태에서는 소유 관계는 동시에 직접적인 지배와 종속 관계로 나타나며, 따라서 직접적인 생산자는 부자유인으로 나타난다는 점이다. 여기에서 직접적인 생산자는 자기 자신의 생산수단을 점유하고 있으며 자기의 노동의 실현과 자기의 생활 수단의 생산에 필요한 객체적인 노동 조건을 점유하고 있다. …… 이런 조건하에서는 명목적인 토지 소유자를 위한 잉여노동은 경제 외적 강제에 의해서만 강탈될 수 있다. 그러므로 여기에서는 인격적인 종속 관계와 토지의 부속물로서 토지에 결박하는 것 — 진정한 의미의 예속 — 이 필요하다.[5]

봉건제 사회 같은 전자본주의 사회에서는 생산수단(토지)의 법적 소유legal

ownership는 영주 같은 지배 계급에 속해 있었지만 점유possession 관계[6]라는 면에서는 생산자가 이 생산수단과 노동 조건을 실질적으로 점유해 통제하고 있었다. 따라서 최종 생산물(쌀, 밀 등)은 일단 생산자의 수중에 들어가 있었고, 생산 과정에서 자연스럽게 잉여의 수취가 일어나는 것이 아니고 생산 이후에 사후적으로 일어나기 때문에 잉여의 수취에 경제 외적 강제가 필요하며, 따라서 생산자에 대한 신분적 예속이 필요하다는 주장이다. 이것이 위에서 인용했듯이 마르크스가 "부불 잉여노동을 직접적인 생산자에게서 강탈하는 특수한 경제적 형태가 지배와 종속 관계를 결정한다"고, "직접적인 생산자에 대한 생산 조건의 소유자의 직접적인 관계에서 우리는 언제나 사회 구조 전체의 가장 깊은 비밀과 은폐된 토대, 그리고 또한 주권-종속 관계의 정치적 형태(요컨대 그때그때의 특수한 국가형태)의 가장 깊은 비밀과 은폐된 토대를 발견하게 된다"고 말한 이유다.

《자본》에서 마르크스는 이런 논리를 발전시켜 자본주의에서 생산자와 생산 조건 소유자의 직접적 관계, 그리고 이 관계에 따른 지배-종속의 정치적 형태를 분석하지는 않고 있다. 그러나 전자본주의에 대한 마르크스의 주장을 뒤집으면 이 문제에 대한 마르크스의 주장을 추정할 수 있다. 자본주의처럼 직접적인 생산자(노동자)가 자기의 생활 수단과 노동 조건에서 분리돼 더는 점유자가 아닌 생산양식(즉 법적 소유자가 생산수단과 노동 조건의 점유자이기도 한 생산양식)에서는 생산자에게서 생산수단의 소유자(자본가)를 위한 잉여노동을 강탈하는 데 경제 외적 강제가 불필요하고, 잉여노동의 수취는 생산 과정에서 자연스럽게 (노동자 자신을 위한 필요 노동시간을 넘어선 잉여 노동시간을 통해) 일어난다. 따라서 인격적인 예속이 불필요하다는 결론에 이르게 된다.

결국 자본주의는 그 생산양식의 특성 때문에 유명한 '이중적 자유'를 특징으로 하게 된다. 자본주의하에서 생산자들은 전통적으로 누리던 점유권을 상실하고 생산수단에서 분리돼 생산수단에서 '자유로워'지며, 그 결과 신분적

표 1. 자본주의와 전자본주의의 특징

	소유 관계 (법적 소유와 점유)	생산수단	잉여 노동 수취	정치적 함의
전자본주의 (봉건제)	법적 소유=영주 점유=생산자(농노)	생산수단과 생산자의 결합	경제 외적 강제 필요	신분 예속 필요 경제, 정치 결합 정치적 민주주의, 보통선거권 불가
자본주의	법적 소유와 점유=모두 자본가	생산수단과 생산자의 분리	경제 외적 강제 불필요	예속 불필요 경제, 정치 분리 정치적 민주주의, 보통선거권 가능

예속에서 '자유로워'진다. 다시 말해 마르크스주의에 입장에서 보면 생산자가 점유권을 상실하고 생산수단에서 분리되는 자본주의의 특성이 수탈에서 경제 외적 강제를 불필요하게 하며, 따라서 신분적 예속도 불필요해지고 정치와 경제가 분리되며('정치의 상대적 자율성'),[7] 보통선거권 같은 선거민주주의와 정치적 민주주의를 가능하게 하는 것이다. 자본주의 사회에서는 잉여노동의 수취가 생산 과정 속에서 자연스럽게 일어나기 때문에 정치적 민주주의를 허용하더라도 잉여노동을 강탈하는 데 문제가 없다는 주장이다. 이런 논리를 정리하면 **표 1**과 같다.

그러나 그렇다고 자본주의가 보통선거권과 선거민주주의를 피지배 계급에게 자동으로 부여한 것은 아니다. 아니 마르크스의 분석에도 불구하고 자본주의의 역사는 보통선거권, 선거민주주의와 사실상 거리가 멀다. 나아가 보통선거권과 선거민주주의는 자본주의 '때문'이 아니라 자본주의에도 '불구하고' 실현됐다고 하는 편이 더 타당할 것이다. 이 점은 다음 같은 객관적 자료가 잘 보여주고 있다.

우선 살펴볼 필요가 있는 것은 보통선거권의 역사다. 자본주의의 정확한 역사는 논쟁이 가능하다. 그러나 사실상 이미 300~400년의 역사를 가지고 있다. 이런 긴 역사에 대조적으로 보통선거권의 역사는 우리가 생각하는 것보

표 2. 보통선거권과 선거민주주의의 역사

	민주주의 처음 시작	남성 민주주의	민주주의 전복 (외세의 정복 제외)	현재의 민주주의 시작
오스트레일리아	(1903)			
오스트리아	1918		1934	1955
벨기에	1948	1919		
캐나다	(1920)		(1931)	(1945)
덴마크	1915			
핀란드	(1919)		1930	1944
프랑스	1946	1884		
독일	1919		1933(1956)	1949(1968)
이탈리아	1946	(1919)	[1922]	1946
일본	1952			
네덜란드	1919	1917		
뉴질랜드	1907			
노르웨이	1915	1898		
스웨덴	1918			
스위스	1971	c. 1880	([1940])	([1944])
영국	1928	1918		
미국	c. 1970			

※ ( )는 일정한 유보가 필요함을, [ ]는 남성 민주주의의 전복내지 재수립 과정을 의미한다.

다 훨씬 짧다. 테르본의 역사적인 연구[8]가 잘 밝힌 대로 서구와 미국 같은 선진 자본주의 국가들의 경우도 남성 노동자를 포함해 남성들에게 투표권이 주어진 때(남성 민주주의)는 대부분 20세기 들어선 뒤이고 여성에게도 투표권이 주어져 보통선거권(선거민주주의)이 제도화된 때는 1920~1940년대다. 게다가 이런 민주주의는 많은 경우 파시즘 등으로 후퇴되고 2차 대전 이후에야 복원됐다. 사실 가장 정치적 민주주의가 발달한 나라로 평가받는 미국도 흑인이라고 흔히 부르는 아프리카계들에게 투표권이 주어진 때는 1960년대 말이라는 점에서 보통선거권의 역사는 그 어느 선진국보다 짧다(**표 2** 참조).

　자본주의와 보통 선거권, 그리고 선거민주주의 사이의 관계를 살펴보기 위해 주목할 또 다른 측면이 있다. 바로 자본주의, 그리고 이것에 밀접한 관련이 있는 자유주의가 보통선거권과 선거민주주의를 20세기 이전까지는 일관되게 반대했다는 사실이다. 보통선거권과 민주주의는 기본적으로 사회주의와 등치됐으며 사회주의를 제외한 다른 세력들의 경우 보통선거권에 반대했다. 이를테면 자유주의자들 중에서도 진보적 입장을 대표하는 존 스튜어트 밀은 이렇게 주장했다.

모든 나라에는 빈곤한 다수와 부유한 소수가 있다. 다수가 현명해서 재산권 보장을 약화시키는 것이 자신의 이익이 아니라는 것을 알고 있다 할지라도 재산 소유자에게 과세를 불평등하게 확대함으로써 그 증가분을 노동자 계급의 이익과 편의에 쓰이게 할 위험이 있다. …… 이런 것들이 자신들의 이익이 아니라는 훌륭한 사고방식을 어떻게 노동자 계급에게서 기대할 수 있을까. …… 대의민주주의에 수반되기 쉬운 위험은 두 가지다. 대의 기구와 그 기구를 지배하는 대중 여론이 저급한 지적 수준을 가질 위험, 그리고 단일 계급으로 구성된 수적 다수에 의거해 계급 입법을 할 위험이 그것이다. 그렇다면 우리는 민주 정부에 고유한 이득을 실질적으로 손상하지 않고, 그 두 해악을 인간의 연구에 의해 최대한 없애거나 적어도 줄이면서 민주주의를 구성하는 것이 어느 정도 가능한지 생각하지 않으면 안 된다. 이 목표를 달성하는 일반적인 방법은 다소 제한된 선거를 통해 대의제의 민주적 성격을 제한하는 것이다. …… 민주적 다수의 본성에 추가돼야 할, 또는 그 본성을 완전하게 교정할 수 있는 것은 오직 교육받은 소수다. …… 나는 읽고 쓰기와 기초 수학을 할 수 없는 자가 선거에 참여해서는 안 된다고 생각한다. …… 또한 세금 내는 사람들만이 선거에 참여해야 한다. 그러려면 극빈 계층까지 과세가 돼야 하며 구빈 대상자에게 선거권이 주어져서는 안 된다. …… 고용주의 경우 평균적으로 노동자보다 지적이다. 왜냐하면 손만 갖고 일하는 것이 아니라 머리를 갖고 일하기 때문이다. 현장 감독은 대체로 일반 노동자보다 지적이며 숙련 노동자는 미숙련 노동자보다 지적이다. 은행가, 상인, 제조업자가 숙련공보다 지적이다. …… 여러 조건을 가정할 때, 두 개 이상의 투표권이 이런 우월한 직능을 수행하는 모든 개인에게 허용될 수 있다. …… 현재 이런 예외적인 특권은 지식이 아닌 다른 것의 우월성에 근거를 두고 있지만, 진정한 교육의 심사 제도가 채택되기 전까지는 불완전하지만 재산상의 자격에 근거를 두는 것도 어쩔 수 없다.[9]

위의 인용이 보여주듯 밀은 인구의 절대다수를 차지하는 무산자 계급이 "수적 다수에 의거해 계급 입법을 할 위험"을 염려해 보통선거권에 반대하고, 제한적 선거를 통해 대의제의 민주적 성격을 제한하고, 재산상의 자격에 따른 차등 선거를 해야 한다고 주장했다. 이렇게 자본주의와 자유주의는 인구의 절대다수는 무산자이기 때문에 다수 무산자의 독재와 사회주의가 필연적으로 도래할 것으로 봐 오랫동안 보통선거권에 반대했다. 이 점에서 19세기의 자유주의자와 자본가들은 보통선거권은 사회주의를 가져다줄 것이므로 폭력 혁명은 불필요하다고 생각한 당시의 사회민주주의자들, 나아가 선거사회주의자들과 (정치적 노선은 다르지만) 똑같은 생각을 하고 있었다.

결국 우리는 다시 한 번 테르본의 주장에 주목할 필요가 있다. 보통선거권과 선거민주주의의 역사를 분석하면서 테르본은 보통선거권과 선거민주주의는 시장과 자본주의에 의해 주어진 것이 아니라 자본주의의 자본가 계급, 나아가 자유주의자들의 반대에도 불구하고 기층 민중의 투쟁에 의해 확보된 것이고, 여기에 더해 이런 기층의 요구를 수용할 수 있는 현대 자본주의의 팽창성(제국주의)과 탄력성(포드주의)이 이런 변화를 가능하게 했다고 분석했다.[10]

그러나 이런 역사적 사실(선거민주주의에 반대한 자본주의의 역사)에도 불구하고 마르크스주의의 시각에서 선거민주주의를 분석하려면 마르크스가 주목한 전자본주의하고 구별되는 하나의 생산양식으로서 자본주의의 특성 또한 잊어서는 안 된다. 주목할 것은 다음 같은 엥겔스의 분석이다.

국가는 …… 대개 가장 강력한 계급, 경제적 지배 계급의 국가다. …… 고대 국가는 무엇보다도 노예를 억압하기 위한 노예 소유주들의 국가였으며, 봉건 국가는 농노와 예속농을 억압하기 위한 귀족들의 기관이었다. 그리고 현대의 대의제 국가는 자본이 임금노동을 착취하기 위한 도구다. …… 역사에서 알려진 대부분의 국가들에서 시민들에게 인정되는 권리는 재산의 상태에 따라 차이가 있었다. 이런 사실은 국가가 무산 계급에 맞서 유산 계급을 지켜주는 조직이라는 것을 단적으로 말해준다. 이미 아테네와 로마에서 나타난 재산에 따른 분류가 이 점을 보여준다. 이 점은 토지 소유의 규모에 따라 정치권력의 지위가 나뉜 중세 봉건 국가에서도 나타난다. 현대 대의제 국가의 선거 자격도 그러하다. 그러나 이렇게 재산의 차이를 정치적으로 승인하는 것이 결코 본질적인 것이 아니다. 거꾸로 그런 모습은 국가 발전이 낮은 단계에 있을 때의 특징이다. 최고의 국가 형태인 민주공화제는 현대 사회에서 날이 갈수록 점점 더 불가피하고 필연적인 것이 되고 있는바, 프롤레타리아트와 부르주아지가 유일하게 최후의 결전을 치를 국가 형태인 이 민주공화제는 공식적으로는 더는 재산의 차이를 문제삼지 않는다. 이 민주공화제에서 부는 자신의 권력을 간접적으로, 그러나 더욱더 확실하게 행사한다. 한편으로는 관리를 직접 매수하는 형식으로 행사하는데, 미국이 대표적인 예다. 다른 한편으로는 정부와 주식 거래소의 동맹이다. …… 마지막으로 유산 계급은 보통선거권을 매개로 직접 지배를 한다. 피억압 계급은, 그러므로 우리는, 프롤레타리아트가 아직 자신을 해방할 만큼 성숙하지 않은 한은, 대다수는 현존 사회 질서를 유일하게 가능한 것으로 인정할 것이며, 정치적으로는 자본가 계급의 후미, 즉 자본가 계급의 극좌익을 형성할 것이다. 그러나 자기 해방을 향해 성숙해지면서 노동자 계급은 독자적 정당을 결성해 자본가들의 대표가 아닌 자기들의 대표를 선출할 것이다. 그러므로 보통선거권은 노동자 계급의 성숙도를 재는 측정기다. 보통선거권은 오늘날의 국가에서 그 이상이 될 수 없으며 되지도 않을 것이다. 그러나 그것으로 충분하다. 보통선거권이라는 온도계가 노동자들이 비등점을 가리키는 날에, 노동자들도 자본가들도 자기가 무엇을 할지를 알게 될 것이다.[11]

인용문이 잘 보여주듯이, 이 글을 쓸 당시 유럽에는 아직 보통선거권이 주어지지 않았고 유산자만 투표권이 있었다. 그러나 엥겔스는 "봐라. 자본주의 사회에서도 재산에 따른 투표권의 제한이 있지 않은가. 이것은 현대 대의제 국가가 자본가 계급의 도구라는 증거다"라고 주장하지 않았다. 정반대로 "재산의 차이를 정치적으로 승인하는 것이 결코 본질적인 것이 아니다. 거꾸로 그런 모습은 국가 발전이 낮은 단계에 있을 때의 특징이다"라고 말했다. 나아가 현대 사회의 조건들 아래에서 날이 갈수록 점점 더 불가피하고 필연적인 것이 되고 있는 민주공화제는 "프롤레타리아트와 부르주아지가 유일하게 최후의 결전을 치를 국가 형태"로서 "공식적으로는 더는 재산의 차이를 문제삼지 않는다"고 주장했다. 보통선거권과 선거민주주의가 보편화되리라고 주장한 것이다. 이렇게 엥겔스는 아직 그렇지는 못하지만 (앞에서 분석한) 하나의 생산양식으로서 자본주의가 갖고 있는 특성 때문에 보통선거권과 선거민주주의가 앞으로 보편화될 것이라고 전망했다.

여기에서 주목할 것이 있다. 엥겔스가 자유주의자들이나 다원주의자들이 주장[12]하듯 보통선거권과 선거민주주의가 민주공화제를 초계급적 내지 탈계급적 국가로 만들어주는 것이 아니라 오히려 계급 국가적 성격을 더욱 확실히 해줄 것이라고 본 점이다. "민주공화제에서 부는 자신의 권력을 간접적으로, 그러나 더욱더 확실하게 행사한다"는 구절이 바로 그것이다. 이 구절은 두 가지 측면에서 주목할 필요가 있다. 하나는 선거민주주의를 현대 국가의 초계급성의 증거라고 주장하는 다원주의자들에 대한 비판이다. 또 다른 하나는 '보통선거권=사회주의'로 이해한 사회민주주의자들의 낙관론에 대한 비판이다. 왜 무산자 계급이 다수인데도 민주공화제에서 부는 자신의 권력을 더욱 확실하게 행사한다고 봤는지는 다음에 다룰 것이다.

그러나 엥겔스는 보통선거권이 확립된 민주공화제에서 부가 권력을 더욱 확실하게 행사한다고 주장하면서도 동시에 "보통선거권은 노동자 계급의 성숙도를 재는 측정기"이며 "보통선거권이라는 온도계가 노동자들이 비등점을

가리키는 날에, 노동자들도 자본가들도 자기가 무엇을 할지를 알게 될 것"이
라는 주장을 통해 선거민주주의가 지닌 변혁적 힘에 주목하고 있다는 점을
잊지 말아야 한다.

3. 마르크스주의는 선거민주주의를 어떻게 볼 것인가

우리는 앞에서 하나의 생산양식으로서 자본주의가 왜 전자본주의적 생산양
식과 달리 보통선거권과 선거민주주의를 허용할 수 있는지, 그리고 허용하고
있는지를 마르크스주의의 입장에서 살펴봤다. 이제 살펴봐야 할 문제는 마르
크스주의의 입장에서 선거민주주의, 특히 '선거사회주의'를 어떻게 평가할 것
인가다. 이 문제에 대한 진보 학계, 진보 정치권의 입장은 크게 세 가지로 요약
할 수 있다.[13]

첫째, 선거의 의미를 매우 긍정적으로 평가하고 여기에 전념하는 '의회주의'
적 입장이다. 사회민주주의나 유로코뮤니즘 우파 등이 그런 입장으로, "선거
를 통한 사회주의 이행은 가능하고 또한 바람직하다"는 주장이다. 이런 입장
은 선거와 의회 제도, 자본주의 국가가 "특정한 계급적 시각을 가져야 할 이
유"도, "특별하게 내재적으로 자본주의적이어야 할 이유도 없기" 때문에[14] 선
거나 의회를 통한 이행이 불가능할 이유가 없다고 주장한다. 물론 학자에 따
라 낙관론의 색조에는 차이가 있기는 하다. 그러나 이 중 상당수의 이론가들
은 '권력자원 동원 이론'에 기초를 두고서 결국 문제는 노동자 계급이 올바른
계급 동맹과 선거 연합을 통해 선거라는 게임에서 얼마나 정치적 자원을 동원
하느냐에 달린, 열린 문제라는 주장으로 나가고 있다.[15]

둘째, 선거의 의미를 부정하는 '극좌'적 입장이다. 볼셰비키의 의회 참여 전
술에 대해 "역사적으로나 정치적으로나 도태된 의회주의적 투쟁 행태로 돌아
가는 어떤 복귀도 단순히 거부돼야 한다"고 비판한 독일 '좌파 공산주의자'

들이 대표적인 예다.[16] 한 현대 이론가 역시 "몇 년에 한 번씩 투표하는 행위는 과거 교황이 황제들에게 대관식을 해주는 것과 마찬가지로 자본가 계급의 지배를 정당화하는 역할"을 하며, "자본주의 사회에서 선거 경쟁은 국민들이 누가 통치자가 될 것인지를 결정하고 이 결정을 둘러싸고서 실제 투쟁이 있는 것 같은 환상을 만들어내는 일종의 쇼"라고 주장한다.[17] "보통선거권도 19세기에 노동자 계급의 급진화를 막기 위해 상류 계급이 의식적으로 도입한 장치"로서 "변화를 위해 폭력에 의존하려는 노동자들의 경향을 순화시키고 이런 흐름을 자기들이 장악한 선거 정치로 유도하기 위한 것"이라고 본다.

나아가 결론적으로 선거는 ① 노동 계급의 급진화를 예방하기 위한 자본가 계급의 술책으로서 노동 계급의 혁명적인 힘을 선거 정치로 유도하고, ② 선거 결과가 국민 의지의 참된 반영인 것처럼 환상을 만드는 이데올로기적인 정당화 기능을 수행하며, ③ 대중의 정치 상태에 대한 바로미터로 부르주아를 위한 '조기 경보 장치'로 기능하는 한편, ④ 자본가 계급 내의 분파적 갈등을 조정하는 기능을 수행할 뿐이라고 주장한다.[18]

셋째, 중간적 입장이다. 선거를 무용한 것으로 이해하는 극좌적 노선과 선거만이 유일한 수단이라고 주장하는 의회주의적 시각을 모두 비판하고, 선거는 그 속에 체제 안정적 기능과 계급 투쟁적이고 변혁적인 측면이 공존하는 '양날의 칼'이라고 보는 견해. 이를테면 마르크스는 파리 코뮌의 보통선거제에 대비시켜 자본주의하의 선거는 "수 년마다 한 번씩 지배 계급의 구성원 중 누가 의회를 통해 인민을 억압할 것인지를 결정하는 것"[19]이라고 비판하면서도, "보통선거권은 노동자 계급의 정치권력에 다름 아니다. …… 보통선거권의 실현은 유럽에서 사회주의의 이름으로 정해진 그 어느 조치보다도 더 사회주의적인 조치가 될 것"[20]이라며 적극 지지했다. 나아가 영국처럼 보통선거권을 통해 "노동자 계급이 자기들의 목표를 평화적 선전을 통해 더 확실하게 획득할 수 있는 곳에서 봉기는 미친 짓이다"는 극단적인 주장까지 했다.[21]

레닌 역시 보통 선거권에 기초한 민주공화제가 "자본주의의 최상의 정치적 외피"[22]라는 체제 안정화 기능성을 이야기하면서도 이 체제가 "자본주의하에서 노동자 계급을 위한 최상의 국가 형태로 우리는 이것을 지지해야 한다"[23]는 일견 모순돼 보이는 주장을 했다. 레닌은 또한 "러시아에 확고히 성립된 의회 체제가 있다고 가정해보자. 그런 상황은 의회가 지배 계급이나 지배 세력의 주된 지배 형태가 됐다는 뜻이다. …… 이 경우 의회 투쟁을 방기하는 것은 심각한 오류이며, 의회주의를 가장 심각하게 받아들여야 하는 것이 노동자 정당의 의무"라고 말했다.[24]

이 중 올바른 것은 두말할 필요 없이 셋째 시각이다. 선거와 의회주의는 '체제 안정화'와 '계급 투쟁적' 측면이라는 양면성을 갖고 있으며, 어느 측면이 우세한지는 구체적 실천과 '구체적 상황의 구체적 분석'의 문제다. 진보 정치의 입장에서 선거를 단순히 자본주의 체제의 안정화 기제로 폄하하고 무시하는 것도 문제지만 의회주의적 노선에 따라 선거를 특권화하는 것도 잘못이다.

물론 보통선거권하에서 선거는 본질적으로 '수의 게임'이다. 그리고 인류의 역사를 보면 항상 무산자가 인구의 다수였다. 그렇다면 왜 자유주의자들이 보통선거권을 극구 반대하며 염려했듯이, 그리고 사회민주주의자들이 낙관적으로 전망했듯이, 보통선거권이 다수 무산자들에 의한 사회주의의 승리를 보장해주지 않는 것일까?

이 문제에 관련해 주목할 것은 보통선거제 아래에서 "수는 모든 것을 결정한다. …… 그러나 득표 계산은 긴 과정의 마지막 의식에 불과하다"는 그람시의 분석이다.[25] 결국 문제는 단순한 머릿수가 아니라 물적 토대, 생산관계에서 나타나는 지배-종속 관계, 시민사회 내지 '확장된 국가'에서 드러나는 헤게모니 등 득표 계산이라는 '마지막 의식' 이전에 선행되는 '긴 과정' 속의 구조적 제약과 계급투쟁이다.

우선 나중에 그람시를 통해 대중화돼 그람시의 개념으로 알려져 있지만 일찍이 마르크스와 엥겔스 역시 주목한 헤게모니 문제다. 마르크스와 엥겔스는 초기 저작인 《독일 이데올로기》에서 "역사 속에서 정신의 헤게모니"[26]라는 문제의식에서 이렇게 주장했다. "어느 시대나 지배 계급의 사상이 지배적 사상이다. 사회의 물질적 힘을 지배하는 계급이 동시에 정신적 힘도 지배한다. 물질적 생산수단을 지배하는 계급이 정신적 생산수단도 지배한다. 따라서 정신적 생산수단을 갖지 못한 이들의 사상은 전반적으로 물질적 생산수단을 지배하는 계급의 사상에 종속된다."[27] 마르크스와 엥겔스의 지적처럼 정신적 생산수단의 지배에 따른 이데올로기적 지배는 득표 계산이라는 '마지막 의식' 이전에 선행되는 '긴 과정' 속의 구조적 제약 중 하나일 것이다.

그러나 중요한 것은 지배 계급, 자본가 계급의 헤게모니가 단순히 이데올로기적이지는 않다는 사실이다. 이 점이 그람시가 기여한 가장 핵심적인 부분으로, 자본주의 사회에서 자본가 계급이 헤게모니를 행사하고 보통선거권하에서도 노동자 계급과 피지배 계급이 부르주아 정당에 한 표를 던지며 자본주의 체제를 지지하는 것은 단순히 지배 이데올로기에 의한 허위의식 때문은 아니다. 그람시의 말을 빌리면, "헤게모니가 윤리적이고 정치적이라 할지라도, 그것도 동시에 경제적이어야만 하고, 반드시 경제 활동의 결정적 핵에서 지도 집단이 수행하는 결정적인 기능에 기초를 둬야만 한다."[28]

바로 이 문제가 한 연구자가 '동의의 물적 기초'라고 부른 문제다.[29] "어느 경제 체제도 지속적인 생산, 고용, 소비의 필요조건은 투자이기 때문에 자본주의 체제에서 이윤은 투자를 위한 필요조건이다. 따라서 자본가가 이윤을 점유할 수 없다면, 자본가들이 착취를 하지 않으면, 생산은 감소하고 소비도 감소해 모든 집단이 자기들의 물질적 이해를 만족시킬 수 없다. 자본가 계급의 물질적 이해(착취를 통한 이윤 보장, 자본주의 체제의 재생산 — 인용자)의 현재적 실현은 자본주의 체제 내의 모든 집단의 물질적 이해를 실현하기 위한 필요조건이다." 따라서 "지엠GM의 이익이 미국의 이익"이고 "삼성의 이익이 한국의 이익"이라는 구호는 단순한 허위의식만은 아니다.

그람시로 다시 한 번 돌아가면, 헤게모니란 지배 계급의 이익이 "순수하게 경제적 계급의 조합주의적 이해관계의 한계를 넘어서 다른 피지배 계급의 이익까지도 되는"[30] 것을 의미하며 "국가가 특정 집단(지배 계급 — 인용자)의 팽창의 극대화에 유리한 조건을 만들어주기 위한 특정 집단의 기관인 것은 사실이지만 특정 집단의 발전과 팽창이 모든 '국민적' 에너지들의 발전과 보편적 팽창의 동력으로 인식되고 그렇게 표현된다." 다르게 말하면 "지배 집단은 피지배 집단의 일반적 이해와 구체적으로 조율되며 국가의 일생은 근본 집단과 피지배 집단의 이해관계 간의 불안정한 평형 상태, 즉 지배 집단의 이해가 지배하지만 특정한 지점까지만, 또한 시배 집단의 좁은 경제적이고 조합주의적인 이해에는 못 미치는 지점까지만 지배하는 평행 상태를 형성하고 이것을 변화시키는 지속적인 과정으로 봐야 한다"[31](그림 1 참조). 특히 테르본이 잘 보여줬듯이 보통선거권과 선거민주주의가 자본주의가 절대적 잉여가치의 수취에 기초한 테일러주의를 넘어서 상대적 잉여가치의 수취에 기초한 포드주의로 전환한 뒤 제도화된 점을 고려하면, 피지배 계급 중 상당수가 자신들의 경제적이고 조합주의적인 이해에 따라 자본주의 체제에 포섭되면서 자본가 계급의 헤게모니에 종속되게 됐다고 볼 수 있다.

'주체(위치)의 다원주의pluralism of subject positions'도 문제다. 피지배 계급, 무산자 계급이 다수라고 하지만, 대중은 계급뿐 아니라 젠더나 지역 등으로 나뉘어 있다. 따라서 대중이 자동으로 단일한 무산자 계급으로 묶인다는 생각은 착각이다. 반대로 대중은 다양한 주체 위치에 따라 규정받고 있으며, 따라서 대중들이 당연히 다른 주체성보다 계급성을 중심에 놓는다고 부당 전제하는 것은 잘못이다.[32] 결국 계급투쟁은 계급 간의 투쟁이기 이전에 사물을 계급적으로 보고 계급적으로 행동하는 것에 관련된 '계급에 관한 투쟁struggles about classes'이다.[33]

이 점에서 미국의 연방주의 논쟁에서 연방주의자들이 제시한 처방이 시사적이다. "파당의 가장 일상적이고 지속적인 원천은 불균등한 소유"이고 무산자가 다수이기 때문에 민주주의를 지키기 위한 최선의 처방은 "다수파가 자기들의 수와 지역적 상황 때문에 서로 협조하지 못하게 하는 것"인바, 주를 중심으로 한 국가연합에 견줘 거대한 연방국가는 "연방에 포함된 파당의 다양성을 증가시켜 이런 안전을 증대시킨다. 결국 그 안전은 …… 다수의 은밀한 소망들의 상호 협력과 달성을 방해하는 장애물을 더 증대시키는 데 있는 것"이다.[34] 연방주의자들이 정확히 본 대로 무산 계급은 주체의 다원주의에 따라 계급 이외에도 젠더, 지역, 인종, 종교 등에 의해 규정되기도 하기 때문에 이런 비계급적 주체 위치에 의해 분열돼 다수를 형성하기가 어렵다. 노동자 계급도 여성과 남성, 호남과 영남, 백인과 아프리카계, 가톨릭과 기독교 등으로 나뉘어 하나의 다수 세력을 형성하기가 매우 어려운 것이다.

나아가 선거사회주의 노선은 다음 같은 문제점을 안고 있다. 선거 승리와 개혁의 축적을 통한 사회주의(선거사회주의)는 이런 개혁이 ① 가역 불가능하고, ② 효과 면에서 누적적이며, ③ 새로운 개혁을 촉발하고, ④ 목적 면에서 사회주의 지향적이라는 조건을 모두 만족시킬 때만이 사회주의로 나아갈 수 있는데, 선거사회주의는 이런 조건들을 충족시킬 수 없으므로 사회주의 이행 전략으로는 실패할 수밖에 없다.[35]

결국 마르크스주의의 입장에서 볼 때 선거는 다양한 선거사회주의 조류들이 주장하듯이 특권화된 주된 이행 수단이 아니라, 자본주의 국가(국가유형)의 구조적 한계 내에서 열린 정치지형 속에 사회적 역관계(낮은 수준의 국가=사회적 역관계의 응집)를 유리하게 반영하고, 이런 과정을 통해 자본주의를 민주화시키는 한편, 국가장치 내에 '저항의 센터'를 장악함으로써 국가 내부에 계급투쟁과 모순을 각인시켜 이행에 좀더 유리한 지형을 만들어내는 주된 투쟁 방식이다. 이 내용을 도식화하면 **그림 1**과 같다.

두 진보적 연구자의 다음 같은 주장에 주목할 필요가 있다. 쉐보르스키는 말한다. 현재처럼 변혁의 전망이 불투명한 상황에서 선거민주주의나 선거사회주의에 의해 "자본주의를 개선하기 위한 투쟁은 그 어느 때보다도 필수적이다. 그러나 이런 투쟁을 사회주의를 위한 투쟁하고 혼동해서는 안 된다."[36]

풀란차스도 비슷한 주장을 개진한 바 있다. 단순한 선거사회주의에 의한

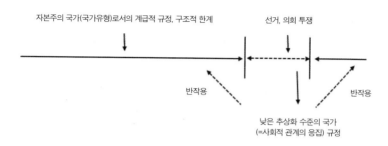

그림 1. 자본주의 국가와 선거

국가의 장악이 아니라 "국가의 조직망에서 대중이 항상 가지는 분산적인 저항의 중심이 국가라는 전략적 지형에서 실질적인 권력의 현실적 중심이 되는 형태로 새로운 저항의 중심을 창출, 발전시키고 보급, 발전, 강화"해 "국가와 대의제 민주주의를 변혁시켜 나가면서 동시에 여기에 직접 기층 민주주의와 자주관리 운동을 접합시키는 '사회주의를 향한 민주적 길'로 나아가야 한다."[37] 그리고 이런 "민주적 사회주의에 내포된 위험을 회피하는 방법은 입을 닥치고 (선거사회주의 노선에 기초해) 선진 자유민주주의의 비호와 감독 아래에서 전진해 나아가는 것인데, 그것은 (사회주의와는) 또 다른 이야기다."[38]

결론적으로 풀란차스와 쉐보르스키의 지적처럼 선거민주주의와 선거사회주의는 중요하지만 선거민주주의와 사회주의를 혼동해서는 안 되며, 선거민주주의와 선거사회주의의 한계를 정확히 이해해야 한다. 당연한 이야기지만, 결국 선거 같은 제도 정치만이 아니라 다양한 현장에서 벌어지는 '공장의 정치'와 '거리의 투쟁'도 여기에 못지않게 중요하다.

4. 나오며

이 글의 도입부에서 지적했듯이 선거는 현대 민주주의의 핵심으로, 소련과 동구의 몰락 이후 정치에서 '마을의 유일한 게임'이 되고 있으며 한국의 경우도 마찬가지다. 이런 현실에 관련해 이 글은 선거라는 문제를 마르크스주의의 입장에서 어떻게 바라봐야 할 것인지를 원론적 수준에서 살펴봤다.

특히 이 글은 먼저 왜 자본주의 사회는 다른 전자본주의 사회와 마찬가지로 계급 사회이면서도 동시에 다른 전자본주의사회와 달리 보통선거권 같은 법적, 정치적 평등을 보장하고 정치적 민주주의와 선거민주주의를 보장하는가 하는 문제를 하나의 생산양식으로서 자본주의의 특징에 관련해 살펴봤다. 이어 선거사회주의부터 선거를 부르주아 체제의 음모로 보는 극좌적 노선에 이르기까지 선거를 바라보는 마르크스주의의 입장이 지닌 논리를 살펴보고 비판적으로 평가했다.

결론적으로 선거와 의회주의는 '체제 안정화'와 '계급투쟁적' 측면이라는 양면성을 가지고 있으며, 이 중 어느 측면이 우세한지는 구체적 실천과 '구체적 상황의 구체적 분석'의 문제가 된다. 이런 시각에서 보면 결국 선거 같은 제도 정치 내의 투쟁과 다양한 현장에서 벌어지는 '공장의 정치'와 '거리의 투쟁'이 모두 필요하며, 이 둘은 병행돼야 한다.

주

1부. 정치와 정치학

1장. 사회과학, 과학인가 이데올로기인가 — 학문의 '이데올로기'적 성격과 마르크스주의

1 현대 학문 체계에서 '자연과학', '사회과학', '인문학'(내지 인문과학)이라는 삼분법이 일반화된 것은 잘 알려져 있는 사실이다. 이런 분류의 문제점은 이미 통합과학론 등에서 지적돼왔으며, 여기에 관련된 총체적 평가를 내리는 것은 필자의 능력을 벗어난 엄청난 주제다. 다만 인문과학과 사회과학 간의 문제에 대해 간단히 언급하자면 '사회과학'과 '인문학'을 나누는 그동안의 학문 체계는 기본적으로 사회과학은 실증적 학문이라는 '자연주의'적 사회과학과 인문학은 인간을 사회적 현실에서 분리시켜 이해하는 관념론적 인간론이 전제된 인문학에 기초한 그릇된 인식 틀이다(비슷한 입장의 '선각적'인 문제 제기로는 백낙청, 〈학문의 과학성과 민족주의적 실천〉, 백낙청, 《민족문학의 새단계》, 서울: 창작과비평사, 1990, 309~321쪽). 이런 점에서 인간을 '사회적 관계의 총체'로 인식한 마르크스의 전통 아래에서 '사회과학'과 '인문학'을 통합해 사고해온 마르크스주의의 학문관은 바람직하다. 그러나 마르크스주의 역사가 둘을 전통적으로 역사유물론과 변증법적 유물론이라는 틀 속에서 총체적으로 인식하려 해왔으면서도 이 둘을 통틀어 지칭하는 마땅한 개념을 갖지 못한 것이 현실이다. 또한 프랑스의 경우 '인간과학' 내지 '정신과학'이라는 명칭으로 인문학과 사회과학을 포괄해 지칭하고 있지만, 이 개념도 문제가 없지는 않다. 따라서 이 글에서는 사회과학과 인문학이라는 전통적인 분류에 반대하는 입장에 동의하면서도 인문학 분야에 대한 필자의 무지 때문에 논의를 사회과학 분야를 중심으로 전개하려 한다.

2 사회과학을 자연과학과 마찬가지로 객관적 방식으로 연구하는 것을 목표로 하는 '자연주의(naturalism)'가 반드시 실증주의를 의미하지는 않는다. 일부 학자들의 경우 자연주의의 포기는 결국 해석학 같은 관념론으로 후퇴할 수밖에 없다는 입장에 서서 '초월적 실재론(transcendental realism)'이라는 이름 아래 마르크스의 입장을 '비실증주의적 자연주의'라고 보고 이런 '비실증주의적 자연주의'를 사회과학이 지향해야 할 목표로 제시하고 있다(대표적인 예는 Roy Bhaskar, *The Possibility of Naturalism: A Philosophical Critique of the Contemporary Human Sciences*, New Jersey: Humanities Press, 1979). 그러나 이 글에서는 별도의 부연 설명이 없는 한 '사회과학의 자연과학화'란 기본적으로 실증주의적 전통을 지칭하는 것으로 사용한다.

3 이것에 대한 비판적 소개는 신과학을 다룬 특집호인 *Review* 15(1), 1992와 《시대와 철학》 2호, 1991.

4 대표 저서는 Immanuel Wallerstein, *Unthinking Social Science: The Limits of Nineteenth-Century Paradigms*, Cambridge: Polity Press, 1991(《사회과학으로부터의 탈피》, 서울: 창작과비평사, 1994). 비슷한 시각에서 마르크스를 포함한 현대 사회과학이 맥스웰의 '장(field) 이론'이나 아인슈타인의 상대성 이론이 발견되기 전인 뉴턴적 과학관에 기초해 있었다는 선구적 비판으로는 Herbert Dingle, "The Scientific Outlook in 1851 and 1951," W. Warren Wagner(ed.), *European Intellectual History Since Darwin and Marx*, New York: Harper & Row, 1966.

5 이 문제는 '이데올로기'가 무엇을 의미하느냐는 '이데올로기'의 정의에 따라 내용이 크게 달라질 수 있는 주제다. 특히 '이데올로기'라는 개념은 한 연구자에 따르면 "지배적 정치 권력을 정당화해주는 그릇된 사상"부터 "행동 지침으로서의 가치 체계"에 이르기까지 16개의 사용법이 있을 정도로 의미가 다양하다(Terry Eagleton, *Ideology: An Introduction*, London: Verso, 1991, pp. 1~2). 이데올로기는 분명 단순히 '진리'에 대칭되는 '환상'이나 '왜곡'을 의미하는 것이 아니고 그 자신의 물질성을 가진 현실적인 것이다(이 문제에 대해서는 아래 참조). 다만 이 글의 주제에 관련해 이데올로기를 "지배 권력을 정당화시켜 주는 그릇된 사상"이라는 식의 협의의 정의를 채택할 경우 그릇되지만 지배 권력이 아니라 피지배 세력을 정당화해 주는 사상은 정의에 의해 이데올로기가 아닌 것이 되므로 이

글의 주제인 '진리'와 '과학'의 문제에 동떨어진다는 점에서 부적합하고, 이것을 "모든 가치 체계"라는 식으로 광의로 정의할 경우 '진위' 문제에 무관하게 모든 사상과 이론이 이데올로기가 돼버린다는 점에서 마찬가지로 부적합하다. 따라서 이 글에서는 이데올로기를 문제가 있기는 하지만 '진리', '과학'에 대칭되는 '왜곡'이며, 사회적 존재와 이해관계에 관련된 무의식적인 것이라는 '중범위'의 개념으로 사용하려 한다.

6 Tom Bottomore, et al.(eds.), *A Dictionary of Marxist Thought*, Cambridge: Harvard Univ. Press, 1983, "Positivism," p. 382.

7 Lewis Coser, *Masters of Sociological Thought*, New York: Harcourt Brace Jovanovich, Inc., 1971, "Auguste Comte" 참조.

8 A. Comte, *Discours sur l'esprit positif*, Paris, 1944, p. 20; Russell Keat & John Urry, *Social Theory as Science*, London: Routledge & Kegan Paul, 1981(《과학으로서의 사회이론》, 서울: 한울, 1993, 110쪽에서 재인용).

9 E. Durkheim, *Suicide: A Study of Sociology*, London: Routledge & Kegan Paul, 1952.

10 Nan Lin, *Foundations of Social Research*, New York: McGraw-Hill Book, 1976, pp. 35~37.

11 Carl G. Hempel, *Aspects of Scientific Explanation and Other Essays in the Philosophy of Science*, New York: The Free Press, 1965, p. 246.

12 Karl Popper, *Conjunctures and Reputations: The Growth of Scientific Knowledge*, London: Routledge & Kegan Paul, 1972.

13 미국이 헤게모니 국가로서 승리하는 것과 정치학에서 이런 실증주의가 부상하는 것의 관계에 대해서는 R. Looker, "Comparative Politics: Methods or Theories," Paul Lewis, et al.(eds.), *The Practice of Comparative Politics*, New York: Longman, 1978, 2nd Ed. 참조.

14 주목할 점은 '이데올로기의 종언'이 하나의 이데올로기이듯이 '사회과학의 탈정치화'는 그 자체가 또 다른 '이데올로기'이고 또 다른 '정치'라는 사실이다. 비슷한 견해로는 Charles McCoy, et al.(eds.), *Apolitical Politics: A Critique of Behavioralism*, New York: Thomas Y. Crowell, 1967; W. MacKenzie, "The Political Science of Political Science," *Government & Opposition* 6, 1971, pp. 277~302.

15 이런 신조는 특히 미 중앙정보국의 용역을 받은 미시건 대학교가 쿠바 혁명의 영웅 체 게바라의 행동 패턴을 분석하고 예측해 볼리비아에서 사살하는 데 성공함으로써 더욱 신비화돼 확산됐다(Albert Sugerman, "Michigan, Che and the CIA," *New Republic*, Nov. 9, 1968).

16 K. Marx, "Preface to A Contribution to the Critique of Political Economy," Robert Tucker(ed.), *The Marx-Engels Reader*, New York: W.W. Norton & Co., 1978, 2nd Ed., pp. 4~5(칼 마르크스, 《경제학노트》, 서울: 이론과 실천, 1988, 11쪽).

17 이런 메타포는 경제가 국가의 개입이나 도움이 없이도 자기 재생산이 가능한 '폐쇄적 공간'이고 여기에 사후적으로 국가가 개입하는 듯한 착각(Nicos Poulantzas, *State, Power, Socialism*, London: Verso, 1978)을 불러일으켜 생산관계와 권력관계를 외재적인 관계로 파악한다는 푸코류의 비판을 야기했다(Michel Foucault, "The Subject and Power," H. Dreyfus, et al., *Michel Foucault: Beyond Structuralism and Hermetics*, Chicago: Chicago Univ. Press, 1983). 그러나 후기 마르크스의 경우 생산은 단순한 '경제적 생산'이 아니라 '생산의 사회적 조건의 생산'이라는 주장이 보여주듯이 이런 층위론을 넘어서 경제와 정치를 생산관계의 내재적 계기들로 이해하게 된다(John Holloway & S. Picciotto(eds.), *State and Capital: A Marxist Debate*, Austin: Univ. of Texas Press, 1978).

18 Fredric Jameson, *The Prison-House of Language*, Princeton: Princeton Univ. Press, 1972, p. 184.

19 백낙청, 〈작품, 실천, 진리〉, 백낙청, 앞의 책, 365쪽.

20 마르크스는 여기에 그치지 않고 '후기' 저작인 《자본》에서도 자신의 관점은 "사회의 경제적 구성체의 진화를 자연사적 과정으로 인식하는 것"이며 《자본》의 궁극적 목표는 현대 사회의 "운동의 자연법칙을 발견하는 것"이라고 주장하고 있다(Marx, *Capital* 1, New York: International Publishers, 1967, p. 10).

21 Karl Marx, *The German Ideology*, Tucker(ed.), *op. cit.*, pp. 172~174.

22 Karl Marx, *Theses on Feuerbach*, p. 145.

23 Karl Marx, *The German Ideology*, p. 247.

24 Karl Marx, *The Grundruisse*, pp. 237~238.

25 Karl Marx, *The German Ideology*, p. 149. 특히 이런 언명은 "태초에 말이 있었으나" 하는 식으로 '현실의 문제'를 완전히 '담화의 문제'로 치환해버리고 담화 밖의 현실은 존재하지 않는 것으로 그 의미를 부정하는 포스트주의의 일부 극단적인 '담화환원주의'에 대한 중요한 비판으로 읽힐 수 있다.

26 *Ibid.*, p. 149.

27 *Ibid.*, p. 155.

28 *Ibid.*, p. 154.

29 *Ibid.*

30 '본질'과 '외양'과 '현상'의 대비를 통한 마르크스의 이런 실증주의 비판은 포퍼 등의 논리실증주의자들에 따르면 외양의 배후에 있는 본질을 발견함으로써 사물에 대한 궁극적 설명을 제공할 수 있다는 '본질주의'라는 빈비판을 야기해왔다(Popper, *op. cit.*, pp. 103~107). 그러나 마르크스가 의미하는 '본질'이나 '실재'는 실증주의가 본질주의라고 비판하듯이 '초자연적인 성질'이나 단일의 기저적인 핵심을 의미하는 것이 아니라 "실재론적 방식으로 실제로 존재하고 인과적으로 결정적인" 사회의 중심적인 구조적 관계를 지칭할 뿐이다(이것에 대해서는 Keat & Urry, *op. cit.*, pp. 244~245).

31 Karl Marx, *Capital* 3, p. 829.

32 *Ibid.*, p. 47

33 *Ibid.*, p. 43.

34 *Ibid.*, p. 817.

35 Karl Marx, *Capital* 1, p. 72.

36 *Ibid.*, p. 77.

37 *Ibid.*, pp. 609~610.

38 *Ibid.*, p. 76.

39 Karl Marx, *Capital* 3, p. 816.

40 *Ibid.*, p. 824.

41 *Ibid.*, p. 830.

42 *Ibid.*

43 과학적 설명이란 이렇듯 작동 기제에 대한 설명을 필요로 한다는 것이 실증주의에 대비되는 '실재론'의 입장으로서, 이것에 대해서는 Keat & Urry, *op. cit.*, 제2장 참조.

44 '협약주의'란 우리가 어떤 과학적 명제들은 "사실상 인공적인 창조물이며 우리가 그것을 참이라고 간주하는 것은 …… 그것들이 편리하고 유용하기 때문"이라는 과학철학의 한 입장을 지칭한다(L. Kolakowski, *Positivist Philosophy*, Harmondsworth: Penguin, 1972, p. 158).

45 Louis Althusser & Etienne Baliabr, *Reading Capital*, London: Verso, 1979, p. 15.

46 '주로'라는 단서가 필요한 이유는 마르크스 자신도 이데올로기를 긍정적인 의미로 사용한 적이 있기 때문이다. 이를테면 앞에서 인용한 《정치경제학비판》 서문의 "투쟁의 터전인 이데올로기적 형태"라는 구절은 이데올로기를 단순한 환상이 아니라 객관적인 물질성을 가진 사회구성체의 한 층위로 인식하는 커다란 이론적 전진으로서, 협의의 부정적인 개념화를 넘어서는 것이다(이런 마르크스의 동요에 대해서는 Etienne Balibar, "The Vacillation of Ideology," Cary Nelson, et al.(eds.), *Marxism and the Interpretation of Culture*, London: MacMillan Education, 1988(서관모 옮김, 《역사유물론의 전화》, 서울: 민맥, 1993, 100~179쪽 참조). 따라서 라라인처럼 마르크스가 이데올로기라는 개념을 부정적으로만 사용했다고 보는 것은 잘못이다(Jorge Larrain, *Marxism and Ideology*, London: The Macmillan Press, 1983, ch. 1 참조).

47 Alan W. Gouldner, *The Two Marxisms*, New York: Oxford Univ. Press, 1980. 물론 일부에서는 이런 '비판으로서의 마르크스주의'를 '비판으로서의 과학(science as critique)'으로 이해하고 있는데, 이 경우 비판도 '과학으로

서의 마르크스주의'가 되고 말지만 이때 '과학'은 앞에서 말한 '과학'하고는 다른 의미다(Derek Sayer, "Science as Critique": Marx vs Althusser," John Mepham, et al.(eds.), *Issues in Marxist Philosophy*, vol. 3, Atlantic Highlands: Humanities Press, 1979).

48 이런 전통은 주로 제2, 제3 인터내셔널을 중심으로 한 과학적 마르크스주의와 달리 루카치, 그람시, 프랑크푸르트 학파, 사르트르 등으로 이어지고 있다(이런 계보에 대해서는 Gouldner, *op. cit.*, pp. 38~40).

49 Balibar, 《역사유물론 연구》, 서울: 푸른산, 1989, 제3장.

50 Rudolf Hilferding, *Finance Capital*, London: Routledge & Kegan Paul, 1981, pp. 23~24.

51 Lucio Colletti, "Marxism: Science or Revolution," Robin Blackburn(ed.), *Ideology in Social Science*, New York: Vintage Books, 1973, p. 370.

52 Lenin, *What Is to Be Done?*, Peking: Foreign Language Pub., 1975, p. 48.

53 Lenin, "Materialism & Empirio-Criticism," *Collected Works* 14, Moscow: Progress, 1968, pp. 135~137.

54 루카치는 기본적으로 과학적 마르크스주의자라기보다는 비판적 마르크스주의자라 할 수 있다. 그럼에도 불구하고 루카치는 마르크스주의의 과학성에 대해 이야기하고 있다.

55 G. Lukács, *History and Class Consciousness, Cambridge*: MIT Press, 1971, p. 204, 239.

56 Larrin, *op. cit.*, pp. 204~205.

57 D. Lecourt, *Proletarian Science?: The Case of Lysenko*, London: Verso, 1979.

58 초기 입장은 Althusser, *For Marx*, London: Verso, 1969을, 자기비판에 대해서는 L. Althusser, *Essays in Self-Criticism*, London: Verso, 1976 참조.

59 Thomas Kuhn, *The Structure of Scientific Revolution*, Chicago: Chicago Univ. Press, 1970; Paul Feyerbend, *Against Method*, London: Verso, 1975.

60 이광래 편, 《해체주의란 무엇인가》, 서울: 교보문고, 1989 참조.

61 Foucault, *Power/Knowledge: Selected Interviews and Other Writings, 1972-1977*, New York: Pantheon Books, 1980, p. 118.

62 Ernesto Laclau & Chantal Mouffe, *Hegemony & Socialist Strategy*, London: Verso, 1985.

63 Jean Baudrillard, *Selected Writings*, Stanford: Stanford Univ. Press, 1988, ed. by Mark Poster.

64 Bhaskar, *Reclaiming Reality*, London: Verso, 1989, p. 69.

65 *Ibid.*, p. 79.

66 *Ibid.*, p. 87.

67 *Ibid.*, pp. 74~77.

68 Althusser, 《철학과 마르크스주의》, 서관모 편역, 서울: 새길, 1996.

69 Balibar, 윤소영 옮김, 《알튀세르와 마르크스주의의 전화》, 서울: 이론, 1993; Balibar, *La philosophie de Marx*, Paris: Editions La Découverte, 1993(윤소영 옮김, 《마르크스의 철학, 마르크스의 정치》, 서울: 문화과학사, 1995). 체계적인 해설서로는 윤소영, 《마르크스주의의 전화와 '인권의 정치'》, 서울: 문화과학사, 1995.

70 Balibar, "The Vacillation of Ideology," Nelson, et al.(eds.), *op. cit*(서관모 옮김, 《역사유물론의 전화》, 174쪽).

71 Balibar, *Lieux et noms de la vérité*, Editions de l'aube, 1994.

72 Balibar, "The Vacillation of Ideology," p. 159와 173.

73 Lenin, "Philosophical Notebooks," *Collected Works* 38, Moscow: Progress, 1981.

74 Balibar, "The Vacillation of Ideology," p. 174.

2장. 정치란 무엇인가 — 보수주의, 자유주의, 마르크스주의, 포스트마르크스주의의 관점

---

1 이 책 1부 1장의 〈사회과학, 과학인가 이데올로기인가〉 참조.

2 개인적으로 정치적 보수주의는 단지 변화에 반대한다는 의미가 아니라, 보수 대 진보의 구도가 보여주듯이 진보주의에 대립되는 개념으로서 시장을 신봉하고 이런 자본의 입장을 중심으로 다양한 쟁점들에 대해 진보주의에 대립하는 사상이라는 의미로 사용하는 것이 올바르다고 생각한다. 따라서 흔히 한국에서 사용되듯이 김종필 등 군사독재 세력이 보수가 아니고(이 세력은 수구 세력이다), 김영삼 대통령과 김대중 대통령 같은 자유민주주의 세력이 보수라고 생각한다. 다시 말해 정치적으로 자유주의를 보수주의라고 봐야 보수 대 진보를 제대로 이해할 수 있다고 생각한다. 그러나 이 글의 경우 자유주의적 입장과의 대비를 위해 보수주의를 구별해 사용했다. 그러나 이 경우 김종필류의 수구 세력을 의미하기보다는 사회 현상에서 갈등보다는 조화를 강조하는 조화론적 시각을 의미한다(아래 참조).

3 David Easton, *The Political System: An Inquiry into the State of Political Science*, New York: Alfred Knopf, 1971, 2nd Ed., pp. 129~141.

4 다만 에티엔 발리바르는 최근 프랑스 대혁명의 '인간의 권리에 대한 선언'에 대한 급진적 재해석을 통해 광범위하게 유포돼 있는 이런 자유와 평등의 상충론은 잘못됐으며 자유와 평등은 같이 갈 수밖에 없다는 새로운 주장을 설득력 있게 제기하고 있다(Etienne Balibar, 〈마르크스주의의 전화의 전망: 인권의 정치와 정치의 탈소외〉, 《알튀세르와 마르크스주의의 전화》, 서울: 이론, 1993).

5 David Easton, *A Framework for Political Analysis*, New Jersey: Prentice-Hall, 1965, p. 67.

6 David Easton, *The Political System: An Inquiry into the State of Political Science*, New York: Knopf, 1964, p. 137.

7 *Ibid.*, p. 141.

8 O. Young, *Systems of Political Science*, New Jersey: Prentice-Hall, 1968, p. 45.

9 Harold Lasswell, *Politics: Who Gets What, When, How*, Cleveland: World Pub. Co., 1958.

10 H. Lasswell & A. Kaplan, *Power & Society*, New Haven: Yale Univ. Press, 1950, p. 14.

11 David Easton, *The Political System: An Inquiry into the State of Political Science*, New York: Knopf, 1964, p. 120.

12 이런 문제의식을 구체화한 것은 자유주의적 시각, 이른바 다원주의적 권력론을 체계화한 Robert Dahl, *Who Governs?*, New Haven: Yale University Press, 1961로, 아래의 논의는 달의 주장을 요약한 것이다.

13 Robert Dahl, *A Preface to Economic Democracy*, Berkeley: Univ. of California Press, 1985 등.

14 무엇이 마르크스주의인가 하는 문제는 논쟁적인 주제지만, 여기에서는 넓은 의미로 사용했다.

15 Nicos Poulantzas, *Political Power & Social Classes*, London: Verso, 1973, p. 43.

16 Lenin, "Liberal And Marxist Conceptions of the Class Struggle," *Collected Works* 19, Moscow: Progress, 1963, pp. 121~122.

17 John Holloway & Sol Picciotto(eds.), *State & Capital: A Marxist Debate*, Austin: Univ. of Texas Press, 1978; Nicos Poulantzas, *State, Power, Socialism*, London: Verso, 1978.

18 田口富久治, 《マルクス主義政治理論の基本問題》, 東京: 靑木書店, 1975, p. 25.

19 물론 한쪽에서는 '인권의 정치'론과 '시민의 정치'론을 통해 이것을 벗어나려 시도하고 있기는 하다. 또한 개인적으로 자본주의 사회가 존재하는 한 경우에 따라 현상적인 설명력이 부족한 사태가 일어나더라도 계급중심성 테제는 유효하다고 생각하지만, 주체의 다원성론과 주체성의 다원주의론은 의미가 있다. 그러나 이 주장들처럼 계급중심성 테제와 달리 지배적인 주체성이 선험적으로 결정되지 않고 다원적이며 정체성의 정치에 따라 결정되는 것이라면, 이런 정체성의 정치에서 계급이 승리하기 위해서라도 정체성의 정치 투쟁으로서 계급중심론을 주장해야 한다.

20 포스트마르크스주의가 어떤 것인지는 논쟁적 주제다. 그러나 이 글에서는 좁은 의미가 아니라 포스트마르크스주의, 포스트모더니즘, 포스트구조주의 등 다양한 포스트주의를 통틀어 가리키는 의미로 사용했다. 포스트주의의 다양한 이론적 흐름에 관련해 마르크스주의의 이론적 위상도 짚고 넘어갈 필요가 있다. 마르크스주의는 그 근본적인 문제의식이 '근대 비판'이라는 점에서 포스트주의와 일맥상통하는 측면이 많으며, 포스트주의적인 것을 넘어서 '반근대적'이다. 그러나 마르크스주의의 다양한 이론적 체계와 틀에는 근대적 요소가 내재해 있다. 따라서 바로 이 수준에서는 포스트주의의 근대성 비판에서 마르크스주의도 자유롭지 않다는 것이 내 생각이다.

21 체계적인 연구로는 George Katsiaficas, *The Imagination of the New Left: A Global Analysis of 1968*, Boston,

Mass.: South End Press, 1987(《신좌파의 상상력》, 서울: 이후, 1999).

22 Michel Foucault, *The History of Sexuality*, New York: Vintage Books, 1980.

23 Charlotte Bunch, "A Broom of One's Own Notes on Women's Liberation Program since the Motive magazine Issue," Sara Evans, *Personal Politics*, New York: Vintage Books, 1979, p. 213.

24 Foucault, *op. cit.*, p. 107.

25 René Bertramsen, et al., *State, Economy, and Society*, London: Unwin Hyman, 1990, p. 6.

26 Chantal Mouffe, "Hegemony and New Political Object," Cary Nelson, et al.(eds.), *Marxism and the Interpretation of Culture*, London: Macmillan, 1988, pp. 89~90.

27 Stanley Aronowitz, *The Politics of Identity*, London: Routledge, 1992.

28 Iris M. Young, "The Ideal Community and the Politics of Difference," *Social Theory and Practice* 12, 1986, pp. 1~26.

29 Honi Fern Haber, *Beyond Postmodern Politics*, London: Routledge, 1994, p. 124.

3장. 진보 정치학, 무엇을 할 것인가

---

1 이 구절은 한때 마르크스주의의 선봉장이던 프랑스가 후기구조주의와 신철학이 대두한 이후 반마르크스주의의 중심지가 된 것을 빗댄 표현을 빌려온 것이다(Perry Anderson, *In the Tracks of Historical Materialism*, London: Verso, 1983, p. 32).

2 물론 '국가주의적' 또는 '국가 중심적' 시각이라는 비판도 제기되고 있지만, 이 문제는 이 글에서 나중에 상세히 논할 것이다.

3 이것은 해외 학계에서 벌어지는 국가론의 교착과 쇠퇴를 반영한 것이기도 하다. 서구 학계의 이런 국가론의 조류는 '비극으로 끝난 1970년대의 마르크스주의 국가론'과 '희극으로 판명 된 1980년대의 국가주의 국가론'이라고 특징지어진다. Bob Jessop, *State Theory*, London: Polity Press, 1990, p. 2.

4 C. Rovirosa, "Towards the Impossibility of thee State: A Deconstructive Reading," Univ. of Essex, M. A. Thesis, 1988. 요약은 B. Jessop, 앞의 책, pp. 292~293.

5 국가의 개념화 문제는 이미 필자가 다른 글에서 상세히 다뤘다. 손호철, 〈민주주의의 이론적 제문제〉, 한국정치연구회 사상분과 편저, 《현대 민주주의론 I》, 서울: 창작과비평사, 1992 혹은 이 책 3부 3장에 수록된 〈민주주의의 이론적 문제〉를 참고할 것.

6 서관모, 〈마르크스주의 계급이론의 현재성〉, 《이론》 창간호(1992년 여름호), 이론사, 99~131쪽.

7 이를테면 스탈린주의적 마르크스주의를 대표하는 교과서의 하나인 F. V. Konstatinov, *The Fundamentals of Marxist-Leninism*, Moscow: Progress, 1982의 경우도 사회적 관계의 총체인 사회구성체를 단순히 생산관계로만 보지 않고 이런 의미로 규정하고 있다.

8 대표적인 예는 Chantal Mouffe, "Hegemony and New Political Subjects," Cary Nelson et al.(eds.), *Marxism and the Interpretation of Culture*, London: Macmillan Education, 1988, pp. 89~91.

9 그런 예로 Nicos Poulantzas, *Political Power and Social Classes*, London: Verso, 1973.

10 P. Anderson, 앞의 책, 제2장 "Structure and subject" 참조.

11 미셸 푸코, 《성의 역사 — 제1권 앎의 의지》, 서울: 나남, 1990, 106~111쪽.

12 이런 입장을 선구적으로 표명한 것으로는 Nicos Poulantzas, *State, Power, Socialism*, London: Verso, 1978, pp. 35~49, 146~153. 손호철, 〈니코스 풀란차스〉, 《이론》 제5호(1993년 여름호), 이론사(이 책 2부 6장 〈니코스 풀란차스의 국가 이론〉 참조).

13 이것은 국가가 경제에 '불개입'하는 자유방임 국가라는 그릇된 신화를 낳게 된다. 비판은 Suzanne de Brunoff, *The State, Capital, and Economic Policy*, London: Pluto, 1978.

14 Nicos Poulantzas, *State, Power, Socialism*, London: Verso, 1978, pp. 11~27.

15 이런 대응에 대한 비판적 평가로는 Paul Cammack, "Review Article: Bringing the State Back In?" *British Journal of Political Science* 19(2), 1989.

16 Bertell Ollman, *Alienation: Marx's Conception of Man in Capitalist Society*, London: Cambridge Univ. Press, 1971.

17 밥 제숍, 〈국가의 위상 정립〉, 위르겐 쿠친스키 외, 《전환기의 마르크스주의》, 서울: 공동체, 1991, pp. 167~192; René Buggie Betramsen, "From the Problems of Marxism to the Primacy of Politics," R. B. Betramsen et al., *State, Economy and Society*, London: Unwin Hyman, 1991. 후자의 경우 위에서 소개한 생산관계의 내재적 계기로서의 국가라는 인식과 마찬가지로 국가 내지 '정치적인 것'을 하나의 층위가 아니라 사회적 관계의 하나의 차원(dimension)으로 파악하고 있지만(25), 이것이 선차성을 지닌다는 문제의식 면에서는 동일하다. 또한 '전통적' 사고와 달리 하나의 구조로서의 '정치적인 것(the political)'과 정치(politics)를 구별하지 않고 있다(26).

18 B. Jessop, *State Theory*; Betramsen et al., 앞의 책 등 참조.

19 이것 또한 '구조-행위'라는 난제에 관련된 것으로 후기 풀란차스나 후기 알튀세르 등에서 나타나는, 세칭 '구조적 인과성에 대한 계급투쟁의 우위' 등도 여기에 관련된 것일 듯하다.

20 시민사회를 해답으로 찾으려는 이런 통념과 달리 정통 좌파가 아니면서도 시민사회가 문제의 해결일 수 없다는 입장으로는 Paul Hirst, "The State, Civil Society and the Collapse of Soviet Communism," *Economy & Society* 20(2), 1991, pp. 217~242.

21 이것에 관련해 일정한 편향이 있기는 하지만 고전적인 시민사회의 개념화에 대해서는 John Keane, "Despotism and Democracy," John Keane(ed.), *Civil Society & the State*, London: Verso, 1988; N. Bobbio, "Gramsci and the Concept of Civil Society," N. Bobbio et al., *Which Socialism?*, Oxford: Polity Press, 1987. 국내 학계의 경우 특히 이런 개념화가 없이 마구잡이로 이 개념을 사용하고 있는 실정이다.

22 단순화해 이야기하자면 ①은 포스트마르크스주의적 이론가들이, ②는 그람시적 마르크스주의자들이, ③은 좀더 '정통적' 마르크스주의자들이, ④는 최장집 교수(〈한국 민주주의의 이론과 실천〉, 《한국 민주주의의 이론》, 서울: 한길사, 1993, 381~382쪽)가 각각 채택하고 있다.

23 에띠엔 발리바르, 〈조우커 맑스: 또는 동봉된 제3항〉, 서관모 편역, 《역사 유물론의 전화》, 서울: 민맥, 1993, 48쪽. 이 밖에 풀란차스도 말기까지 국가-시민사회론에 반대하고 있다.

24 손호철, 〈민주주의의 이론적 문제〉, 이 책 3부 3장 참조. 이 밖에 시민사회에 대항하는 '민중사회'를 건설하자는 김세균 교수 제의도 이런 문제의식에서 대안을 제시하는 것이라고 할 수 있다(김세균, 〈시민사회론의 이데올로기적 함의 비판〉, 《이론》 제2호(1992년 가을호), 104~135쪽). 다만 이런 '민중사회'가 '시민사회' 내에 민중적 헤게모니에 의해 구축되는 독자적 '진지'가 아니라 시민사회 '밖'의 제3의 독자적 사회로 가능한지는 논의가 필요한 문제다.

25 시민권 문제에 대해 마르크스주의적 입장에서 제기한 급진적 해석으로는 에띠엔 발리바르, 〈'인간의 권리'와 '시민의 권리'〉, 윤소영 편역, 《맑스주의의 역사》, 서울: 민맥, 1992.

26 아를테면 Louis Althusser, "The Crisis of Marxism," L. Althusser et al., *Power & Opposition in Post-Revolutionary Societies*, London: Ink Link, 1979, p. 234. 최근 국가유형, 국가형태 등 다양한 추상성 문제에 대한 여러 입장을 정리한 중요한 글로는 김일영, 〈한국국가성격 논의에 관한 방법론적 재고〉, 《경제와 사회》(1993년 봄호), 한국산업사회연구회, 195~250쪽 참조. 이 글은 매우 유익함에도 불구하고 여러 문제들을 안고 있어 필자는 이 문제들과 국가형태론 일반에 관한 문제들을 한국 국가성격 문제에 관련해 〈한국 국가성격과 국가형태론에 대한 재조명〉(가제)라는 글에서 본격적으로 다룰 예정이었다. 그리고 여기에 관련된 내용은 손호철, 〈한국 국가성격 논쟁〉, 《현대한국정치 — 이론, 역사, 현실, 1945~2011》, 서울: 이매진, 2011, 381~419쪽을 참고할 것.

27 아를테면 억압성이란 정도의 문제이기 때문에 부르주아 민주주의와 파시즘 사이의 분류는 자의적일 수밖에 없다. 따라서 6공이 자유민주주의 체제냐 파시즘이냐는 이런 형태 구분 기준의 문제점에도 크게 기인하며, 국가형태론의 미발달이 5공, 6공, 7공의 연속성과 차별성을 개념화하기 위한 고육지책으로서 5공은 '(신식민지) 파시즘', 6공은 '자유민주주의적 파시즘', 7공은 '파시즘적 자유민주주의'라는 주장을 펴도록 하고 있다(김세균, 〈신정부의 성격〉, 《노동자신문》, 1993년 1월 15일자).

28 N. Poulantzas, *State, Power, Socialism*, p. 209.

29 국가형태론을 이론적으로 추구하는 데서 자본주의 사회구성체의 단계와 국면(phase)의 시기 구분, 권력블록과 헤게모니 분파의 변화 방향 등에 관련해 시론적 이론화를 시도한 '초기' 폴란차스의 문제의식을 발전시키는 것이 그 한 방향일 수 있을 것이다. N. Poulantzas, *Political Power and Social Classes*, London: Verso, 1973, pp. 142~156, 308~324.

30 국내 학계의 경우 지나치게 구조적 규정을 강조해왔다는 느낌이 든다. 따라서 계급투쟁을 강조하는 것('구조적 인과성에 대한 계급투쟁의 우위'?)이 필요하지 않을까 싶다.

31 민주주의론은 중요한 주제지만, 관련 쟁점과 과제들은 필자가 (이 책에 실린) 다른 글에서 상세히 다룬 적이 있기 때문에 국가론처럼 자세히 논하지 않았다. 더 구체적인 내용은 손호철, 〈민주주의의 이론적 문제〉, 이 책 3부 3장 참조

32 대표적인 예는 이병천·박형준 편저, 《마르크스주의의 위기와 포스트마르크스주의 I, II, III》, 서울: 의암, 1992, 1993; 한상진 편저, 《마르크스주의와 민주주의》, 서울: 사회문화연구소, 1992.

33 Etienne Balibar, "The Vacillation of Ideology," C. Nelson et al.(eds.), 앞의 책; 서관모, 〈마르크스주의 계급이론의 현재성〉, 《이론》 창간호(1992년 여름호), 이론사, 99~131쪽 참조

34 V. I. Lenin, "One step Forward Two steps Back," *CW* 7, p. 368.

35 D. Forgacs(ed.), *An Antonio Gramsci Reader: Selected Writings 1916-1935*, New York: Schocken Books, 1988, pp. 202~203.

36 이를테면 니체에 관련해서는 Gilles Deleuze, *Nietzsche & Philosophy*, London: Athlone Press, 1983; Nancy Love, *Marx, Nietzsche, and Modernity*, New York: Columbia Univ. Press, 1986; 안드라스 게도 외, 《포스트모더니즘의 도전》, 서울: 다민, 1992, 제1장 등.

37 에티엔 발리바르, 〈인간의 권리와 시민의 권리〉, 앞의 책 참조

38 한 예로 한승조 외, 《해방 전후사의 쟁점과 평가 I, II》, 서울: 형설출판사, 1990.

39 요약은 손호철, 〈한국 국가론 연구 현황〉, 《한국 사회 이해를 위한 길잡이》(《사회평론》 1992년 1월호 별책 부록), 사회평론사, 214~221쪽.

40 손호철, 〈6공-현대 격돌, 여덟 가지 가설: 국가론의 시각에서〉, 《사회평론》 1992년 3월호, 사회평론사, 70~81쪽과 여기 달린 〈보론〉들(손호철, 《전환기의 한국정치》, 서울: 창작과비평사, 1993 수록), 손호철, 〈김영삼정부의 성격과 호남지역 정치의 향방〉, 《월간 길》, 1993년, (주)사회평론.

41 이런 입장의 대표적인 예는 각각 송주명, 〈신식민지파시즘론의 테제들〉, 《경제와 사회》 제4호(1989년 겨울호), 한국산업사회연구회, 86~88쪽; 조형제, 〈한국국가에 대한 신식민지파시즘론의 적용〉, 같은 책, 70~79쪽.

42 이런 주된 흐름에 대조적으로 이 시기의 국가성격을 집중적으로 연구, 이 시기를 '보나파르티즘'으로 보는 연구 업적이 나와 있기는 하다(김일영, 〈이승만 통치기 정치체제의 성격에 관한 연구〉, 성균관대학교 박사 학위 논문, 1991). 이런 논의는 전독점자본주의 단계의 억압적 자본주의 국가의 대표적인 형태를 보나파르티즘으로 볼 수 있다는 점에서 일견 타당한 면이 있지만, 1950년대를 보나파르티즘의 합리적 핵심인 '파국적 평형 상태'로 볼 수는 없다는 점에서 문제가 많다.

43 손호철, 〈한국전쟁과 이데올로기 지형〉, 《현대한국정치 — 이론, 역사, 현실, 1945~2011》, 서울: 이매진, 2011, 210~211쪽 참조.

44 필자는 일제하 적색농조, 해방 정국의 지방인민위원회 강세 지역과 1956년 선거의 조봉암 강세 지역, 1963년 대선에서 벌어진 박정희 사상 논쟁에 관련해 박정희 우세 지역 간의 일치 여부에 관한 실증적 연구를 이 글을 발표할 무렵에 진행 중이었다. 그리고 그 연구 성과는 손호철, 〈1956년과 1963년 대선 — 조봉암과 박정희의 득표는 잔존 좌익의 지지였나〉, 위의 책, 3부 2장, 272~299쪽에 수록돼 있다.

45 분단 모순, 나아가 이 논의를 발전시킨 '분단체제론'이 최근 들어 논쟁의 쟁점이 되고 있다. 〈특집: 변화하는 정세, 통일운동의 전망〉, 《창작과 비평》 제77호(1992년 가을호), 창작과비평사; 백낙청, 〈분단체제의 인식을 위하여〉, 《창작과 비평》 제78호(1992년 겨울호), 창작과비평사, 288~309쪽; 이종오, 〈분단과 통일을 다시 생각해보며〉, 《창작과 비평》 제79호(1993년 여름호), 창작과비평사, 291~307쪽 등 참조.

46 Kenneth Waltz, *Man, the State, and War*, New York: Columbia Univ. Press, 1954; Kenneth Waltz, *Theory of International Politics*, Reading: Addison-Wesley Pub., 1979.

47 사실 '사회주의적 국제주의'라는 원리에도 불구하고 현실 사회주의의 국가들도 자본주의 사회처럼 많은 경우 이런 국익 우선의 국제정치적 행태를 보여온 것이 사실 아닌가?

48 이 말은 '제2세계'가 없어져 '제3세계'의 '3'이라는 숫자가 의미가 없어졌다는 뜻이지, '제3세계의 종말론' 등이 주장하듯 '제3세계'가 없어지고 '제3세계'라는 개념이 지닌 문제의식(세계체제 아래의 종속이라는 불평등한 관계)이 무의미해졌다는 의미는 결코 아니다.

5장. 신자유주의 시대의 대학 — 자본의 '지식 공장'과 '인력 공장'을 넘어서

1 의미심장한 것은 《문화과학》 82호(2015)의 '신자유주의 대학'이라는 특집의 제목이다. 1960년대 초 영국의 좌파 학자인 랠프 밀리반드(Ralph Miliband)는 《자본주의 사회의 국가(The State in Capitalist Societies)》라는 책을 썼다. 그러자 니코스 풀란차스는 자본주의 국가를 제대로 이해하려면 '자본주의 사회의 국가'라는 문제의식을 넘어 '자본주의 국가(the capitalist state)'라는 생각을 가져야 한다고 비판했다. 국가 자체가 자본주의적이라는 주장이다. 마찬가지로 '신자유주의 시대의 대학'이라는 문제의식을 넘어 '신자유주의 대학'이라는, 대학 자체가 이미 신자유주의적이라는 생각으로 나아간 점에서 의미심장하다는 말이다.

2 학진, 연구재단, 교육부가 이렇게 연구의 대형화를 추구하는 이유는 첫째, 집중된 대형 성과물을 선호하는 '전시 효과' 사고, 둘째, 연구 관리의 용이성을 극대화하기 위한 관리주의, 셋째, 연구 지원을 자신들의 권력 자원으로 만들기 위한 '관료적 제국주의', 넷째, 학문과 연구가 무엇인지 모르는 '철학의 빈곤' 등에 기인한다.

2부. 국가와 권력

1장. 국가자율성의 과학적 이해

1 크래스너는 여기에 관련해서 국가 개념이 정부로서의 국가, 관료 기구로서의 국가, 지배 계급으로서의 국가, 규범적 질서로서의 국가라는 네 가지 의미로 사용되고 있다고 요약했다. Stephen Krasner, "Approaches to the State," *Comparative Politics* 16(2), 1984, p. 244.

2 Louis Althusser, "Ideology and Ideological State Apparatuses," *Lenin and Philosophy and Other Essays*, New York: *Monthly Review*, 1971, pp. 128~148.

3 K. Marx, "Manifesto of the Communist Party," R. Tucker(ed.), *The Marx-Engels Reader*, New York: W. W. Norton, 1978 , p. 475.

4 Antonio Gramsci, *Selections from the Prison Notebooks*, New York: International Publishers, 1971, p. 182; Nicos Poulantzas, *State, Power, Socialism*, London: Verso, 1978, pp. 123~145; Robert Dahl *Who Governs?*, New Haven: Yale Univ. Press, 1961. 다원주의 국가론의 경우 국가 권력의 분산적 소유라는 시각에서 보면 세 번째의 '지배블록(의 부재)으로서의 국가'라는 이해도 가능하다.

5 Theda Skocpol, "Bringing the State Back In," Peter Evans ed., *Bringing the State Back In*, Cambridge: Cambridge Univ. Press, 1985, p. 7; G. John Ikenberry, "Conclusion: An Institutional Approach to American Foreign Economic Policy," *International Organization* 42(1), 1988, p. 223; Nicos Poulantzas, *op. cit.*, pp. 76~120; 에티엔 발리바르, 《민주주의와 독재》, 서울: 연구사, 1988, 43~45쪽.

6 Eric Nordinger, *On the Autonomy of the Democratic State*, Cambridge: Harvard Univ. Press, 1982, pp. 8~15.

7 이런 오해에 기초한 국가 개념에 대한 그릇된 비판의 대표적 예는 David Easton, "The Political System Besieged by the State," *Political Theory* 9, 1981.

8 한국 국가 연구에서 국가 기구의 '제도성'과 '계급성'을 변증법적으로 통일시킴으로써 사회 중심적 시각과 국가 중심적 시각이라는 이분법을 극복하려 한 강민 교수의 시도는 바로 이런 지배블록 내지 사회관계로서의 국가와 제도로서의 국가를 동시에 파악하려는 아주 건설적이고 중요한 시도로 평가될 수 있다(강민, 〈한국의 국가 역할과 국가기구〉, 《한국정치학회보》 제22집 2호(1988), 한국정치학회, 7~31쪽). 다만 아쉬운 것이 있다면 사회관계적 차원과 제도적 차원이 추상성의 위계 질서가 전제되지 않고 같은 차원으로 **병렬**되고 있다는 점이다. 국가란 사회관계의 응집이나 단순한 응집이 아니라, '물질적(제도적) 응집'이며 사회관계적 측면이 제도성에 대해 **선차성**을 갖는다고 본 풀란차스의 개념화가 병렬화보다 올바른 이론화라고 하겠다(Poulantzas, *op. cit.*, 1978, pp. 43~45).

9 마르크스주의가 무엇인가에 대해서도 합의가 없기 때문에 여기서는 신좌파 이론을 비롯해 아주 넓은 의미로 그 패러다임을 분류했다.

10 대표적인 예는 "경제적인 것이 인과의 사슬에 있어서 '궁극적인 것'이라는 상식적인 유물 사관은 나의 평가로는 과학적 주장으로는 선석으로 일고의 가치도 없는 것"이라는 베버의 주장이다. Max Weber, *Gesammelte Aufsatze zur Soziologie und Sozialpolitik*, Tübingen: Mohr, 1924, p. 456(Wolfgang Mommsen, "Capitalism and Socialism: Weber's Dialogue with Marx," Robert Antonio et al.(eds.), *A Weber-Marx Dialogue*, Lawrence: Univ. Press of Kansas, 1985, p. 239에서 재인용).

11 이 문제에 대한 다양한 해석과 논점에 대해서는 Gerd Schroeter, "Dialogue, Debate, or Dissent? Difficulties of Assessing Max Weber's Relation to Marx," Robert Antonio et al.(eds.), *A Weber-Marx Dialogue*, pp. 2~19.

12 Max Weber, *Economy and Society* I, New York: Bedmininster Press, 1968, pp. 3~301; *Economy and Society* II, pp. 296~940 참조. 이런 이유로 거스 같은 학자는 베버가 마르크스의 "경제적 유물론을 정치 내지 군사적 유물론으로 중화"시키려 했다고 주장하고 있다(H. H. Gerth, "Introduction: The Man and His Work," Gerth et. al.(eds.), *From Max Weber*, London: Routledge & Kegan Paul, 1970, p. 47.

13 이런 국가 중심적 국가론이 지닌 논지의 불명확성과 문제점에 대해서는 Bob Jessop도 비슷한 견해를 피력하고 있다. B. Jessop, "Putting the State in Their Place: State System and *State Theory*," *Marxism and the New Global Society*, 경남대학교 극동문제연구소 개최 국제 심포지엄, 1989년 10월 25일 발표 논문, pp. 14~15 참조.

14 이런 입장에서 국가론을 체계적으로 발전시킨 저술은 필자가 알기로는 아직 없지만, 사회과학의 일반적인 방법론적 경향을 고려할 때 이런 저술이 조만간 나올 것으로 기대돼 이 패러다임을 상정했다.

15 케네스 왈츠는 바빌로니아인들이 이미 오래전 조석 간만 현상을 경험적으로 관찰해 일반 법칙을 만들어내고 예측할 수 있었지만 왜 그런 현상이 일어나는지에 대해서는 이런 경험주의적 방법으로 해결하지 못한 예를 들고 있다. Kenneth Waltz, *Theory of International Politics*, Reading: Addison-Wesley Pub. 1979, p. 8.

16 이때 추상화 수준은 앞에서 이야기한 국가 개념의 추상성 수준과는 전혀 다른 것으로, 혼동되면 안 되는 것이다.

17 F. Engels, "Letter to Joseph Bloch"(September 21, 1890), K Marx & F. Engels, *Selective Correspondence*, Moscow: Progress, Third Edition, 1975, pp. 397~395.

18 F. Engels, "Letter to Conrad Schmidt." *Ibid.*, p. 397.

19 대표적인 예로는 A. G. Afanasyev, *Historical Materialism*, New York: International Pub, 1987, pp. 20~24; F. V. Konstantinov, *The Fundamental of Marxist-Leninist Philosophy*, Moscow: Progress, 1982, pp. 241~246.

20 L. Althusser, E. Balibar, *Reading Capital*, London: Verso, 1978, p. 97.

21 Max Weber, "Politics as Vocation," Gerth et al.(eds.), 1968, *op. cit.*, p. 78.

22 Otto Hintze, Felix Gilbert(ed.), *The Historical Essays of Otto Hintze*, New York: Oxford Univ. Press, 1975, Ch. 4, 5, 11, and Felix Gilbert, "Introduction." 그러나 힌츠의 분석은 주로 중세와 자본주의 사회에 제한돼 있어 그 밖의 주장이 국가 일반이 아니라 특수 국가유형인 봉건제 국가와 자본주의 국가에 국한된 것이라는 해석도 가능하다.

23 Theda Skocpol, *op. cit; States and Social Revolutions*, Cambridge: Cambridge Univ. Press, 1979, pp. 23~33.

24 Karl Marx, *Critique of Hegel's 'Philosophy of Right'*, Cambridge: Cambridge Univ. Press, 1977.

25 Karl Marx, *Capital* I, New York: Intranational Publishers, 1967, Chapter X, "The Working Day"; "The

Eighteenth Brumaire of Louis Bonaparte," *Surveys in Exile: Political Writings* 2, New York: Vintage Books, 1974.

26 F. Engels, "Letter to Marx in Margate"(April 13, 1866), K. Marx, F. Engels, *op. cit.*, 1975, p. 166.

27 Nicos Poulantzas, *Political Power & Social Classes*, London: Verso, 1975, pp. 25~33.

28 *Ibid.*, 1975.

29 John Holloway et. al.(eds.), *State and Capital: A Marxist Debate*, Austin: Univ. of Texas Press, 1978.

30 물론 베버는 이런 관료제의 궁극적 표현을 자본주의가 아니고 사회주의로 보고 그 병폐를 비판했지만, 여기에서 는 주제에 관련해 이 문제를 논의로 삼았다. Wolfgang Mommsen, *The Age of Bureaucracy*, New York: Harper & Row, 1974, Ch. 3; David Beetham, *Max Weber and The Theory of Modern Politics*, Cambridge: Polity Press, 1985.

31 Weber, *op. cit.*, 1968, Vol. 3. p. 1393, 993.

32 *Ibid.*, 1968.

33 Hamza Alavi, "The State in Post-Colonial Societies: Pakistan and Bangladesh," Kathleen Gough et al., *Imperialism and Revolution in South Asia*, New York: Monthly Review, 1973, pp. 145~173.

34 Raymond Duvall et al., "The State and Dependent Capitalism," *International Studies Quarterly* 25(1), 1981, pp. 99~118; Philippe Schmitter, "The Portugalization of Brazil?" Alfred Stepan(ed.), *Authoritarian Brazil*, New Haven: Yale. Univ. Press, 1973, pp. 182~190; John Saul, "The State in Post-Colonial Societies: Tanzania," *Socialist Register*, 1974, pp. 349~372.

35 A. G. Frank, *Lumpen-Bourgeoisie: Lumpen-Development*, New York: Monthly Review, 1972, p. 13; I. Wallerstein, *The Capitalist World-Economy*, Cambridge Univ. Press, 1979, pp. 355~356.

36 Marx, *op. cit.*, 1974, p. 238.

37 포퓰리즘 국가 체제의 외형적 성장에 대비되는 실질적인 연성 국가화와 자율성의 결여에 대해서는 James Malloy, "Authoritarianism and Corporatism in Latin America: The Model Pattern," James. Malloy(ed.), *Authoritarianism and Corporatism in Latin America*, Pittsburgh: Univ. of Pittsburgh Press, 1977, pp. 15~17.

38 대표적인 예는 Bruce Cumings, "The Origins and Development of Northeast Asian Political Economy," *International Organization* 38(1), 1984, pp. 1~40. 제2공화국의 국가자율성 결여에 대해서는 Han Sung-joo, *The Failure of Democracy in South Korea*, Berkeley: Univ. of Berkely Press, 1974; Kim Joungwon, *Divided Korea: The Poltics of Development 1945-1972*, Cambridge: Harvard Univ. Press, 1975.

39 Karl Marx, "The Civil War in France," R. Tucker(ed.), 앞의 책, p. 631.

40 Engels, "The Origins of Family, Private Property, and the State," 같은 책, pp. 753~754.

41 Fred Block, "Beyond the Relative Autonomy: State Managers as Historical Subject," *Socialist Register*, 1980, pp. 227~242; Nora Hamilton, *The Limits of State Autonomy*, Princeton: Princeton Univ. Press, 1982, p. 25; Peter Cleaves et al., "State Autonomy and Military Policy Making," Cynthia McClintock et al., *The Peruvian Experiment Reconsidered*, Princeton: Princeton Univ. Press, 1983, pp. 209~244.

42 이렇게 상대적 자율성 개념을 아주 느슨하게 정의하여 "모든 국가는 상대적 자율성을 갖고 있"지만, "다른 형 태의 국가들은 다른 정도의 자율성을 갖고 있다"는 입장을 취하고 있는 학자는 밀리반드를 들 수 있다. Ralph Miliband, *Marxism and Politics*, Oxford: Oxford Univ. Press, 1977, pp. 83~84. 폴란차스는 이런 모순을 인지하 듯 상대적 자율성이 자본주의 국가만의 특질이라는 자신이 주장이 다른 생산양식에서는 국가가 상대적 자율성 을 갖지 않는다는 주장은 아니며, 이 경우 자율성은 다른 형태를 띤다고 밝히고 있다(Poulantzas, 앞의 책, 1975, p. 29). 그러나 문제는 그 형태가 어떻게 다른지인데, 이 문제에 대해서는 폴란차스가 체계적인 답을 못 주고 있다.

43 Nicos Poulantzas, "The Problem of the Capitalist State," *New Left Review* 58, 1969, pp. 69~78.

44 Engels, "The Origins…," p. 754; V. Lenin, "The State and Revolution," *On the Dictatorship of the Proletariat*, Moscow: Progress, 1976, pp. 20~21.

45 Poulantzas, 앞의 책, 1975.

46 Hamilton, 앞의 책, 1982, pp. 8~15. 이런 해밀턴의 모델을 이용해 한국 국가의 자율성 문제를 한국 사회의 독특한 역사와 정치경제적 특징에서 논거를 찾아 정리한 중요한 논문으로는 임현진·백운선, 〈한국에서의 국가자율성〉, 한국정치학회 편, 최상룡, 《현대한국정치와 국가》, 서울: 법문사, 1987, 225~246쪽.

47 Betell Ollman, "Theses on the Capitalist State," *Monthly Review* 34(7), 1982. 이런 시각에서 미국의 경우 도구적 자율성이 부재하다고 분석한 논문은 G. William Domhoff, *The Powers That Be*, New York: Vintage Books, 1972, pp. 22~24; 122~127; Thomas Ferguson, "From Normalcy to New Deal," *International Organization* 38(1), Winter, 1984, pp. 41~94. 나아가 비교 국가론적 시각에서 볼 때 프랑스 국가가 '상대적 자율성 국가'에 가깝다면 영미 국가는 '도구적 국가'에 가까우며, 도구주의 국가론이 국가자율성이 상대적으로 낮은 영미에서 주로 논의되고 거꾸로 자율성이 큰 프랑스에서 구조주의 국가론이 나온 것은 우연이 아니다.

48 물론 단기와 장기의 기준을 얼마로 할 것이냐는 문제는 계속 남는다. 자본가들의 경제적 이익과 정치적 이익을 구별하고 이것과 국가 간의 관계를 분석한 고전적 연구로는 Marx, 1974. "The 18th Brumaire," 앞의 책, p. 186, 223, 245.

49 Poulantzas, 앞의 책, 1975, p. 286.

50 Hamiltion, 앞의 책, 1982, p. 12.

51 풀란차스의 경우만 해도 중심부 자본주의 국가를 모델로 하며, 그것도 국제정치 체계와 세계 자본주의 체제에서 고립시킨 폐쇄 모델에 의존하고 있다.

52 I. Wallerstein, *The Modern World System*, New York: Academic Press, 1974, p. 355.

53 주 35 참조.

54 〈한국사회성격논쟁〉, 《한겨레신문》 1989년 6월 20일.

55 Thomas Bamat, "Relative Autonomy and Capitalism in Brazil Persu," *Insurgent Sociologists* 7(7), 1977, pp. 74~84; 박광주, 〈집정관적 신중상주의 국가론〉, 한국정치학회 편, 최상룡, 《현대한국정치와 국가》, 서울: 법문사, 1987, pp. 200~204 ; Hyun-Chin Lim, "Dependent Development in the World-System: The Case of South Korea, 1963~79," Ph. D. Dissertation. Harvard University, 1982, p. 146.

56 한국 사회성격에 관련된 한국 국가성격 논쟁에 대해서는 박현채·조희연 편, 《한국사회구성체논쟁 II》, 서울: 죽산, 1989; 조형제, 〈국가론의 관점에서 본 분단과 통일〉, 《경제와 사회》 창간호(1989년 가을), 한국산업사회연구회, 43~70쪽 등.

2장. 공장법 분석과 마르크스의 자본주의 국가론

1 이런 마르크스주의 국가 이론의 부재에 대해서 마르크스주의 이론가와 비마르크스주의자가 한 비판적 평가는 Louis Althusser, "The Crisis of Marxism," Althusser et al., *Power and Opposition in Post-Revolutionary Societies*, London: Ink Link, 1979, pp. 225~237; Norberto Bobbio, "Is There A Marxist Theory of the State," *Telos* 35, 1978 등을 참조.

2 이런 학풍이 바로 '자본논리(Capital-logic)'학파다(John Holloway et al.(eds.), *State and Capital*, Austin: Univ. of Texas Press, 1978 등 참조).

3 이런 단절을 인정하는 대표적인 입장은 Louis Althusser, *For Marx*, London: Verso, 1979. 특히 "Introduction." 연속을 강조하는 입장은 Shomo Avineri, *The Social and Political Thought of Karl Marx*, Cambridge: Cambridge Univ. Press, 1968.

4 에티엔 발리바르, 《역사유물론 연구》, 서울: 푸른산, 1989, 제3장 참조.

5 마르크스의 다양한 '플랜'에 대한 요약적 정리로는 Karl Marx, *Theories of Surplus-Value*, Part I, Moscow: Progress, 1963의 "Preface," p. 14 참조 참고로 그 플랜은 아래와 같다. "정치경제학비판 '플랜'-1. 자본(a. 자본 일반, b. 자본 간 경쟁, c. 신용, d. 주식 자본), 2. 토지 소유, 3. 임노동, 4. 국가, 5. 해외 교역, 6. 세계 시장." 이런 계획 중 《자본》은 3

번까지에 해당한다고 볼 수 있다.

6 이런 오류로는 Nicos Poulantzas, *Political Power & Social Classes*, London: Verso, 1975, pp. 258~262. 여기에 대한 비판으로는 R. Miliband, "Poulantzas and the Capitalist State," *New Left Review* 82, 1973, pp. 89~92. 결국 보나파르트 국가의 상대적 자율성은 자본주의 국가 일반이 아니라 특수 상황에 연관된 것이지만, 그렇다고 보나파르트 국가가 자본주의 국가를 넘어선 초계급적 국가이거나 그 자율성이 자본주의 국가 일반의 상대적 자율성의 한계를 넘어서는 것은 아니다. 국가의 추상화 수준에 연계된 상대적 자율성의 다양한 수준에 대해서는 손호철, 〈국가자율성을 둘러싼 이론적 제 문제들〉, 《한국정치학회보》 제23집 2호, 1989, 한국정치학회, 302~310쪽(이 책 2부 1장 참조).

7 이 책 2부 3장 〈계급 지배의 도구로서의 국가와 도구주의적 국가〉 참조.

8 영어본의 경우 각각 10장과 15장이다. 이 글에서는 독일어 번역본인 이론과실천사의 1987년판 《자본론 I》을 주요 대본으로 사용하되 번역이 문제가 있는 경우 영어판(New York: International Publisher, 1967)을 번역했다. 이하 인용은 본문 인용 뒤에 쪽수만 표기하겠다.

9 K. Marx & F. Engels, "Manifesto of the Communist Party," R. Tucker(ed.), *The Marx-Engels Reader*, New York: W. W. Norton & Co, 1978, Second Ed., p. 475.

10 Hegel, *Philosophy of Right*, Oxford Univ. Press, 1976 등.

11 E. Nordlinger, *On the Democratic State*, Cambridge: Harvard Univ. Press, 1981 등.

12 이런 자본가 계급의 다양한 이익의 유형과 여기에 상응하는 상대적 자율성 유형에 대해서는 이 책 2부 1장 〈국가 자율성의 과학적 이해〉 참조. 또한 이것을 6공화국의 토지 공개념 정책에 관련해 경험적으로 적용한 연구로는 손호철, 〈자본주의 국가와 토지 공개념: 6공화국의 토지 공개념 입법을 중심으로〉, 《한국정치연구》 3집(1991), 서울대학교 한국정치연구회 참조.

13 Thomas Ferguson, "From Normalcy to New Deal," *International Organization* 38(1), 1984, pp. 41~94. 돔호프도 총자본적 시각의 상대적 자율성론은 기본적으로 자본가 계급은 자본의 속성상 개별 자본으로서 단일 계급의 계급의식을 갖고 행동하기 어렵고 거시적 시각에서 총자본적 정책을 수립할 능력이 없다는 가정을 하고 있지만 이런 가정은 그릇된 것이라고 하면서 자본분파 내지 '신도구주의적' 시각을 옹호하고 있다. 즉 이 자본가들은 브루킹스 연구소 등 각종 정책 연구 기관을 운영하며 독자적인 거시적 세계 전략과 정책을 강구하고 있으며, 오히려 이런 정책 연구에 국가가 의존하고 있다는 지적이다(W. Domhoff, *The Powers That Be*, New York: Vintage Books, 1978). 이런 자본분파적 시각을 해방 정국에서 미국의 국가 기구 내부의 대한 정책을 둘러싼 논쟁에 연관 지으려는 시도는 손호철, 〈브루스 커밍스의 한국현대사 연구 비판〉, 《아시아문화》 제6집(1990), 한림대학교 아시아문화연구소 기타 총자본 국가와 자본분파 국가 간의 대비로는 이 책 2부 4장 〈자본주의 국가 — 총자본인가 자본분파인가〉 참조.

14 Poulantzas, 앞의 책.

15 Karl Marx, *Eighteenth Brumaire of Louis Bonaparte*, New York: International Pub., 1963, p. 107.

16 Fred Block, "The Ruling Class Does Not Rule: Notes on the Marxist Theories of the State," *Socialist Register* 33, 1977, pp. 6~27.

17 Nicos Poulantzas, *State, Power, Socialism*, London: Verso, 1978, pp. 123~145.

18 Karl Marx, *Capital* III, New York: International Pub., 1967, p. 817.

19 이런 국가형태론의 부재에 대해서는 Althusser, 앞의 글과 에티엔 발리바르, 〈국가, 당, 이데올로기〉, 윤소영, 《에티엔 발리바르의 정치경제(학) 비판》, 서울: 한울, 1987 중 〈보론〉, 184쪽.

20 구체적인 것이 "구체적인 것은 그것이 제 규정의 총괄, 즉 잡다한 것의 통일이기 때문"이라는 마르크스의 주장(마르크스, 《경제학 노트》, 서울: 이론과실천, 1984, 34쪽)처럼 구체적으로 존재하는 특정 자본주의 국가는 여러 규정의 총괄로 파악돼야 한다. 즉 이를테면 한국의 제5공화국하의 국가는 자본주의 국가 일반, 제3세계 국가, 제3세계 중 특수한 사회성격으로서 신식민지국가독점자본주의의 상부구조로서 신식민지파시즘, 분단국으로서 분단 국가, 5공화국이라는 특수한 레짐과 자본분파적 연관, 계급 간 역관계 속에서의 국가성격 등 여러 규정의 총괄로서

국가다.

21 국가의 다양한 추상성 수준에 관련해 이런 방향으로 이론화를 시도한 초보적인 노력으로는 이 책 2부 1장 〈국가 자율성의 과학적 이해〉 참조.

3장. '계급 지배의 도구'로서의 국가와 '도구주의적 국가'

1 비판적 요약, 평가로는 Paul Cammack, "Review Article: Bringing the State Back In?" *British Journal of Political Science* 19(2), 1989.

2 Bob Jessop, *The Capitalist State*, New York: New York Univ. Press., 1982, pp. 12~20.

3 Ralph Miliband, *The State in Capitalist Society*, New York: Basic Books, 1962 등이 대표적 예다.

4 제솝의 경우도 이것을 마르크스의 도구주의적 경향의 논거로 들고 있다(앞의 책, p. 12).

5 K. Marx and F. Engels, "Manifesto of the Communist Party," R. Tucker(ed.), *The Marx-Engels Reader*, New York: W. W. Norton & Co, 1978, Second Ed., p. 475.

6 Engels, "The Origins of Family, Private Property, and the State," Tucker(ed.), *op. cit.*, p. 753.

7 *Ibid.*, p. 754.

8 V. I. Lenin, "State and Revolution," *On the Dictatorship of Proletariat*, Moscow: Progress, 1976, p. 20, 25.

9 V. I. Lenin, "Old and New," *Collected Works* 17, Moscow: Progress, 1968, pp. 389~390.

10 N. A. 짜골로프 외, 《정치경제학교과서 I-3》, 서울: 새길, 1990, 129쪽.

11 이병천, 〈소련의 한국사회연구동향과 남한경제론〉, 《사상문예운동》 가을호, 1989, 풀빛, 444~445쪽 등.

12 손호철, 〈5·16 쿠데타를 어떻게 평가할 것인가〉, 《역사비평》 13호, 1991, 역사문제연구소, 170~171쪽 참조.

13 Miliband, 앞의 책.

14 Nicos Poulantzas, "The Problem of the Capitalist State," *New Left Review* 58, 1969, pp. 67~68.

15 손호철, 〈국가자율성을 둘러싼 제 문제들〉, 《한국정치학회보》 제23집 2호(1989), 한국정치학회, 311~315쪽 참조 (이 책에 2부 1장 〈국가자율성의 과학적 이해〉로 실림).

4장. 자본주의 국가, 총자본인가 자본분파인가

1 F. Engels, "Anti-Dühring," *Collected Works* 25, Moscow: Progress, 1987, p. 266.

2 '관념적 총자본'이란 현실적으로는 총자본이 아니면서 사실상 총자본의 기능을 한다는 말인데, 현대 자본주의가 국가독점자본주의로 되면서 국가 기업의 증대 등에 관련해 관념적 총자본을 넘어서 '현실적 총자본(actual total capital)'화되고 있기는 하다. 이것에 대해서도 엥겔스는 "국가가 생산력을 접수하면 할수록 국가는 (필자 주 — 관념적 총(국가)자본에서) 그만큼 **실질적인** 총국가자본으로 변화하고 시민들을 (필자 주 — 실질적으로) 착취한다"고 예측했다(같은 책, p. 266).

3 이런 '도구'의 올바른 의미에 대해서는 이 책 2부 3장 〈계급 지배의 도구로서의 국가와 도구주의적 국가〉 참조.

4 N. A. 짜골로프 외, 《정치경제학교과서 I-3》, 서울: 새길, 1989, 119쪽에서 재인용.

5 Nicos Poulantzas, *Political Power & Social Classes*, London: Verso, 1978, 특히 pp. 273~274와 Poulantzas, *Fascism & Dictatorship*, London: Verso, 1979, p. 83 등.

6 깊고 넘어가야 할 점은 한국에도 널리 알려진 밀리반드-풀란차스 논쟁과 풀란차스가 한 저술의 의미다. 한국에는 이 논쟁과 저술들이 단순히 자본주의 국가론에 관한 이론적 논쟁으로 이해되고 있지만 풀란차스의 의도는 정치적인 것이었다. 즉 밀리반드류의 도구주의적 입장이 내포하는 사회민주주의적 경향(자본주의 국가가 계급성을 갖는 이유는 자본가 계급과의 인적 결합 때문이므로 노동자 계급이 국가기구를 민주적 선거 등을 통해 장악하면 자본

주의 국가도 사회주의화할 수 있다는 '장악' 테제를 함의하는)과 현대 자본주의 국가를 독점 자본가만의 국가로 협애화해 비독점 자본가를 반독점 동맹에 포함시키는 정통 좌파라는 양자에 대한 이중적 이론 전선 속에서 현실 정치에 개입하는 '이론적 개입'이라 하겠다.

7 Bob Jessop, *Nicos Poulantzas: Marxist Theory & Political Strategy*, New York: St. Martin's Press, 1985, p. 110.

8 짜골로프, 앞의 책, p. 129.

9 손호철, 〈브루스 커밍스의 한국 현대사 비판〉, 《아시아문화》 제6집(1990), 한림대학교 아시아문화연구소, 217~218 쪽.

10 이삼성, 〈한국 현대사와 미국의 대외정책 연구방법론〉, 《사회와 사상》 1989년 11월호, 한길사. 관련된 논의는 한국 정치연구회의 1989년 11월과 12월 월례토론회.

11 Eimar Altvater, "Some Problems of State Intervention," John Holloway et al.(eds), *State and Capital*, Austin: Univ. of Texas Press, 1978, p. 42 참조.

12 Thomas Ferguson, "From Normalcy to New Deal," *International Organization* 38(1), 1984, pp. 41~98 등 참조.

5장. 국가자율성, 국가능력, 국가강도, 국가경도

1 대표적인 예는 David Easton, "The Political System besieged by the State," *Political Theory* 9, 1981, pp. 303~325; Gabriel Almond, "The Return to the State," *American Political Review* 82(3), 1988, pp. 853~873.

2 Paul Cammack, "Review Article, Bringing the State Back In?" *British Journal of Political Science* 19(2), 1989, p. 261.

3 국가 중심적 국가론 이론가들의 이해와 달리 상대적 자율성 개념은 신좌파 이론가들의 발명품이 아니라, 마르크스와 엥겔스 자신들이 이미 이론화를 한 것이다. 그 뒤에도 스탈린 치하 소련까지 '상대적 독자성(relative independence)'이라는 용어로 이 개념을 줄곧 마르크스주의 국가론의 핵심 개념으로 취급해왔다. 또한 풀란차스 등 신좌파 이론가들의 상대적 자율성 개념도 결코 국가 중심적 시각을 의미하는 것이 아니며 사회 중심적 시각의 설명 방식을 나름대로 세련되게 만든 데 불과하다. 이 밖에 *ibid.*, 참조.

4 이런 국가자율성 개념과 국가 중심적 시각의 문제에 대해서는 이 책 2부 1장 〈국가자율성의 과학적 이해〉(손호철, 〈국가자율성을 둘러싼 제 문제들〉, 《한국정치학회보》 제23집 2호(1989), 한국정치학회, 297~302쪽; Bob Jessop, "Putting the State in Their Place: State Systems & State Theory," *Marxism & The Global Society*, 경남대학교 극동문제연구소 주최 국제 심포지엄(1989년 10월 25일), pp. 14~15; Cammack, *op. cit.*

5 김석준, 〈국가능력과 경제발전〉, 한국정치학회, 《민족공동체와 국가발전》, 한국정치학회, 1989, 272쪽.

6 이 글에서는 글의 목적상 상당한 이론적인 차이에도 불구하고 '정통' 좌파와 신좌파 등을 광의의 좌파 내지 계급론적 국가론으로 분류했고, 앞으로도 그런 의미로 계속 사용하겠다.

7 손호철, 앞의 글, 303쪽 참조.

8 손호철, 앞의 글, 311~317쪽 참조.

9 대표적인 예는 Etienne Balivar, *On the Dictatorship of the Proletariat*, London: NLB, 1978, pp. 64~66.

10 Nicos Poulantzas, *Political Power & Social Classes*, London: Verso, 1975, p. 104.

11 Immanuel Wallerstein, *The Modern World System*, New York: Academic Press, 1974, p. 335.

12 *Ibid.*, pp. 335~356.

13 Gunnar Myrdal, *Asian Drama* 2, New York: Twentieth Century Fund, 1968, Ch. 10, 특히 p. 896.

14 Peter Katzenstein, "Introduction: Domestic International Forces & Strategies of Foreign Economy Policy," Peter Katzenstein(ed.), *Between Power and Plenty*, Madison: Univ. of Wisconsin Press, 1978.

15 Stephen D. Krasner, "United States Commericial and Monetary Policy," Peter Katzenstein(ed.), *op. cit.*, p. 60과 Stephen Krasner, *Defending the National Interest*, Princeton: Princeton Univ. Press, 1978, pp. 55~61.

16 *Ibid.*, p. 55.

17 Alfred Stepan, *The State & Society: Peru in Comparative Perspective*, Princeton: Princeton Univ. Press, 1978.

18 *Ibid.*, pp. 301~302.

19 *Ibid.*, pp. 237~249.

20 Alfred Stepan, "State Power and the Strength of Civil Society in the Southern Cone of Latin America," Peter B. Evans, Dietrich Rueaschemeyer, Theda Skocpol(eds.), *Bringing the State Back In*, Cambridge: Cambridge Univ. Press, 1985, pp. 317~319.

21 Theda Skocpol, "Bringing the State Back In: Strategies of Analysis in Current Analysis," *ibid.*, p. 9, 16.

22 *Ibid.*, pp. 15~16.

23 *Ibid.*, p. 17, 21.

24 Dietrich Rueschemeyer, Peter Evans, "The State and Economic Transformation", *ibid.*, p. 49, 16.

25 *Ibid.*, p. 49.

26 *Ibid.*, p. 49. 이런 국가효율성을 국가 연구의 주요 개념으로 상정하고 있는 또 다른 예는 David Braybrooke, "Contemporary Marxism on the Autonomy, Efficacy, and Legitimacy of the Capitalist State," Robert Benjamin et al.(eds.), *The Democratic State*, Lawrence: Univ. of Kansas Press, 1985, pp. 59~86.

27 *Ibid.*, p. 54, 49.

28 *Ibid.*, p. 62.

29 Peter Evans, D. Rueschemeyer, T. Skocpol, "On the Road Toward a More Adequate Understanding of the State," *ibid.*, pp. 353~357.

30 *Ibid.*, p. 353.

31 G. John Ikenberry, "The Irony of State Strength: Comparative Responses to the Oil Shocks in the 1970s," *International Organization* 40(1), 1986, pp. 66~138.

32 *Ibid.*, p. 106, 133.

33 *Ibid.*, p. 135.

34 *Ibid.*, p. 135.

35 Joel S. Migdal, *Strong Societies & Weak States: Relations and State Capabilities in the Third World*, Princeton: Princeton Univ. Press, 1988, p. xiii, pp. 22~23.

36 *Ibid.*, p. xiii, xiv, pp. 260~261.

37 *Ibid.*, p. xvi, pp. 18~19.

38 Stephen Haggard, "Pathways from Periphery: The Newly Industrializing Countries in the International System," Unpublished Ph. D. Dissertation, Univ. of California, Berkeley, 1983, p. 86.

39 *Ibid.*, p. 82.

40 *Ibid.*, p. 87.

41 Stephen Haggard, "State & Foreign Capital in the East Asian NICs," Frederic C. Deyo(ed.), *The Political Economy of the Asian Industrialism*, Ithaca: Connell Univ. Press, 1987, p. 101.

42 *Ibid.*, p. 102.

43 Frederic C. Deyo, "Coalitions, Institutions, and Linkage Sequencing: Toward a Strategic Capacity Model of East Asia Development," Deyo(ed), *ibid.*, pp. 227~247.

44 역사의 미규정성에 관련해 밥 제숩이 제기하고 국가 중심적 국가론이 크게 수용하고 있는 이런 전략관계적 문제의식은 통념과 달리 새로운 것이 아니다(Bob Jessop, *The Capitalist State*, New York: NYU Press, 1982, Ch. 5와 Jessop, *Nicos Poulanzas*, New York: St. Martin's Press, 1985, pp. 340~360 참조). 고전적 계급론의 경우도 마르크스와 엥겔스는 국가가 상대적 자율성을 가질 뿐 아니라 토대의 운동에 적극적으로 개입하고 반작용하며, 이런 개입의 다양한 형태가 역사의 다양한 차이를 가져온다고 주장하고 있다("Engels to Conrad Schmidt in Berlin, Oct.

27, 1890," Marx, Engels, *Selected Correspondence*, Moscow: Progress, 1975(Third Edition), p. 399 등 참조).

45 Deyo, *op. cit.*, p. 232, 230.

46 *Ibid.*, p. 230.

47 Johnson Chalmers, "Political Institutions and Economic Performance," Deyo(ed), *ibid.*, p. 138, 156.

48 대표적인 예는 최장집, 〈한국 국가와 그 형태변화에 대한 이론적 접근〉, 《경제와 사회》 제4호(1989년 겨울호), 한국산업사회연구회, 70~79쪽; 임현진·백운선, 〈한국에서의 국가자율성〉, 한국정치학회 편, 최상룡, 《현대한국정치와 국가》, 서울: 법문사, 1987, 225~246쪽; 조형제, 〈한국 국가의 성격 규명을 위한 방법론적 모색〉, 박현채 외(편), 《한국사회구성체논쟁 II》, 서울: 죽산, 1989, 148~165쪽. 반드시 계급론적 시각이라고는 볼 수 없지만, 이런 의미의 상대적 자율성을 중심 개념으로 사용한 또 다른 예로는 장달중, 〈국가와 자본주의 발달〉, 한국정신문화연구원, 《韓國政治의 現代的 照明》, 城南: 韓國精神文化研究院, 1987, 415~450쪽.

49 커밍스는 물론 한국 학자가 아니지만 한국에 관련해 편의상 국내 학자들과 같이 분류해 포함시켰다.

50 Leroy P. Jones & Il Sakong, *Government, Business, and Entrepreneurship in Economic Development: The Korean Case*, Cambridge: Harvard Univ. Press, 1980, p. 308.

51 Bruce Cumings, "The Origins and Development of The Northeast Asian Political Economy," *International Organization* 38(1), 1984, p. 28.

52 박광주, 〈집정관적 신중상주의국가론〉, 한국정치학회 편, 앞의 책, 206쪽.

53 같은 글, 206쪽.

54 같은 글, 204쪽.

55 같은 글, 205쪽.

56 강민, 〈국가이론의 한국적 적실성〉, 한국정치학회 편, 앞의 책, 151~170쪽.

57 강민, 〈한국국가이론의 재조명: 국가정책의 이론적 위상〉, 《한국정치학회보》 제23집 3호(1989), 한국정치학회, 7~26쪽.

58 같은 글, 24쪽.

59 같은 글, 24쪽.

60 같은 글, 25쪽.

61 같은 글, 21~23쪽.

62 김석준, 〈제3세계와 국가능력〉, 《한국정치학회보》 제24집 1호(1990), 한국정치학회, 206쪽. 이 밖에 김석준, 앞의 글, 272쪽 참조

63 김석준, 〈국가능력과 산업화정책의 변동〉, 《한국정치학회보》 제23집 2호(1989), 한국정치학회, 71쪽.

64 김석준, 앞의 글(1990), 206쪽. 김석준 교수도 박광주 교수처럼 'Strong State'를 강성국가가 아니라 경성국가로 번역하는 입장이다(206쪽).

65 최병선, 〈정치경제체제의 전환과 국가능력〉, 《한국정치학회보》 제23집 2호(1989), 한국정치학회, 29쪽.

66 같은 글, 48쪽.

67 같은 글, 35쪽.

68 김형국, 〈산업 구조조정과 국가능력〉, 《한국정치학회보》 제23집 2호(1989), 한국정치학회, 92~117쪽.

69 같은 글, 102, 104쪽.

70 같은 글, 111, 93쪽.

71 같은 글, 92, 110쪽.

72 박종철, 〈1공화국의 국가구조와 수입대체산업의 정치구조〉, 《한국정치학회보》 제22집 1호(1988), 한국정치학회, 100쪽.

73 자세한 내용은 손호철, 앞의 글, 309~311쪽 참조.

74 같은 글, 313~315쪽.

75 Nora Hamilton, *The Limits of State Autonomy*, Princeton: Princeton Univ. Press, 1982, p. 12.

76 박꽝주, 앞의 글. 이 주장에 대한 반론으로는 주 56 참조.

77 Hochul Sonn, "Toward A Synthetic Approach of Third World Political Economy", Unpublished Ph. D. Dissertation, University of Texas, 1987, Ch. 10 참조.

78 그 입장이 명확하지 않은 학자들은 분류에서 제외했다.

79 Jessop, *op. cit.*, 1982, Ch. 2 "State Monopoly Capitalism"; A. Kulikov, *Political Economy*, Moscow: Progress, 1989, Ch. 7; 김홍명, 〈국가독점자본주의하의 국가〉, 한국정치학회 편, 앞의 책, 45~46쪽 등 참조. 오코너 역시 독점자본의 성장이 어떻게 유기적으로 현대 자본주의의 예산 팽창을 유도해왔는지를 체계적으로 분석하고 있다(James O'Conner, *The Fiscal Crisis of the State*, New York: St. Martin's Press, 1973).

80 주 35 참조.

81 N. A. 짜골로프 외, 《정치경제학교과서 I-3》, 서울: 새길, 1989, 130~132, 151~154쪽.

82 김석준, 위의 글, 288~293쪽.

83 토지공개념은 이렇듯 결코 반자본적, 특히 반독점자본적 정책이 아니고, 자본의 더 높은 이익을 지켜주는 정책이다. 현재 6공화국의 한국 국가는 그런 정책을 수행할 상대적 자율성마저 없어 총자본의 역할을 제대로 못하고 있는 것이 문제다. 손호철, 〈자본주의국가와 토지공개념〉, 《한국정치연구》 3집(1991), 서울대학교 한국정치연구소, 191~216쪽 참조.

84 강민, 앞의 글, 1989, 24쪽.

85 전자의 입장은 스카치폴이고 후자의 입장은 루시마이어와 에반스. 이런 방식으로 문제를 접근하지는 않았지만 국가능력이 국가자율성에 포함되는 것으로 본 박종철 박사의 입장은 후자와 같은 입장이라 볼 수 있다(주 71 참조).

86 '필요조건이 없는 충분조건'은 존재할 수 없어도 '충분조건이 없는 필요조건'은 그 나름대로 존재할 수 있다는 면에서 필자는 강민 교수의 비유가 필요조건(국가자율성)에 우위성 내지 선차성을 준 것으로 해석했지만, 강민 교수 자신의 해석은 다를 수도 있다.

87 주 31 참조.

88 주 40과 주 70 참조.

89 딱딱하다고(경성국가, 권위주의) 강한 것이 아니고, 부드럽다고(연성국가, 민주주의) 약한 것이 아니다.

6장. 니코스 풀란차스의 국가 이론

1 Bob Jessop, "On the Originality, Legacy, and Actuality of Nicos Poulantzas," *Studies in Political Economy*, Spring 1991, p. 75.

2 Gregory Elliott, *Althusser: The Detour of Theory*, London: Verso, 1987, p. 537.

3 한국에 소개된 풀란차스의 저서나 논문은 *Political Power and Social Classes*(이하 *PPSC*, 《정치권력과 사회계급》, 서울: 풀빛, 1986); "The Problem of the Capitalist State," *New Left Review*, Nov. 1969(〈자본주의 국가의 문제들〉, 임영일 엮음, 《국가란 무엇인가》, 서울: 까치, 1985); *State, Power, Socialism*(이하 *SPS*) 중 마지막 장 〈민주적 사회주의로의 길〉(한국정치연구회 사상분과 편저, 《현대 민주주의론 2》, 서울: 창작과비평사, 1992)이 있다. 이 밖에 풀란차스에 관한 가장 체계적인 연구인 Bob Jessop, *Nicos Poulantzas*, New York: St. Martin's Press ,1985 중 *SPS*의 국가 이론 부분을 요약한 제5장이 번역돼 있다(〈영역이론에서 관계이론으로?〉, 한국정치연구회 엮음, 《국가와 시민사회》, 서울: 녹두, 1993).

4 이 장은 Jessop, 앞의 책, 제1장에 크게 의존했다.

5 N. Poulantzas, *Political Power and Social Classes*, London: Verso, 1973.

6 N. Poulantzas, *Fascism & Dictatorship*, London: Verso, 1974.

7 N. Poulantzas, *Classes in Contemporary Capitalism*(이하 *CCC*), London: Verso, 1975.

8 N. Poulantzas, *The Crisis of the Dictatorships*(이하 *CD*), London: Verso, 1976.

9 N. Poulantzas, *State, Power, Socialism*, London: Verso, 1978.

10 루이 알튀세르, 《미래는 오래 계속된다》, 서울: 돌베개, 1993, 291~292쪽.

11 Jessop, 앞의 책, p. 314.

12 같은 책, p. 79.

13 같은 책, pp. 54~57.

14 풀란차스는 프랑스어의 관습에 따라 정치적인 것(the political)과 정치(politics)를 구별한다. 전자는 하나의 구조, 특히 국가를 의미하며, 후자는 계급적 실천을 의미한다(*PPSC*, 38).

15 시민사회론은 이런 은폐 효과를 폭로하는 것이 아니라 '시민사회=자유로운 개인의 결사체', 시민사회와 국가의 분리 등을 인정한다는 점에서 잘못이라고 풀란차스는 그람시를 비판한다(*PPSC*, 124).

16 따라서 '후기' 풀란차스에 나타나는 '관계론적' 국가론은 사실 이미 '초기' 풀란차스에 나타나고 있었다.

17 정치적 이익과 경제적 이익, 단기적 이익과 장기적 이익 사이의 구별과 자본가 계급의 단기 경제적 이익에 반함으로써 장기 정치적 이익을 살려주는 자본주의 국가의 자율성 등의 문제에 대해서는 손호철, 〈국가자율성의 과학적 이해〉와 손호철, 〈공장법 분석과 마르크스의 자본주의 국가〉 참조(각각 이 책 2부 1장과 2장 수록).

18 풀란차스는 정통 좌파와 달리 알튀세르를 따라 생산양식은 하나의 순수한 '이념형'이고 사회구성체는 '복수의 생산양식의 접합'이라고 이론화한다.

19 이런 비판의 대표적인 예는 Simon Clarke, "Marxism, Sociology and Poulantzas's Theory of the State," Simon Clarke(ed.), *The State Debate*, New York: St. Martin's Press, 1991.

20 이런 비판이 갖고 있는 문제점, 즉 자본 전체를 대표하는 '총자본으로서의 국가'와 특정 자본분파(독점자본)를 대표하는 '자본분파로서의 국가' 간의 관계에 대해서는 손호철, 〈자본주의 국가 — 총자본인가 자본분파인가〉 참조(이 책 2부 4장 수록).

21 '국가=독점자본의 도구'라는 인식이 반드시 도구주의적 국가론도 아니고 국가의 상대적 자율성을 부인하는 것도 아니라는 반론으로는 손호철, 〈계급 지배로서의 국가와 도구주의적 국가〉(이 책 2부 3장 수록) 참조. '계급 지배로서의 국가'라는 이해와 '도구주의적 국가'에 대한 혼동은 국가가 계급 지배의 도구라는 등식에 대해 풀란차스가 국가를 "그것을 가지고 있는 사람에 의해 완전히 조종되는 '도구'"로 이해하는 "도구주의적 국가론"이라고 비판하고 있는 것에서 알 수 있다(*CCC*, 163).

22 풀란차스에 따르면, 부르주아 민주주의 형태의 '정상국가'는 부르주아 헤게모니가 안정돼 '동의라는 계기'가 지배적인 국가형태이며 '예외국가'는 헤게모니의 위기에 따라 피지배 계급에 대한 억압이 가시화되는 국가형태다(*PPSC*, 226, 293).

23 풀란차스의 파시즘론에 대한 제솝의 해석은 이런 측면을 과소평가하고 있다(Jessop, 앞의 책, 245).

24 당시 유럽 파시즘의 다양한 형태에 대해서는 G. Dimitrov, *United Front*, San Francisco: Proletarian Publishers, 1975, pp. 11~12 참조.

25 한 예는 김영순 외, 《국가이론》, 서울: 한길사, 1991, 171~172쪽.

26 국내 부르주아지는 해외 자본에 완전히 종속적이지는 않다는 점에서 매판 부르주아지와는 다르나 그렇다고 여기에서 완전히 독립해 반제 투쟁에 가담할 수는 없다는 점에서 민족 부르주아지와도 다른 자본분파를 일컫는다(*CD*, 42~43).

27 이런 흐름은 '후기' 풀란차스에서 더욱 본격화된다.

28 대표적인 예가 C. W. Mills, *Power Elite*, Oxford: Oxford University Press, 1956이다.

29 이런 문제의식은 나중에 '후기' 풀란차스의 국가 이론 속에 더욱 발전돼 나타난다.

30 발리바르, 《역사유물론 연구》, 서울: 푸른산, 1989, 157쪽.

31 일반적 개관은 Perry Anderson, *In the Tracks of Historical Materialism*, London: NLB, 1983, ch. 2.

32 물론 여기에는 상업자본 및 기타 자본과의 갈등도 있지만 제국주의 단계에서 상업자본은 기본적으로 금융자본에 종속되는 경향이 있다는 것이다(*CCC*, 136).

33 풀란차스는 이 집단을 국가 부르주아지로 분류하는 데는 반대하며 국가 부르주아지는 국영 기업이나 국가자본주

의하에 국한된 것이라고 주장한다(CCC, 188~189).

34 이를테면 풀란차스는 프랑스 공산당이 이 새로운 임금 생활자 집단을 독자적 계급도 노동자 계급도 아닌 '중간 계층'으로 파악하면서도(CCC, 197~198) 정치적으로는 무비판적으로 반독점 동맹 세력으로 당연시해서 이 집단들을 노동자 계급으로 보는 사회민주주의적 오류를 범하고 있다고 비난한다(CCC, 203~204).

35 마르크스주의 계급론은 '분류론'이 아니라 계급투쟁의 분석이라는 주장은 발리바르, 앞의 책, 155~157쪽; 서관모, 〈신중간제계층과 계급분석〉, 《경제와 사회》(1989년 겨울호), 한국산업사회연구회, 40~42쪽.

36 E. O. Wright, *Class, Crisis and the State*, London: NLB, 1978 등 참조.

37 여기에서 우리는 후기 알튀세르에서 나타나는, 과거 자신의 "구조주의와의 지나친 불장난"에 대한 자기비판 사이의 일정한 유사성을 찾아볼 수 있다. 풀란차스의 재정식화는 특히 《'자본'을 읽자》의 토대-상부구조라는 건축학적 은유에서 벗어나려는 알튀세르와 발리바르의 노력과 아주 비슷한 방향으로 나아간다. 발리바르, 〈'이행'의 아포리들과 마르크스의 모순들〉, 윤소영 엮음, 《마르크스주의의 역사》, 서울: 민맥, 1991, 282~288쪽 등 참조.

38 발리바르, 앞의 책, 180쪽.

39 손호철, 〈계급 지배의 도구로서의 국가와 도구주의적 국가〉 참조(이 책 2부 3장 수록).

40 이런 비판이 레닌의 '이중 권력론'을 잘못 이해한 데 기인한 것이라는 지적은 Clarke, 앞의 책, pp. 100~101 참조.

41 Poulantzas, "Is there a Crisis in Marxism?" *Journal of the Hellenic Diaspora* 3, 1979, pp. 14~15.

42 미셸 푸코, 《성의 역사 — 제1권 앎의 의지》, 서울: 나남, 1990, 106~107쪽.

43 M. Foucault, *Discipline & Punish*, New York: Vintage Books, 1979, p. 194.

44 국가는 "권력의 말단적 형태에 지나지 않는다"는 푸코의 주장(같은 책, 106)을 상기하면 푸코에 대한 풀란차스의 성격 규정('미시 권력의 다원주의')은 오히려 부족하다. 푸코의 주장은 단순한 '미시 권력의 다원주의'가 아니라 '미시 권력의 다원주의'+'국가의 말단화'다.

45 푸코, 《성의 역사 I》, 109쪽.

46 같은 책, 108쪽.

47 Poulantzas, "Es geht darum mit stalinistischer Tradition zu brechen," *Prokla* 37, 1979, pp. 135~136; Jessop, 앞의 책, p. 504에서 재인용.

48 Poulantzas, "La Crise des Partis," *Le Monde Diplomatique*, Sept. 1979.

49 "Interview with Nicos Poulantzas," *Marxism Today*, July 1979, p. 201.

50 Poulantzas, "Une Revolution Copernicienne dans la Politique," C. Buci-Glucksmann(ed.), *La Gauche, le Pouvoir, le Socialisme: Hommage a Nicos Poulantzas*, 1981, pp. 37~41.

51 Ellen M. Wood, *Retreat from Class*, London: Verso, 1986, pp. 25~46.

52 Jessop, 앞의 책, p. 325.

7장. 밥 제솝의 '전략-관계적' 국가론 — 마르크스주의 국가론의 최후의 보루?

1 제솝의 글이 반복적으로 인용되고 있기 때문에 본문에서는 인용한 책의 발간 연도와 쪽수만 표기하고 출처는 논문 뒤에 참고문헌 형식으로 표기했다.

2 제솝의 전략-관계적 국가론을 선구적으로 국내에 요약하고 소개한 논문은 김호기, 〈조절이론과 국가이론: 제솝의 전략-관계적 접근〉, 《동향과 전망》 19호(1993년 봄/여름), 한국사회과학연구소를 들 수 있다.

3 김세균, 〈영국 CSE 이론가들의 국가론〉, 한국정치학회, 《韓國政治學會 月例發表會 論文集: 현대국가론의 성과와 과제》, 서울: 한국정치학회, 1994.

4 René Bertramsen, et al., *State, Economy and Society*, London: Unwin Hyman, 1991, pp. 95~96. 마슈(Marsh)의 경우 제솝의 발전 과정을 방법론을 중심으로 ① 결정론의 거부('제도주의기'), ② '전략적 선택성' 개념의 도입('전략관계론 1기'), ③ 급진적 체계 이론인 니클라스 루만의 자동 생산(autopoietic) 이론의 수용('전략관계론 2기')으로 특

징짓고 있으며, 링(Ling 1991)은 ① 풀란차스와 오페를 통해 국가의 통일성이 국가 프로젝트에 의해 정치적으로 구성되는 것이라는 인식을 획득하고, ② 조절이론을 채택해 그 구체적 내용을 채워 나가는 한편, ③ 루만의 체계이론과 라클라우의 담화 이론의 도움에 따른 '사회화' 효과 개념을 통해 복합 분석에 이르는 '반환원론적인 높은 경로(high road)'를 따라왔다고 보고 있다. 그러나 1990년대 후반 이후 제솝은 최근의 신제도주의 국가론과 비슷한 맥락에서 좀더 구체적인 수준으로 포드주의 국가의 위기를 언급하고 관련 연구를 하고 있어 이 시기를 제4기로 분류할 수 있다(이 시기의 연구에 대해서는 〈보론〉 참조).

5 여기에서 볼 수 있듯이 1982년에 낸 저서에서 이미 국가에 대한 '관계론적' 시각이 명시적으로 나타나고 있으므로 위의 시기 구분은 상당히 과잉 단순화돼 있다. 사실 "현실적인 힘의 균형은 구조적 …… 한계 속에서 사회 세력들이 추구하는 전략들 …… 의 상호 작용에 의해 사후적으로 결정된다"(258)는 주장, 그리고 이런 전략으로서의 다양한 헤게모니 프로젝트의 구별(244)이 보여주듯이 '전략적' 관점도 이미 1982년에 나타나고 있다.

6 Bertramsen, "Towards a Strategic-Relational State Theory," *Essex Papers in Politics and Government* 56, 1989.

7 Roy Bhaskar, *A Realist Theory of Science*, Sussex: Harvester Press, 1979; Derek Sayer, *Marx's Method*, New York: Humanities Press, 1979.

8 Antony Giddens, *A Contemporary Critique of Historical Materialism*, London: Macmillan, 1981.

9 John Holloway & Sol Picciotto, *State & Capital: A Marxist Debate*, Austin: Univ. of Texas Press, 1978; Michel Williams, ed., *Value, Social Form and the State*, London: Macmillan, 1988.

10 사실 제솝은 '후기' 풀란차스의 국가론은 이미 '전략-관계적' 국가론으로 봐야 한다고 주장하고 있다(1991d, 102).

11 Karl Marx, *Theories of Surplus Value*, Part III, Moscow: Progress, 1963, p. 274.

12 Antonio Gramsci, *Selections from the Prison Notebooks*, New York: International Publisher, 1971, p. 182.

13 Nicos Poulantzas, *State Power, Socialism*, London: Verso, 1978, p. 129.

14 *Ibid.*, p. 136.

15 Michel Foucault, *History of Sexuality* 1, New York: Vintage Books, 1980, pp. 94~95.

16 제솝은 담론 이론의 긍정적 측면을 적극 수용하면서도 그 '해체적 측면'에 대해 비판적 입장을 보이고 있는 반면(1990a, 278~306; 1991c), 제솝의 이론을 추종하는 '제2세대' 전략-관계적 이론가들은 담론이론에 대해 좀더 적극적인 지지와 수용의 자세를 보인다(Bertramsen, et al., *op. cit.*).

17 Niklaus Luhmann, *The Differentiation of Society*, New York: Columbia Univ. Press, 1982.

18 Marx, "Introduction to Outlines of the Critique of Political Economy," *Collected Works* 28, Moscow: Progress, 1957, p. 38.

19 다시 말해 우연적이란 현실적 인과관계 속에서 그렇다는 것이 아니라 이론 체계 속에서 그렇다는 것이다(1982, 136).

20 제솝에 따르면 그동안의 마르크스주의 국가론은 '자본 이론적' 국가론과 도구주의나 구조주의 같은 '계급 이론적' 국가론으로 대별되는데, 전자는 추상적이고 비역사적인 구조결정론에 빠진 반면 후자는 정세적 상대주의에 빠져 있고 '자본 논리'와 '계급투쟁'이라는 그릇된 이분법에 기초해 있다는 것이다.

21 Holloway & Picciotto, *op. cit.*

22 Bob Jessop, et al., *Thatcherism: A Tales of Two Nations*, Cambridge: Polity, 1988, p. 160.

23 *Ibid.*

24 Foucault, *op. cit.*, pp. 94~95.

25 Poulantzas, *op. cit.*, p. 136.

26 Claus Offe, "Structural Problems of the Capitalist State," K. von Beyme(ed.), *German Political Studies*, London: Russell Sage, 1974; Poulantzas, *op. cit.*

27 여기에서 전략이라는 개념은 주의주의적이고 주체주의적이라는 비판이 제기될 수 있지만, 이 개념이 의도만이 아니라 동원 자원과 실현 조건 등을 포괄한 개념이기 때문에 그렇지 않다는 것이다. 또한 이것은 역사가 '주체 없는 과정(process without subject)'이라는 알튀세르의 주장(Louis Althusser, *Essays in Self-Criticism*, London:

Verso, 1976, pp. 94~99), 권력관계가 '전략가 없는 전략들(strategies without strategists)'이라는 푸코의 개념화(Bertramsen, et al., *op. cit.*, p. 160)와 비슷한 맥락에서 국가가 '계산 주체 없는 전략적 계산(strategic calculation without calculating subjects)'(1985, 128)이라는 것을 의미한다.

28 Jessop et al., *op. cit.*, p. 164.

29 Ernesto Laclau & Chantal Mouffe, *Hegemony & Socialist Strategy*, London: Verso, 1985.

30 물론 이런 프로젝트도 경쟁하는 복수의 프로젝트다(1990a, 9). '국가프로젝트'는 제솝이 사용하는 또 다른 개념인 '국가전략'(1988, 159)과는 구별돼야 한다. 전자는 '국가형성'에 관한 것이라면, 후자는 국가의 경제 개입 양상에 관한 것이다(Bertramsen, et al., *op. cit.*, p. 113).

31 이 부분은 조금 모호하다. 김호기는 국가프로젝트를 단순히 국가장치의 내적 통일성이라는 형식적 측면에 국한시키며 그 내용(계급적 통일성)을 채워주는 것은 헤게모니 프로젝트라고 독해하고 있다(김호기, 앞의 글, 243). 이렇게 해석할 수 있는 여지도 많지만, 위의 인용처럼 그것이 국가프로젝트가 아니라 헤게모니 프로젝트라면 "특정한 역사블록과 헤게모니 프로젝트 안에서 …… 환상적 공동체를 규정하는 (국가의) 담론"이라는 것이 국가프로젝트가 아니라 헤게모니 프로젝트가 되므로 '특정한 헤게모니 프로젝트 안의 헤게모니 프로젝트'가 헤게모니 프로젝트(국가프로젝트가 아니라)라는 기이한 사태가 발생한다. 따라서 국가프로젝트를 좀더 넓게 해석하는 것이 올바른 해석이 아닌가 싶다. 이 밖에 김호기는 국가프로젝트가 "물질적 양보와 상징적 보상을 통해 다양한 국가기구 간의 갈등을 억제"해 통일성을 제공한다고 해석하고 있지만, 물질적 보상 등이 겨냥하는 것은 다양한 국가기구들이 아니라 "다양한 사회 세력들"이라는 것이 제솝의 주장이다(1990a, 207). 따라서 이 경우도 국가프로젝트의 효과는 단순히 국가기구의 통일성 부여가 아니라 헤게모니 프로젝트를 매개해 사회 전체에 환상적 공동체를 구성하는 것이된다.

32 물론 조절이론은 단일한 학파가 아니다. 그러나 여기에서는 제솝이 별로 의존하고 있지 않는 그르노블 학파(GRREC-Groupe Recherché sur la Régulation de l'Economie Capitaliste)는 일단 논외로 했다. 이런 비주류 조절이론에 대해서는 Danmiel Cataife, "Fordism and the French Regulation School," *Monthly Review*, May, 1989 참조. 한편 제솝만 조절이론과 국가론을 접목시키려 시도한 것은 아니다. 국가도출론자인 요아힘 히르쉬(Joachim Hirsch)는 오히려 제솝보다 앞서 이런 접합을 시도했다. 그러나 '사회화', '헤게모니 구조', '역사블록'이라는 개념을 사용한 히르쉬의 시도는 이런 조절에서 국가의 역할을 과잉 평가함으로써 정치주의적 편향에 빠져 있다는 것이다(1991a, 76).

33 이런 문제의식에서 대표적인 조절이론가인 아글리에타는 일찍이 전통적 마르크스주의 국가론이 국가를 "기능적 목적이나 도구적 역할"에 따라서만 파악해왔다고 비판하면서 "구조주의의 다양한 함정들을 극복하기 위해서는" 그람시의 헤게모니 개념에 기초한 새로운 (전략-관계적) 국가론이 필요하다고 지적했다(Michel Aglietta, *A Theory of Capitalist Regulation*, London: NLB, 1979, pp. 27~29.

34 *Ibid.*, p. 15.

35 Alain Lipietz, *Mirages and Miracles*, London: Verso, 1987, p. 14.

36 다만 헤게모니 프로젝트라는 개념은 제솝이 조절이론을 만나기 이전인 초기에도 이미 사용하던 개념이다(1982, 244).

37 Jessop, et al., *op. cit.*, p. 158

38 대표적인 예는 포드주의, 수출 주도 전략, 수입 대체 전략 등을 들 수 있다.

39 이 헤게모니 프로젝트는 '한 국민(one nation)' 헤게모니 프로젝트와 '두 국민(two nations)' 헤게모니 프로젝트로 대별된다.

40 Jessop, et al., *op. cit.*, p. 162.

41 사회화란 가족, 노동의 조직화, 소비 규범 등 사회 제도의 형태들을 창출하고 보장해 사회적 통합을 달성하는 과정을 의미하며, 흔히 이야기하는 '사회'라는 것은 이런 사회화의 효과라는 것이다. 한편 제솝은 '사회 프로젝트 (societal project)'라는 개념도 사용하고 있는데(1990a, 4), 사회 프로젝트와 헤게모니 프로젝트의 관계는 모호하다.

42 최근 쟁점이 되고 있는 성관계 등 계급관계로 환원할 수 없는 비계급적인 사회관계와 계급관계의 문제에 대해 제

솝은 자본주의 국가가 "주로 계급 국가"이지만 "국가의 계급적 성격은 다양한 유형의 비계급적 관계에 의해 과잉 결정"된다고 주장한다. 그 결과 계급의 중심성을 고수하는 입장(1982, 247)에 있던 제솝은 계급관계에 중심을 둔 '자본주의적 사회화'가 다른 사회화들보다 중심적이라고 가정할 이유가 없을 뿐 아니라 마르크스주의는 이런 전제 위에서 자본주의적 사회화를 중심으로 연구(1991a, 7)되며 자본주의적 사회화와 비계급적 사회관계들 간의 관계는 '접합'의 방법에 따라 연구돼야 한다(1991a, 13~15)는 입장으로 후퇴하고 있다.

43 Bertramsen, et al., *op. cit.*, p. 71.

44 Jessop et al., *op.cit.*, p. 13.

45 *Ibid.*, p. 12.

46 이런 도식화에는 베르트람센(Bertramsen, et al., *op. cit.*, p. 121)과 김호기(김호기, 앞의 글, p. 247)를 참조했다. 그러나 전자는 경제를 '구조'로 분류하고 정치를 '행위'로 분류하는 문제점을 가지고 있고, 후자는 구조와 전략 중 어느 것(국가, 경제)은 구조만을 도식화하고 헤게모니는 전략만을 도식화하고 있다는 문제점이 있어 이것들을 변형시켰다.

47 Bertramsen, et al., *op. cit.*

48 제솝은 담화 이론에서 여러 이론적 자원을 선별적으로 채용하면서도 담화 이론을 사회적 모델에 적용시키는 데 비판적인 페리 앤더슨의 입장(Perry Anderson, *In the Tracks of Historical Materialism*, London: Verso, 1983, pp. 32~55)에 동조, 사회적 제도의 지속성과 사회적 경험을 과소평가하는 담화 이론의 해체적 경향에 대해서는 '텅빈 현실주의(empty realism)'라는 이유로 비판적 거리를 유지하고 있다(1990a, ch. 10; 1991c).

49 Bertramsen, et al., *op. cit.*, p. 18.

50 *Ibid.*, p. 6.

51 *Ibid.*, p. 18.

52 *Ibid.*, p. 6.

53 *Ibid.*, p. 197.

54 조절도 이런 실천의 하나일 뿐이다(*Ibid.*, p. 81).

55 *Ibid.*, p. 55.

56 Tim Ling, "Review of Bob Jessop's 'State Theory'," *Capital & Class* 44, 1991, p. 134.

57 Richard Gunn, "Marxism, Metatheory and Critique," W. Bonefeld & J. Holloway(eds.), *Post-Fordism & Social Form*, London: Macmillan Press, 1991, p. 199.

58 *Ibid.*, p. 198.

59 *Ibid.*, pp. 203~204.

60 *Ibid.*, p. 206.

61 Kosmos Psychopedis, "Crisis of Theory in the Contemporary Social Sciences," Bonefeld & Holloway(eds.), *op. cit.*, p. 190. 접합의 방법에 따르면 새로운 현상이 일어날 때는 이것을 현실의 운동으로 분리시켜 추상적 이론 구조에 외적이고 사후적으로 재연결시켜야 한다는 결론에 이른다(*Ibid.*, pp. 188~189).

62 *Ibid.*, pp. 181~182, 190.

63 Ling, *op. cit.*, p. 134.

64 山口富男, 〈ジェッソプ 理論の基本的性格〉, 編輯部 編, 《ネオ·マルクス主義》, 東京: 新日本出版社, 1989, pp. 199~200.

65 Psychopedis, *op. cit.*, p. 189.

66 Simon Clarke, "Overaccumulation, Class Struggle and the Regulation Approach," Bonefeld & Holloway(eds.), *op. cit.*, p. 112.

67 신현준, 〈조절이론: 최후의 보루? 혹은 막다른 골목?〉, 《현실과 과학》 10호, 1991, 399쪽.

68 John B. Foster, "the Fetish of Fordism," *Monthly Review*, March, 1988, p. 31.

69 Bonefeld, "The Reformulation of State Theory," in Bonefeld & Holloway(eds.), *op. cit.*, p. 48; Psychopedis, "Crisis of Theory in the Contemporary Social Sciences," in Bonefeld & Holloway(eds.), *op. cit.*, p. 189.

70 Clarke, *op. cit.*; Bonefeld, *op. cit.*

71 Bonefeld, *op. cit.*, pp. 46~47.

72 Psychopedis, *op. cit.*; Bonefeld, *op. cit.*

73 Holloway, *op. cit.*, p. 173.

74 Etienne Balibar, 〈푸코와 마르크스〉, 《이론》 3호(1992년 겨울), 이론사 참조.

75 Jessop, et al., *op. cit.*, p. 158.

76 Bertramsen, et al., *op. cit.*, p. 31.

77 *Ibid.*, p. 198.

78 *Ibid.*, p. 70.

79 이것은 조절이론에 가해지는 비판, 즉 계급타협주의라는 비판과 무관하지 않은 것 같다(아래 참조).

80 山口富男, 앞의 글, p. 215.

81 Jessop, et al., *op. cit.*, p. 160.

82 손호철, 《전환기의 한국정치》, 서울: 창작과비평사, 1993, pp. 374~378.

83 이것은 위에서 다른 비판가들이 제솝의 방법론에 관련해 지적한 상대주의, 역사주의에 연관이 있는 것 같다.

84 이런 '마르크스주의적 상호작용론'의 선구적 연구는 Bettell Ollman, *Alienation*, Cambridge: Cambridge Univ. Press, 1976 참조.

85 더 정확히 표현하면 '최종 심급에서의 국가결정론'일 것이다.

86 Bertramsen, et al., *op. cit.*, pp. 32~33.

87 이런 문제의식에 철저한 이론가들은 마르크스주의의 '최고의 국가론'은 정치경제학 비판 그 자체이며 마르크스주의 국가론 내지 정치 이론의 공백을 메우는 것은 아니라고 주장한다.

88 Lipietz, *op. cit.*, p. 16.

89 Brenner, et al., *op. cit.*, pp. 91~96.

90 *Ibid.*, pp. 105~111.

91 *Ibid.*, p. 116. 이것과 관련해 포스터도 현재의 위기가 생긴 원인을 자본이 너무 약하고 노동이 너무 강해진 결과로 파악하는 조절이론의 진단에 비판을 가하고 있다(Foster, *op. cit.*, pp. 28~31).

92 조절이론이 계급투쟁을 '분배 투쟁'으로 환원시키고 있다는 김계환과 임일섭의 비판(김계환·임일섭, 〈1970년대 프랑스 정치경제학연구의 몇 가지 경향에 관하여〉, 《이론》 3호(1992년 겨울), 이론사, 248~249쪽)은 이것에 관련된다.

93 Eliona Pelaez, et al., "Learning to Bow: Post-Fordism & Technical Determination," Bonefeld & Holloway(eds.), *op. cit.*, p. 140.

94 포드주의에서 그람시가 주목한 것이 이에 의해 노동자들이 '얻는 것'이 아니라 이로 인해 '잃어버리는 것'이었다면, 조절이론은 그 반대라는 지적(Foster, *op. cit.*, p. 25)에 주목할 필요가 있다.

보론. 전략-관계적 국가론, 그 이후

1 여기에 관련된 제솝의 대표적 저작들은 "The Governance of Complexity and the Complexity of Governance," in A. Amin, et al.(eds.), *Beyond Market and Hierarchy*, London: Edward Elger, 1997; "The Rise of Governance and the Risks of Failure," *International Social Science Review* 155, 1998; "The Dynamics of Partnership and Governance Failure," Gerry Stocker(ed.), *The New Politics Local Governance in Britain*, London: Oxford Univ. Press, 1999.

2 정철수, 〈후기 제솝의 '슘페터적 근로국가'에 대한 연구 ― '전략-관계 접근'과 '체계-네트워크 접근'의 관계를 중심으로〉, 서강대학교 정치외교학과 석사 학위 논문(2000).

3 1990년대 초반까지 CSE 그룹이 국가론에서 거둔 성과에 대해서는 김세균, 앞의 글 참조.

4   Holloway & Picciotto, *op. cit.*

5   Bonefeld, ed., *Open Marxism*, London: Routledge, 1990, 1992, 1995.

8장. 푸코의 권력론 읽기 — 무늬만의 탈근대성

---

1   *Liberation*, 1983년 1월 21일자, 디디에 에리봉, 박정자 옮김, 《미셸 푸코: 광기와 성의 철학자, 그 고통과 투쟁의 삶(하)》, 서울: 시각과 언어, 1995, 133쪽에서 재인용. 괄호 안의 내용은 우리 맥락에 맞도록 내가 첨가한 것이다.

2   미셸 푸코, 이규현 옮김, 《성의 역사 — 제1권 앎의 의지》, 서울: 나남, 1990, 106~110쪽.

3   영어본은 Michel Foucault, *The History of Sexuality* 1, "An Introduction," New York: Vintage Books, 1980을, 프랑스어본은 *Histoire de la sexualité* 1, Paris: Gallimard, 1976를 참고했다.

4   프랑스어 원전은 'les formes terminales'고 영어본은 'the terminal forms'지만, 한국어 번역본은 '말단적 형태'로 번역하고 있다. 그 결과 '말단'이라는 단어의 뉘앙스에서 푸코가 국가를 '별 볼 일 없는 것'으로 간주한 느낌을 준다. 전체적으로 잘된 번역이지만 가장 심각한 오역이다. 따라서 이 부분을 원뜻에 적합한 '최종적 형태'로 옮겼다.

5   이 부분의 번역도 대표적인 오역으로('표면화되는 위치') 뜻에 맞게 고쳤다.

6   '비주관적'으로 번역돼 있었지만 '주체주의'에 대한 비판이라는 점에서 '비주체적'이 더 적합하다.

7   이 부분도 뜻이 잘 전달되지 않는 잘못된 번역이라서 문장 전체를 새로 번역했다.

8   이 부분도 원뜻에 맞게 이상한 부분을 수정했다.

9   이 부분은 크게 문제는 없지만 중요한 부분인 만큼 원뜻이 더 명확하게 전달되도록 고쳤다.

10   물론 한국 학계의 경우 그렇다는 뜻이다. 해외 학계의 경우는 본격적인 문헌 조사를 하지 않아 잘 모르겠지만, 내가 아는 한 마찬가지인 듯하다.

11   〈2의 나〉의 경우들은 대부분 마르크스와 푸코가 대립적이고 배타적인 제로섬 관계를 설정하고 있다. 그러나 '침묵'은 엄밀히 말해 마르크스가 틀렸다기보다는 침묵함으로써 문제를 보지 못한 경우다. 이것은 푸코가 동일한 지평(plane)에서 추상성이 다른 보완적 테제를 주장하고 있거나 아니면 다른 지평(계급이 아닌 성 등)의 주장을 하는 것으로, 마르크스주의와 푸코의 접합이 가능한 부분이다.

12   텍스트상 대안 이론이 뒤에 나오는 경우도 비판에 맞추기 위해 대안 이론은 앞으로 끌고 나와 대비시켰고, 경우에 따라서는 동일한 대안 이론이 여러 곳에 반복적으로 나올 수밖에 없었다. 일부는 대비를 위해 푸코가 직접 이야기하지 않았지만 유추해 만들어 넣었다.

13   칼 마르크스, 〈정치경제학의 비판을 위하여〉, 《칼 마르크스-프리드리히 엥겔스 저작 선집, 2권》, 서울: 박종철출판사, 1992, 478쪽.

14   대표적인 예가 C. W. Mills, *Power Elite*, New York: Oxford University Press, 1956.

15   Karl Marx, "The Civil War in France," R. Tucker(ed.), *The Marx-Engels Reader*, New York: W. W. Norton & Co., 1978(2nd Ed.), p. 629.

16   Nicos Poulantzas, *Political Power and Social Classes*, London: New Left Books, 1973. 이 책의 프랑스어판은 1968년에 출간됐다.

17   Friedrich Engels, "The Origins of Family, Private Property, and the State," Tucker, ed., *op. cit.*, p. 753.

18   "부르주아 국가는 그 형태가 다양하다. 그러나 그 형태가 어떻든 모든 부르주아 국가는 궁극적으로 부르주아 독재"라는 레닌의 주장(Lenin, "The State and Revolution," V. I. Lenin, *On the Dictatorship of the Proletariat*, Moscow: Progress, 1976, p. 38)이나 프롤레타리아 독재라는 개념도 바로 이 테제에 기인한 것이며, 발리바르가 프랑스 공산당이 1970년대에 프롤레타리아 독재론을 포기한 것에 대해 전략 때문에 이론을 바꿀 수는 없다고 반박한 것도 이 테제 때문이다(Etienne Balibar, *On the Dictatorship of the Proletariat*, London: NLB, 1976). 즉 이때의 '독재'란 군사 독재 같은 통치 형태를 지칭하는 것이 아니라 '국가유형' 수준에서 국가 권력 통일성 체제에 따라 단일 계급이 권력을 배타적으로 '소유'하는 것을 의미한다. "국가는 지배 집단에 팽창의 극대화에 유리한 조건을

창출하기 위한 지배 집단의 기구"라는 언명이 보여주듯이 그람시도 이런 테제를 주장했고(A. Gramsci, *Selections from the Prison Notebooks*, New York: International Pub., 1971, p. 182), 이것은 풀란차스도 마찬가지다.

19 Foucault, "Powers and Strategies," Foucault, *Power/Knowledge*, New York: Pantheon Books, 1980, p. 142.

20 *Ibid.*, p. 145.

21 이것과 매우 유사한 것이 정치경제학에서 조절이론과 국가론에서 제솝류의 전략관계론적 국가론이다(Alain Lipietz, *Mirages and Miracles*, London: Verso, 1987; Bob Jessop, *State Theory*, Cambridge: Polity Press, 1990). 이런 이론들은 모두 마르크스주의가 자본주의의 재생산을 선험적으로 가정하는 기능주의라고 비판하면서 재생산 여부는 조절의 '우연한' 결과라고 주장하고 있다. 그러면 그동안 진행된 자본주의의 재생산을 어떻게 설명할 것이냐는 곤란함에 부딪치자 자신들은 '사후적 기능주의'라는 궁색한 변명을 하고 있는데(Lipietz, *op. cit.*, p. 17), 이것은 사실상 최소한 미래가 아니라 지나간 역사에 관한 '선험적 기능주의'에 다름 아니다.

22 이런 점에서 푸코의 권력론은 그 진가에 견줘 지나칠 정도로 과대평가돼 있다는 생각이 든다. 미시 권력과 권력의 통일성을 연결시켜주는 '실종된 고리'(이것이 권력론의 핵심이다) 탓에 엄밀히 말해 푸코의 권력론은 '이론'이 아니다.

23 Nicos Poulantzas, *State, Power, Socialism*, London: Verso, 1978.

24 나 자신도 번역본만 읽었을 때에는 이 같은 오해를 한 적이 있다. 손호철, 〈니코스 풀란차스의 정치사상〉, 《전환기의 한국정치》, 서울: 창작과비평사, 1993, 362쪽(이 책 2부 6장 수록).

25 Foucault, "Two Lectures," M. Foucault, *Power/Knowledge*, p. 101.

26 Foucault, "The Subject and Power," Hubert Dreyfus and Paul Rainbow, *Michel Foucault: Beyond Structuralism and Hermeneutics*, Chicago: Univ. of Chicago Press, 1983(2nd Ed.), p. 224. 한국에 번역된 〈주체와 권력〉은 이 부분이 생략돼 번역되지 않았다.

27 물론 국가도 그 장치들이 사방에 뻗쳐 있다는 점에서 '국가=위로부터의 권력'이라고 일반화할 수는 없지만, 푸코의 담론 안에서는 그런 함의를 지닌다.

28 Engels, *op. cit.*, p. 753.

29 Gramsci, *op. cit.*, p. 182.

30 Nicos Poulantzas, *Political Power and Social Classes*, London: New Left Books, 1973.

31 Nicos Poulantzas, *State, Power, Socialism*, London: Verso, 1978, p. 129.

32 사실 나도 글의 주에서 다른 마땅한 표현이 없어 이런 표현을 사용했다.

33 Michel Foucault, *Language, Counter-Memory, Practice: Selected Essays and Interviews*, Ithaca, New York: Cornell University Press, 1977, p. 222.

34 *Ibid.*, p. 208.

35 Nicos Poulantzas, *State, Power, Socialism*, London: Verso, 1978, p. 136. 이 책이 《성의 역사 1》보다 2년 뒤에 나온 점, 그리고 이 책에서 풀란차스가 《성의 역사》를 언급하면서 비판하고 있는 점을 감안하면, 이런 전략론적 정식화가 푸코의 영향을 받았을 가능성을 배제할 수 없다. 그런데 이 부분에 대해 풀란차스가 직접 푸코를 거명하고 있지 않기 때문에 알 수는 없다. 그러나 설사 이 부분이 영향을 받은 것이라 하더라도, 그런 영향과는 별개로 모순된 미시 전술과 전략들이 어떻게 해서 일관된 일반 전략으로 전화돼 체제 재생산을 해왔는지에 대해 푸코는 침묵하는 반면 풀란차스는 국가장치라는 물질성에 내장된 형태 결정적 편향과 구조적이고 전략적인 선택성이라는 개념을 통해 나름대로 설명하고 있다는 장점을 지닌다.

36 Nicos Poulantzas, *Political Power and Social Classes*, London: New Left Books, 1973 참조.

37 Eteinne Balibar, 〈푸코와 마르크스〉, 《이론》 3호, 1992, 이론사, 304, 307쪽.

38 S. Lukes, *Power: A Radical View*, London: Macmillan, 1974.

39 John Holloway & Sol Picciotto, "Introduction," Holloway & Picciotto(eds.), *State and Capital: A Marxist Debate*, Austin: Univ. of Texas Press, 1978, pp. 17~19 등 참조.

40 Michel Foucault, *Discipline and Punish*, New York: Vintage Books, 1979, p. 221.

41 Etienne Balibar, 〈'이행'의 아포리들과 마르크스주의의 모순들〉, 윤소영 엮음, 《마르크스주의의 역사》, 서울: 민맥,

1991, 282~288쪽.

42 Marx, "Manifesto of the Communist Party," Tucker, ed., *op. cit.*, p. 485.

43 Lenin, "Liberal And Marxist Conceptions of the Class Struggle," *Collected Works* 19, Moscow: Progress, 1963, pp. 121~122.

44 Nicos Poulantzas, *State, Power, Socialism*, pp. 16~17.

45 Nicos Poulantzas, *Political Power and Social Classes*, p. 104.

46 Louis Althusser, *Lenin and Philosophy and Other Essays*, New York: Monthly Review Press, 1971.

47 사실 위에서 나는 편재 테제가 이런 의미에서 미시권력론과 권력의 다원천성 테제가 결합한 가장 급진적인 테제라고 해석한 바 있다.

48 Marx, "Theses on Feuerbach," Tucker, *op. cit.*, 145. 사실 바로 이 테제는 최근 유행하는 포스트주의의 '주체의 다원주의'와 비슷한 주장이다.

49 A. G. Afnasyev, *Historical Materialism*, New York: International Pub., 1987, pp. 24~25.

50 Nicos Poulantzas, *Political Power and Social Classes*, pp. 43~44.

51 *Ibid.*, p. 43.

52 이것들에 대해서는 이 책의 1부 2장 〈정치란 무엇인가〉 참조.

53 René Bertramsen, et al., *State, Economy, and Society*, London: Unwin Hyman, 1991, p. 160.

54 L. Althusser & Balibar, *Reading Capital*, London: Verso, 1970.

55 L. Althusser, *Essays in Self-Criticism*, London: Verso, 1976, pp. 94~99.

56 "Engels to Joseph Bloch, Sep. 21, 1890," Marx-Engels, *Selected Correspondence*, Moscow: Progress Pub., 1975(3rd Ed.), p. 395.

57 Etieene Balibar, 〈푸코와 마르크스〉, 307쪽.

58 Nicos Poulantzas, *State, Power, Socialism*, p. 149.

59 Etienne Balibar, 〈푸코와 마르크스〉, 308쪽.

60 Nico Poulantzas, *State, Power, Socialism*, part I.

61 Antonio Negri, *Marx beyond Marx*, South Hadley: Bergin & Garvey, 1984, p. 114.

3부. 민주주의, 자유주의, 사회주의

1장. 미국 《연방주의 교서》 비판

1 미국 《연방주의 교서(The Federalist Papers)》는 18세기 말 미국의 헌법 제정을 둘러싸고 더 강력한 연방주의 국가 형태를 지지한 북부의 은행과 토지 자본의 이익을 대변한 변호사 등이 발표한 중요한 문헌이다. 독립전쟁 뒤 미국은 주정부의 권력이 극대화되고 중앙 정부는 의회만 존재하는 취약한 국가연합(confederation) 체제였다. 그 결과 주와 주 사이의 상거래나 농민 반란 등 많은 문제가 생겨 북부는 주로 강한 연방주의 국가를 원한 반면, 농업 자본을 대표하는 남부는 종전 같은 국가연합 체제를 원했다. 이런 대립 속에 헌법을 제정하는 과정에서 연방제의 장점을 옹호하기 위해 쓰인 문헌이 바로 이 《연방주의 교서》이며, 결국 이 안이 관철됨으로써 그 뒤 미국 정치 제도의 근간이 됐다(이후 본문 중 이 책의 인용은 괄호 안에 쪽수만 밝힘).

2 필자는 유학 시절인 석사 3학기 때 이 글을 썼다. 그때하고 다르게 11년이 지난 지금 필자는 이 문제를 단순히 엘리트주의적 태도로 환원시킬 수 있다고 보지 않는다. 이런 생각의 변화에도 불구하고 그때 쓴 글을 충실히 전달하기 위해 그대로 옮긴다.

1 이런 선거사회주의의 입장은 그동안 사회민주주의의 수용 등 다양한 입론에서 제기된 바 있다.

2 대표적 예는 김세균, 〈자유민주주의란 무엇인가〉, 《사회평론》 1991년 6월호, 사회평론사, 112쪽.

3 손호철, 〈제3세계와 자유민주주의〉, 《사회평론》 1991년 6월호, 사회평론사, 142쪽. 이렇게 부르주아 민주주의를 자유민주주의의 상위 개념으로 이해하고, 부르주아 민주주의의 여러 유형에 자유민주주의, 사회민주주의 등이 있다고 간주하는 견해는 Arthur Rosenberg, *Democracy & Socialism*, Boston: Bacon Press, 1965 참조.

4 사회민주주의를 비롯해 다양한 이론적 입장들이 이런 이해 방식을 채택하고 있다. 고전적 예로는 Karl Kautsky, *The Dictatorship of the Proletariat*, Westport: Greenwood Press, 1970가 있다.

5 김세균, 앞의 글, 119쪽.

6 같은 글, 118쪽.

7 손호철, 〈민주주의를 다시 생각한다〉, 《창작과 비평》 1991년 겨울호, 창작과비평사, 355~356쪽(이 책 3부 3장 〈민주주의의 이론적 문제〉로 수록).

8 표 1은 Göran Therborn, "The Rule of Capital and the Rise of Democracy," *New Left Review* 103, 1977, p. 11의 표와 Adam Przeworski et al., *Paper-stones: A History of Electoral Socialism*, Chicago: The Univ. of Chicago Press, 1988, p. 36의 표에서 재작성.

9 G. Therborn, 앞의 글.

10 Henri Weber, "Eurocommunism, Socialism, Democracy, *New Left Review* 110, 1978, p. 8.

11 V. I. Lenin, "'Left-Wing' Communism: An Infantile Disorder," *CW* 31, Moscow: Progress, 1964, p. 56에서 재인용.

12 Albert Szymanski, *The Capitalist State and the Politics of Class*, Cambridge: Winthrop Pub., 1978, pp. 121~124.

13 Bob Jessop, *The State Theory*, Cambridge: Polity Press, 1990, p. 353; Alan Hunt, "Taking Democracy Seriously," Alan Hunt(ed.), *Marxism & Democracy*, London: Lawrence and Wishart, 1980, p. 16.

14 Walter Korpi, *The Democratic Class Struggle*, London: Routledge and Kegan Paul, 1983; John Stephens, *The Transition from Capitalism to Socialism*, Chicago: The Univ. of Illinois Press, 1986(2nd Edition); Gøsta Esping-Anderson, *Politics against Markets*, Princeton: Princeton Univ. Press, 1985 등.

15 Norberto Bobbio, *Which Socialism?: Marxism, Socialism, and Democracy*, Cambridge: Polity Press, 1986 등.

16 Karl Marx, "The Civil War in France," *CW* 22, Moscow: Progress, 1975, p. 328, 333.

17 K. Marx, "The Chartists," *CW* 11, Moscow: Progress, 1975, pp. 335~336.

18 K. Marx, "Interview with The World Correspondent," *CW* 22, Moscow: Progress, 1975, p. 602.

19 V. I. Lenin, "State and Revolution," *On the Dictatorship of Proletariat*, Moscow: Progress, 1976, p. 20, 25.

20 V. I. Lenin, "Victory of Cadets and Tasks of Worker's Party," *CW* 10, Moscow: Progress, 1976, p. 234.

21 Alexander Hamilton et al., "The Federalist Papers," Pietro Nivola et al.(eds.), *Classic Readings in American Politics*, New York: St. Martin's Press, 1986, pp. 29~56.

22 Antonio Gramsci, *Selections from the Prison Notebooks*, New York: International Pub., 1971, pp. 192~195.

23 같은 책, p. 161. 이런 점에서 그람시의 헤게모니론을 지나치게 단순히 정치적이고 이데올로기적으로 해석하는 경향은 문제가 많다. 물론 그람시가 정치와 이데올로기의 자율성을 강조한 것은 사실이지만, 그람시도 역사유물론의 원칙을 넘어선 것 같지는 않다.

24 A. Przeworski, "Material Base of Content," *Capitalism & Social Democracy*, Cambridge: Cambridge Univ. Press, 1985, pp. 138~159.

25 A. Przeworski et al., 앞의 책.

26 《뉴레프트 리뷰(New Left Review)》, 《이론과 사회(Theory & Society)》, 《정치와 사회(Politics & Society)》 등에서 전개된 다양한 논쟁, Michael Williams(ed.), *Value, Social Form, and the State*, London: Macmillan Press, 1988, 그리고 손호철 편역, 《계급으로부터의 후퇴: 포스트맑스주의, 분석적 맑스주의 비판》, 서울: 창작과비평사, 1993, 제2부

등 참조.

27 A. Przeworski et al., 앞의 책, p. 34. 이것은 프롤레타리아트를 전통적인 육체노동자로 한정시킨 이해로, 계급론에 권련해 論쟁의 여지가 많은 개념하이기는 하다

28 같은 책, p. 54.

29 따라서 서구 노동자는 "종이 돌(투표용지를 지칭하는 말로, 바로 쉐보르스키의 책 제목을 인용한 것 — 인용자)을 통해서도 사회주의를 택할 수 있었는데도 개량된 자본주의를 택하였다. 우리의 노동자들은 사회주의를 선택할 것 인가"라는 김용학 교수의 문제 제기(〈사회과학적 비판인가, 종교적 비판인가〉, 《경제와 사회》 1991년 겨울호, 한국 산업사회연구회, 196쪽)는 종이 돌에 의한 선거사회주의의 실현 불가능성이라는 쉐보르스키의 문제의식을 사장 해버린 문제 제기라고 할 수 있다.

30 A. Przeworski, *Capitalism & Social Democracy*, Cambridge: Cambridge Univ. Press, 1985, p. 79.

31 Giovanni Sartori, *Parties and Party Systems*, New York: Cambridge Univ. Press, 1976, p. 191 참조.

32 같은 책, pp. 132~145.

33 이런 원심적인 운동이 노르베르토 보비오(N. Bobbio)가 지적하는 이탈리아 민주주의의 낙후성과 위기의 주된 내용이기는 하다.

34 A. Przeworski, 앞의 책, p. 241. 이런 분석이 쉐보르스키를 '분석적 마르크스주의'라는 방법론적 틀에도 불구하고 '세련된 레닌주의'라는 평을 받게 하는 이유다. G. Esping-Anderson, 앞의 책, p. 14.

35 James Petras, "The Contradictions of Greek Socialism," *New Left Review* 113, 1987, pp. 3~25; Donald Shure, "Dilemmas of Social Democracy in the 1980s," *Comparative Political Studies* 21(3), 1980, pp. 408~435. 자본주의 사회에서 국가 운영자가 그 정당이나 이데올로기적 성향에 관계없이 이렇게 행동해야 하는 이유에 대해서는 Fred Block, "Beyond Relative Autonomy," *The Socialist Register*, 1980, pp. 227~240.

36 J. Petras, "The Rise and Decline of Southern European Socialism," *New Left Review* 146, 1984, p. 52.

37 A. Gramsci, 앞의 책, p. 230.

38 Perry Anderson, "The Antinomies of Antonio Gramsci," *New Left Review* 100, 1976~1977, p. 42.

39 A. Gramsci, 앞의 책, p. 230.

40 이 문제점은 '선거사회주의'라고는 할 수 없지만 '사회주의로의 민주적 길'을 표방한 '후기' 풀란차스도 인정하고 있다. Nicos Poulantzas, *State, Power, Socialism*, London: Verso, 1978, p. 263.

41 홍태영, 〈사회주의적 이행과 민주주의〉, 서울대학교 정치학과 석사 학위 논문, 1992 등 참조.

42 '저항의 센터'와 '권력 센터'의 구별에 대해서는 N. Poulantzas, 앞의 책, p. 142 참조.

43 A. Przeworski, 앞의 책, p. 248.

3장. 민주주의의 이론적 문제

---

1 R. Barros, "The Left and Democracy: Recent Debates in Latin America," *Telos* 68, 1986; R. Chilcote, "Post-Marxism: The Retreat from Class in Latin America," *Latin American Perspectives* 17(2), 1990; Tomás Vasconti, "Democracy and Socialism in South America," *Latin American Perspectives* 17(2), 1990; R. Munck, "Farewell to Socialism? A Comment on Recent Debates," *Latin American Perspectives* 17(2), 1990; Kenneth Roberts, "Democracy & the Dependent Capitalist State in Latin America," *Monthly Review*, Oct., 1985; 정명기, 〈지연된 혁명인가 지연된 민주화인가〉, 성균관대학교 사회과학연구소, 《제3세계의 민주화와 한국의 위상》, 부천: 인간사랑, 1989.

2 K. Kautsky, *The Dictatorship of the Proletariat*, Westport: Greenwood Press, 1970; N. Bobbio, *Which Socialism?*, Oxford: Polity Press, 1987; N. Bobbio, *Democracy & Dictatorship*, Oxford: Polity Press, 1988; B. Jessop, *State Theory: Putting the Capitalist State in Its Place*, Cambridge: Polity Press, 1990; Alan Hunt, "Taking Democracy

Seriously," A. Hunt(ed.), *Marxism & Democracy*, London: Lawrence and Wishart, 1980.

3 황태연, 〈사회주의 개혁의 역사와 현황〉, 《대학신문》 1990년 3월 12일.

4 이병천, 〈맑스 역사관의 재검토〉, 《사회경제평론》 4집(1991), 한울.

5 대표적인 예로 자주 인용되는 레닌의 주장을 들 수 있다. "부르주아 국가는 그 형태가 다양하지만 그 본질은 동일하다. 모든 부르주아 국가는 그 형태가 어떻든 궁극적으로 부르주아 독재다. 자본주의에서 공산주의로 나아가는 이행은 분명히 다양한 정치 형태를 띨 것이지만 그 본질은 항상 동일하다. 그것은 프롤레타리아 독재다"(V. I. Lenin, "The State and the Revolution," *On the Dictatorship of the Proletariat*, Moscow: Progress, 1976, pp. 38~39).

6 '사회주의적 독재 체제'란 그 자체가 언어 모순일 수도 있지만, 여기에서는 적합한 용어가 없어 억압적 통치 형태의 프롤레타리아 독재라는 의미를 지닌 서술적 용어로 사용했다.

7 대표적인 예는 "국가는 일반적으로 가장 강력한 경제적 지배 계급의 국가이며 국가의 매개를 통해 이 지배 계급은 정치적 지배 계급"이 된다는 엥겔스의 주장이다(F. Engels, "The Origins of Family, Private Property, and the State," R. Tucker(ed.), *The Marx Engels Reader*, New York: International Pub., 1971, p. 753).

8 R. Dahl, *Who Governs?*, New Haven: Yale Univ. Press, 1961.

9 P. Bachrach et al., "Decisions & Non-decisions," *American Political Science Review*, 57, 1963.

10 A. Gramsci, *Selections from the Prison Notebooks*, New York: International Pub, 1971, p. 182.

11 B. Jessop, *State Theory: Putting the Capitalist State in Its Place*, Cambridge: Polity Press, 1990, p. 353; Alan Hunt, "Taking Democracy Seriously," A. Hunt(ed.), *Marxism & Democracy*, London: Lawrence and Wishart, 1980, p. 16.

12 Henri Weber, "Eurocommunism, Socialism, and Democracy," *New Left Review* 110, 1978, p. 7.

13 손호철, 《한국정치학의 새구상》, 서울: 풀빛, 1991, 18~22쪽(이 책 2부 1장 〈국가자율성의 과학적 이해〉로 수록).

14 유로코뮤니즘, 특히 이탈리아 공산당(PCI) 비판이라는 문제의식에서 제기된 '후기' 풀란차스의 이런 이론화는 올바르기는 하지만 모호함과 내적 비일관성, 내적 긴장이 내재해 있다는 점도 부인할 수 없는 사실이다. 이런 정식화가 담긴, 같은 저서에 실린 (《뉴레프트 리뷰》 발표 논문을 재수록한) 다른 독립된 논문에서 풀란차스는 국가 밖에서 민중 권력과 국가 안에서 부르주아 권력 간의 투쟁이라는 '이중 권력' 테제를 비판하면서 프롤레타리아트도 국가장치 속에서 '권력의 센터'를 확보할 수 있으며 국가 내의 사회적 힘의 관계를 통한 변혁만이 유일하게 가능한 민주적인 사회주의의 길의 대안이라고 주장하고 있는 듯하다. 즉 "사회주의로의 민주적 길에서 권력 장악의 긴 과정은 본질적으로 대중이 …… 국가의 네트워크 속에서 다양하게 산개된 저항의 센터들을 확산시키고 발전, 강화, 조율시켜 그들이 국가라는 전략적 지형에 진정한 권력의 센터로 전화되도록 하는 것"(258)이며, "사회주의로의 민주적 길의 진정한 대안은 기동전이나 이중 권력형 전략이 아니고 국가 내부에서의 힘의 관계를 변형시키는 민중투쟁의 전략"(259)이라고 밝히고 있다. 이런 자신의 전략에 대해 풀란차스는 그런 전략이 "지속적인 개량의 축적, 국가기구의 점진적인 장악", 즉 사회민주주의나 유로코뮤니즘류의 사회주의를 향한 "의회주의적 내지 선거를 통한 길"이 아니며 "국가라는 전략적 지형 내의 힘의 관계가 민중 쪽으로 옮겨지는 진정한 일련의 단절의 단계"를 내포하고 있다고 주장하지만, 이런 단절이 구체적으로 무엇을 의미하며, 국가 권력 통일성 테제에 어떻게 연결되는지(PCI 식으로 권력 분점의 점진적 이행이 아니라면 단절 전에는 부르주아지의 단일 권력에서 단절 뒤에는 프롤레타리아트의 단일 권력으로 옮겨진다는 의미인지), 어떻게 가능한지, 구체적으로 어떻게 유로코뮤니즘과 다른지에 대해서는 침묵하고 있다. 이런 문제는 국가 권력 통일성 테제에 대한 나름의 신념과 유로코뮤니즘류의 사회주의를 향한 민주적 길에 대한 고민 등이 하나의 일관된 체계로 정리되지 못한 채 자신의 이론 속에 모순적으로 자리잡아 내적 긴장을 야기하고 있는 풀란차스의 '최후의 고민'을 보여주는 것이라 하겠다.

15 A. Gramsci, *Selections from the Prison Notebooks*, New York: International Pub, 1971, p. 161.

16 A. Gramsci, *ibid.*, p. 181.

17 Nicos Poulantzas, *State, Power, Socialism*, London: Verso, 1978, pp. 140~142.

18 이병천, 〈맑스 역사관의 재검토〉, 《사회경제평론》 4집(1991), 한울. 조금 격앙된 어조의 이 논문은 논쟁사적 중요성으로 볼 때 총체적 분석이 필요하지만, 여기서는 이 글의 주제에 관련이 있는 민주주의와 독재의 문제만

을 다뤘다. 다만 참고로 이런 포스트마르크스주의에 대해서는 E. Laclau & C. Mouffe, *Hegemony & Socialist Strategy*, London: New Left Books, 1985; E. Laclau & C. Mouffe, "Post-Marxism without Apologies," *New Left Review* 166, 1987; N. Mouzelis, "Marxism or Post-Marxism," *New Left Review* 167, 1988; R. Munck, "Farewell to Socialism? A Comment on Recent Debates," *Latin American Perspectives* 17(2), 1990. 포스트마르크스주의에 대한 비판으로는 N. Geras, "Post-Marxism?" *New Left Review* 163, 1987; N. Geras, "Ex-Marxism without Substance," *New Left Review*s 168, 1988; Ellen Meiksins Wood, *The Retreat from Class*, London: Verso, 1986 등 참조.

19 이병천, 〈맑스 역사관의 재검토〉, 《사회경제평론》 4집, 1991, 147~148쪽.

20 이병천, 앞의 글, 164, 166쪽.

21 이병천, 앞의 글, 166쪽.

22 손호철, 《한국정치학의 새 구상》, 서울: 풀빛, 1991, 470~476쪽 참조.

23 이때 민주주의와 다원주의가 논쟁의 의미를 가지려면, 다시 말해 '독재'에 대립하는 의미를 가지려면 통치형태로서의 민주주의가 아니라 국가유형 차원에서의 민주주의, 즉 국가 권력의 배타적 소유라는 계급독재론에 대칭되는 국가 권력의 다원주의여야 한다.

24 F. O. Wolf, "Eco-Socialist Transition on the Threshold of the Twenty-First Century," *New Left Review* 158, 1986.

25 Karl Popper, *The Poverty of Historicism*, London: Routledge & Kegun Paul, 1957; P. Anderson, *In the Tracks of Historical Materialism*, London: New Left Books, 1983, p. 48; Ellen Meiksins Wood, *The Retreat from Class*, London: Verso, 1986, p. 76.

26 R. Dahl, *Polyarchy*, New Haven: Yale Univ. Press, 1971, pp. 2~4.

27 V. I. Lenin, "The Proletarian Revolution and the Renegade Kautsky," *Collected Works* 25, Moscow: Progress, 1960.

28 D. Held, *Models of Democracy*, Stanford, Calif.: Stanford Univ. Press, 1987, p. 10(데이비드 헬드 지음, 이정식 옮김, 《민주주의의 모델》, 부천: 인간사랑, 1988).

29 이를테면 플라톤은 귀족정을 "재산 기준을 기초로 부자가 권력을 장악하고 빈자가 배제되는" 체제인 반면 "민주정은 빈자가 승리, …… 다른 세력을 몰아내고 모든 시민에게 동등한 시민권과 관직을 부여하는" 체제로 정의하고 있으며(Plato, *Republic*, Cambridge: Harvard Univ. Press, 1965, p. 261), 이것은 아리스토텔레스도 똑같다.

30 R. Dahl, *A Preface to Economic Democracy*, Cambridge: Polity Press, 1985, p. 10; C. Lindblom, *Politics & Markets*, New York: Basic Books, 1977.

31 A. Kiss, *Marxism & Democracy*, Budapest: Akademiai Kiado, 1982, p. 34.

32 M. Salvadori, *Karl Kautsky and the Socialist Revolution*, London: New Left Books, 1979, p. 260.

33 V. I. Lenin, "The Proletarian Revolution and the Renegade Kautsky," *Collected Works* 25, Moscow: Progress, 1960, p. 117.

34 V. I. Lenin, "Conspectus of Hegel's Book The Science of Logic," *Collected Works* 38, Moscow: Progress, 1960, p. 144.

35 R. Luxemburg, *The Russian Revolution and Leninism or Marxism*, Westport, Conn.: Greenwood Press, 1981, c1961, pp. 98~99(《러시아혁명: 레닌주의냐 마르크스주의냐》, 서울: 두레, 1989).

36 Henri, Weber, "Eurocommunism, Socialism, and Democracy," *New Left Review* 110, 1978, p. 5.

37 H. Draper, *The Dictatorship of the Proletariat from Marx to Lenin*, New York: Monthly Review, 1981, p. 70.

38 U. Cerroni, "Democracy & Socialism," *Economy & Society* 7(3), 1978, p. 260.

39 B. Kagarlitsky, *The Disintegration of the Monolith*, London·New York: Verso, 1992, p. 133; G. Vacca, "The Eurocommunist Perspective: The Contribution of the PCI," R. Kindersley(ed.), *In Search of Euro-Communism*, London: Macmillan Press, 1981, p. 116 참조.

40 E. Balibar, *Cinq Études du Matérialisme Historique*, Paris: F. Maspero, 1974(에티엔 발리바르 지음, 이해민 옮김, 《역사유물론 연구》, 서울: 푸른산, 1989, 106쪽).

41 마르크스의 '정치의 종언', '국가 소멸' 테제는 정치 일반이나 국가 일반의 소멸이라는 의미가 아니라 전통적 의미의 정치와 국가, 즉 억압성으로 특징지어지는 정치와 국가의 소멸을 의미한다는 것이 필자의 생각이다. 따라서 민주주의의 발전은 국가의 소멸 테제나 정치의 종언 테제와 모순되는 것이 아니라고 볼 수 있다.

42 Albert Szymanski, *Is the Red Flag Flying: The Political Economy of the Soviet Union Today*, New York: Zed Books, 1979, p. 200.

43 L. Mezaros, "Political Power & Dissent in Post-Revolutionary Societies," L Althusser et al., *Power & Opposition in Post-Revolutionary Societies*, London: Ink Links, 1979, p. 116.

44 C. Bettelheim, "On the Transition between Capitalism and Socialism," Paul Sweezy & C. Bettelheim, *On the Transition to Socialism*, New York: Monthly Review, 1971.

45 N. Bobbio, *Which Socialism?*, Oxford: Polity Press, 1987, ch. 2; L. Althusser, "The Crisis of Marxism," L. Althusser et al., *Power & Opposition in Post-Revolutionary Societies*, London: Ink Links, 1979; E. Balibar, "État, Parti, Ideologie,"(《국가, 당, 이데올로기》, 윤소영, 《에티엔 발리바르의 정치경제(학) 비판》, 서울: 한울, 1987 중 보론), p. 184; Alan Hunt, "Marx–The Missing Dimension: The Rise of Representative Democracy," B. Matthews, *Marx, 100 Back Years On*, London: Lawrence & Wishart, 1983, p. 88.

46 비슷한 문제 제기로는 백낙청, 〈토론 요지〉, 서울대학교 민교협 주최 학술 토론회 '우리에게 민주주의는 가능한가' 자료집, 1991년 9월 26일, 61쪽. '이완된 신식민지파시즘' 등 제6공화국의 국가성격과 민주 변혁 전략에 대한 중요한 논쟁으로는 김세균, 〈한국에서 민주주의 논의에 관한 비판적 검토〉, 서울대학교 민교협 주최 학술 토론회 '우리에게 민주주의는 가능한가' 자료집, 1991년 9월 26일, 그리고 최장집, 〈우리에게 민주주의는 가능한가〉, 서울대학교 민교협 주최 학술 토론회 '우리에게 민주주의는 가능한가' 자료집, 1991년 9월 26일 참조.

47 제5공화국과 제6공화국의 국가성격에서 드러나는 연속성과 단절성을 둘러싼 논쟁은 '본질불변론'부터, 신식민지 파시즘(제5공화국)에서 부르주아 민주주의(제6공화국)로 이행하고 있다는 주장까지 다양한 평가가 제기되고 있다. 이런 다양한 평가에 대한 요약은 손호철, 〈한국 국가론 연구 현황〉, 《한국 사회 이해를 위한 길잡이》(《사회평론》 1992년 1월호 부록), 사회평론사, 217~219쪽 참조.

48 Agens Heller, "On Formal Democracy," in John Keane(ed.), *Civil Society and the State*, London: New Left Books, 1988, p. 131; Gøran Therborn, "The Rule of Capital and the Rise of Democracy," *New Left Review* 103, 1977.

49 V. I. Lenin, "A Caricature of Marxism & Imperialist Economism," *Collected Works* 23, Moscow: Progress, 1960, p. 43.

50 Gøran Therborn, "The Rule of Capital and the Rise of Democracy," *New Left Review* 103, 1977.

51 이것은 결코 레닌의 '정치적 반동화' 테제가 국내적으로는 세계 대전이라는 특수 상황에 기초를 둔 역사 특수적 분석이고 일반적으로는 국제적 측면에만 맞는다는 주장은 아니다. 다만 독점이 국내적으로도 정치적 반동화 경향을 일반적으로 가지며 이 테제도 계속 유효하지만, 계급투쟁 등의 매개를 무시한 채 이것을 국가형태 규정의 유일한 규정 요인으로 삼는 '독점자본주의의 상부구조=파시즘 내지 정치적 반동국가'라는 등식에 반대한다는 의미일 뿐이다. 또한 대외적으로도 식민주의에서 신식민주의로 나아가는 변화 등 세계적인 역관계의 변화에 따라 정치적 반동화의 내용이 약화된 것이라고 볼 수 있다.

52 D. Held, "Introduction: New Forms of Democracy," Held et al.(eds.), *New Forms of Democracy*, Beverly Hills: Sage, 1986, p. 2.

53 Alan Hunt, "Taking Democracy Seriously," A. Hunt(ed.), *Marxism & Democracy*, London: Lawrence and Wishart, 1980, p. 16.

54 Henri Weber, "Eurocommunism, Socialism, and Democracy," *New Left Review* 110, 1978, p. 8.

55 Alan Hunt, "Marx–The Missing Dimension: The Rise of Representative Democracy," B. Matthews, *Marx, 100 Back Years On*, London: Lawrence & Wishart, 1983, p. 106.

56 V. I. Lenin, "The State and the Revolution," *On the Dictatorship of the Proletariat*, Moscow: Progress, 1976, pp. 20~21.

57 L. Althusser, "On the 22th Congress of the French Communist Party," *New Left Review* 104, 1977, pp. 20~22; 권형기, 〈레닌적 당 이론〉, 《현실과 과학》 10집(1991), 새길.

58 Agens Heller, "On Formal Democracy," in John Keane(ed.), *Civil Society and the State*, London: New Left Books, 1988, p. 133.

59 《로동신문》 1989년 12월 22일자, 〈자료: 사회주의 개혁노선에 대한 북한, 쿠바, 중국의 비판〉, 《사상문예운동》 제3호(1990년 봄호), 풀빛.

60 한국산업사회연구회, 〈소련의 정치개혁과 사회주의적 민주주의〉, 학술단체협의회, 《사회주의개혁과 한반도》, 서울: 한울, 1990.

61 "복수 정당, 즉 정당의 자유는 그 이해가 적대적이며 화해할 수 없는 …… 대립적 계급이 존재하는 사회에서만 존재할 수 있다. 그러나 …… 비적대적이고 우호적인 노동자와 농민 두 계급이 존재하고 있는 소련에서는 복수의 당이 존재할 수 있는 지반, 요컨대 정당의 자유를 위한 지반이 없다"는 것이 스탈린의 주장이다(J. Stalin, "On the Draft Constitution of the U.S.S.R.(1936)," J. Stalin, *Problems of Leninism*, Peking: Foreign Languages Press, 1976).

62 L. Althusser, *For Marx*, London: New Left Review, 1977, pp. 109~110.

63 한국산업사회연구회, 〈소련의 정치개혁과 사회주의적 민주주의〉, 학술단체협의회, 《사회주의 개혁과 한반도》, 서울: 한울, 1990, pp. 64~66.

64 E. Balibar, "État, Parti, Ideologie"(〈국가, 당, 이데올로기〉, 윤소영, 《에티엔 발리바르의 정치경제(학) 비판》, 서울: 한울, 1987 중 보론), pp. 225~230.

65 K. Marx, "Critique of the Gotha Program," R. Tucker(ed.), *The Marx Engels Reader*, New York: W. W. Norton & Co., 1978, p. 537.

66 A. Sassoon, *Gramsci's Politics*, London: Hutchinson, 1987(Second Ed.), p. 112.

67 A. Gramsci, *Selections from the Prison Notebooks*, New York: International Pub., 1971, p. 52.

68 L. Althusser, "Ideology and Ideological State Apparatus," L. Althusser, *Lenin & Philosophy & Other Essays*, New York: *Monthly Review*, 1971.

69 K. Marx & F. Engels, "Manifesto of the Communist Party," R. Tucker(ed.), *The Marx Engels Reader*, New York: W. W. Norton & Co., 1978, p. 490.

70 V. I. Lenin, "A Caricature of Marxism & Imperialist Economism," *Collected Works* 23, Moscow: Progress, 1960, p. 74.

71 V. I. Lenin, "The State and the Revolution," *On the Dictatorship of the Proletariat*, Moscow: Progress, 1976, p. 76.

4장. 페레스트로이카 이후 새로운 민주주의론

1 김동택, 〈한국사회와 민주변혁론: 1950년대에서 1980년대까지〉, 한국정치연구회 사상분과 편저, 《현대 민주주의론 2》, 서울: 창작과비평사, 1992; 박현채·조희연 편저, 《한국사회구성체논쟁》, 서울: 죽산, 1990 등 참조.

2 여기에 관련된 최근 동향은 이병천 외 편저, 《마르크스주의의 위기와 포스트마르크스주의》, 서울: 의암출판, 1992의 제1부 참조.

3 이 속에서의 새로운 모색에 대해서는 〈특집: 혁명의 시대는 갔는가?〉, 《사회평론》(1992년 5월호), 사회평론사.

4 과거에 민주주의 문제가 다루어지지 않았다는 것이 아니라, 과거에도 문제가 됐지만 민주주의가 아니라 '변혁'이 중심축이었던 반면에 최근 논의에서는 그 중심축이 민주주의로 이동하고 있다는 의미다.

5 김수길, 〈사회민주주의 재평가와 민주적 대안〉, 《사상문예운동》 제4호(1990년 여름호), 풀빛, 346~361쪽 등 참조.

6   정확한 의미에 대해서는 손호철, 〈민주주의를 다시 생각한다〉, 《창작과 비평》(1991년 겨울호), 353~356쪽(이 책 3부 3장 〈민주주의의 이론적 문제〉로 수록됨).

7   황태연, 〈사회주의 개혁의 역사와 현황〉, 《대학신문》 1990년 3월 12일.

8   사회민주주의의 이런 '오해' 내지 '왜곡'에 관련된 고전적 입장에 대해서는 Karl Kautsky, *The Dictatorship of the Proletariat*, Westport: Greenwood Press, 1970 참조.

9   Gøsta Esping-Anderson, *Politics against Markets*, Princeton: Princeton Univ. Press, 1985 등 참조.

10 김수길, 앞의 글.

11 손호철, 〈부르주아 민주주의와 선거: 선거사회주의의 가능성과 한계〉, 《경제와 사회》(1992년 봄호), 한국산업사회연구회, 50~53쪽 참조.

12 황진성, 〈과학적 사회주의의 왜곡 — 사회민주주의〉, 《고대문화》 제34호(1991), 고려대학교 고대문화 편집위원회, 121~124쪽 참조.

13 대표적인 예는 최장집, 〈민중민주주의의 조건과 방향〉, 서울대학교 민교협 심포지엄 발표 논문(1991년 9월), 《사회비평》 제6호(1991), 나남출판에 재수록(이하 인용은 《사회비평》의 쪽수).

14 최장집, 〈특집 전환기의 새 이론: 최장집 — 민중주축 선거사회주의 모색〉, 《한겨레신문》 1992년 1월 23일.

15 최장집, 〈민중민주주의의 조건과 방향〉, 334~335쪽.

16 같은 글, 335~336쪽.

17 이것은 그람시의 시민사회론에 뿌리를 두고 있으면서도 그람시의 경우 '국가=정치사회+시민사회'라는 문제의식인 반면 '국가=좁은 의미의 국가(정부), 정치사회=정당 등 제도 정치권, 시민사회'라는 변형된 3분 구조라는 데, 따라서 그람시보다는 스테판 헤거드식의 이론화라는 점에 주목할 필요가 있다.

18 최장집, 〈민중민주주의의 조건과 방향〉, 339쪽.

19 선거사회주의 일반의 문제점에 대해서는 손호철, 〈부르주아 민주주의와 선거: 선거사회주의의 가능성과 한계〉, 앞의 책, 45~53쪽 참조.

20 유팔무, 〈어떤 민주주의가 어떻게 가능한가〉, 서울대학교 민교협 심포지엄 토론(1991년 9월), 《사회비평》 제6호(1991), 나남출판, 359쪽.

21 백낙청, 서울대학교 민교협 심포지엄 토론(1991년 9월), 《사회비평》 제6호(1991), 나남출판, 358쪽.

22 박우철, 〈한국사회주의 운동의 미래 2〉, 《월간 길을 찾는 사람들》 1992년 1월호, 사회평론사, 209쪽.

23 같은 글, 209쪽.

24 같은 글, 215~216쪽.

25 같은 글, 219쪽.

26 최진섭, 〈한국사회 전위당 논쟁과 신노선〉, 《말》 1992년 5월호, 월간 말, 161쪽.

27 정인, 〈특집 전환기의 새 이론: 정인 — 사회주의 신노선〉, 《한겨레신문》 1992년 1월 16일.

28 오의택, 〈특집 전환기의 새 이론: 오의택 — 정통맑스주의〉, 《한겨레신문》 1992년 2월 4일과 최진섭, 앞의 글, 162~163쪽.

29 장기표, 〈민중주체민주주의가 새로운 이념이 되어야〉, 《창작과 비평》 1992년 봄호, 창작과비평사, 81~87쪽 등 다양한 글 참조.

30 E. Laclau & C. Mouffe, *Hegemony & Socialist Strategy*, London: Verso, 1985, p. 2.

31 이병천, 〈맑스 역사관의 재검토〉, 《사회경제평론》 4집(1991), 한울, 144~145쪽.

32 같은 글, 165쪽.

33 E. M. Wood, *The Retreat from Class*, London: Verso, 1986 참조.

34 이런 문제점과 이것에 따라 민중주체민주주의와 맺는 관계에서 생기는 긴장에 대해서는 박성수, 〈마르크스의 역사철학은 폐기될 수 있는가?〉, 《사회평론》 1992년 2월호, 사회평론사, 82~97쪽.

35 Alex Callinicos, *Against Postmodernism*, New York: St. Martin's Press, 1989 중 "A Break in Capitalism?" pp. 132~144.

36 손호철, 〈부르주아 민주주의와 선거: 선거사회주의의 가능성과 한계〉, 앞의 책, 47~48쪽.

37 정성진, 〈다시 '10월'로〉, 《창작과 비평》 1992년 봄호, 창작과비평사, 88~97쪽.

38 오세철, 〈특집 전환기의 새 이론: 오세철 — 민중민주주의〉, 《한겨레신문》 1992년 1월 4일.

39 김호균, 〈맑스주의는 무엇을 버리고 무엇을 살릴 것인가〉, 《전망》 1991년 11월호, 전망사, 48~58쪽 등.

40 윤소영, 〈편자 서문〉, 에띠엔느 발리바르 외, 《맑스주의의 역사》, 서울: 민맥, 1991, 7~15쪽 등.

41 유팔무, 〈그람시 시민사회론의 이해와 한국적 수용의 문제〉, 《경제와 사회》 제12호(1991년 겨울), 한국산업사회연구회, 52쪽.

42 백낙청, 〈신념과 실력〉, 《창작과 비평》 1992년 봄호, 창작과비평사, 2쪽.

5장. 새로운 세계 질서와 민주주의

---

1 Fred Halliday, "Triumph of the West," *New Left Review* 180, 1990, p. 13.

2 비슷한 견해는 Eric Hobsbawm, "The End of Affairs(Round Table)," *Marxism Today*, Jan., 1990, p. 45; Saul Landau, "The East Joins the South," *Monthly Review*, Oct., 1990, pp. 29~37.

3 한 연구자는 동독과 서독의 관계를 '새로운 가부장적 관계'로 개념화하고 있다. Klaus von Beyne, "Transition to Democracy or Anschluss? The Two Germanies and Europe," *Government and Opposition* 25(2), 1990, p. 180 참조

4 한 소련 학자는 '부정적 숙명(negative convergency)'이라는 개념을 통해 이것과 비슷한 염려를 표명하고 있다. Boris Kagarlisky, "Importance of Being Marxist," *New Left Review* 178, 1989, p. 3.

5 "러시아식으로 일하고 미국식으로 벌자"는 이런 그릇된 분위기에 대해서는 Boris Kagarlisky, "Preface to Chaos," *New Politics* 3(2), 1991, p. 177.

6 비슷한 견해로는 Samir Amin, "The Future of Socialism," *Monthly Review*, Jul./Aug., 1990, p. 26.

7 Alan Lipietz, "Behind the Crisis of the Exhaustion of a Regime of Accumulation," *Review of Radical Political Economics* 18(1·2), 1986.

8 James O'conner, *The Final Crisis of the State*, New York: St. Martin's Press, 1973.

9 I. Wallerstein, "The Capitalist World Economy: Middle Run Prospects," *Alternatives* 14(3), 1989, pp. 279~283; 황병덕, 〈세계자본주의의 장기 불황과 미국 헤게모니의 위기〉, 《한국과 국제정치》 7(1), 1991, 경남대학교 극동문제연구소, 229쪽.

10 그 이론적 기초와 현황에 대해서는 각각 G. Kim et al., *Lenin and National Liberation in the East*, Moscow: Progress, 1978, ch. 3과 5; A. Kulikov, *Political Economy*, Moscow: Progress, 1989, p. 132.

11 A. Kiva, "Socialist Orientation: Realities and Illusions," *International Affairs*, July, 1988, pp. 78~86.

12 Y. 크라신 외, 〈현대 세계와 공산주의〉, 《사회주의 대개혁의 논리》, 서울: 풀빛, 1990, 321쪽.

13 이찌노세 히데후미, 〈현대자본주의의 제국주의적 본질은 변했는가〉, 《오늘의 정치경제학》, 서울: 한울, 1989, 131쪽.

14 Cliff Durand, "The Exhaustion of Developmental Socialism," *Monthly Review*, Dec., 1990, p. 18.

15 비슷한 견해로는 Carlos M. Vilas, "Is Socialism Still an Alternative for the Third World," *Monthly Review*, July/August, 1990, p. 20 참조

16 Raymond Vernon, *Sovereignty at Bay*, New York: Basic Books, 1971; R. Murray, "The Internationalization of Capital and the Nation State," *New Left Review* 67, 1971; Bill Warren, "How International Is Capital?" *New Left Review* 68, 1971 등이 대표적인 예다.

17 일찍이 미국의 국제개발처(AID)도 한국 근대화 모델에 관한 'KDI-Harvard 프로젝트'에 대한 논평에서 이 연구가 심각한 한국의 지역 문제를 간과했다고 비판했다. D. Steinberg, "Development Lessons from the Korean Experience," *Journal of Asian Studies* 42(1), 1982, pp. 94~95.

18 김세균, 〈자유주의란 무엇인가〉, 《사회평론》 1991년 6월호, 사회평론사, 116쪽.

19 이런 대표적인 입장으로는 Albert Szymanski, *Is the Red Flag Flying: The Political Economy of the Soviet Union*, London: Zed, 1979, ch. 5 참조.

20 Charles Bettelheim, "On the Transition between Capitalism & Socialism," "Move on the Society of Transition," Paul Sweezy & C. Bettelheim, *On the Transition to Socialism*, New York: *Monthly Review*, 1971; Istvam Mezaros, "Political Power & Dissent in Post-Revolutionary Societies," L. Althusser et al., *Power & Opposition in Post-Revolutionary Societies*, London: Ink Links, 1979, p. 116.

21 Robert Dahl, *A Preface to Economic Democracy*, Cambridge: Polity Press, 1985, p. 60. 이 밖에 Charles Lindblom, *Politics & Markets*, New York: Basic Books, 1977 등 참조.

22 최장집, 〈서구에서 자유민주주의는 성공했는가〉, 《사회평론》 1991년 6월호, 127쪽.

23 이런 새로운 민주주의들의 전망에 대해서는 David Held et al.(eds.), *New Form of Democracy*, London: Sage Publisher, 1986 참조.

24 Alan Wolfe, *The Seamy Side of Democracy: Repression in America*, New York: Longman, 1978(Second Ed.) 등 참조.

25 Michael Corzier et al., *The Crisis of Democracy: Report on the Governability of Democracies to the Trilateral Commission*, New York: New York Univ. Press, 1975.

26 Nicos Poulantzas, *State, Power, Socialism*, London: Verso, 1978, Part 4.

27 Bertman Gross, *Friendly Fascism: The New Face of Power in America*, Boston: South End Press, 1980.

28 Stuart Hall et al.(eds.), *The Politics of Thatcherism*, London: Lawrence Wishart, 1983, pp. 10~11.

29 D. Held, "Introduction: New Forms of Democracy," David Held et al., 앞의 책, p. 2.

30 Otto Holman, "In Search of Hegemony: Socialist Government and the Internationalization of Domestic Politics in Spain," *International Journal of Political Economy* 19(3), 1989, pp. 6~101; James Petras, "The Contradictions of Greek Socialism," *New Left Review* 163, 1987; Jan Fagerberg et al., "The Decline of Social-Democratic State Capitalism in Norway," *New Left Review* 181, 1990, pp. 60~94; Donald Share, "Dilemmas of Social Democracy in 1980s," *Comparative Political Studies* 21(3), 1988, pp. 408~435.

31 Paul Hirst et al., "Flexible Specialization versus Post-Fordism," *Economy & Society*, vol. 20, no. 1(Feb. 1991), pp. 1~56; Michael Rustin, "The Politics of Post-Fordism," *New Left Review* 17, 1989, pp. 54~77; Simon Clarke, "The Crisis of Fordism or the Crisis of Social-Democracy?" *Telos* 83, 1990, pp. 71~98 등.

32 Francis Fukuyama, "The End of History," *The National Interest* 16, 1989, pp. 3~18. 이 주장에 대한 비판적 평가는 Stephen Bronner, "Reflections on the End of History," *New Politics* 3(1), 1990, pp. 111~128.

33 Jörg Goldberg & Jörg Huffschmid, 〈시장통합 1992 — 배경, 공격방향 그리고 전망〉, 《동향과 전망》 12호 (1991년 여름), 155쪽(F. Deppe 외, 이해영 역, 〈EC 통합과 유럽통화 위기〉로 수록됨(원문은 Jörg Goldberg & Jörg Huffschmid, "Binnenmark 1992: Hintergrund, Stoßrichtung, Perpektiven," *Memo-Forum, Sonderband I: Steuerungsprobleme der Wirtschaftpolitik*, Bremen, Januar 1990, SS. 65~70). 이 밖에 Frank Deppe, 〈서구노동운동과 유럽공동체〉, 《동향과 전망》 12호, 1991, 155~164쪽 참조(원문은 Frank Deppe, "Die westeuropäische Arbeiterbewegung und die EG," *Z. Zeitschrift Marxistische Erneuerung*, Nr. 1, März 1990, SS. 156~164).

34 S. Clarke, "Overaccumulation, Class Struggle and the Regulation Approach," *Capital and Class* 36, 1988, pp. 88~89.

35 Bob Jessop et al., "Authoritarian Populism, Two Nations and Thatcherism," *New Left Review* 147, 1984, pp. 50~52 참조.

36 John Feffer, "The New Eurocentralism," *New Politics* 3(2), 1991, p. 122. 이 밖에 Grace Lee Boggs, "Beyond Eurocentralism," *Monthly Review* 41(9), 1990, pp. 12~18.

37 특히 이것에 관련해 선진 자본주의 사회의 반국제주의적, 반제3세계적 정치문화의 대두에 대해서는 Susanne Jonas, "Central America in the 1990s," *Monthly Review*, June, 1990, pp. 22~23.

38 Barnabas Racz, "Political Pluralisation in Hungary: The 1990 Elections," *Soviet Studies* 43(1), 1991, pp. 107~136;

Stephen White, "'Democratisation' in the USSR," *Soviet Studies* 42(1), 1990, pp. 3~35; Alexander Pacek, "Changing Political Process in Soviet-Type System," *Crossroads* 28, 1989, pp. 75~91 참조.

39 이런 문제의식에 대해서는 Rossana Rossanda, "Power & Opposition in Post- Revolutionary Societies," L. Althusser et al., 앞의 책, p. 11과 Paul Sweezy, "Preface to a New Edition of Post-Revolutionary Society," *Monthly Review*, July/August, 1990, p. 5.

40 A. Szymanski, 앞의 책, p. 200. 이런 결론에 이르게 되는 이 학자의 구체적 자료 분석에 대해서는 같은 책, 4장과 5장 참조.

41 Julius Jacobson, "The Collaspe of Totalitarianism," *New Politics* 2(4), 1990, p. 137.

42 Garry Fields, "Soviet Workers Reenter History," *New Politics* 2(4), 1990, p. 129.

43 S. Amin, "The Future of Socialism," *Monthly Review*, July/August, 1990, p. 20.

44 S. Landau, "The East Joins the South," *Monthly Review*, Oct., 1990, p. 36.

45 Slavoj Zizek, "Eastern Europe's Gilead," *New Left Review* 183, 1990, p. 51.

46 Gavril Popov, "The Dangers of Democracy," *The New York Review of Books*, Aug., 1990; "An Authoritarian Perestroika? A Roundtable," *Telos* 84, 1990, pp. 125~141.

47 Terry Clark, "State-Society Relations in the Soviet Union: A Model of Democratization," *Crossroads* 28, 1989, pp. 64~65; Donna Bahry et al., "Soviet Citizen Participation on the Eve of Democratization," *American Political Science Review*, 84(3), 1990, pp. 821~848 등.

48 Hedwig Rudolph, "After German Unity: A cloudier Outlook fo Woman," *Challenge* 33(6), 1990, pp. 33~40.

49 하나의 특정 입장에 여러 요소가 복합적으로 내재해 있는 경우가 대부분이기 때문에 이하 세 입장의 분류는 조금 무리가 따를 수 있지만, 편의상 그중 가장 가까운 입장이라고 판단되는 것으로 분류했다.

50 이런 분류 방법에 따르면 이 첫째 입장은 G. O'Donnell et al., *Transitions from Authoritarian Rule*, Baltimore: The Johns Hopkins Univ. Press, 1986; James Malloy et al.(eds.), *Authoritarians & Democrats*, Pittsburgh: Pittsburgh Univ. Press, 1987 등. 민주화에 대한 다양한 연구 업적이 축적됐지만 대부분의 연구가 과정에 대한 분석과 국면적 요인에 대한 분석에 치중할 뿐 민주화의 동학에 관한 체계적인 연구는 아직 없는 상태다. 조금 형식적이기는 하지만 그나마 이런 동학에 대한 체계적 정리는 김일영, 〈그리스에 있어서 정치체제의 변동과 민주화의 전망〉, 성균관대학교 사회과학연구소, 《제3세계 민주화와 한국의 위상》, 부천: 인간사랑, 1989, 30~34쪽.

51 Edward Harman et al., "Resurgent Democracy: Rhetoric and Reality," *New Left Review* 154, 1985, pp. 83~98과 국내의 경우 제5공화국과 제6공화국의 차별성을 인정하지 않는 입장들.

52 Kenneth Roberts, "Democracy and Dependent Capitalist State in Latin America," *Monthly Review*, Oct., 1985, pp. 12~26; J. Petras, "The Redemocratization Process," *Contemporary Marxism* 14, 1990, pp. 1~15; Tomás A. Vasconi, "Democracy and Socialism in South America," *Latin American Perspectives* 17(2), 1990, pp. 25~38.

53 G. O'Donnell et al., *Transitions from Authoritarian Rule*, Baltimore: The Johns Hopkins Univ. Press, 1986, p. 9.

54 J. Petras, "The Redemocratization Process," *Contemporary Marxism* 14, 1990, p. 1, 10.

55 제한적 민주주의의 개념과 특징에 대해서는 T. A. Vasconi, 앞의 글, pp. 30~31.

56 Gabriel Marcella, "The Latin American Military, Low Intensity Conflict and Democracy," *Journal of Interamerican Studies and World Affairs* 32(1), 1990, p. 45.

57 '1960년대 라틴아메리카 논쟁의 핵심적 축인 혁명이었다면 1980년대의 핵심 주제는 민주주의'라는 한 학자의 논평이 시사적이다. Ronaldo Munch, "Farewell to Socialism?" *Latin American Perspectives* 17(2), 1990, p. 113.

58 James Malloy, "The Politics of Transition in Latin America," J. Malloy et al., 앞의 책, p. 253.

59 손호철, 〈자본주의 국가와 토지공개념: 6공화국의 토지공개념 법안의 입법과정을 중심으로〉, 《한국정치연구》 제3집(1991) 참조.

60 Special Edition, "The Sandinista Legacy: The Construction of Democracy," *Latin American Perspectives* 17(3), 1990; Dong Brown, "Sandinismo and Problems of Democratic Hegemony," *Latin American Perspectives* 17(2),

1990, pp. 25~38.

61 Philip Williams, "Elections and Democratization in Nicaragua: The 1990 Elections in Perspective," *Journal of Interamerican Studies and World Affairs* 32(4), 1990, pp. 13~14.

6장. 다원민주주의적 정치 질서와 정당

---

1 Francis Fukuyama, *The End of History and Last Man*, New York: ICM, 1992.

2 James Scanlan, *Marxism in the USSR*, Ithaca: Cornell Univ. Press, 1985, pp. 220~223 등 참조.

3 Chantal Mouffe, "Hegemony & New Political Subject," C. Nelson(ed.), *Marxism and the Interpretation of Culture*, London: Macmillan, 1988, pp. 89~104.

4 Harold Laski, *A Grammar of Politics*, London: George Allen & Unwin, 1925; 코솔라코프 외, 〈사회주의적 다원주의논쟁 — 모스크바 원탁회의〉, 송주명 편역, 《페레스트로이카 — 이론, 실천, 논쟁》, 서울: 새날, 1990 등 참조.

5 A. Hamilton, et al., "The Federalist Papers," P. Nivola, et al.(eds.), *Classic Readings in American Politics*, New York: St. Martin's Press, 1986, pp. 29~56.

6 Robert Dahl, *Who Governs?*, New Haven: Yale Univ. Press, 1961. 물론 잘 알려져 있듯이 달은 후기에 들어 자기비판을 통해 입장 변화를 겪는데, 이런 '초기' 다원주의와 '후기' 다원주의에 대한 요약 소개는 김구섭, 《정치권력과 민주주의》, 서울: 박영사, 1991.

7 좀더 구체적인 내용은 손호철, 〈민주주의의 이론적 문제〉, 《전환기의 한국정치》, 서울: 창작과비평사, 1993, 392~395쪽 참조.

8 이런 국가 권력 분산 '소유'론과 이런 논의를 비판하는 마르크스주의의 '국가 권력 통일성 테제'는 모두 권력을 '소유 대상'으로 본다는 점에서 권력을 하나의 관계로 이해하는 푸코류의 '관계적(relational) 권력론'의 입장에서는 비판 대상이 될 수도 있다(M. Foucault. *The History of Sexuality* 1, New York: Vintage Books, 1980, pp. 81~91). 마르크스주의에 관해서 이런 논의를 분석해보면, 물론 마르크스주의가 '국가 권력의 장악'이나 '소유' 같은 표현들을 통해 이런 오해를 불러일으킬 수 있도록 해온 것은 사실이지만 국가'장치'의 장악과 국가'권력'의 문제를 혼동하지 않았을 뿐더러 권력의 문제를 생산'관계'에 기초를 두고 있다는 점에서 마르크스주의의 권력론도 근본적으로는 관계적 권력론이라 할 수 있다.

9 Dahl, *Dilemmas of Pluralist Democracy*, New Haven: Yale Univ. Press, 1982, p. 26(신윤환 옮김, 《다원민주주의의 딜레마》, 서울: 푸른산, 1992).

10 물론 달이 여기에서 말하는 '조직'의 다원주의는 '정치 조직'의 다원주의만을 의미하는 것이 아니라 좀더 넓은 의미를 가리키지만, 여기에서는 이 글의 주제인 정당 문제에 관련해 정치 조직의 문제로 논의를 국한시키려 한다.

11 Dahl, *Dilemmas of Pluralist Democracy*, p. 81.

12 *Ibid.*, p. 51.

13 Robert Dahl, *Polyarchy: Participation & Opposition*, New Haven: Yale Univ. Press, 1971, pp. 1~9와 김세균, 〈자유민주주의란 무엇인가〉, 《사회평론》 1991년 6월호, 사회평론사 등 참조.

14 Charles Lindblom, *Politics & Markets*, New York: Basic Books, 1977, p. 161.

15 Dahl, *Dilemmas of Pluralist Democracy*, ch. 6 참조. 특히 달은 사회주의를 중앙집권적 통제경제 체제로 이해한 소련의 마르크스주의와 달리 마르크스가 사회주의를 고도로 분권적이라고, 따라서 다원민주주의적이라고 생각했다고 주장하고 있다(141).

16 Gabriel Almond & G. Bingham Powell, *Comparative Politics*, Boston: Little, Brown, 1978, p. 201.

17 이런 개념화의 선구자는 V. O. Key, *Public Opinion and American Democracy*, New York: Knopf, 1964.

18 Maurice Duverger, *Political Parties*, Cambridge: University Printing House, 1964(3rd Ed.), pp. xxiii~xxx.

19 N. Poulantzas, *Political Power & Social Classes*, London: Verso, 1971, pp. 27~30.

20 그렇다고 자본주의 사회에서는 정치의 개입이 없는 '순수한' 경제가 가능하다는 이야기는 아니다. 분명 국가의 개입이 없는 경제는 불가능하고 '자유방임' 자본주의는 하나의 신화에 불과하다(Poulantzas, *State, Power, Socialism*, London: Verso, 1978, pp. 11~27; E. Balibar, "Class Struggle to Classless Struggle?" E. Balibar & I. Wallerstein. *Race, Nation, Class*, London: Verso, 1991, p. 172 등). 그럼에도 불구하고 여기에서 상대적 분리란 정치와 경제가 분리된 형태를 띠고 있다는 '형태적인 분리'를 의미한다.

21 물론 보통선거권의 제도화 등 이것을 전면화시킨 것은 이런 생산양식의 특징 그 자체가 아니라 계급투쟁과 밑에서 가해진 압력이다(손호철, 〈자유민주주의와 선거〉, 앞의 책).

22 F. Engels, "The Origins of Family, Private Property, and the State," Robert Tucker(ed.), *The Marx-Engels Reader*, New York: W. W. Norton & Co., 1978(2nd Ed.), p. 754.

23 물론 이런 분리에 기초한 참정권과 다당제 등은 단순히 이런 분리에서 자동으로 도출되는 것이 아니라 계급투쟁 등 대중 투쟁의 산물이다.

24 Poulantzas, *Political Power & Social Classes*, p. 134.

25 Antonio Gramsci, *Selections from the Prison Notebooks*, New York: International Publishers, 1971, p. 129.

26 *Ibid.*, p. 133.

27 이런 문제의식이 마르크스의 《자본》의 문제의식이다.

28 Gramsci, *op. cit.*, p. 161 참조.

29 Adam Przeworski, "Material Bases of Consent," A. Przeworski, *Capitalism & Social Democracy*, Cambridge: Cambridge Univ. Press, 1980 참조.

30 이 개념에 대해서는 Bob Jessop, *The Capitalist State*, New York: NYU, 1982, p. 244.

31 Jessop, *State Theory*, Cambridge: Polity Press, 1990, p. 208.

32 Poulantzas, *State, Power, Socialism*, p. 245.

33 *Ibid.*

34 최근 들어 이런 정당 제도 등을 '정치사회'라는 독자적인 영역으로 추상화시켜 부각시키려는 노력(최장집, 《한국 민주주의 이론》, 서울: 한길사, 1993 등)은 그 문제점에도 불구하고 이런 측면에 대한 문제의식의 발로다.

35 Albert Szymanski, *The Capitalist State and the Politics of Class*, Cambridge: Winthrop Pub., 1978, pp. 122~123.

36 이것에 관련해 알튀세르는 "정당의 존재가 계급투쟁을 배제하지 않을 뿐 아니라 오히려 이것에 근거한다"고 지적했다(L. Althusser, "Notes on Ideological State Apparatuses," *Economy & Society* 12(4), 1983).

37 John Urry, *The Anatomy of Capitalist Societies*, London: Macmillan Press, 1981(이기홍 옮김, 《경제, 시민사회, 그리고 국가》, 서울: 한울, 1994, 140쪽).

38 대표적인 예는 Adam Przeworski, *Democracy and Market*, Cambridge: Cambridge Univ. Press, 1991. 게임 이론에 기초한 이런 이론화는 '초기' 쉐보르스키에서 나타난 불확실성의 제도화 뒤에 은폐된 구조적 제약(불확실성의 범위의 제약성)이라는 문제의식이 사장되고 민주주의가 계급 중립적이며 그 결과가 무제한으로 불확실하게 열려 있다는 느낌을 주는 그릇된 방향으로 나아가고 있다. 또한 이런 민주주의에 대한 '최소주의적' 정의는 1980년대 이후의 제3세계 민주화 연구들이 보여주듯 민주주의의 '희화화'를 초래하는 경향이 있다.

39 간부 정당 등 정당의 형태들과 특징에 대해서는 Duverger, *op. cit.*

40 Adam Przeworski & John Sprague, *Paper Stones: A History of Electoral Socialism*, Chicago: Univ. of Chicago Press, 1986.

41 Arthur Rosenberg, *Democracy & Socialism*, Boston: Beacon Press, 1965, p. 165와 Herbert Tingsten, *The Swedish Social Democrats*, Totowa: Bedminister Press, 1973, p. 357.

42 Przeworski & Sprague, *op. cit.*, p. 54.

43 세칭 포스트마르크스주의의 '주체의 다원주의'의 경우 사회적 관계를 생산관계로 환원시키는 '계급환원론'에 반대해 거꾸로 계급의 중심성까지 부정하고 있지만(Mouffe, *op. cit.*), 이런 입장은 계급환원론만큼이나 문제가 많다.

44 에티엔 발리바르, 〈사회주의와 마르크스주의〉, 윤소영 엮음, 《마르크스주의의 역사》, 서울: 민맥, 1991, p. 286.

45 엥겔스부터 발리바르에 이르는 마르크스주의에서 계급과 '대중'의 관계에 대한 논의를 정리한 글은 서관모, 〈마르크스주의 계급이론의 현재성〉, 《이론》 창간호(1992년 여름)과 서관모, 〈적대와 이데올로기: 역사유물론의 전화〉, 《이론》 8호(1994년 봄). 이 밖에 그동안의 마르크스주의 이론이 주로 자본주의 사회가 개인들을 계급의 구성원이 아니라 '개인' 또는 '시민'으로 '호명함으로써 '주체 형성' 과정에서 주체의 탈계급화를 유도하고 있다고 주장해온 데 반해 영국의 '사회주의자 경제학자 회의(CSE)'의 존 홀로웨이는 '개인화' 말고도 주체 형성에 관련된 자본주의 국가의 또 다른 일상적 실천, 즉 다양한 비계급적 범주로 분류하고 호명하는 '비계급적 집단화'를 주목할 필요가 있다고 밝히고 있는데(John Holloway, "The State and Everyday Struggle," Simon Clarke(ed.), *The State Debate*, New York: St. Martin's Press, 1991, pp. 242~250), 이것은 '대중'이라는 존재 양식을 이해하는 데에서 아주 중요한 연구 과제다.

46 이 개념에 대해서는 Giovanni Sartori, *Parties and Party Systems*, New York: Cambridge Univ. Press, 1976 참조.

47 이것에 대한 선구적인 연구로는 Poulantzas, "Forms of Regime, Political Parties," *Political Power & Social Classes*, pp. 317~321.

48 손호철, 〈자유민주주의와 선거〉, 앞의 책, 329~331쪽 참조.

49 이런 문제의 이면에 내재한 마르크스주의 당 이론의 모순과 문제점에 대해서는 E. Balibar, "Etat, parti, idéologie," dans Balibar, et al., *Marx et sa critique de la politique*, Paris: Maspero, 1979, pp. 107~167(에티엔 발리바르, 〈국가, 당, 이데올로기〉, 윤소영, 《에티엔 발리바르의 정치경제(학)비판》, 서울: 한울, 1987, 179~223쪽).

50 Walter Burnham, *The Current Crisis in American Politics*, New York: Oxford Univ. Press, 1982.

51 Poulantzas, "La crises des partis," *Le Monde Diplomatique*, 26 Sept. 1979; Jessop, *Nicos Poulantzas*, New York: St. Martin's Press, 1985, p. 290에서 재인용.

52 Richard Rose & Thomas T. Mackie, "Do Parties Persist or Fail?" K. Lawson & P. Merkl(eds.), *When Parties Fail*, Princeton: Princeton Univ. Press, 1988, pp. 543~546.

53 Merkl, "The Challengers and the Party Systems," *ibid.*, pp. 565~582.

54 Kay Lawson, "When Party Fails," *ibid.*, p. 17.

55 Althusser, *op. cit.*

56 Gramsci, *op. cit.*, p. 267.

57 Poulantzas, *Political Power & Social Classes*, p. 300.

58 정치학에 관련이 깊은 국가론적 시각에서 조절이론을 소개한 사례는 정국헌, 〈조절이론에서의 국가이해〉, 한국정치학회, 《韓國政治學會 月例發表會 論文集: 현대국가론의 성과와 과제》, 서울: 한국정치학회, 1994. 이런 논의를 둘러싼 논쟁과 비판적 평가로는 김세균, 〈영국 CSE 이론가들의 국가이론〉과 손호철, 〈'전략관계적' 국가론의 비판적 고찰〉(같은 책).

59 Joachim Hirsch, "The Fordist Security State and New Social Movements," *Kapitalistate* 10/11, 1983, pp. 82~83(요하힘 히르쉬, 〈포드주의적 보장국가와 신사회운동〉, 한국정치연구회 정치이론분과 엮음, 《국가와 시민사회》, 서울: 녹두, 1993, 108~109쪽).

60 김세균, 〈국가, 대중, 그리고 마르크스적 정치〉, 《이론》 창간호(1992년 여름), 이론사.

61 Poulantzas, *State, Power, Socialism*, p. 222.

62 Antonio Negri, *Marx beyond Marx*, South Hadley, Mass.: Bergin & Garvey, 1984.

63 신사회운동론의 시각에서 바라본 이런 운동에 대한 해석은 Claus Offe, "New Social Movements: Challenging the Boundaries of Institutional Politics," *Social Research* 52, 1986, pp. 817~868.

64 Poulantzas, "L'etat, les mouvements sociaux, le parti," *Dialectiques* 28, 1979(Poulantzas, 〈政黨の危機〉, Poulantzas, 《資本の國家》, 東京: ユニテ, 1983, pp. 189~194).

65 Althusser, "What Must Change in the Party?" *New Left Review* 109, 1978.

66 Althusser, 〈오늘날의 마르크스주의〉, 〈로짜나 로쏀다의 질문과 알튀세르의 대답〉, 루이 알튀세르, 《마침내 마르크스주의의 위기가》, 서울: 백의, 1992, 20쪽과 49쪽; Etienne Balibar, "The Vacillation of Ideology," Nelson, et al.(eds.), *op. cit.*, pp. 188~191; 윤소영, 〈알튀세르를 다시 읽으며 '마르크스주의의 위기'를 생각한다〉, 《이론》 창간호, 1992, 56~57쪽.

67 Antonio Negri & F. Guattari, 《분자혁명》, 윤수종 옮김, 서울: 푸른숲, 1998; George Katsiaficas, *The Subversion of Politics*, New York: Humanities Press, 1997(윤수종 옮김, 《정치의 전복: 1968년 이후의 자율운동》, 서울: 이후, 2000); 윤수종, 〈이탈리아의 아우토노미아 운동〉, 《이론》 14호, 1996; 윤수종, 〈마르크스주의의 확장과 소수자운동〉, 《진보평론》 창간호, 1999.

68 이 책에 함께 실린 〈푸코의 권력론 읽기〉 참조.

69 Poulantzas, 〈政黨の危機〉, p. 187.

70 윤수종, 〈마르크스주의의 확장과 소수자운동〉, 122쪽.

71 같은 글, 123쪽.

7장. 신자유주의 선거와 사회정책

---

1 Jean B. Elshtain & Christopher Beem, "Issues and Themes: Economics, Culture and 'Small Party' Politics," Michael Nelson(ed.), *The Elections of 1996*, Washington, D.C.: Congressional Quarterly Inc., 1997, p. 110.

2 신자유주의(neo-liberalism)라는 용어는 유럽과 국내를 포함해 세계적으로 대처주의와 레이건주의처럼 그동안의 복지국가를 해체하고 사회 문제의 해결을 시장에 맡기려는 보수파 추세를 지칭한다. 다만 미국의 경우 클린턴 같은 '신민주당(the New Democrats)' 노선을 '신자유주의파(the neo-liberal)'로 부르고 있다. 이 글에서는 국내 논의의 역사성을 고려해 이 용어를 전자의 의미로 사용하려 한다.

3 손호철, 〈뉴딜연합 형성의 정치경제학〉, 서울대학교 지역연구원 주최 학술진흥재단 연구 과제 발표 논문(1997년 8월).

4 Thomas Ferguson & Joel Rogers, *Right Turn: The Decline of the Democrats and the Future of American Politics*, New York: Hill & Wang, 1986; 손호철, 〈현대 미국 사회의 변동과 정당 정치의 변화〉, 《근대와 탈근대의 정치학》, 서울: 문화과학사, 2002(이 책 3부 8장에 수록됨).

5 이런 입장을 대변하는 대표적인 책은 Will Marshall(ed.), *Building the Bridge: Ten Big Ideas to Transform America*, Lanham: Rowman & Littlefield, 1997.

6 Thomas Ferguson, "Real Change? Organized Capitalism, Fiscal Policy, and the 1992 Election," Thomas Ferguson, *Golden Rule: The Investment Theory of Party Competition and the Logic of Money-Driven Political System*, Chicago: Chicago University Press, 1995.

7 *Ibid.*, p. 4.

8 Theodore Lowi, *The End of the Republican Era*, Norman; University of Oklahoma Press, 1995.

9 이것에 대해서는 William Berman, *America's Right Turn: From Nixon to Clinton*, Baltimore: The Johns Hopkins University Press, 1998(Second Ed.), Ch. 7. 특히 의료 개혁의 실패에 대해서는 Rachel Holloway, "The Clinton and the Health Care Crisis: Opportunity Lost, Promise Unfulfilled," Robert Denton, Jr., and Rachel Holloway(eds.), *The Clinton Presidency*, Westport: Praeger, 1995와 David Stoesz, *Small Change: Domestic Policy under the Clinton Presidency*, London: Longman, 1996 중 ch.2 "Health Care: False Profits."

10 Ruy Teixeira and Joel Rogers, *America's Forgotten Majority*, New York: Basic Books, 2000, p. 99.

11 Lee Edwards, *The Conservative Revolution*, New York: The Free Press, 1999, ch. 14.

12 Barry Bosworth, "Re-establishing Economic Consensus: An Impossible Agenda," *Daedalus* 109(3), 1987, pp. 60~61.

13 Richard Coward and Frances Fox Piven, "A Class Analysis of Welfare," *Monthly Review* 44(9), 1993, p. 29.

14 미국 사회 정책의 역사와 특징에 대해서는 Walter Trattner, *From Poor Law to Welfare State: A History of Social*

Welfare in America, New York: Free Press, 1989(Fourth Ed.); Margaret Weir, Ann S. Orloff, and Theda Skopol(eds.), *The Politics of Social Policy in the United States*, Princeton: Princeton University Press, 1988; Michael Katz, *In the Shadow of the Poor House: A Social History of Welfare in America*, New York: Basic Books, 1986; Frances Fox Piven and Richard Cloward, *Regulating the Poor: The Functions of Public Welfare*, New York: Pantheon Books, 1971.

15 '승자독식 사회' 와 '임시변통식 경제'라는 개념은 Wilson C. McWilliams, "The Meaning of the Election," Gerald Pomper et al., *The Elections of 1996: Reports and Interpretations*, Chatham: Chatham House Pub., 1997, pp. 244~245.

16 Fred Block, Richard Cloward, Barbara Ehrenreich, and Frances Fox Piven, *The Mean Season: The Attack on the Welfare State*, New York: Pantheon Books, 1987, p. xiii.

17 자세한 내용은 Paul Pierson, *Dismantling the Welfare State: Reagon, Thatcher, and the Politics of Retrenchment*, Cambridge: Cambridge University Press, 1994, pp. 115~128.

18 아래에 소개할 이 내용에 대해서는 Cloward & Piven, *op. cit.*, p. 30.

19 *The New York Times*, June 8, 1991.

20 Edwards, *op. cit.*, p. 2.

21 R. Block, "Legal & Institutional Framework for Employment in the United States: An Overview," K. Koshiro(ed.), *Employment Security and Labor Flexibility: An International Perspective*, Detroit: Wayne University Press, 1992.

22 윤진호, 〈신자유주의적 노동정책과 노동조합의 대응: 영국과 미국의 사례〉, 《동향과 전망》 42호, 1999, 한국사회과학연구소, 287~291쪽.

23 E. Dover, *The Presidential Election of 1996*, Westport: Praeger, 1998, pp. 66~89; Edward, *op. cit.*, pp. 302~308.

24 Edwards, *op. cit.*, p. 308.

25 Bennan, *op. cit.*, p. 178.

26 Walter Dean Bumham, "Introduction: Riding the Tiger," Pomper et al., *op. cit.*, p. 5.

27 John MacArthur, *The Selling of Free Trade: NAFTA, Washington and the Subversion of American Democracy*, New York: Hill & Wang, 2000. 이런 신자유주의적 지구화에 맞선 저항에 대해서는 Janet Thomas, *The Battle in Seattle*, Golden, Colorado: Fulcrum Publisher, 2000.

28 Burnham, *op. cit.*, p. 6.

29 Teixeria and Rogers, *op. cit.*, p. 99.

30 AFL-CIO의 협조주의적 노선의 문제점과 사회운동적 노동운동에 대해서는 Kim Moody, *An Injury to All: The Decline of American Unionism*, London: Routledge, 1997.

31 *The New York Times*, May 24, 1996.

32 Bennan, *op. cit.*, p. 182.

33 *The New York Times*, July 10, 1996.

34 Brooks Jackson, "Financing the 1996 Election: The Law of Jungle," Larry Sabato(ed.), *Toward the Millennium: The Election of 1996*, Boston: AIlyn and Bacon, 1997, p. 254.

35 Ferguson & Rogers, *op. cit.*

36 표1은 Teixeira & Rogers, *op. cit.*, p. 14에서 재작성.

37 *The New York Times*, June 18, 1991, p. A15.

38 *Statistical Abstract of the United States*, 1997에서 계산한 것임.

39 Harold Stanley, "The Nominations: Republican Doldrums and Democratic Revival," Nelson, *op. cit.*, p. 21.

40 *The New York Times*, August 1, 1996.

41 Gary Jacobson, "The 105th Congress: Unprecedented and Unsurprising," Nelson, *op. cit.*, p. 156.

42 재미있는 사실은 8500만 달러짜리 정책 광고 논쟁을 통해 바닥을 헤매던 빌 클린턴의 인기를 완전히 회복시켜 재선의 일등 공신이 된 클린턴 대통령의 1급 선거 참모 딕 모리스(Dick Morris)의 사임이 이 복지 법안 통과에 밀접히 관계가 있다는 것이다. 모리스는 한 성매매 여성이 자신들의 관계를 폭로해 사임하게 됐는데, 이 여성은 모리스가 잠자리에서 복지 법안 통과를 자신이 주도했다고 자랑스럽게 이야기하는 데 분노해 자신과 모리스의 관계를 폭로하게 됐다고 경위를 설명했다(KPFK 라디오 칼럼, "Beneath Surface," 2000년 11월 5일).

43 *The New York Times*, August 1, 1996.

44 *Ibid.*

45 *The New York Times*, August 2, 1996.

46 *The New York Times*, August 1, 1996.

47 *The New York Times*, August 2, 1996.

48 Michael Nelson, "1997 and Beyond: The Perils of Second-Term Presidents," Nelson, *op. cit.*, p. 4.

49 Bob Jessop, *Thatcherism: A Tale of Two Nations*, Cambridge: Polity Press, 1988.

50 이런 생각에 대해서는 Teixeira & Rogers, *op. cit.*, 참조.

51 1996년 대선에서 페로 정당에 대해서는 Michael Nelson, "The Election: Turbulence and Tranquility in a Contemporary American Politics," Nelson(ed.), *op. cit.*, pp. 62~66 참조.

52 George Hager, "Dole and Taxes," *Congressional Quarterly Weekly Report*, August 10, 1996, p. 2248.

53 Alissa Rubin, "Dole 'Bets the County' on Tax Cut Package," *Congressional Quarterly Weekly Report*, August 10, 1996, p. 2245~2249.

54 Paul Hernson and Clyde Wilcox, "The 1996 Presidential Election," Sabato, *op. cit.*, p. 129.

55 *The New York Times*, October 29, 1996.

56 Thomas Ferguson, "From Normalcy to New Deal: Industrial Structure, Party Competition, and American Public Policy in the Great Depression," Ferguson, *op. cit.*

57 Ferguson & Rogers, *op. cit.*

58 Anthony Corrato, "Financing the 1996 Elections," Pomper et al., *op. cit.*, p. 162.

59 Jackson, *op. cit.*, p. 253. 노동조합 광고의 구체적인 내용과 여기에 관련된 법적 쟁점은 Diana Dwyre, "Interest Groups and Issue Advocacy in 1996," John Green(ed.), *Financing the 1996 Elections*, Armonk: M. E. Sharpe, 1999, pp. 202~204.

60 한 연구자는 이런 방식을 1996년 선거가 가져다준 중요한 새로운 캠페인 방식이라고 평가하고 있다(Dwyre, *op. cit.*, pp. 207~208).

61 Corrato, *op. cit.*, pp. 163~164.

62 Jackson, *op. cit.*, p. 254.

63 Larry Sabato, "The November Election: A Status Quo Election," Sabato ed., *op. cit.*, pp. 143~161.

64 Teixeira & Rogers, op. cit., p. 102.

65 *Ibid.*, p. 102.

66 *Ibid.*, p. 103.

67 Edwards, *op. cit.*, pp. 310~311.

68 Paul Quirk and Sean Matheson, Nelson ed., *op. cit.*, p. 131.

69 Jean Elshtain and Christopher Beem, "Economics, Culture, and 'Small-Party' Politics," Nelson, *op. cit.*, p. 117.

70 빌 팩슨(Bill Paxon) NRCC 위원장이 한 발언으로, Jackson, *op. cit.*, p. 254에서 재인용했다.

71 Jacobson, *op. cit.*, p. 159.

72 Jackson, *op. cit.*, p. 255.

73 이 밖에 2000년 대선에도 앨 고어 민주당 후보가 클린턴 스캔들 등으로 초반에 고전하다가 신민주당 노선을 버리고 좀더 진보적인 입장을 취하면서 부시 후보를 따라잡아 유권자 선거에서 승리한 사례도 이런 점을 보여주는 또

다른 증거다(여기에 대해서는 손호철, 〈현대 미국사회의 변동과 정당정치의 변화〉, 《국가전략》 2000년 2월, 세종연구소(이 책 3부 8장에 수록) 참조). 다만 1996년 선거에서 큰 활약을 한 노동조합이 2000년 선거에서는 별 영향을 끼치지 못한 점에 관해서는 체계적인 별도의 연구가 필요하다.

74 자세한 논의는 손호철, 위의 글 참조.

8장. 현대 미국 사회의 변동과 정당 정치의 변화 — 보수화의 기원을 다시 생각한다

---

1 *Wall Street Journal*, 1996년 9월 12일.

2 Alexis de Tocqueville, *Democracy in America* 2, New York: Alfred A. Knopf, 1949, pp. 36~37.

3 "Engels to Weydemeyer, August 7, 1851," K. Marx & F. Engels, *Letters to Americans, 1848-1895*, New York: International Publishers, 1953, pp. 25~26.

4 대표적인 예는 Seymour Martin Lipset, *American Exceptionalism: A Double-Edged Sword*, New York: W. W. Norton, 1996. 과연 미국은 예외적인가를 둘러싼 논쟁에 대해서는 Rick Halpern and Jonathan Morris(eds.), *American Exceptionalism? U.S. Working Class Formation in an International Context*, New York: St. Martin's Press, 1997; Aristide R. Zolberg, "How Many Exceptionalism?" Ira Katznelson & A. Zolberg(eds.), *Working Class Formation: Nineteenth Century Patterns in Western Europe and the United States*, Princeton: Princeton University Press, 1986, p. 397; Sean Wilentz, "Against Exceptionalism: Class Consciousness and the American Labor Movement," *International Labor and Working Class History* 26, 1984.

5 물론 소련과 동구의 몰락, 그리고 전세계적인 보수화 물결과 함께 유럽 좌파 정당들이 우경화하면서 과연 유럽에 진정한 좌파 정당이 존재하느냐는 의문이 생기는 것이 사실이며, 따라서 과거 같은 유럽 정치와 미국 정치 사이의 차이는 상당히 희석되고 있는 것처럼 보인다. 그러나 이런 유럽 좌파 정당의 우경화에도 불구하고 아직도 사회복지 정책 등을 볼 때 유럽 정치와 미국 정치 사이에는 상당한 차이가 존재한다.

6 Tocqueville, *op. cit.*; "Engels to Sorge, February 8, 1890," Marx and Engels, *Selected Correspondence*, New York: International Publishers, 1942, p. 467; Max Weber, *The Protestant Ethic and the Spirit of Capitalism*, New York: Scriber's, 1935, pp. 55~56; Antonio Gramsci, *Selections of the Prison Notebooks*, New York: International Publishers, 1971, pp. 21~22.

7 Gramsci, *op. cit.*, p. 305.

8 Karl Marx, "Karl Marx to Siegfrid Meyer and August Vogt, April 9, 1870," Saul Padover(ed.), *The First International*, New York: McGraw-Hill, 1973, pp. 499~500.

9 Lipset & Gary Marks, *It Didn't Happen Here: Why Socialism Failed in the United States*, New York: W. W. Norton & Co., 2000, p. 125.

10 Marx, "The Eighteenth Brumaire of Louis Bonaparte," Karl Marx, *Selected Works* 2, Moscow: Progress, 1936, p. 324.

11 Douglas Rae, *The Political Consequences of Electoral Laws*, New York: Yale University Press, 1967, ch. 5.

12 Lipset & Marks, *op. cit.*, p. 45.

13 Richard Rose(ed.), *Electoral Behavior: A Comparative Handbook*, New York: Free Press, 1974, pp. 718~719.

14 Philip Foner, *History of the Labor Movement in the United States*, New York: International Publishers, 1975; Morris Hillquit, *History of Socialism in the Unites States*, New York: Funks & Wagnalls, 1910 등.

15 Charles A. Beard, *An Economic Interpretation of the Constitution of the United States*, New York: Macmillan, 1913. 그리고 현대적 기법을 이용한 많은 실증적 연구들이 이 선구적 연구를 비판했지만 여기에 관한 체계적인 실증 연구는 비어드의 연구가 기본적으로 합당한 사실을 보여주고 있다(Robert Macguire & Robert Ohsfeldt, "Economic Interests and the Constitution: A Quantitative Rehabilitation of Charles A. Beard," *Journal of*

Economic History 44, 1984, pp. 509~519).

16 자본도 계급의 한 종류라는 점에서 일부 학자는 이 자본분파 경쟁을 '계급분파(class-segment)' 이론이라고 부르고 있다(G. William Domhoff, "The Wagner Act and Theories of the State: A New Analysis Based on Class-Segment Theory," *Political Power and Social Theory* 6, 1987, pp. 159~185).

17 전체적 개관은 Thomas Ferguson, *Golden Rule: The Investment Theory of Party Competition and the Logic of Money-Driven Political Systems*, Chicago: The Univ. of Chicago Press, 1995 중 ch. 1 "Party Alignment and American Industrial Structure: The Investment Theory of Political Parties in Historical Perspective."

18 자세한 분석은 *ibid.*, pp. 71~79.

19 William A. Willams, *The Tragedy of American Diplomacy*, New York: Delta Book, 1959(Enlarged Ed.), p. 66.

20 손호철, 〈해방 3년사의 쟁점들〉, 《현대한국정치 — 이론과 역사, 현실, 1945~2011》, 서울: 이매진, 2011, 190쪽.

21 자세한 분석은 Thomas Ferguson, "From Normalcy to New Deal: Industrial Structure, Party Competition, and American Public Policy in the Great Depression," *International Organization* 38(1), 1984, pp. 41~94.

22 뉴딜 체제에 관한 이런 자본분파적 시각에 대한 비판, 특히 국가주의적 시각에 기반한 대표적인 비판은 M. Weir and T. Skocpol, "State Structures and the Possibilities for 'Keynesian' Responses to the Great Depression in Sweden, Britain, and the United States," P. Evans, D. Rueschemeyer, and T. Skocpol(eds.), *Bringing the State Back In*, New York: Cambridge University Press, 1985. 그러나 이 비판은 자본분파적 시각에 대해 "기업에 마술적 힘을 부여하는 비어드적 전통"이라는 포괄적 비판(114)에 그치고 있을 뿐 자본분파적 시각이 제시하는 경험적 자료에 대한 설득력 있는 반론을 제시하지 못한다.

23 William Domhoff, *The Power Elite and the State*, New York: Aldine De Gruyter, 1990, p. 234.

24 Mancur Olson, *The Logic of Collective Action*, Cambridge: Harvard University Press, 1971.

25 이것에 관한 체계적인 분석은 Thomas Ferguson, "Deduced and Abandoned: Rational Expectations, the Investment Theory of Political Parties, and the Myth of the Median Voter," Ferguson, *op. cit.*, pp. 377~419.

26 Ferguson & Joel Rogers, *Right Turn – The Decline of the Democrats and the Future of American Politics*, New York: Hill & Wang, 1986, pp. 77~78.

27 그람시가 일찍이 아메리카주의라고 주목한 이 문제에 대한 선구적 연구는 Michel Aglietta, *A Theory of Capitalist Regulation: The U. S. Experience*, London: Verso, 1979.

28 자세한 것은 Dean Baker, "What's New in Nineties? An Analysis of Economic Performance in the Nineties Business Cycle," Jeff Madrick(ed.), *Perspectives on Economics*, New York: The Century Foundation, 2001.

29 G. Arrighi, *The Long Twentieth Century*, London: Verso, 1992.

30 이것들에 대한 비판적 평가는 Lori Wallach, et al., *Whose Trade Organization?*, Washington D.C.: Public Citizen, 1999; Janet Thomas, *The Battle in Seattle*, Golden: Fulcrum Publisher, 2000; John MacArthur, *The Selling of Free Trade: NAFTA, Washington and the Subversion of American Democracy*, New York: Hill & Wang, 2000.

31 Michael Wallace and Joyce Rothchild(eds.), *Research in Politics and Society: Deindustrialization and the Restructuring of American Industry*, Greenwich: JAI Press, 1988; Steven Dandeneau, *A Town Abandoned: Flint, Michigan Confronts Deindustrialization*, Harford: State Univ. of New York Press, 1996. 이것에 대한 선구적 연구는 Barry Bluestone & Bennett Harrison, *The Deindustrialization of America*, New York: Basic Books, 1978.

32 Council of Economic Advisors, *Economic Report of the President*, Washington, D.C.: Government Printing Office, 1999.

33 John Holloway, et al.(eds.), *Postfordism & Social Form*, London: Routledge, 1992.

34 이 두 개념은 Wilson McWilliams, "Conclusion: The Meaning of the Election," Gerald Pomper, *The Election of 1996*, Chatham: Chatham House, 1997, pp. 244~245.

35 비판은 Kim Moody, *An Injury to All: The Decline of American Unionism*, London: Routledge, 1997.

36 David Perry and Alfred Warkins(eds.), *The Rise of the Sunbelt Cities*, Beverley Hills: Sage Pub., 1977.

37 Kirkpatrick Sale, *Power Shift*, New York: Random House, 1975.

38 Perry & Watkins(eds.), *op. cit.*

39 Ferguson & Rogers, *op. cit.*, p. 72.

40 David Friedman, "The Politics of Growth," *Los Angeles Times*, September 17, 2000.

41 손호철, 〈손호철의 LA리포트〉, 《동아일보》 2001년 3월 22일.

42 이것에 대해서는 Gramsci, *op. cit.*와 그 내용을 현대적으로 해석한 Adam Przeworski, "Material Base of Consent," in Przeworski, *Capitalism and Social Democracy*, Cambridge: Cambridge University Press, 1982.

43 Ferguson & Rogers, *op. cit.*, p. 199.

44 Thomas Byrne Edsall, *The New Politics of Inequality*, New York: W. W. Norton & Co., 1984, p. 107.

45 William Berman, *America's Right Turn: From Nixon to Clinton*, Baltimore: The Johns Hopkins University Press, 1998, p. 186.

46 Ferguson & Rogers, *op. cit.*, 91.

47 물론 미국 정치에서 보수파의 정치철학은 신보수주의(neo-conservative)로 불리며 신자유주의(neo-liberal)는 클린턴류의 우경화된 신민주당 노선을 지칭한다. 따라서 미국적 맥락에서 보면 여기에서는 '신자유주의'가 아니라 '신보수주의'라고 써야 맞다. 그러나 유럽과 한국에서는 기본적으로 신자유주의를 레이건주의나 대처주의 같은 시장만능의 경제철학, 즉 미국의 신보수주의를 의미하는 용어로 사용하기 때문에 이 글에서는 이런 유럽과 한국식 용법으로 사용한 점을 밝혀둔다.

48 Ferguson & Rogers, *op. cit.*, p. 86.

49 Gary Cox and Samuel Kernell(eds.), *The Politics of Divided Government*, Boulder: Westview Press, 1991.

50 Theodore J. Lowi, *The End of the Republican Era*, Norman: Univ. of Oklahoma Press, 1995, xi.

51 Walter Dean Burnham, "Realignments Lives: The 1994 Earthquake and Its Implications," Colin Campbell & Bert A. Rockman(eds.), *The Clinton Presidency: First Appraisal*, Chatham: Chatham House, 1996, p. 363.

52 이것에 대해서는 Newt Gingrich, *To Renew America*, New York: Harper Collins, 1995.

53 Lee Edwards, *The Conservative Revolution*, New York: Free Press, 1999, p. 1.

54 그런 대표적인 입장은 Will Marshall(ed.), *Building the Bridge: Ten Big Ideas to Transform America*, Lanham: Rowman & Littlefield, 1997.

55 James Ceasar and Andrew Busch, *Upside Down and Inside Out: The 1992 Elections and American Politics*, Lanham: Rowman & Littlefield, 1993, ch. 3 "The Democratic Nomination."

56 Ferguson, *op. cit.*, p. 8.

57 "Dr Fell's Election," *The New York Times*, November 10, 1994. 주의할 것은 여기에서 리버럴리즘이란 이 글에서 사용한 한국이나 유럽식 용법이 아니라 뉴딜식의 전통적인 민주당 노선을 의미한다는 점이다.

58 Ferguson & Rogers, *op. cit.*, p. 11.

59 그림 4는 Ruy Teixeira and Joel Rogers, *America's Forgotten Majority: Why the White Working Class Still Matters*, New York: Basic Books, 2000, p. 44에서 재인용. 그림 5는 Everett Ladd & Karlyn Bowman, *What's Wrong: A Survey of American Satisfaction and Complaint*, Washington, D.C.: AEI Press, 1998에서 재인용.

60 *Ibid.*, p. 14.

61 Earl Black & Merle Black, *The Vital South*, Cambridge: Harvard University Press, 1992; Charles Hadley and Lewis Bowman(eds.), *Southern State Party Organizations and Activists*, Westport: Praeger, 1995; Robert Steed, et al.(eds.), *Party Organization and Activism in the American South*, Tuscaloosa: Univ. of Alabama Press, 1998; Nicol Rae, *Southern Democrats*, New York: Oxford University Press, 1994.

62 자세한 정보는 Ira Katzenelson, "Reversing Southern Republicanism," Stanley B. Greenberg and Skocpol(eds.), *The New Majority: Toward a Popular Progressive Politics*, New Haven: Yale University Press, 1997 참조.

63 Walter Dean Burnham, et al., *The Election of 1996: Reports and Interpretations*, Chatham: Chatham House Pub.,

1997 참조.

64 Teixeira and Rogers, *op. cit.*, p. 102.

65 이것에 관련한 고어의 전략을 둘러싼 민주당 내부의 사후 논쟁에 대해서는 "Troubled Times for America's Democratic Party," *International Herald Tribune*, February 12, 2001.

66 Ferguson & Rogers, *op. cit.*, 101의 표에서 재인용.

67 미국에 한한된 이야기는 아니지만 이런 현대 국가의 문제점에 대해서는 이매뉴얼 월러스틴 외, 《이행의 시대》, 서울: 창작과비평사, 1998, 291~293쪽.

68 이것에 대해서는 Ceasar & Busch, *op. cit.*, ch. 4; Ferguson, *op. cit.*, pp. 305~322.

69 Janet Thomas, *The Battle in Seattle*, Golden: Fulcrum Pub., 2000.

70 Ferguson, *op. cit.*

9장. 마르크스주의와 선거

1 물론 민주주의는 정치적 민주주의 이외에 사회경제적 민주주의, 마르크스의 고유한 문제의식인 생산자 민주주의, 일상성의 민주주의라는 여러 차원의 종합적인 것이다(손호철, 〈한국 민주화 운동과 민주주의 60년〉, 《해방 60년의 한국정치 — 1945~2005》, 서울: 이매진, 2006, 71~76쪽(손호철의 사색 시리즈 3권 2부 6장 수록). 그러나 이 글에서는 특별한 언급이 없는 한 정치적 민주주의, 특히 그중에서도 선거민주주의를 의미한다. 사실 한국의 경우 국제적 평가에서도 선거민주주의라는 측면에서는 1등급이지만 사상의 자유 등에서는 2등급에 머물러 정치적 민주주의 수준에서는 제한적 정치적 민주주의의 수준이다(손호철, 〈민주주의와 신자유주의 사이에서 — 자유주의 정권 10년의 정치〉, 《현대한국정치 — 이론, 역사, 현실, 1945~2011》, 서울: 이매진, 2011, 787~797쪽.

2 Adam Przeworski, et al., *Paper Stones: A History of Electoral Socialism*, Chicago: Chicago Univ, Press, 1988.

3 이런 일상적 이해, 즉 《자본》이 '고립된 형태의 자본주의 경제에 대한 분석이라는 일상적 생각과 달리 《자본》은 "정치경제학의 형태들에 대한 유물론적 비판"으로서, 핵심적인 문제의식은 "부르주아 사회의 사회적 관계들에 있어서 무엇이 그것들로 하여금 경제적 관계와 정치적 관계라는 표면적으로 분리된 형태를 취하게 만드는가"다 (Holloway et al.(eds.), *State and Capital: A Marxist Debate*, Austin: Univ. of Texas Press, 1978, p. 33).

4 Karl Marx, *Capital: a critique of Political Economy*, New York: International Publisher, 1967, p. 791.

5 Karl Marx, *ibid.*, pp. 791~792.

6 법적 소유와 점유 등 소유의 다양한 차원에 대한 체계적인 연구는 F. O. Wright, *Class, Crisis, and the State*, London: Verso, 1979, pp. 60~73.

7 Nicos Poulantzas, *Political Power and Social Classes*, London: Verso, 1973.

8 G. Therborn, "The Rule of Capital and the Rise of Democracy," *New Left Review* 103, 1977.

9 J. S. Mill, *Considerations on Representative Government*, New York: E. P. Dutton and Company, Inc., 1951(Originally Published in 1861), pp. 111~115.

10 G. Therborn, *ibid.*

11 F. Engels, "The Origin of the Family, Private Property, and the State," *Collected Works* 26, London: Lawrence & Wishart, 1990, pp. 271~272.

12 Robert Dahl, *Who Governs?*, New Haven: Yale Univ. Press, 1961.

13 이 부분은 손호철, 〈자유민주주의와 선거〉, 《전환기의 한국정치》, 서울: 창작과비평사, 1993을 축약하고 발전시킨 것이다(이 책 3부 2장에 수록됨).

14 Bob Jessop, *The State Theory*, Cambridge: Polity Press, 1990, p. 353.

15 Walte Korpi, *The Democratic Class Struggle*, London: Routledge and Kegan Paul, 1983; John Stephen, *The Transition from Capitalism to Socialism*, Chicago: The Univ. of Illinois Press, 1986.

16 V. I. Lenin, "Left Wing Communism: An Infantile Disorder," *Collected Works* 31, New York: Progress Publisher, 1975, p. 56에서 재인용.

17 Albert Szymanski, *The Capitalist State and the Politics of Class*, Cambridge, Mass.: Winthrop Publishers, 1978, p. 121.

18 Albert Szymanski, *ibid.*, pp. 122~124.

19 Karl Marx, "The Civil War in France," *Collected Works* 22, London: Lawrence & Wishart, 1986, p. 328.

20 Karl Marx, "The Chartists," *Collected Works* 11, London: Lawrence & Wishart, 1979, pp. 335~336.

21 Karl Marx, "Interview with The World Correspondent," *Collected Works* 22, London: Lawrence & Wishart, 1986, p. 602.

22 V. I. Lenin, *State and Revolution*, Moscow: Progress, 1976, p. 20.

23 V. I. Lenin, *ibid.*, p. 25.

24 V. I. Lenin, "Victory of Cadets and Tasks of Worker's Party," *Collected Works* 10, New York: Progress Publisher, 1975, p. 234.

25 Antonio Gramsci, *Selections from the Prison Notebooks*, New York: International Publisher, 1971, pp. 191~193.

26 Karl Marx & F. Engels, "The German Ideology," *Collected Works* 5, New York: International Publishers, 1976, p. 62.

27 Karl Marx & F. Engels, *ibid.*, p. 59.

28 Antonio Gramsci, *ibid.*, p. 161.

29 Adam Przeworski, *Capitalism and Social Democracy*, Cambridge: Cambridge Univ. Press, 1985, pp. 138~139.

30 Antonio Gramsci, *ibid.*, p. 81.

31 Antonio Gramsci, *ibid.*, p. 182.

32 Chantal Mouffe, "Preface: Democratic Politics Today," Chantal Mouffe(ed.), *Dimensions of Radical Democracy*, London: Verso, 1992, pp. 10~11.

33 Adam Przeworski, *Capitalism and Social Democracy*, Cambridge: Cambridge Univ. Press, 1985, p. 79.

34 James Madison et al.,"The Federalist Papers," P. Nivola et al.(eds.), *Classic Readings in American Politics*, New York: St. Martin's Press, 1986, pp. 31~32.

35 Adam Przeworski, *Capitalism and Social Democracy*, Cambridge: Cambridge Univ. Press, 1985, p. 241.

36 Adam Przeworski, *ibid.*, p. 248.

37 Nicos Poulantzas, *State, Power, Socialism*, London: Verso, 1978, p. 258, 260.

38 Nicos Poulantzas, *ibid.*, p. 265.

1부. 정치와 정치학

5장. 신자유주의 시대의 대학 — 자본의 '지식 공장'과 '인력 공장'을 넘어서

노컷뉴스. 〈알파고 시대, 국영수 공부할 필요 없다〉. 《노컷뉴스》 2016년 5월 20일.

민교협. 2007. '창립 20주년 토론회' 자료집.

박영숙·제롬 글렌. 2016. 이영래 옮김. 《유엔미래보고서 2050》. 교보문고

〈비정규직 없는 대학현장 선언 기자회견문〉. 2016.

손호철. 2002. 〈세계화와 민족국가의 향방〉. 손호철. 《근대와 탈근대의 정치학》. 문화과학사

순야, 요시미. 2014. 서재길 옮김. 《대학이란 무엇인가》. 글항아리.

연합뉴스. 〈하라리, 'AI 발전으로 잉여인간 수십억 생긴다〉. 《연합뉴스》 2016년 4월 29일.

이동연. 2015. 〈신자유주의대학과 학력자본의 재생산〉. 《문화과학》 82호

지루, 헨리. 2015. 〈신자유주의에 대항하는 공공지식인들〉. 《문화과학》 82호.

츠토무, 토모츠네. 2015. 〈대학-학생의 채무화와 스튜던티피케이션〉. 《문화과학》 82호.

프레시안. 〈안철수의 입, 연이은 구설수〉. 《프레시안》 2016년 5월 2일.

Arnowitz, Stanley. 2001. *The Knowledge Factory*. Beacon Press

Holloway, John. 1995. "Global Capital and Nation-State." Werner Bonefeld and J. Holloway(eds.), *Global Capital, Nation-State and The Politics of Money*. Macmillan Press.

Marcos, Subcommandante. 2002. "The Fourth World War Has Begun." Tom Hayden(ed.), *The Zapatisata Reader*. Nation Books.

Marx, Karl & F. Engels. 1978. "Manifesto of the Communist Party." R. Tucker(ed.), *The Marx-Engels Reader*. W. W. Norton & Co.

2부. 국가와 권력

7장. 밥 제숍의 '전략-관계적 국가론 — 마르크스주의 국가론의 최후의 보루?

Jessop, Bob. 1982. *The Capitalist State*. NY: New York Univ. Press.

_____. 1983. "Capitalism and Democracy: the Best Possible Political Shell." David Held, et al.(eds.), *States and Societies*. NY: New York Univ. Press.

_____. 1985. *Nicos Poulantzas*. NY: St. Martin's Press.

_____. 1989. "Conservative Regime & the Transition to Post-Fordism: The Cases of Great Britain and West Germany." M. Gottdiener, et al.(eds.), *Capitalist Development and Crisis*. London: Macmillan Press.

_____. 1990a. *State Theory: Putting the Capitalist State in its Place*. Cambridge: Polity Press.

_____. 1990b. "Regulation Theory in Retrospect and Prospect." *Economy & Society* 19: 2.

_____. 1991a. "Regulation Theory, Post-Fordism and the State." W. Bonefeld & J. Holloway(eds.), *Post-Fordism &*

Social Form. London: Macmillan Press.

_____. 1991b. "Polar Bear and Class Struggle." W. Bonefeld & J. Holloway(eds.), *Post-Fordism & Social Form*. London: Macmillan Press.

_____, 1991c. "Foreword: On Articulate Articulation." R. Bertramsen, et al. *State, Economy and Society*. London: Unwin Hyman.

_____. 1991d. "On the Originality, Legacy and Actuality of Nicos Poulantzas." *Studies in Political Econmy* 32(Spring).

_____. 1993. "Towards a Schumpeterian Workfare State?: Preliminary Remarks on Post-Fordist Political Economy." *Studies in Political Econmy* 40(Spring).

_____, 1994. "The Transition to Post-fordism and Schumpeterian Workfare State." R. Burrows, et al.(eds.). *Towards A Schumpeterian Workfare State?* London: Routledge.